Dieter Farny
und die Versicherungswissenschaft

Dieter Farny und die Versicherungswissenschaft

Herausgegeben von Robert Schwebler
und den Mitgliedern des Vorstands des
Deutschen Vereins für Versicherungswissenschaft

Die Deutsche Bibliothek – CIP-Einheitsaufnahme

Dieter Farny und die Versicherungswissenschaft
hrsg. von Robert Schwebler und den Mitgliedern des Vorstands des Deutschen Vereins für Versicherungswissenschaft. –
Karlsruhe : VVW, 1994
ISBN 3-88487-404-7

NE: Schwebler, Robert; Deutscher Verein für Versicherungswissenschaft

© Verlag Versicherungswirtschaft e.V., Karlsruhe 1994
Satz: Satz-Schmiede Bachmann, Bietigheim
Druck: Konkordia Druck GmbH, Bühl
ISBN 3-88487-404-7

Vorwort

Dieses Buch ist Professor Dr. Dieter Farny zu seinem 60. Geburtstag von seinen Vorstandskollegen im Deutschen Verein für Versicherungswissenschaft gewidmet.

Vor nahezu einem Vierteljahrhundert begann zwischen dem Jubilar und unserer wissenschaftlichen Gesellschaft eine bis heute andauernde, überaus fruchtbare Verbindung zu wachsen. Seit 1971 – länger als alle Mitherausgeber der Geburtstagsschrift – gehört Dieter Farny dem Vorstand des Deutschen Vereins an, seit 1979 als dessen stellvertretender Vorsitzer; vor 20 Jahren übernahm er außerdem den Vorsitz der Abteilung für Versicherungswirtschaft. Für den Deutschen Verein als Herausgeber der Zeitschrift für die gesamte Versicherungswissenschaft ist es ein besonderer Gewinn, daß Dieter Farny vor vielen Jahren in die Redaktion eintrat und später als Schriftleiter der Zeitschrift gewonnen werden konnte. Alle diese Aufgaben sind wie selbstverständlich dem Mann zugewachsen, der sein umfassendes Wissen und außergewöhnliche Talente als Planer und Moderator wissenschaftlicher Veranstaltungen auf eine unprätentiöse und selbstlose Weise in die Arbeit des Deutschen Vereins für Versicherungswissenschaft einbringt. Für diesen Verein und alle, die für ihn Verantwortung tragen, ist Dieter Farny ein Glücksfall.

Der Vorstand möchte den Dank, den er dem verdienstvollen und liebenswerten Kollegen schuldet, mit dieser Festgabe abstatten. Ein besonderer Dank gilt allen Autoren, die mit ihrem Buchbeitrag Dieter Farny ihren ganz persönlichen Geburtstagsgruß entbieten.

Köln, 21. Februar 1994   Robert Schwebler

Inhaltsverzeichnis

Peter Albrecht
Gewinn und Sicherheit als Ziele der Versicherungsunternehmung: Bernoulli-Prinzip vs. Safety first-Prinzip ... 1

Otto A. Altenburger
Die deutschen Jahresabschlußformblätter für Versicherungsunternehmen – Detailmängel und Verbesserungsvorschläge ... 19

August Angerer
Zur Abzinsung der Rückstellung für noch nicht abgewickelte
Versicherungsfälle ... 35

Georg Büchner
Die Gruppenfreistellungen der EG-Kommission im
Versicherungsbereich – insbesondere die Tatbestandsgruppe der
„Muster allgemeiner Versicherungsbedingungen" ... 45

Hans Corsten
Versicherungsproduktion – Vergleichende Analyse des
Versicherungsschutzkonzeptes und des Informationskonzeptes
der Versicherung ... 63

Éva Ébli
Produkt- und Sortimentgestaltung am ungarischen Versicherungsmarkt; wirtschaftliche Einflußfaktoren und rechtliches Umfeld ... 89

Roland Eisen
Größenvorteile in der deutschen Lebensversicherung –
Eine empirische Untersuchung mit Hilfe der „Survivor-Technik" ... 101

Erich Frese
Organisationsorientierte Typologie von Absatzaufgaben ... 119

Orio Giarini
Risiko und Gesellschaft – die kulturellen Grundlagen des
Marken-Image des Versicherungswesens ... 133

Matthias Haller / Jochen Petin
Geschäft mit dem Risiko – Brüche und Umbrüche in der
Industrieversicherung   153

Wolf-Rüdiger Heilmann
Chancen und Risiken des Europäischen Binnenmarktes für
Versicherungen   179

Elmar Helten
Wertewandel und fortschreitende Individualisierung der Prämien –
Ende der Versichertensolidarität und des Ausgleichs im Kollektiv?   195

Klaus Heubeck
Anmerkungen zu den umlagefinanzierten Sozialversicherungen
in Deutschland   203

Knut Hohlfeld
Finanzaufsicht und Rechnungslegung auf dem Versicherungs-
sektor nach der Deregulierung   229

Ulrich Hübner
Zum interdisziplinären Charakter der Versicherungswissen-
schaften – Wirtschaftliche Folgefragen der Mitgliedschaftsbeendi-
gung bei Lebensversicherungsvereinen auf Gegenseitigkeit
durch Bestandsübertragung   239

Walter Karten
Über die Wettbewerbsfähigkeit des Versicherungsvertreters   259

Peter Koch
Epochen der Geschichte der Versicherungswissenschaft
in Deutschland   271

Udo Koppelmann
Marketingüberlegungen im Versicherungsbereich   285

Bernhard Kromschröder
Cash flow-Underwriting und kalkulatorische Kapitalkosten
in der Schaden/Unfallversicherung   307

Egon Lorenz
Zur Anwendbarkeit erbrechtlicher Vorschriften auf
Drittbegünstigungen durch eine Kapitallebensversicherung
auf den Todesfall   335

Wolfgang Müller †
Informationsökonomische Grundlagen und empirische Überprüfung eines Beschreibungsmodells für Versicherungsprodukte   363

Hubert Pestenhofer
Die Wesensmerkmale der deutschen Lebensversicherung vor und nach der Liberalisierung   381

Helmut Schirmer
Überlegungen zur Fortentwicklung der Rechtsform der VVaG   391

Ulrich Schlie
Von den Anfängen des Deutschen Vereins für Versicherungswissenschaft am Beginn des 20. Jahrhunderts   413

Reimer Schmidt
Einige Gedanken über die Bedeutung von Ergebnissen der Betriebswirtschaftslehre für das Versicherungsrecht   425

J.-Matthias Graf v. d. Schulenburg
Grundsicherung durch Gesetzliche Krankenversicherung, Nachfrage nach ergänzenden Krankensicherungssystemen – einige theoretische Grundlagen –   439

Robert Schwebler
Allfinanz und Versicherung – ein vorläufiges Fazit   457

Wilhelm Seuß
Verwehte Worte   467

Günter Sieben
Zur Ermittlung des Gesamtwertes von Lebensversicherungsgesellschaften – eine Analyse aus Sicht der Unternehmensbewertungstheorie   479

Heinrich Stremitzer
Internationale Ausbildung für den akademischen Versicherungskaufmann?   507

Klaus Stüdemann
Über den Anspruch der Betriebswirtschaftslehre, eine Betriebswirtschaftslehre zu sein   517

Joachim Süchting
Zur Risikoposition von Banken und Versicherungen –
auch ein Beitrag zur Diskussion ihrer Aufsichtssysteme   537

Wieland Weiss
Strategisches und operatives Marketing in der Versicherungswirtschaft   555

Wolfgang Zschockelt
Zur Problematik von Polarisierungstendenzen in europäischen
Versicherungsmärkten   569

Autorenverzeichnis   579

Peter Albrecht

Gewinn und Sicherheit als Ziele der Versicherungsunternehmung: Bernoulli-Prinzip vs. Safety first-Prinzip

1. Vorbemerkung: Zur entscheidungsorientierten Versicherungsbetriebslehre

Farny (1989, S. 2 ff.) gibt einen Überblick über die grundlegenden Konzeptionen[1] der Versicherungsbetriebslehre und stellt hierbei die *entscheidungsorientierte* Versicherungsbetriebslehre an die erste Stelle. Dies steht im Einklang mit der entsprechenden Entwicklung[2] in der Mutterwissenschaft, der Allgemeinen Betriebswirtschaftslehre. Die entscheidungsorientierte Betriebswirtschaftslehre versteht *Wirtschaften als Summe von Entscheidungen*, insbesondere von Entscheidungen über *Unternehmensziele* und die zu ihrer Erreichung eingesetzten *Mittel*, wie die Auswahl der Unternehmensstruktur, der Aktivitätenprogramme und der betrieblichen Verfahrensweisen.

„Der Versicherungsbetrieb produziert nicht Versicherungsschutz um des Produzierens willen, die gesamtwirtschaftliche Aufgabe, Güter zu produzieren, ist in einzelwirtschaftlicher Sicht nur ein Mittel zur Erreichung eines individuellen betrieblichen Ziels. Die Entscheidung über das Formalziel selbst ist nicht wirtschaftlicher Natur, gilt jedoch als Maxime für das nachgeordnete betriebliche Wirtschaften ... Mit der Formulierung des obersten Ziels sind im Prinzip alle wirtschaftlichen Tätigkeiten im Versicherungsbetrieb determiniert. Es handelt sich nur noch um die Auswahl der Mittel, mit denen die Realisierung des Formalziels angestrebt wird. Unter diesem Aspekt stellt sich Wirtschaften als Optimierungsaufgabe dar; Wirtschaften ist (das Rationalprinzip unterstellt) die Suche nach dem teleologisch optimalen Mitteleinsatz[3]."

Zentral für die Umsetzung der entscheidungsorientierten Konzeption der Versicherungsbetriebslehre ist zunächst die Explizierung eines adäquaten *Zielsystems* der Versicherungsunternehmung und – unter modelltheoretischen Gesichtspunkten – dessen adäquater Quantifizierung in Form einer

---

1 Wesentliche Grundlagen hierzu werden bereits in Farny (1969, 1977) gelegt.
2 Vgl. etwa Heinen (1976).
3 Vgl. Farny (1969, S. 35).

Zielfunktion bzw. die Auswahl eines sachgerechten *Entscheidungsprinzips*.

Die wissenschaftliche Analyse des Zielsystems und der Ziele von Versicherungsunternehmen hat demgemäß, wiederum beginnend mit Farny[4], eine breite Behandlung in der Versicherungsbetriebslehre erfahren[5]. Dies gilt auch für die Diskussion des relevanten Entscheidungsprinzips[6], wobei übereinstimmend das Bernoulli-Prinzip als „das" geeignete Entscheidungsprinzip nicht nur allgemein im Kontext von Entscheidungen unter Risiko, sondern auch speziell für Entscheidungen von Versicherungsunternehmen (Entscheidungen über die Solvabilität, die Prämienbemessung, die Reservestellung oder die Rückversicherungsnahme) als adäquat angesehen wird. In der versicherungsmathematischen Risikotheorie werden dagegen neben dem Bernoulli-Prinzip[7] u. a. auch ruintheoretische Ansätze[8], Ansätze des Chance Constrained Programming[9] sowie neuerdings auch kapitalmarkttheoretische Ansätze[10] verwendet, ohne daß dabei notwendigerweise eine Diskussion des verwendeten Entscheidungskalküls vor dem Hintergrund der empirischen Entscheidungsrelevanz erfolgt.

Im folgenden soll, ausgehend von den beiden Basis-Zielkategorien Gewinn und Sicherheit, vor allem deren Verhältnis zueinander, eine modelltheoretische Diskussion der adäquaten Quantifizierung dieser Basis-Ziele sowie damit verbunden eine Diskussion über die Auswahl eines sachgerechten Entscheidungsprinzips geführt werden. Dabei wird das *Safety first-Prinzip* als sinnvolle Alternative zum Bernoulli-Prinzip herausgestellt.

2. *Gewinn und Sicherheit als Basis-Zielkategorien der Versicherungsunternehmung*

Gewinn- und Sicherheitsstreben[11] gelten übereinstimmend als die beiden vorrangigsten Ziele der Versicherungsunternehmung. Beide Zielkategorien weisen eine Vielzahl von Facetten[12] auf, die bei der Diskussion einer geeigneten modelltheoretischen Umsetzung im weiteren z. T. wieder aufgegriffen werden.

---

4 Vgl. Farny (1966, 1967, 1974).
5 Vgl. u. a. des weiteren Grossmann (1967), Kaluza (1979) und Werner (1991, S. 110 ff.).
6 Vgl. etwa Helten (1973, S. 160 ff.; 1975), Karten (1981, 1983) und Sterk (1979, S. 79 ff.).
7 Vgl. etwa Bühlmann (1970, S. 178 ff.), Borch (1974).
8 Vgl. etwa Bühlmann (1970, S. 133 ff.), Albrecht/Zimmermann (1992).
9 Vgl. etwa Mc Cabe/Witt (1980), Albrecht/Zimmermann (1992).
10 Vgl. etwa Cummins (1990). Kritisch dazu: Albrecht (1991).
11 In Farny (1989, S. 268 f.) wird das Sicherheitsziel unter die Erhaltungsziele subsumiert.
12 Vgl. Farny (1967; 1989, S. 261 ff.).

Von zentraler Bedeutung für die modelltheoretische Analyse erweist sich jedoch das Verhältnis der beiden (u. U. konfliktären) Basis-Zielkategorien zueinander, insbesondere, ob diese als gleichrangig angesehen werden können, bzw., ob sie beliebig gegenseitig substituierbar sind, d. h., daß ein geringeres Maß an Sicherheit durch ein entsprechend höheres Gewinnpotential kompensiert werden kann. Diese hier in einer mehr intuitiven Form verbalisierte Eigenschaft ist eine wesentliche Voraussetzung für die Kompatibilität empirischen Entscheidungsverhaltens mit dem noch darzustellenden Bernoulli-Prinzip, „dem" normativen Entscheidungskriterium bei Risiko.

Das in jeder Entscheidungssituation bei Risiko relevante Sicherheitsstreben wird in versicherungswirtschaftlichen Entscheidungssituationen verstärkt verfolgt. Die Produktion von Versicherungsschutz, d. h. das Versprechen von Sicherheit, setzt voraus, daß der Versprechende selbst, also das Versicherungsunternehmen, ein hohes Maß an Existenzsicherheit aufweisen muß. Das Versicherungsschutzversprechen hat nur dann einen Sinn, wenn es mit sehr hoher Wahrscheinlichkeit auch eingelöst werden kann[13]. Die Sicherheit des produzierenden Versicherungsunternehmens ist gleichsam ein Qualitätsmerkmal des produzierten Gutes – ein Sachverhalt, der bei der Produktion anderer Güter im allgemeinen nicht relevant ist.

„Die spezielle Schuldnerstellung, die der Versicherer nach Abschluß eines Versicherungsvertrages für die (unter Umständen sehr lange) Dauer des Versicherungsverhältnisses einnimmt, rückt den Gedanken an die Sicherheit des Unternehmens so stark in den Vordergrund, daß diese als unternehmerisches Ziel eine dominierende Rolle spielt, zusätzlich wird Sicherheit als Unternehmensziel von der Aufsichtsbehörde gleichsam verordnet und kontrolliert[14]."

„Dieser Sicherheitsgedanke, der letztlich auch der Versicherungsaufsicht zugrunde liegt, ist durch den Grundsatz präzisiert worden, daß der Konkurs eines Versicherungsunternehmens unerwünscht und deshalb zu vermeiden ist. Er kann als die herrschende Meinung angesehen werden und ist nie ernsthaft bestritten worden[15]."

Die voranstehenden Ausführungen belegen das starke Gewicht, das das Sicherheitsstreben für Versicherungsunternehmen besitzt. Das verstärkte Streben nach Sicherheit dient vor allem dazu, die Interessen der Versi-

---

13 Albrecht (1992, S. 41) definiert demgemäß Versicherungsschutz als die (quasi-sichere) Garantie auf die Erbringung der Dauerleistung der ständigen Fähigkeit, bei Eintreten eines Versicherungsfalles die vertraglich festgelegte Versicherungsleistung zu erbringen.
14 Vgl. Farny (1966, S. 145).
15 Vgl. Farny (1967, S. 73).

cherungsnehmer zu schützen und wird durch aufsichtsbehördliche Vorschriften kontrolliert. Dies alles legt nahe, daß in praxi Gewinn und Sicherheit nicht als gleichrangige Ziele anzusehen sind, sondern – vor allem bedingt durch aufsichtsbehördliche Regulierung – das Sicherheitsziel als vorrangig zu gelten hat.

„Das Bundesaufsichtsamt und die Rechtskommentierung lesen freilich den Gesetzestext etwas anders: Es werde als erstes Ziel „möglichst große Sicherheit" gefordert und Rentabilität sei ein nachgeordnetes Ziel[16]."

„Vom risikotheoretischen Standpunkt aus, und ich meine auch vom versicherungspraktischen Standpunkt, heißt das oberste Ziel: Sicherheit. Über die quantitative Ausprägung dieses Ziels, ob gemessen in Varianz der Gesamtschadenverteilung oder Ruinwahrscheinlichkeit, unter welchem Entscheidungskriterium auch immer, läßt sich im einzelnen streiten. Aber Safety first. Die dann folgenden Ziele Gewinn, Wachstum, Marktanteil, Prestige usw. sind dann immer unter der Bedingung einer bestimmten, fest vorgegebenen Sicherheit zu maximieren[17]."

Auch Farny führt aus[18]:

„Daneben gelten meist mehrere Nebenbedingungen, die die Zielfunktion begrenzen; in diesem Falle sind alle Ziele, die gegen die Bedingung verstoßen, von vornherein unzulässig und werden als irrelevant aus dem Entscheidungskalkül herausgenommen. Für den Versicherer ist insbesondere die Bedingung ausreichender Sicherheit von größter Bedeutung."

Die Implikation dieser in praxi geltenden Vorrangigkeit des Sicherheitsstrebens für normative Analysen des Entscheidungsverhaltens von Versicherungsunternehmen bei Risiko werden in den folgenden Abschnitten untersucht.

3. Erste Folgerungen für die Konzeptualisierung von Gewinn und Sicherheit

Ausgangspunkt der weiteren Überlegungen ist eine Analyse des Perioden-Erfolges G eines Versicherungsunternehmens. Dieser läßt sich in die folgenden Haupteinflußgrößen additiv disaggregieren:

---

16 Vgl. Schneider (1983, S. 12).
17 Vgl. Helten (1975, S. 91), damit führt Helten bemerkenswerterweise bereits sehr frühzeitig eine verbalisierte Form des Safety first-Prinzips in die Versicherungsbetriebslehre ein.
18 Vgl. Farny (1966, S. 138).

Prämienerlöse π
－ Schadenkosten S
＋ Kapitalanlageerfolg I
－ Betriebskosten K

＝ Unternehmenserfolg G

Es ist unmittelbar ersichtlich, daß zumindest zwei der Hauptdeterminanten des Periodenerfolgs G, nämlich die Schadenkosten S und der Kapitalanlageerfolg I, ex ante (zu Beginn der betrachteten Versicherungsperiode) indeterminiert sind. Zweckmäßigerweise werden diese Größen in einer modelltheoretischen Analyse somit als zufallsabhängige Größen (Zufallsvariable) konzeptualisiert; damit wird aber unmittelbar deutlich, daß auch der periodische Gesamterfolg G des Versicherungsunternehmens eine Zufallsgröße ist.

Um noch etwas spezifischer zu werden, gehen wir von einer diskreten Modellierung aus und nehmen an, daß der Erfolg der Periode m mögliche negative Realisierungen (Periodenverluste)

$v_m < \ldots < v_2 < v_1 < 0$

Abbildung 1: Wahrscheinlichkeitsverteilung des Periodenerfolgs

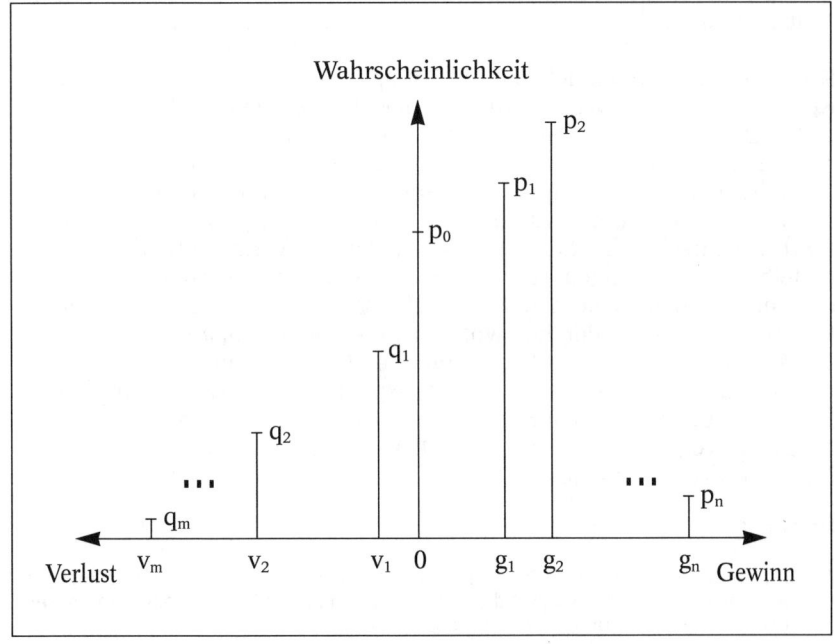

mit entsprechenden Eintrittswahrscheinlichkeiten $q_m, \ldots, q_1$ (> 0) und n mögliche positive Realisierungen (Periodengewinne)

$0 < g_1 < g_2 < \ldots < g_n$

mit entsprechenden Eintrittswahrscheinlichkeiten $p_1, \ldots, p_n$ (> 0) aufweisen kann.

Mit Wahrscheinlichkeit $p_0 > 0$ habe schließlich der Periodenerfolg G die Höhe null, d. h. es wird weder ein Gewinn noch ein Verlust erzielt. Der Periodenerfolg G, der im Zentrum unserer Analyse stehen wird, läßt sich somit visualisieren durch eine Wahrscheinlichkeitsverteilung der folgenden Art (siehe Abbildung 1).

In einer leicht allgemeineren Analyse (etwa für Solvabilitätsüberlegungen) würde man zusätzlich in Betracht ziehen, daß das Versicherungsunternehmen am Anfang der Periode Sicherheitskapital in der anfänglichen Höhe SK_0 besitzt, im Zentrum der Überlegungen würde dann nicht die Stromgröße Periodenerfolg G, sondern die Bestandsgröße Sicherheitskapital SK_1 am Ende der Periode

(1) $SK_1 = SK_0 + G$

stehen[19]. Da hier eine einfache Verschiebung von G um die Höhe SK_0 vorliegt, würde dieser allgemeinere Ansatz keine zusätzlichen Schwierigkeiten bereiten.

Kommen wir nun zurück zu Abbildung 1 und verdeutlichen uns erste Konsequenzen. Zunächst wird klar, daß der Periodenerfolg eines Versicherungsunternehmens (ex ante) stets sowohl ein *Gewinnpotential* (charakterisiert durch positive Erfolgsrealisationen und deren Eintrittswahrscheinlichkeiten) als auch ein *Risikopotential* im Sinne eines Verlustpotentials (charakterisiert durch negative Erfolgsrealisationen und deren Eintrittswahrscheinlichkeiten) aufweist. Dieses Verlustpotential hat unmittelbar Auswirkungen auf die *Unternehmenssicherheit* (Verringerung des anfänglichen Sicherheitskapitals SK_0). Ex ante weist der potentielle Unternehmenserfolg damit sowohl eine *Gewinndimension* als auch eine *Risiko-* bzw. *Sicherheitsdimension* auf. Gewinn und Sicherheit sind somit „lediglich" zwei verschiedene Aspekte der gleichen Grundgröße! Eine Aufgabe, die sich damit stellt, wäre es, das in G enthaltene Gewinnpotential V(G) bzw. das enthaltene Risikopotential R(G) in einem *absoluten* Sinn zu quantifizieren.

---

19   In einer allgemeinen entscheidungstheoretischen Analyse würde SK_0 dem anfänglichen (Rein-)Vermögen (initial wealth) des Entscheidungsträgers, SK_1 dem Endvermögen (final wealth) und G der Vermögensänderung (gains/losses) entsprechen.

An dieser Stelle ist ein Exkurs zur Terminologie und zum modelltheoretischen Ansatz angebracht. Spätestens mit Kartens (1972) Ausführungen zur Unsicherheit des Risikobegriffs ist deutlich geworden, daß es keine abschließende und definitive Konzeptualisierung des Risikobegriffs geben kann. Dies bedeutet aber keinesfalls, daß eine Exploration alternativer Risikobegriffe nicht interessante Erkenntnisse nach sich ziehen kann. Zur Vermeidung der Unsicherheit ist nicht die Diskussion über den Risikobegriff zu unterbinden, sondern es muß lediglich die jeweils gewählte Perspektive expliziert werden. In der Versicherungsbetriebslehre hat es sich eingebürgert, den Begriff Risiko mit der Wahrscheinlichkeitsverteilung der möglichen ökonomischen Konsequenzen einer Handlung (mithin mit der Gesamtheit der Abbildung 1) zu identifizieren[20]. Dafür gibt es gute Gründe, jedoch wird hiermit aber eher das „Eigenrisiko" einer ökonomischen Zufallsgröße erfaßt und nicht das ggf. damit verbundene Verlustrisiko einer ökonomischen Einheit. So bringt die Wahrscheinlichkeitsverteilung des kollektiven Gesamtschadens dessen Eigenrisiko zum Ausdruck, das Verlustrisiko des diesen kollektiven Gesamtschaden tragenden Versicherungsunternehmens wird aber wesentlich auch von der Höhe der vereinnahmten Prämie und dem zur Verfügung stehenden Sicherheitskapital beeinflußt[21]. In einer fondsgebundenen Lebensversicherung ohne Garantie einer (Mindest-)Verzinsung des angelegten (aus Prämien finanzierten) Kapitals können die Kapitalanlageergebnisse des Fonds ein hohes Eigenrisiko aufweisen, das Versicherungsunternehmen weist aber kein entsprechendes Verlustrisiko auf (wohl aber der Versicherungsnehmer!). Die Teilnahme an einer Lotterie schließlich, bei der zwar die möglichen Ergebnisse indeterminiert, aber sämtlich größer als der Einsatz sind, würde niemand als Risiko, sondern als „todsicheres Geschäft" ansehen, trotz des Vorliegens einer Wahrscheinlichkeitsverteilung der möglichen Ergebnisse.

Die Diskussion um die Zielkategorie „Sicherheit" ist eindeutig auf die Gefahr des *Verlustrisikos* abgestellt, und somit ist es nicht nur *legitim*, sondern wegen der geforderten Vorrangigkeit der Sicherheitsdimension sogar *notwendig*, einen Risikobegriff in einem isolierten und absoluten Sinne als Verlustrisiko zu entwickeln[22].

Im Gegensatz zur allgemeinen Entscheidungstheorie, wo inzwischen eine Fülle von solchen isolierten Risikomaßen bereitstehen[23], ist in der versicherungsbetrieblichen Risikotheorie bisher vornehmlich mit dem Risiko-

---

20 Vgl. Karten (1989), Helten (1973, S. 30 ff.), Farny (1989, S. 17 f.).
21 Diese Überlegung liegt auch der Konzeption des „versicherungstechnischen Gesamtrisikos", vgl. etwa Albrecht (1992, S. 7 ff.), zugrunde.
22 Wir folgen hier der Auffassung von Fishburn (1984), der zudem einen axiomatischen Zugang zu diesem Ansatz entwickelt.
23 Vgl. etwa Fishburn (1977), Luce (1980) und Sarin/Weber (1993).

maß der *Verlustwahrscheinlichkeit* (ohne bzw. mit Berücksichtigung des anfänglichen Sicherheitskapitals)

(2) $P(G < 0)$ bzw. $P(G < -SK_0)$

gearbeitet worden[24]. Mit dem Maß der Verlustwahrscheinlichkeit werden nicht alle relevanten Aspekte des Verlustpotentials, das in Abbildung 1 enthalten ist, erfaßt, da nur die Eintrittswahrscheinlichkeiten, nicht aber die Höhe der möglichen negativen Periodenergebnisse erfaßt werden[25]. Diese Kritik ist berechtigt und läßt sich durch Verwendung allgemeinerer Risikomaße[26] leicht ausräumen. Entsprechende Ansätze sollen jedoch an anderer Stelle verfolgt werden, im Rahmen der vorliegenden Arbeit beschränken wir uns auf Risikomaße des Typus (2).

Die in Abschnitt 2 erhobene Forderung eines ausreichend hohen Ausmaßes an Eigensicherheit des Versicherungsunternehmens kann dann in Form einer Wahrscheinlichkeitsnebenbedingung (ohne bzw. mit Berücksichtigung des anfänglichen Sicherheitskapitals) quantifiziert werden:

(3) $P(G < 0) \leq \varepsilon$ bzw. $P(G < -SK_0) \leq \varepsilon$.

Dies verbalisiert bedeutet, daß nur mit einer sehr kleinen Wahrscheinlichkeit ε negative Periodenergebnisse bzw. Verluste, die das Sicherheitskapital aufzehren, möglich sein dürfen (ein vollständiger Ausschluß, d. h. $\varepsilon = 0$, ist modelltheoretisch nicht sinnvoll). Zur Umsetzung der Bedingung des Typus (3) auf Fragen der Unternehmenssteuerung vgl. Albrecht/Zimmermann (1992).

Neben der Frage nach einer geeigneten Konzeptualisierung eines isolierten Risikobegriffs kann auch die Frage nach einer *relativen* Risikokonzeptualisierung im Sinne von „Erfolgsverteilung A ist risikoreicher als Erfolgsverteilung B" gestellt werden. Hierbei sind aber bereits nicht nur die negativen Erfolgsrealisationen und deren Eintrittswahrscheinlichkeiten, sondern auch die positiven Erfolgsrealisationen und deren Eintrittswahrscheinlichkeiten mit zu berücksichtigen, da letztere die ersteren in bestimmtem Ausmaße kompensieren können, vgl. dazu Fishburn (1982).

Damit sind wir aber bereits bei der Problematik der Entscheidungstheorie unter Risiko, der Auswahlproblematik, d. h. es ist (auf der Grundlage einer Bewertung) eine Wahl zwischen verschiedenen risikobehafteten ökonomischen Ergebnissen bzw. zwischen den dahinter stehenden ökonomischen Aktionen durchzuführen. Aussagen des Typus „Erfolgsvertei-

---

[24] Vgl. Albrecht (1992, S. 16 ff.), Albrecht/Zimmermann (1992).
[25] Zu dieser Kritik vgl. Schwake (1987, S. 144 f.), Schradin (1993, S. 43 f.).
[26] Vgl. Fishburn (1977), Harlow (1991), Schradin (1993, S. 55 f.).

lung A wird gegenüber der Erfolgsverteilung B präferiert" müssen getroffen werden können. Abschließend soll daher auf das Verhältnis der Fragestellung „geeignete Konzeptualisierung des Risikos" und der Fragestellung „Wahl zwischen Wahrscheinlichkeitsverteilungen" eingegangen werden. Dabei folgen wir Sarin/Weber (1993). Zunächst sind beide Fragestellungen voneinander unabhängig, weder wird man auf der Basis eines Risikomaßes allein die Auswahl zwischen Wahrscheinlichkeitsverteilungen treffen können, noch bedarf diese Auswahl notwendigerweise der Explizierung eines Risikomaßes. Das noch zu behandelnde Bernoulli-Prinzip stellt ein Beispiel für letzteres dar, es erlaubt das Treffen einer Auswahlentscheidung, basiert aber auf einer Gesamtbewertung der Wahrscheinlichkeitsverteilung, d. h. mißt Gewinn- und Verlustpotential *simultan*. Andererseits gibt es auch Verbindungen zwischen beiden Fragestellungen. Sogenannte Risk-Value-Modelle der Form

(4) $\Phi(G) = F[R(G), V(G)]$

erlauben es, den Trade-Off zwischen Gewinnpotential $V(G)$ und Verlustpotential $R(G)$ zu quantifizieren und induzieren damit ein Präferenzmodell. Dieses kann durchaus mit dem Bernoulli-Prinzip konsistent sein, etwa wenn einerseits $R(G) = Var(G)$ und $V(G) = E(G)$ ist, d. h. das Risikopotential wird durch die Varianz gemessen und das Gewinnpotential durch den Erwartungswert, und andererseits G einer Normalverteilung folgt. Auf der anderen Seite kann man auch auf der Grundlage des Bernoulli-Prinzips Risikomaße ableiten, so z. B. das Arrow-Pratt-Maß[27].

4. Das Bernoulli-Prinzip

„Kommen wir noch einmal auf das risikopolitische Entscheidungsproblem im Versicherungsbetrieb zurück, so stellt sich ... die Frage, welche Anforderungen sind an eine rationale Risikopolitik zu stellen, und welche Maßstäbe stehen zur Beurteilung und Kontrolle der risikopolitischen Maßnahmen zur Verfügung? Die Antwort der Theorie darauf ist nahezu einhellig: Maximiere den Risikonutzen nach dem Bernoulli-Prinzip[28]!"

Im folgenden wird kurz dargestellt, wie aufgrund des Bernoulli-Prinzips in Entscheidungssituationen bei Risiko[29] Handlungsalternativen zu bewerten sind. Der Kerngedanke besteht darin, eine Präferenzrelation (Ordnungsrelation) $\prec$ auf einer Menge H von Zufallsvariablen (bzw. Wahrscheinlichkeitsverteilungen) mittels eines Präferenzfunktionals Φ ordnungserhaltend auf die reellen Zahlen zu transformieren, d. h. es gilt:

---

27 Vgl. Pratt (1963).
28 Vgl. Karten (1983, S. 227).
29 Zur Abgrenzung der Entscheidungssituation bei Risiko vgl. Helten (1973, S. 168 ff.).

(5) $X \prec Y \Leftrightarrow \Phi(X) < \Phi(Y)$

Das Präferenzfunktional Φ auf H ist dabei operationalisierbar in der Form

(6) $\Phi(X) = E[u(X)]$,

dabei ist $u : \mathbf{R} \to \mathbf{R}$ eine bis auf eine positive lineare Transformation eindeutig bestimmte Funktion, die sogenannte Risikonutzenfunktion des Entscheidungsträgers. Formal wird das Präferenzfunktional Φ somit als Erwartungswert der durch die Risikonutzenfunktion u transformierten Zufallsvariablen X gebildet.

Die Operationalisierung einer Präferenzrelation eines Entscheidungsträgers auf einer Menge von Zufallsvariablen (bzw. äquivalent: Verteilungsfunktionen) in der Form (6) ist gewährleistet, wenn die Präferenzrelation gewissen Strukturanforderungen, den sogenannten *Axiomen des rationalen Verhaltens*[30], genügt. Zur Anwendung des Bernoulli-Prinzips auf empirische Entscheidungsprobleme bei Risiko ist zuvor die Risikonutzenfunktion des Entscheidungsträgers zu ermitteln[31]. Dies stellt eine Problemkategorie per se bei der empirischen Anwendung des Bernoulli-Prinzips dar; dies soll jedoch in dieser Arbeit nicht im Vordergrund stehen.

Das Bernoulli-Prinzip wird zwar in der wirtschaftswissenschaftlichen Entscheidungstheorie mehrheitlich als das *zentrale* Prinzip, das eine rationale normative Bewertung von Risikosituationen ermöglicht und den Maßstab für die Beurteilung der Rationalität von Entscheidungskriterien bei Risiko darstellt, angesehen. Es ist jedoch immer wieder der Kritik ausgesetzt gewesen, ob es reales Entscheidungsverhalten angemessen zu operationalisieren vermag[32]. Auch nicht alle ihm zugrundeliegenden Axiome sind unumstritten, insbesondere die Axiome der *Stetigkeit* (auch Archimedisches Axiom) und der *Substitution* (auch Unabhängigkeitsaxiom) sind oft als empirisch oder entscheidungslogisch nicht gültig angegriffen worden[33].

So führen etwa Arzac und Bawa zu dem von ihnen vorgeschlagenen Safety first-Prinzip (das wir im folgenden Abschnitt behandeln werden), das die Stetigkeits- und Substitutionsaxiome verletzt, im Vergleich zum Bernoulli-Prinzip aus[34].

---

30 Man vgl. dazu Schneeweiß (1967, S. 73 ff.), Fishburn (1970, S. 137 ff.), Bamberg/Coenenberg (1992, S. 84 ff.).
31 Man vgl. dazu Schneeweiß (1967, S. 67 ff.).
32 Man vgl. dazu Kahneman/Tversky (1979), Weber/Camerer (1987).
33 Zur Diskussion um Stetigkeits- und Substitutionsaxiom vgl. Allais (1953), Arrow (1971), Chipman (1971), Hagen (1979), Machina (1982).
34 Vgl. Arzac/Bawa (1977, S. 279).

„A review of the now classic pros and cons given on continuity and independence ... reveals that they are not compelling restrictions on economic choices, and we find no sufficient a priori or empirical basis for preferring safety-first to expected utility or vice versa. Thus, it seems reasonable to consider both principles complementary..."

In dieser Arbeit geht es jedoch nicht darum, Partei für das eine oder andere Prinzip aus „weltanschaulichen" Gründen zu ergreifen, sondern allein darum, bestehende Prinzipien daraufhin zu überprüfen, inwieweit diese für Versicherungsunternehmen zulässiges (da beliebiges Wahlverhalten aufgrund der bestehenden rechtlichen Rahmenbedingungen, hier insbesondere den Solvabilitätsvorschriften, nicht möglich ist) Wahlverhalten adäquat widerzuspiegeln vermögen.

Eine Bewertung des zufallsabhängigen Periodengewinns G bzw. des zufallsabhängigen Sicherheitskapitals $SK_0 + G$ am Ende der Versicherungsperiode durch das Bernoulli-Prinzip würde auf der Basis einer gegebenen Risikonutzenfunktion u erfolgen durch:

(7) $\Phi(G) = E[u(G)]$ bzw. $\Phi(SK_0 + G) = E[u(SK_0 + G)]$.

Sind alternative mögliche Periodengewinne als Folge unterschiedlicher ökonomischer Handlungen des Versicherungsunternehmens möglich, so ist nach dem Bernoulli-Prinzip diejenige Handlung auszuwählen, die zu dem maximalen Erwartungsnutzen führt. Sind z. B. unterschiedliche Festsetzungen der (kollektiven) Bruttoprämie π möglich, so werden diese zu unterschiedlichen Periodenerfolgen $G(\pi)$ führen und es ist diejenige Prämienfestsetzung zu wählen, die die Lösung des Maximierungsproblems (bei Vernachlässigung des Sicherheitskapitals)

(8) $E[u(G(\pi))] \to \max !$

darstellt.

Im Lichte der Diskussion des Abschnitts 2 besteht die Problematik des Bernoulli-Prinzips darin, daß eine *Kontrolle* der Bedingung einer ausreichend hohen Eigensicherheit des Versicherungsunternehmens *nicht* möglich ist. Zwar wird die aus Sicht des *Versicherungsunternehmens* (wenn dieses Bernoulli-rational entscheidet) günstigste Handlung ausgewählt. Ob diese aber die Solvabilitätsvorschriften bzw. das Interesse der *Versicherungsnehmer* an einem ausreichend sicheren Versicherungsschutzversprechen erfüllt, ist *nicht* notwendigerweise gewährleistet.

Man könnte nun daran denken, eine solche Kontrolle zusätzlich einzuführen. Eine modelltheoretische Formulierung einer Solvabilitätsrestriktion bietet (3), dies in Verbindung mit (8) würde auf das Maximierungsproblem

(9) $E[u(G(\pi))] \to \max !$

unter der Bedingung

$P[G(\pi) < -SK_0] \leq \varepsilon$

hinauslaufen. Das Versicherungsunternehmen würde sich dann Bernoulli-rational *innerhalb* des gegebenen regulatorischen Rahmens verhalten. Eine Restriktion des Typus (3) beschränkt (im Interesse der Versicherungsnehmer) die Menge der *zulässigen* ökonomischen Handlungen bzw. der daraus resultierenden Erfolgsverteilungen. Das Versicherungsunternehmen entscheidet gemäß (8), nun aber unter der aufsichtsbehördlich kontrollierten Bedingung (3).

Der vorstehend dargelegte Ausweg darf aber nicht darüber hinwegtäuschen, daß bei (9) eine Kompatibilität mit dem Bernoulli-Prinzip *nicht* mehr gegeben ist, wenn man (9) als ein *einheitliches* Entscheidungsprinzip auffaßt. Sowohl das Stetigkeitsaxiom als auch das Substitutionsaxiom sind verletzt[35]. Intuitiv liegt dies daran, daß eine verminderte Sicherheit des Unternehmenserfolgs nicht mehr durch ein entsprechend höheres Gewinnpotential kompensiert werden kann. Insgesamt gesehen impliziert somit eine Restriktion der Form (3), die zur Wahrung der Interessen der Versicherungsnehmer eingeführt wird, ein nicht mehr Bernoulli-rationales, d. h. nicht mit dem Bernoulli-Prinzip kompatibles Entscheidungsverhalten des Versicherungsunternehmens.

Da aber die Notwendigkeit der Sicherung der Ansprüche der Versicherungsnehmer in Versicherungstheorie und -praxis nie ernsthaft angezweifelt worden ist, müssen somit hinsichtlich der Quantifizierung der Zielfunktion eines Versicherungsunternehmens, d. h. hinsichtlich der entscheidungslogischen Modellierung seines Entscheidungsverhaltens bei Risiko, die Konsequenzen gezogen werden.

Eine Möglichkeit besteht in der oben aufgeführten, das Versicherungsunternehmen verhält sich gemäß dem Bernoulli-Prinzip, aber nur innerhalb des von der Versicherungsaufsicht festgelegten Rahmens. Dabei muß in Kauf genommen werden, daß die Sicherheit des Unternehmenserfolgs mit zweierlei Maß gemessen wird. Das Versicherungsunternehmen spezifiziert durch seine Nutzenfunktion simultan seine Höhen- und Risikopräferenz, die Versicherungsaufsicht quantifiziert ihre Sicherheitsvorstellung durch eine Wahrscheinlichkeitsrestriktion der Form (3) oder anderen Solvabilitätsvorschriften.

---

35 Dies zeigt man wie im Spezialfall u(x) = x des im folgenden Abschnitt behandelten Safety first-Prinzips, vgl. dazu Arzac/Bawa (1977, S. 279).

Eine alternative Möglichkeit von drastischerer Konsequenz besteht darin, den Boden des Bernoulli-Prinzips zu verlassen und sich anderen Entscheidungsprinzipien zuzuwenden[36]. Vor allem auch vor dem Hintergrund der eingangs angesprochenen Kritik an den durch (9) verletzten Stetigkeits- und Substitutionsaxiomen erscheint eine solche Vorgehensweise gerechtfertigt.

5. Das Safety first-Prinzip

Das Safety first-Prinzip[37] läßt sich in lexikographischer Form[38] wie folgt formulieren: Es sei A ein kritischer Wert (etwa ein zumindest erstrebtes Einkommen) und ε eine kritische (kleine) Wahrscheinlichkeit (etwa dafür, daß ein als zufallsabhängig angesehenes Einkommen den Wert A nicht überschreitet). Für zwei Zufallsvariable (etwa mögliche Einkommensverteilungen) X und Y sei $p_x = P(X < A)$ und $p_y = P(Y < A)$.

X und Y werden nun durch die folgende Präferenzrelation geordnet:

(10) $\quad X \prec Y \Leftrightarrow \begin{cases} E(X) < E(Y) & \text{, wenn } p_x \leq \varepsilon \text{ und } p_y \leq \varepsilon \\ p_x > \varepsilon \text{ und } p_y \leq \varepsilon & \\ p_y < p_x & \text{, wenn } p_x > \varepsilon \text{ und } p_y > \varepsilon. \end{cases}$

Die Präferenzordnung orientiert sich primär an den Wahrscheinlichkeiten p_x bzw. p_y; bevorzugt wird die Zufallsvariable, die den kleineren Wert aufweist, *außer* in dem Falle, in dem beide Wahrscheinlichkeiten die kritische Wahrscheinlichkeit ε *nicht* übersteigen; hier wird die Zufallsvariable mit dem größeren Erwartungswert bevorzugt. Die lexikographische Form des Safety first-Prinzips birgt gegenüber der Originalfassung den Vorteil, daß sie dem Prinzip der absoluten Präferenz (Dominanzprinzip[39]) genügt[40]. Die Relation (10) induziert eine vollständige Ordnung auf jeder Menge von Zufallsvariablen mit endlichem Erwartungswert.

---

36 Auch Karten (1983, S. 227 f.) empfiehlt, wenn er auch das Bernoulli-Prinzip als Leitbild ansieht, an dem alle praktischen Entscheidungen auszurichten sind, aus Gründen der Praktikabilität, „daß statt der simultanen Entscheidung über Risiko und Erfolg auf sukzessive Entscheidungsmodelle zurückgegriffen wird, die z. B. die Maximierung des Deckungsbeitrags vorschreiben unter Einhaltung der Nebenbedingung einer Mindestsicherheit".
37 Das Safety first-Prinzip geht zurück auf Roy (1952). Weiterführende Studien sind Telser (1955), Sengupta (1969), Pyle/Turnovsky (1970, 1971), Levy/Sarnat (1972), Arzac (1974), Gressis/Remaley (1974), Arzac/Bawa (1977), Bawa (1978).
38 Vgl. Bawa (1978).
39 Vgl. zu diesem Prinzip Schneeweiß (1967, S. 39).
40 Vgl. Arzac/Bawa (1977, S. 278).

Die Wahl des kritischen Wertes A im versicherungsspezifischen Kontext geschieht zweckmäßigerweise in Abhängigkeit von der betrachteten Entscheidungssituation. Im Falle der in Abschnitt 4 betrachteten Auswahl unter unterschiedlichen Periodenerfolgen G bzw. Sicherheitskapitalausstattungen $SK_0 + G$ bietet sich die Festsetzung $A = 0$ bzw. $A = -SK_0$ an. Das Problem der Bestimmung des maximal möglichen Periodenerfolgs würde dann im Rahmen eines Safety first-Ansatzes lauten:

(11) $E[G(\pi)] \to$ max !

   unter der Bedingung

   $P[G(\pi) < -SK_0] \leq \varepsilon$.

Es ist darauf hinzuweisen, daß das Maximierungsproblem (11) das Gegenstück zum Problem (8) im Bernoulli-Falle ist, nicht etwa zu (9). Die Wahrung der Solvabilitätsrestriktion (3) ist beim Safety first-Prinzip bereits explizit enthalten, während es beim Bernoulli-Prinzip zusätzlich hinzugefügt werden mußte.

Neben dem Wegfall des Problems der Spezifikation einer Risikonutzenfunktion u besteht ein weiterer Vorteil des Safety first-Prinzips darin, daß es direkt an die umfangreich vorhandene risikotheoretische Literatur anknüpft, die von einer Bedingung des Typus[41]

(12) $P(G<0) = P(S>\pi)$ bzw.

   $P(G < -SK_0) = P(S > \pi + SK_0)$

ausgeht, d. h. von einer Restriktion der Verlust- bzw. Ruinwahrscheinlichkeit.

Aus rechenmethodischer Sicht ist darauf hinzuweisen, daß das Safety first-Prinzip bzw. die versicherungsspezifische Spezialisierung (11) in ein Teilgebiet der *stochastischen Optimierung*, in das Gebiet des „Chance-constrained Programming" führt[42]. Wie etwa in Albrecht/Zimmermann (1992) gezeigt, läßt sich in risikotheoretischen Standardfällen eine Wahrscheinlichkeitsrestriktion des Typus (3) in einfacher Weise in eine äquivalente deterministische Restriktion überführen, damit wird das Problem (11) Methoden der deterministischen Optimierung unter Nebenbedingungen zugänglich.

---

41 Hierbei werden – wie in der risikotheoretischen Literatur üblich – Betriebskosten und Kapitalanlageerfolg als Erfolgsdeterminanten vernachlässigt.
42 Vgl. dazu etwa Kirby (1970).

6. Schlußbemerkungen

Ausgehend von einer Analyse der Ziele *Gewinn* und *Sicherheit* von Versicherungsunternehmen sind eine Reihe von modelltheoretischen Überlegungen vorgenommen worden. Die Forderung einer ausreichend hohen Unternehmenssicherheit *(Solvabilitätsrestriktion)* stellt das Problem der Quantifizierung des *Risikopotentials*, das in der Wahrscheinlichkeitsverteilung des periodischen Unternehmenserfolgs innewohnt. Das Treffen ökonomischer Entscheidungen auf der Grundlage des Bernoulli-Prinzips führt nicht notwendigerweise zur Wahrung der Solvabilitätsrestriktion. Die Wahrung der Solvabilitätsrestriktion andererseits führt zu einem Entscheidungsverhalten, das *nicht* Bernoulli-rational ist (Verletzung von Substitutions- und Stetigkeitsaxiom). Zur Gewährleistung der Wahrung der Interessen der Versicherungsnehmer ist jedoch die Erfüllung der Solvabilitätsrestriktion höher zu bewerten. In diesem Falle stellt das Safety first-Prinzip eine entscheidungslogische Alternative dar. Zudem schließt das Safety first-Prinzip direkt an risikotheoretische Überlegungen an, die auf einer Kontrolle der Verlust- bzw. Ruinwahrscheinlichkeit beruhen. Das Safety first-Prinzip besitzt jedoch nicht nur aus entscheidungstheoretischer Sicht Vorzüge, sondern bildet auch eine tragfähige Basis zur Konzeptualisierung und Umsetzung einer *erfolgsorientierten* Steuerung von Versicherungsunternehmen, wie Schradin (1993) überzeugend nachweist.

Literatur

Albrecht, P. (1991): Kapitalmarkttheoretische Fundierung der Versicherung?, Zeitschrift für die gesamte Versicherungswissenschaft 80, S. 499–530.

Albrecht, P. (1992): Zur Risikotransformationstheorie der Versicherung: Grundlagen und ökonomische Konsequenzen, Karlsruhe.

Albrecht, P., J. Zimmermann (1992): Risikotheoretische Analyse des Versicherungsgeschäfts auf der Grundlage eines stochastischen Gesamtmodells, Transactions of the 24th International Congress of Actuaries, Montreal.

Allais, M. (1953): Le comportement de l'homme rationel devant la risque: Critiques des postulats et axiomes de l'école americaine, Econometrica 21, S. 503–546.

Arrow, K. J. (1971): Essays in the theory of risk bearing, Chicago.

Arzac, E. R. (1974): Utility analysis of chance-constrained portfolio selection, Journal of Financial and Quantitative Analysis 9, S. 993–1007.

Arzac, E. R., V. S. Bawa (1977): Portfolio choice and equilibrium in capital markets with safety-first investors, Journal of Financial Economics 4, S. 277–288.

Bamberg, G., A. G. Coenenberg (1992): Betriebswirtschaftliche Entscheidungslehre, 7. Aufl., München.

Bawa, V. S. (1978): Safety first, stochastic dominance, and optimal portfolio choice, Journal of Financial and Quantitative Analysis 13, S. 255–271.

Borch, K. (1974): The Mathematical Theory of Insurance, Lexington/Mass. u. a.

Bühlmann, H. (1970): Mathematical Methods in Risk Theory, Berlin u. a.

Chipman, J. S. (1971): Non-Archimedian behavior under risk, in: Chipman, J. S., Hurwicz, J., Richter, M. R., H. S. Sonnenschein (Hrsg.): Preferences, utility and demand, New York, S. 289–318.

Cummins, J. D. (1990): Asset pricing models and insurance rate making, ASTIN Bulletin 20, S. 125–166.

Farny, D. (1966): Unternehmerische Ziel- und Mittelentscheidungen in der Versicherungswirtschaft, Zeitschrift für die gesamte Versicherungswissenschaft 55, S. 129–159.

Farny, D. (1967): Gewinn und Sicherheit als Ziele von Versicherungsunternehmen, Zeitschrift für die gesamte Versicherungswissenschaft 56, S. 49–81.

Farny, D. (1969): Grundfragen einer theoretischen Versicherungsbetriebslehre, in: Farny, D. (Hrsg.): Wirtschaft und Recht der Versicherung, Karlsruhe, S. 27–72.

Farny, D. (1974): Zielkonflikte in Entscheidungsinstanzen des Versicherungsunternehmens, Versicherungswirtschaft, S. 1238–1248.

Farny, D. (1977): Ansätze einer betriebswirtschaftlichen Theorie des Versicherungsunternehmens, Genfer Hefte 5, S. 9–21.

Farny, D. (1989): Versicherungsbetriebslehre, Karlsruhe.

Fishburn, P. C. (1970): Utility theory for decision making, New York u. a.

Fishburn, P. C. (1977): Mean risk analysis with risk associated with below target returns, American Economic Review 67, S. 116–126.

Fishburn, P. C. (1982): Foundations of risk measurement II: Effects of gains on risk, Journal of Mathematical Psychology 25, S. 226–242.

Fishburn, P. C. (1984): Foundations of risk measurement I: Risk as probable loss, Management Science 30, S. 396–406.

Gressis, N., W. A. Remaley (1974): Comment: „Safety first - An expected utility principle", Journal of Financial and Quantitative Analysis 9, S. 1057–1061.

Grossmann, M. (1967): Sicherheits- und Gewinnstreben in der Versicherungswirtschaft, Zeitschrift für die gesamte Versicherungswissenschaft, Nr. 56, S. 83–99.

Hagen, O. (1979): Towards a positive theory of preferences under risk, in: Allais, M., O. Hagen (Hrsg.): Expected Utility Hypothesis and the Allais Paradox, Dordrecht.

Harlow, W. V. (1991): Asset allocation in a downside-risk framework, Financial Analysts' Journal, September/October 1991, S. 28–40.

Heinen, E. (1976): Das Zielsystem der Unternehmung. Grundlagen betriebswirtschaftlicher Entscheidungen, 3. Aufl., Wiesbaden.

Helten, E. (1973): Statistische Entscheidungsverfahren zur Risikopolitik von Versicherungsunternehmen, Habilitationsschrift, Köln.

Helten, E. (1975): Risikotheorie – Grundlage der Risikopolitik von Versicherungsunternehmen?, Zeitschrift für die gesamte Versicherungswissenschaft 64, S. 75 – 92.

Kahneman, D. H., A. Tversky (1979): Prospect theory: An analysis of decision under risk, Econometrica 47, S. 263 – 290.

Kaluza, B. (1979): Entscheidungsprozesse und empirische Zielforschung in Versicherungsunternehmen, Karlsruhe.

Karten, W. (1972): Die Unsicherheit des Risikobegriffs, in: Braeß, P., Farny, D., R. Schmidt (Hrsg.): Praxis und Theorie der Versicherungsbetriebslehre, Karlsruhe, S. 147 – 169.

Karten, W. (1981): Grundlagen einer versicherungsbetrieblichen Risikopolitik, in: Jung, M. et al. (Hrsg.): Geld und Versicherung, Karlsruhe, S. 135 – 153.

Karten, W. (1983): Grundlagen der Risikopolitik – Überblick, Zeitschrift für die gesamte Versicherungswissenschaft 72, S. 213 – 229.

Karten, W. (1989): Versicherungstechnisches Risiko – Begriff, Messung und Komponenten, WISU-Das Wirtschaftsstudium, S. 105 – 108, S. 169 – 174.

Kirby, M. J. L. (1970): The current state of chance constrained programming, in: Kuhn, H. W. (Hrsg.): Proceedings of the Princeton Symposium on Mathematical Programming, Princeton, S. 93 – 111.

Levy, H., M. Sarnat (1972): Safety-first – An expected utility principle, Journal of Financial and Quantitative Analysis 7, S. 1829 – 1834.

Luce, R. D. (1980): Several possible measures of risk, Theory and Decision 12, S. 217 – 228; Correction, 1981, 13, S. 381.

Machina, M. (1982): Expected utility analysis without the independence axiom, Econometrica 50, S. 277 – 323.

Mc Cabe, G. M., R. C. Witt (1980): Insurance pricing and regulation under uncertainty: A chance constraint approach, Journal of Risk and Insurance 47, S. 607 – 635.

Pratt, J. W. (1964): Risk aversion in the small and in the large, Econometrica 32, S. 122 – 136.

Pyle, D. H., S. J. Turnovsky (1970): Safety-first and expected utility maximization in mean – standard deviation portfolio analysis, Review of Economic Studies, S. 78 – 81.

Pyle, D. H., S. J. Turnovsky (1971): Risk aversion in chance constrained portfolio selection, Management Science 18, S. 218 – 225.

Roy, A. D. (1952): Safety-first and the holding of assets, Econometrica 20, S. 431 – 449.

Sarin, R. K., M. Weber (1993): Risk-value models, European Journal of Operational Research 70, S. 135 – 149.

Schneeweiß, H. (1967): Entscheidungskriterien bei Risiko, Berlin u. a.

Schneider, D. (1983): Kapitalanlagevorschriften und Verbraucherschutz, Zeitschrift für betriebswirtschaftliche Forschung, Sonderheft 16: Kapitalanlageplanung, S. 5 – 30.

Schradin, H. R. (1993): Erfolgsorientiertes Versicherungsmanagement, Dissertationsschrift, Mannheim.

Schwake, E. (1987): Überlegungen zu einem risikoadäquaten Marketing als Steuerungskonzeption von Versicherungsunternehmen, Karlsruhe.

Sengupta, J. K. (1969): Safety-first rules under chance constraint programming, Operations Research 17, S. 112–132.

Sterk, H. P. (1979): Selbstbeteiligung unter risikotheoretischen Aspekten, Karlsruhe.

Telser, L. G. (1955): Safety first and hedging, Review of Economic Studies 23, S. 1–16.

Weber, M., C. Camerer (1987): Recent developments in modeling preferences under risk, OR Spektrum 9, S. 129–151.

Werner, U. (1991): Die Messung des Unternehmenserfolgs auf Basis einer kommunikationstheoretisch begründeten Jahresabschlußanalyse, Wiesbaden.

Otto A. Altenburger

Die deutschen Jahresabschlußformblätter für Versicherungsunternehmen – Detailmängel und Verbesserungsvorschläge

1. Problemstellung und Überblick

Dieter Farny hat sich immer wieder mit der Rechnungslegung der Versicherungsunternehmen beschäftigt[1]. Es handelt sich dabei um ein Thema, das in den letzten Jahren wegen der durch das Bilanzrichtliniengesetz ausgelösten Änderungen besondere Aktualität besaß und auch in den

---

1 Vgl. Farny, Dieter, Der Ausweis des indirekten Geschäftes bei den Erstversicherungsunternehmen, in: ZfV 1964, S. 870–874; ders., Die externe Analyse des Cash Flow von Versicherungsunternehmen, in: Braeß, Paul, Farny, Dieter, Schmidt, Reimer (Hg.), Praxis und Theorie der Versicherungsbetriebslehre, Festgabe für H. L. Müller-Lutz zum 60. Geburtstag, Karlsruhe 1972, S. 71–94; ders., Die Darstellung der Erfolgsstruktur eines Schaden- und Unfallversicherers, insbesondere der Wirkungen der Rückversicherung, in: Kalwar, Hans (Hg.), Sorgen, Vorsorgen, Versichern, Festschrift für Heinz Gehrhardt zum 70. Geburtstag, Karlsruhe 1975, S. 69–91; ders., Versicherungsbilanzen, Frankfurt am Main 1975; ders., Der Ausweis der außerordentlichen Erfolgsfaktoren im Jahresabschluß der Versicherungsunternehmen am Beispiel der Schaden- und Unfallversicherung, in: Reichert-Facilides, Fritz, Rittner, Fritz, Sasse, Jürgen (Hg.), Festschrift für Reimer Schmidt, Karlsruhe 1976, S. 535–552; ders., Die „persönlichen Aufwendungen" in den Jahresabschlüssen 1974 der Kompositversicherer, Zugleich eine Kritik an Muster 9 der Rechnungslegungsvorschriften, in: VW 1976, S. 897–906; ders., Betriebswirtschaftliche Bemerkungen zu den Rechnungslegungsvorschriften für Versicherungsunternehmen, in: DBW 1977, S. 505–514; ders., Grundlagen der Periodenrechnung von Versicherungsunternehmen, Wiesbaden 1977; ders., Spartenbezogene Informationen im Jahresabschluß von Kompositversicherungsunternehmen aus der Sicht des Kunden, in: VP 1981, S. 52–54; ders., Publizitätsempfänger und Informationsinteressen in der Versicherungswirtschaft, in: Jung, Michael, Lucius, Ralph René, Seifert, Werner G. (Hg.), Geld und Versicherung, Festgabe für Wilhelm Seuß, Karlsruhe 1981, S. 13–32; ders., Versicherungsunternehmungen, Rechnungswesen der, in: Kosiol, Erich, Chmielewicz, Klaus, Schweitzer, Marcell (Hg.), Handwörterbuch des Rechnungswesens, 2. Aufl., Stuttgart 1981, Sp. 1699–1713; ders., Rückstellungen für drohende Verluste aus schwebenden Geschäften in den Jahresabschlüssen 1982 der großen deutschen Kompositversicherungsunternehmen, in: VW 1983, S. 1581–1583; ders., Solvabilität und Solvabilitätspolitik der Versicherungsunternehmen, in: ZVersWiss 1984, S. 35–67; ders., Jahresabschluß und Geschäftsbericht eines Lebensversicherungsunternehmens als Abrechnung von Leistungsströmen zwischen dem Versicherer und seiner Umwelt, in: Henn, Rudolf, Schickinger, Walter F. (Hg.), Staat, Wirtschaft, Assekuranz und Wissenschaft, Festschrift für Robert Schwebler, Karlsruhe 1986, S. 169–185; ders., Buchführung und Periodenrechnung im Versicherungsunternehmen, 4. Aufl., Wiesbaden 1992; ders., Versicherung, in: Chmielewicz, Klaus, Schweitzer, Marcell (Hg.), Handwörterbuch des Rechnungswesens, 3. Aufl., Stuttgart 1993, Sp. 2063–2076.

nächsten Jahren wegen der Umsetzung der Versicherungsbilanzrichtlinie der EG[2] aktuell bleiben wird.

Immer wenn Vorschriften über die Rechnungslegung geändert werden, drängen sich Verbesserungsüberlegungen auf; es stellt sich die Frage, inwieweit die jeweilige Reform dazu genützt werden kann oder soll, auch Änderungen vorzunehmen, zu denen die EG nicht verpflichtet, die aber den Jahresabschluß klarer und aussagekräftiger gestalten. Der im Rahmen der vorliegenden Festschrift zur Verfügung stehende Raum reicht nicht aus, grundlegende Reformvorschläge für die Rechnungslegung der Versicherungsunternehmen – etwa betreffend den Ausweis von Deckungsbeiträgen für Geschäftsfelder, die Integration von Versicherungs- und Kapitalanlagegeschäft oder den Erfolg aus der Rückversicherungsabgabe – darzulegen; insoweit solche Vorschläge in Widerspruch zur Versicherungsbilanzrichtlinie stehen, dürften sie auch kaum Aussicht auf Verwirklichung oder auch nur ernsthafte Diskussion besitzen. Diesbezüglich optimistischer eingeschätzt werden dürfen wohl Vorschläge zur Behebung oder Verminderung von Detailmängeln der derzeit für deutsche Versicherungsunternehmen geltenden Rechnungslegungsvorschriften.

Derartige Vorschläge bilden deshalb das Anliegen des vorliegenden Beitrages. Er beschränkt sich auf Ausweis- und Gliederungsprobleme, also auf eine Analyse der Jahresabschlußformblätter. Dabei wird jeweils auch auf die einschlägigen Bestimmungen der Versicherungsbilanzrichtlinie Bezug genommen.

Im folgenden Abschnitt 2 werden Detailmängel und Vorschläge zusammengefaßt, die allein die Bilanz betreffen; der Abschnitt 3 umfaßt Punkte mit Bezug zur Bilanz und zur Gewinn- und Verlustrechnung. Der Abschnitt 4 enthält eine Zusammenfassung sowie Schlußfolgerungen.

2. Detailmängel und Vorschläge betreffend die Bilanz

2.1 Der Ausweis der Anteile der Rückversicherer an den versicherungstechnischen Rückstellungen

Die Anteile der Rückversicherer an den versicherungstechnischen Rückstellungen werden derzeit grundsätzlich offen von den Bruttobeträgen

---

[2] Richtlinie des Rates vom 19. Dezember 1991 über den Jahresabschluß und den konsolidierten Abschluß von Versicherungsunternehmen (91/674/EWG), ABl. Nr. L 374 vom 31.12.1991, S. 7. Vgl. dazu den Entwurf eines Gesetzes zur Durchführung der Richtlinie des Rates der Europäischen Gemeinschaften über den Jahresabschluß und den konsolidierten Abschluß von Versicherungsunternehmen (Versicherungsbilanzrichtlinie-Gesetz – VersRiLiG), Bundesrats-Drucksache 359/93 vom 28. Mai 1993; viele Detailvorschriften, insbesondere fast alle Ausweis- und Gliederungsvorschriften, sollen danach – wie bisher – einer Verordnung des Bundesministeriums der Justiz vorbehalten bleiben.

der versicherungstechnischen Rückstellungen abgesetzt, so daß nur die Netto- bzw. Eigenbehaltsbeträge in der Hauptspalte der Bilanz aufscheinen. Abweichend von diesem Grundsatz haben jedoch Lebensversicherungsunternehmen die Deckungsrückstellung für das selbst abgeschlossene Versicherungsgeschäft brutto – also ohne Abzug der Anteile der Rückversicherer – auszuweisen.

Diese Regelung ist allein schon wegen der daraus folgenden *Uneinheitlichkeit* problematisch; auf § 67 VAG läßt sie sich nicht stützen[3], zumal ein Vorspaltenausweis des Bruttobetrages keinen Informationsverlust gegenüber einem Hauptspaltenausweis bewirkt. Die Klarheit des Jahresabschlusses wird aber insbesondere dadurch beeinträchtigt, daß die Anteile der Rückversicherer an der Deckungsrückstellung für das selbst abgeschlossene Lebensversicherungsgeschäft nirgends als solche ausgewiesen werden, sondern nur in einem Vorspaltenvermerk „davon Depotverbindlichkeiten" bzw. – im Fall der Stellung von Wertpapierdepots durch die Rückversicherer – im Ausweis von „Depotforderungen aus dem in Rückdeckung ... gegebenen Versicherungsgeschäft" Ausdruck finden[4]. Da die *Rückversicherungsabgabe* üblicherweise zu *Depotverbindlichkeiten* führt, während *Depotforderungen* aus der *Rückversicherungsübernahme* herrühren, wirkt der Ausweis von *Depotforderungen* aus der *Rückversicherungsabgabe* äußerst verwirrend. Von den Rückversicherern gestellte Wertpapierdepots sollten vielmehr als solche ersichtlich gemacht werden.

Welche weiteren Informationen im Jahresabschluß über die Rückversicherungsabgabe man auch immer für wünschenswert halten mag, bildet die *einheitliche Behandlung* der Anteile der Rückversicherer an den versicherungstechnischen Rückstellungen den wichtigsten Beitrag zur Lösung der aufgezeigten Probleme bei der Jahresabschlußinterpretation. Ob die Anteile der Rückversicherer offen von den Bruttobeträgen der versicherungstechnischen Rückstellungen abgesetzt oder gesondert auf der Aktivseite ausgewiesen werden, ist dabei sekundär; auf die Vor- und Nachteile dieser beiden Varianten kann im vorliegenden Rahmen nicht eingegangen werden. Die Versicherungsbilanzrichtlinie sieht beide Möglichkeiten vor, und zwar die erste als Regelfall (Art. 6), die zweite als Mitgliedstaatenwahlrecht, das an die Versicherungsunternehmen weitergegeben werden darf (Art. 24 Abs. 3). Für eine Fortführung der Differenzierung zwischen der Deckungsrückstellung für das selbst abgeschlossene Lebensversicherungsgeschäft und den übrigen versicherungstechnischen

---

3 Vgl. Geib, Gerd, Ellenbürger, Frank, Kölschbach, Joachim, Ausgewählte Fragen zur EG-Versicherungsbilanzrichtlinie (VersBiRiLi), in: WPg 1992, S. 177–186 und 221–231, hier S. 182, Fn. 47.
4 Vgl. Nr. I A 4.10.2 VUBR.

Rückstellungen[5] sowie für den Ausweis von Depotforderungen aus dem in Rückdeckung gegebenen Versicherungsgeschäft bietet sie dagegen keine Rechtsgrundlage.

2.2 Der Ausweis der flüssigen Mittel

Guthaben bei Kreditinstituten sind derzeit als Kapitalanlagen (im Posten „Festgelder, Termingelder und Sparguthaben bei Kreditinstituten") auszuweisen, wenn sie „für eine bestimmte Zeit (auch für einen Tag)" gebunden sind[6], anderenfalls als „laufende Guthaben bei Kreditinstituten" in der Postengruppe „Andere Forderungen und sonstige Vermögensgegenstände". In dieser Postengruppe sind weiters – unmittelbar davor – „Schecks, Kassenbestand, Bundesbank- und Postgiroguthaben" gesondert auszuweisen. Die flüssigen Mittel einschließlich aller Guthaben bei Kreditinstituten sind deshalb nicht an einer Stelle der Bilanz ersichtlich. Genau dies erscheint aber aus dem Blickwinkel der Beurteilung der Finanzlage des Versicherungsunternehmens wünschenswert.

Die Versicherungsbilanzrichtlinie setzt einen Schritt in diese Richtung, indem sie (Art. 6) vorsieht, „Laufende Guthaben bei Kreditinstituten, Postgiroguthaben, Schecks und Kassenbestand" in einem gemeinsamen Posten auszuweisen. Dieser Posten ist allerdings der Postengruppe „Sonstige Vermögensgegenstände" zugeordnet und dementsprechend weit von der Postengruppe „Kapitalanlagen" entfernt, zu der auch der Posten „Einlagen bei Kreditinstituten" gehört, zu dem nach Art. 12 Beträge zählen, „über die erst nach Ablauf einer Kündigungsfrist verfügt werden kann."

Die Beurteilung der Finanzlage des Versicherungsunternehmens würde demgegenüber bei folgender Gliederung noch weiter erleichtert:

(übrige Einzelposten der Kapitalanlagen)

Bei Kreditinstituten gebundene Gelder

Zwischensumme: Kapitalanlagen

Laufende Guthaben bei Kreditinstituten, Bundesbank- und Postgiroguthaben, Schecks und Kassenbestand

Summe: Kapitalanlagen und flüssige Mittel

---

5 Vgl. Laaß, Wolfgang, Die Publizitätsvorschriften für inländische Versicherungsunternehmen (VU), Nach Berücksichtigung der künftigen Richtlinie des Rates über den Jahresabschluß und den konsolidierten Abschluß von VU, in: WPg 1991, S. 582–592, hier S. 584.
6 Nr. I A 4.9 VUBR.

2.3 Der Ausweis der Anteile an einer herrschenden oder mit Mehrheit beteiligten Gesellschaft

Anteile an einer herrschenden oder mit Mehrheit beteiligten Gesellschaft sind Anteile an verbundenen Unternehmen, die aber – zumindest wenn es sich um Anteile an Aktiengesellschaften handelt[7] – begrifflich nicht zu den Kapitalanlagen gehören[8], weil sie wegen der Beschränkungen der §§ 71 ff. AktG nicht einmal die Voraussetzungen für den Ausweis als Beteiligung erfüllen.

Das derzeit gültige Bilanzformblatt sieht jedoch einen Posten „Anteile an verbundenen Unternehmen" nur in der Postengruppe „Kapitalanlagen ..." vor, und nach den Bilanzierungsrichtlinien des BAV sind in diesem Posten „sämtliche Anteile an verbundenen Unternehmen", also „auch die Anteile an einem herrschenden oder mit Mehrheit beteiligten Unternehmen" auszuweisen, wenngleich dafür ein Davon-Vermerk empfohlen wird[9]. In der Postengruppe „Andere Forderungen und sonstige Vermögensgegenstände" scheint dementsprechend nur der Posten „eigene Anteile" auf.

Diese ausschließliche Zuordnung der Anteile an einer herrschenden oder mit Mehrheit beteiligten Gesellschaft zu den Kapitalanlagen steht nicht nur in einem eigenartigen Gegensatz zu der im vorigen Abschnitt dargelegten Aufgliederung der Guthaben bei Kreditinstituten, sondern ist auch deshalb unverständlich, weil § 266 Abs. 2 HGB einen Posten „Anteile an verbundenen Unternehmen" sowohl unter den Posten des Anlagevermögens als auch unter jenen des Umlaufvermögens vorsieht, also ausdrücklich dem Umstand Rechnung trägt, daß Anteile an verbundenen Unternehmen keineswegs immer dazu „bestimmt sind, dauernd dem Geschäftsbetrieb zu dienen" (§ 247 Abs. 2 HGB).

Obwohl § 266 Abs. 2 HGB insoweit wörtlich mit den diesbezüglichen Vorgaben der Bilanzrichtlinie übereinstimmt, sieht auch die Versicherungsbilanzrichtlinie (Art. 6) einen Posten „Anteile an verbundenen Unternehmen" nur unter den „Kapitalanlagen" vor, während in der Postengruppe „Sonstige Vermögensgegenstände" nur „Eigene Anteile" aufscheinen. Mangels einer gegenteiligen Vorschrift kann aber auch davon ausge-

---

7 Vgl. König, Elke, Kapitalanlagen, in: Welzel, Hans-Joachim, u.a. (Hg.), Kommentar zu den Rechnungslegungsvorschriften für Versicherungsunternehmen, Handausgabe, Karlsruhe 1991, S. 71 – 123, Tz. 103 f.; für eine Gleichbehandlung von GmbH-Anteilen Wiegand, Lutz, Neue Verordnung über die Rechnungslegung von Versicherungsunternehmen, in: ZfV 1987, S. 167 – 174, hier S. 168.
8 Anderer Ansicht Laaß, Wolfgang, Die neuen Rechnungslegungsvorschriften, Unter besonderer Berücksichtigung der Vorschriften für die Unternehmen der Schaden- und Unfallversicherung sowie der Rück-Versicherung, in: VW 1988, S. 119 – 131, hier S. 121.
9 Nr. I A 4.6 VUBR.

gangen werden, daß der Ausweis von Anteilen an einer herrschenden oder mit Mehrheit beteiligten Gesellschaft im Posten „Andere Vermögensgegenstände" – der in der Versicherungsbilanzrichtlinie die Postengruppe „Sonstige Vermögensgegenstände" abschließt – zu erfolgen hat.

Da ein Ausweis dieser Anteile im Posten „eigene Anteile" wegen dessen zu enger Postenbezeichnung ausscheidet, stellt das Einfügen eines gesonderten Postens in die Postengruppe „Andere Forderungen und sonstige Vermögensgegenstände"[10] die klarste Lösung dar. Diese Lösung sollte deshalb vorgeschrieben werden. Allfälligen Bedenken im Hinblick auf mögliche Fehlinterpretationen des Postens „Anteile an verbundenen Unternehmen" bei den Kapitalanlagen könnte durch einen Zusatz zur Postenbezeichnung („soweit sie nicht zu Posten ... gehören") Rechnung getragen werden.

2.4 Der Ausweis der Forderungen und Verbindlichkeiten aus dem Führungsfremdgeschäft

Forderungen und Verbindlichkeiten aus dem Führungsfremdgeschäft sind derzeit – abgesehen von dem Fall, daß sie „nur mit einem unverhältnismäßig großen Aufwand" aus den gesamten Forderungen bzw. Verbindlichkeiten aus dem selbst abgeschlossenen Versicherungsgeschäft gegenüber Versicherungsvertretern ausgesondert werden können – in den Posten „sonstige Forderungen und Vermögensgegenstände" bzw. „sonstige Verbindlichkeiten" auszuweisen[11]. Dieser Ausweis ist wirtschaftlich und rechtlich korrekt, weil an andere Versicherungsunternehmen im Wege der offenen Mitversicherung weitergegebenes Geschäft – ebenso wie für andere Versicherungsunternehmen bloß vermitteltes Geschäft, von dem kein Eigenanteil übernommen wird – für das weitergebende Versicherungsunternehmen kein Versicherungsgeschäft darstellt.

---

10 Vgl. Richter, Horst, Geib, Gerd, Auswirkungen des Bilanzrichtlinien-Gesetzes auf die Rechnungslegung von Versicherungsunternehmen, in: WPg 1987, S. 181–201, hier S. 193; Wiegand, Lutz, a.a.O., hier S. 168; Fricke, Friedrich, Die nichtversicherungstechnischen Posten des Jahresabschlusses, in: IDW (Hg.), Rechnungslegung und Prüfung der Versicherungsunternehmen, 3. Aufl., Düsseldorf 1989, S. 311–394, Tz. 48; König, Elke, a.a.O., Tz. 103. Welzel, Hans-Joachim, Zur externen Rechnungslegung von Versicherungsunternehmen nach dem Bilanzrichtlinien-Gesetz (BiRiLiG), Dritte Änderungsverordnung vom 23. Dezember 1986, in: VW 1987, S. 436–443, hier S. 440, vertritt ebenfalls den Ausweis in dieser Postengruppe, verlangt aber nicht einen gesonderten Ausweis, sondern einen Mitzugehörigkeitsvermerk (zu den Anteilen an verbundenen Unternehmen) nach § 265 Abs. 3 HGB.

11 Vgl. Nr. I A 7.1.1 Abs. 3 und Nr. I P 7.1 VUBR; Zitat aus Nr. I A 7.1.1 Abs. 2. Nach Richter, Horst, Geib, Gerd, a.a.O., hier S. 192, „wird man eine Erweiterung des Gliederungsschemas dann erwägen können, wenn diesem Posten für die Aussagefähigkeit eines Jahresabschlusses eine besondere Bedeutung zukommt."

Da aber dieses Geschäft vom Wortsinn der Formulierung „selbst abgeschlossenes Versicherungsgeschäft" erfaßt wird, ist eine Regelung über den Ausweis des Führungsfremdgeschäftes erforderlich. Nach der geltenden Rechtslage liegt diese Regelung schon in dem Umstand, daß das Bilanzformblatt für die Postengruppen „Forderungen aus dem selbst abgeschlossenen Versicherungsgeschäft" und „Verbindlichkeiten aus dem selbst abgeschlossenen Versicherungsgeschäft" nur Posten für Forderungen bzw. Verbindlichkeiten gegenüber *Versicherungsnehmern* und gegenüber *Versicherungsvertretern* enthält (bei Pensions- und Sterbekassen kommt dazu noch ein Posten für die Forderungen bzw. Verbindlichkeiten gegenüber Mitglieds- und Trägerunternehmen). Da es – im Gegensatz zu den vorher anzuwendenden Bilanzformblättern – keine Restposten gibt, bleibt für den Ausweis von Forderungen bzw. Verbindlichkeiten aus dem Führungsfremdgeschäft in den Postengruppen „Forderungen aus dem selbst abgeschlossenen Versicherungsgeschäft" bzw. „Verbindlichkeiten aus dem selbst abgeschlossenen Versicherungsgeschäft" kein Raum.

Art. 6 der Versicherungsbilanzrichtlinie sieht – abgesehen von der Verpflichtung, Forderungen und Verbindlichkeiten gegenüber verbundenen Unternehmen und gegenüber Unternehmen, mit denen ein Beteiligungsverhältnis besteht, jeweils gesondert auszuweisen – zwar eine Aufgliederung der „Forderungen aus dem selbst abgeschlossenen Versicherungsgeschäft" ausschließlich in solche an „Versicherungsnehmer" und solche an „Versicherungsvermittler" vor, jedoch *keine* weitere Aufgliederung der „Verbindlichkeiten aus dem selbst abgeschlossenen Versicherungsgeschäft". Nähere Vorschriften zu diesen Posten enthält die Versicherungsbilanzrichtlinie nicht. Würde die Richtlinie insoweit unverändert in deutsches Recht transformiert, bestünde die Möglichkeit, *Verbindlichkeiten* aus dem Führungsfremdgeschäft – bei denen es sich weder um Verbindlichkeiten gegenüber Versicherungsnehmern noch um Verbindlichkeiten gegenüber Versicherungsvermittlern handelt – als „Verbindlichkeiten aus dem selbst abgeschlossenen Versicherungsgeschäft" auszuweisen. Diese Möglichkeit müßte schon allein deshalb befremden, weil ein analoger Ausweis von Forderungen aus dem Führungsfremdgeschäft nicht möglich wäre. Eine unterschiedliche Behandlung der Forderungen und der Verbindlichkeiten aus dem Führungsfremdgeschäft ist aber entschieden abzulehnen. Es bietet sich daher an, eine zur Unterteilung der entsprechenden Forderungen analoge Aufgliederung der „Verbindlichkeiten aus dem selbst abgeschlossenen Versicherungsgeschäft" vorzuschreiben. Das Verlangen zusätzlicher Angaben ist durch Art. 2 Abs. 6 der Bilanzrichtlinie gedeckt, der – neben vielen anderen Vorschriften dieser Richtlinie – laut Art. 1 Abs. 1 der Versicherungsbilanzrichtlinie auch in deren Anwendungsbereich gilt.

3. Detailmängel und Vorschläge mit Bezug zur Bilanz und zur Gewinn- und Verlustrechnung

3.1 Der Ausweis der Schwankungsrückstellung und ähnlicher Rückstellungen sowie ihrer Veränderungen

Im Bilanzposten „Schwankungsrückstellung" ist derzeit „nur die Rückstellung zum Ausgleich der Schwankungen im jährlichen Schadenbedarf auszuweisen"[12], während die folgenden Rückstellungen – sie lassen sich gemeinsam als „(der Schwankungsrückstellung) ähnliche Rückstellungen" bezeichnen – im Posten „sonstige versicherungstechnische Rückstellungen" ausgewiesen werden müssen[13]:

– die Atomanlagenrückstellung (Rückstellung für die Versicherung von Atomanlagen),
– die Großrisikenrückstellung für die Produkthaftpflicht-Versicherung von Pharmarisiken und
– ähnliche aufgrund von aufsichtsbehördlichen Anordnungen gebildete Rückstellungen.

Gegen den getrennten Ausweis der Schwankungsrückstellung und der „ähnlichen Rückstellungen" wäre nichts einzuwenden, wenn die gemeinsame Summe beider Posten ersichtlich oder – wie im Fall der Anordnung der beiden Posten unmittelbar untereinander – einfach ermittelbar wäre; im Gegenteil: Die Schwankungsrückstellung wäre dann deutlich als Teilsumme der Schwankungsrückstellungen im weiteren Sinn erkennbar.

Im geltenden Bilanzformblatt steht demgegenüber außer bei Rückversicherungsunternehmen *zwischen* den beiden Teilbeträgen der Schwankungsrückstellungen im weiteren Sinn die Rückstellung für Beitragsrückerstattung. Sie verkörpert im Gegensatz zu allen Arten von Schwankungsrückstellungen konkrete Ansprüche der Versicherungsnehmer – ebenso wie die *vor* der Schwankungsrückstellung auszuweisenden versicherungstechnischen Rückstellungen (Beitragsüberträge, Deckungsrückstellung und Rückstellung für noch nicht abgewickelte Versicherungsfälle, Rückkäufe, Rückgewährbeträge und Austrittsvergütungen). Da im Posten „sonstige versicherungstechnische Rückstellungen" außer den der Schwankungsrückstellung ähnlichen Rückstellungen viele weitere Rückstellungen unterschiedlichen Charakters auszuweisen sind[14], ist die Gesamtsumme der Schwankungsrückstellungen im weiteren Sinn aus der Bilanz nicht ersichtlich.

12 Nr. I P 3.4 Abs. 1 VUBR.
13 Vgl. Nr. I P 3.4 Abs. 3 VUBR.
14 Vgl. Nr. I P 3.6 VUBR.

Im Gegensatz dazu sieht das Formblatt (III) für die Gewinn- und Verlustrechnung der Schaden- und Unfall- sowie Rückversicherungsunternehmen den Ausweis der „Veränderung der Schwankungsrückstellung und ähnlicher Rückstellungen" in *einem* Posten – dem einzigen zwischen der „Zwischensumme 2" und der „Zwischensumme 3" – vor. Mit der Einbeziehung „ähnlicher Rückstellungen" ist genau jene vorhin dargestellte Gruppe von Rückstellungen angesprochen[15], bei denen es sich in einem weiteren Sinn ebenfalls um Schwankungsrückstellungen handelt. In der Gewinn- und Verlustrechnung wird demnach jene Zusammenfassung verwirklicht, die das Bilanzformblatt vermissen läßt, freilich ohne Aufgliederung zwischen der Schwankungsrückstellung und den ihr ähnlichen Rückstellungen, so daß es nicht möglich ist, die Entwicklung der Schwankungsrückstellung (im engeren Sinn) in der Bilanz *und* in der Gewinn- und Verlustrechnung zu verfolgen.

Genau dies möchte die Versicherungsbilanzrichtlinie offenbar ermöglichen. Ihr Art. 6 sieht einen Posten „Schwankungsrückstellung", ihr Art. 34 in sprachlichem Gleichklang einen Posten „Veränderung der Schwankungsrückstellung" vor. Von der Schwankungsrückstellung ähnlichen Rückstellungen ist nicht die Rede. Art. 30 Abs. 1 enthält folgende Bestimmung: „Die Schwankungsrückstellung umfaßt alle Beträge, die aufgrund von Rechts- oder Verwaltungsvorschriften zurückzustellen sind, um Schwankungen im Schadenverlauf künftiger Jahre auszugleichen oder besonderen Risiken Rechnung zu tragen." Diese Formulierung deutet darauf hin, daß im Posten „Schwankungsrückstellung" alle Schwankungsrückstellungen im weiteren Sinn ausgewiesen werden sollen[16]. Völlig zweifelsfrei geht dies aus der zitierten Vorschrift allerdings nicht hervor, weil der Posten „Schwankungsrückstellung" unmittelbar vor dem Posten „Sonstige versicherungstechnische Rückstellungen" angeordnet ist und die Versicherungsbilanzrichtlinie zu diesem Posten insoweit keine näheren Regelungen enthält. (Art. 26, „Sonstige versicherungstechnische Rückstellungen", behandelt nur die „Rückstellung für drohende Verluste aus dem Versicherungsgeschäft" und die „Alterungsrückstellung" im Krankenversicherungsgeschäft.) Eine Verbesserung gegenüber dem derzeit anzuwendenden Bilanzformblatt bildet auch der Umstand, daß die Rückstellung für Beitragsrückerstattung nicht *nach,* sondern *vor* der Schwankungsrückstellung eingeordnet ist.

Bei der Transformation der Versicherungsbilanzrichtlinie in deutsches Recht sollte die Behandlung der der Schwankungsrückstellung ähnlichen Rückstellungen klargestellt werden[17]. Eine wörtliche Übernahme der Ver-

---

15 Vgl. Nr. II 11 VUBR.
16 Vgl. Geib, Gerd, Ellenbürger, Frank, Kölschbach, Joachim, a.a.O., hier S. 182.
17 Einen ersten Schritt in diese Richtung stellt der nach dem in Fn. 2 zitierten Gesetzentwurf vorgesehene neue § 341 g Abs. 2 HGB dar.

sicherungsbilanzrichtlinie („Schwankungsrückstellung" und „Veränderung der Schwankungsrückstellung" ohne Zusätze) könnte hinsichtlich der Bilanz im Sinne einer Kontinuität, hinsichtlich der Gewinn- und Verlustrechnung im Sinne einer Änderung der derzeitigen Rechtslage aufgefaßt werden. Für ein möglichst getreues Bild der Ertragslage des Versicherungsunternehmens ist aber die Kontinuität hinsichtlich der Gewinn- und Verlustrechnung vorzuziehen, weil in diesem Fall alle Schwankungsrückstellungen im weiteren Sinn gleich behandelt werden. Eine eventuell gewünschte Kontinuität auch hinsichtlich der Bilanz könnte durch eine Aufgliederung des Postens „Schwankungsrückstellung" in die Schwankungsrückstellung im engeren Sinn und die dieser ähnlichen Rückstellungen – etwa im Anhang – erreicht werden. Keinesfalls fortgesetzt werden sollte die unterschiedliche Handhabung in der Bilanz einerseits und in der Gewinn- und Verlustrechnung andererseits.

3.2 Der Ausweis der Rückstellung für drohende Verluste aus dem Versicherungsbestand sowie ihrer Veränderungen

Nach den derzeit gültigen Jahresabschlußformblättern kann man weder der Bilanz die Höhe noch der Gewinn- und Verlustrechnung die Veränderung der Rückstellung für drohende Verluste aus dem Versicherungsbestand entnehmen. (Die Bezeichnung „Rückstellung für drohende Verluste aus dem Versicherungsbestand" steht gegebenenfalls für die Summe mehrerer derartiger Rückstellungen; die Wendung „aus dem Versicherungsbestand" bringt besser als die Wortfolge „aus dem Versicherungsgeschäft" zum Ausdruck, daß es nur um Verluste aus dem am Abschlußstichtag vorliegenden Bestand und nicht auch um Verluste aus künftigen Vertragsabschlüssen geht.) Der Rückstellungsbetrag zum Bilanzstichtag geht im Posten „sonstige versicherungstechnische Rückstellungen" unter, die Rückstellungsveränderung im Geschäftsjahr im Unterposten „b) übrige versicherungstechnische Netto-Rückstellungen" des Postens „Erträge aus der Verminderung versicherungstechnischer Netto-Rückstellungen..." (Formblatt III, Nr. 2) bzw. des Postens „Aufwendungen aus der Erhöhung versicherungstechnischer Netto-Rückstellungen..." (Formblatt III, Nr. 8).

Die Versicherungsbilanzrichtlinie geht grundsätzlich vom gleichen Regelungskonzept aus. In der Gewinn- und Verlustrechnung wird nach Art. 34 die „Veränderung der übrigen versicherungstechnischen Nettorückstellungen..." grundsätzlich in einer Summe ausgewiesen; nur für das Lebensversicherungsgeschäft ist – ähnlich der aktuellen deutschen Regelung – ein gesonderter Ausweis der Veränderung der Deckungsrückstellung vorgesehen. Hinsichtlich des Ausweises in der Bilanz eröffnen die Art. 25 f. die Möglichkeit, mittels einzelstaatlicher Rechtsvorschriften den Ausweis der Rückstellung für drohende Verluste aus dem Versicherungsbestand statt im Posten „Sonstige versicherungstechnische Rückstellungen" – obgleich dieser Ausweis als Normalfall angesehen wird – im Posten „Beitragsüberträge" vorzusehen, dessen Bezeichnung in diesem Fall entsprechend erweitert werden muß. Unabhängig von der Postenzuordnung gilt die Vorschrift: „Erreicht die Rückstellung für drohende Verluste aus dem Versicherungsgeschäft einen größeren Umfang, so ist sie entweder in der Bilanz oder im Anhang getrennt auszuweisen."

Ein solcher getrennter Ausweis – auch in der Gewinn- und Verlustrechnung – würde den Einblick in die Vermögens- und die Ertragslage des Versicherungsunternehmens verbessern und sollte deshalb vorgeschrieben werden. Da die Veränderung der Rückstellung für drohende Verluste aus dem Versicherungsbestand – ebenso wie die Veränderung der Schwankungsrückstellung und ähnlicher Rückstellungen – nicht zu den ordentlichen versicherungstechnischen Posten gehört und da diese Rückstellung – ebenso wie die Schwankungsrückstellung und die ähnlichen Rückstellungen – typisch den Eigenbehalt betrifft, drängt sich ein Ausweis in unmittelbarer Nachbarschaft der Schwankungsrückstellung (einschließlich der ähnlichen Rückstellungen) auf. Bei der Entscheidung über die Reihenfolge dieser Posten ist zu berücksichtigen, daß die Rückstellung für drohende Verluste aus dem Versicherungsbestand – im Gegensatz zur Schwankungsrückstellung und ähnlichen Rückstellungen – einen konkreten Verpflichtungsüberhang verkörpert, also eine Rückstellung im engeren Sinn darstellt[18]. Sie sollte deshalb nach den klassischen versicherungstechnischen Rückstellungen (Beitragsüberträge, Deckungsrückstellung, Rückstellung für noch nicht abgewickelte Versicherungsfälle usw., Rückstellung für erfolgsunabhängige Beitragsrückerstattung und Rückstellung für erfolgsabhängige Beitragsrückerstattung) und vor der Schwankungsrückstellung (einschließlich ähnlicher Rückstellungen) ausgewiesen werden. Für die Gewinn- und Verlustrechnung bietet sich analog dazu folgende Gliederung an[19]:

---

18 Vgl. Jäger, Bernd, Rückstellungen für drohende Verluste aus schwebenden Geschäften in den Bilanzen von Versicherungsunternehmen, Wiesbaden 1991, S. 170 f.
19 Vgl. den Aufbau des Formblattes 300 laut Interner VUReV, wo allerdings die beiden Rückstellungsveränderungsposten zwischen den zwei Zwischensummen in umgekehrter Reihenfolge aufscheinen. Einen Ausweis der Veränderung der Rückstellung für drohende Verluste nach einer Zwischensumme für das (ordentliche) versicherungstechnische Ergebnis fordert auch Laaß, Wolfgang, Die neuen Rechnungslegungsvorschriften für Versicherungsunternehmen, in: WPg 1988, S. 353–365, hier S. 361.

(ordentliche versicherungstechnische Posten)

Zwischensumme

Veränderung der Rückstellung für drohende Verluste aus dem Versicherungsbestand

Veränderung der Schwankungsrückstellung und ähnlicher Rückstellungen

Zwischensumme

(nichtversicherungstechnische Posten)

3.3 Der Ausweis der erfolgsabhängigen Beitragsrückerstattung

Die erfolgsabhängige Beitragsrückerstattung wird in den derzeit anzuwendenden Jahresabschlußformblättern genau so wie die erfolgsunabhängige Beitragsrückerstattung behandelt; sowohl der Posten „Rückstellung für Beitragsrückerstattung" im Formblatt I als auch die Posten „Aufwendungen für Beitragsrückerstattung" in den Formblättern II und III sind in zwei Unterposten aufgegliedert, von denen der erste den erfolgsunabhängigen Teil und der zweite den erfolgsabhängigen Teil aufzunehmen hat. (Die Aufgliederung entfällt – mangels erfolgsunabhängiger Beitragsrückerstattung, außer im in Rückdeckung übernommen Versicherungsgeschäft – lediglich bei Lebensversicherungsunternehmen sowie Pensions- und Sterbekassen; die – ausschließlich erfolgsunabhängige – Beitragsrückerstattung bei Rückversicherungsunternehmen wird nicht als Beitragsrückerstattung, sondern in den Posten „sonstige versicherungstechnische Rückstellungen" und „sonstige versicherungstechnische Aufwendungen" ausgewiesen.)

Die Versicherungsbilanzrichtlinie sieht demgegenüber den Ausweis der „Rückstellung für erfolgsabhängige und erfolgsunabhängige Beitragsrückerstattung" und der „Aufwendungen für erfolgsabhängige und erfolgsunabhängige Beitragsrückerstattungen ..." (dieser Posten scheint gleichlautend in der versicherungstechnischen Rechnung für das Allgemeine Versicherungsgeschäft und in jener für das Lebensversicherungsgeschäft auf) in jeweils *einer* Summe vor. Art. 29, der die „Rückstellung für erfolgsabhängige und erfolgsunabhängige Beitragsrückerstattung" betrifft, verweist zwar auf Art. 39, verlangt aber keine Aufgliederung. Art. 39 definiert die „Aufwendungen für erfolgsabhängige und erfolgsunabhängige Beitragsrückerstattungen" und bestimmt: „Erreichen die erfolgsabhängigen oder die erfolgsunabhängigen Beitragsrückerstattungen einen größeren Umfang, so sind sie im Anhang getrennt anzugeben."

Wegen der völlig verschiedenen Berechnungsgrundlagen für erfolgsunabhängige und erfolgsabhängige Beitragsrückerstattungen wäre nicht nur eine vollständige, sondern auch eine teilweise Aufgabe der Aufgliederungspflicht ein Rückschritt in bezug auf die Vermittlung eines möglichst getreuen Bildes der Vermögens- und Ertragslage des Versicherungsunternehmens. Ein diesbezüglicher Fortschritt könnte demgegenüber durch eine Bedachtnahme auf die unterschiedlichen Berechnungsgrundlagen beim Aufbau der Gewinn- und Verlustrechnung erzielt werden: Aufwendungen für erfolgsunabhängige Beitragsrückerstattung gehören zu den versicherungstechnischen Posten im engeren Sinn und werden deshalb – wie laut Art. 34 der Versicherungsbilanzrichtlinie die gesamten Aufwendungen für Beitragsrückerstattung – nach den Aufwendungen für Versicherungsfälle und der „Veränderung der übrigen versicherungstechnischen Nettorückstellungen, sofern sie nicht unter einem anderen Posten auszuweisen ist", eingeordnet; Aufwendungen für erfolgsabhängige Beitragsrückerstattung stellen hingegen – von einem eventuellen Erfolg aus der Abwicklung der Vorjahresrückstellung abgesehen – eine Überschußverwendung dar und hängen von fast allen Erträgen und anderen Aufwendungen ab, so daß ihr natürlicher Platz gegen Ende der Gewinn- und Verlustrechnung[20] liegt – nämlich (möglichst) unmittelbar nach einer Zwischensumme, die, mag sie auch nicht immer die tatsächliche Berechnungsgrundlage darstellen, deutlich erkennen läßt, aus welchem Ertragsüberschuß die Rückstellung für erfolgsabhängige Beitragsrückerstattung gespeist worden ist.

4. Zusammenfassung und Schlußfolgerungen

4.1 Zusammenfassung

1. Auch die Anteile der Rückversicherer an der Deckungsrückstellung für das selbst abgeschlossene Lebensversicherungsgeschäft sollten ebenso ausgewiesen werden wie die Anteile der Rückversicherer an allen übrigen versicherungstechnischen Rückstellungen.

2. Die Summe der flüssigen Mittel einschließlich aller Guthaben bei Kreditinstituten sollte möglichst einfach ermittelbar sein.

3. Anteile an einer herrschenden oder mit Mehrheit beteiligten Gesellschaft sollten nicht als Kapitalanlagen, sondern als sonstige Vermögensgegenstände ausgewiesen werden, und zwar in einem eigenen Posten.

---

20 Vgl. die immerhin etwas tiefere Einordnung dieser Aufwendungen in den Formblättern 200 und 300 laut Interner VUReV.

4. Forderungen und Verbindlichkeiten aus dem Führungsfremdgeschäft sollten einheitlich nicht als Forderungen bzw. Verbindlichkeiten aus dem selbst abgeschlossenen Versicherungsgeschäft, sondern als sonstige Forderungen bzw. Verbindlichkeiten gezeigt werden.

5. Die Schwankungsrückstellung und die ihr ähnlichen Rückstellungen sollten sowohl in der Bilanz als auch in der Gewinn- und Verlustrechnung gleich behandelt und nur miteinander, nicht aber mit anderen versicherungstechnischen Rückstellungen zusammengefaßt werden.

6. Die Rückstellung für drohende Verluste aus dem Versicherungsbestand sollte gesondert ausgewiesen werden, und zwar nach den klassischen versicherungstechnischen Rückstellungen (einschließlich der Rückstellung für erfolgsunabhängige und der Rückstellung für erfolgsabhängige Beitragsrückerstattung), aber vor der Schwankungsrückstellung (einschließlich ähnlicher Rückstellungen). In der Gewinn- und Verlustrechnung sollten die Veränderung der Rückstellung für drohende Verluste aus dem Versicherungsbestand und die Veränderung der Schwankungsrückstellung und ähnlicher Rückstellungen – und zwar gesondert und in dieser Reihenfolge – als Überleitung von der Zwischensumme der ordentlichen versicherungstechnischen Posten zu einer weiteren Zwischensumme (vor den nichtversicherungstechnischen Posten) dargestellt werden.

7. Erfolgsabhängige und erfolgsunabhängige Beitragsrückerstattung sollten sowohl in der Bilanz als auch in der Gewinn- und Verlustrechnung getrennt gezeigt werden. Aufwendungen für erfolgsunabhängige Beitragsrückerstattung sollten nach den Aufwendungen für Versicherungsfälle und der nicht anderen Posten zugeordneten Veränderung versicherungstechnischer Rückstellungen ausgewiesen werden, Aufwendungen für erfolgsabhängige Beitragsrückerstattung jedoch gegen Ende der Gewinn- und Verlustrechnung.

4.2 Schlußfolgerungen

Im Zuge der Transformation der EG-Versicherungsbilanzrichtlinie in deutsches Recht, vor allem mittels der einschlägigen Verordnung des Bundesministeriums der Justiz, könnte eine Reihe von Detailmängeln der derzeit von deutschen Versicherungsunternehmen anzuwendenden Jahresabschlußformblätter gemildert oder beseitigt werden – ein kleiner, aber einfach realisierbarer Beitrag zur Verbesserung der Klarheit und Aussagekraft der Jahresabschlüsse deutscher Versicherungsunternehmen.

Besteht die Bereitschaft, Detailverbesserungen vorzunehmen, auch wenn sie von der Versicherungsbilanzrichtlinie nicht im einzelnen verlangt werden, sollte sie für eine Diskussion auch grundlegenderer Änderungsvorschläge – zumindest soweit sie mit der Versicherungsbilanzrichtlinie vereinbar sind – genutzt werden. Auf diese Weise könnte die Rechnungslegung der deutschen Versicherungsunternehmen weiterhin international vorbildlich bleiben.

August Angerer

Zur Abzinsung der Rückstellung für noch nicht abgewickelte Versicherungsfälle

I.

Die Versicherungsbilanzrichtlinie der EG vom 19. 12. 1991[1] (VBR), die das Ziel verfolgt, die Rechnungslegung der Versicherungsunternehmen innerhalb der EG zu koordinieren, um sie vergleichbar zu machen[2], sieht in Art. 60 Absatz 1 Buchstabe g) vor, daß die Mitgliedstaaten bei der Rückstellung für noch nicht abgewickelte Versicherungsfälle – im folgenden Schadenrückstellung genannt – einen offenen Diskontabschlag zur Einbeziehung der Anlagenerträge zulassen können.

Damit wird die Frage aufgeworfen, ob die Schadenrückstellung mit einem niedrigeren Betrag als dem Erfüllungsbetrag angesetzt werden kann, weil das Versicherungsunternehmen seine Leistungen erst später bewirkt, und Erträge aus den Kapitalanlagen, die das Versicherungsunternehmen für die Erfüllung seiner Leistungspflicht bereitstellen muß, in die Bewertung der Schadenrückstellung einbezogen werden dürfen.

Die Abzinsung von Rückstellungen und damit auch von versicherungstechnischen Rückstellungen wird in der deutschen Bilanzrechtsliteratur, vor allem aufgrund der Rechtsprechung des Bundesfinanzhofs, seit langem heftig diskutiert. Das Thema ist in der Bundesrepublik Deutschland nicht neu. Neu ist, daß in einer Richtlinie der EG erstmals expressis verbis ein Diskontabschlag bei der Schadenrückstellung, wenn auch unter bestimmten Bedingungen, zugelassen wird. Ist damit die Frage für den gesamten Bereich der EG entschieden, müssen alle Versicherungsunternehmen künftig in dieser Weise bilanzieren? Dies ist nicht der Fall, da die Bestimmung der Richtlinie keine für alle Mitgliedstaaten der EG geltende Verpflichtung enthält. Sie sieht vielmehr ein Wahlrecht vor. Die Mitgliedstaaten können entscheiden, ob sie die Regelung, soweit schon vorhanden, beibehalten oder neu einführen wollen. Sie können aber auch auf die Einführung für ihr Land verzichten. Die Bundesrepublik Deutschland

---

1 Richtlinie des Rates vom 19. 12. 91 über den Jahresabschluß und den konsolidierten Abschluß von Versicherungsunternehmen (91/674/EWG), abgedruckt in Quellen zum Individualversicherungsrecht (QIR), hrsg. von Angerer, August, Karlsruhe 1993, Teil I D 5/3.
2 VBR, vierter Erwägungsgrund.

braucht also die Regelung der EG nicht in deutsches Recht zu übernehmen. Sie kann die Abzinsung der Schadenrückstellung für alle Versicherungsunternehmen mit Sitz in der Bundesrepublik Deutschland weiterhin untersagen.

Ist das Verbot der Abzinsung der Schadenrückstellung gerechtfertigt? Wie ist die Regelung der EG-Richtlinie zum Diskontabschlag bei der Schadenrückstellung aus deutscher Sicht zu beurteilen?

II.

Die Schadenrückstellung wird nach den Rechnungslegungsvorschriften für die nach dem Bilanzstichtag voraussichtlich entstehenden Aufwendungen zur Regulierung der bis zum Bilanzstichtag eingetretenen oder verursachten, aber bis zu diesem Zeitpunkt noch nicht abgewickelten Versicherungsfälle gebildet[3]. Die VBR definiert die Schadenrückstellung in ähnlicher Weise[4]. Danach sind unter diesem Bilanzposten die geschätzten Gesamtaufwendungen auszuweisen, die dem Versicherungsunternehmen aus der Abwicklung der bis zum Ende des Geschäftsjahres angefallenen – gemeldeten oder nicht gemeldeten – Versicherungsfälle entstanden sind oder noch entstehen werden, abzüglich der für solche Fälle bereits gezahlten Beträge.

Den geltenden Rechnungslegungsvorschriften entsprechend[5] umfaßt die Schadenrückstellung für das selbst abgeschlossene Versicherungsgeschäft die Teilrückstellungen für

a) am Bilanzstichtag bekannte Versicherungsfälle (ohne Renten-Versicherungsfälle)
b) Renten-Versicherungsfälle (Renten-Deckungsrückstellung)
c) Spätschäden
d) Schadenregulierungsaufwendungen.

Forderungen aus Regressen, Provenus und Teilungsabkommen aus bereits abgewickelten Versicherungsfällen sind vom Gesamtbetrag der Teilrückstellungen abzusetzen. Die VBR führt unter der Rückstellung für noch nicht abgewickelte Versicherungsfälle, ohne den Begriff Teilrückstellungen zu verwenden, die gleichen Positionen auf[6]. Insoweit besteht inhaltlich Übereinstimmung mit den deutschen Bilanzierungsvorschriften.

---

3 Nr. I P 3.3.1 Abs. 1 Bilanzierungsrichtlinien für Versicherungsunternehmen (VUBR).
4 Art. 28 VBR.
5 Nr. I P 3.3.1 Absätze 2 – 8 VUBR.
6 Art. 60 Abs. 1 Buchstaben a) – f) VBR.

Die Rückstellung für gemeldete Schäden wird für jeden Versicherungsfall einzeln gebildet. Es ist der Betrag anzusetzen, den das Versicherungsunternehmen aufgrund des Versicherungsvertrages dem Anspruchsberechtigten schuldet. Es handelt sich um echte Verbindlichkeiten, die nur deshalb als Rückstellung zu charakterisieren sind, weil der geschuldete Betrag bis zur völligen Klärung der Sach- und Rechtslage geschätzt werden muß, also ungewiß ist.

In der Rentenrückstellung werden die Versicherungsfälle erfaßt, für die das Versicherungsunternehmen zur Schadenersatzleistung in Form einer Rente verpflichtet ist. Die Höhe der Rente liegt am Bilanzstichtag regelmäßig fest. Mögliche spätere Rentenanpassungen bleiben außer Ansatz, da sie am Bilanzstichtag unbekannt sind. Ungewiß ist die Zeitdauer der Rentenzahlung, weil sie in der Regel vom Leben des Geschädigten abhängig ist. Auch insoweit liegt eine Verbindlichkeitsrückstellung vor.

Die Spätschadenrückstellung unterscheidet sich von den beiden vorgenannten Teilrückstellungen nur dadurch, daß hier Versicherungsfälle erfaßt werden, die zwar am Bilanzstichtag eingetreten, dem Versicherungsunternehmen aber noch nicht gemeldet worden sind. Da die Zahl der Fälle und die erforderlichen Beträge zu deren Regulierung nicht bekannt sind, müssen sie geschätzt werden. Ausgewiesen werden, wie in den beiden vorgenannten Rückstellungen, Verbindlichkeiten gegenüber den Versicherten aufgrund des Versicherungsvertrages.

Die Rückstellung für Schadenregulierungsaufwendungen wird gebildet für Aufwendungen, die nach dem Bilanzstichtag zur Regulierung der am Bilanzstichtag noch offenen Versicherungsfälle anfallen. In den Rechnungslegungsvorschriften wird von einer Teilrückstellung gesprochen[7]. Man könnte daraus den Schluß ziehen, daß es sich um eine Aufwandsrückstellung handelt. Dieser geht fehl. Das Bundesaufsichtsamt für das Versicherungswesen sieht in den Schadenregulierungsaufwendungen „Herstellungskosten" der Schadenleistung[8]. Die Rückstellung ist daher mit den drei vorgenannten Teilrückstellungen unmittelbar verbunden und ein Teil von diesen. Die gesonderte Erfassung ist dadurch bedingt, daß die Schadenregulierungsaufwendungen nur mit erheblichem Aufwand den einzelnen Teilrückstellungen sachgerecht zugeordnet werden könnten.

---

7 Nr. I P 3.3.1 Abs. 2 VUBR.
8 Ähnlich Perlet, Helmut, Rückstellungen für noch nicht abgewickelte Versicherungsfälle in Handels- und Steuerbilanz, Karlsruhe 1986, S. 79.

III.

Das Handelsrecht bestimmt, daß Rückstellungen nur in Höhe des Betrages anzusetzen sind, der nach vernünftiger kaufmännischer Beurteilung notwendig ist[9]. Die Aussage des HGB ist kodifizierter Ausdruck der Grundsätze ordnungsmäßiger Buchführung[10]. Sie ist interpretationsbedürftig.

Rückstellungen, die für ungewisse Verbindlichkeiten gebildet werden, sind wie Verbindlichkeiten mit dem Erfüllungsbetrag zu bewerten[11]. Dieser ist der notwendige Betrag, den der Schuldner aufbringen muß, um die Verpflichtung erfüllen zu können. Ist die Verpflichtung erst geraume Zeit nach dem Bilanzstichtag, d. h. nach mehr als einem Jahr, zu erfüllen, so stellt sich die Frage, welches der Erfüllungsbetrag ist. Ist es der Betrag, der zum Zeitpunkt der Fälligkeit für die Tilgung der Schuld aufgewendet werden muß, oder der auf den Bilanzstichtag abgezinste Betrag? Die Antwort hängt davon ab, ob der bei Fälligkeit zu zahlende Betrag einen Zinsanteil enthält.

Im Schrifttum[12] wird unterschieden zwischen Verbindlichkeiten, die einen Zinsanteil enthalten, die einen Zinsanteil in verdeckter Form enthalten und solchen, die unverzinslich sind. Die Unterscheidung wird in gleicher Weise auch bei Verbindlichkeitsrückstellungen getroffen[13].

Enthält die Verbindlichkeitsrückstellung eindeutig einen Zinsanteil, so ist die Abzinsung geboten[14]. Da Rentenverpflichtungen zum Barwert zu bilanzieren sind[15], scheint der Gesetzgeber einen Zinsanteil bei Renten anzunehmen. Erfüllungsbetrag ist in diesen Fällen der abgezinste Betrag[16].

Die Rechtsprechung des BFH[17] verlangt die Abzinsung von Verbindlichkeitsrückstellungen auch dann, wenn in verdeckter Form ein Zinsanteil

---

9 § 253 Abs. 1 Satz 2 HGB.
10 Beck'scher Bilanz-Kommentar, 2. Aufl. München 1990, § 253 Anm. 151.
11 Beck-Bil.Komm. § 253 Anm. 51; Groh, Manfred, Abzinsung von Verbindlichkeitsrückstellungen?, BB 1988 S. 1919; Jäger, Bernd, Zur Abzinsungsproblematik im Falle erwarteter Verpflichtungsüberschüsse aus Dauerschuldverhältnissen, WPg. 1992 S. 557 (560).
12 Insbes. Beck-Bil.Komm. § 253 Anm. 161; Strobl, Elisabeth, Zur Abzinsung von Verbindlichkeiten und Rückstellungen für ungewisse Verbindlichkeiten, in Festschrift für Döllerer, Düsseldorf 1988, S. 615; Perlet, a.a.O., S. 137 ff.; Groh, BB 1988 S. 1919; Ziegler, Günter, Die versicherungstechnischen Rückstellungen – Bilanzierungs- und Bewertungsfragen – in Assekuranz im Wandel, Karlsruhe 1989, S. 205 ff.
13 Kupsch, Peter, Neuere Entwicklungen bei der Bilanzierung und Bewertung von Rückstellungen, DB 1989 S. 53.
14 Strobl, a.a.O.; HFA 1/1986.
15 § 253 Abs. 1 Satz 2 HGB.
16 Ebenso Kupsch, a.a.O.; Groh, Manfred, Verbindlichkeitsrückstellung und Verlustrückstellung, Gemeinsamkeiten und Unterschiede, BB 1988 S. 27.
17 BFH vom 7. 7. 83, BStBl. II S. 753; BFH vom 5. 2. 87, BStBl. II S. 845.

in der Verbindlichkeit enthalten ist. Sie nimmt einen solchen an, wenn die Schuld vereinbarungsgemäß zu einem späteren, mehr als ein Jahr nach dem Bilanzstichtag liegenden Zeitpunkt getilgt werden kann. Hat der Gläubiger einen Zahlungsaufschub gewährt, so ist davon auszugehen, daß er den geschuldeten Betrag kreditiert. Es liegen dann zwei Geschäfte vor, das die Verbindlichkeit begründende Geschäft und ein Kreditgeschäft[18]. Beide sind formal zu einem Gesamtgeschäft zusammengefaßt. Sie werden wirtschaftlich getrennt durch die Abzinsung des bei Fälligkeit zu zahlenden Betrags. Dieser ist dann der Erfüllungsbetrag.

Verbindlichkeitsrückstellungen, die unverzinslich sind und auch keinen verdeckten Zinsanteil enthalten, dürfen nach einhelliger Meinung nicht abgezinst werden[19]. Die Abzinsung würde gegen das Realisationsprinzip verstoßen. Aus diesem Grund wird für Schadenersatzverpflichtungen und inhaltsgleiche Rückstellungen (ausgenommen Rückstellungen für Schadenersatzrenten) die Abzinsung ausgeschlossen[20]. Bei diesen Verpflichtungen sind keine Anhaltspunkte für ein Kreditgeschäft erkennbar. Das gleiche gilt für Sachleistungsverpflichtungen. Diese enthalten nach allgemeiner Meinung in Übereinstimmung mit der Rechtsprechung des BFH keinen Zinsanteil und sind somit nicht abzinsungsfähig[21].

IV.

Was bedeutet dies für die Schadenrückstellung in der Bilanz der Schadenversicherer?

Das Versicherungsunternehmen schuldet dem Versicherten nach Maßgabe des Versicherungsvertrages Ersatz des Vermögenschadens, der durch den Versicherungsfall verursacht worden ist[22]. Die Ersatzpflicht entsteht mit dem Eintritt des Versicherungsfalles. Wenn nichts anderes, wie z. B. in der Glasversicherung, vereinbart ist, ist Ersatz in Geld zu leisten[23]. Die Geldleistung wird fällig, nachdem die zur Feststellung des Versicherungsfalles und des Umfangs der Leistung nötigen Erhebungen beendet sind[24]. Diese Erhebungen erfordern oft längere Zeit. Dadurch bedingt, kann sich die Abwicklung des Versicherungsfalles über mehrere Jahre hinziehen. Die Schadenrückstellung weist dann für den noch offenen Versicherungsfall zu jedem Bilanzstichtag den erforderlichen Entschädigungsbetrag aus. Er wird nach dem jeweiligen Erkenntnisstand geschätzt.

---

18 So insbes. Groh, BB 1988 S. 27 und S. 1919.
19 Beck-Bil.Komm. § 253 Anm. 63; Strobl, a.a.O.; Ziegler, a.a.O.
20 Beck-Bil.Komm. § 253 Anm. 68; Perlet, a.a.O.; Strobl, a.a.O.; Ziegler, a.a.O.
21 BFH vom 27. 11. 68, BStBl. II 1969 S. 247; BFH vom 19. 2. 75, BStBl. II S. 480.
22 § 1 Abs. 1 Satz 1 VVG.
23 § 49 VVG.
24 § 11 Abs. 1 VVG.

Die Entwicklung der zurückgestellten Beträge zeigt, daß in diesen Verbindlichkeitsrückstellungen kein Zinsanteil enthalten sein kann. Eine Zinsvereinbarung zwischen Versicherungsunternehmen und Versicherten scheidet aus. Auch ein verdeckter Zinsanteil ist undenkbar. Der Versicherte ist wohl in keinem Fall mit einer bewußten Hinausschiebung der Entschädigungsleistung des Versicherers einverstanden, so daß von einer Kreditierung keine Rede sein kann. Schuldet das Versicherungsunternehmen in den seltenen Fällen, wie in der Glasversicherung, eine Sachleistung, so wird die Schätzung der zur Erfüllung notwendigen Aufwendungen auf den jeweiligen Bilanzstichtag bezogen. Für einen Zinsanteil ist dann aber kein Raum[25]. Die Schadenrückstellung mit den drei Teilrückstellungen für bekannte Versicherungsfälle (ohne Renten-Versicherungsfälle), Spätschäden und Schadenregulierungsaufwendungen weist demnach stets unverzinsliche Verbindlichkeiten aus. Eine Abzinsung wegen eines eingeschlossenen Kreditgeschäfts kommt daher nicht in Betracht.

Ein Sonderfall ist die Rückstellung für Renten-Versicherungsfälle. Wie alle Schadenersatzverpflichtungen des Versicherungsunternehmens hat auch die Rentenzahlungsverpflichtung ihren Ursprung im Versicherungsfall. Sie wird zunächst mit ihrem Schätzbetrag in den Teilrückstellungen für bekannte Versicherungsfälle oder Spätschäden erfaßt. Wird später durch rechtskräftiges Urteil, Vergleich oder Anerkenntnis festgestellt, daß der Schadenersatz in Form einer Rente zu zahlen ist, ist die gesonderte Teilrückstellung für Renten-Versicherungsfälle (Renten-Deckungsrückstellung) zu bilden[26]. Erst zu diesem Zeitpunkt erfolgt die Bewertung als Renten-Rückstellung.

Die gesetzlich vorgeschriebene Bewertung zum Barwert[27] läßt den Schluß zu, daß der Gesetzgeber in den Rentenzahlungen einen Zinsanteil sieht. Ein solcher ist aber nicht erkennbar[28]. Der Berechtigte stundet dem Versicherungsunternehmen nicht die Schadenersatzleistung, indem er sich mit den Rentenzahlungen einverstanden erklärt. Sein Anspruch richtet sich, nachdem einmal Rentenzahlungen rechtswirksam festgestellt worden sind, allein darauf.

Ein Zinsanteil wäre allenfalls dann zu bejahen, wenn das Versicherungsunternehmen als Schadenersatz primär einen Kapitalbetrag schulden und diesen im Einvernehmen mit dem Versicherten verrenten würde. In diesem Fall wäre in den nachfolgenden Renten ein Zinsbetrag enthalten, den das Versicherungsunternehmen erst nach dem Bilanzstichtag erwirtschaften müßte. Das geltende Schadenersatzrecht verlangt aber, daß das

---

25 BFH vom 19. 2. 75, BStBl. II S. 480; Groh, BB 1988 S. 27.
26 Nr. I P 3.3.1 Abs. 4 VUBR.
27 § 253 Abs. 1 Satz 2 HGB.
28 Ebenso Perlet, a.a.O., S. 154; a. A. Hüttemann, Ulrich, Grundsätze ordnungsmäßiger Bilanzierung für Verbindlichkeiten, 2. Aufl., Düsseldorf 1976, S. 119; Groh, BB 1988 S. 27.

Versicherungsunternehmen bei Personenschäden Schadenersatz in Form einer Geldrente leistet[29]. Nur der Geschädigte kann aus wichtigem Grund eine Abfindung in Kapital fordern[30]. Das Versicherungsunternehmen selbst hat keine Möglichkeit, sich durch eine Kapitalabfindung von seiner Schuld zu befreien. Bei dieser Sachlage muß das Versicherungsunternehmen nach dem Grundsatz der passivischen Höchstbewertung, solange keine Umwandlung erfolgt ist, die Rentenverpflichtung passivieren.

Die Bilanzierung zum Rentenbarwert kann demnach nicht damit begründet werden, daß in der Rückstellung ein Zinsanteil enthalten ist. Wenn der Gesetzgeber gleichwohl den Ansatz mit dem Barwert verlangt, so ist dies als Ausnahmeregelung zu interpretieren. Mit den sonst geltenden Grundsätzen ordnungsmäßiger Buchführung, insbesondere mit dem Realisationsprinzip, kann sie kaum in Einklang gebracht werden[31].

Die VBR schreibt in ähnlicher Weise vor, daß die Rückstellungsbeträge, wenn die Versicherungsleistungen in Form einer Rente zu erbringen sind, nach anerkannten versicherungsmathematischen Methoden berechnet werden müssen[32]. Das Ergebnis dürfte der Barwert der Renten sein. Die Regelung ist zwingend. Sie zeigt, daß es wohl allgemeiner Auffassung entspricht, Rentenverpflichtungen auf den jeweiligen Bilanzstichtag abzuzinsen. Insoweit besteht Übereinstimmung mit dem deutschen Bilanzrecht. Aus alledem könnte man folgern, daß es sich hier um einen besonderen eigenständigen Grundsatz ordnungsmäßiger Buchführung handelt.

V.

Die VBR läßt den offenen Diskontabschlag bei der Schadenrückstellung zu, um die Einbeziehung der Anlagenerträge zu ermöglichen. Der Ansatz der VBR ist demnach ein anderer. Nicht ein angenommener Zinsanteil in der Schadenrückstellung ist der Grund für die Abzinsung, sondern der Umstand, daß das Versicherungsunternehmen Kapitalerträge aus Anlagen erzielt, die es zur Bedeckung der Schadenrückstellung bereitstellen muß[33]. Eine auf dieser Grundlage vorgenommene Bewertung der Schadenrückstellung verstößt in mehrfacher Hinsicht gegen die Grundsätze ordnungsmäßiger Buchführung, wie sie in der Bundesrepublik Deutschland verstanden und praktiziert werden. Sie weist überdies methodische Mängel auf.

---

29 § 843 Abs. 1 BGB.
30 § 843 Abs. 3 BGB.
31 So Busch, Friedrich-Wilhelm, Grundsätze ordnungsmäßiger Bilanzierung für Pensionsverpflichtungen, Diss. Münster 1976, S. 157 ff.; Leffson, Grundsätze ordnungsmäßiger Buchführung, 7. Aufl., Düsseldorf 1987, S. 295 ff.; Böcking, Hans-Joachim, Bilanztheorie und Verzinslichkeit, Diss. Wiesbaden 1988, S. 279.
32 Art. 60 Abs. 1 Buchstabe f) VBR.
33 Art. 60 Abs. 1 Buchstabe g) Ziff. V VBR.

Die VBR möchte die Anlagenerträge einbezogen wissen, die aus den Kapitalanlagen erzielt werden, die den Gegenwert für die Schadenrückstellung während des Regulierungszeitraums darstellen. Diese Kapitalanlagen sind nicht bekannt. Im Versicherungsunternehmen werden alle Kapitalanlagen nach Arten erfaßt und so auch in der Bilanz ausgewiesen. Eine Zuordnung der einzelnen Anlagen zu bestimmten Passivposten findet nicht statt und wäre auch kaum durchführbar. Die einzelnen Anlagen ergeben sehr unterschiedliche Renditen. Wenn aber nicht festgestellt werden kann, welche Anlagen konkret zur Bedeckung der Schadenrückstellung zur Verfügung stehen werden, lassen sich auch die gewünschten Anlagenerträge nicht bestimmen. Aus diesen wiederum soll der anzuwendende Abzinsungssatz abgeleitet werden. Es bleibt nur der Ausweg, den Abzinsungssatz nach der Rendite der gesamten Kapitalanlagen zu bemessen. Gegen diese Methode wäre eine Reihe von Argumenten vorzubringen, die aber hier nicht weiter behandelt werden können.

Nach der VBR sollen die Kapitalerträge einbezogen werden dürfen, die während des Regulierungszeitraums wahrscheinlich erzielt werden. Regulierungszeitraum in diesem Sinne ist der für die Abwicklung der Schadenfälle erforderliche Zeitraum vom Bilanzstichtag bis zur endgültigen Erfüllung der Leistungspflicht. Die in dieser Zeit voraussichtlich erzielbaren Erträge aus Kapitalanlagen werden vorweggenommen. Sie sind am Bilanzstichtag noch nicht verdient, nicht realisiert. Darin liegt ein Verstoß gegen das Realisationsprinzip[34]. Dieses ist nicht nur in der Bundesrepublik Deutschland, sondern im gesamten Bereich der EG auch von Versicherungsunternehmen zu beachten[35].

Durch den Diskontabschlag von der Schadenrückstellung werden im Ergebnis die künftigen Kapitalerträge mit den noch offenen Schadenersatzverpflichtungen des Versicherungsunternehmens saldiert. Kapitalerträge erzielt das Versicherungsunternehmen, indem es Kapital Dritten zur Nutzung überläßt. Die Kapitalnutzer schulden dem Versicherungsunternehmen den vereinbarten Zins, das Versicherungsunternehmen hat gegen diese eine entsprechende Forderung. In der Schadenrückstellung werden Verpflichtungen passiviert, die das Versicherungsunternehmen gegenüber den Versicherten hat. Zwischen den Forderungen gegenüber den Kapitalnutzern und den Schadenersatzverpflichtungen gegenüber den Versicherten besteht weder ein rechtlicher noch ein wirtschaftlicher Zusammenhang. Eine Saldierung ist daher unzulässig. Sie verstößt gegen das im HGB verankerte Verbot, Posten der Aktivseite mit Posten der Passivseite zu verrechnen[36]. Das Verbot gilt aufgrund der Vierten Richtlinie im gan-

---

34 § 252 Abs. 1 Nr. 4 HGB.
35 Siehe Art. 31 Abs. 1 Buchstabe b) aa) Vierte Richtlinie des Rates vom 25. 7. 78, ABl. der EG 1978 Nr. L 222/11; abgedruckt in QIR I D 5/1; Art. 1 Abs. 1 VBR.
36 § 246 Abs. 2 HGB.

zen EG-Raum[37] und ist auch von den Versicherungsunternehmen zu beachten[38]. Der mögliche Einwand, daß es sich bei der Forderung auf künftige Zinsen aus Kapitalanlagen um eine nicht bilanzierungsfähige Forderung handelt, weil ein schwebendes Geschäft vorliegt, muß unbeachtet bleiben, da die VBR die künftigen Erträge vorwegnimmt und die Ansprüche darauf wie eine Forderung in der Bilanz behandelt.

Der Jahresabschluß gibt Rechenschaft über eine Periode, das Wirtschaftsjahr. Dem Wirtschaftsjahr müssen daher alle Erträge und Aufwendungen zugeordnet werden, die in diesem Jahr angefallen sind[39]. Die Aufwendungen für Versicherungsfälle entstehen in dem Wirtschaftsjahr, in dem der Versicherungsfall eingetreten ist. Sie sind daher diesem Jahr voll anzulasten. Dies geschieht in der Weise, daß die Zahlungen an die Versicherten und die Schadenregulierungsaufwendungen zu Lasten des Jahres gebucht und für die noch nicht erbrachten Leistungen eine Rückstellung gebildet wird. Zinsen werden für die zeitliche Überlassung von Kapital geschuldet. Sie sind daher Ertrag des Jahres, in dem die Kapitalnutzung erfolgt. Werden Zinsen für künftige Zeiträume vorgezogen und im laufenden Wirtschaftsjahr als Ertrag verbucht, so entspricht das Jahresergebnis nicht mehr den tatsächlichen Verhältnissen. Es wird zu hoch ausgewiesen. Bei der Abzinsung der Schadenrückstellung werden die künftigen Zinserträge schon im laufenden Wirtschaftsjahr erfaßt. Das Periodenergebnis wird damit verfälscht.

Die Abzinsung der in der Schadenrückstellung ausgewiesenen Verbindlichkeiten setzt voraus, daß zum Bilanzstichtag bekannt ist, wann der einzelne Versicherungsfall abgewickelt sein wird. Solche Kenntnisse liegen nur in den seltensten Fällen vor. Der Zeitpunkt der Schadenabwicklung ist schwer vorauszusehen. Jede Festlegung beim Einzelfall ist letztlich willkürlich. Es fehlt daher der Zeitfaktor für die Abzinsung. Nach der VBR ist der Zeitpunkt zugrunde zu legen, zu dem die Versicherungsfälle im Durchschnitt abgewickelt sind. Wie dieser Zeitpunkt ermittelt werden soll, läßt die VBR offen. Soll die durchschnittliche Abwicklungszeit nach der Anzahl der Fälle oder nach der Höhe der Entschädigungssummen bemessen werden? Beide Methoden geben keinen Sinn. Es kann allenfalls nur darauf ankommen, welcher Betrag nach Ablauf von vier Jahren noch offen ist[40]. Es wird dann aber nicht der Rückstellungsbetrag für den einzelnen Versicherungsfall abgezinst, sondern eine voraussichtliche Gesamtsumme von offenen Leistungen für im einzelnen nicht bestimmbare Versicherungsfälle. Eine derartige Methode steht im Wider-

---

37 Art. 7 Vierte Richtlinie.
38 Art. 1 Abs. 1 VBR i. V. m. Art. 7 Vierte Richtlinie.
39 § 252 Abs. 1 Nr. 5 HGB; Art. 31 Abs. 1 Buchstabe d) Vierte Richtlinie; dazu Leffson, a.a.O., S. 330.
40 Die Abwicklungsdauer von mindestens vier Jahren ist eine der Voraussetzungen für die Zulässigkeit des Diskontabschlags, Art. 60 Abs. 1 Buchstabe g) Ziff. I VBR.

spruch zum Grundsatz der Einzelbewertung, der im gesamten Bereich der EG gilt[41].

Für die Bewertung der Posten im Jahresabschluß ist sowohl in der Vierten Richtlinie als auch ihr folgend im HGB der Grundsatz der Vorsicht festgeschrieben[42]. Eine Ausprägung ist das Realisationsprinzip. Darauf wurde schon Bezug genommen. Ein weiterer Ausdruck der Vorsicht ist die Bewertung nach dem Imparitätsprinzip. Danach sind alle vorhersehbaren Risiken, die bis zum Abschluß entstanden sind, zu berücksichtigen. Die Schadenrückstellung muß so bemessen sein, daß alle aus den Versicherungsverträgen resultierenden Verpflichtungen im Rahmen dessen, was bei vernünftiger Betrachtungsweise vorhersehbar ist, erfüllt werden können[43]. Das VAG fügt noch hinzu, daß die Erfüllbarkeit der Verpflichtungen auf Dauer sichergestellt werden muß[44]. Durch den Diskontabschlag wird für die Schadenrückstellung ein niedriger Betrag angesetzt, als zur Erfüllung der Verpflichtungen notwendig ist. Man glaubt dies verantworten zu können, weil das Versicherungsunternehmen über Kapitalanlagen mindestens in Höhe der Schadenrückstellung verfügen muß, aus denen es Zinserträge erzielt. Deren Barwert soll den niedrigeren Ansatz der Schadenrückstellung ausgleichen. Die künftige Höhe der Kapitalerträge ist unbestimmt und mit einem Risiko behaftet. Aus dem Ertrag der Vergangenheit auf die zukünftigen Erträge zu schließen, ist, wie die Erfahrung lehrt, leichtfertig. Die Kapitalerträge können, insbesondere bei hohen notwendigen Abschreibungen auf Kapitalanlagen, u. U. ganz ausfallen. Sie trotzdem in die Bewertung der Schadenrückstellung einbeziehen heißt, vorhersehbare Risiken unberücksichtigt lassen. Darin ist ein Verstoß gegen den Grundsatz der Vorsicht zu sehen.

VI.

Das von der VBR den Mitgliedstaaten eingeräumte Wahlrecht kann nur in dem Sinne ausgeübt werden, den Diskontabschlag bei der Schadenrückstellung auszuschließen. Die Schadenrückstellung ist der bei weitem größte Posten in der Bilanz des Schadenversicherers. Eine zu niedrige Bewertung gefährdet die Sicherheit des Versicherungsunternehmens.

---

41 Art. 31 Abs. 1 Buchstabe e) Vierte Richtlinie; § 252 Abs. 1 Nr. 3 HGB.
42 Art. 31 Abs. 1 Buchstabe c) Vierte Richtlinie; § 252 Abs. 1 Nr. 4 HGB.
43 So Art. 56 VBR für alle versicherungstechnischen Rückstellungen.
44 § 56 Abs. 3 VAG.

Georg Büchner

Die Gruppenfreistellungen der EG-Kommission im Versicherungsbereich – insbesondere die Tatbestandsgruppe der „Muster allgemeiner Versicherungsbedingungen"

Vorbemerkung

Seit dem Erscheinen seines Erstlings „Die Versicherungsmärkte" (1961) haben Fragen des Wettbewerbs der Versicherer, aber auch des ihnen gesetzten kartellrechtlichen Ordnungsrahmens, nicht aufgehört, Dieter Farny zu beschäftigen. Die zahlreichen einschlägigen Arbeiten aus seiner Feder bilden einen Schwerpunkt seines wissenschaftlichen Werks und gehören zu den theoretischen Grundlagen sowohl des Wettbewerbsgeschehens auf den deutschen Versicherungsmärkten als auch der Behördenpraxis.

Nun wird im entstehenden europäischen Binnenmarkt der Versicherer das Fundament neu gelegt, der Ordnungsrahmen für den Wettbewerb konkretisiert, ja neu bestimmt. Das europäische Versicherungs-Kartellrecht gewinnt Konturen. Es stellt die deutsche Versicherungswirtschaft vor große Aufgaben.

Die folgende Skizze soll diesen Aufgaben nachgehen, zugleich aber zeigen, daß der in Gang gekommene Prozeß der „schöpferischen Zerstörung" – die das Element nicht nur des Wettbewerbs, sondern auch des Rechts der Wettbewerbsbeschränkungen zu sein scheint – Versicherungswirtschaft und Versicherungswissenschaft gleichermaßen herausfordert. Die Theorie bleibt gefragt, der Jubilar als bewährter Wegweiser ganz unentbehrlich.

I. Die Texte

1. Sedes materiae des europäischen Versicherungs-Kartellrechts sind zunächst die Wettbewerbsregeln (Art. 85 ff.) des EWG-Vertrags und die (vor allem das Anmeldungs- und das Einzelfreistellungsverfahren behan-

delnde) Verordnung Nr. 17 des Rates[1]. Dieser Kernbestand des europäischen Wettbewerbsrechts hat Jahrzehnte hindurch im Versicherungsbereich, auch in der Praxis der Kommission[2], nur ein Schattendasein gefristet, und zwar vor allem deshalb, weil wegen des Inländerstatus der Niederlassungen ausländischer EG-Versicherer in der Bundesrepublik Deutschland das Tatbestandsmerkmal der „Zwischenstaatlichkeit" für die Anwendung des Kartellverbots (Art. 85 Abs. 1) nicht als erfüllt galt[3].

Das grundlegende "Sachverbands"-Urteil des Europäischen Gerichtshofs vom 27. 1. 1987[4] hat diesem Zustand ein Ende bereitet. Darin hat der EuGH

– die Zwischenstaatlichkeits-Klausel weit ausgelegt[5] und ihre Anwendbarkeit auf Empfehlungen, die sich auch an Niederlassungen ausländischer EG-Versicherer richteten, bejaht;

– das Wettbewerbsrecht der Gemeinschaft im Versicherungsbereich für „uneingeschränkt anwendbar" erklärt und im Anschluß hieran

– ausgeführt, diese uneingeschränkte Anwendbarkeit bedeute „keineswegs", daß es

„das Wettbewerbsrecht der Gemeinschaft nicht zuließe, den Besonderheiten bestimmter Wirtschaftszweige Rechnung zu tragen. Es ist vielmehr Sache der Kommission, im Rahmen ihrer Befugnis, gemäß Artikel 85 Absatz 3 Freistellungen von den in Artikel 85 vorgesehenen Verboten zu gewähren, die Besonderheiten bestimmter Wirtschaftszweige und die dort auftretenden Probleme zu berücksichtigen"[6].

Die EG-Kommission hat seither zunächst ihre Einzelfreistellungspraxis intensiviert[7], jedoch nach dem Eingang von rund 300 Anmeldungen aus

---

1 VO vom 6. 2. 1962, ABl. 1962, S. 204.
2 Überblick bei Reimer Schmidt in: Prölss-Schmidt-Frey, VAG, 10. Aufl. 1989, Vorbem. 103 ff.
3 Ein anderer Ansatz bei B. Börner, Die vorläufige Nichtanwendbarkeit des Artikels 85 EWGV auf die Assekuranz, 1984.
4 Rs. 45/85 „Sachverband", Slg. 1987, S. 405 ff. = VersR 87, 169.
5 A.a.O., Rdnr. 47 ff. Eine noch wesentlich weiter gehende Auslegung der Zwischenstaatlichkeitsklausel findet sich in der Freistellungsentscheidung der Kommission „Concordato incendio" vom 20. 12. 1989, ABl. EG Nr. L 15 vom 19. 1. 1990, S. 25 f.
6 „Sachverbandsurteil" Rdnr. 15.
7 Überblick bei G. Büchner, Auf dem Weg zu Gruppenfreistellungen der EG-Kommission für den Versicherungsbereich, in: Festschrift für Rittner (1991), S. 55 ff. (60 ff.). Inzwischen hinzugekommen sind die Freistellungsentscheidungen „Assurpol" vom 14. 1. 1992, ABl. Nr. L 37/16 vom 14. 2. 1992, und „Lloyd's Underwriters" vom 4. 12. 1992 ABl. Nr. L 4/26 vom 8. 1. 1993.

allen Versicherungsmärkten der Gemeinschaft vor allem das Ihre getan, um den Weg zu Gruppenfreistellungen für den Versicherungsbereich zu ebnen. Auf ihren Antrag erließ der Rat am 31.5.1991 eine auf Art. 87 EWGV gestützte Verordnung[8], durch die er der Kommission – u. a. mit der Erwägung[9],

„Wegen der großen Zahl von Anmeldungen, die nach der Verordnung Nr. 17 des Rates ... eingereicht worden sind, sollte die Kommission zur Erleichterung ihrer Aufgaben in die Lage versetzt werden, das Verbot von Artikel 85 Absatz 1 des Vertrages durch Verordnung auf Gruppen derartiger Vereinbarungen, Beschlüsse und aufeinander abgestimmter Verhaltensweisen für nicht anwendbar zu erklären" –

die folgende Ermächtigung erteilte:

„Unbeschadet der Anwendung der Verordnung Nr. 17 kann die Kommission gemäß Artikel 85 Absatz 3 des Vertrages durch Verordnung Artikel 85 Absatz 1 des Vertrages auf Gruppen von Vereinbarungen von Unternehmen, Beschlüssen von Unternehmensvereinigungen und aufeinander abgestimmten Verhaltensweisen im Bereich der Versicherungswirtschaft für nicht anwendbar erklären, die eine Zusammenarbeit in folgenden Bereichen zum Gegenstand haben:

a) die Festsetzung gemeinsamer Risikoprämientarife, die auf gegenseitig abgestimmten Statistiken oder dem Schadensverlauf beruhen;

b) die Erstellung von Mustern für allgemeine Versicherungsbedingungen;

c) die gemeinsame Deckung bestimmter Arten von Risiken;

d) die Abwicklung von Schadensfällen;

e) die Prüfung und Anerkennung von Sicherheitsvorkehrungen;

f) die Erstellung von Verzeichnissen erhöhter Risiken und den Austausch der entsprechenden Informationen ..."[10].

---

8 Verordnung Nr. 1534/91 des Rates vom 31.5.1991 über die Anwendung von Art. 85 Abs. 3 des Vertrages auf bestimmte Gruppen von Vereinbarungen, Beschlüssen und abgestimmten Verhaltensweisen im Bereich der Versicherungswirtschaft, ABl. 1991 Nr. L 143/1 – im folgenden „Ermächtigungsverordnung" genannt.
9 Abs. 8 der Erwägungsgründe.
10 Art. 1 Abs. 1 der ErmächtigungsVO.

Von dieser Ermächtigung hat die Kommission durch Verordnung vom 21. 12. 1992[11] erstmals teilweise, nämlich für die vorstehend unter a) bis c) und e) aufgeführten Tatbestandsgruppen, Gebrauch gemacht. Dabei wird die Beschränkung auf die Freistellung von lediglich vier Fallgruppen unter Aussparung der „Abwicklung von Schadensfällen" und der „Erstellung von Verzeichnissen erhöhter Risiken . . ." in den Erwägungsgründen der GVO[12] damit erklärt, die Kommission habe „bisher durch die Bearbeitung von Einzelfällen ausreichende Erfahrung erworben", um von der Ermächtigung insoweit Gebrauch machen zu können[13]. Die Kommission hat die Absicht erkennen lassen, auch für die diesmal übergangenen Sachverhalte eine weitere Gruppenfreistellungsverordnung zu erlassen, sobald sie auch hierzu genügende Erfahrung erworben habe.

Ebenfalls noch nicht behandelt sind innerhalb der an sich freigestellten Kategorie „gemeinsame Deckung bestimmter Arten von Risiken" – wiederum mangels ausreichender Erfahrungen – „Gemeinschaften, die ausschließlich aus Rückversicherern bestehen"[14].

2. In ihrem Aufbau und wesentlichen Inhalt orientiert sich die GVO „Versicherungen" weitgehend an dem für solche Verordnungen üblichen Schema[15]. Zunächst werden die Gruppen von Sachverhalten aufgeführt, auf die sich die Freistellung bezieht (Art. 1). Sodann folgt in Art. 2 bis 15, für jede dieser Gruppen getrennt, eine Aufzählung der (positiven) Voraussetzungen, von deren Erfüllung die Freistellung abhängt (sog. weiße Liste), und der (negativen) Bedingungen, bei deren Vorliegen die Freistellung nicht gilt; insbesondere werden in einer „schwarzen Liste" diejenigen Klauseln benannt, deren Vorkommen in einem empfohlenen Bedingungswerk zu dessen Nicht-Freistellung in toto führt. Der Schlußtitel (Art. 16 bis 21) behandelt die Einbeziehung verbundener Unternehmen (Art. 16), den Widerruf der Freistellung, falls die Kommission im Einzelfall feststellt, daß eine freigestellte Verhaltensweise „gleichwohl Wirkun-

---

11 Verordnung der Kommission Nr. 3932/92 vom 21. 12. 1992 über die Anwendung von Art. 85 Abs. 3 EWG-Vertrag auf bestimmte Gruppen von Vereinbarungen, Beschlüssen und aufeinander abgestimmten Verhaltensweisen im Bereich der Versicherungswirtschaft, ABl. Nr. L 398/7 vom 31. 12. 1992 – im folgenden Text als GVO „Versicherungen" bezeichnet. Speziell zu dieser VO oder zur Vorgeschichte: H. Baumann, Schriftenreihe „Versicherungswissenschaft in Berlin", Heft 1 (1993), S. 29 ff. (36 ff.); G. Büchner a.a.O. (Fn. 7); H.-J. Bunte WuW 1992, S. 893 ff.; ders. VersR 1993, S. 543 ff. (Tagungsbericht); B. Honsel in „Versicherungsforum" Heft 12 (1993) S. 115 ff. (133); W. Müller/P. Zweifel WuW 1990, S. 906 ff.; R. Nebel SVZ 1993, S. 88 ff.; K.-P. Schultz VW 1993, S. 556 ff.; G. Vernimmen VW 1993, S. 559 ff.
12 Erwägungsgrund 2 der GVO „Versicherungen".
13 Das läßt sich hinsichtlich der im Titel V behandelten Sachverhaltsgruppe der „Sicherheitsvorkehrungen" bezweifeln; ausschlaggebend war hier wohl eher das Bestreben, auf dem Gebiet der im Erwägungsgrund 15 angesprochenen „technischen Harmonisierung und Normung" einen Fortschritt zu erzielen.
14 Erwägungsgrund 14.
15 Vgl. Gleiss-Hirsch, Kommentar zum EG-Kartellrecht, 4. Auflage 1993, Rdnr. 1799 ff.

gen hat, die mit den in Artikel 85 Absatz 3 genannten Voraussetzungen unvereinbar sind" (Art. 17); und abschließend die zeitliche, teils weit in die Vergangenheit zurückwirkende Geltung der Freistellungen (Art. 18 ff.).

Die Verordnung ist zum 1. 4. 1993 in Kraft getreten und gilt bis zum 31. 3. 2003 (Art. 21).

Dem gleichen Aufbau und Gedankengang folgen mehr oder weniger alle bisher erlassenen Gruppenfreistellungsverordnungen der Kommission[16].

II. Erste Eindrücke

Obwohl hiernach die GVO „Versicherungen" in einer festen Tradition steht und sie somit keineswegs eine Schöpfung aus dem Nichts ist, mutet sie doch den Praktiker bei erster Lektüre an wie ein Text von einem anderen Stern. Es mag erlaubt, ja nützlich sein, einige erste Eindrücke wiederzugeben.

1. Auch wer mit den Versicherungsrichtlinien des Rates vertraut ist, wird die GVO „Versicherungen" in ihrer Diktion und Begriffsbildung doch als etwas ganz Ungewohntes empfinden. Zumindest der deutsche Text ist, bei aller grammatikalischen Korrektheit, in einer Sprache abgefaßt, die niemand spricht; in seiner Begriffswahl vermeidet er weithin die eingespielte Terminologie jedenfalls der deutschen Versicherungspraxis. Statt dessen bedient sich der Verordnungsgeber gleichsam einer natürlichen Vor-Fachsprache, in der die Sachverhalte zwar beschrieben, meist aber nicht – oder erst nach allgemeiner Umschreibung[17] – spezifisch benannt werden.

Das Verfahren, so ungewohnt es ist und so unbeholfen es bisweilen wirkt, verdient wenn nicht Zustimmung, so doch Nachsicht; divergieren doch die Versicherungsmärkte der Gemeinschaft in ihrem Rechtsrahmen, ihrer Praxis und ihrem fachlichen Vokabular noch so stark, daß ihnen mit einer pseudo-einheitlichen Terminologie schwerlich beizukommen wäre. Das zeigt sich gerade dort, wo der Verordnungstext seine löbliche Abstinenz ausnahmsweise durchbricht: Mit den „Mustern" allgemeiner Versicherungsbedingungen (Art. 5 Abs. 1) und den „Indexierungsklauseln" (Art. 7 Abs. 1 e) begegnen uns Begriffe, die wohl der französischen

---

16 Allerdings sieht die GVO „Versicherungen" – im Unterschied zu einigen anderen GVOen – kein Widerspruchsverfahren vor; vgl. zu diesem Bunte/Sauter, EG-Gruppenfreistellungsverordnungen, 1988, Einführung 113, und G. Wiedemann, Kommentar zu den Gruppenfreistellungsverordnungen des EWG-Kartellrechts, Band I (1989) AT 195.
17 Vgl. das Wort „Nettoprämien" in Art. 2 a).

Versicherungspraxis vertraut, der deutschen Fachsprache aber fremd sind und die in der Sache nicht ohne weiteres auf deutsche Verhältnisse übertragen werden können[18]. Hier läuft die Verordnung Gefahr, durch ihre Begriffswahl ungleiche Wettbewerbsbedingungen eher zu schaffen, als sie abzubauen.

Eine weitere Gefahr besteht andererseits darin, daß die im Verordnungstext grundsätzlich bevorzugte Allgemeinsprache es nicht selten doch an der notwendigen Eindeutigkeit fehlen läßt. Was beispielsweise sind Klauseln, die „die Deckung bestimmter Risiken von bestimmten Voraussetzungen abhängig machen" (Art. 7 Abs. 1 b)[19]? So rätselhaft sollte ein Normgeber, der doch Gehorsam erwartet und ihn mit drakonischen Sanktionen[20] erzwingen kann, keinesfalls sprechen.

2. In der Sache verarbeitet die GVO „Versicherungen" vor allem die Erfahrungen und Erkenntnisse der EG-Kommission aus ihrer bisherigen Einzelfreistellungspraxis und den ihr vorliegenden rund 300 Anmeldungen aus allen Versicherungsmärkten der Gemeinschaft. Besonders dank dieser Anmeldungen verfügt die Kommission inzwischen auf dem Gebiet der relevanten Kooperationstatbestände über ein Maß an Informationen, wie es in dieser Dichte und Vollständigkeit nirgendwo sonst erreicht wird. Ihr faktisches Wissensmonopol erlaubt es nicht, von außen die geistige Ordnungs- und Rationalisierungsleistung voll zu ermessen, die es bedeutet haben muß, aus einem so voluminösen und wahrscheinlich auch sehr sperrigen Tatsachenmaterial jene relativ wenigen Sachverhaltsgruppen herauszufiltern, die in ihrer Typizität zur Bewältigung des „Massenproblems"[21] führen sollen. Als Außenstehender, wenngleich Betroffener, kann man einstweilen nur vermuten, daß bei der Identifizierung dieser Sachverhaltsgruppen mit großer Umsicht verfahren wurde; in der Frage ihrer kartellrechtlichen Bewertung durch den Verordnungsgeber wird allerdings das erste Urteil des Praktikers eher zurückhaltend ausfallen.

Unzweifelhaft bedeutet das nun auch im Versicherungsbereich gewonnene „Herrschaftswissen" der Generaldirektion Wettbewerb für diese einen bedeutenden Zuwachs an fachlicher Kompetenz. Er ist uneingeschränkt zu begrüßen.

3. Daß die Versicherungswirtschaft im EG-Kartellrecht nicht zu den Ausnahmebereichen zählt, wird durch die GVO mit ernüchternder Deutlichkeit bestätigt. Indem diese von einer unbedingten Freistellung strikt

---

18 Dazu unten bei Fn. 25.
19 S. unten III 5. b).
20 Vgl. Art. 15 der VO Nr. 17.
21 Vgl. Wiedemann a.a.O. (Fn. 16) AT 38.

absieht und für jede der behandelten Fallgruppen die Freistellung an überwiegend strenge Positiv- und Negativbedingungen knüpft, hat sie weit weniger den Charakter einer „Marscherleichterung" für die Versicherungspraxis als die Funktion einer verbotsbekräftigenden Nicht-Freistellungsverordnung. Als solche muß sie von der Praxis ernstgenommen – und gegen ihre ordnungspolitischen Kritiker[22] verteidigt werden.

III. Die Tatbestandsgruppe der „Muster allgemeiner Versicherungsbedingungen"

Im Rahmen der vorliegenden Studie kann schon aus Raumgründen nicht auf alle vier Tatbestandsgruppen der GVO „Versicherungen" näher eingegangen werden. Die Notwendigkeit der Beschränkung zwingt zur Konzentration auf weniges; daher mag es erlaubt sein, im folgenden den Blick zunächst ausschließlich auf die im Titel III der Verordnung angesprochenen „Muster allgemeiner Versicherungsbedingungen" zu richten[23].

1. Nach Art. 5 Abs. 1 gilt die Freistellung

„für Vereinbarungen, Beschlüsse und aufeinander abgestimmte Verhaltensweisen, welche die Aufstellung und Bekanntgabe von Mustern allgemeiner Versicherungsbedingungen für die Direktversicherung zum Gegenstand haben".

Dazu werden in Art. 6 Abs. 1 die Positiv-, sodann in Art. 7 und 8 die Negativ-Bedingungen der Freistellung aufgeführt.

In ihren Erwägungsgründen anerkennt die EG-Kommission, „Muster allgemeiner Versicherungsbedingungen oder Muster-Vertragsbestimmungen für die Direktversicherung" – die englische Fassung spricht von „standard policy conditions or standard individual clauses", der französische Text von „conditions ou clauses types" – hätten „den Vorteil, daß sie die Vergleichbarkeit des Leistungsumfangs durch den Versicherungsnehmer und eine einheitliche Einteilung der Risiken erleichtern". Dennoch dürfe es

---

22 Die Befürchtungen, die Müller und Zweifel a.a.O. (Fn. 11) anhand des Entwurfs der ErmächtigungsVO artikuliert hatten, werden durch die Strenge der nun ergangenen GVO „Versicherungen", die sie noch nicht kannten, zumindest in wesentlichen Teilen widerlegt. Soweit ihre Kritik sich gegen die scheinbare Zulassung von abgestimmten „Bruttoprämien" durch die Freistellungsentscheidung „Concordato incendio" (Fn. 5) richtet, ist ihr entgegenzuhalten, daß die Kommission dort nach dem italienischen Entscheidungstext ausschließlich „primi puri", also Nettoprämien, zugelassen hat; das Wort „Bruttoprämien" im deutschen Text beruht auf einem Druck- oder Übersetzungsfehler.
23 Auf die im Titel III ebenfalls ausgesprochene Freistellung von „einheitlichen Modellen zur Darstellung von Überschußbeteiligungen" (Art. 5 Abs. 2) kann dabei nicht eingegangen werden.

„hierdurch nicht zu einer Standardisierung der Produkte oder zu einer zu starken Bindung der Kunden kommen"[24].

2. Der damit gewiesenen Richtung folgt das ganze Regelungswerk des Titels III. Bevor wir es näher betrachten, ist zu fragen, welche Bewandtnis es mit dem „Muster"-Begriff hat. Das Wort ist der deutschen Versicherungssprache ganz fremd; es wird allenfalls in der Kombination „Musterbedingungen" (etwa der privaten Krankenversicherer) oder „Mustergeschäftsplan" (z. B. für die Lebensversicherung) verwendet und signalisiert dann die Bereitschaft der Aufsichtsbehörde, übereinstimmende Anträge ohne weiteres zu genehmigen. Mit diesem Inhalt aber hat der „Muster"-Begriff im Aufsichtsrecht keine Zukunft.

Man darf wohl vermuten, daß das Wort „Muster" im deutschen Verordnungstext eine schlichte Übersetzung der französischen „clauses types" sein soll. Aber die Begriffe decken sich keineswegs; denn die „clauses types" sind staatlich verordnete „Pflichtklauseln", sie haben „imperativen Charakter"[25] – und deshalb nichts mit dem Tatbestand zu tun, den der Verordnungsgeber freistellen will. Dessen Begriffswahl ist also schon im französischen Text verfehlt, im deutschen zumindest nicht hilfreich.

Deshalb sollte der Begriff „Muster" nicht übernommen, sondern statt dessen wie bisher von („vereinbarten", „beschlossenen", im Regelfall aber) „empfohlenen"[26] allgemeinen Versicherungsbedingungen gesprochen werden.

3. Positive Freistellungsvoraussetzungen sind nach Art. 6 Abs. 1:

a) der ausdrückliche Hinweis auf die Unverbindlichkeit der Bedingungsempfehlung;

b) der ausdrückliche Hinweis auf die Möglichkeit der „Vereinbarung abweichender Klauseln" und

c) die Zugänglichkeit der allgemeinen Versicherungsbedingungen „für jede interessierte Person" und ihre Übermittlung „auf einfache Anfrage hin".

---

24 Erwägungsgrund 7.
25 Vgl. U. Hübner, Rechtliche Rahmenbedingungen des Wettbewerbs in der Versicherungswirtschaft, Baden-Baden 1988, S. 90 m. w. N.
26 Obwohl das Wettbewerbsrecht der Gemeinschaft kein ausdrückliches Empfehlungsverbot enthält, ist doch unbestritten, daß Bedingungsempfehlungen im Versicherungsbereich vom Verbot des Art. 85 Abs. 1 EWGV erfaßt werden. Ob und wann sie Vereinbarungen, Beschlüsse oder aufeinander abgestimmte Verhaltensweisen sind, ist streitig, braucht hier aber nicht entschieden zu werden. Der Einfachheit halber wird im folgenden Text durchweg von „empfohlenen Bedingungswerken" gesprochen, die in der Praxis eindeutig überwiegen.

Die Voraussetzungen sind ausnahmslos vom Empfehlenden zu erfüllen, und zwar in den unter a) und b) genannten Hinweisfällen gegenüber den Adressaten der Empfehlung[27]. Die Pflichten gemäß c) beziehen sich schon nach ihrem Wortlaut allein auf das Bedingungswerk, nicht auch auf eine Mitteilung des Empfehlungstextes, ebensowenig auf eine Mitteilung der Hinweise nach a) und b).

Nicht ganz klar ist die Tragweite der unter b) angesprochenen Pflicht. Es sollte im Hinweistext Vorsorge dafür getroffen werden können, daß die Möglichkeit der Vereinbarung abweichender Klauseln von den Empfehlungsadressaten nicht als eine grenzenlose Freiheit mißverstanden wird. Deshalb muß, ohne Gefährdung der Freistellung, beispielsweise auch darauf hingewiesen werden können, daß abweichende Bedingungsvereinbarungen nur möglich sind innerhalb der Grenzen der Versicherbarkeit[28] und des zwingenden Rechts[29].

4. Die in Art. 7 Abs. 1 enthaltene Aufzählung von elf sog. schwarzen Klauseln (Negativbedingungen) könnte auf den ersten Blick wie ein Auszug aus einem Verbraucherschutzgesetz, etwa nach Art des AGB-Gesetzes, verstanden werden. Daß dies ein Mißverständnis wäre, ist schon daran zu erkennen, daß die GVO die autonome Vereinbarung solcher Klauseln keineswegs mißbilligt[30], diese vielmehr allein dann mit der Sanktion der Nicht-Gruppenfreistellung belegt, wenn sie in empfohlenen Bedingungswerken enthalten sind.

Die „Bekämpfung mißbräuchlicher oder nachteiliger Klauseln in Versicherungsverträgen" ist in der Tat „nicht Hauptzweck von Titel III. Die Verordnung ist kein Instrument der Verbraucherpolitik"[31].

Die Absicht des Verordnungsgebers ist vielmehr, wie schon die Hinweispflichten des Art. 6 Abs. 1 erkennen ließen, primär darauf gerichtet, die Autonomie der Empfehlungsadressaten möglichst weitgehend zu erhalten, ja sogar anzuregen, und dadurch den wettbewerbsdämpfenden Empfehlungswirkungen enge Grenzen zu setzen.

---

27 Vgl. Vernimmen lt. Bericht Bunte VersR 1993, S. 543 (546).
28 Für die Feuerversicherung vertritt das BAV die zutreffende Meinung, daß von den Ausschlußtatbeständen der AFB die Risiken „Krieg", „innere Unruhen" und „Kernenergie" nach wie vor als unversicherbar anzusehen seien, nicht dagegen das Erdbebenrisiko (GB BAV 1989, S. 47).
29 Zu beachten ist dabei auch die „Leitbildfunktion" des dispositiven Gesetzesrechts.
30 Vgl. Vernimmen a.a.O. (Fn. 11), S. 560. Von Bedeutung ist es in diesem Zusammenhang auch, daß die GVO „Versicherungen" zwischen „Großrisiken-" und „Verbraucherversicherungen" nicht differenziert, die unterschiedliche Schutzwürdigkeit der Kundengruppen also – wettbewerbspolitisch konsequent – ganz außer Betracht läßt.
31 Vernimmen a.a.O. S. 560, allerdings mit dem zutreffenden Hinweis, daß die Verbraucherinteressen zu den nach Art. 85 Abs. 3 zu berücksichtigenden Kriterien gehörten.

Diese Ausrichtung auf „möglichst viel Wettbewerb" unter Bewahrung des Transparenzgewinns für die Versicherten (Art. 85 Abs. 3) zeigt sich besonders deutlich an der Strenge, mit der die GVO zu weitgehende „Bindungen" der Versicherungsnehmer[32] behandelt, die auch durch ausdrückliche Hinweise nicht vor der Nicht-Freistellung zu retten sind. Ziel ist „ein Höchstmaß an Mobilität"[33].

5. Im einzelnen ist zu den „schwarzen Klauseln" des Art. 7 Abs. 1 zu bemerken:

a) Risikoausschlüsse (Art. 7 Abs. 1 a)

Die sehr weit gefaßte Bestimmung bildet mit Art. 7 Abs. 1 b) bis d) eine Vorschriftengruppe, durch die – im Sinne des 7. Erwägungsgrundes – einer abgestimmten „Standardisierung der Produkte" entgegengewirkt werden soll.

Freistellungshindernd sind nach lit. a)

Klauseln, die „die Deckung von Schäden aufgrund bestimmter Ereignisse ausschließen, obwohl diese Schäden der in Frage stehenden Risikosparte zuzuordnen sind, ohne gleichzeitig ausdrücklich darauf hinzuweisen, daß es jedem Versicherer freigestellt ist, die Deckung auf diese Schäden auszudehnen".

Gemeint sind nach dem Wortlaut offenbar allein echte Ausschlußklauseln, nicht auch die (primären und sekundären) Risikobegrenzungen oder -beschreibungen[34].

Was aber sind Schäden, die „der in Frage stehenden Risikosparte zuzuordnen sind"? Wäre hier jedwede, sei es noch so theoretische Möglichkeit der Zuordnung gemeint, so hätte das einen weitgehenden Leerlauf des ganzen Titels III zur Folge. Das Wort „zuzuordnen" bedarf also einer Auslegung, die ohne Mißachtung des Normzwecks den zwingenden Bedürfnissen der Versicherungspraxis und der Versicherungskunden gerecht wird.

Den Weg zu dieser Auslegung weist der englische Text, der von „losses *normally* relating to the class of insurance concerned" spricht. Man wird hiernach doch – mit der gebotenen Vorsicht – davon ausgehen können, daß sich die Zuordnung bestimmter Schäden zu bestimmten Risikospar-

---

32 Art. 7 Abs. 1 e) bis k).
33 Vernimmen a.a.O. S. 560.
34 Vgl. D. Farny, AVB unter dem Gesichtspunkt der „Produktbeschreibung" ZVersWiss 1965, S. 169 ff.

ten (Versicherungszweigen und -arten) an dem „Normalbild" der betreffenden Sparte orientieren muß, wie es sich in der Verkehrsanschauung der beteiligten Kreise entwickelt hat. Dieses Normalbild setzt eine funktionsfähige Abgrenzung, Spezialisierung und Arbeitsteilung der einzelnen Versicherungszweige voraus, die nicht nur der Markttransparenz, sondern (beispielsweise durch Vermeidung massenhafter Doppelversicherungen) auch der besseren Marktversorgung dienen. Das geeignete Instrument der Arbeitsteilung sind aber, neben den Risikobegrenzungen und -beschreibungen, von jeher auch Ausschlußklauseln. Soweit sie diesem Zweck dienen, sollten sie nicht unter lit. a) subsumiert werden, sondern generell freigestellt sein.

Gleiches sollte für jene – z. B. in der Rechtsschutzversicherung anzutreffenden – Ausschlußklauseln gelten, die Raum schaffen für die Zuwahl weiterer Deckungs-„Bausteine" im konkreten Bedarfsfall. Sie haben, ebenso wie die spartenabgrenzenden Ausschlußklauseln, einen enormen Rationalisierungseffekt und bewirken nicht etwa eine Verkrustung der Produktpalette, sondern eine Verbesserung der Marktversorgung.

Schließlich ist auch hier daran zu erinnern, daß nicht wenige Ausschlußklauseln schlechthin unversicherbare Schäden betreffen[35], so etwa in der Feuerversicherung Schäden durch Krieg, innere Unruhen und Kernenergie[36]. In solchen Fällen muß der „Hinweis" des Empfehlungsgebers, ohne Nachteil für die Freistellung, die Empfehlungsadressaten auch darauf aufmerksam machen dürfen, daß bestimmte Schäden unversicherbar sind.

Insgesamt läßt sich voraussagen, daß lit. a) schon wegen seiner undeutlichen Fassung der Praxis erhebliches Kopfzerbrechen bereiten wird. Die bestehenden Zweifel sollten durch interpretierende Gespräche mit der EG-Kommission behoben werden, u. U. auch durch eine „Bekanntmachung" von ihrer Seite, notfalls durch Einzelfreistellungen.

b) Deckung nur unter „bestimmten Voraussetzungen" (Art. 7 Abs. 1 b)

Die Bestimmung betrifft Klauseln, die „die Deckung bestimmter Risiken von bestimmten Voraussetzungen abhängig machen", ohne daß vom Empfehlungsgeber ausdrücklich darauf hingewiesen wird, „daß jeder Versicherer hierauf verzichten kann".

Sinn und Tragweite des Verordnungstextes sind auch hier ganz unklar. Einen schlechthin voraussetzungsfreien Versicherungsschutz gibt es nicht. Man darf annehmen, daß der Verordnungsgeber sich hierüber

---

35 Ihre Abgrenzung war immer eine Domäne der Versicherungswissenschaft, auf deren Erkenntnisse gerade hier die Praxis nun erst recht angewiesen ist.
36 GB BAV 1989, S. 47.

nicht hinwegsetzen wollte, sondern speziellere Fälle im Auge hatte. So könnte an empfohlene Klauseln gedacht sein, nach denen etwa die Deckung der Einbruchdiebstahlsgefahr vom Vorhandensein gewisser Sicherungseinrichtungen abhinge oder nach denen das Diebstahlsrisiko in der Kraftfahrt-Kaskoversicherung nur bei Einbau und Betätigung einer elektronischen Wegfahrsperre gedeckt wäre. Entsprechende Bedingungsempfehlungen – oder Tarifbestimmungen, die ebenfalls „Muster allgemeiner Versicherungsbedingungen" sein können[37] – müßten den „Hinweis" enthalten, um unter die Gruppenfreistellungen zu fallen.

c) Globaldeckungen (Art. 7 Abs. 1 c)

Ebenfalls nur bei ausdrücklichem Hinweis auf die Anbieterfreiheit sind empfohlene Klauseln freigestellt, die „eine globale Deckung für Risiken vorsehen, denen eine große Anzahl von Versicherungsnehmern nicht gleichzeitig ausgesetzt ist". Die Bestimmung könnte im Bereich der Elementarschadendeckungen praktische Bedeutung erlangen. Sie ist plausibel, doch wird der notwendige Hinweis das Marktgeschehen schwerlich entscheidend beeinflussen. Zweifellos wären selektive Anbieterstrategien für die Marktversorgung insgesamt von Nachteil.

d) Versicherungssummen, Selbstbehaltsbeträge (Art. 7 Abs. 1 d)

Indem die GVO empfohlene Bedingungswerke mit Klauseln, die „Angaben über die Versicherungssummen oder Selbstbehaltsbeträge enthalten", von der Gruppenfreistellung ausnimmt, wirkt sie auch auf der betraglichen Produktseite der Gefahr einer zu weitgehenden Standardisierung entgegen.

„Angaben" im gemeinten Sinne enthalten nicht alle Klauseln, in denen das Wort „Versicherungssumme" oder „Selbstbehalt" auch nur vorkommt; gedacht ist vielmehr offenbar ausschließlich an beziffernde Erwähnungen[38], etwa den Selbstbehalt von DM 300 in der Kraftfahrzeug-Teilversicherung (§ 13 Abs. 9 AKB). Entschädigungsbegrenzungen sind ihrer Funktion nach keine Versicherungssummen, gleichviel, ob sie auf einen DM-Betrag oder einen Prozentsatz der Versicherungssumme lauten[39]. Erst recht sind in der Unfallversicherung die in der sog. Gliedertaxe (§ 7 I Abs. 2 a AUB) genannten Prozentsätze keine Versicherungssummen, sondern „feste Invaliditätsgrade".

---

37 Vgl. W. Asmus, Zum Charakter der Tarifbestimmungen in der Kraftfahrtversicherung, in: Festgabe für Hans Möller, 1972, S. 11 ff.
38 Vernimmen lt. Bericht Bunte VersR 93, 543 ff. (546).
39 Beispiele in § 19 Nr. 2 und 3 der VHB 92 (VerBAV 1992, S. 300 ff.).

e) Kundenbindung trotz Vertragsänderung (Art. 7 Abs. 1 e)

Die Bestimmungen lit. e) bis k) betreffen die zweite Gruppe der „schwarzen Klauseln" und haben den Zweck, der im Erwägungsgrund 7 angesprochenen „zu starken Bindung der Kunden" entgegenzuwirken.

Die sachlich bedeutsame und textlich schwer eingängige lit. e) betrifft Klauseln, die

„dem Versicherer das Recht einräumen, den Vertrag fortzusetzen, obwohl er den Deckungsumfang einschränkt, obwohl er – unbeschadet etwaiger Indexierungsklauseln – die Prämie ohne Änderung des Risikos oder Ausdehnung des Leistungsumfangs erhöht oder obwohl er die Vertragsbedingungen ändert, ohne daß der Versicherungsnehmer dem ausdrücklich zugestimmt hat".

Die Bestimmung behandelt drei Varianten einseitiger Vertragsänderungen durch den Versicherer, nämlich 1. Einschränkungen des Deckungsumfangs, 2. Prämienerhöhungen, die nicht entweder aufgrund von „Indexierungsklauseln" oder aufgrund einer Änderung des Risikos oder einer Ausdehnung des Leistungsumfangs erfolgen, und 3. sonstige Änderungen der Vertragsbedingungen. Dabei bezieht sich der Halbsatz „ohne daß der Versicherungsnehmer dem ausdrücklich zugestimmt hat" offensichtlich auf alle drei Alternativen.

Ein auf Einschränkung des Leistungsumfangs gerichteter Änderungsvorbehalt ist – von den hier nicht zu erörternden Ausnahmefällen der Kraftfahrt-Haftpflicht-, der Lebens- und der Krankenversicherung abgesehen[40] – in empfohlenen Bedingungswerken des deutschen Versicherungsmarkts, soweit ersichtlich, nirgends enthalten. Um so interessanter und ergiebiger ist für den Praktiker die 2. Fallgruppe. Danach sind empfohlene Vertragsfortsetzungsrechte des Versicherers „freistellungs-unschädlich", sofern einseitige Prämienerhöhungen entweder aufgrund von „Indexierungsklauseln" erfolgen oder sie auf einer Änderung des Risikos oder Ausdehnung des Leistungsumfangs beruhen.

Als „Indexierungsklauseln" wird man alle Prämienanpassungsklauseln ansehen dürfen, nach denen die Prämienbewegung sich an der Veränderung relevanter statistischer Größen orientiert. Dies ist bei den weitaus meisten im deutschen Versicherungsmarkt praktizierten Beitragsanpassungsklauseln der Fall. Nicht auf einen Index abgestellt ist allerdings die von der Versicherungsaufsichtsbehörde seit längerem präferierte Klausel, nach der der Prämiensatz ohne Rückgriff auf die Veränderung statistischer Größen vom Versicherer einseitig geändert werden kann, solange

---

40 §§ 9 a) AKB, 17 ALB und 18 MBKK.

er den im Zeitpunkt der Änderung geltenden Tarifprämiensatz nicht übersteigt[41].

Schwer zu beantworten und hier nicht zu klären ist die Frage, was die Worte „ohne Änderung des Risikos" bedeuten. Es könnte damit das jedem Versicherungspraktiker wohlbekannte „Änderungsrisiko" angesprochen sein.

Mit der „Ausdehnung des Leistungsumfangs" sind offensichtlich nicht ad hoc vereinbarte Deckungserweiterungen gemeint – bei denen die Problematik der einseitigen Prämienerhöhungen nicht auftritt – , sondern bedingungsgemäße Summenerhöhungen, wie sie etwa bei der gleitenden Neuwertversicherung von Wohngebäuden, der dynamischen Unfallversicherung und der Hausratversicherung mit Summenanpassungsklausel vorkommen[42].

Für die 3. Alternative (einseitige Änderungen der Vertragsbedingungen) gilt das vorstehend zur 1. Variante Ausgeführte entsprechend.

Beispiele der übrigen in Art. 7 Abs. 1 aufgelisteten „schwarzen Klauseln" (lit. f) bis k) haben sich in der deutschen Bedingungs-Empfehlungspraxis nicht feststellen lassen, weshalb die Bestimmungen hier übergangen werden können. Das gilt besonders für lit. g), wonach solche empfohlenen Klauseln freistellungs-hindernd sind, die „dem Versicherungsnehmer, außer im Bereich der Lebensversicherung, eine Versicherungsdauer von mehr als drei Jahren auferlegen"; der deutsche Markt kennt, soweit ersichtlich, keine empfohlenen Bedingungswerke, die eine mehrjährige Vertragsdauer vorsehen.

6. Es bleibt noch Art. 8 zu erwähnen, wonach „ungeachtet der Möglichkeit, besondere Versicherungsbedingungen für bestimmte soziale oder berufliche Bevölkerungsgruppen aufzustellen", empfohlene Bedingungswerke, bei Vermeidung der Nicht-Freistellung, nicht vorsehen dürfen, daß „die Deckung bestimmter Risikokategorien im Hinblick auf Besonderheiten des Versicherungsnehmers ausgeschlossen wird". Obwohl der Wortlaut auch dieser Bestimmung recht unklar ist, kann doch vermutet werden, daß sie Diskriminierungen verhindern soll. Beispielsfälle aus der deutschen Empfehlungspraxis haben sich auch hier nicht finden lassen.

---

41 § 16 Nr. 2 VHB 92. Indessen dürfte das dort vorgesehene „schwellenlose" Kündigungsrecht des VN die Anpassungsklausel vor der Nicht-Freistellung bewahren; denn der Versicherer hat das „Recht, den Vertrag fortzusetzen", jedenfalls dann nicht, wenn der VN von seinem Kündigungsrecht Gebrauch macht. Das sollte nach dem Zweck der lit. e), eine „zu starke Bindung" des Kunden zu verhindern, genügen.
42 §§ 13 VGB 88, 16 Nr. 1 VHB 92 und die „Besonderen Bedingungen für die Unfallversicherung mit Zuwachs von Leistung und Beitrag".

IV. Rechtsfragen zu allen Anwendungsbereichen der GVO

1. Seit Erlaß der GVO „Versicherungen" waren und sind in den Versicherungsmärkten der Gemeinschaft sämtliche kartellrelevanten Tatbestände daraufhin zu überprüfen, ob sie unter die Gruppenfreistellungen fallen. Die Urheber und Anwender tragen dabei grundsätzlich das „Subsumtionsrisiko"[43].

Soweit die Prüfung ergibt, daß ein Tatbestand nicht freigestellt oder seine Freistellung zweifelhaft ist, wird der Versuch naheliegen, die Angelegenheit mit der EG-Kommission zu erörtern, die insoweit ihre Gesprächsbereitschaft erklärt hat[44].

Läßt sich der Zweifel nicht ausräumen oder steht die Nichtfreistellung nach der GVO fest, so bestehen prinzipiell drei – u. U. miteinander kombinierbare – Möglichkeiten: die Beseitigung des relevanten Tatbestands (regelmäßig durch Rücknahme einer Empfehlung), die Anpassung an die in der VO festgelegten Freistellungsvoraussetzungen und schließlich das Einzelfreistellungsverfahren.

Insbesondere der Weg zu Einzelfreistellungen wird durch Gruppenfreistellungsverordnungen rechtlich nicht abgeschnitten[45]. „Es gibt keinen Rechtssatz des Inhalts, daß Vereinbarungen, die einer der ‚Gruppen' im Sinne des Art. 85 Abs. 3 zuzuordnen sind, nur mittels GVO freigestellt werden können ... Ebenso gibt es keinen Rechtssatz, wonach in solchen Fällen ein besonders strenger Maßstab anzuwenden ist[46]".

Wenn hiernach die GVO „Versicherungen" auch keine das Einzelfreistellungsverfahren rechtlich präjudizierende „Leitbildfunktion" hat, so wird die EG-Kommission doch faktisch in Einzelfreistellungsverfahren häufig geltend machen, daß sie sich in der Beurteilung der jeweiligen Entscheidungsfrage anhand früherer Einzelfreistellungen oder bei der Vorbereitung der GVO schon eine abschließende Meinung gebildet habe. Dennoch erscheinen Anträge auf Einzelfreistellung in begründeten Fällen kei-

---

43 Vgl. Bunte/Sauter a.a.O. (Fn. 16), Einführung 42; Wiedemann a.a.O. (Fn. 16) AT 328 mit der zutreffenden Einschränkung, bei nicht unerheblicher Rechtsunsicherheit bei der Auslegung einer GVO sei es nicht einzusehen, „daß ein Subsumtionsirrtum infolge dieser Rechtsunsicherheit zu Lasten der Unternehmen gehen soll".
44 Vgl. Bericht Bunte VersR 93, 547.
45 Vgl. die Worte „unbeschadet der Anwendung der Verordnung Nr. 17" in Art. 1 Abs. 1 der Ermächtigungsverordnung; Bunte/Sauter a.a.O., Einf. 42 f.; Wiedemann a.a.O., AT 57; Gleiss-Hirsch a.a.O. (Fn. 15), Rdnr. 1836 ff.
46 Wiedemann AT 57 mit treffender Kritik an der Meinung von Caspari (XXI. FIW-Symposion, 1988, S. 69 ff., 78), bei Antrag auf Einzelfreistellung müßten „sehr konkrete Argumente ... vorgetragen werden können". Noch strenger als Caspari Vernimmen a.a.O. S. 563 („besondere Rechtfertigungsgründe" erforderlich; GVO sei „gewissermaßen als Grundsatzregelung anzusehen"). Wie Wiedemann auch Gleiss-Hirsch Rdnr. 1838.

neswegs als generell aussichtslos. In manchen wichtigen Punkten – etwa in der Marktanteilsfrage bei Versicherungsgemeinschaften – hat man im Gegenteil den Eindruck, daß die Kommission in der GVO ihren Entscheidungsspielraum bewußt noch nicht voll ausgeschöpft hat.

2. Im Verhältnis zu nationalen Kartellrechtsnormen gebührt den Gruppenfreistellungen der EG-Kommission der Vorrang[47]. So sehr hierüber inzwischen prinzipielle Einigkeit besteht, so stark divergieren doch die Meinungen darüber, was dieser Vorrang für die praktische Arbeit beispielsweise des deutschen Bundeskartellamts bedeutet[48].

Nimmt man den Vorrang des Gemeinschaftsrechts ernst, so kann man nur zu dem Ergebnis kommen, daß das nationale Recht und die Kartellbehörde die Freistellungswirkungen einer GVO in keiner Weise und zu keiner Zeit durch eigene Maßnahmen beeinträchtigen dürfen (Sperrwirkung)[49]. Andererseits muß es der Kartellbehörde unbenommen sein, sich in eigener Zuständigkeit davon zu überzeugen, daß ein kartellrelevanter Sachverhalt tatsächlich die Freistellungsvoraussetzungen einer GVO erfüllt. Indessen kann das Bundeskartellamt bei EG-rechtlich freigestellten Sachverhalten schwerlich auf einer Anmeldung nach § 102 Abs. 1 GWB bestehen, sofern ihm formlos die zur Prüfung notwendigen Informationen ohne weiteres zur Verfügung gestellt werden[50]; jedenfalls wird die dreimonatige Widerspruchs- und Wartefrist durch die Sperrwirkung der Freistellung außer Funktion gesetzt[51].

3. Auch die Versicherungsaufsichtsbehörde hat – im Rahmen ihrer Zuständigkeiten[52] – den Vorrang der GVO „Versicherungen" vor dem nationalen Kartellrecht zu respektieren. Sie ist jedoch de lege lata nicht gehindert, beispielsweise ein freigestelltes Bedingungswerk, das geschäftsplanmäßig verwendet werden soll, unter aufsichtsrechtlichen Aspekten daraufhin zu prüfen, ob es die Belange der Versicherten ausreichend wahrt[53].

---

47 Gleiss-Hirsch Rdnr. 62 ff.; Wiedemann AT 392 ff., 404; G. Büchner a.a.O. (Fn. 7), S. 67; modifizierend Bunte/Sauter, Einf. 65 ff., 68 und Markert VW 1989, S. 1342 ff. (1344).
48 Dazu Markert a.a.O.; Schultz a.a.O. (Fn. 11).
49 Wiedemann AT 404; O. Lieberknecht, Das Verhältnis der EWG-Gruppenfreistellungsverordnungen zum deutschen Kartellrecht, in: Festschrift für Pfeiffer, 1988, S. 589 ff., Schröter lt. Bericht Bunte VersR 93, 547.
50 Nach EG-Recht besteht bei gruppenweise freigestellten Sachverhalten keine Pflicht zur Anmeldung, obwohl in solchen Fällen das Informationsinteresse der Kommission höher zu bewerten ist als das Interesse des Bundeskartellamtes an einer Anmeldung nach § 102 GWB; für eine Pflicht zur Anmeldung aber Schultz a.a.O. S. 556 und Markert (Fn. 47); außerdem, ohne Erwähnung des § 102 GWB, Lieberknecht a.a.O., Wiedemann a.a.O. (Fn. 49), Gleiss-Hirsch, Rdnr. 66.
51 So alle in Fn. 49 Zitierten; a. M. Schultz a.a.O.
52 Diese erstrecken sich nach Barbey VersR 85, S. 101 ff. (109), jedenfalls bei der Prüfung von AVB, nicht auf deren kartellrechtliche Beurteilung.
53 Vgl. Abs. 5 der Erwägungsgründe zur ErmächtigungsVO.

Keinesfalls wird sie dabei allerdings Bedingungswerke mit der Begründung beanstanden können, daß sie „schwarze Klauseln" enthalten. Schon weil die GVO „Versicherungen" sich über die Beurteilung solcher Klauseln bei autonomer Verwendung durch einen Versicherer konsequent ausschweigt, ist ihr ein Maßstab für die aufsichtsrechtliche Prüfung nicht zu entnehmen.

Hans Corsten

Versicherungsproduktion – Vergleichende Analyse des Versicherungsschutzkonzeptes und des Informationskonzeptes der Versicherung

1. Grundlegungen

Der Problemkomplex der Versicherungsproduktion wurde durch den mit dieser Festschrift zu ehrenden Wissenschaftler maßgeblich geprägt. Die Theorie der Versicherungsproduktion ist damit auf das engste mit dem Jubilar Dieter Farny verknüpft (vgl. z. B. Farny 1965, 1969, 1983, 1989, 1992).

Grundlegend für die Versicherungsproduktion ist das Produktionsverständnis. Der Begriff der Produktion hat in der betriebswirtschaftlichen Literatur vielfältige Abgrenzungen erfahren (vgl. Corsten 1985, S. 36 ff.; Farny 1965, S. 62 ff.; Kern 1976, S. 758 ff.; Kruschwitz 1974, S. 242 ff.). Ohne auf diese Abgrenzungsversuche im einzelnen einzugehen, sei unter *Produktion* die sich in betrieblichen Systemen vollziehende Bildung von Faktorkombinationen im Sinne einer Anwendung technischer oder konzeptioneller Verfahren zur Transformation der dem Betrieb zur Verfügung stehenden originären und derivativen Produktionsfaktoren in absetzbare Leistungen oder in derivative Produktionsfaktoren, die dann in weiteren Faktorkombinationsprozessen unmittelbar genutzt oder in absetzbare Leistungen transformiert werden, zur Erfüllung des Sachziels unter der Maßgabe der Formalzielerfüllung verstanden. Dabei sind *Produktionsfaktoren* Güter, die im Produktionsprozeß kombiniert werden, um andere Güter hervorzubringen (vgl. Bohr 1979, Sp. 1481).

Diese Abgrenzung zeigt, daß es nicht das Ziel der Produktion ist, nur der Hervorbringung absatzfähiger Güter zu dienen, wie dies etwa von Seng (1989, S. 1 f.) unterstellt wird, da hierdurch der gesamte Komplex der *Erstellung innerbetrieblicher Leistungen* aus der Betrachtung ausgeschlossen wird. Für eine Analyse der Produktion ist es vielmehr irrelevant, ob der erstellte Output innerhalb der produzierenden Unternehmung genutzt oder an eine andere Wirtschaftseinheit abgesetzt und dort ge- oder verbraucht wird.

Eine *zentrale Frage*, die sich im Rahmen der Dienstleistungsproduktion im allgemeinen und in der Versicherungsproduktion im besonderen stellt, ist darin zu sehen, ob der *Faktor Geld* als ein Produktionsfaktor sui generis zu betrachten ist oder nicht (dies gilt ebenfalls für den Bereich des Kreditwesens). So lehnt etwa Seng (1989, S. 200 ff.) die Behandlung monetärer Größen als Produktionsfaktor ab, da sie aus seiner Sicht daraus resultiert, daß Farny alle Vorgänge in Versicherungsunternehmungen zum Produktionsbereich zählt und diese dann mit produktionstheoretischen Methoden und *Instrumenten* analysiert. Er sieht darüber hinaus in der Integration des monetären Faktors in die Produktionsfaktorsystematik einen Widerspruch zu dem in der Betriebswirtschaftslehre üblichen Vorgehen, zwischen der *Nominalgüter-* und der *Realgüterebene* in Unternehmungen zu unterscheiden. Ähnlich argumentiert auch Bachmann (1988, S. 183), wenn er formuliert, daß die Auffassung, Geld sei ein Produktionsfaktor, „im Gegensatz zu der in der betriebswirtschaftlichen Produktionstheorie vertretenen Auffassung (stehe A. d. V.), die die monetäre Komponente in den Bereich der Kostentheorie" verweise (analoge Aussagen finden sich zu den Faktoren Sicherheitsmittel und Kapitalnutzungen). Dieser Kritikpunkt verkennt, daß dem monetären Faktor im Versicherungs- und im Kreditwesen eine andere Bedeutung zukommt als in Industrieunternehmungen, ein Sachverhalt, der in den sechziger und siebziger Jahren in die betriebswirtschaftliche Literatur eingeführt wurde und seitdem als Stand der Forschung gilt (vgl. z. B. Arnhofer 1982; Deppe 1969; Eisen 1971; Farny 1965; Haak 1982; v. Hinten 1973; Lipfert 1960; Mühlhaupt 1977). Der *monetäre Faktor* wird in Versicherungsunternehmungen (gleiches gilt für den Kreditbereich) zum *eigentlichen Gegenstand des Leistungsprozesses*, während er in industriellen Unternehmungen die Voraussetzung zur Beschaffung von Produktionsfaktoren darstellt. Der entscheidende *Unterschied* ist folglich darin zu sehen, daß Geld in der industriellen Produktion nur mittelbar, und zwar über die Produktionsfaktorbeschaffung relevant wird, während er im Versicherungswesen unmittelbar als Faktor in den Produktionsprozeß einfließt (vgl. Corsten 1985, S. 52 f.). Wenn Bachmann (1988, S. 186) an anderer Stelle dann von der Nutzung von Finanzierungsmitteln spricht, die Kosten verursacht, dann läßt diese Formulierung zumindest die Interpretation zu, daß Geld als Produktionsfaktor gesehen werden kann. Daß auch in Versicherungsunternehmungen im Rahmen von Beschaffungsprozessen Geld eine mittelbare Funktion übernimmt, erscheint selbstverständlich und ändert nichts an den vorangegangenen Ausführungen.

Damit weist der monetäre Faktor in diesen Produktionsprozessen einen grundsätzlich anderen Charakter auf (vgl. Farny 1988 b, S. 249). Darüber hinaus erfüllt das Geld alle *Merkmale eines Produktionsfaktors*, d. h. es weist das Merkmal der *Gutseigenschaft* auf, es erfüllt die Funktion der *causa efficiens* für das Entstehen eines neuen Gutes und sein Einsatz im Produktionsprozeß ist mit einem *Güterverzehr* verbunden, wobei der Güterverzehr in dem Verlust an Opportunitäten zu sehen ist.

Die Bedeutung des monetären Faktors für die Versicherungsproduktion kommt dann auch in dem von Farny (1965, S. 103 ff.; 1989, S. 426 ff.; vgl. ferner Trottmann 1968, S. 36 ff.) entwickelten *Produktionsfaktorsystem* klar zum Ausdruck. Er geht von der folgenden Systematik aus:

- überwiegend originäre Produktionsfaktoren

    - Arbeitsleistungen von Mitarbeitern
    - Dienst- und Werkleistungen Dritter (z. B. Dienstleistungen selbständiger Versicherungsvermittler)
    - Betriebsmittel
    - Hilfs- und Betriebsstoffe
    - Geld für Versicherungsleistungen (Schadenvergütungen und Sicherheitsmittel)
    - Rückversicherung
    - Kapitalnutzung

- überwiegend derivative Produktionsfaktoren

    - Außenorganisation
    - Vertragsabschlüsse
    - weitere derivative Produktionsfaktoren (z. B. Aufbau- und Ablauforganisation, selbsterstellte Software usw.)

- Informationen

- externer Faktor.

Unter *originären* Produktionsfaktoren sind dabei die vom Beschaffungsmarkt entnommenen Faktoren zu verstehen, die dann im Kombinationsprozeß zur Erstellung derivativer Faktoren dienen. Demgegenüber werden *derivative* Produktionsfaktoren im Rahmen der Hervorbringung von Absatzgütern wieder eingesetzt (vgl. Farny 1969, S. 45), eine Vorgehensweise, die mit der anfangs vorgenommenen Abgrenzung des Produktionsbegriffes in Einklang steht. Farny begrenzt damit das Ziel der Produktion nicht wie etwa Seng (1989) auf absetzbare Güter, sondern, wie dies auch in der produktionswirtschaftlichen Literatur üblich ist (vgl. z. B. Corsten 1992), schließt auch den Bereich der innerbetrieblichen Leistungserstellung in seine produktionstheoretischen Überlegungen ein.

Der Sachverhalt, die *Informationen* als eigenständigen Produktionsfaktor in die Faktorsystematik aller Unternehmungen einzubeziehen, kann zum heutigen Zeitpunkt als Stand der Forschung angesehen werden und bedarf keiner weiteren Diskussion (vgl. Farny 1989, S. 442; Kern 1992, S. 17; Wittmann 1977, S. 590). Es ist jedoch hervorzuheben, daß erst durch die explizite Nennung der gesamte Komplex der Information in das Produktionsfaktorsystem einbezogen wird, da sonst lediglich verkörperte Informationen, d. h. ihre implizite Berücksichtigung in anderen Produktionsfaktoren (z. B. in Form personengebundenen Wissens oder in technischen Anlagen verkörpertes Wissen) erfaßt werden. Diese implizite Berücksichtigung schlägt sich in den unterschiedlichen Qualitäten der zum Einsatz gelangenden Faktoren nieder (vgl. Corsten 1985). Ein *Charakteristikum des Produktionsfaktors Information* ist im *outputunabhängigen* Verbrauch zu sehen, d. h. er unterliegt keiner physischen Abnutzung durch den Einsatz in Produktionsprozessen (vgl. Wild 1971, S. 318). Informationen können lediglich ihre Relevanz für bestimmte Produktionsprozesse verlieren, deren Ursache darin zu sehen ist, daß sich die durch die Informationen abgebildeten Sachverhalte verändert haben. Dies bedeutet, daß sich der Verbrauch von Informationen über deren Veralterung vollzieht.

Die Informationen müssen allerdings nicht als eigenständige Faktorklasse den originären und derivativen Produktionsfaktoren auf der gleichen logischen Ebene gegenübergestellt werden, sondern, da sie sowohl originär als auch derivativ sein können, lassen sie sich in diese beiden Klassen als spezifische Erscheinungsformen einordnen.

Eine Sonderstellung nimmt hingegen der *externe Faktor* ein, der in der betriebswirtschaftlichen Literatur auch als Objektfaktor oder Fremdfaktor bezeichnet wird (vgl. Altenburger 1980, S. 80 ff.; Berekoven 1974, S. 59; Kern 1976, S. 760; Meyer 1983, S. 21 ff.; Zäpfel 1982, S. 5). Hierunter sind die Produktionsfaktoren zu verstehen, die durch die Abnehmer oder Verwerter einer Dienstleistung in den Produktionsprozeß eingebracht werden (vgl. Corsten 1985, S. 127 ff.; Maleri 1991, S. 107 ff.). Der charakteristische Unterschied zu den anderen angeführten Produktionsfaktoren ist folglich darin zu sehen, daß sich der externe Faktor der autonomen Disponierbarkeit durch den Produzenten entzieht. Beispiele für den externen Faktor sind: Patient, Kunde, Transportobjekt, Informationen etc. Im Rahmen der Versicherungsproduktion umfaßt der externe Faktor dann die beiden folgenden Elemente: Erstens die Einbringung von Informationen durch den Versicherungsnehmer und zweitens seine Beteiligung an den Abwicklungsleistungen im Rahmen des Versicherungsgeschäftes (vgl. Farny 1989, S. 444).

Durch die Kombination der originären und derivativen Produktionsfaktoren erstellt die Versicherungsunternehmung in einem ersten Schritt die sogenannte *Vorkombination* oder *Leistungsbereitschaft* (vgl. Corsten 1985, S. 135 ff.). Hierdurch wird die Versicherungsunternehmung in die Lage versetzt, die *Endkombination* zur Produktion von Versicherungsschutz als abstraktes Leistungsversprechen zu erbringen, d. h. die Kombination der Leistungsbereitschaft, weiterer interner Faktoren und des externen Faktors ergeben die Endkombination (zu anderen Einteilungen vgl. Altenburger 1980, S. 105 ff.; Scheuch 1982, S. 116 ff.). In den *Vertragsabschlüssen* ist eine besondere Art des derivativen Faktors zu sehen, der als ein Teilproduktionsprozeß im Absatzbereich aufgefaßt werden kann: „Der Risikoausgleich im Kollektiv setzt das Vorhandensein eines Versicherungsbestandes voraus, der i. d. R. nicht anders als durch Absatz von Versicherungsschutz geschaffen werden kann" (Farny 1969, S. 53). Unter der *Produktionsfaktorkombination* in einer Versicherungsunternehmung ist folglich „das planmäßige, d. h. nach versicherungstechnischen und betriebstechnischen Verfahren gestaltete, produktive Zusammenwirken der Produktionsfaktoren zur Hervorbringung von Leistungen bzw. Produkten" (Farny 1989, S. 445) zu verstehen.

Den produktionstheoretischen Überlegungen von Farny liegt dabei das sogenannte *Versicherungsschutzkonzept* zugrunde, das in der Fachliteratur eine breite Akzeptanz erlangt hat. In jüngerer Zeit wird diesem Ansatz das *Informationskonzept* der Versicherung gegenübergestellt, mit dem der Anspruch erhoben wird, eine geeignetere Grundlage für die Versicherungsproduktion zu sein (vgl. hierzu insbesondere die Arbeiten von Bachmann 1988, Müller 1987 a, 1987 b, 1988 a, 1988 b; Müller/Eckert 1978; Seng 1989).

Es ist damit reizvoll, im Rahmen einer Festschrift für Dieter Farny, diese beiden theoretischen Konzepte einer vergleichenden Analyse zu unterziehen und dabei insbesondere der Frage nachzugehen, ob das Informationskonzept der Versicherung ein eigenständiges Konzept darstellt und einen höheren Erklärungsgehalt als das Versicherungsschutzkonzept aufzuweisen vermag. Um diese Frage einer Beantwortung näher zu bringen, erscheint es in einem ersten Schritt erforderlich, die beiden Konzepte in ihren Grundzügen zu skizzieren, um diese dann in einem weiteren Schritt auf Unterschiede und eventuelle Gemeinsamkeiten zu untersuchen.

2. Ansätze zur Erklärung der Versicherungsproduktion

2.1 Das Versicherungsschutzkonzept

Unter Versicherungsproduktion ist der Transformationsprozeß von Inputfaktoren zum intendierten Output, dem Versicherungsprodukt, zu verstehen (zu unterschiedlichen Abgrenzungen des Versicherungsproduktes vgl. Haller 1982, S. 398 f.; Mordi 1985, S. 81 ff.; 1987, S. 247; Trottmann 1968, S. 29 ff.). Output ist dabei der *Versicherungsschutz*, der als *abstraktes Schutzversprechen* zu interpretieren ist (vgl. Farny 1965, S. 8, 1988 a, S. 553). Da sich dieses Schutzversprechen auf die Laufzeit des Versicherungsvertrages bezieht, liegt diesem Ansatz die Vorstellung eines *zeitraumbezogenen Schutzversprechens* (Konzept der permanenten Produktion) zugrunde (vgl. Bachmann 1988, S. 16; Lehmann 1989, S. 253; Pusch 1976, S. 67). Müller (1981, S. 162, 1987 a, S. 8) wendet hiergegen ein, daß bedingt durch diese Vorgehensweise der Leistungserstellungsprozeß (Produktionsprozeß) mit der Leistung (Produkt) gleichgesetzt werde (in anderem Zusammenhang vgl. Bachmann 1988, S. 148). In der Dienstleistungstheorie ist es jedoch üblich, zwischen zeitpunkt- und zeitraumbezogenen Produkten zu unterscheiden (vgl. Berekoven 1974, S. 25; Corsten 1985, S. 172 ff.; v. Seckendorff 1983). Einem zeitraumbezogenen Produkt liegt dabei eine *prozeßorientierte Betrachtung* zugrunde, d. h. der Leistungsnehmer fragt die Teilnahme an einem Vorgang nach. Eng mit diesem Sachverhalt verbunden ist auch die in der Dienstleistungsliteratur diskutierte uno-actu-These (vgl. Haak 1982, S. 157; Siegert 1974, S. 70; Weiss 1966, S. 20). Aus der Sicht der betriebswirtschaftlichen Dienstleistungstheorie kann damit dem Einwand von Müller, der die Versicherungen explizit als Dienstleistungen interpretiert (zu einer anderen Auffassung vgl. etwa Berekoven 1974), nicht gefolgt werden.

In seiner produktionstheoretischen Perspektive unterteilt Farny (1983, S. 53 f., 1989, S. 422) das Versicherungsgeschäft in

– Risikogeschäft,

– Spar- und Entspargeschäft und

– Dienstleistungsgeschäft.

Den Kern des Versicherungsgeschäftes bildet das Risikogeschäft (Pusch (1976, S. 24 ff.) spricht in diesem Zusammenhang von Kernleistungen und ordnet ihnen die Schadensleistungen zu, die dem Dienstleistungsgeschäft von Farny entsprechen). *Risiken* entstehen generell dadurch, daß Ereignisse menschlichen Verhaltens nicht deterministisch, sondern wahrscheinlichkeitsverteilt sind (vgl. Farny 1988 b, S. 235). Das *Risikogeschäft* ist dann der Transfer einer Wahrscheinlichkeitsverteilung von Schäden vom Versicherungsnehmer auf den Versicherer, und zwar gegen Zahlung einer Prämie. Durch die Kombination von Produktionsfaktoren produziert der Versicherer eine große Anzahl von Risikotransfers und schafft so einen Risikoausgleich im Kollektiv und in der Zeit (vgl. Farny 1992, S. 261), d. h. es werden stochastisch (möglichst) unabhängige Einzelrisiken in einem Kollektiv zur Erlangung eines Risikoausgleichs zusammengefaßt (vgl. Karten 1976, Sp. 4246). Das Produkt Versicherungsschutz stellt damit eine *Übernahme einer Schadenverteilung* dar, d. h. der Versicherer sagt dem Versicherungsnehmer für einen bestimmten Zeitraum zu, nach dem Eintreten eines definierten Versicherungsfalles den zugesicherten Ausgleich zu gewähren (vgl. Farny 1975, S. 171).

Demgegenüber umfaßt das *Spar-* und *Entspargeschäft* die Durchführung von planmäßigen verzinslichen Spar- oder Entsparprozessen und stimmt folglich mit den Aktiv- und Passivgeschäften der Kreditinstitute überein. Aus diesem Grund schließt Farny (1992, S. 261) diesen Bereich aus seinen versicherungsspezifischen Überlegungen aus.

Durch das *Dienstleistungsgeschäft* wird das abstrakte Risikogeschäft um die Beratungs- und Abwicklungsleistungen ergänzt. Hierzu zählen sowohl innerbetriebliche Leistungen zur Schaffung der Leistungsbereitschaft als auch kundenbezogene Leistungen, wie etwa die Kundenberatung (vgl. Farny 1979, Sp. 2139; zu einer spezifischen Zuordnung der Produktionsfaktoren zu diesen unterschiedlichen Geschäften vgl. Farny 1992, S. 262).

Diese Skizze zeigt, daß es sich beim *Output* von Versicherungsunternehmungen um *immaterielle Produkte* handelt, die rechtlich durch Versicherungsverträge und faktisch durch Informationen repräsentiert werden, zu deren Speicherung materielle *Trägermedien* erforderlich sind (vgl. Farny 1989, S. 422; zur Bedeutung materieller Trägermedien bei immateriellen Produkten vgl. z. B. Altenburger 1980, S. 80 ff.; Corsten 1985, S. 126 ff.; Holscher 1976, S. 44; Maleri 1991, S. 107 ff.; Meyer/Tostmann 1978, S. 291). Versicherungsschutz kann dabei nur nach Art und Umfang so produziert werden, wie er in den abgeschlossenen Verträgen vereinbart ist. Dies impliziert, wie dies auch für viele andere Dienstleistungen in der produktionstheoretischen Diskussion von Dienstleistungen betont wird, daß der Absatz von der Leistungserstellung erfolgt (vgl. Corsten 1985, Meyer 1983), ein Sachverhalt, der aus der Existenz des externen Faktors resultiert.

Abbildung 1: Grundstruktur des Versicherungsgeschäfts

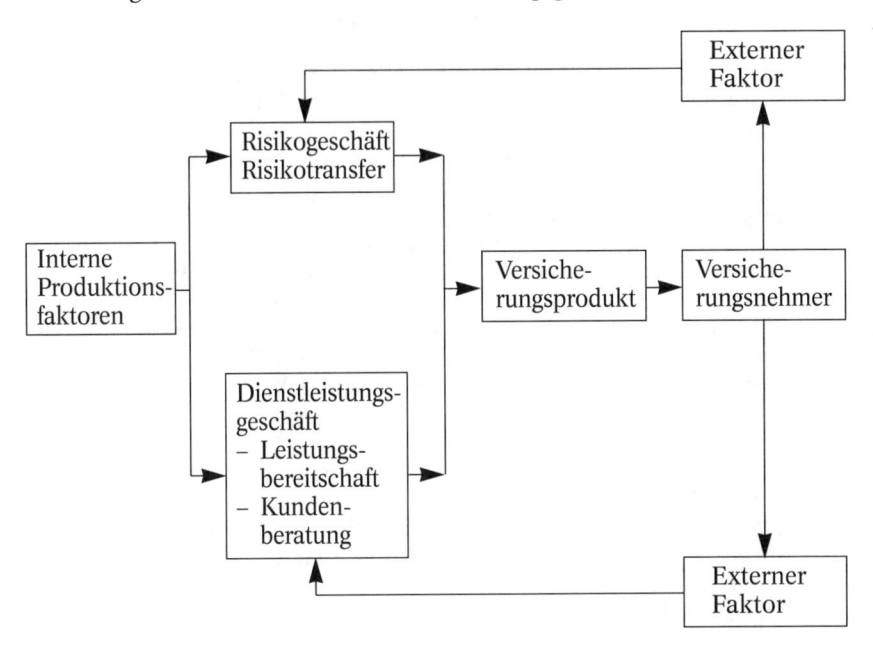

Da der Versicherungsschutz i. d. R. über einen längeren Zeitraum vereinbart wird (Dauerschutzversprechen), sind auch die Produktionsfaktoreinsätze und die Kombinationsprozesse auf einen Zeitraum bezogen, so daß auch von *permanenten Produktionsprozessen* gesprochen werden kann (vgl. Farny 1989, S. 423). Demgegenüber sind die Produktionsprozesse im Dienstleistungsgeschäft einmaliger Art oder wiederholen sich in regelmäßigen oder unregelmäßigen Abständen. Aus diesem Grund unterscheidet Farny diese beiden Geschäftsarten auch in seinen produktionstheoretischen Überlegungen. Während im Risikogeschäft vor allem Geld für Versicherungsleistungen für eigene Rechnung, Rückversicherungsschutz, Kapitalnutzungen vorhandener Sicherheitsmittel und Informationen zum Einsatz gelangen, werden im Dienstleistungsgeschäft insbesondere menschliche Arbeitsleistungen, Dienstleistungen, Betriebsmittel, Kapitalnutzungen für materielle und immaterielle Potentialfaktoren sowie Informationen kombiniert (vgl. Farny 1988 a, S. 555). Für das *Versicherungsgeschäft* ergibt sich dann die folgende grundsätzliche Struktur (Farny (1989, S. 421) unterscheidet darüber hinaus noch das Kapitalanlagengeschäft und die sonstigen Geschäfte).

Auf die produktionstheoretische Formalisierung des Risiko- und Dienstleistungsgeschäftes soll im einzelnen nicht eingegangen werden (vgl. hierzu Farny 1989, S. 447 ff.), sondern es seien einige Aspekte angeführt, die für diese Produktionsfunktionen von zentraler Bedeutung sind (vgl. Farny 1988 a, S. 555 ff., 1989, S. 454 ff.):

– Produktionsfunktion für das Risikogeschäft:

  – Der Produktionsfaktoreinsatz ist nur teilweise durch die Versicherungsunternehmung autonom disponierbar (Entscheidungen zur Bereitstellung eines bestimmten Potentials an Kapitalnutzungen für Sicherheitsmittel und den obligatorischen Rückversicherungskapazitäten). Demgegenüber sind die Einsatzmengen an Geld für Versicherungsleistungen, die tatsächlich bezogenen Rückversicherungsmengen, die Vertragsabschlußnutzungen und die Informationen von den jeweiligen, durch Zu- und Abgänge veränderlichen Versicherungsbestand enthaltenen Risikotransfers, d. h. von den Versicherungsschutzarten und -mengen abhängig. Der Versicherungsbestand ist damit die unabhängige Variable, so daß der Versicherer die Faktoreinsätze an den sich im Zeitablauf fortentwickelnden Versicherungsbestand anpaßt.

  – Die eingesetzten Mengen des Produktionsfaktors Geld für Versicherungsleistungen sind eine stochastische Größe. Sie hängen von den zufälligen Realisationen der Effektivschäden der versicherten Risiken im Kollektiv ab. Der Verbrauch von Geld für Versicherungsleistungen läßt sich dann mit Hilfe des Erwartungswertes und der Streuung erfassen.

- Der gleiche Output an Risikotransfers kann mit unterschiedlichen Mengenrelationen der Produktionsfaktorarten Geld für Versicherungsleistungen, Rückversicherungsschutz und Kapitalnutzungen für Sicherheitsmittel erstellt werden, d. h. es existieren zwischen diesen Inputfaktoren substitutionale Einsatzbeziehungen.

- Produktionsfunktion für das Dienstleistungsgeschäft:

    - Die Produktionsfaktoreinsätze lassen sich in mittel- bis langfristiger Sicht durch die Versicherungsunternehmungen autonom disponieren, und zwar auf der Basis der Erwartungen über den Versicherungsbestand und seiner Entwicklung.

    - Zwischen den Produktionsfaktorarten bestehen bei gegebener Betriebstechnik weitgehend limitationale Einsatzbeziehungen.

    - Der Produktionsfaktoreinsatz ist abhängig von Arten und Mengen der externen und der innerbetrieblichen Leistungen.

Der von Farny entwickelte produktionstheoretische Ansatz als Erklärungsmodell der Versicherungsproduktion basiert auf den Überlegungen von Gutenberg, die explizit auf die industriebetrieblichen Produktionsverhältnisse bezogen sind (vgl. Gutenberg 1979, S. 2 ff.). In diesem Zusammenhang betont Bachmann (1988, S. 148), daß die Produktionssituation der materiellen Produktion nicht ohne weiteres auf die Produktion immaterieller Güter übertragen werden könne (zu einer anderen Auffassung vgl. Seng 1989, S. 200), was insbesondere auf die Schwierigkeiten bei der Quantifizierung immaterieller Produkte zurückzuführen sei. In der produktionstheoretisch orientierten Dienstleistungsliteratur setzt sich jedoch zunehmend die Auffassung durch, daß es fruchtbar ist, daß

- die Ansätze zur Erklärung der Dienstleistungsproduktion auf produktionstheoretische Überlegungen zurückgreifen, die für die Produktion materieller Güter entwickelt wurden und folglich

- eine größere Gemeinsamkeit zwischen den Produktionsverhältnissen materieller und immaterieller Güter gegeben ist, als dies teilweise angenommen wird (vgl. z. B. Corsten 1990, S. 168 ff.).

Dies bedeutet, daß die Unterschiede weniger grundsätzlicher, sondern vielmehr gradueller Natur sind (vgl. z. B. die produktionstheoretischen Ansätze von Haak 1982; v. Hinten 1973; Herzig 1975; Stieger 1980; Schröder 1973). Nach heutigem Erkenntnisstand läßt sich damit die These formulieren, daß es nicht erforderlich ist, eine gänzlich neue Produktionstheorie für Dienstleistungsunternehmungen zu entwickeln, sondern es vielmehr notwendig erscheint, Lücken vorhandener Ansätze aufzudecken und entsprechende Ergänzungen und Modifikationen zu realisieren. Insofern ist in dem Sachverhalt, daß Farny auf den Erklärungsansatz von Gutenberg zurückgreift, keine Inadäquanz seines Vorgehens zu sehen.

2.2 Das Informationskonzept der Versicherung

Zentrale These des Informationskonzeptes der Versicherung ist es, Versicherungen ausschließlich als informationsproduzierende und -absetzende Unternehmungen zu betrachten, d. h. die Versicherungsproduktion ist eine spezifische *Informationsproduktion* (vgl. Seng 1989, S. 240). Produkte der Versicherung sind folglich Informationen (zum Informationsbegriff vgl. z. B. Knoblich/Beßler 1985, S. 559 f.; Kunz 1988, S. 46 ff.; Müller 1973, S. 17; Szyperski/Eschenröder 1983, S. 12 f.; Wild 1971, S. 317 f.; Wittmann 1959, S. 14), die Gegenstand eines Versicherungsvertrages sind mit dem Ziel, eine Risikoreduzierung für die Dauer des Vertrages beim Versicherungsnehmer zu bewirken (vgl. zu diesem Konzept Bachmann 1988; Müller 1981, 1987, 1988 b; Seng 1989). Die *Risikosituation* ist dabei die Folge unvollkommener Informationen hinsichtlich des grundsätzlich möglichen Eintritts und Umfangs künftiger Schadenereignisse beim Versicherungsnehmer. Die wirtschaftliche Leistung des Versicherers besteht dann darin, durch die Lieferung von Informationen die Informationslage des Versicherungsnehmers zu verbessern und ihn somit in eine für ihn günstigere Risikosituation zu versetzen, d. h. der Entscheidungsträger befindet sich nach Abschluß des Versicherungsvertrages in einer günstigeren Informationslage als vorher (vgl. Eisen/Müller/Zweifel 1990, S. 27; Lehmann 1989, S. 259). Dies bedeutet, daß der Entscheider durch Abschluß eines Versicherungsvertrages seine Informationslage verbessern und folglich sein Entscheidungsrisiko reduzieren kann (vgl. Müller 1988 b, S. 140). Da es sich hierbei um Informationen über den künftigen Zustand des zu versichernden Objektes handelt, liegen *prognostische Informationen* vor (zu den charakteristischen Merkmalen dieser Informationen vgl. Müller 1981, S. 166). Dabei ist anzumerken, daß der Versicherer keine Informationen über zukünftige Ereignisse, sondern nur Informationen über bestimmte Konsequenzen von Entscheidungssituationen an den Entscheidungsträger geben kann, d. h. es reduziert sich sein Prognoserisiko, während der Versicherer ein Prognoserisiko übernimmt. Es greift damit eine Verlagerung des Prognoserisikos Platz, ein Sachverhalt, der sich als Risikotransfer charakterisieren läßt, d. h. dem Versicherungsnehmer wird das Risiko genommen, einen Verlust zu erleiden. Im Zentrum dieses Ansatzes steht damit der Kunde und dessen Risikopolitik. Auch wenn der Versicherer sein Produkt „Information" nur einmal liefert, nämlich zu Beginn der Vertragsbeziehungen, so besitzt diese eine Wirkung für die gesamte Vertragsdauer. In der These von der *einmaligen Lieferung des Informationsproduktes* zu Vertragsbeginn wird eine zentrale Abweichung von der herrschenden Meinung in der versicherungswissenschaftlichen Literatur gesehen, da sie dem Erklärungsmodell der permanenten Produktion (vgl. Punkt 2.1) zu widersprechen scheint (vgl. Ulrich 1987, S. 39 f.). Auf der anderen Seite wird hingegen die *Dauerhaftigkeit dieser Informationen* und dem damit verknüpften Versprechen explizit hervorgehoben (vgl. Bachmann, 1988, S. 124), indem auf den „verpflichtenden Charakter" der Versicherungsinformationen hingewiesen wird (Versicherungsinformationen sind verpflichtende Informationen, vgl. Müller 1981, S. 166). Damit bietet aber das Versicherungsgeschäft nicht nur die Lieferung einer Information, sondern darüber hinaus bei Eintritt eines Schadenfalles auch die Deckung des hierdurch hervorgerufenen Mittelbestandes in dem im Vertrag vereinbarten Umfang (dies wird deutlich, wenn das Leistungsgeschäft in *Vertragsbearbeitung* [Erst-, Folge- und Schlußbearbeitung der Versicherungsverträge] und *Schadenbearbeitung* [Erst- und Folgebearbeitung] differenziert wird). Hieraus resultiert unmittelbar, daß sich die Aufgabe des Versicherers nicht vollständig durch die Wirkung in der Entscheidungssituation erfassen läßt (vgl. Ulrich 1987, S. 41), da das Informationskonzept die Versicherung als eine ausschließlich informationsproduzierende und -absetzende Unternehmung interpretiert.

Um die Versicherungsproduktion durchführen zu können, bedarf es wie bei der Dienstleistungsproduktion des Auftretens des externen Faktors. Konkret sind dies Informationen über den Versicherungsnehmer und sein zu versicherndes Risiko. Wenn Bachmann (1988, S. 169) in diesem Zusammenhang einwendet, daß eine Beschränkung auf vom Versicherungsnehmer zu beschaffende Informationen, die in der Dienstleistungsliteratur als externer Faktor bezeichnet werden, zu eng sei, und darüber hinaus zahlreiche weitere externe und interne Informationen zu berücksichtigen seien, dann ist dies ein Sachverhalt, dem in der Literatur zur Dienstleistungsproduktion Rechnung getragen wird (vgl. z. B. Corsten 1985). Der Vorwurf, daß durch die Integration des externen Faktors die Leistungsabnahme mit der Produktion vermischt werde, vernachlässigt das Phänomen prozeßorientierter Dienstleistungen (vgl. Punkt 1.).

Der von Müller entwickelte IV-Ansatz (Informationsverarbeitungs-Ansatz) setzt, wie bereits erwähnt, an der *individuellen Ebene* der einzelnen Informationsverarbeitungseinheiten an und hat seinen methodischen Ursprung im SOR-Paradigma. Dabei werden sowohl menschliche als auch maschinelle IV-Prozesse in die Analyse einbezogen und die Versicherungsproduktion als ein Transformationsprozeß beschrieben, in dem intern und extern gewonnene Informationen durch menschliche und/ oder maschinelle Träger der Informationsverarbeitung (TIV) in absatzfähige Produkte verarbeitet werden (vgl. Bachmann 1988, S. 138 f.). Damit liegt dieser Betrachtungsweise die bereits skizzierte und verworfene Auffassung zugrunde, daß das Ziel der Produktion ausschließlich in der Erstellung absatzfähiger Produkte zu sehen sei. Nur auf dieser Grundlage ist die Aussage von Seng (1989, S. 241 f.) zu verstehen: „Die informationellen Betriebsprozesse finden im Rahmen der Auftragsbearbeitung, Bestandsverwaltung und Schadenbearbeitung der Versicherer statt. Diese Aktivitäten werden – in Abweichung von der traditionellen Versicherungstheorie – zum größten Teil als nicht relevant für die Erzeugung der Versicherungs-Hauptprodukte angesehen. Es handelt sich hierbei zwar auch um Prozesse der Informationsproduktion, jedoch mit jeweils ganz unterschiedlichen Zielsetzungen und Funktionen." Hierin zeigt sich einerseits ein Widerspruch, da Seng vorher in seinen Ausführungen diese Aufgaben explizit aus der Produktion ausklammert und andererseits, da er das Kriterium „Marktfähigkeit" seiner Produktionsabgrenzung zugrunde legt und die Produktionsprozesse, die aus seiner Sicht „nur am Rande" für die „Haupt"-produkte relevant sind, oder einen vorbereitenden oder ergänzenden Charakter aufweisen, nicht in seine Analyse einbezieht.

Neben dieser allgemeinen Charakterisierung des Informationsverarbeitungsansatzes ist es erforderlich, seine einzelnen Elemente zu spezifizieren. Entsprechend der üblichen produktionstheoretischen Vorgehensweise wird dabei zwischen Input, Throughput und Output unterschieden.

Als Input werden

- Inputinformationen (Sprachsymbole)

- Träger der Informationsverarbeitung
    - Personen
    - Apparate (Computer)

- sonstige Sachmittel (z. B. Trägermedien, Telephone, Telex, Kopiergeräte, Energie etc.)

eingesetzt (zu Ähnlichkeiten und Unterschieden zwischen Mensch und Computer als TIV vgl. Seng 1989, S. 94 ff.).

Daß Informationen immaterielle Produktionsfaktoren sind, wird in der betriebswirtschaftlichen Literatur allgemein anerkannt. Da sie, wie bereits erwähnt, durch einen outputunabhängigen Verbrauch charakterisiert sind, gehören sie zur Gruppe der Potentialfaktoren (vgl. Corsten 1985).

An den *Informationsverarbeitungsapparat* werden dabei die folgenden *Mindestanforderungen* gestellt (vgl. Müller/Eckert 1977, S. 468; Seng 1989, S. 46 ff.):

- es muß ein *Gedächtnis* vorhanden sein, in dem die Symbolstrukturen und Regeln gespeichert sind;

- es muß ein *Prozessor* vorhanden sein, in dem mit Hilfe der Regeln Operationen durchgeführt werden;

- es müssen *Rezeptoren* und *Effektoren* vorhanden sein, mit deren Hilfe das Informationssystem Beziehungen mit seiner Umwelt herstellen kann.

Bei den sonstigen Sachmitteln handelt es sich einerseits um Energie und anderseits um materielle Trägermedien wie Papier, Magnetbänder, Disketten etc. zur Speicherung von Symbolen.

Der *Informationsverarbeitungsprozeß* ist ein systematischer und zielgerichteter Vorgang, zu dessen Steuerung Regeln erforderlich sind, die die Aufnahme, Speicherung, Verknüpfung und weitere Operationen bewirken (zu Beispielen vgl. Bachmann 1988, S. 174), wobei zwischen Erfassungs-, Verknüpfungs- und Suchregeln zu unterscheiden ist (vgl. Seng 1989, S. 46). Unabhängig von seinen spezifischen Erscheinungsformen hat der Informationsverarbeitungsprozeß dann die folgenden Aktivitäten durchzuführen:

- die Herstellung von Beziehungen zwischen dem Informationssystem und seiner Umwelt, d. h. die Aufnahme von Symbolen (Input) und die Abgabe erzeugter Symbole (Output);

- die Darstellung des wahrgenommenen Informationsproblems aufgrund der Verknüpfung geeigneter Symbolstrukturen (Problemraum);

- die Suche nach Lösungen für das wahrgenommene Informationsproblem.

Im Rahmen der Informationsproduktion wird davon ausgegangen, daß rein limitationale oder substitutionale Produktionsprozesse atypisch sind, sondern i. d. R. gemischt limitationale-substitutionale Produktionsprozesse gegeben sind (vgl. Seng 1989, S. 112 ff.). Wird ferner zwischen determinierten und indeterminierten Produktionsprozessen unterschieden (vgl. Gerhardt 1987, S. 93 ff.), dann tritt im ersten Fall eine nahezu totale Substitutionsmöglichkeit zwischen menschlichen und maschinellen TIV auf, während für den zuletzt genannten Fall eine periphere Substitution charakteristisch ist. Demgegenüber liegen bei den sonstigen Hilfsmitteln und der Menge der eingesetzten Informationen limitationale Beziehungen vor.

Während *determinierte Prozesse* vollständig beherrschbar sind, d. h. bedingt durch den eindeutig vorgegebenen Input und dem vorgegebenen Ablauf des Transformationsprozesses ergibt sich ein eindeutiger Output (einfache Informationsverarbeitung oder Routine-Informationsverarbeitung), handelt es sich bei *indeterminierten Prozessen* um schlechtstrukturierte Produktionssituationen, weil mindestens einer der drei Bestandteile indeterminiert ist und damit im voraus nicht bekannte Merkmalsausprägungen annehmen kann (komplexe Informationsverarbeitung).

Diese Grundformen zeigen zugleich das Spektrum von Informationsproduktionen auf, das einerseits durch die Produktion von Kopien bereits bekannter Informationen und andererseits von komplizierten Vorgängen zur Erzeugung von Originärinformationen (z. B. Forschungsergebnissen) begrenzt wird. Im Rahmen der Versicherungsproduktion werden ausschließlich *determinierte Informationsverarbeitungsprozesse* behandelt (vgl. Müller 1973, S. 299 ff.; Seng 1989, S. 156 ff.), wobei sich die folgende *Produktionsfunktion* für die Erzeugung von Originärinformationen mittels Verfahren der Routine-Assoziation ergibt:

$Pj = f_I (E_i \mid i \in I)$

mit:

Pj   Spezifikation des Informationsoutput j
E_i Spezifikation des Inputfaktors i, für $i \in I$
I   Indexmenge für die verschiedenen Inputfaktoren
f_I IV-Regeln, die geeignet sind, den Inputfaktoren E_i ($i \in I$) das entsprechende Pj zuzuordnen.

Durch die im Produktionsprozeß eingesetzten Produktionsfaktoren werden unterschiedliche Informationsprodukte erstellt, die entweder End- oder Zwischenprodukte sind. Bei den Zwischenprodukten handelt es sich nach Seng (1989, S. 129) um derivative Produktionsfaktoren (vgl. Altenburger 1980), die in weiteren Stufen des Produktionsprozesses weiterverwendet werden: „Zur Abgrenzung und Identifikation von Informations-Endprodukten und auch allgemein als Kriterium dafür, daß ein Produktionsteil als beendet anzusetzen ist, wird als eine Voraussetzung verlangt, daß Endergebnisse in einer solchen Repräsentationsform vorliegen, die eine Wahrnehmung durch potentielle externe Produktionsnachfrager erlaubt." (Seng 1989, S. 129). Wenn Seng dann als zusätzliches Kriterium zur Charakterisierung der Informations-Endprodukte auf die eine *Informationsprodukt-Art* definierenden Spezifikationsinformationen zurückgreift, mit deren Hilfe der Leistungs- und Funktionsumfang der zu erzeugenden Endprodukte festgelegt wird, dann ist hierin keine Problemlösung, sondern eher eine Problemverlagerung zu sehen, da er das Problem auf die Ebene der Produktspezifikation überträgt, wobei er auf der Abstraktionsebene „Informationsprodukt-Art" arbeitet, die auf einer abstrakten Informationsebene die Zusammenfassung einer homogenen Menge artmäßig gleicher Informationsprodukte darstellt. Dies wird deutlich, wenn die in diesem Zusammenhang von Seng (1989, S. 158) herangezogenen Beispiele betrachtet werden: „Für das Beispiel der Informationsprodukt-Art ‚Kreditauskunft' bedeutet dies etwa, daß Kreditauskünfte über die Firmen X, Y und Z als drei gleichartige Produkte in dem Produktionsmodell behandelt werden. Von der Tatsache, daß sich diese drei Produkte in den jeweiligen konkreten Merkmalsausprägungen unterscheiden, wird im Modell abstrahiert." Für die Outputquantifizierung bedeutet dies, daß ein Kreditinstitut z. B. 500 Informationsprodukte „Kreditbericht" erstellt hat. Seng (1989, S. 117) spricht in diesem Zusammenhang auch von einer *integrierten Informationseinheit*. Zur Spezifikation der Informationsprodukt-Art „Versicherung" greift er auf eine von Farny (1975, S. 171 ff.) entwickelte Systematisierung zurück und unterscheidet zwischen

- versicherten Gefahren,
- versicherten Objekten,
- versicherten Zustandsveränderungen,
- geforderter Verhaltensweise und
- Relation zwischen Schaden und Entschädigung.

Demgegenüber vernachlässigt er weitgehend die informationellen Nebenleistungen und die versicherungsinternen Informationsprodukte. Damit werden die vielfältigen Input-Transformations-Output-Prozesse, die nicht zum Hauptprodukt führen, aus der Betrachtung ausgeklammert. Da die Informationsprodukt-Arten im Sinne Sengs die konkreten Merkmalsausprägungen im Modell unberücksichtigt lassen und folglich Komponenten der Produktarten im Detail unterschiedlich sein können, bedeutet dies, daß sie auch auf unterschiedlichen Stufen des Transformationsprozesses als Output entstehen können, d. h. unterschiedliche Merkmalsausprägungen einer Produktart können unterschiedliche Produktionsprozeßstrukturen zur Folge haben, ein Sachverhalt, der durch die Vorgehensweise von Seng vernachlässigt wird.

3. Vergleichende Analyse der Ansätze

Während Müller seinen Ansatz auf der Grundlage der betriebswirtschaftlichen Entscheidungssituation unter Unsicherheit konzipiert, baut das Modell von Farny auf die produktionstheoretischen Überlegungen von Gutenberg auf. Da die Analyse der Versicherungsproduktion als Informationsverarbeitungsprozeß an der güterlichen Betrachtung der Versicherungsunternehmung orientiert ist, die am Input und der Faktorkombination zur Erstellung des Versicherungsproduktes ansetzt, ergeben sich erste Ansatzpunkte für die These, daß sich die Konzepte von Farny und Müller nicht gegenseitig ausschließen müssen, sondern eher aus unterschiedlichen Betrachtungsweisen resultieren. Es ist damit im folgenden zu untersuchen, in welchen Punkten sich diese Modelle grundsätzlich unterscheiden und welche Gemeinsamkeiten zu konstatieren sind. Hierzu soll an den folgenden Problemkomplexen angesetzt werden:

- die Versicherung als Informationsprodukt und

- die Abgrenzung des Produktionsprozesses.

3.1 Die Versicherung als Informationsprodukt

Entscheidend in diesem Zusammenhang ist nicht der Sachverhalt, ob Informationen und Informationsverarbeitungsprozesse für Versicherungsunternehmungen relevant sind, sondern vielmehr die Frage nach dem *Charakter der Informationen* in den unterschiedlichen Ansätzen. Müller betrachtet das Gut Versicherung ausschließlich als ein Informationsprodukt, mit dessen Hilfe die mehrwertigen unsicheren Zukunftserwartungen der Versicherungsnehmer auf eine eindeutige Größe reduziert werden. Der Versicherungsunternehmer gibt folglich eine Garantie, entweder den bisherigen Zustand des versicherten Objektes oder einen finanziellen Ausgleich im Schadensfall im Rahmen der vertraglichen Gegebenheiten zu gewähren.

Ebenfalls weist Farny explizit auf die Bedeutung von Informationen und Informationsverarbeitungsprozessen für die Versicherungsproduktion hin. Dies wird einerseits dadurch deutlich, daß er die meisten Kombinationsprozesse, die im Rahmen des Dienstleistungsgeschäftes vollzogen werden, als Verfahren der menschlichen und/oder automatisierten Datenverarbeitung bezeichnet und anderseits die Informationen als „Ausdrucksmittel" für das Gut Versicherungsschutz charakterisiert (vgl. auch Seng 1989, S. 189). In Farnys Definition des Versicherungsproduktes als Schutzversprechen kommt den Informationen folglich eine *Repräsentationsfunktion* zu, d. h. der Versicherungsschutz wird durch Informationen repräsentiert, die auf einem materiellen Trägermedium festgehalten werden. Die Informationen beziehen sich dabei auf den Versicherungsnehmer, das zu versichernde Risiko und eventuell auf den eintretenden Versicherungsfall. Dem externen Faktor obliegt dann die Aufgabe, Informationen über sich oder das zu versichernde Objekt oder über das zu versichernde Risiko dem Versicherer zur Verfügung zu stellen.

Gemeinsam ist beiden Ansätzen, daß in ihren Produktdefinitionen eine *Garantiefunktion* enthalten ist. In diesem Zusammenhang sind die Unterschiede nicht inhaltlicher, sondern terminologischer Art, so daß hierin ein Ansatzpunkt für eine Zusammenführung der beiden Ansätze gesehen werden kann. Ein Unterschied ergibt sich daraus, daß im Ansatz von Farny die Informationen als Repräsentation des immateriellen Gutes Versicherungsschutz betrachtet werden, während Müller die Informationen als Produkt begreift (vgl. Ulrich 1987, S. 42). Da jedoch auch Müller die Garantiefunktion in seine Produktdefinition aufnimmt und die Garantie immaterieller Natur ist, stellen die Informationen die Repräsentation dieses immateriellen Gutes dar.

Ein zweiter Problemkomplex, der in diesem Zusammenhang von besonderer Bedeutung ist, ist das von Farny in die Literatur eingeführte Konzept der *permanenten Produktion* (vgl. Punkt 2.1), das auch durch den permanenten Kommunikationsbedarf zwischen Versicherungsunternehmung, Versicherungsvermittler und Versicherungsnehmer hinsichtlich Vertrags- und Schadeninformationen gestützt wird. Diesem Ansatz stellt Müller die Überlegung der *einmaligen Lieferung* von Informationen gegenüber. Auf der anderen Seite betont Müller jedoch den verpflichtenden Charakter der Versicherungsinformationen. Mit dieser Interpretation der Versicherungsinformation als verpflichtend, d. h. auf die gesamte Vertragsdauer bezogen, zeigt sich jedoch eine deutliche Parallele zu dem Konzept von Farny, dem die Vorstellung eines zeitraumbezogenen Produktes zugrunde liegt, das als Schutzversprechen des Versicherers für die Dauer des Versicherungsvertrages permanent wirksam ist.

Darüber hinaus ist zu berücksichtigen, daß die Versicherung nicht nur Informationen an die Versicherungsnehmer abgibt, sondern im Schadensfall die Deckung des entstandenen Mittelbedarfs im vorher vereinbarten Umfang. Hieraus resultiert, daß sich die Funktion der Versicherung nicht vollständig durch ihre Wirkung in der Entscheidungssituation beschreiben läßt (vgl. Ulrich 1987, S. 41). Demgegenüber möchte Schwake (1987, S. 52 f.) für die Geldzahlungen im Versicherungsfall nicht den Begriff der Versicherungsleistung benutzen, da dadurch der Eindruck entstehen könnte, daß die Zahlung im Versicherungsfall die Leistung des Versicherers sei. Auch für Müller sind die eventuell zu erbringenden Schadenzahlungen kein Bestandteil des Produktes oder der Versicherungsleistung. Die vorangegangenen Ausführungen zeigen jedoch, daß Geldzahlungen ein Element der gesamten Versicherungsleistung sein können, nämlich dann, wenn ein Schadensfall auftritt. Insofern greift der Ansatz, ausschließlich an den Informationen anzusetzen, zu kurz.

Ein weiterer Einwand von Müller gegen das Konzept von Farny zielt auf die *mangelnde Operationalität* des Ansatzes ab. Dem ist entgegenzuhalten, daß eine Wahrscheinlichkeitsverteilung, die mit Hilfe ihrer Funktionalparameter bewertet werden kann, als eine Operationalisierung einer Risikosituation anzusehen ist (vgl. Schwake 1987, S. 58 ff.). Den Risikotransfer ersetzt Müller durch die Informationslieferung und der damit einhergehenden Zustandsgarantie, d. h. das Informationsdefizit eines Entscheidungsträgers in einer konkreten Entscheidungssituation wird durch die Lieferung von Informationen reduziert, so daß der Entscheider über zuverlässige Erwartungen hinsichtlich zukünftiger Zustände des versicherten Gegenstandes verfügt.

Es bleibt letztlich festzuhalten, daß in beiden Ansätzen die Elemente „Risikotransfer" und „Information" enthalten sind, da auch Müller von einem Transfer des Prognoserisikos hinsichtlich des zukünftigen Zustandes des versicherten Objektes spricht. Ein *Unterschied* besteht lediglich darin, daß Schadenzahlungen bei Farny als Leistungsbestandteil aufgefaßt werden und der Transfer von Wahrscheinlichkeitsverteilungen die Leistung darstellt, während Müller die Informationen über das Ergebnis des Transfers als Leistung betrachtet (vgl. Schwake 1987, S. 65). Die Versicherung schützt folglich nicht vor den Ereignissen, sondern hilft vielmehr, deren finanzielle Folgen auszugleichen oder abzuschwächen. Genau an diesem Aspekt setzt die Interpretation von Farny an, wenn er von einem Risikotransfer spricht.

3.2 Die Abgrenzung des Produktionsprozesses

Wie in jeder Unternehmung läßt sich auch in Versicherungsunternehmungen die Gesamtaufgabe in Teilaufgaben gliedern. Abbildung 2 gibt einen Überblick über die für eine Versicherungsunternehmung relevanten Funktionen (Farny 1989, S. 490).

Abbildung 2: Betriebswirtschaftliche Funktionen in Versicherungsunternehmungen

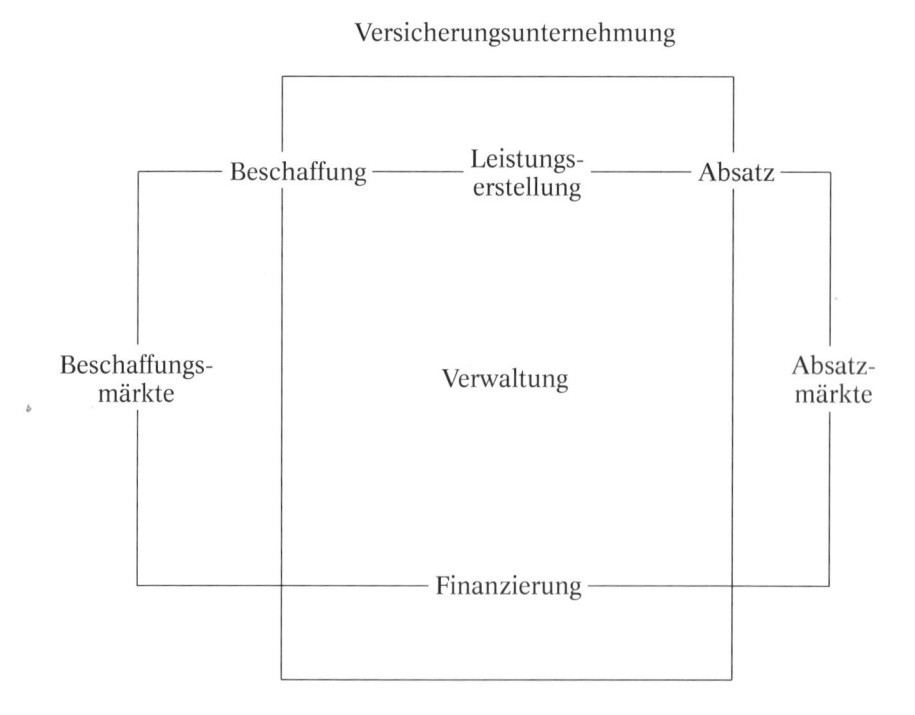

Versicherungsunternehmung

Beschaffungs-märkte	Beschaffung — Leistungs-erstellung — Absatz	Absatz-märkte
	Verwaltung	
	Finanzierung	

Wie in Industrieunternehmungen sind diese Funktionen auch in Versicherungsunternehmungen auf das engste miteinander verknüpft. *Abgrenzungsprobleme* ergeben sich dabei insbesondere zwischen den Funktionen Leistungserstellung und Verwaltung und Leistungserstellung und Absatz. Dies ist darin begründet, daß die *Verwaltung* eine die übrigen Unternehmungsfunktionen begleitende und umspannende Aufgabe ist, d. h. sie ist die Gesamtheit der Aufgaben, die die übrigen Funktionsbereiche ermöglicht, unterstützt und sichert. Im einzelnen zählen hierzu (vgl. Farny 1989, S. 680 ff.):

- Personalverwaltung,

- Betriebsmittelverwaltung,

- Hilfsstellen (z. B. Kassenverwaltung, Schreibdienste, Postdienste, Wachdienste, Registratur etc.).

- Nebendienste (z. B. Druckerei) und

- Rechnungswesen.

Ebenfalls ist der Leistungserstellungsprozeß mit der Absatzfunktion eng verbunden. Ihr kommt eine *konstitutive* Bedeutung für die Produktion zu (vgl. Farny 1989, S. 515 ff.; Karten 1976, Sp. 4253; anderer Meinung ist Pusch 1976, S. 90), da die Produktion der Marktleistung in funktionaler Abhängigkeit vom mengenmäßigen Einsatz des externen Faktors steht (vgl. Corsten 1985, S. 161 ff.). Aus der *partiellen Simultaneität* von Produktion und Absatz resultiert dann auch, daß bei zeitraumbezogenen Produkten (prozessuale Sicht der Dienstleistung) der Produktionsprozeß nachgefragt wird und dieser damit das Produkt darstellt.

Keine Unterschiede zu industriellen Unternehmungen sind im Rahmen der *Beschaffungsfunktion* zu sehen, die der Bereitstellung der notwendigen Produktionsfaktoren von den Beschaffungsmärkten dient (vgl. Farny 1989, S. 492 ff.; Ulrich 1987, S. 92). Dabei ist anzumerken, daß das Bewußtsein, die Beschaffung als einheitliche Aufgabenart zu begreifen, in Versicherungsunternehmungen nur rudimentär ausgeprägt ist und folglich auch keine eigenständigen organisatorischen Einheiten zu identifizieren sind. Dies bedeutet, daß die unterschiedlichen Beschaffungsobjekte auf verschiedene organisatorische Einheiten aufgeteilt werden (z. B. obliegt die Personalbeschaffung der Personalverwaltung, die Betriebsmittelbeschaffung der Sachverwaltung oder Betriebsmittelverwaltung usw.).

Während der *Produktionsbereich* in industriellen Unternehmungen i. d. R. relativ leicht abgrenzbar ist, treten in Dienstleistungsunternehmungen hingegen erhebliche Probleme auf. Es verwundert deshalb nicht, daß dieser Sachverhalt auch im Bereich der Versicherungen zu beobachten ist.

Ein erster kontrovers diskutierter Punkt ist die *Einbeziehung innerbetrieblicher Leistungen*. Während Farny (1988 a, S. 553) diese Leistungen, die auch in der Industriebetriebslehre als Produktion bezeichnet werden, zum Dienstleistungsgeschäft[1] zählt, grenzen Müller und Seng diese Leistungserstellung aus, was sie mit Hilfe ihrer Definition der Produktion erreichen, die sie auf die Hervorbringung von Marktleistungen begrenzen. Müller kritisiert, daß durch das Dienstleistungsgeschäft innerbetriebliche Leistungsprozesse mit der am Markt dargebotenen Leistung identifiziert werden. Diese Argumentation vernachlässigt jedoch die für Dienstleistungsproduktionen typische und durch den externen Faktor induzierte Mehrstufigkeit der Leistungserstellung in Leistungsbereitschaft und Endkombination.

Zur *Leistungserstellung* werden dann sämtliche betriebliche Prozesse zur Herstellung der Leistungsbereitschaft gezählt, d. h. die Vertragsbearbeitung (Erst-, Folge- und Schlußbearbeitung der Versicherungsverträge) und die Schadenbearbeitung (vgl. Biermann 1988, S. 439; Farny 1988 a, S. 250; Karten 1976, Sp. 4253). Zu diesem Komplex zählt eine Vielzahl an Tätigkeiten wie etwa Risikoprüfung, Festlegung der Versicherungsbedingungen, Prämienermittlung, Bestimmung der Rückversicherung, Anfertigung von Versicherungsscheinen, Prüfen von Versicherungsfällen, Bewertung von Schäden usw. Entsprechend dem industriebetrieblichen Produktionsverständnis sind auch innerbetriebliche Transformationsprozesse von Informationen als Ergebnisse von Produktionsprozessen zu interpretieren, d. h. sie sind das Ergebnis einzelner oder mehrerer Produktionsstufen. Pusch (1976, S. 90) spricht in diesem Zusammenhang von *Teilproduktionsprozessen*. Auch wenn es sich hierbei nur um vorbereitende Maßnahmen handeln sollte (vgl. Biermann 1988, S. 442 f.), sind sie Bestandteil des Leistungserstellungsprozesses. Die Schaffung dieser Leistungsbereitschaft ist konstitutiv für die Erbringung der Endkombination, da durch sie die Herstellung der Betriebsbereitschaft erfolgt. Demgegenüber sieht Seng (1989, S. 224 f.) nur die Auftragsbearbeitung und Policierung als „eigentliche" Produktionsprozesse an: „Bei allen anderen Arbeitsabläufen handelt es sich zwar auch um Prozesse der Verarbeitung von Informationen. Sie dienen jedoch überwiegend zur Herstellung der informationellen Nebenprodukte sowie der versicherungsinternen Informationsprodukte. Um diese Vorgänge deutlich von den Produktionsprozessen abzugrenzen, die die Hauptprodukte der Versicherer liefern, werden sie als informationelle Betriebsprozesse bezeichnet." Unabhängig von der Frage, was unter „eigentlichen" Produktionsprozessen zu verstehen ist, und dem Sachverhalt, daß mit dem Terminus Betriebsprozesse

---

[1] Schwake (1987, S. 53) betrachtet hingegen das Dienstleistungsgeschäft als Oberbegriff und untergliedert es in die Bestandteile Risikogeschäft und übriges bzw. begleitendes Dienstleistungsgeschäft, das er als die Servicekomponente der Dienstleistung Versicherung bezeichnet. Hierzu gehören seines Erachtens die Beratungsleistungen, schnelle Schadenbearbeitung usw. Die schnelle Schadenbearbeitung ist aus unserer Sicht jedoch eher eine Qualitätskomponente der Versicherungsleistung. Darüber hinaus erscheint uns die terminologische Vorgehensweise, Dienstleistung als Oberbegriff und Servicekomponente als Bestandteil zu betrachten, äußerst problematisch.

unmittelbar an Produktionsprozesse angeknüpft wird, resultiert diese Differenzierung von Seng ausschließlich aus der bereits verworfenen Einengung der Produktion auf absatzfähige Güter.

Die Leistungserstellung umfaßt folglich sowohl die Erstellung der innerbetrieblichen Leistungen als auch von Absatzleistungen (Vertragsbearbeitung, Schadenbearbeitung und Rückversicherungsbearbeitung). Da es sich bei diesen Produktionsprozessen inhaltlich primär um Informationsverarbeitungsprozesse handelt, wird bereits deutlich, daß der Ansatz von Müller nicht als ein eigenständiges „Gegen-Konzept" zu dem Modell von Farny gesehen werden kann.

4. Schlußfolgerungen

Ausgangspunkt der Untersuchung war die Frage, ob das Informationskonzept der Versicherung dem Versicherungsschutzkonzept überlegen ist und einen höheren Erklärungsgehalt für sich beanspruchen kann.

Die Analyse deckte zunächst rein sprachliche Unterschiede auf. Dies zeigte sich insbesondere darin, daß die güterliche Betrachtung der Versicherungsunternehmung von Farny stets mit Informationsströmen und -beständen verbunden ist, so daß es möglich ist, aus der Darstellung der Güterbeziehungen die Informationsseite der Produktion abzuleiten (vgl. Ulrich 1987, S. 81).

Hinsichtlich des Versicherungsproduktes zeigte sich, daß das Informationskonzept der Versicherung nicht die Gesamtheit der Versicherungsleistung abzudecken vermag. Gemeinsam ist beiden Ansätzen, daß in den Produktdefinitionen eine Garantiefunktion enthalten ist, wodurch ebenfalls unterstrichen wird, daß die Unterschiede eher terminologisch sind.

Darüber hinaus zeigte sich, daß das dem Informationskonzept zugrundeliegende Produktionsverständnis nicht mit dem üblichen industriebetrieblichen Verständnis übereinstimmt und zu eng ausgerichtet ist, da es lediglich die Hervorbringung marktlicher Leistungen als Produktion begreift. Hierdurch bedingt, wurde der Komplex der Leistungsbereitschaft, der konstitutiv für die Erbringung der Endkombination ist, aus dem Leistungserstellungsprozeß ausgeschlossen.

Es ist damit festzustellen, daß das Informationskonzept der Versicherung in bezug auf das Versicherungsschutzkonzept weder eine

– Präzisionserhöhung, d. h. Vergrößerung der Folgerungspräzision noch eine

– Varianzerhöhung, d. h. Vergrößerung der Anwendungsbreite

aufzuweisen vermag, sondern im Gegenteil enger ist als das von Farny entwickelte Modell. Darüber hinaus schließen sich, wie gezeigt werden konnte, die Konzepte nicht gegenseitig aus, sondern weisen teilweise Komplementaritäten auf.

Literatur

Altenburger, O. A.: Ansätze zu einer Produktions- und Kostentheorie der Dienstleistungen, Berlin 1980

Arnhofer, H.: Grundlagen einer betriebswirtschaftlichen Theorie versicherungsgebundener Vermittlungsbetriebe, Berlin 1982

Bachmann, W.: Leistung und Leistungserstellung der Versicherungsunternehmen. Theoretische Ansätze und praktische Folgerungen im Lichte des Informationskonzeptes, Karlsruhe 1988

Berekoven, L.: Der Dienstleistungsbetrieb. Wesen-Struktur-Bedeutung, Wiesbaden 1974

Biermann, K.: Leistungserstellung, in: HdV, hrsg. v. D. Farny u. a., Karlsruhe 1988, S. 439–445

Bohr, K.: Produktionsfaktorsysteme, in: HWProd, hrsg. v. W. Kern, Stuttgart 1979, Sp. 1481–1493

Corsten, H.: Die Produktion von Dienstleistungen. Grundzüge einer Produktionswirtschaftslehre des tertiären Sektors, Berlin 1985

Corsten, H.: Betriebswirtschaftslehre der Dienstleistungsunternehmungen. Einführung, 2. Aufl., München/Wien 1990

Corsten, H.: Produktionswirtschaft. Einführung in das industrielle Produktionsmanagement, 3. Aufl., München/Wien 1992

Deppe, H.-D.: Bankbetriebliches Wachstum. Funktionalzusammenhänge und Operations Research in Kreditinstituten, Stuttgart 1969

Eisen, R.: Zur Produktionsfunktion der Versicherung, in: ZVersWiss, Bd. 60 (1971), S. 407–419

Eisen, R.; Müller, W.; Zweifel, P.: Unternehmerische Versicherungswirtschaft. Konsequenzen der Deregulierung für Wettbewerbsordnung und Unternehmensführung, Wiesbaden 1990

Farny, D.: Produktions- und Kostentheorie der Versicherung, Karlsruhe 1965

Farny, D.: Grundlagen einer theoretischen Versicherungsbetriebslehre, in: Wirtschaft und Recht der Versicherung, Festschrift für P. Braeß, hrsg. v. D. Farny, Karlsruhe 1969, S. 27–72

Farny, D.: AVB unter dem Gesichtspunkt der „Produktbeschreibung", in: ZVersWiss, Bd. 64 (1975), S. 169–184

Farny, D.: Versicherungsbetriebe(n), Produktion in, in: HWProd, hrsg. v. W. Kern, Stuttgart 1979, Sp. 2138 – 2145

Farny, D.: Die deutsche Versicherungswirtschaft. Markt · Wettbewerb · Konzentration, Karlsruhe 1983

Farny, D.: Produktions- und Kostentheorie, in: HdV, hrsg. v. D. Farny u. a., Karlsruhe 1988 a, S. 553 – 560

Farny, D.: Privatversicherung, in: HdWW, hrsg. v. W. Albers u. a., Bd. 6, Stuttgart u. a. 1988 b, S. 233 – 256

Farny, D.: Versicherungsbetriebslehre, Karlsruhe 1989

Farny, D.: „Kapazität" von Versicherungsunternehmen, in: Kapazitätsmessung, Kapazitätsgestaltung, Kapazitätsoptimierung – eine betriebswirtschaftliche Kernfrage. Festschrift zum 65. Geburtstag von Werner Kern, hrsg. v. H. Corsten, R. Köhler, H. Müller-Merbach und H.-H. Schröder, Stuttgart 1992, S. 255 – 271

Gerhardt, J.: Dienstleistungsproduktion. Eine produktionstheoretische Analyse der Dienstleistungsprozesse, Bergisch Gladbach/Köln 1987

Gutenberg, E.: Grundlagen der Betriebswirtschaftslehre, Bd. 1: Die Produktion, 23. Aufl.; Berlin/Heidelberg/New York 1979

Haak, W.: Produktion in Banken, Frankfurt a. M./Bern 1982

Haller, M.: Risiko- und Versicherungsprobleme des privaten Haushalts – aus der Sicht der Privatversicherung, in: ZVersWiss, Bd. 71 (1982), S. 383 – 437

Herzig, N.: Die theoretischen Grundlagen betrieblicher Instandhaltung, Meisenheim am Glan 1975

Hinten, R. v.: Ansatzpunkte zur Konzipierung einer bankbetrieblichen Kostentheorie, Diss. München 1973

Holscher, C.: Sozio-Marketing. Eine Untersuchung der außengerichteten Funktionen sozialwirtschaftlich tätiger Einzelwirtschaften, Diss. Augsburg 1976

Karten, W.: Versicherungsbetriebslehre, in: HWB, hrsg. v. E. Grochla und W. Wittmann, 4. Aufl., Stuttgart 1976, Sp. 4246 – 4255

Kern, W.: Die Produktionswirtschaft als Erkenntnisbereich der Betriebswirtschaftslehre, in: ZfbF, 28. Jg. (1976), S. 756 – 767

Kern, W.: Industrielle Produktionswirtschaft, 5. Aufl., Stuttgart 1992

Knoblich, H.; Beßler, H.: Informationsbetriebe, in: DBW, 45. Jg. (1985), S. 558 – 575

Kruschwitz, L.: Kritik der Produktionsbegriffe, in: BFuP, 26. Jg. (1974), S. 242 – 258

Kunz, Ch.: Information, Technologie und Bankgeschäft, Idstein 1988

Lehmann, A.: Dienstleistungsmanagement zwischen industriell-orientierter Produktion und zwischenmenschlicher Interaktion – Reflexe in der Versicherung, St. Gallen 1989

Lipfert, H.: Nationaler und internationaler Zahlungsverkehr, Wiesbaden 1960

Maleri, R.: Grundlagen der Dienstleistungsproduktion, 2. Aufl., Berlin u. a. 1991

Meyer, A.: Dienstleistungsmarketing. Erkenntnisse und praktische Beispiele, Augsburg 1983

Meyer, P. W.; Tostmann, T.: Dienstleistungsmarketing, in: Jahrbuch der Absatz- und Verbrauchsforschung, 24. Jg. (1978), S. 286–294

Mordi, O.: Das Produktkonzept der Versicherung: Eine alternative Interpretation, in: ZVersWiss, Bd. 74 (1985), S. 81–93

Mordi, O.: Outputmessung in der Versicherungswirtschaft – Konzeptionelle wirtschaftliche und versicherungstechnische Überlegungen, in: The Geneva Papers on Risk and Insurance, July 1987, S. 247–263

Mühlhaupt, L.: Einführung in die Betriebswirtschaftslehre der Banken. Struktur und Grundprobleme des Bankbetriebes und des Bankwesens in der Bundesrepublik Deutschland, Wiesbaden 1977

Müller, W.: Ansätze für eine Theorie der Informationsverarbeitung in der Unternehmung, Habilitationsschrift an der Universität Hamburg, Hamburg/Berlin 1973

Müller, W.: Das Produkt der Versicherung, in: Geld und Versicherung, hrsg. v. M. Jung, R. R. Lucius und W. G. Seifert, Festgabe für Wilhelm Seuß, Karlsruhe 1981, S. 155–171

Müller, W.: Neubegründung der Theorie der Versicherungsproduktion, Frankfurt a. M. 1987 a (unveröffentlichtes Manuskript)

Müller, W.: Zur informationstheoretischen Erweiterung der Betriebswirtschaftslehre – Ein Modell der Informationsproduktion, in: Neuere Entwicklungen in der Produktions- und Investitionspolitik, hrsg. v. D. Adam, Festschrift zum 60. Geburtstag von Herbert Jacob, Wiesbaden 1987 b, S. 119–136

Müller, W.: Was ist Versicherung?, in: ZVersWiss, Bd. 77 (1988 a), S. 309–326

Müller, W.: Das Versicherungsprinzip – Zum Gefahrengemeinschaftsmythos in Versicherungstheorie und -praxis, in: Sozialvertrag und Sicherung, hrsg. v. G. Rolf, P. B. Spahn und G. Wagner, Frankfurt a. M./New York 1988 b, S. 129–146

Müller, W.; Eckert, J.: Informationsproduktion und Entscheidungsprozeß, in: Neuere Entwicklungen in den Wirtschaftswissenschaften, hrsg. v. E. Helmstädter, Berlin 1978, S. 455–478

Platz, H. P.: Die Überwindung informationswirtschaftlicher Engpässe in der Unternehmung, Berlin 1980

Pusch, H.-D.: Versicherungsschutzproduktion als Input/Output-Prozess – Eine entscheidungsorientierte Betrachtung, Diss. Hamburg 1976

Rehberg, J.: Wert und Kosten von Informationen, Frankfurt a. M./Zürich 1973

Scheuch, F.: Dienstleistungsmarketing, München 1982

Schneeweiß, Chr.: Einführung in die Produktionswirtschaft, 4. Aufl., Berlin u. a. 1992

Schröder, H.-H.: Zum Problem einer Produktionsfunktion für Forschung und Entwicklung, Meisenheim am Glan 1973

Schwake, E.: Überlegungen zu einem risikoadäquaten Marketing als Steuerungskonzeption von Versicherungsunternehmen, Karlsruhe 1987

Seckendorff, J. v.: Messung ärztlicher Leistungen im Krankenhaus, München 1983

Seng, P.: Informationen und Versicherungen. Produktionstheoretische Grundlagen, Wiesbaden 1989

Siegert, T.: Eigenarten bankbetrieblicher Leistungen. Ein Beitrag zur theoretischen Bankbetriebslehre, Diss. München 1974

Stieger, H.: Zur Ökonomie der Hochschule, Gießen 1980

Szyperski, N.; Eschenröder, G.: Information-Ressource-Management. Eine Notwendigkeit für die Unternehmungsführung, in: Management betrieblicher Informationsverarbeitung, hrsg. v. R. Kay, München/Wien 1983, S. 11–37

Trottmann, E.: Der Kostenbegriff im Versicherungsbetrieb, Diss. Mannheim 1968

Ulrich, R.: Informationsmanagement im Versicherungsunternehmen, Berlin 1987

Weiss, U.: Marktforschung der Kreditinstitute – Die Erforschung des Marktes der privaten Haushaltungen und ihr Einfluß auf die Verhaltensweisen der Institute, Berlin 1966

Wild, J.: Informationskostenrechnung auf der Grundlage informationeller Input-, Output- und Prozeßanalysen, in: ZfbF, 22. Jg. (1970), S. 218–240

Wild, J.: Zur Problematik der Nutzenbewertung von Informationen, in: ZfB, 41. Jg. (1971), S. 315–334

Wittmann, W.: Unternehmung und unvollkommene Information – Unternehmerische Voraussicht, Ungewißheit und Planung, Köln/Opladen 1959

Wittmann, W.: Betriebswirtschaftliches Informationswesen, in: Zukunftsaspekte der anwendungsorientierten Betriebswirtschaftslehre, hrsg. v. E. Gaugler, H. G. Meissner und N. Thom, Stuttgart 1986, S. 513–526

Zäpfel, G.: Produktionswirtschaft. Operatives Produktions-Management, Berlin/New York 1982

Éva Ébli

Produkt- und Sortimentgestaltung am ungarischen Versicherungsmarkt; wirtschaftliche Einflußfaktoren und rechtliches Umfeld

1. Allgemeine Rahmenbedingungen der Produkt- und Sortimentgestaltung

Die Auflösung des staatlichen Versicherungsmonopols im Jahre 1986 und der damit möglich gewordene Wettbewerb waren ohne Zweifel ein Meilenstein in der Entwicklung der ungarischen Versicherungswirtschaft, auch im Hinblick auf die Produktentwicklung und die Sortimentgestaltung. Eine hierauf gerichtete systematische und marketingorientierte Arbeit hat erst von diesem Zeitpunkt an eingesetzt.

1.1 Wirtschaftliche Einflußfaktoren

Von den die Produkt- und Sortimentgestaltung beeinflussenden Faktoren sind die folgenden hervorzuheben:

a) die aus der Zeit der Monopolversicherung überkommene Produktstruktur und das Verhalten der Verbraucher, die die gewohnten Vorteile konservieren wollten, die durch eben diese Strukturen bedingten Nachteile aber heftig kritisierten;

b) die widersprüchliche Wirtschaftslage der jetzigen und der vergangenen Jahre,

c) der bedeutende und wachsende Anteil ausländischen Kapitals an neu gegründeten Versicherungsgesellschaften und deren Anstrengungen, unter abweichenden Regelungssystemen und -kulturen entstandene Produkte und Sortimente in Ungarn einzuführen.

Zu a): Die Zeit vor 1986 war durch eine nicht ertrags-, sondern eher umsatzorientierte Geschäftspolitik und durch die Betonung der gewachsenen Versicherungsstrukturen, insbesondere eines sozialen Charakters der Versicherung gekennzeichnet. In dieser Periode waren – vor allem bei den Versicherungen der Privatpersonen – ein stark typisiertes, die individuellen Vermögens- und Einkommensverhältnisse außer acht lassendes Angebot, ein niedriges Beitragsniveau sowie einfache Verkaufs- und Verwaltungsmethoden dominierend. Die versicherungstechnischen Verfahren setzten ein stabiles Preisniveau voraus. Erkenntnisse der Betriebswirtschaftslehre zur Produktionstheorie und zur Produktentwicklung wurden kaum genutzt.

Im Rahmen der Vermögensversicherung hatte dies Vertragsarten im Gefolge, die umfangreiche und breite, aber uniformierte Deckung boten, also unflexibel und zur Anpassung an individuellen Bedarf weniger geeignet waren. Bei der Personenversicherung waren uniformierte Deckungen in der Form von sogenannten Gruppenlebensversicherungen vorherrschend.

Diese überkommenen Versicherungsstrukturen sind aufgrund der geänderten wirtschaftlichen Rahmenbedingungen – so in erster Linie durch die hohe Inflation, die ständige Stärkung der Privatsphäre sowie durch das Entstehen und die wirtschaftlichen Erfolge von kleinen und mittleren Unternehmen, ferner durch große Einkommensunterschiede breiter Bevölkerungsschichten – schon vor der Aufhebung des Monopols überholt gewesen. Die Innovationskraft des Versicherers und die genannten äußeren Zwänge waren allerdings unter der Herrschaft des Monopols nicht ausreichend für einen Strukturwandel. Die Furcht, den Kunden wegen der für diesen überwiegend ungünstigen Veränderungen (Abschaffung der unbestimmten Vertragsdauer und der unbegrenzten Deckung, steigendes Beitragsniveau, höhere Selbstbehalte usw.) zu verlieren, hat sich damals noch als stärker erwiesen. Auf eine paradoxe Art hat sich mit dem Ausweichen vor unbeliebten Entscheidungen in dem Bestreben, den Kunden zu halten – und dies trotz und zugleich wegen des Beginns des Wettbewerbs –, die Änderung der alten Strukturen verzögert. Schließlich aber ist klar geworden, daß der Wandel der auf dem ungarischen Markt herkömmlichen und eingeführten, jedoch marktwirtschaftlich überholten Produkte bei der drängenden Neugestaltung der Produkt- und Sortimentgestaltung ebenso unausweichlich war wie die Deckung von bisher nicht versicherten Risiken.

Das Angebot war insgesamt durch Ungleichheit gekennzeichnet:

- Die Landwirtschaft hat eine weitreichende, die Industrie dagegen eine verhältnismäßig enge Deckung genossen, besonders was die technischen und die Betriebsunterbrechungsrisiken betrifft;
- die verschiedenen Arten der Haftpflichtversicherung – besonders die Produkthaftpflicht und die verschiedenen Berufshaftpflichtversicherungen – sind vernachlässigt worden;

– die individuellen Lebens- und Unfallversicherungen waren nicht bedeutend, und eine Krankenversicherung gab es praktisch nur im Rahmen der Sozialversicherung.

So war die Branche beim Beginn des Wettbewerbs einerseits gezwungen, die verlustbringenden Sparten zu sanieren, andererseits aber bestand nunmehr die Möglichkeit, neue Produkte zu erarbeiten und zu vermarkten.

Der erstere Schritt war für die Unternehmen unausweichlich, von den Kunden indes wurde er ungern hingenommen. Der Sanierungserfolg war vor allem dadurch beeinflußt, daß den Kunden viel an der Deckung von Risiken für ihre Vermögenswerte durch Sachversicherungen gelegen war und dies mit der zunehmenden Verschlechterung der Risikosituation für Sachwerte um so mehr zur Deutung kam.

Bei der Produkterneuerung gibt es teilweise kurzfristige, teilweise aber nur langsam realisierbare Ergebnisse. Auf dem Gebiet der Sach- und Haftpflichtversicherung ist der Anschluß an die international bekannten und eingeführten Risikodeckungen verhältnismäßig schnell vollzogen worden. In der Lebens- und Unfallversicherung kam es zur Entwicklung von zahlreichen für die individuellen Deckungsbedürfnisse geeigneten Produkten. Da bei den Kunden weniger Interesse an der Personenversicherung als an der Sachversicherung besteht, muß für den Abschluß solcher Versicherungen mehr geworben werden.

Die Krankenversicherung taucht demgegenüber im Angebot der Versicherer nur sehr selten auf. Dies läßt sich auf die lange Zeit hindurch erfolgte staatliche Finanzierung des Gesundheitswesens in Ungarn zurückführen. Bis heute sind die Kenntnisse, die für die Erarbeitung der Bedingungen und der Tarife einer privaten Krankenversicherung nötig sind, noch lückenhaft.

Zu b): Im Verlauf der Verbreitung des Versicherungsmarktes vollzieht sich die Produkt- und Sortimentgestaltung unter widersprüchlichen Verhältnissen. Die Meßzahlen der Wirtschaft zeigen rückläufige oder jedenfalls dauernd stagnierende Ergebnisse. Im Verlauf der Privatisierung kommt es zu wachsender Arbeitslosigkeit, zur Verschlechterung der finanziellen Lage breiter Bevölkerungsschichten und damit zu einer gespannten sozialen Lage. Mit dem Rückgang der staatlichen Beteiligung, dem Einfließen von ausländischem Kapital, einer langsamen, aber ständigen Stärkung der Privatunternehmen werden zwar wichtige Vorbedingungen für die Stabilisierung und auf lange Sicht für das Wachstum der Wirtschaft erfüllt. Die in den vergangenen Jahren noch über 40 % gelegene, jetzt langsam sinkende, aber immer noch 20 % übersteigende Inflation bringt jedoch eine große Unsicherheit und einen Mangel an Vertrauen mit sich. Das soziale Problem der

Rentner, die ca. 25 % der Bevölkerung ausmachen, ist kaum lösbar. Der Investitionsmarkt ist durch den Mangel an sicheren Investitionsmöglichkeiten sowie durch einen sehr ungünstigen, hinter der Inflationsrate weit zurückliegenden Zinsfuß für Spareinlagen geprägt. Gleichzeitig wird die Kreditaufnahme durch einen unrealistisch hohen Kreditzinsfuß, der ca. 70 – 80 % höher ist als der Zinsfuß der Spareinlage, erschwert.

Die Verzögerung der Reform der Sozialversicherung führte für die Versicherten zu einer bedeutenden Verschlechterung ihrer Existenzbedingungen. Der Rückgang der staatlichen Finanzmittel im Gesundheitswesen hatte ein absinkendes Versorgungsniveau zur Folge; gleichzeitig aber kann die aus privaten Mitteln finanzierte Gesundheitsinfrastruktur diese Defizite noch nicht ersetzen. Die Trennung der Renten- und Krankenversicherung innerhalb der Sozialversicherung wurde erst vor kurzem durchgeführt, und dies ist hoffentlich ein wichtiger Schritt für die Entwicklung der Privatversicherung in diesen Sparten.

Der Verfall der öffentlichen Sicherheit, eine sprunghaft gestiegene Zahl von Einbruch- und Raubdelikten lassen sich auf verschiedene Faktoren der wirtschaftlichen und sozialen Entwicklung in Ungarn und in den Nachbarländern zurückführen.

Abschließend ist festzuhalten, daß eine ansteigende Unsicherheit das Bedürfnis nach Schutz des Einkommens und des Vermögens bei Privatpersonen sowie bei den Unternehmen erhöht. Dabei sind die Prioritäten für die Art und Weise der Schaffung von Sicherheit und die Beurteilung der für diese Sicherheit zu leistenden Preise sehr verschieden.

Zu c): Nach der Vermehrung der Anzahl der Gesellschaften besteht heute – gleichviel, ob nach dem Grundkapital oder nach dem Versicherungsbestand oder nach der Beitragseinnahme gerechnet – eine ausländische Mehrheit am ungarischen Versicherungsmarkt. Von den 13 Versicherungsgesellschaften befindet sich nur eine in ausschließlich ungarischem Besitz. In den anderen ist der ausländische (deutsche, italienische, österreichische, holländische, amerikanische, französische, belgische) Partner – mit einer Ausnahme – mehrheitlicher oder alleiniger Kapitaleigner. Bei diesen Gesellschaften ist die Möglichkeit von Know-how-Import eine bedeutende Chance für diversifizierte Produkt- und Sortimentinnovationen.

Zwei der ausländischen Unternehmen sind mit je zwei Gesellschaften in Ungarn vertreten; für sie bietet es sich an, einerseits jeweils bestimmte Schwerpunkte der Geschäftstätigkeit zu setzen, andererseits aber auch mögliche Synergieeffekte zu nutzen.

1.2 Rechtliches Umfeld

Als Rechtsrahmen für Befugnisse und Pflichten der staatlichen Versicherungsaufsicht, also auch für das Genehmigungsverfahren, gelten immer noch die im Jahre 1986 verabschiedete „Verordnung des Ministerrates", die „Anlage" zu dieser Verordnung sowie die „Verordnung des Ministers der Finanzen". Es gibt weder ein die Versicherungsaufsicht noch ein das Versicherungsvertragsrecht regelndes Gesetz. Die erwähnte Verordnung hatte vor allem für eine Übergangsphase Bedeutung, kann jetzt aber als überholt angesehen werden. So wird der Mangel einer gesetzlichen Regelung immer mehr spürbar (siehe eingehend unten Abschnitte 2 und 3). Ein Gesetz über die Versicherungsaufsicht ist seit längerer Zeit in Vorbereitung; bisher konnte es aber noch nicht verabschiedet werden. Sonstige rechtliche Rahmenbedingungen, wie das Gesetz über Vereine bzw. über die Einkommenssteuerregelung, wirken sich beachtlich aus.

Sowohl die Anzahl als auch das Angebot der Versicherungsvereine auf Gegenseitigkeit haben sich erweitert. Allerdings spielen bei den Neugründungen nach wie vor die Lebens- und Unfallversicherung eine dominierende Rolle. Neues auf der Angebotspalette bietet der „Versicherungsverein auf Gegenseitigkeit der ungarischen Rechtsanwälte", der für seine Mitglieder die Berufshaftpflichtversicherung betreibt.

In den letzten Jahren hatten die in den Einkommenssteuergesetzen geregelten Begünstigungen von Lebensversicherungsverträgen für die Produkt- und Sortimentgestaltung noch eine große Bedeutung. Nach mancherlei Mißbräuchen, die bei von Arbeitgebern zugunsten ihrer Arbeitnehmer abgeschlossenen Verträgen aufgetreten waren, hat man nunmehr leider nicht nur Rechtslücken geschlossen, sondern beinahe alle bisher für Lebensversicherungen gewährten Steuervorteile beseitigt.

Der Entwurf eines Gesetzes für die Rentenkassen wurde in der letzten Zeit heftig diskutiert. Nach den aktuellen Vorstellungen sollen Institutionen geschaffen werden, die sowohl von den Arbeitnehmern als auch von den Arbeitgebern Beiträge erhalten und mit umfangreichen Rechten ausgestattet sein werden; insbesondere sollen sie weit größere Steuervorteile genießen als die Privatversicherer jetzt.

2. Produktgestaltung

2.1 Wirtschaftliche Einflußfaktoren

Die Sanierung der zunehmend verlustbringenden Sachversicherungsprodukte (vor allem Wohngebäude-, Hausrat- sowie Kfz-Kasko-Versicherungen) war vor allem für jene zwei Gesellschaften eine dringende Aufgabe, die als rechtliche Nachfolger des Monopols die große Mehrheit der

Bestände verwalteten. Die neu gegründeten Gesellschaften haben ihrerseits den nachhaltigen Betrieb dieser Sparten immer weiter hinausgezögert.

In den Sparten Lebens- und Unfallversicherung war die Innovationsbereitschaft der Gesellschaften zwar bedeutend größer, die Nachfrage der Kunden richtete sich aber, wie schon erwähnt, durchgehend mehr auf Sachversicherungsprodukte. Neben neuen Produkten in den Sparten Kfz-Kasko sowie Wohngebäude und Haushalt sind heute die verschiedenen Deckungsformen für die Risiken Industriefeuer, Haftpflicht und Betriebsunterbrechung am Markt zunehmend vertreten.

Der erwähnte Know-how-Import bringt bei der Produktentwicklung zwei wichtige Probleme mit sich: einmal die Anpassung der Bedingungen an die allgemeinen ungarischen Rechtsvorschriften, zum anderen das Fehlen brauchbarer Schadenstatistiken in Ungarn. Dadurch werden die kalkulatorischen Grundlagen der Tarife in Frage gestellt.

2.2 Rechtliches Umfeld

Die erwähnte, seit 1986 geltende Verordnung des Ministerrates über die staatliche Versicherungsaufsicht beruht auf dem Konzept der materiellen Beaufsichtigung. Nach dieser Regelung sind alle Produkte einschließlich der Beitragskalkulation genehmigungspflichtig. Sind auch die Bestimmungen der Verordnung in diesem Punkt eindeutig, so fehlt es doch noch an einem Gesetz, mit dem die inhaltlichen Voraussetzungen für die Genehmigungen im einzelnen festzulegen wären.

Gesetzliche Grundlage für das Versicherungsvertragsrecht ist das – Regelungen nur für die wichtigsten Vertragselemente enthaltende – Kapitel „Versicherung" des BGB. Um das Genehmigungsverfahren zu erleichtern, wurde von der Versicherungsaufsicht vor kurzem Informationsmaterial herausgegeben. Statt aber fachliche Gesichtspunkte des Genehmigungsverfahrens näher zu erörtern, werden in diesen Materialien vor allem die genehmigungspflichtigen Elemente der Produkte erneut aufgezählt.

Die gegenwärtige Entwicklungsphase steht im Zeichen einer weitreichenden Vertragsfreiheit, zugleich aber auch umfangreicher Befugnisse der Aufsichtsbehörde im Genehmigungsverfahren. Dabei kann von Markttransparenz kaum die Rede sein; ein Vergleich der Produkte und der Tarife ist sogar für den Fachmann nur sehr schwer möglich.

Zur Zeit sind zwei Gruppen von Allgemeinen Versicherungsbedingungen auf dem Markt vorzufinden:

- diejenigen aus der Zeit der Monopolanstalt, und zwar sowohl für die Schadenversicherungen als auch für die Lebensversicherungen. Diese Bedingungen können nicht nur von den rechtlichen Nachfolgern des Monopols, sondern auch von den neuen Gesellschaften mit Genehmigung verwendet werden;

- die neu hinzugekommen „Allgemeine Versicherungsbedingungen" der einzelnen Gesellschaften; bei ihnen handelt es sich immer mehr um Bedingungswerke für einzelne Teilsparten, die sich mangels einer behördlichen Regelung von Gesellschaft zu Gesellschaft stark unterscheiden.

Heute ist der ungarische Versicherungsmarkt durch eine Vielfalt angebotener Produkte teils einheimischer, teils ausländischer Provenienz gekennzeichnet.

Um die Entwicklung neuer Produkte nicht zu behindern, zeigt die Aufsichtsbehörde Flexibilität und Verständnis gegenüber den Gesellschaften, wenn es an den nötigen Informationen noch fehlt. Die Genehmigungen werden überwiegend provisorisch für zwei bis drei Jahre erteilt, und zwar mit dem Hinweis, daß eine Verlängerung nach erneuter Prüfung möglich sei. Im Grunde liegt damit die normalerweise von der Aufsichtsbehörde mitgetragene Verantwortung für genehmigungspflichtige Versicherungsprodukte allein bei den einzelnen Gesellschaften.

Der Mangel an landesweiten Statistiken ist auch dadurch begründet, daß der Verband der ungarischen Versicherer erst im Jahre 1991 gegründet wurde; erst von diesem Zeitpunkt an konnte der Aufbau eines gemeinsamen Informationssystems der Gesellschaften erfolgen.

Für die Produktentwicklung spielen die Unternehmensgröße, die Kapitalkraft, die Informationsbasis, das Potential an Experten, ferner die Möglichkeiten der Datenverarbeitung und die Risikobereitschaft der einzelnen Gesellschaften eine wichtige Rolle.

2.3 Konkrete Beispiele für die Produktentwicklung

a) In der Sparte Sachversicherung ist die Umgestaltung der *Kfz-Kasko-Versicherungsprodukte* am auffälligsten. Die Gesellschaften streben nach variablen betriebswirtschaftlichen Methoden, um die Rentabilität der Produkte zu sichern und gleichzeitig die Ansprüche der Kunden zu befriedigen.

Auf dem Gebiet der Kfz-Versicherungen haben sich in den vergangenen Jahren der zunehmende Anteil der teueren, westlichen Typen an Kraftfahrzeugen, der Wertverfall der im ehemaligen Osten hergestellten Fahrzeuge, Probleme bei der Versorgung mit Ersatzteilen und bedeutende Preiserhöhungen für diese sowie die steigende Zahl von Kraftfahrzeug- und von Ersatzteildiebstählen besonders ausgewirkt. Gleichzeitig hat sich die Schadenquote dramatisch erhöht.

Die neu entwickelten Deckungsformen bringen eine drastische Einengung des Deckungsumfangs mit sich. Aus der Grundversicherung sind die Schäden durch Unfälle ausgeschlossen; der Grundbeitrag deckt damit nur noch Elementarschäden und Diebstähle. Die neuen Produkte der Gesellschaften gliedern sich durchweg in Vollkasko-, Teilkasko- und Zusatzversicherungen, sind aber nach ihrem Deckungsumfang im übrigen von Gesellschaft zu Gesellschaft weitgehend verschieden. Auch werden unterschiedliche Formen der Selbstbeteiligung (Fixbetrag, Prozentsatz der Jahresprämie oder der Entschädigungssumme) praktiziert.

Auch bei der Tarifierung werden verschiedene Gestaltungsmöglichkeiten genutzt. So kann für die Prämienhöhe beispielsweise der internationale Listenpreis oder die Reparaturfreundlichkeit des Fahrzeugs (nach ausländischen Erfahrungen) maßgeblich sein; auch gibt es unterschiedliche Tarifeinstufungen nach dem Standort des Fahrzeugs in Ungarn.

b) In der *Personenversicherung* finden sich neben traditionellen älteren auch moderne, den heutigen Ansprüchen angepaßte Produkte, wobei die Deckung der Risiken Leben, Krankheit und Unfall in ein und demselben Vertrag zusammengefaßt sind. Nachfolgend sollen die Lebensversicherungsprodukte eingehender betrachtet werden, wobei zunächst zu bemerken ist, daß in Ungarn Einzellebensversicherungen mit höheren Versicherungssummen von jeher nur in unbedeutender Zahl vorkommen.

Für die Produktgestaltung ist wesentlich, daß es in Ungarn zur Zeit aufsichtsrechtliche Pflichtvorschriften weder für die Verwendung bestimmter Sterblichkeitstafeln noch für einen für die versicherungstechnische Rechnung maßgeblichen Zinsfuß gibt. Als kalkulatorische Basis liegen den neuesten Produkten die Sterbetafeln der Jahre 1984, 1986 und 1988 zugrunde. Als technischer Zinsfuß werden am häufigsten 3,5 %, 5 %, 5,5 % oder 7 % angewandt.

Abgesehen von wenigen Ausnahmen bieten die einzelnen Versicherer jeweils mehrere (voneinander mehr oder weniger abweichende) Produkte an. Dabei werden in ein und dasselbe Produkt neben den Grundleistungen verschiedene Nebenleistungen einbezogen. Ein Vergleich der Beiträge ist so kaum möglich.

Einige Gesellschaften haben nach Wahl des Kunden noch Zusatzleistungen zur Lebensversicherung, wie z. B. eine Unfallversicherung oder Beitragsbefreiung im Falle von Invalidität, im Angebot und für diese Zusatzleistungen ein übersichtliches Modulsystem entwickelt.

Die am ungarischen Markt aus der Zeit des Monopols überkommenen Lebensversicherungsprodukte sind noch unter stabilen Preisverhältnissen entwickelt und eingeführt worden. Ihre wichtigsten Merkmale sind, daß sie nur die Grundleistung und keine Nebenleistungen, ferner keine Gewinnbeteiligung bieten. Der technische Zinsfuß ist etwa 5 %, und es werden die Sterblichkeitstafeln aus den Jahren 1955 und 1974 angewandt. Bei der Kalkulation wird von monatlicher Beitragszahlung ausgegangen. In den letzten Jahren haben die Versicherer – um die Wettbewerbsfähigkeit dieser Produkte auch bei steigender Inflation zu erhalten – eine jährliche Erhöhung der Summen um mindestens 4 % eingeführt. Der Entwicklung von Produkten, die in ihrer Leistung mit der Inflationsrate Schritt halten können, gelten besondere Bemühungen der Versicherer. Daneben wurden weitere neue Komponenten in die Deckung integriert. Erwähnenswert ist unter anderem die Einführung der Gewinnbeteiligung.

Die Anpassung des Versicherungsbeitrages und der Versicherungssumme erfolgt von Gesellschaft zu Gesellschaft unterschiedlich, so z. B. nach der vom Statistischen Amt errechneten Inflationsrate oder nach einem bestimmten Prozentsatz davon. Es gibt Gesellschaften, die sich die Vertragskündigung (mit Beitragsrückerstattung) für den Fall vorbehalten, daß die jährliche Summen- und Beitragsanpassung mehr als zweimal nicht stattfindet.

Eine der erfolgreichsten Produktentwicklungen der letzten Zeit ist diejenige der gemischten Lebensversicherung, bei der sowohl im Fall des Todes innerhalb der Vertragsdauer als auch bei Erleben des Vertragsablaufs die Versicherungsleistung anfällt.

3. Sortimentgestaltung

Für die Sortimentgestaltung waren teilweise dieselben Faktoren maßgebend wie für die Produktentwicklung. Mit der Verordnung des Ministerrates aus dem Jahre 1986 wurde nicht nur über die Gründung zweier Versicherungsgesellschaften als rechtliche Nachfolger der Monopolanstalt, sondern gleichzeitig auch über die Aufteilung der Versicherungsbestände entschieden. Damit sind die Grundzüge des Sortiments beider Gesellschaften langfristig festgelegt worden; allerdings gab es schon bald erste Schritte in Richtung auf eine Erweiterung des Sortiments.

Die jetzt in Ungarn geltende Regelung sieht keine Spartentrennung vor; sie ist aber in dem erwähnten Gesetzentwurf, betreffend die Versicherungsaufsicht, vorgesehen.

§ 2 Abs. 1 der Verordnung von 1986 lautet:

„Zur Gründung, zur Bestimmung bzw. Änderung des Tätigkeitsbereiches eines Versicherers bedarf es eines Antrags auf Genehmigung durch die Aufsicht."

§ 3 hat folgenden Wortlaut:

„Abs. 1: Die Genehmigung wird von der Aufsicht getrennt nach Versicherungssparten (Lebensversicherung, andere Personenversicherungen, Sachversicherung, Haftpflichtversicherung, Rückversicherung) erteilt.

Abs. 2: Die Genehmigung kann auch teilweise – örtlich oder auf eine bestimmte Versicherungssparte beschränkt – erteilt werden.

Abs. 3: Die Genehmigung kann widerrufen werden, wenn der Versicherer die Geschäftstätigkeit nicht innerhalb eines Jahres nach Wirksamwerden der Genehmigung aufnimmt oder wenn er seine Geschäftstätigkeit ohne Genehmigung ruhen läßt."

Die neu gegründeten Gesellschaften sind aus verschiedenen Gründen – vor allem auch im Hinblick auf ihre hohe Kapitalausstattung und auf den der Größe des Landes nach relativ engen Markt – bestrebt, ihre Aktivitäten möglichst auf alle Sparten des Versicherungsgeschäfts auszudehnen. Die heute am Markt tätigen Gesellschaften haben beinahe ohne Ausnahme schon bei der Gründung eine Genehmigung für alle Versicherungssparten erhalten. Tatsächlich ist von ihnen die Geschäftstätigkeit aber erst viel später in allen Zweigen aufgenommen worden. Zu einem Widerruf der Genehmigung durch die Aufsichtsbehörde wegen nicht angefangener oder eingestellter Aktivitäten ist es bisher allerdings noch nicht gekommen.

Es gibt nur eine Gesellschaft am Markt, die ausschließlich die Lebensversicherung betreibt.

Für die Kfz-Haftpflichtversicherung und für diejenigen Gesellschaften, die diese Sparte betreiben wollen, gilt eine Sonderregelung. Zur Aufnahme des Geschäftsbetriebes ist hier eine Sondergenehmigung der Aufsichtsbehörde nötig, vor deren Erteilung bestimmte objektive und subjektive Kriterien erfüllt sein müssen. Zur Zeit sind auf diesem Gebiet sechs Gesellschaften aktiv. Die Ergebnisse dieser Sparte waren anfangs ungünstig, zeigen aber eine beachtliche Besserung; jedenfalls sind für die Ergebnisverrechnung Sondervorschriften gültig. Von der Teilnahme an diesem Geschäft erhoffen sich die Gesellschaften einen wachsenden Marktanteil.

Ein Teil der Gesellschaften spezialisiert sich vor allem bei der Sach- und Haftpflichtversicherung auf die Befriedigung der Bedürfnisse eines bestimmten Kundenkreises; Zielgruppen sind vorzugsweise kleine und mittlere Unternehmen, da diese langfristig eine wachsende Nachfrage erwarten lassen. In der Praxis kann sich dies auch so auswirken, daß mit Kunden, die nicht zu der jeweiligen Zielgruppe gehören, kein Vertrag abgeschlossen wird, oder daß bestimmte Versicherungsanträge nur unter der Voraussetzung angenommen werden, daß der Kunde bei dieser Gesellschaft auch andere Risiken versichert hat.

Unter dem Eindruck der in den vergangenen Jahren dramatisch verschlechterten Schadenquote haben die Gesellschaften wichtige Schritte getan, um die Übernahme von Einbruchdiebstahl-Risiken stark einzuschränken. In manchen Landesteilen werden zum Beispiel keine Wochenendhäuser mehr versichert, und für bestimmte Fahrzeugtypen werden nur unter besonderen Bedingungen Kasko-Versicherungsverträge abgeschlossen. Als Voraussetzung des Vertragsabschlusses sind verschiedene sicherheitstechnische Systeme und Alarmanlagen vorgeschrieben.

Jene Gesellschaften, deren ungarischer Partner über ein landesweites Vertriebsnetz verfügt (z. B. Banken, Interessenvertretungen), sind mit ihrem Angebot besonders auf die Bedürfnisse dieser Kunden ausgerichtet.

Ein wichtiger Gesichtspunkt bei der Sortimentgestaltung ist die Anpassung der Beiträge und des Ratensystems an den jeweiligen Kundenkreis. Nur eine Versicherungsgesellschaft in Ungarn hat ihr Angebot ganz auf die Bedürfnisse eines bestimmten Wirtschaftszweiges, und zwar hier der Landwirtschaft, und derer, die in diesem Geschäftszweig erwerbstätig sind, ausgerichtet.

Heute wie auch in der Zukunft gehört es zu den Rahmenbedingungen für die Sortimentgestaltung der Versicherungsunternehmen, daß sich die genehmigte Geschäftstätigkeit nicht auf versicherungsfremdes Geschäft erstrecken darf.

Roland Eisen

Größenvorteile in der deutschen Lebensversicherung – Eine empirische Untersuchung mit Hilfe der „Survivor-Technik"

I. Einleitung

Die angestrebte Realisierung des Europäischen Einheitlichen Marktes auch für die Finanzdienstleistungen hat der Diskussion um die Vorteile eines größeren Marktes und die Strategien der Unternehmen im Hinblick auf die Nutzung dieses Potentials neuen Auftrieb verschafft.

Mit Hilfe des Konzepts der Konsumentenrente schätzten Price Waterhouse (1988) den ökonomischen Gewinn der europäischen wirtschaftlichen Integration der Finanzmärkte in der Größenordnung zwischen 11 und 33 Mrd. ECU, mit einem mittleren Wert von 21,6 Mrd. ECU. Auch wenn solche Schätzungen nicht unumstritten sind, zeigen diese Zahlen doch, daß vom gegenwärtigen Liberalisierungsprozeß erstaunlich große ökonomische Gewinne erwartet werden.

Die dahinterstehende „Größenphilosophie" setzt auf die statischen Effizienzgewinne, die zum einen aus Größenvorteilen i. e. S. (Skalen- und Verbundvorteilen bzw. „technologischen" Vorteilen der Größe bezüglich der Kosten, Risiken und Erlöse) und zum anderen aus dem Abbau von X-Ineffizienzen durch Ausnutzung vorhandener Rationalisierungsspielräume (mithin „organisatorische" Vorteile der Größe) stammen. Die längerfristig wichtigeren und immer wichtiger werdenden dynamischen Determinanten der Effizienz, nämlich die Einführung neuer Produkte und neuer Qualitäten vorhandener Produkte, neuer Produktions- und Vertriebsmethoden, werden meist übersehen[1]. Allerdings ist strittig, ob zwischen „dynamischer Effizienz" und der „Größe" ein auf Größenvorteile hinweisender Zusammenhang überhaupt besteht[2].

In der allgemeinen industrieökonomischen, aber auch in der speziellen versicherungswirtschaftlichen Literatur wird eine Reihe von Gründen ge-

---

1 Vgl. hierzu aber Eisen/Müller/Zweifel (1990).
2 Dieses Problem ist mit dem Namen Josef Schumpeter verbunden, der die These vertrat, Großbetriebe könnten auch leichter technische Fortschritte realisieren!

nannt, warum in der Versicherungsproduktion steigende Skalenerträge oder sinkende Stückkosten oder einfacher: Größenvorteile vorliegen bzw. vorliegen sollen. Farny hat sich schon sehr früh auch hier hervorgetan[3] und im ersten Satz festgestellt: „ Die Betriebsgrößenfrage in der Versicherungswirtschaft ist bis heute ungeklärt" (Farny, 1960, S. 183). Dieser Satz gilt immer noch.

Im folgenden werden zuerst einige der Gründe für Größenvorteile kurz diskutiert, anschließend aber auf empirische Analysen und deren Probleme verwiesen. Es wird dann ein Vorschlag präsentiert, die bestehenden Probleme zu umgehen. Zum Schluß wird die Frage aufgegriffen, warum auch in der Lebensversicherung der Anteil der suboptimalen Firmen so groß ist.

II. Theoretische Argumente um Größenvorteile

Die Grundlage zur Bewertung der Argumente zugunsten von Größenvorteilen in der Versicherungswirtschaft ist die Zerlegung des „Leistungspotentials" von Versicherern in zwei Komponenten: Die Produktion von Versicherungsleistungen hängt nicht nur ab von der technisch-organisatorischen Kapazität, dem „Dienstleistungspotential", sondern auch von der finanziellen Kapazität oder dem „Risikopotential"[4].

Folgt man der traditionellen Argumentation, dann sinkt wegen des Gesetzes der großen Zahlen die Varianz des Gesamtrisikos proportional mit der Zahl der zusammengefaßten, fast unabhängig verteilten individuellen Risiken. Verwendet man bestimmte Prämienkalkulationsprinzipien, ergibt sich eine sinkende Risikoprämie. Durch die Verwendung des zentralen Grenzwertsatzes bei unterschiedlichen Risiken mit jeweils eigener Verteilung verstärkt sich die Tendenz. Dies gilt nicht nur für Versicherungsvereine auf Gegenseitigkeit, sondern auch für Aktiengesellschaften[5].

Aber selbst dann, wenn das Insolvenzrisiko mit wachsendem Bestand gegen Null tendiert und der Kapitalbestand pro Einzelrisiko konstant gehalten wird, gilt eine solche Tendenz nicht für das allgemeine Unternehmensrisiko und nicht für das Investitions- oder Kapitalanlagerisiko. Beide Risiken stehen sicherlich nicht in einem einfachen Verhältnis zur Größe.

Darüber hinaus können auch Verbundvorteile existieren, die sich aus der gleichzeitigen Produktion verschiedenartiger Leistungen ergeben. Liegen

---

3 Vgl. D. Farny (1960) und (1965).
4 Farny (1965, S. 179) spricht hier von „Stückzahl-" und „Summenkapazität".
5 Allerdings hier unter Einschränkungen; vgl. hierzu die Diskussion bei Kotsch (1991).

sie vor, dann folgt, daß die gesamten Produktionskosten des Leistungsbündels kleiner sind als die Summe der Kosten, wenn jede Leistung für sich alleine produziert wird. Grundlage dieser Vorteile ist vor allem die gemeinsame Nutzung eines (knappen) Produktionsfaktors. Dabei kann im wesentlichen daran gedacht werden, dieselbe Informationsbasis für die Produktion verschiedener Leistungen zu verwenden. Aber diese Vorteile variieren im allgemeinen mit dem Produktionsprogramm bzw. der Leistungskombination (Produkt-Mix). Das einfache Konzept der Durchschnittskosten ist nicht länger adäquat, um mit diesen Problemen von Mehrproduktfirmen umzugehen[6].

Größen- und Verbundvorteile können aber auch im reinen „Dienstleistungsbereich" auftreten. Neben reinen organisatorischen und technischen Innovationen (Hard- und Software bei DV, Erfahrungs- und Lernkurveneffekten u. a.) können Kosteneinsparungen im Transaktionsbereich auftreten. Parallel mit der Firmengröße fallen nicht nur die „Risikokosten", sondern auch die Transaktionskosten pro Risiko. Allerdings gibt es gerade im Bereich der Transaktions-, Vertriebs- und Überwachungskosten Besonderheiten, so daß die Ansichten über die Entwicklung dieser „Servicekosten" auseinandergehen[7].

Hiermit im Zusammenhang stehen die Fragen, inwieweit verschiedene Vertriebssysteme die Entwicklung der (langfristigen) Durchschnittskosten beeinflussen und ob es systematische Kostenunterschiede zwischen Aktiengesellschaften und Gegenseitigkeitsvereinen gibt. Sicherlich ist die Direktversicherung billiger als andere Vertriebswege, aber die Ansichten gehen auseinander, ob nun Mehrfirmenvertreter und Makler billiger arbeiten als gebundene oder angestellte Versicherungsvermittler[8].

Faßt man die theoretischen Argumente zusammen, dann kann man wohl sagen, daß sehr wahrscheinlich Größenvorteile vorliegen, sie aber relativ schnell verschwinden. Eher kontrovers ist, ob die langfristigen Kostenkurven danach konstant verlaufen oder nach einem Durchschnittskostenminimum wieder ansteigen.

III. Empirische Probleme bei der Messung von Größenvorteilen

Leider vermitteln auch empirische Untersuchungen keine Klarheit in dieser Frage[9]. Das hängt im wesentlichen mit drei Problemen zusammen.

---

6 Vgl. hierzu Baumol et al. (1982).
7 Vgl. zu einer breiten Diskussion verschiedener Effekte neuerdings Holzheu (1991) und für den Bankenbereich Tichy (1990).
8 Vgl. hierzu Eisen/Müller/Zweifel (1990, S. 77 ff.).
9 Vgl. zusammenfassend Pestieau/Pirard (1989) und verschiedene Aufsätze in den Genfer Heften No. 60, July 1991.

Zum einen ist streitig, wie man den Output messen soll. Soll man die Netto- oder Bruttoprämien, die Schadenzahlungen, die Anzahl der Verträge, oder gar einen Index der verschiedenen Aktivitäten der Versicherung heranziehen? Zum anderen ist auch die Wahl der Funktionstypen für die Kostenfunktion nicht bestimmt. Verläuft sie linear, quadratisch oder logarithmisch? Ein drittes Problem verbirgt sich hinter der Verwendung eines einheitlichen Outputmaßes, ohne die doch sicherlich vorhandenen Qualitätsunterschiede zu berücksichtigen. Beachtet man, daß der Preiswettbewerb durch Regulierung im wesentlichen ausgeschlossen wird, konzentrieren sich die Unternehmen auf den Qualitätswettbewerb und Qualität wird zu einer endogenen Größe. Braeutigam/Pauly (1986, S. 616/7) zeigen nun, daß die Vernachlässigung der Qualitätsvariable in empirischen Kostenschätzungen „can seriously bias estimates of economically important parameters, for example, measures of scale economies ... Accordingly, conventional estimates of the effects of scale ... could well be misleading".

Wenn nun aber „Kostenschätzungen" – wie raffiniert auch immer durchgeführt – nur wenig hergeben für die Klärung der Frage, ob Größenvorteile vorliegen oder ein Zusammenhang zwischen Effizienz und Firmengröße gegeben ist, dann müssen andere Wege eingeschlagen werden. Neben der Schätzung typischer langfristiger Stückkostenkurven aufgrund von Kostendaten oder der Befragung von mit dem Bau neuer Produktionsanlagen betrauter Ingenieure („engineering estimates") werden in der Literatur zwei weitere Methoden genannt: Entweder man schätzt verschiedene Momente der Betriebs- oder Firmengrößenverteilung oder man weicht auf die von Stigler (1958) vorgeschlagene „Survivor-Technik" aus.

Die Vor- und Nachteile dieser vier Methoden können hier nicht erörtert werden[10]. Allerdings spricht auch gegen die Kosten- und Ingenieur-Schätzungen, daß sie sich auf die Massenproduktionsvorteile im engeren Sinne innerhalb eines Betriebes beschränken. Darüber hinausgehende Größenvorteile aufgrund der Herstellung mehrerer Produkte und der Produktion in mehreren Betrieben werden eben nicht berücksichtigt. Diese Fehler vermeidet jedoch die „Survivor-Technik". Ihr besonderer Vorteil liegt gerade darin, daß sie hervorragend geeignet ist, die Multi-Input, Multi-Produkt-Firma zu erfassen. Eine Quantifizierung der Inputs und der Outputs ist hier nicht notwendig. Beobachtet wird die Entwicklung der Größenverteilung von Unternehmen einer Industrie im Zeitablauf und festgestellt, in welchen Größenklassen die Zahl der Unternehmen und der Anteil an der gesamten Produktionskapazität der Industrie zunimmt. Diese Größenklassen werden als „überlebensfähig" und effizient angesehen, alle übrigen sind entweder unter- oder überoptimal.

10 Vgl. aber Scherer (1990).

Darüber hinaus hat die Survivor-Technik zwei weitere Vorteile[11]. Zum einen wird nicht nur eine Periode betrachtet und damit eine rein statische Analyse durchgeführt. Vielmehr reflektiert sie durch die Betrachtung der Entwicklung der Größenverteilung der Firmen Trends und Anpassungsprozesse der untersuchten Industrie im Zeitablauf. Zum anderen werden die Assets nicht-optimaler Firmen am Kapitalmarkt bewertet, so daß etwa Überschußgewinne bei Veränderungen der Eigentümer tendenziell kapitalisiert werden. Taucht dieses Bewertungsproblem auf, dann erscheinen sowohl in Querschnitts- als auch Zeitreihenanalysen von Kostenverläufen die Durchschnittskosten eher zu gleichmäßig.

Aber zwei Nachteile der Survivor-Technik sollen nicht verschwiegen werden. Zum einen sind die Ergebnisse der Survivor-Technik für normative Untersuchungen unbrauchbar. Es werden ja nicht nur „technische" Größenvorteile gemessen, und es „wird nicht die mindestoptimale Betriebsgröße bei Minimierung der sozialen, sondern allenfalls bei Minimierung der privaten (unternehmerischen) Kosten geschätzt" (Hofmann, 1986, S. 134). Zum anderen führt diese Technik kaum zu einer eindeutigen mindest-optimalen Firmengröße. Dies würde sich nur ergeben, wenn jedes Unternehmen gleiche Ressourcen nützen oder dasselbe Produktionsprogramm anbieten würde. Aufgrund der Heterogenität der Inputs – und sei es nur die Qualität des Managements – und der unterschiedlichen Produktionsprogramme sollte man ein Band von mindest-optimalen Größen erwarten.

IV. Empirische Anwendung der „Survivor-Technik" und Ergebnisse

Die empirische Analyse basiert auf Daten aus den Geschäftsberichten des Bundesaufsichtsamtes für das Versicherungswesen. Um verfälschte Ergebnisse zu vermeiden, sollte man die Analyse in Realgrößen durchführen. Damit stellt sich aber das Problem des „richtigen" Deflators, weil kein Preisindex ideal ist[12]. Darüber hinaus gilt, worauf auch Appel/Worrall/Butler hinweisen, daß bei fest vorgegebenen Größenklassengrenzen die Verteilung nicht invariant ist gegenüber dem gewählten Deflator: „Results and conclusions may change depending on the particular index and base year chosen" (1985, S. 428). Deshalb wird neben einer Einteilung der Größenklassen in absoluten DM-Beträgen eine zweite Rechnung durchgeführt mit relativen Größenklassen. Hierbei sind die Klassen Anteile des Industrieganzen (hier der gesamten Prämieneinnahmen), und es wird implizit durch die Meßbasis deflationiert.

---

11 Vgl. dazu Shepherd (1967) und Blair/Vogel (1978).
12 Blair/Vogel (1978) verwenden für ihre Untersuchung der privaten Krankenversicherer die Gesundheitsleistungskomponente des Konsumentenpreisindex, weisen aber darauf hin, daß dann, wenn man Versicherung als Vermögenstransfer betrachtet, ein allgemeiner Preisindex angemessen wäre.

Tabelle 1: Prämienvolumen – Private Lebensversicherer, ausgewählte Jahre, nominell und deflationiert

Jahr	Anzahl der VU	Prämien-volumen – nominell – in TDM	Prämien-volumen – real – in TDM	Jährliche Wachstumsraten in den 4-Jahresintervallen in Prozent
1961	83	3 530 942	4 435 290	
				10,8
1965	97	5 971 964	6 687 530	
				8,1
1969	97	8 804 522	9 114 410	
				7,1
1973	95	14 169 895	11 988 100	
				4,7
1977	100	20 870 106	14 413 100	
				6,1
1981	103	31 499 041	18 281 500	
				2,6
1985	104	39 572 721	20 221 100	
				9,1
1989	110	58 245 981	28 650 300	

Gesamtanzahl der Versicherungsunternehmen in der Stichprobe: 178.
Für die Preisbereinigung wurde 1970 als Basisjahr gewählt.
Quelle: SVR (1991), Gutachten 91/2, S. 383, Tab. 72.

Die Prämieneinnahmen wurden in 4-Jahres-Intervallen erfaßt und deflationiert mit dem Konsumentenpreisindex des Basisjahres 1970[13]. Dieses Vorgehen wurde gewählt, weil eine zu lange Periode (etwa zwischen 1961 und 1989) manchmal zwischendurch auftretende Veränderungen verdeckt und gelegentlich gegenläufige Trends zusammenfaßt (vgl. Weiss, 1964, S. 248). Die Größenklassenbildung ist willkürlich analog der Einteilung von Blair/Vogel (1978) und Appel et al. (1985) festgelegt worden. Tabelle 1 enthält die Prämieneinnahmen nominell und deflationiert (Basisjahr 1970) sowie die Zahl der Versicherungsunternehmen und die jährlichen Wachstumsraten für die Intervalle. Tabelle 2 präsentiert die Größenverteilung dieser Versicherer. Es wurden sieben Größenklassen für die Lebensversicherer gebildet, um die Entwicklung der Größenverteilung dieser Versicherer in der Periode zwischen 1961 und 1989 aufzuzei-

---

13 Die Reihe wurde entnommen dem Jahresgutachten 1991/92 des Sachverständigenrates (BT-Drucksache 12/1618).

Tabelle 2: Absolute Größenverteilung der Versicherer (in TDM) und
Marktanteile für Größenklassen in ausgewählten Jahren

Jahr		0 – 14 999 (1)	15 000 – 29 999 (2)	30 000 – 59 999 (3)	60 000 – 119 999 (4)	120 000 – 239 999 (5)	240 000 – 479 999 (6)	480 000 – ∞ (7)	Σ
1961	Anz.	28	19	14	14	6	1	1	83
	in %	33,7	22,9	16,9	16,9	7,2	1,2	1,2	
	MA	3,9	9,4	14,2	29,9	22,1	6,5	14,1	
1965	Anz.	32	14	21	11	15	3	1	97
	in %	33,0	14,4	21,6	11,3	15,5	3,1	1,0	
	MA	2,3	4,8	13,4	13,4	36,3	15,6	14,3	
1969	Anz.	30	7	22	16	15	5	2	97
	in %	30,9	7,2	22,7	16,5	15,5	5,2	2,1	
	MA	1,7	1,7	10,3	14,7	31,4	18,9	21,3	
1973	Anz.	29	9	14	16	9	13	5	95
	in %	30,5	9,5	14,7	16,8	9,5	13,7	5,3	
	MA	1,5	1,5	5,3	10,4	12,8	33,3	35,1	
1977	Anz.	29	9	14	18	11	15	4	100
	in %	29,0	9,0	14,0	18,0	11,0	15,0	4,0	
	MA	1,2	1,3	4,6	10,6	14,1	36,2	32,1	
1981	Anz.	26	10	10	21	14	14	8	103
	in %	25,2	9,7	9,7	20,4	13,6	13,6	7,8	
	MA	1,0	1,3	2,4	9,9	14,1	27,0	44,3	
1985	Anz.	23	14	9	19	14	15	10	104
	in %	22,1	13,5	8,7	18,3	13,5	14,4	9,6	
	MA	0,7	1,5	2,1	8,6	12,2	25,5	49,4	
1989	Anz.	18	13	14	15	18	16	16	110
	in %	16,4	11,8	12,7	13,6	16,4	14,5	14,5	
	MA	0,4	1,0	2,1	4,6	10,1	19,7	62,2	

Anz.: Absolute Anzahl der Versicherungsunternehmen in der jeweiligen
Klasse;
in %: Prozentualer Anteil der Versicherungsunternehmen in der jeweiligen
Klasse;
MA: Marktanteil der Versicherungsunternehmen in Prozent in der jeweiligen
Klasse.
Alle Daten sind preisbereinigt mit 1970 als Basisjahr.

gen. Für ausgewählte Jahre werden die Zahl der Versicherer und der Anteil an der Gesamtzahl für jede Größenklasse angegeben. Die dritte Zahl in jeder Zelle gibt den Prämienanteil dieser Größenklasse am gesamten Prämienaufkommen (deflationiert mit dem Konsumentenpreisindex der Basis 1970) wieder. Auf eine Unterscheidung zwischen Versicherungsvereinen a. G. und Aktiengesellschaften sowie zwischen verschiedenen Vertriebssystemen, obwohl oben ein gewisser Zusammenhang postuliert wurde, wird verzichtet. Wie Appel et al. (1985, S. 427) betonen, werden solche institutionellen Aspekte im strengen „Survivorship"-Modell endogen bestimmt und können folglich vernachlässigt werden.

Vergleicht man die Angaben für verschiedene Jahre innerhalb einer Größenklasse, erkennt man den Trend dieser Klasse. Tabelle 2 zeigt ein eindeutiges Muster: Während die Anzahl der Versicherer in den beiden kleinsten Klassen absolut und relativ fiel, blieb die Anzahl in der dritten und vierten Klasse annähernd konstant, fiel aber leicht relativ, und stieg die Anzahl absolut und relativ in den oberen drei Klassen. Aber interessanter ist der Anteil der Prämieneinnahmen in den verschiedenen Größenklassen: Während der Marktanteil der größten Klasse sich vervierfachte, und der der zweitgrößten Klasse zuerst kräftig anstieg, dann aber wieder leicht fiel, insgesamt aber um das Dreifache stieg, schrumpfte der Anteil aller anderen Klassen in der Beobachtungsperiode. Damit ergibt sich, daß die absolute mindestoptimale Firmengröße (MOF) sich seit 1961 erhöht hat und sich in den beiden größten Größenklassen bei den Lebensversicherungen befindet. Damit stützt dieses Ergebnis die in einer Vorgängerstudie gefundenen Resultate: Die mindestoptimale Firmengröße bei deutschen Lebensversicherern lag bis ungefähr 1977 in der 6. Klasse mit einem Mittelwert von 347 940 TDM Prämieneinnahmen (auf Basis 1970) bzw. nominell 503 605 TDM. Der Marktanteil des durchschnittlichen Unternehmens beträgt 2,41 %. Ab 1977 ergibt sich anscheinend eine Verschiebung hin zur noch größeren MOF (Mittelwert der 7. Klasse: 1 113 240 TDM, Basis 1970)[14], in laufenden Preisen beträgt dieser Wert 2 263 210 TDM. Dies entspricht einem Marktanteil von 3,86 %.

Um die statistische Signifikanz der Veränderung der absoluten Größenverteilung der Versicherer zu bestimmen, wurde ein Chi-quadrat-Gütetest durchgeführt. Dazu wurde jedes betrachtete Jahr als Basisjahr verwendet und die Verteilung in allen folgenden Jahren gegen die Null-Hypothese getestet. Die Null-Hypothese besagt, daß keine Veränderungen in der Größenverteilung der Versicherer von Jahr zu Jahr aufgetreten ist. Die Ergebnisse zeigt Tabelle 3: Die Größenverteilung für die Lebensversicherer im Jahre 1989 ist statistisch signifikant (auf dem 1 % Niveau) unterschiedlich von der in jedem anderen Jahr bis auf das Jahr 1985.

---

14 Vgl. Eisen (1991, S. 272; Tabelle 3), dort werden für 1987 Nominalwerte von 473 684 000 DM, 1 032 846 000 DM bzw. von 1 937 554 000 DM angegeben.

Tabelle 3: Chi-Quadrat-Signifikanztest nach absoluten Größenklassen

	1961	1965	1969	1973	1977	1981	1985	1989
1961	0	18,113	34,841	144,463	176,065	187,674	229,953	355,206
1965		0	8,279	59,594	64,824	99,966	134,091	255,882
1969			0	23,660	25,936	41,270	63,833	118,139
1973				0	0,892	6,556	12,423	32,418
1977					0	6,659	14,922	41,792
1981						0	2,771	14,634
1985							0	8,738
1989								0

Kritischer χ^2-Wert bei Signifikanzniveau $\alpha=0,01$ und 6 Freiheitsgraden: 16,81.
Kritischer χ^2-Wert bei Signifikanzniveau $\alpha=0,1$ und 6 Freiheitsgraden: 10,64.

Das Schrumpfen der kleineren Größenklassen ist sicherlich auf mehrere Ursachen zurückzuführen: Zum einen wurden verschiedene kleine Lebensversicherer durch andere Lebensversicherer aufgekauft; zum anderen wuchsen sie in benachbarte Größenklassen; zum dritten gab es offensichtlich auch die Möglichkeit von Fehlern und das konsequente Untergehen einiger Lebensversicherer.

Ein Bild ähnlich dem der Tabelle 2 kann man aber auch dadurch erhalten, daß die Versicherer alle ungefähr gleich schnell wachsen, die Größenklassen fixiert sind und die obere Klasse nach oben offen ist[15]. Um diesem Einwand zu begegnen, wurde die Analyse auch für die relativen Marktanteile durchgeführt und eine relative Größenverteilung berechnet. Allerdings wurden jetzt acht Größenklassen gebildet. Tabelle 4 zeigt, daß die Veränderungen in der Größenverteilung der Lebensversicherer weniger dramatisch sind als vorhin. Vergleicht man nur das erste und letzte Jahr des Beobachtungszeitraumes, ergibt sich, daß die unteren drei Klassen ihren Marktanteil verdoppeln konnten, die siebte Klasse aber verlor und die achte Klasse konstant blieb. Hier zeigt sich, daß die Betrachtung der Gesamtperiode 1961–1989 zu lang ist, Veränderungen zwischendurch werden verwischt.

15 Vgl. Appel/Worrall/Butler (1985, S. 432).

Tabelle 4: Relative Größenverteilung der Versicherungsunternehmen gemessen durch Marktanteile für Größenklassen in ausgewählten Jahren

Jahr		0,0 – 0,049 (1)	0,050 – 0,099 (2)	0,100 – 0,199 (3)	0,200 – 0,399 (4)	0,400 – 0,799 (5)	0,800 – 1,599 (6)	1,600 – 3,199 (7)	3,200 + (8)	Σ
1961	Anz.	7	4	9	13	15	14	14	7	83
	in %	8,4	4,8	10,8	15,7	18,1	16,9	16,9	8,4	
	MA	0,2	0,3	1,3	4,0	8,3	14,9	31,2	40,0	
1965	Anz.	16	5	11	12	21	13	14	5	97
	in %	16,5	5,2	11,3	12,4	21,6	13,4	14,4	5,2	
	MA	0,4	0,4	1,5	4,0	12,4	15,2	32,9	33,3	
1969	Anz.	17	7	9	13	17	15	13	6	97
	in %	17,5	7,2	9,3	13,4	17,5	15,5	13,4	6,2	
	MA	0,4	0,5	1,3	4,4	9,8	16,2	30,1	37,3	
1973	Anz.	17	8	12	10	20	7	14	7	95
	in %	17,9	8,4	12,6	10,5	21,0	7,4	14,7	7,4	
	MA	0,5	0,6	1,7	3,3	11,7	8,3	32,1	41,7	
1977	Anz.	18	11	8	14	19	10	16	4	100
	in %	18	11	8,0	14	19	10	16	4	
	MA	0,4	0,8	1,1	4,4	11,0	12,4	37,8	32,1	
1981	Anz.	15	12	11	13	20	14	12	6	103
	in %	14,6	11,7	10,7	12,6	19,4	13,6	11,7	5,8	
	MA	0,3	0,8	1,5	3,8	11,1	16,9	26,9	38,6	
1985	Anz.	17	11	12	13	18	15	12	6	104
	in %	16,3	10,6	11,5	12,5	17,3	14,4	11,5	5,8	
	MA	0,3	0,8	1,5	4,0	10,3	17,6	26,0	39,3	
1989	Anz.	18	12	14	14	19	16	10	7	110
	in %	16,4	11,0	12,7	12,7	17,3	14,5	9,1	6,4	
	MA	0,4	0,9	2,0	4,0	10,1	18,9	23,0	40,8	

Anz.: Absolute Anzahl der Versicherungsunternehmen in der jeweiligen Klasse;
in %: Prozentualer Anteil der Versicherungsunternehmen in der jeweiligen Klasse;
MA: Marktanteil der Versicherungsunternehmen in der jeweiligen Klasse in Prozent.
Alle Daten sind preisbereinigt mit 1970 als Basisjahr.

Ein genauer Blick auf Tabelle 4 offenbart aber kein eindeutiges Bild: Die Marktanteile in fast allen Größenklassen zeigen erratische Schwankungen. So steigen die Marktanteile in den drei untersten Klassen ganz leicht, der Marktanteil der fünften und sechsten Größenklasse etwas stärker, während der Marktanteil in der siebten Klasse sogar zurückging. Unterstrichen wird dieses Bild noch durch den Chi-quadrat-Test in Tabelle 5, der nun zeigt, daß im wesentlichen keine signifikanten Veränderungen der relativen Größenverteilung im Zeitablauf auftreten, ausgenommen bezüglich des Vergleichs von 1961 mit 1973 und später.

Tabelle 5: Chi-Quadrat-Signifikanztest nach relativen Größenklassen

	1961	1965	1969	1973	1977	1981	1985	1989
1961	0	11,144	12,601	20,453	24,919	18,424	18,613	22,525
1965		0	2,650	5,986	9,581	9,592	7,605	10,833
1969			0	6,977	5,530	4,288	2,720	5,206
1973				0	6,423	9,199	9,997	12,426
1977					0	5,194	6,269	10,628
1981						0	0,696	1,737
1985							0	0,790
1989								0

Kritischer χ^2-Wert bei Signifikanzniveau $\alpha=0,01$ und 7 Freiheitsgraden: 18,48.
Kritischer χ^2-Wert bei Signifikanzniveau $\alpha=0,1$ und 7 Freiheitsgraden: 12,02.

Um ein klareres Bild zu erhalten, wurden für jede der acht Größenklassen die Veränderungen der Marktanteile zwischen den Jahren berechnet und dann für jede der sieben periodenbezogenen Marktanteilsänderungen einfache gleitende Drei-Klassen-Durchschnitte gebildet. Die kleinste und die größte Klasse bleiben folglich außer Betracht. Addiert man diese Durchschnitte über den Beobachtungszeitraum, dann erhält man die gesamte auftretende Marktanteilsänderung. Das Ergebnis zeigt Tabelle 6.

Tabelle 6: Periodische Änderungen der Marktanteile der Versicherungsunternehmen in den jeweiligen Klassen. Gleitende Durchschnitte der 3. Ordnung (in Prozent)

Jahr	0,0 – 0,049 (1)	0,050 – 0,099 (2)	0,100 – 0,199 (3)	0,200 – 0,399 (4)	0,400 – 0,799 (5)	0,800 – 1,599 (6)	1,600 – 3,199 (7)	3,200 + (8)
1961 1965	–	0,18	0,14	1,45	1,46	2,05	–1,55	–
1965 1969	–	–0,02	0,12	–0,81	–0,38	–1,47	0,74	–
1969 1973	–	0,20	–0,20	0,39	–2,37	–1,30	–0,44	–
1973 1977	–	–0,17	0,23	–0,07	1,50	3,02	0,04	–
1977 1981	–	0,12	–0,06	0,01	1,36	–2,11	0,01	–
1981 1985	–	0,02	0,10	–0,20	0,03	–0,34	0,18	–
1985 1989	–	0,18	0,14	0,07	0,34	–0,62	–0,09	–
Σ		0,51	0,47	0,84	1,94	–0,77	–1,11	

Interessant ist, daß diese Prozedur[16] zu einem fast eindeutigen Muster führt: Während in den zwei unteren Klassen die Anteilsänderungen positiv sind, aber fast Null betragen, tauchen in den beiden mittleren Klassen relativ „große" positive Werte auf (insbesondere in der fünften Klasse), und finden sich in den beiden oberen Klassen zunehmende negative Werte. Mit der entsprechenden Vorsicht kann damit der mindestoptimale Marktanteil in der fünften Klasse vermutet werden. Der durchschnittliche Marktanteil der Unternehmen in dieser Klasse beträgt im Jahr 1989 0,53 %, die absolute Größe entspricht 152 524 TDM (auf Basis 1970) bzw. in laufenden Preisen 310 081 TDM.

---

16 Vorgeschlagen wurde sie von Weiss (1964, S. 248); vgl. auch Hofmann (1985, S. 137).

V. Zur Größe des suboptimalen Sektors

Die Ergebnisse der empirischen Analyse bieten keine Unterstützung für die Hypothese, daß offensichtlich Skalenvorteile in der Lebensversicherung vorhanden sind, die dazu führten, daß die größeren Firmen auf Kosten der kleineren Firmen expandieren. Es sieht eher so aus, als würde die optimale Firmengröße sich über ein breites Band erstrecken. Diese Ergebnisse stimmen mit denen von Blair/Vogel (1978) für die US-amerikanischen privaten Krankenversicherer überein, nicht aber mit den Ergebnissen von Appel et al. (1985). Diese Autoren zeigen die Existenz von zwei verschiedenen Gruppen von effizienten Firmengrößen auf, jenen unter fünf Millionen und über 160 Millionen US-Dollar Prämieneinnahmen (für 1980 mit Basis 1967), allerdings für die Sachversicherungen.

Wie auch immer die Güte der Schätzungen beurteilt wird[17], die Existenz durchgängiger Größenvorteile ist aber auch unverträglich mit dem Erscheinungsbild der meisten Versicherungsmärkte (vgl. Schweizerische Rückversicherung 1989). Durchweg sind diese Märkte durch eine große Zahl unabhängiger Firmen mit unterschiedlicher Größe gekennzeichnet. Allerdings kann man auch aufgrund der vorliegenden Untersuchung[18] fragen, warum sich so viele kleine suboptimale Versicherer am Markt behaupten können, nachdem sie doch offensichtlich höhere Stückkosten als ihre Konkurrenten aufweisen?

Oftmals handelt es sich sicherlich bei den suboptimalen Firmen um Marktneulinge, die ihr Überleben durch Wachstum sichern und sich so allmählich der mindestoptimalen Firmengröße annähern! Auch können suboptimale Firmen ihre Überlebenschancen am Markt erhöhen, wenn sie gezielt kleine, regionale Märkte bedienen oder als Spezialversicherer „Marktnischen" besetzen. Auf diese Weise setzen sie sich keinem Verdrängungswettbewerb durch die großen Firmen aus. Für Industriezweige mit hohem Anteil von Firmen mit suboptimalem Produktionsniveau ist diese Erklärung aber unzureichend.

Wenn es Größenvorteile gibt, hat die Antwort auf die Frage auch oder insbesondere etwas mit der Marktstrategie der großen Versicherungsunternehmen zu tun. Denn wäre die langfristige Durchschnittskostenkurve U-förmig, dann gäbe es eine wohl-definierte effiziente Firmengröße. Ein Anstieg der Nachfrage würde dann bedeuten, daß nur neue Firmen diese Mehrnachfrage befriedigen. Existieren aber die Skalen- und Verbundvorteile nur für einen relativ kleinen Outputbereich und verlaufen die lang-

---

17 Appel et al. (1985) weisen insbesondere auf die willkürliche Wahl der Größenklassengrenzen hin!
18 Gestützt wird diese Schlußfolgerung durch die Ergebnisse einer internationalen Vergleichsstudie; vgl. Eisen (1991).

fristigen Durchschnittskostenkurven danach flach, dann kann eine steigende Nachfrage auch durch die vorhandenen Versicherungsunternehmen befriedigt werden. Der Verlauf der langfristigen Durchschnittskostenkurve beschränkt ja nicht mehr die Firmengröße. Die Existenz von Versicherungsunternehmen mit suboptimaler Größe gibt dann zu der Vermutung Anlaß, daß auf mittlere Sicht der Outputpreis der Industrie höher liegt als die Minimum-Stückkosten. Dies wiederum impliziert – oder legt doch die Vermutung nahe –, daß nicht-triviale Eintrittsschranken für den Versicherungsmarkt existieren. Folglich wird eine steigende Nachfrage zum großen Teil von existierenden Firmen, ein kleinerer Teil durch Neueintretende oder/und diversifizierende alte Unternehmen befriedigt.

Vier Hypothesen können zur Erklärung herangezogen werden. Erstens, der Einfluß der Unternehmenskonzentration auf den Anteil der Firmen mit suboptimaler Größe ist positiv. Die Vorstellung ist, daß eine hohe Unternehmenskonzentration mit enger oligopolistischer Koordination verbunden ist, die über ihre Preispolitik eine Abwehr potentieller Konkurrenten erzielen (vgl. Pashigian (1969) und Duetsch (1973, S. 218)). Jedoch ist auch ein negativer Zusammenhang zwischen Unternehmenskonzentration und suboptimalem Anteil plausibel (vgl. dazu Hofmann (1986, S. 143 f.)).

Zweitens ist zu erwarten, daß auch die Werbeausgaben bzw. Vertriebsaufwendungen einen positiven Einfluß auf den Anteil der Firmen mit suboptimaler Größe haben. Werbeausgaben schaffen einen „good will", der als intangibles Kapital betrachtet werden kann und folglich genuine „sunk costs" sind. Sie stellen damit eine Markteintrittsbarriere für „Newcomer" dar. Je höher also die Vertriebskosten sind, um so geringer ist dann auch der Druck der potentiellen Wettbewerber, um so mehr kann der Preis vom Stückkostenminimum abweichen. Dies erhöht die „Überlebenschancen" der nichtoptimalen Betriebe!

Drittens wirkt die mindestoptimale Firmengröße (MOF) selbst retardierend: Ist MOF groß, dann weitet die Errichtung einer MOF-Firma die Kapazität und damit die Angebotsmöglichkeiten der Industrie stark aus. Um diese Kapazität auslasten zu können, muß die Firma Nachfrage an sich ziehen. Dies ist nur zu steigenden Kosten möglich. Diese Kosten stellen damit eine Markteintrittsbarriere dar, die es den etablierten Firmen erlaubt, ihre Preise über dem Stückkostenminimum zu halten. Der Druck auf Kostenminimierung sinkt, so daß Firmen suboptimaler Größe überleben können, ohne durch Markteintritte in ihrer Existenz bedroht zu sein.

Viertens, das Wachstum der Nachfrage beeinflußt die Expansion der Kapazitäten der produzierenden Firmen, die Markteintrittsrate und die Wahl der Firmengröße bei Eintritt neuer Anbieter. Duetsch (1973) sowie Scherer et al. (1975) nehmen einen negativen Zusammenhang zwischen dem Anteil der Firmen mit suboptimaler Größe und der Wachstumsrate an: Je schneller eine Industrie wächst, um so eher wachsen Firmen suboptimaler Größe in den optimalen Bereich hinein oder überschreiten ihn gar, deshalb wird ihr Anteil sinken. Aber auch hier ist ein anderer Zusammenhang plausibel (vgl. Baumol (1959, S. 86 ff.)): Die „Wachstumskosten" aufgrund von Knappheiten steigen progressiv, deshalb ist eine Politik sinnvoll, die Preiserhöhungen mit der Errichtung suboptimaler Firmen kombiniert.

VI. Schlußfolgerungen

Ausgangspunkt der Überlegungen war die Frage, ob die Öffnung der verschiedenen nationalen Märkte und die damit einhergehende eventuelle stärkere Deregulierung der Versicherungsmärkte auch für Finanzdienstleistungen vorteilhaft ist. Das ist sicher dann der Fall, wenn Größenvorteile realisiert werden können und die Versicherer – wegen vorhandener Markteintrittsbarrieren – im Durchschnitt zu klein sind.

Theoretische Diskussionen, aber auch auf Kostenschätzungen beruhende Aussagen bleiben kontrovers und sind nicht eindeutig. Um weiteren Aufschluß über die Lebensversicherungsindustrie zu gewinnen, wurde hier eine „Survivor Analyse" für die Jahre 1961 bis 1989 durchgeführt. Verwendet man die absoluten deflationierten Prämieneinnahmen für die Bildung der Größenklassen, dann zeigen sich gewisse Größenvorteile und die mindestoptimale Firmengröße scheint gewachsen zu sein. Dieses Ergebnis wird auch durch Tabelle 3 bestätigt: Es zeigt sich eine Verschiebung hin zu größeren Unternehmensklassen! Aber ein Teil der Größenvorteile könnte durch das starke Ansteigen der Nachfrage verdeckt worden sein[19]. Deshalb wurde eine zweite Verteilungsanalyse durchgeführt mit Hilfe relativer Größenklassen. Hier wurde mit den Prämieneinnahmen deflationiert.

Das eindeutige Ergebnis verschwindet. Tabelle 6 zeigt allerdings, daß das relative Wachstum zu Lasten der großen Versicherungsunternehmen ging, die Gewinner in den mittleren Marktanteilsbereichen liegen. Und Tabelle 5 zeigt, daß keine signifikante Veränderung in der Größenverteilung – ausgenommen der Vergleich mit 1961 – auftrat.

Große Firmen können aber auch „relativ schrumpfen", weil ihre Marktposition sie zwingt, einen Schutzschirm über die kleinen Firmen am „Abgrund" aufzuspannen, oder weil sie das Aufsichts- oder Kartellamt fürchten. Kleine Firmen überleben und wachsen, weil sie nur eine regionale

---

19 Vgl. hierzu auch Blair/Vogel (1978, S. 528).

oder sonst begrenzte Nachfragergruppe bedienen, eventuell auch weniger Zusatzleistungen als die großen Versicherer anbieten oder andere nichttechnische Vorteile haben. Das Überleben kleinerer Versicherer kann auch auf asymmetrischer Information zwischen Versicherern und Käufern, auf unterschiedlichen Suchkosten und/oder unterschiedlicher Preiselastizität der Käufer beruhen.

Zusammenfassend kann angenommen werden, daß die effiziente Größe für Lebensversicherer sich über ein breites Band erstreckt. Das ist im Prinzip auch nicht anders zu erwarten, weil die „Survivor-Technik" doch eine Vielzahl von relativen Faktoren erfaßt. Auch wenn die Ergebnisse nicht so eindeutig sind, entsprechen sie doch im großen und ganzen den Ergebnissen, die für andere Industriezweige erzielt wurden. Das aber bedeutet, daß die Furcht vor „ruinöser Konkurrenz" nach Öffnung der nationalen Versicherungsmärkte – zumindest für die Lebensversicherer – unbegründet ist.

Literatur

Appel, D., Worrall, J. D. und Butler, R. J. (1985), Survivorship and the Size Distribution of the Property-Liability Insurance Industry, The Journal of Risk and Insurance 52, S. 424 – 440

Baumol, W. J., (1959), Business Behavior, Value and Growth, New York

Baumol, W. J. et al. (1982), Contestable Markets and the Theory of Industry Structure, New York u. a.

Blair, R. D. und Vogel, R. J. (1978), A Survivor Analysis of Commercial Health Insurers, Journal of Business 51, S. 521 – 529

Braeutigam, R. R. und Pauly, M. V. (1986), Cost Function Estimation and Quality Bias: The Regulated Automobile Insurance Industry, Rand Journal of Economics 17, S. 606 – 617

Duetsch, L. L. (1973), Elements of Market Structure and the Extent of Suboptimal Capacity, Southern Economic Journal 40, S. 216 – 223

Eisen, R. (1991), Market Size and Concentration: Insurance and the European Internal Market 1992, Die Genfer Hefte No. 60, S. 263 – 281

Eisen, R., Müller, W. und Zweifel, P. (1990), Unternehmerische Versicherungswirtschaft, Wiesbaden

Farny, D. (1960), Die Betriebsgrößenfrage in der Versicherungswirtschaft, ZVersWiss 49, S. 183 – 201

Farny, D. (1965), Produktions- und Kostentheorie der Versicherung, Karlsruhe

Hofmann, H.-J. (1986), Mindestoptimale Betriebsgrößen und die Ursachen suboptimaler Kapazitäten. Eine empirische Untersuchung mit Hilfe der „Survivor-Technik", Jahrbücher für Nationalökonomie und Statistik 201/2, S. 131 – 151

Holzheu, F. (1991), Skalen- und Verbundvorteile von Unternehmen mit besonderem Blick auf Versicherungsunternehmen, ZVersWiss 80, S. 531-559

Kotsch, H. (1991), Größenvorteile von Versicherungsunternehmen und Versicherungsaufsicht, Karlsruhe

Pashigian, P. (1969), The Effect of Market Size on Concentration, International Economic Review 10, S. 291-314

Pestieau, P., und Pirard, Ch. (1989), L'entreprise d'assurance: économies d'échelle et performance, Revue d'Economie Financière, No. 11, S. 93-104

Price Waterhouse (1988), The „Cost of Non-Europe" in Financial Services, European Communities-Commission, Research on the „Cost of Non-Europe" - Basic Findings, vol. 9, Luxembourg

Sachverständigenrat (1991), Jahresgutachten 1991/92 (BT-Drucksache 12/1618)

Scherer, F. M., Beckenstein, A. R., Kaufer, E. und Murphy, R. D., (1975), The Economics of Multiplant Operation: An International Comparison Study, Cambridge (Mass.)

Scherer, F. M. (1990), Industrial Market Structure and Economic Performance, 3. Aufl., Boston u. a.

Schweizerische Rückversicherung (1989), Marktanteile von Erstversicherern in 12 Ländern, Sigma No. 2/89

Sheperd, W. G. (1967), What Does the Survivor Technique Show About Economies of Scale?, Southern Economic Journal 34, S. 113-122

Stigler, G. J. (1958), The Economies of Scale, Journal of Law and Economics 1, S. 54-71

Tichy, G. (1990), Bankengröße und Effizienz, Kredit und Kapital 23, S. 358-388

Weiss, L. W. (1964), The Survival Technique and the Extent of Suboptimal Capacity, Journal of Political Economy 72, S. 246-261

Erich Frese

Organisationsorientierte Typologie von Absatzaufgaben

Organisationsstrukturen können als Systeme von Regelungen aufgefaßt werden, die das Verhalten der Mitarbeiter auf das Gesamtziel der Unternehmung ausrichten. Den Kern solcher Regelungen bildet die jeweilige Form der Arbeitsteilung, d. h. die Übertragung von Teilaufgaben auf einzelne Mitarbeiter. Für die hier im Mittelpunkt stehende Absatzfunktion stellt sich damit die Frage nach der organisatorischen Gestaltung der einzelnen Absatzaufgaben.

Das Ziel dieses Beitrags besteht darin, eine an der organisatorischen Gestaltungsaufgabe ausgerichtete Typologie von Absatzaufgaben zu entwickeln. Da solche Typologien letztlich auf Merkmalen beruhen, werden im weiteren absatzspezifische Aufgabenmerkmale und ihre organisatorischen Konsequenzen vorgestellt, nachdem zunächst der organisationstheoretische Stellenwert solcher Aufgabenmerkmale gekennzeichnet wurde. Im Hinblick auf die Verankerung typischer Absatzaufgaben werden schließlich die Gestaltungsoptionen der modernen Informationstechnologie charakterisiert.

I. Organisationstheoretischer Stellenwert von Aufgabenmerkmalen

Eine geschlossene, allseits akzeptierte Organisationstheorie existiert gegenwärtig nicht. Sie ist auch weder für die Zukunft zu erwarten, noch bildet sie ein anzustrebendes Ziel. Die Vielfalt und Heterogenität organisationstheoretischer Ansätze wird insbesondere deutlich, wenn man den Anwendungsbezug organisationstheoretischer Aussagen prüft. Die Zahl der gestaltungsorientierten, auf die Lösung praktischer Probleme ausgerichteten Konzepte ist relativ gering; in einem großen Teil theoretischer Beiträge wird die Gestaltungsfrage nicht einmal thematisiert. Die wesentliche Ursache für diese Situation liegt in dem noch sehr brüchigen empirischen Fundament der anwendungsorientierten Organisationstheorie. Es ist nur sehr begrenzt möglich, die Bestimmungsgrößen des individuellen Verhaltens zu erfassen und die Voraussetzungen regelkonformen Verhaltens zu prognostizieren. Dieser Entwicklungsstand ist an sich nicht überraschend, wenn man bedenkt, daß empirische Organisationsforschung erst in den letzten Jahrzehnten intensiv betrieben wird. Da eine auf die

Behandlung praktischer Probleme ausgerichtete Organisationstheorie ohne die Einführung letztlich nur empirisch zu begründender Annahmen über die Verhaltenswirkung organisatorischer Regelungen nicht auskommt, werfen die unvollkommenen Ergebnisse der empirischen Organisationsforschung schwierige Fragen auf[1]. Die Lösung kann, wenn der Handlungsbezug der Organisationstheorie gewahrt bleiben soll, nur in dem Rückgriff auf Konzepte bestehen, die sich im Urteil der Praxis als heuristische Prinzipien bewährt haben oder die aufgrund vorliegender empirischer Untersuchungen mit einer gewissen Wahrscheinlichkeit „Regelmäßigkeiten" im Verhalten abbilden.

Vor diesem Hintergrund erweist sich die Aufspaltung der betriebswirtschaftlichen Organisationsproblematik in eine Koordinations- und eine Motivationsdimension als sinnvoll. Die Koordinationsdimension orientiert sich unter weitgehender Abstraktion von individuellen Variablen der Einstellung und des Verhaltens an dem aufgabenlogischen Zusammenhang der Unternehmungsaktivitäten. Demgegenüber werden durch die Motivationsdimension die individuellen Einstellungs- und Verhaltensaspekte explizit erfaßt.

Analysiert man die Struktur der klassischen betriebswirtschaftlichen Organisationslehre, die ganz auf die Lösung praktischer Gestaltungsprobleme ausgerichtet ist, so zeigt sich, daß der betriebliche Aufgabenzusammenhang den Bezugspunkt aller Überlegungen bildet. Einer solchen Gestaltungsphilosophie kann eine beachtliche Plausibilität nicht abgesprochen werden, wenn man bedenkt, daß in marktwirtschaftlichen Systemen Unternehmungen nur Bestand haben, wenn ihr Produktionsprogramm vom Markt akzeptiert wird. Die Bewältigung der Marktaufgabe, das Erkennen von Marktchancen und -risiken sowie die technologische Bewältigung der Aufgabenerfüllung, erlangt damit überragende Bedeutung. Es bedarf keiner näheren Begründung, daß eine solche aufgabenlogische Gestaltungsheuristik ohne die konzeptionelle Einbindung der Motivationsdimension nicht auskommt. Die Aufgabendimension hat aber eine so dominierende Stellung, daß die Ausblendung der Motivationsdimension und die ausschließliche Konzentration auf die Koordinationsproblematik, wie das im folgenden geschieht, den Zugang zu anwendungsorientierten Lösungen nicht verstellt[2].

Die folgenden Überlegungen gehen darüber hinaus von einer weiteren Vereinfachung aus. Sie berücksichtigen aus der Fülle der Koordinationsprobleme ein Teilproblem, das man allerdings als das Kernproblem der

---

1 Vgl. hierzu Frese 1992, S. 359 ff.
2 Vgl. zur im folgenden zugrunde gelegten Organisationskonzeption, insbesondere zur Verknüpfung von Koordinations- und Motivationsdimensionen, Frese 1993, S. 249 ff.

gestaltungsorientierten Organisationstheorie bezeichnen kann. Es geht um die Frage, welche Koordinationskonsequenzen das jeweilige Prinzip der Zerlegung von Aufgaben (Segmentierung) hat. Soll im Außendienst einer Versicherung der Mitarbeiter bei einem Kunden alle Versicherungsprodukte anbieten (kundenorientierte Segmentierung) oder ist es besser, verschiedene Versicherungsprodukte durch unterschiedliche Mitarbeiter beim Kunden zu präsentieren (produktorientierte Segmentierung)? Solche Fragen der Aufgabenabgrenzung werden im folgenden untersucht.

Die damit aufgeworfene Koordinationsproblematik läßt sich auf zwei Fragen zurückführen:

1. Auf welche Vorteile der Berücksichtigung von Interdependenzen würde man bei der Entscheidung für eine bestimmte organisatorische Lösung verzichten?

Da jede arbeitsteilige Aufgabenstruktur zwangsläufig die Existenz von Interdependenzen impliziert, ist diese Frage für jede Organisationsgestaltung zentral. Zwei Formen von Interdependenzen sind für unsere Betrachtung besonders relevant: Interne Leistungsverflechtungen und Marktinterdependenzen. Interne Leistungsverflechtungen liegen insbesondere dann vor, wenn ein Bereich (Zwischen-)Produkte an einen anderen Bereich liefert. Bei Marktinterdependenzen sind die Aktivitäten mehrerer Bereiche auf den gleichen Marktsektor bzw. Kunden ausgerichtet, und die Entscheidungen eines Bereichs beeinflussen die Entscheidungen eines anderen Bereichs. In einem „Allfinanz"-Konzern z. B. kann bei einem Kunden das Angebot von Vermögensanlagen durch den Bankbereich Auswirkungen auf die Nachfrage nach Lebensversicherungen des Versicherungsbereichs haben.

2. Auf welche Vorteile einer Poolung von Ressourcen- und Marktpotentialen würde man bei der Entscheidung für eine bestimmte organisatorische Lösung verzichten?

Jede Zuordnung von Aufgaben impliziert die Zuweisung von Ressourcen und – soweit es sich um marktbezogene Aufgaben handelt – von Märkten (Absatz- und Beschaffungsmärkte)[3]. Ressourcenpotentiale werden z. B. getrennt, wenn verschiedene Versicherungssparten jeweils eigene Datenverarbeitungssysteme installieren. Eine Trennung von Marktpotentialen liegt vor, wenn jede Versicherungssparte den Absatzmarkt getrennt aus der Sicht ihres jeweiligen Produkts bearbeitet.

---

3 Im folgenden werden nur Absatzmärkte betrachtet.

Abb. 1 veranschaulicht die eingeführten Interdependenz- und Potentialeffekte und führt zu ihrer Berücksichtigung die Kriterien der Ressourcen-, Markt- und Prozeßeffizienz ein[4].

- Das Kriterium „Ressourceneffizienz" ist auf die umfassende Nutzung von Ressourcen in Form von Potentialfaktoren (Personen, Anlagen, immaterielle Ressourcen) ausgerichtet. Ressourceneffizienz erfordert, die Nutzung von Ressourcen über Bereichsgrenzen hinweg auf Ziele der Gesamtunternehmung auszurichten. Organisationsstrukturen führen dann zu einer Beeinträchtigung der Ressourceneffizienz, wenn die Entscheidungskompetenz über den Einsatz homogener Ressourcen auf mehrere Einheiten verteilt ist.

- Gegenstände der Markteffizienz sind das Ausschöpfen von Potentialen sowie das Berücksichtigen von Interdependenzen auf dem Beschaffungs- und Absatzmarkt. Ihre Verwirklichung erfordert, die Kontakte mit Marktpartnern (Kunden, Lieferanten) über Bereichsgrenzen hinweg auf die Ziele der Gesamtunternehmung auszurichten (koordiniertes Auftreten gegenüber dem Kunden und die Erzielung von produkt- und regionenübergreifenden Verbundeffekten). Mangelnde Markteffizienz zeigt sich vor allem in entgangenen Absatz- und Beschaffungschancen sowie in schlechten Konditionen bei der vertraglichen Regelung von Marktaktivitäten.

- Bei der Prozeßeffizienz geht es um die Gestaltung des Leistungsprozesses von seiner Auslösung bis zur Vertragserfüllung gegenüber dem Kunden in einer Weise, die bei Wahrung vorgegebener Qualitäts- und Produktivitätsnormen die aufgrund der Wettbewerbsstrategie erforderliche Durchlaufzeit sicherstellt. Die Realisation von Prozeßeffizienz erfordert die geschlossene Betrachtung aller Stufen des Leistungsprozesses. Mangelnde Prozeßeffizienz äußert sich vor allem in Form von Unproduktivität (z. B. Ausschuß) und im Ausmaß von Zwischenlägern.

Die Entwicklung einer organisatorisch aussagefähigen Typologie von Aufgabenmerkmalen (wie z. B. Produktkomplexität, Kundeneinfluß) setzt voraus, daß zwischen dem jeweiligen Merkmal und den Interdependenz- bzw. Potentialeffekten Beziehungen hergestellt werden können. Die Typologie der Aufgabenmerkmale orientiert sich dann an ihrer Bedeutung für die drei Effizienzkriterien. Neben den Aufgabenmerkmalen bestimmt das zur Aufgabenabgrenzung herangezogene Segmentierungsprinzip (Produkt, Funktion, Markt [Kunde, Region]) die mit der organisatorischen Gestaltung verbundene Koordinationsproblematik. Da jedes Segmentierungsprinzip verschiedene Koordinationseffekte zur Folge haben kann,

---

4 Das Kriterium der Delegationseffizienz (vgl. Frese/v. Werder 1993, S. 28 ff.) ist für die hier behandelte Problemstellung weniger bedeutsam und wird deshalb vernachlässigt.

Abbildung 1: Segmentierung und Koordinationseffekte

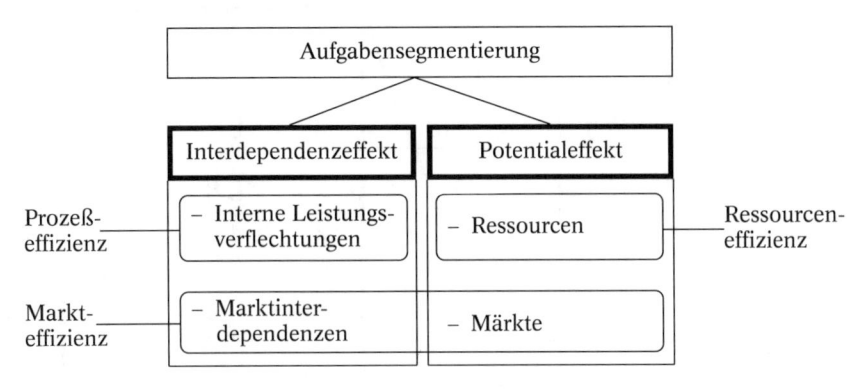

	Aufgabensegmentierung	
	Interdependenzeffekt / Potentialeffekt	
Prozeß-effizienz	– Interne Leistungs-verflechtungen / – Ressourcen	Ressourcen-effizienz
Markt-effizienz	– Marktinter-dependenzen / – Märkte	

muß es als differenzierende Größe in die Analyse der mit Absatzaufgaben verbundenen Koordinationsproblematik zusätzlich eingeführt werden.

II. Absatzaufgaben und ihre organisatorisch relevanten Merkmale

Eine aussagefähige Merkmalstypologie setzt eine sorgfältige begrifflich-konzeptionelle Systematisierung der zu betrachtenden Handlungssituation voraus. Nur so kann eine erschöpfende und überschneidungsfreie Erfassung der Aufgabenelemente gewährleistet werden. Diese Forderungen sind nicht leicht zu erfüllen. Selbst wenn über die Abgrenzung der Handlungssituation, hier des Absatzbereichs einer Unternehmung, Einigkeit bestünde (was in der Literatur nicht der Fall ist), würde die Abbildung der Absatzsituation die Entwicklung einer geschlossenen Handlungskonzeption erfordern, die in der Absatzwirtschaft – wie auch in anderen betriebswirtschaftlichen Teilbereichen – gegenwärtig allenfalls in Ansätzen vorhanden ist. Unter diesen Umständen erscheint es zulässig, ohne die eigentlich angebrachte Auseinandersetzung mit den in der Absatzliteratur nachzuweisenden Systematisierungen von dem in Abb. 2 verdeutlichten Konzept auszugehen[5].

Die für die weiteren Überlegungen gültige Differenzierung der Absatzaufgaben geht von der Unterscheidung zwischen Akquisition und Abwicklung als Phasen der Transaktion zwischen Unternehmung und Kunde aus. Ergebnis der Akquisition, die sich im Wege der anonymen Marktkommunikation oder in Form individueller Kontakte vollziehen kann, ist

---

5 Die Darstellung greift auf Ergebnisse einer Studie der kundenorientierten Gestaltung von Produktion und Vertrieb in der Investitionsgüterindustrie zurück; vgl. Frese/Noetel 1992.

Abbildung 2: Absatzaktivitäten und Aufgabenmerkmale

Absatzaktivitäten organi- satorische Merkmale von Absatzaufgaben	Akquisition			Abwicklung		
	Markt- kommunikation	Kontakt/ Verhandlung	Auftrags- bearbeitung	Auslieferung	Betreuung
Komplexität des Produkts					
Kundenorientierung der Produktgestaltung					
Abwicklungsservice					
Pre-Sales-After-Sales-Verbund					
Produktübergreifende Nachfrage					
Verhandlungsmacht des Kunden					
Distributionsrelevante Merkmale des Produkts					
Räumliche Verteilung der Kunden					

1. Ausprägung der organisatorisch relevanten Merkmale bei den einzelnen Absatzaktivitäten
2. Koordinationsanforderungen der Absatzaktivitäten in Abhängigkeit von der Ausprägung organisatorisch relevanter Merkmale
3. Stellenwert der Koordinationsanforderungen in Abhängigkeit von der verfolgten Wettbewerbsstrategie

ein Auftrag. Die Abwicklung besteht aus der Auftragsbearbeitung, Auslieferung und der Betreuung.

Es bedarf keiner näheren Begründung, daß die Ausprägung der einzelnen Absatzaufgaben je nach Produkt, selbst in derselben Branche, sehr unterschiedlich sein kann. So sind in der Versicherungsbranche Vertragsabschlüsse ohne persönliche Kontakte möglich (z. B. Reiseversicherungen „aus dem Automaten" auf dem Flughafen), während andere Verträge (z. B. Betriebsunterbrechungsversicherungen) eingehender Verhandlungen bedürfen. Entsprechende Feststellungen lassen sich für die Phase der Abwicklung treffen. In bestimmten Absatzsituationen können Akquisition und Abwicklung zusammenfallen, in anderen Situationen kann die Abwicklung eigene Bedeutung haben. Vor allem der Aufgabenkomplex der Betreuung kann eine sehr unterschiedliche Ausgestaltung erfahren. Besonders relevant ist in diesem Zusammenhang die zeitliche Dimension. So umfaßt etwa im Werkzeugmaschinenbau diese Phase häufig den ganzen Komplex von After-Sales-Aktivitäten, in Versicherungen mit langfristigem Risikoschutz eine jahrelange Betreuungs- und Leistungsbeziehung. Häufig bereitet es unter solchen Bedingungen Schwierigkeiten, die Abwicklung von der erneuten Akquisition zu trennen (z. B. bei Ersatzteilgeschäften).

In Abb. 3 sind die organisatorisch relevanten Merkmale von Absatzaufgaben kurz erläutert[6]. Im folgenden werden nach ihrer Bedeutung für die eingeführten Effizienzkriterien drei Typen von Aufgabenmerkmalen unterschieden:

1. Kundenkritische Aufgabenmerkmale (Abb. 4).

2. Ressourcenkritische Aufgabenmerkmale (Abb. 5).

3. Prozeßkritische Aufgabenmerkmale (Abb. 6).

In den Abbildungen 4 – 6 wird der aus den Aufgabenmerkmalen resultierende Koordinationsbedarf skizziert. Vor diesem Hintergrund werden entweder für die Gesamtunternehmung oder den Absatzbereich Tendenzaussagen über die Vorteilhaftigkeit funktions-, kunden- oder produktorientierter Segmentierungsformen getroffen.

Betrachtet man – unter Vernachlässigung der Infrastruktur für Akquisition und Abwicklung – den bei den drei Typen jeweils ausgewiesenen Koordinationsbedarf, so kann das Problem der organisatorischen Gestaltung von Absatzaufgaben weitgehend durch die beiden Alternativen der Produkt- und der Kundenorientierung gekennzeichnet werden. Die Ergeb-

---

6 Die Liste der berücksichtigten Merkmale erhebt nicht den Anspruch auf Vollständigkeit.

Abbildung 3: Berücksichtigte Merkmale von Absatzaufgaben

Merkmal	Indikatoren
Komplexität des Produkts	Erklärungsbedürftigkeit des Produkts; Notwendigkeit der Beratung vor dem Kauf; Ausbildung der Verkaufsmitarbeiter (u. ä.)
Kundenorientierung der Produktgestaltung	Ausrichtung der Produktstruktur auf den individuellen Kunden; Einbeziehung des Kunden in die Problemlösung/Produktgestaltung
Abwicklungsservice	Anforderungen des Kunden an die Abwicklung hinsichtlich Raum, Zeit und Flexibilität
Pre-Sales-After-Sales-Verbund	Ausmaß, in dem Gestaltung von Primärleistung und Sekundärleistung (z. B. Kundendienst) denselben wettbewerbsstrategischen Prinzipien unterliegen
Produktübergreifende Nachfrage	Ausmaß, in dem der Kunde mehrere Produkte der Unternehmung nachfragt
Verhandlungsmacht des Kunden	Zwang der Unternehmung, auf individuelle Anforderungen des Kunden einzugehen
Distributionsrelevante Merkmale des Produkts	Logistische Anforderungen aufgrund spezifischer Merkmale des Produkts (Volumen, Gewicht, Gefährlichkeit, u. ä.)
Räumliche Verteilung der Kunden	Räumliche (De-)Konzentration der Kunden im Markt

nisse der vorangegangenen Analyse lassen sich dann in zwei Tendenzaussagen zusammenfassen:

1. Je höher der Stellenwert eines geschlossenen Auftretens gegenüber dem Kunden am Markt und je kritischer die Ressource „Kunden-Know-how" ist, um so größer ist die Bedeutung kundenorientierter Strukturen im Absatzbereich.

2. Je höher der Stellenwert einer reibungslosen Abstimmung der einzelnen Stufen der Leistungskette (hinsichtlich der internen Abstimmung der Leistungserstellung und der Einbeziehung des Kunden in den Leistungsprozeß) und je kritischer die Ressource „Produkt-Know-how"

ist, um so größer ist die Bedeutung produktorientierter Strukturen im Absatzbereich[7].

Abbildung 4: Kundenkritische Aufgabenmerkmale

Organisatorisches Merkmal	Potentieller Koordinationsbedarf
1. Kundenorientierung der Produktgestaltung	Bereichsübergreifende Kundenkontakte (Marktinterdependenzen) *Betrachtungsebene: Gesamtunternehmung* *Kritische Segmentierung: funktionsorientiert* *Günstige Segmentierung: produktorientiert, kundenorientiert*
2. Abwicklungsservice	Bereichsübergreifende Kundenkontakte (Marktinterdependenzen) *Betrachtungsebene: Gesamtunternehmung* *Kritische Segmentierung: funktionsorientiert* *Günstige Segmentierung: produktorientiert, kundenorientiert*
3. Pre-Sales-After-Sales-Verbund	Berücksichtigung von Marktinterdependenzen/ Mangelnde Ausschöpfung von Marktpotentialen *Betrachtungsebene: Absatzbereich* *Kritische Segmentierung: produktorientiert* *Günstige Segmentierung: kundenorientiert, funktionsorientiert*
4. Produktübergreifende Nachfrage	Berücksichtigung von Marktinterdependenzen/ Mangelnde Ausschöpfung von Marktpotentialen *Betrachtungsebene: Absatzbereich* *Kritische Segmentierung: produktorientiert* *Günstige Segmentierung: kundenorientiert, funktionsorientiert*
5. Verhandlungsmacht des Kun-	Erhöht den Einfluß der Merkmale 1–4 auf die Koordinationsanforderungen

---

[7] Es wird dabei unterstellt, daß sich kundenorientierte Strukturen für die Gesamtunternehmung in den meisten Fällen aus Gründen der Ressourceneffizienz nicht realisieren lassen.

Abbildung 5: Ressourcenkritische Aufgabenmerkmale

Organisatorisches Merkmal	Potentieller Koordinationsbedarf
1. Komplexität des Produkts	Ausschöpfen von Produkt-Know-how *Betrachtungsebene: Absatzbereich* *Kritische Segmentierung: funktionsorientiert, kundenorientiert* *Günstige Segmentierung: produktorientiert*
2. Kundenorientierung der Produktgestaltung	Ausschöpfen von Produkt-Know-how *Betrachtungsebene: Absatzbereich* *Kritische Segmentierung: funktionsorientiert, produktorientiert* *Günstige Segmentierung: kundenorientiert*
3. Verhandlungsmacht des Kun-	Erhöht den Einfluß der Merkmale 1 und 2 auf die Koordinationsanforderungen

Abbildung 6: Prozeßkritische Aufgabenmerkmale

Organisatorisches Merkmal	Potentieller Koordinationsbedarf
1. Kundenorientierung der Produktgestaltung	Bereichsübergreifender Koordinationsbedarf durch interne Leistungsverflechtungen *Betrachtungsebene: Gesamtunternehmung* *Kritische Segmentierung: funktionsorientiert* *Günstige Segmentierung: kundenorientiert, produktorientiert*
2. Abwicklungsservice	Bereichsübergreifender Koordinationsbedarf durch interne Leistungsverflechtungen *Betrachtungsebene: Gesamtunternehmung* *Kritische Segmentierung: funktionsorientiert* *Günstige Segmentierung: kundenorientiert, produktorientiert*
3. Verhandlungsmacht des Kun-	Erhöht den Einfluß der Merkmale 1 und 2 auf die Koordinationsanforderungen

III. Optionen der modernen Informationstechnologie zur Koordination von Absatzaufgaben

Gegenwärtig ist in fast allen Branchen eine nachhaltige Verschärfung der Wettbewerbssituation festzustellen. Aus organisatorischer Sicht äußert sich diese Situation vor allem in dem Bestreben, bei der Gestaltung von Organisationsstrukturen die im vorangegangenen Abschnitt ausgearbeiteten Prinzipien der effizienten Prozeßgestaltung, der differenzierten Ausschöpfung des Marktpotentials und des rationellen Ressourceneinsatzes zur Gewährleistung von Kostenwirtschaftlichkeit möglichst gleichzeitig zu realisieren. Zwar gilt auch hier, wie bei jedem Entscheidungsproblem unter Mehrfachzielen, daß einem solchen Anliegen angesichts konfliktärer Ziele Grenzen gesetzt sind. So reduziert eine konsequente Steigerung der Kundenorientierung bei der Gestaltung der Geschäftsprozesse zwangsläufig den Realisationsgrad der Ressourceneffizienz. Es stellt sich jedoch die Frage, ob die informationstechnologische Entwicklung eine Entschärfung dieses Gestaltungsproblems gestattet. Vor dem Hintergrund der vorangegangenen Überlegungen ist insbesondere zu fragen, ob sich jetzt kundenorientierte Strukturen im Absatzbereich konsequent realisieren lassen, weil der Einsatz von Informationstechnologie die Bedeutung produktorientierter Strukturen verringert.

Bezieht man organisatorische Regelungen auf Entscheidungshandlungen, die als Akte der arbeitsteiligen Informationsgewinnung und -verarbeitung zur Problemlösung interpretiert werden können, dann sind zwei Eigenschaften der neuen Technologien besonders bedeutsam[8]:

– Die modernen Informations- und Kommunikationstechnologien bewirken zunächst einen qualitativen Sprung in den Möglichkeiten, Handlungsträger mit Informationen zu versorgen. Mit ihrer Hilfe lassen sich mächtigere Informationsbestände vorhalten sowie schneller, über prinzipiell unbegrenzte Distanzen und unabhängig(er) von der zeitlichen Präsenz eines Kommunikationspartners (asynchrone Kommunikation) übermitteln bzw. abfragen. Informationen können damit in größeren Mengen grundsätzlich an beliebigen Orten aktuell und jederzeit zugänglich sein.

– Verbesserte Bereitstellung von Problemlösungshilfen. Die Potentiale der neuen Technologien können ferner dazu genutzt werden, Handlungsträger mit zusätzlichen Kapazitäten zur problemorientierten Verarbeitung von Informationen auszustatten. Neben der Rechnerunterstützung im Rahmen strukturierter Problemstellungen ist hierbei vor allem an die Bereitstellung methodischer Verfahrenshilfen (Know-how) zu denken, die die Bewältigung von – zumindest aus Sicht des betroffe-

---

8   Vgl. Frese/v. Werder 1989.

nen Aufgabenträgers – schlecht strukturierten Problemen erleichtern. Sie können von programmierten Lösungsabläufen für – aus Unternehmungssicht – strukturierte Probleme im Sinne einer „Benutzerführung" über modellgestützte Analysehilfen bis hin zu wissensbasierten Expertensystemen reichen.

Der Einsatz moderner Informationstechnologie ist nicht mit starren Implikationen für die Ausgestaltung der Organisationsstruktur verbunden. Die Begründung für den fehlenden technologischen Determinismus liegt darin, daß die modernen Technologien aufgrund ihres breiten Leistungsspektrums, ihrer funktionellen Flexibilität und ihrer räumlichen Mobilität vielseitig und vielerorts eingesetzt werden können. Infolge dieser Anwendungsoffenheit existiert nicht mehr prinzipiell nur eine Organisationslösung, die eine optimale Ausschöpfung der technischen Potentiale verspricht. Das charakteristische Merkmal der modernen Informationstechnologie ist unter Gestaltungsaspekten vielmehr darin zu sehen, daß sie lediglich Optionen für die organisatorische Gestaltung eröffnen.

In Anbetracht dieses Optionscharakters können sich die organisatorischen Implikationen der Informationstechnologie primär nach den verfolgten Zielen der Organisationsgestaltung richten und hängen nur sekundär von den Leistungsmerkmalen der neuen Technologie ab. Die eigentlichen organisatorischen Herausforderungen der modernen Techniken liegen heute angesichts der weniger restriktiven (informations-)technologischen Gestaltungsbedingungen somit vorwiegend in der Überprüfung der organisatorischen Sollkonzeption. Diese Überprüfung kann entweder ergeben, daß die bisherige Organisationsstruktur bei der Einführung der neuen Technologien beibehalten werden soll. Organisatorische Implikationen stellen sich demgegenüber dann ein, wenn im Zuge der Technologieeinführung Reorganisationsmaßnahmen eingeleitet werden.

Das Potential der Informationstechnologie zur schnellen Bereitstellung von Informationen wird gegenwärtig im Absatzbereich schon in beachtlichem Maße genutzt. Der rasche Zugriff auf kundenorientierte Daten ist ein wesentliches Element vieler Konzepte zur Vergrößerung der Kundennähe[9]. Die Antwort auf die eingangs gestellte Frage, in welchem Maße die koordinationsunterstützende Funktion der Produktgliederung durch den Einsatz von Informationstechnologie substituiert werden kann, hängt allerdings primär von der Einschätzung ihres Problemlösungspotentials bei der Planung und Steuerung des Leistungsprozesses sowie bei der Bereitstellung von Know-how zur Lösung produktbezogener Probleme ab.

---

9 Vgl. hierzu die empirischen Ergebnisse in Frese/Maly 1989.

Bei der Gestaltung der Ressourcenallokation im Leistungsprozeß sind die Anforderungen in den einzelnen Branchen sehr unterschiedlich. Besonders hoch sind die Anforderungen in der verarbeitenden Industrie, z. B. im Werkzeugmaschinenbau. Der Leistungsprozeß vollzieht sich hier vom Beschaffungsmarkt über die Produktion in mehreren Stufen, zwischen denen Interdependenzen in Form interner Leistungsverflechtungen existieren. Ressourcenengpässe, die vor allem bei Werkstattfertigung unvermeidlich sind, müssen bei der Allokation der Ressourcen berücksichtigt werden. In aller Regel sind die Zusammenhänge damit so komplex, daß ihre modellhafte Abbildung nur in Ansätzen möglich ist. Die organisatorischen Optionen des Informationstechnologieeinsatzes sind entsprechend gering.

Für die Absatzaktivitäten vieler Versicherungen stellt sich die Frage der Koordination von Vertrieb und Leistungserstellung häufig nicht in dieser anspruchsvollen Form[10]. Dies gilt vor allem für weitgehend standardisierte Versicherungsgeschäfte. Hier vollzieht sich die Leistungserstellung nicht über mehrere Stufen. Es bestehen generelle Regelungen für die Transformation von Risiken, die im jeweiligen Tarif ihren Ausdruck finden. Koordinationsnotwendigkeiten stehen damit einem isolierten Vertragsabschluß nicht entgegen. Die Verlagerung von Entscheidungskompetenz in den kundenorientierten Absatzbereich wird damit entscheidend von der Verfügbarkeit des zur Kundenberatung notwendigen Produkt-Know-hows bestimmt. Ob vorhandene Defizite bei grundsätzlich vorhandener Bereitschaft auf seiten der Unternehmungsleitung zur Übertragung von Entscheidungen in den Absatzbereich durch den Einsatz von Informationstechnologie beseitigt werden können, hängt wesentlich von der Einschätzung der Leistungsfähigkeit computergestützter Problemlösungshilfen ab. Hier hat sich nach anfänglicher Euphorie eine nüchterne Einschätzung der gegenwärtigen Möglichkeiten durchgesetzt; wirkliche Qualifizierungsdefizite sind durch informationstechnologische Lösungen gegenwärtig wohl erst sehr begrenzt zu ersetzen[11]. Seinen Ausdruck findet diese Tatsache auch in dem zunehmenden Einsatz von Teams im Absatzbereich, deren Mitglieder sich aus Spezialisten aus unterschiedlichen Versicherungsarten zusammensetzen.

---

10 Vgl. hierzu die Analyse der Gütertransformation in der Versicherung durch Farny 1989, S. 419 ff.
11 Vgl. die Ergebnisse und Schlußfolgerungen in Frese/Maly 1989.

Literatur

Farny, Dieter: Versicherungsbetriebslehre. Karlsruhe 1989

Frese, Erich: Organisationstheorie. Historische Entwicklung, Ansätze, Perspektiven. 2. Aufl., Wiesbaden 1992

Frese, Erich: Grundlagen der Organisation. 5. Aufl., Wiesbaden 1993

Frese, Erich; Maly, Werner (Hrsg.): Kundennähe durch moderne Informationstechnologie. Zeitschrift für betriebswirtschaftliche Forschung, Sonderheft 25, 1989

Frese, Erich; Noetel, Wolfgang: Kundenorientierung in der Auftragsabwicklung – Strategie, Organisation und Informationstechnologie. Düsseldorf/Stuttgart 1992

Frese, Erich; v. Werder, Axel: Kundenorientierung als organisatorische Gestaltungsoption der Informationstechnologie. In: Kundennähe durch moderne Informationstechnologie. Zeitschrift für betriebswirtschaftliche Forschung, Sonderheft 25, 1989, hrsg. von Erich Frese und Werner Maly, S. 1–26

Frese, Erich; v. Werder, Axel: Zentralbereiche. Organisatorische Formen und Effizienzbeurteilung. In: Zentralbereiche. Theoretische Grundlagen und praktische Erfahrungen, hrsg. von Erich Frese, Axel v. Werder und Werner Maly, Stuttgart 1993, S. 1–50

Orio Giarini

Risiko und Gesellschaft – die kulturellen Grundlagen des Marken-Image des Versicherungswesens

1. Einige der tieferen Gründe für den geringen Stellenwert des Versicherungswesens und seiner öffentlichen Fehleinschätzung in der traditionellen Wirtschafts- und Gesellschaftskultur

Seit vielen Jahrzehnten klagt die Versicherungswirtschaft über den geringen Stellenwert dieses Wirtschaftszweigs in der öffentlichen Meinung. Viele Anstrengungen wurden unternommen, um das Ansehen des Versicherungswesens zu heben, doch sind die Bemühungen nur begrenzt erfolgreich.

Eine in den Vereinigten Staaten unternommene Untersuchung[1] weist darauf hin, daß Universitätsstudenten den Versicherungsberuf noch immer als grundsätzlich „ohne Leistungsanreiz" betrachten. Unter zehn vorgeschlagenen Laufbahnmöglichkeiten nimmt das Versicherungswesen in bezug auf sein Ansehen nur den neunten Platz ein. 25 Prozent aller Studenten haben keine rechte Vorstellung vom Wesen des Versicherungsberufs. Im Jahr 1986 traten nur einer von 380 Studenten der Stanford-Universität, sieben Absolventen von drei Promotionsjahrgängen von Harvard, zwölf von der Columbia-Universität und 16 von der Wharton School in eine Versicherungsgesellschaft ein. Daran hat sich in der Zwischenzeit nicht viel geändert.

Ebenso unbefriedigend ist das Bild der Versicherung in der breiten Öffentlichkeit der meisten Länder der Welt.

Ich möchte behaupten, daß dieses Ergebnis nicht auf einen mangelnden Willen der Versicherungsgesellschaften und -verbände, ihre Arbeitsweise zu verbessern und den Bedürfnissen ihrer Kunden und den Erwartungen der breiten Öffentlichkeit entgegenzukommen, zurückzuführen ist.

Die tieferen Gründe dieser Situation liegen vielmehr in einigen entscheidenden Wertvorstellungen oder Grundannahmen der traditionellen Wirtschafts- und Gesellschaftskultur, die noch immer einen unrichtigen Ein-

---

1 Erwähnt in ARGUS, Paris, 5. Februar 1988.

druck der wirklichen Bedeutung des Versicherungswesens und seiner Rolle im Risiko-Management vermitteln.

Aber diese Grundannahmen sind gegenwärtig in einem tiefgreifenden Wandel begriffen.

Nachstehend soll versucht werden, diese unsere Wirtschafts- und Gesellschaftskultur noch immer durchdringenden Grundannahmen nacheinander zu untersuchen, denn es sind diese Grundtheorien – die vielfach nur versteckt existieren –, welche die entscheidenden Ideen in der öffentlichen Meinung und in Fachkreisen von Wirtschaft und Gesellschaft formen:

- Zunächst soll daran erinnert werden, daß sich die Wirtschaftstheorie ursprünglich als eine *Folge* der industriellen Revolution herauskristallisierte. Die *industrielle* Entwicklung war es, die das wirtschaftliche Denken anregte und konditionierte. Seit Adam Smith ist der Reichtum der Nationen gleichbedeutend mit der Menge materieller Güter, die das herstellende Gewerbe zu produzieren in der Lage ist. Es ist deshalb verständlich, daß alle nicht unmittelbar mit dem Produktionssektor verbundenen Faktoren, also die Dienstleistungen, mit weniger Interesse untersucht und leichtfertig als Hilfssektoren der Produktion betrachtet wurden. Diese Einstellung ist noch heute tief verwurzelt und spiegelt sich z. B. in der äußerst unzureichenden Genauigkeit wider, mit der die Dienstleistungen in der volkswirtschaftlichen Gesamtrechnung bewertet werden, wo die Tätigkeiten z. B. des Versicherungswesens nur teilweise berücksichtigt werden. Noch heute lernen die Studenten der Wirtschaftswissenschaften das Gesetz von Engels, wonach eine Versicherung erst dann abgeschlossen und genutzt wird, wenn andere Grundbedürfnisse (wie Ernährung und Obdach) befriedigt sind, obwohl heute das Bestehen eines Versicherungssystems, besonders auf dem Gebiet der Hochtechnologie, von wesentlicher Bedeutung ist, um rationalere Entscheidungen in bezug auf Investitionen und Produktion zu treffen. Die sich immer stärker verbreitende Auffassung von der zeitgenössischen Volkswirtschaft als einer Dienstleistungswirtschaft wird sich in dieser Beziehung auf die gesamte Wirtschaftskultur entscheidend auswirken. Deshalb ist die Genfer Vereinigung heute so sehr bestrebt, zur weltweiten Diskussion über die „neue Dienstleistungswirtschaft" durch „PROGRES" (Forschungsprogramm über die Dienstleistungswirtschaft) einen Beitrag zu leisten.

- Der zweite Hauptgrund für den ziemlich geringen Stellenwert der Versicherung in den Volkswirtschaften der heutigen Zeit ist schon früh von Irwing Pfeffer[2] beschrieben worden. Pfeffer zeigt, daß die Untersu-

---

2 „Perspective on Insurance", herausgegeben von Prentice Hall, New Jersey 1974, und „Insurance and Economic Theory", herausgegeben von Irwin, Homewood, Illinois, 1956.

chung des Risikofaktors, insbesondere des Versicherungsrisikos, im Rahmen einer dynamischen Analyse erfolgen muß, während jedoch die Wirtschaftstheorie in den meisten Fällen mit einer statischen Methode der Analyse arbeitet. Die Gründe dafür liegen in der Kultur und Philosophie des letzten Jahrhunderts. Wenn der Naturwissenschaftler die physikalische, chemische oder biologische Natur einer Erscheinung untersucht, kann er auf mehrere Parameter (wie z. B. Wärme, Geschwindigkeit oder Gravität) zurückgreifen, die ermittelt und isoliert, gemessen und reproduziert werden können. Diese Möglichkeit besteht nicht für den Sozialwissenschaftler – kein soziales Phänomen oder seine Bestandteile können in der gleichen Weise analysiert oder im Labor erprobt werden. So kann ein Wirtschaftswissenschaftler sich nur auf ein sichtbares Phänomen, wie z. B. den Preis eines Produktes, beziehen, und von da aus durch logische Simulation die Kräfte rekonstruieren, die zu *einem bestimmten Zeitpunkt* zu diesem Preis führten. Die *statische* Analyse vermittelt den Eindruck von Präzision, vom Umgang mit determinierten Systemen. Infolgedessen beruht die Wirtschaftstheorie auf dem Begriff des „allgemeinen Gleichgewichts", welches Ungewißheit und Risiko zwangsläufig ausschließt. Die Wirtschaftswissenschaften haben versucht, eine „wissenschaftliche" Disziplin zu werden, ähnlich der Physik. Seit Einstein gilt jedoch sogar für die „exakten" Wissenschaften, daß „Gott mit Würfeln zu spielen scheint", und seit Heisenberg weiß man, daß die letzte physikalische Wirklichkeit unbestimmt ist. Ein Physiker verglich einmal die Erklärung der Kernreaktion mit der „Leitung einer Versicherungsgesellschaft".

Wir stehen heute an der Schwelle einer wichtigen Veränderung: Die Einsicht, daß der Begriff der Ungewißheit oder sogar der Unbestimmtheit den Kern der exakten Wissenschaften bildet, eröffnet eine dynamische Vision der Wirtschaftsabläufe durch die Einbeziehung der Ungewißheit in Wirtschaftsmodelle und führt damit zu einem stärkeren Interesse an Versicherungsaktivitäten, die in vielerlei Hinsicht Prototypen dieses neuen Wirtschaftsgeschehens im Zeichen der Ungewißheit darstellen:

– Die Art und Weise, wie eine Versicherungsgesellschaft unter Berücksichtigung der künftigen wahrscheinlichen Streuung von Ereignissen eine Prämie festsetzt, ist ein typisches Beispiel dafür, wie die zeitgenössische moderne Wirtschaft auf dynamische Weise gelenkt werden kann.

– Ungewißheit und/oder unvollständige Information sind deshalb keineswegs gleichbedeutend mit Imperfektion: Sie sind lediglich eine Tatsache des Lebens.

– Ob man bereit ist, diese Grundsätze an der Wurzel der Gesellschaftsphilosophie anzusiedeln, hängt davon ab, inwieweit sich indeterministische Philosophien gegenüber den Philosophien des Determinismus verbreiten[3] können.

In praktischer Hinsicht sind wir der Auffassung, daß das zunehmende Interesse am Risiko-Management, das vor etwa 20 Jahren eingesetzt hat, einen klaren Hinweis nicht nur auf das Entstehen eines neuen Problems und neuer Berufsmöglichkeiten, sondern auch auf einen grundlegenden Wandel in der Grundhaltung gegenüber dem Risiko darstellt. Schlüsselfragen der heutigen Zeit, wie Umweltverschmutzung, die Verletzlichkeit industrieller Systeme, die wachsenden Haftpflichtfragen, geben allesamt Anlaß zur Prüfung und Nutzung der Versicherung als eines entscheidenden modernen Managementinstruments.

Der folgende Abschnitt wird zeigen, welche Vorstellungen mit dem heutigen Wirtschaftssystem, das sich als „Dienstleistungswirtschaft" bezeichnen läßt, verbunden sind. In diesem Rahmen erhält das Image der Versicherungswirtschaft eine neue und durchaus positive Dimension.

2. Die neue „Dienstleistungswirtschaft" und die strategische Rolle des Versicherungswesens

2.1 Das Wachstum des Dienstleistungssektors bei der Erzeugung von Reichtum

Die Zunahme der Dienstleistungsfunktionen ist die unmittelbare Folge der Entwicklung der Produktionstechnik im Zuge der industriellen Revolution.

– Bis zum Beginn des 20. Jahrhunderts waren neue Technologien und Verbesserungen im Produktionsprozeß zumeist Ergebnis gesammelter Arbeitserfahrung. Nur selten waren solche Veränderungen oder Verbesserungen Folge eines organisierten Arbeitsprogramms in einer besonderen Forschungsabteilung innerhalb oder in einer spezialisierten Forschungsorganisation außerhalb des Unternehmens. Die Professionalisierung der Forschung begann erst in den zwanziger Jahren und war Spiegelbild der wachsenden Komplexität neuer Technologien und der Notwendigkeit, sorgfältig deren Entwicklung zu planen und deren Leistungen zu steuern. Diese Forschungsdienstleistung, die sich über die letzten 60 Jahre entwickelt hat, verfügt heute über Millionen von Beschäftigten und erhebliche Haushaltsmittel sowohl in den Unternehmen als auch im Staat.

---

3 Siehe z. B. Karl Popper: „The Open Universe – An Argument for Indeterminism", Hutchinson, London 1982.

– Die Wartung und Lagerung eingehender Rohmateriallieferungen und die Lagerung der zum Verkauf bestimmten Erzeugnisse sind seit jeher Teil der Produktionsvorgänge. Aber die zunehmende Spezialisierung der Produktion, die immer komplexer werdende Technologie, das zunehmende Bedürfnis nach Schutz der raffinierteren Erzeugnisse vor Beschädigung während des Transports über immer länger werdende Entfernungen haben zum ständigen Ansteigen der Kosten organisierter Dienstleistungsfunktionen während des gesamten Industrialisierungsprozesses beigetragen, während die reinen Produktionskosten anteilsmäßig zurückgingen.

– Der Vertrieb der Erzeugnisse an immer umfangreichere Personenkreise in einer wachsenden Zahl von Ländern in großer Entfernung vom Produktionsort erfordert die Organisation und den Betrieb komplexer Vertriebsstrukturen, ohne die das Erzeugnis die meisten Verbraucher nicht erreichen würde. Die Finanztätigkeiten und Versicherungsfunktionen, die mit Produktion und Vertrieb verbunden sind, erhalten wesentliche Bedeutung und werden letztendlich unentbehrlich. Wenn die Investitionen für eine „Anlage", wie z. B. ein Kernkraftwerk oder eine Ölbohranlage, routinemäßig über eine Milliarde Dollar betragen, erhält das einwandfreie Funktionieren aller Finanz- und Versicherungsinstitutionen eine entscheidende Bedeutung für die Produktionsabläufe.

Und je komplexer unsere Gesellschaft wird, desto komplexer werden auch die Regeln des Zusammenwirkens der Menschen, einschließlich der Produktverwendung und der Sicherheitsgrenzen. Zu Beginn der industriellen Revolution brauchte eine Bäckerei oder eine Textilfabrik kaum Marktforschungen durchzuführen, um die Qualität ihrer Produkte für gewisse Marktnischen zu bestimmen. Heute erfordert der Verkauf z. B. von Videorecordern eine eingehende Analyse der potentiellen Verbraucherprofile in Abhängigkeit von regionalen Märkten, Preisen, Käufergruppen usw. Eine Vielzahl freiberuflicher Experten, von Ärzten, Rechtsanwälten, Marktforschern, Wirtschaftswissenschaftlern bis zu beratenden Ingenieuren, erbringen eine große Zahl professioneller Dienstleistungen, entweder *innerhalb* des Produktionskomplexes oder im Zusammenhang mit diesem.

In der vorindustriellen Gesellschaft konnten nur sehr wenige Menschen lesen, während in der Dienstleistungsgesellschaft die meisten Menschen eine „Computerbildung" benötigen. Die Volksbildung gehört zu den Dienstleistungsfunktionen, die während der industriellen Revolution eine Periode rascher Expansion durchliefen, und sie ist heute noch immer ein Sektor, der über große Verbesserungsmöglichkeiten verfügt. Ebenso wichtig und in einigen Fällen sogar umfangreicher als die Dienstleistungen auf dem Erziehungsgebiet sind in der modernen Gesellschaft die Sektoren des Gesundheitswesens und der Landesverteidigung. Um die moderne Dienstleistungsgesellschaft richtig zu verstehen und zu beurteilen, ist es wesentlich, zu berücksichtigen, daß das Anwachsen der Dienstleistungen Ergebnis der spezifischen Entwicklung des Produktionsprozesses selbst ist. Die Entwicklung der Technologie, die zwecks Steigerung des Wirkungsgrades die Produktionsprozesse veränderte, hat die starke Entwicklung der Dienstleistungsfunktionen in allen Phasen des Verarbeitungs- und Verwendungsprozesses bewirkt.

Abbildung 1: Dienstleistungen und Wartung im Produktionsprozeß

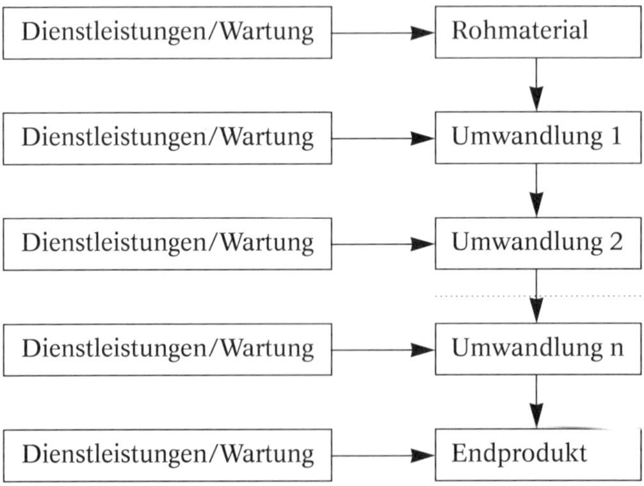

```
Dienstleistungen/Wartung  ──▶  Rohmaterial
                                   │
                                   ▼
Dienstleistungen/Wartung  ──▶  Umwandlung 1
                                   │
                                   ▼
Dienstleistungen/Wartung  ──▶  Umwandlung 2
                                   │
                                   ▼
Dienstleistungen/Wartung  ──▶  Umwandlung n
                                   │
                                   ▼
Dienstleistungen/Wartung  ──▶  Endprodukt
```

Quelle: Orio Giarini: „Dialogue on Wealth and Welfare", Pergamon Press, Oxford 1980, S. 117.

Alle hier erwähnten Dienstleistungen sind wesentlich für die Planung und Unterstützung der Produktion bis zum Verkauf. Jenseits dieses Punktes benötigen die Produkte während ihrer Nutzungsperiode in zunehmendem Maße ein eigenes Produktmanagement. Darüber hinaus hat die industrielle Revolution im Stadium ihrer Reife eine weitere wichtige Dienstleistung ins Licht gerückt: die Beseitigung der Abfälle.

Abfälle sind seit jeher ein Nebenprodukt menschlicher Tätigkeit und Produktion: Beim Schälen einer Banane erzeugen wir ebenso Abfall wie beim Schnitzen eines Pfeiles aus einem Stück Holz. Als die industrielle Revolution eine starke Entwicklung zur Konzentration und Spezialisierung der Produktion auslöste, setzte damit zwangsläufig auch eine Konzentration und „Spezialisierung" von Abfällen ein. Dies ist nicht unbedingt negativ: Während der industriellen Revolution wurden Abfälle häufig zu verwendbaren Nebenprodukten, ja sogar zu neuen Produkten verarbeitet. So sind z. B. Stickstoffdüngemittel oft Nebenprodukte der Sprengstoffindustrie, und Phosphor als Ausgangsstoff für Wasch- und Düngemittel stammt aus dem Abfall der Eisen- und Stahlindustrie. In den Spätstadien der industriellen Revolution, als das Prinzip der Spezialisierung der Produkte bis an seine Grenzen ausgedehnt wurde, traten immer mehr Probleme im Zusammenhang mit Abfällen auf, die nicht zu wirtschaftlich verwendbaren Erzeugnissen umgewandelt werden konnten. Eine tiefere Kenntnis von Physik und Chemie führte dazu, daß neue Stoffe zu neuen Produkten verarbeitet wurden, die eine zunehmende Abfallvielfalt und größere Gefahren wie Vergiftungen mit sich brachten. Konzentration, Spezialisierung und Zunahme der gefährlichen Nebenwirkungen sind deshalb in verschiedenen Sektoren die negativen Folgen einer raffinierteren und auf fortschrittlichen wissenschaftlichen Erkenntnissen beruhenden Technologie. Parallel zu der Zunahme des industriellen Abfalls bedeutete der wachsende Güterkonsum einer ständig wachsenden Zahl von Menschen außerdem eine enorme Steigerung der Abfallproduktion in quantitativer wie auch qualitativer Hinsicht. Eine Plastikflasche kann nicht ohne weiteres wie ein Stück Holz oder Papier verbrannt werden; sie erzeugt möglicherweise korrosiven oder sogar toxischen Rauch. In einer „end-of-pipe"-Philosophie erfordert dies immer höhere Investitionen zur Organisation einer wirksamen und geeigneten Abfallbeseitigung.

Jedes Produkt, einschließlich des menschlichen Körpers, wird am Ende seines Produktions-/Nutzungszyklus' zu Abfall. Dem Recycling von Abfällen sind in den meisten Fällen aber Grenzen gesetzt, entweder durch „ökonomische Entropie" (wenn die Kosten eines Recyclings zu hoch sind) oder durch physikalische (absolute) Entropie (ein vollständiges Recycling ist aus physikalischen Gründen nicht möglich).

Die Abfallvermeidung und -beseitigung ist deshalb eines der wichtigsten ökonomischen Themen der Dienstleistungswirtschaft.

Abbildung 2 zeigt, daß für die industrielle Revolution der Produktionsprozeß in dem Augenblick abgeschlossen war, als ein Erzeugnis oder Werkzeug auf dem Markt verkauft wurde. In der Dienstleistungswirtschaft scheint die wirkliche Frage – in wirtschaftlichen Werten ausgedrückt – darin zu bestehen, wie die Nutzung von Produkten und Dienstleistungen während ihrer Lebensdauer maximiert werden kann, wobei Kosten zu berücksichtigen sind, die der Produktion vorausgehen, diese begleiten und dieser folgen können.

Der traditionelle wirtschaftliche Wertbegriff ist einerseits an die Existenz und Marktfähigkeit eines Produktes geknüpft. Andererseits umfaßt dieser Wertbegriff in der neuen Dienstleistungswirtschaft jedoch auch die Zeitspanne der Produktnutzung. Infolgedessen ist der zentrale Wertbegriff der Dienstleistungswirtschaft nicht primär an die Produktionsfaktoren

Abbildung 2: Der wahre Ausgang des Produktionsprozesses

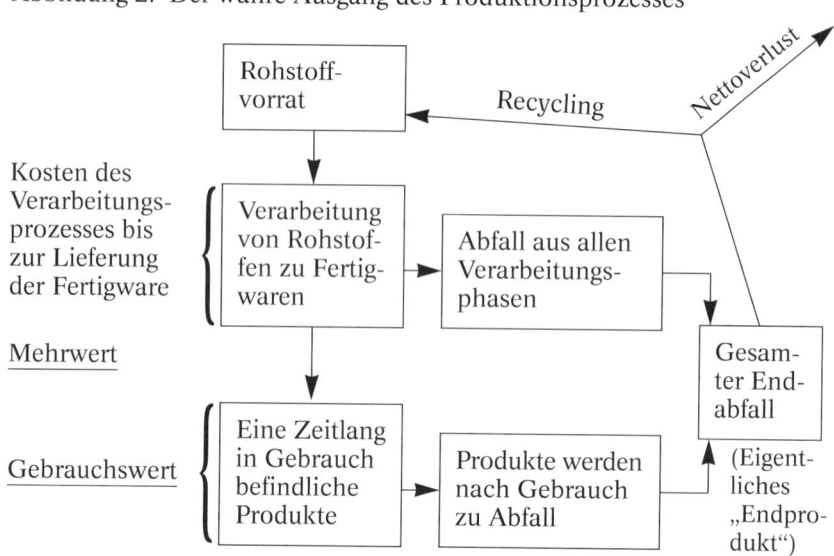

```
                                                          Nettoverlust ↗
                        ┌──────────┐                     ↗
                        │ Rohstoff-│       Recycling
                        │ vorrat   │◄─────────────
                        └──────────┘
                             │
Kosten des                   ▼
Verarbeitungs-         ┌──────────┐    ┌──────────────┐
prozesses bis       ⎰  │Verarbeitung│   │Abfall aus allen│
zur Lieferung      ⎱   │von Rohstof-│──►│Verarbeitungs- │
der Fertigware        │fen zu Fertig-│   │phasen        │
                      │waren        │    └──────────────┘
                      └──────────┘                │
                             │                    ▼
Mehrwert                                    ┌─────────┐
                                            │ Gesam-  │
                             ▼              │ ter End-│
                      ┌──────────┐          │ abfall  │
                      │Eine Zeitlang│        └─────────┘
Gebrauchswert       ⎰ │in Gebrauch │  ┌──────────────┐      ▲
                    ⎱ │befindliche │─►│Produkte werden│      │ (Eigent-
                      │Produkte    │  │nach Gebrauch  │──────┤ liches
                      └──────────┘    │zu Abfall      │      │ „Endpro-
                                      └──────────────┘      │ dukt")
```

Quelle: „Dialogue on Wealth and Welfare", a.a.O., S. 31.

geknüpft, sondern vielmehr an den Nutzungswert eines Produktes (oder einer Dienstleistung), d. h. bezogen auf seine „Bewährung" bzw. das Nutzungsergebnis über eine bestimmte Zeitspanne. Es handelt sich somit um den Nutzwert während der Nutzungszeit: Die tatsächliche Leistung (Wert) eines Automobils als Transportmittel muß im Licht der Nutzungsdauer (und Nutzungshäufigkeit) gesehen werden, während der effektive Nutzen (Wert) eines Arzneimittels an dem erzielten gesundheitlichen Ergebnis gemessen werden muß. Während in der Industriewirtschaft die Schlüsselfrage lautete, wie hoch der in Geld ausgedrückte Marktwert eines Erzeugnisses ist, stellt sich für die Dienstleistungswirtschaft eine andere Frage, nämlich wie hoch der „Nutzwert" eines Produktes ist, welche Funktion es ausübt und wie gut und wie lange es dies tut. Die Explosion der Versicherungstätigkeiten auf dem Gebiet der Haftung im weitesten Sinne und die entsprechenden Verluste gehen unmittelbar auf diese grundlegende wirtschaftliche Entwicklung zurück.

2.2 Die Zunahme der Industrialisierung im Dienstleistungs-/Tertiärsektor

Die Entwicklung der Dienstleistungswirtschaft in der Zukunft muß als Prozeß der Gesamtwirtschaft im Gefolge der industriellen Revolution und nicht als Wachstumsergebnis im traditionellen Tertiärsektor betrachtet werden.

Dienstleistungsfunktionen sind sowohl im industriellen als auch im landwirtschaftlichen Sektor in alle Produktivtätigkeiten integriert. Aber die moderne Technologie hat den traditionellen Dienstleistungs- oder Tertiärsektor gezwungen, seine Arbeitsweise an Arbeitsprozesse anzupassen, die sich sehr stark kapitalintensiven Fertigungsprozessen annähern. Der Unterschied zwischen der Arbeit in einem modernen EDV-gestützten Büro und der Steuerungszentrale einer Fertigungsanlage ist im Verschwinden begriffen. Aus diesem Grund sprechen manche Autoren in ihren Beschreibungen der Wesenszüge der heutigen Volkswirtschaft von einer „superindustriellen" Wirtschaft oder einer „dritten industriellen Revolution" anstatt einer Dienstleistungswirtschaft. Den Blick auf die am weitesten fortgeschrittenen technologischen Sektoren gerichtet, behaupten diese Autoren, es handle sich bei dem heutigen Geschehen um einen Industrialisierungsprozeß der traditionellen Dienstleistungssektoren[4]. Ohne Zweifel ist dies ein wichtiger Vorgang, doch wird dabei die auffallende Zunahme der Dienstleistungsfunktionen innerhalb der traditionellen Produktivsektoren übersehen. Es wäre falsch zu glauben, die Entwicklung der Telekommunikation, des Bank- und Finanzwesens, des Versicherungswesens, der Instandhaltungs- und technischen Wartungsdienste sei nichts weiter als eine neue Art der „Produktion", eine Erweiterung der Entwicklungen auf dem Gebiet der Textil-, Eisen- und Stahl- und chemischen Industrie. Der Verkauf eines Hemdes (ein einmaliger und zu einem bestimmten Zeitpunkt erfolgender Vorgang) ist eine andere Art der Wirtschaftstätigkeit als die Erfüllung eines Instandhaltungsvertrags über einen längeren Zeitraum, während dessen der Verkäufer mit dem Verbraucher in einem Vertragsverhältnis hinsichtlich der Verwendungsfähigkeit des „Produktes" steht. Worauf es ankommt: Wir vollziehen eine geistige Umstellung von einer Mentalität der „industriellen Revolution" zu einer Mentalität der Dienstleistungswirtschaft, wenn wir den Produktionskosten die Instandhaltungskosten (für Reinigung und möglicherweise für Reparaturen) während der Produktlebensdauer sowie die Kosten für die Beseitigung und Ersetzung des Produktes hinzurechnen und diesen Wert auf die tatsächliche Nutzungsdauer beziehen.

2.3 Die horizontale Integration aller Produktivtätigkeiten: das Ende der Theorie der drei Sektoren wirtschaftlicher Tätigkeit und die Grenzen des Engels'schen Gesetzes

Die traditionelle Wirtschaftstheorie unterscheidet noch immer zwischen drei Sektoren: dem Primär- oder Landwirtschaftssektor, dem Sekundär- oder Industriesektor und dem Tertiärsektor, der alle Dienstleistungen um-

---

[4] Siehe Irving Leveson, Hudson Institute Strategy Group, New York, „The Service Economy in Economic Development", eine am Graduate Institute of European Studies vorgelegte Arbeit, Genf, 16. April 1985.

faßt (manchmal weiter abgegrenzt von einem Quartärsektor)[5]. Diese Sektorialisierung verläuft „vertikal" und hat zu Theorien der Wirtschaftsentwicklung geführt, aufgrund derer die landwirtschaftlichen Gesellschaften historisch den Übergang zu Industriegesellschaften vollziehen, so daß jetzt der Übergang zu einer Gesellschaft mit vorherrschendem Dienstleistungssektor erfolgen kann. Diese Theorie dreht sich im wesentlichen um den Industrialisierungsprozeß, wo die vorwiegend landwirtschaftlichen Gesellschaften noch nicht industrialisiert sind und der Tertiärsektor als „Abfalltonne" dient, um alle Wirtschaftstätigkeiten aufzunehmen, die nicht als industriell bezeichnet werden können.

In Wahrheit ist bei allen drei Gesellschaftstypen, der landwirtschaftlichen, der industriellen und der Dienstleistungsgesellschaft, der entscheidende Punkt der Bezug zu der Priorität, die der besseren Stimulierung der Erzeugung von Reichtum und Wohlstand zu geben ist. Die Industriegesellschaft bringt die Landwirtschaft keineswegs zum Verschwinden, sondern ganz im Gegenteil: Die landwirtschaftliche Erzeugung wird dank der *Industrialisierung* immer effizienter. Die Industrialisierung entwickelt sich nicht als eine von der Landwirtschaft völlig getrennte Produktionstätigkeit, sondern sie durchdringt auch die traditionelle Methode der Erzeugung und Verteilung landwirtschaftlicher Produkte. Ebensowenig ist die Dienstleistungswirtschaft eine Tätigkeit, die völlig losgelöst von der industriellen Produktionsstruktur entstanden ist, sondern sie durchdringt die industrielle Produktion selbst, die ihrerseits in erster Linie in die Abhängigkeit von der Leistungsfähigkeit der Dienstleistungsfunktionen innerhalb (wie auch außerhalb) des Produktionsprozesses gerät. Das eigentliche Phänomen ist deshalb nicht der Rückgang und das Wachstum dreier vertikal getrennter Wirtschaftsprozesse oder Sektoren, sondern ihre fortschreitende horizontale Durchdringung und Integration. Mit anderen Worten entspricht die neue Dienstleistungswirtschaft nicht der Wirtschaft des tertiären Sektors im herkömmlichen Sinne, sondern beruht auf der Tatsache, daß die Dienstleistungsfunktionen heute in allen Arten wirtschaftlicher Tätigkeit vorherrschend sind.

Ein finnischer Wirtschaftswissenschaftler, Pentti Malaska, hat diesen Gedanken in folgendem Diagramm ausgedrückt:

---

5 Siehe hierzu Jean Fourastié, „Le grand espoir du XXème siècle", Gallimard, Paris 1958; Colin Clark, „Les conditions du progrès économique", PUF, Paris 1960; Daniel Bell, „The Coming of Post-Industrial Society", Basil Books, New York 1973.

Abbildung 3: Aus Pentti Malaska, „Outline of a Policy for the Future", in „The Science of Complexity", United Nations University, Tokio 1985 (S. 343)

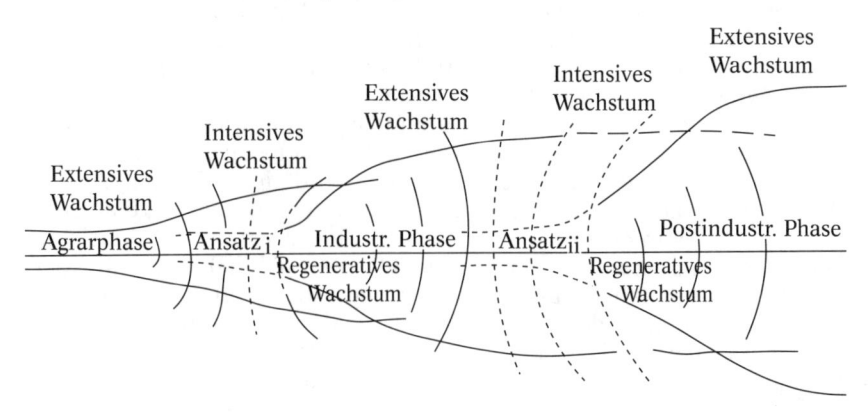

Mit jedem grundlegenden Übergang von einem früheren Weg zur Erzeugung von Reichtum und Wohlstand zum anderen ändert sich auch die Auffassung von den Bedürfnissen und der Nachfrage. Auch die Definition der Grundbedürfnisse ändert sich.

In einer Agrargesellschaft lag es auf der Hand, daß das landwirtschaftliche (präindustrielle) Produktionssystem als Antwort auf das Problem der Befriedigung der Grundbedürfnisse betrachtet wurde.

Nach dem Beginn der Industrialisierung und entsprechend der Geschichte der Wirtschaftstheorie, die bis heute im wesentlichen mit der Entwicklung der Industrialisierung zusammenfiel, wurden die Primärbedürfnisse als die Grundbedürfnisse definiert, die das System der Güterherstellung (einschließlich der Schlüsselsektoren der landwirtschaftlichen Produktion) erfüllen kann. Das Gesetz von Engels behauptet, Dienstleistungen seien in den meisten Fällen von sekundärer Bedeutung, weil sie nur nichtessentielle Bedürfnisse erfüllten. Aus dieser Sicht ist die industrielle Revolution eine wirksame Methode zur Versorgung der Menschen mit Nahrung, Obdach und Gesundheitspflege. Nur wenn diese Grundbedürfnisse erfüllt sind, werden auch bestimmte „Dienstleistungen" in den Verbrauch miteinbezogen.

Aber die eigentlichen Veränderungen in Richtung auf eine Dienstleistungswirtschaft beruhen eben gerade auf der Tatsache, daß die Dienstleistungen unentbehrlich werden, um Basisprodukte und die Dienste zur Erfüllung der Grundbedürfnisse zur Verfügung zu stellen. Dienstleistungen sind nicht länger nur ein zweitrangiger Sektor, sondern vielmehr im Begriff, sich in den Mittelpunkt der Aktivitäten zu verlagern, wo sie *zu unentbehrlichen Produktionswerkzeugen* geworden sind, um die

Grundbedürfnisse zu befriedigen und die wesentlichen Instrumente zur Erhöhung des Reichtums der Nationen zu entwickeln.

Die *Versicherungswirtschaft* ist ein typisches Beispiel: Bis vor einem Jahrzehnt vertraten die Menschen, selbst die in der Versicherungswirtschaft beschäftigten, allgemein die Auffassung, daß Versicherungspolicen zur Deckung von Lebensrisiken oder Sachschäden nach herkömmlicher Wirtschaftsauffassung ein typisches Sekundärprodukt waren und sich nur dann weiter ausdehnen konnten, wenn die Grundbedürfnisse durch die materielle Produktion gedeckt waren. Während der zehn Jahre nach 1973, als das Wachstum des BSP der Welt von durchschnittlich 6 Prozent auf 3 Prozent jährlich sank, nahm jedoch der Abschluß von Versicherungspolicen insgesamt weiterhin um 6 Prozent jährlich zu. Wäre der Versicherungsverbrauch nur von zweitrangiger Bedeutung, so hätte sich die Verlangsamung anderer Wirtschaftstätigkeiten, insbesondere auf dem Fertigungssektor, gemäß dem Gesetz von Engels im Verkauf von Versicherungen um mehr als einen nur proportionalen Anteil verringert.

Die Erklärung für dieses anhaltende Wachstum der Versicherungswirtschaft sogar in Zeiten rückläufigen allgemeinen Wachstums liegt eben gerade in der Natur des modernen Produktionssystems, welches vom Versicherungswesen und von anderen Dienstleistungen als entscheidenden Garantieinstrumenten für sein eigenes Funktionieren abhängig ist. Auf einem sehr weit fortgeschrittenen technischen Produktionsniveau, wo die Risiken und die Risikoanfälligkeit sehr stark konzentriert sind und eine erhebliche Herausforderung an die Betriebsleitungen darstellen, ist die Versicherung – zunehmend während der letzten Jahrzehnte – zu einer grundlegenden Voraussetzung für Investitionen geworden. In ähnlicher Weise sind heute in den meisten industrialisierten und in der Industrialisierung begriffenen Ländern die soziale Sicherheit und die Kranken- und Lebensversicherung auf allgemeinerer Ebene zu primären Bedürfnissen geworden.

2.4 Vom Produktwert zum Systemwert

Ein weiterer entscheidender Unterschied zwischen der Industriewirtschaft und der Dienstleistungswirtschaft liegt darin, daß erstere im wesentlichen Produkte bewertet, die materiell bestehen und ausgetauscht werden, während in einer Dienstleistungswirtschaft vielmehr die Leistungserfüllung und eigentliche Verwendung (innerhalb eines bestimmten Zeitraums) der Produkte (materieller und anderer Art), die in ein System integriert sind, bewertet werden. Während der klassischen Wirtschaftsrevolution konnte der Wert eines Produktes im wesentlichen aufgrund der bei seiner Produktion anfallenden Kosten bewertet werden, dagegen tendiert der Wertbegriff in der Dienstleistungswirtschaft zu einer Bewertung der Kosten, die im Zusammenhang mit den Nutzungsergebnissen entstehen[6].

Bei der ersten Vorgehensweise wird eine Waschmaschine als solche bewertet, bei der zweiten die Gebrauchsleistung der Maschine, wobei nicht nur die Produktionskosten, sondern auch alle sonstigen Kostenarten (Lernzeit der die Maschine benutzenden Menschen, Wartungs- und Instandsetzungskosten usw.) berücksichtigt werden. Die Möglichkeit der Anwendung beider Vorgehensweisen richtet sich in den meisten Fällen nach der technologischen Komplexität der Erzeugnisse: Im Falle einfacher Produkte und Werkzeuge kann die Bewertung auf das Werkzeug oder Produkt als solches beschränkt werden (der Käufer eines Hammers hält es nicht für notwendig, dessen Benutzung in einem Lehrgang zu lernen). Im Falle eines Computers sind jedoch die Lernkosten der Benutzer eher größer als die Anschaffungskosten des Gerätes, besonders wenn man die Kosten der notwendigen Software miteinbezieht.

Ebensowenig würden die Käufer von Geschirr oder selbst eines Fahrrades daran denken, einen Wartungsvertrag zu unterschreiben. Beim Kauf von elektronischen Schreibmaschinen, Fotokopiermaschinen oder Fernsehern sind dagegen Wartungsverträge – selbst für Einzelverbraucher – mehr und mehr üblich. In der Dienstleistungswirtschaft wird das *Funktionieren* eines Werkzeugs gekauft (daher einschließlich der Kosten für Wartung, Instandsetzung und Versicherung): Man kauft heute funktionierende Systeme, nicht nur Produkte.

Die gleiche Auffassung ist u. a. auch im Gesundheitssektor anzutreffen. Aus Gründen, die eindeutig mit der Entwicklung der Dienstleistungswirtschaft zusammenhängen, nehmen in den Vereinigten Staaten sogenannte „Gesundheitserhaltungsorganisationen" (Health Maintenance Organizations – HMO) an Bedeutung zu, und zwar in verschiedenen Formen, die auf praktischen Erfahrungen beruhen.

Diese Organisationen vereinigen mehrere Elemente in ihrer Zielsetzung: Anreize an Ärzte zur „Erzeugung" gesunder Patienten an Stelle von Großverbrauchern von Arzneimitteln und Krankenhausleistungen; Allgemeinärzte, die mit Fachärzten zusammenarbeiten; Einsatz neuer Technologie zur Aufzeichnung aller nützlichen Daten über die Krankengeschichte der Patienten; verringerte Gesundheitsausgaben. Die Arbeitsweise dieser HMOs in den Vereinigten Staaten ist ein interessantes Stu-

---

6 Hierin ist eine weitreichende theoretische Überlegung enthalten: die Rehabilitation von Eigenbedarfsproduktion, Eigenverwendung und Eigenverbrauch (die per Definition nicht monetarisierte Tätigkeiten darstellen, weil sie außerhalb eines offenen oder versteckten Austauschsystems liegen) als entscheidende wirtschaftliche Ressourcen, die eine zweckmäßige Lenkung erfordern.

dienobjekt in bezug auf die Art und Weise, wie Patienten besser behandelt und Gesundheitskosten gesenkt werden können, da die Zielsetzung ein optimaler Systembetrieb ist und der Wert der HMOs nicht an dem für Arzneimittel oder Krankenhausbehandlung ausgegebenen absoluten Geldbetrag gemessen wird[7].

Geld wird effizienter ausgegeben, wenn der wirtschaftliche Wert aufgrund der Leistungsergebnisse (bessere Gesundheit) anstatt aus einem rein „industriellen" Blickwinkel (Gleichsetzung eines höheren Arzneimittelverbrauchs mit der Vermehrung von Gesundheit und Wohlstand in allen Fällen) ermittelt wird.

Die Bewertung von Systemen, d. h. der Organisation von Produktionsmitteln und Personen in einem bestimmten Umfeld zur Erzielung erwünschter und wirtschaftlich wertvoller Ergebnisse, muß demnach verschiedene Komplexitätsgrade und die Funktionsanfälligkeit der Systeme mit berücksichtigen. Aus dieser Sicht erhält die Rolle des Versicherungswesens eine strategisch entscheidende Bedeutung in der heutigen Dienstleistungswirtschaft.

2.5 Ungewißheit und die Verletzlichkeit von Systemen

Wie wir gesehen haben, erhält der Begriff der Systeme in der Dienstleistungswirtschaft eine wesentliche Bedeutung. Systeme erzeugen positive Ergebnisse oder wirtschaftliche Werte, wenn sie einwandfrei *funktionieren*.

Der Begriff des Betriebs (oder des Funktionierens) von Systemen erfordert die Berücksichtigung der Realzeit und der Dynamik des wirklichen Lebens. Und immer, wenn die Realzeit in Rechnung gestellt wird, wird der Grad der Ungewißheit und Wahrscheinlichkeit, der alles menschliche Handeln beeinflußt, zu einer zentralen Frage.

Die Wirtschaftslehre während der industriellen Revolution konnte im Gegensatz dazu von der Fiktion eines perfekten Gleichgewichts (außerhalb der Realzeit und der Nutzungsdauer) ausgehen, weil sie auf dem Begriff der Gewißheit beruhte. Während des größten Teils der Wirtschaftsgeschichte der industriellen Revolution waren Risiko und Ungewißheit nur für Historiker und Soziologen eine Frage von Bedeutung.

---

7 Siehe Alain Enthoven (Stanford University), „The HMO's", Vortrag im Institut La Boétie, gehalten am 23. April 1985; Martin Zigler, „The Changing Face of Health Care Delivery", in „Emphasis", von Tillinghast Actuaries, Atlanta, Georgia, März 1985. Siehe auch „Problems and Perspectives of Health Insurance", The Geneva Papers on Risk and Insurance, Nr. 45, Genf, Oktober 1987.

Jedes auf die Erzielung künftiger Ergebnisse gerichtete System ist per Definition in einer Lage der Ungewißheit, selbst wenn verschiedene Situationen durch verschiedene Grade des Risikos, der Ungewißheit oder sogar der Unbestimmtheit charakterisiert werden. Risiko und Ungewißheit sind jedoch keine Frage der Wahl: Sie sind einfach Teil der menschlichen Gegebenheiten.

Rationalität ist deshalb nicht so sehr ein Problem der Vermeidung von Risiken und der Beseitigung von Ungewißheit, sondern vielmehr der Beherrschung von Risiken und der Verringerung von Ungewißheit und Unbestimmtheit auf ein annehmbares Niveau, das in einer gegebenen Lage ermöglicht, diese unter Kontrolle zu halten.

Leider wird der Begriff der Systemanfälligkeit im allgemeinen mißverstanden. Zu behaupten, die Anfälligkeit nehme mit steigender Qualität und Leistungsfähigkeit moderner Technologie zu, könnte paradox erscheinen. Tatsächlich beruht die höhere Leistungsfähigkeit der meisten technologischen Errungenschaften auf einer Verringerung der Fehlerspanne, die ein System tolerieren kann, ohne zusammenzubrechen. Unfälle und Bedienungsfehler kommen noch immer vor, wenn auch weniger häufig, doch haben ihre Wirkungen kostspieligere Folgen für das Gesamtsystem. Das Öffnen der Tür eines fahrenden Wagens führt nicht unbedingt zur Katastrophe. Im Falle eines modernen Flugzeuges ist dies jedoch der Fall. Dies zeigt, daß die Begriffe des Funktionierens von Systemen und der Kontrolle der Fehlfunktionsanfälligkeit zu einer entscheidend wichtigen Wirtschaftsfunktion werden, zu der z. B. Wirtschaftsfachleute und Ingenieure gemeinsam beitragen müssen. In ähnlicher Weise gilt es bei der Lösung von Problemen der sozialen Sicherheit und Kostenersparnis für den einzelnen, die Risikoanfälligkeit unter Kontrolle zu halten.

Somit werden die Begriffe des Risikos und der Beherrschung der Fehleranfälligkeit und Ungewißheit zu Schlüsselfaktoren in der Dienstleistungswirtschaft.

2.6 Der Risikobegriff in der industriellen Revolution und in der Dienstleistungswirtschaft

Die Einstellung zur Risikoübernahme wurde von den ersten großen Wirtschaftswissenschaftlern nicht als zentrales theoretisches Thema behandelt; sondern in einem bestimmten kulturellen Umfeld eher als Tatsache hingenommen oder als Teil einer mehr soziologischen als wirtschaftswissenschaftlichen Analyse der Gesellschaft betrachtet.

Erst 1921 schrieb Frank Knight ein erstes umfassendes Buch über das Thema „Risiko, Ungewißheit und Gewinn"[8]. Aber auch hier waren die von ihm erörterten Risiken mehr oder weniger auf die „unternehmerischen" Risikotypen beschränkt. Das Gebiet des reinen Risikos, das mit der Anfälligkeit von Systemen zusammenhängt, galt noch immer als zu zweitrangig, um als Priorität unter den Management-Zielen der Firma betrachtet zu werden.

Erst in jüngerer Zeit haben Wirtschaftswissenschaftler wie Kenneth Arrow[9] begonnen, die Realität der Ungewißheiten, die eine Wirtschaftspolitik oder Management-Entscheidung unterminieren können, näher zu untersuchen. Genau wie Ricardo und Smith praktische Beispiele für ihre Theorien aus der Landwirtschaft und dem Kleingewerbe heranzogen und die spätere Generation von Wirtschaftswissenschaftlern bis zu Samuelson ihre Beispiele aus der Großindustrie nahmen, so beziehen sich die fortschrittlichsten Wirtschaftswissenschaftler von heute ganz natürlich auf das Management von Risiko und Ungewißheit in Versicherungsinstitutionen und im Bereich der Sozialwohlfahrt oder der Gesundheit.

Dies führt weithin zur Überprüfung einiger Grundbegriffe der Wirtschaftstätigkeit, wobei im Mittelpunkt die Notwendigkeit steht, besser zu verstehen, unter welchen Umständen und aus welchen Gründen moderne wirtschaftliche Risiken und Ungewißheiten das unternehmerische und schöpferische Talent des Menschen in die Lage versetzen, den heutigen Herausforderungen erfolgreicher zu begegnen. Die weltweite Diskussion über das Risiko-Management ist ein Zeichen für diesen Vorgang. Sie ist im Grunde repräsentativ für die Reaktion auf die neue Art und Dimension des Risikos, das unser wirtschaftliches und soziales Umfeld bedingt.

Es ist klar, daß das Risiko heute auf einer Ebene angesiedelt ist, wo die Anfälligkeit so groß ist, daß die Gesamtungewißheit des Wirtschaftsablaufs erhöht wird. Wie viele Unternehmensvorstände von heute träumen von den Entscheidungsmöglichkeiten, die man vor zwanzig Jahren hatte? Auch die Verbraucher sind immer weniger bereit, zu „Risikokonsumenten" zu werden. Die Lage auf dem Gebiet der Produkthaftung und der Kunstfehler wird in den Vereinigten Staaten zwar durch ein besonderes Rechtsumfeld überbetont, ist jedoch mehr als nur eine lokale Erscheinung. Es handelt sich um eine typische Tendenz der Dienstleistungswirtschaft, denn der Verbraucher ist sich zunehmend bewußt, daß Werkzeuge und Produkte, ja sogar Experten, nur dann von Wert sind, wenn ihre „Verwendung" zu einem positiven Ergebnis führt. Eine Verwendung, die

---

8 Siehe Frank Knight, „Risk, Uncertainty and Profit", University of Chicago Press, 1971 (1921).
9 Siehe Kenneth Arrow, „Risk Allocation and Information", The Geneva Papers on Risk and Insurance Nr. 8, Juni 1978, S. 5 – 19, sowie das zugehörige Literaturverzeichnis.

negative Folgen nach sich zieht, wird zurückgewiesen und führt zu Schadenersatzforderungen. Produkthaftung ist ein Problem in den Vereinigten Staaten, wo Rechtsstreitigkeiten in einigen Fällen zu äußerst hohen, wenn nicht überzogenen Entschädigungen geführt haben. Unternehmen der chemischen und pharmazeutischen Industrie stehen hier vor einem besonderen Problem[10]. Ärzte, Rechtsanwälte, Wirtschaftsprüfer und andere Fachberufe werden vor Gericht wegen „Berufsvergehen" verfolgt und müssen ihre Kunden entschädigen, falls sie für schuldig befunden werden. Die Richtlinien[11] der Europäischen Gemeinschaft, wonach der Erzeuger wirtschaftlicher Werte während 10 Jahren haftet, wenn er ein „Produkt" liefert, das negative Ergebnisse zur Folge hat, sind Ausdruck dieser Entwicklung. Um es nochmals zu sagen: In der heutigen Wirtschaft ist es die „Produktleistung" (oder Nutzung), der ein wirtschaftlicher Wert zukommt, und nicht die „Existenz" eines Produktes oder einer Dienstleistung.

Die Bedeutung des Risikobegriffs in der Dienstleistungswirtschaft erstreckt sich über ein weit größeres Gebiet als der Risikobegriff, wie er in der industriellen Revolution bestand. Im letzteren Falle handelt es sich bei dem normalerweise erwähnten Hauptrisiko um das sogenannte unternehmerische oder kommerzielle Risiko; in der Dienstleistungswirtschaft umfaßt es außerdem das sogenannte reine Risiko.

Ein Unternehmerrisiko liegt vor, wenn die an einer Handlung Beteiligten durch ihre Beschlüsse, zu produzieren, zu verkaufen, zu finanzieren usw., die Ziele und den Gang der Handlung beeinflussen können. Das reine Risiko liegt außerhalb des Einflußbereichs derer, die an einer Handlung beteiligt sind. Es ist abhängig von der Anfälligkeit der Umgebung oder des Systems, in dem sie arbeiten, und es materialisiert sich durch Unfall oder Zufall. Dieser Begriff des reinen Risikos ist streng gebunden an den Begriff der Anfälligkeit von Systemen, wie wir sie in den vorangegangenen Absätzen dargestellt haben, und in seiner Bedeutung kennzeichnend für die Dienstleistungswirtschaft.

Einer der großen Unterschiede zwischen der neoklassischen Wirtschaftswissenschaft und der neuen Auffassung der Dienstleistungswirtschaft liegt darin, daß nicht nur das „Unternehmerrisiko" berücksichtigt wird (wie bei Frank Knight), sondern daß der Begriff des wirtschaftlich relevanten Risikos auf den Begriff des reinen Risikos ausgedehnt wird. Der Risikobegriff im weiteren Sinn hat deshalb zwei grundlegend *verschiedene*, jedoch *komplementäre* Nebenbedeutungen.

---

10 Siehe das Buch von Arthur Hailey, „Strong Medicine", Pan Books, London 1985.
11 Europäische Gemeinschaft, Richtlinien über Produkthaftung, 1985, und über Produktsicherheit, 1992.

Für jede wirtschaftliche Unternehmung von Bedeutung ist die Berücksichtigung beider Risikobegriffe heute auf der gleichen strategischen Ebene angesiedelt (wiederum geknüpft an den Begriff der Systeme und deren Anfälligkeit).

Dies bedeutet, daß die Bewältigung des reinen Risikos, das weitgehend Gegenstand des Versicherungswesens ist, eine strategische Frage von entscheidender Bedeutung für die Wirtschaftsentwicklung darstellt. Deshalb ist das Image oder der Status des Versicherungswesens heute in einer tiefgreifenden Veränderung begriffen, die in nicht zu ferner Zukunft ein Wertniveau erreichen könnte, das dem anderer für die Wertschöpfung wesentlichen Tätigkeitssektoren entspricht.

3. Schlußfolgerungen

– Solange die aus dem 19. Jahrhundert stammende Vorstellung herrscht, wonach Risiko und Ungewißheit eine Art Unvollkommenheit darstellen, ist es verständlich, daß eine Wirtschaftstätigkeit wie das Versicherungswesen, welches Risiko und Ungewißheit unter Kontrolle halten will, eine Art Sekundärtätigkeit bleiben wird, eine Art von vorübergehendem „notwendigem Übel".

Werden dagegen Risiko und Ungewißheit als Normalität akzeptiert, wird das Versicherungswesen zu einem wichtigen Sektor und entfaltet Möglichkeiten und Handlungen, um die Herausforderungen der Wirklichkeit zu beherrschen und zu überwinden. Der Übergang einer gesellschaftlichen Grundphilosophie vom Determinismus zum Indeterminismus bewirkt deshalb die Umgestaltung des Bildes der Versicherung von einem am Rande liegenden sekundären Wirtschaftszweig zu einem Bezugsmodell für unsere moderne Welt.

– In gleicher Weise führen auf der Ebene der Wirtschaft die traditionellen Theorien über die Schaffung von Reichtum als exklusive oder vorrangige Aufgabe des gewerblichen Produktionssystems dazu, daß Dienstleistungszweigen wie der Versicherung eine Neben- oder bestenfalls Sekundärrolle zuerkannt wird.

Erkennt man dagegen, daß die Schaffung ökonomischen Reichtums und Wohlstands in der heutigen Volkswirtschaft von einer Mischung aus Gewerbe- und Dienstleistungstätigkeiten abhängt, die beide für die wirtschaftlichen Entwicklungsprozesse unentbehrlich sind, so kommt dem Versicherungswesen die gleiche strategische Grundposition zu wie jedem anderen bedeutenden Wirtschaftssektor.

Diese beiden Fragen (die Grundlagen der Gesellschaftsphilosophie und der Wirtschaftstheorie) durchlaufen heute einen tiefgreifenden Wandel.

Dieser Prozeß ist bereits weit fortgeschritten, selbst wenn noch kein allgemein anerkanntes und voll ausgereiftes Muster erkennbar ist. Doch sind wir nicht mehr weit davon entfernt. Dieser Vorgang wird zudem durch die zunehmende Globalisierung der Wirtschaftstätigkeiten und die verstärkten gesellschaftlichen und politischen Interdependenzen beschleunigt. Das Bemühen, Komplexität und Diversität in den Griff zu bekommen, geht Hand in Hand mit den Problemen der Bewältigung der Ungewißheit[12].

Und schließlich hängt das Tempo, in dem dieser Vorgang abläuft, auch davon ab, wieweit die für die Entwicklung des Versicherungswesens verantwortlichen Kreise die ihnen zufallende neue und größere gesellschaftliche Rolle und die neue herausfordernde Bedeutung ihres Berufs akzeptieren und umsetzen.

---

12 Zu dieser Frage siehe Orio Giarini und Walter Stahel, „The Limits to Certainty", Kluwer Academic Publishers, Dordrecht, 1988/1993.

Matthias Haller / Jochen Petin

Geschäft mit dem Risiko – Brüche und Umbrüche in der Industrieversicherung

Einführung

„Tränen in der Assekuranz" titelt die Börsenzeitung einen generellen Überblick über die Geschäftslage 1993[1]. In der Tat kumulieren im Jahr der europäischen Marktöffnung Tendenzen, die – jede für sich – noch vor einem Jahrzehnt zur Herausforderung des Jahres erklärt worden wären. Oder führen diese Tendenzen in einer Kumulierung, die die gesamte Assekuranz trifft, gar zu einer *geschäftspolitischen und operativen Wende* in den Kernbereichen des Geschäfts, dies zudem mit einer Energie, wie sie nur aus der echten Krisensituation freigesetzt wird?

Betrachten wir die *Industrieversicherung:* Seit mehr als einem Jahrzehnt ein Sorgen- (und zugleich ein Prestige-)Kind der Versicherer, erfährt sie zur Zeit eine gewollte und zugleich ungewollte *Isolierung,* die sich aus verschiedenen Entwicklungen und deren kombinierter Wirkung erklärt:

- Die generell schlechte Ertragssituation der Branche, welche mit dem miserablen Geschäftsabschluß von 1991 ihren Tiefpunkt erreicht hat;

- Kapazitätsbeschränkungen und Preiserhöhungen der Rückversicherer, die mit der vor Jahren angedrohten „Entkoppelung von Erst- und Rückversicherungsgeschäft" (Geratewohl) wahrzumachen beginnen, dies in engem Zusammenhang mit ernsthaften Zahlungsproblemen und Rückzugsbewegungen einzelner Rückversicherungsanbieter;

- Vorläufiger Abschluß eines Kampfs um Marktanteile mit Blick auf einen europäischen Binnenmarkt, der sich angesichts der Verhältnisse in den übrigen europäischen Märkten bisher wohl eher als ein Phantom erwiesen hat;

- Reorganisation nach Kundengruppen in maßgebenden Versicherungshäusern, durch die – nach langjähriger Diskussion – der Marketinggedanke realisiert wird und die Kundengruppenverantwortlichen Profit-Center-Verantwortung erhalten;

[1] Börsenzeitung vom 9. 6. 93.

● Damit und mit den übrigen Ertragsproblemen verbunden: Beendigung der (oft freiwilligen) Quersubventionierung des Industriegeschäfts aus dem Privatkundengeschäft.

So ist es nicht verwunderlich, wenn in den Verlautbarungen der einzelnen Häuser, wie in den Berichten der Branchenverbände, das Stichwort *„Sanierung"* die Szene beherrscht und man derzeit vor allem darauf bedacht ist, diese Bemühungen nachhaltig weiterzuführen und zugleich sicherzustellen, daß nicht schon die ersten Hoffnungszeichen erneut die Tendenz begünstigen, Industrierisiken nach dem „Prinzip Hoffnung" (Dieter Farny) zu zeichnen.

Ziel muß es sein, eine „Gesundung" nicht nur als kurzfristigen Kraftakt – dem Einsatz von Antibiotika gleich – zu erzwingen, sondern die Industrieversicherung auf eine geschäftspolitisch dauerhafte Basis zu stellen. Man ist auf der Suche nach einem tragfähigen Fundament, das, wie Georg Mehl es mit Blick auf die Transportversicherung ausdrückt, *„Freude am Geschäft"* zurückbringt: „Unsere Mitarbeiter, aber auch wir, wollen wieder einmal das Selbstwertgefühl desjenigen spüren, der erfolgreich ist. Und das ist im kaufmännischen Leben der, der Gewinne herzeigen kann"[2].

Um solche Freude auf Dauer zu erzeugen, bedarf es der Mitwirkung des *Marktpartners*, m. a. W. der Industrie. Sie wird im Zeichen der Sanierung vom Vorsitzenden des Fachausschusses „Industrielle Sachversicherung" wohl zurecht als *„Marktgegenseite"* charakterisiert, denn nach den Worten des DVS-Geschäftsführers charakterisiert sie die Sanierung zumindest kurzfristig (und im Zeichen der Rezession) anders:

● „Überfallartiges Sanierungskommando mit Preissteigerungen im Einzelfall von über 100 %,

● wenig Alternativen im europäischen Versicherungsmarkt, da die Kapazitäten unterhalb der Preisforderungen des besitzenden Versicherungskonsortiums nicht existent waren,

● zu geringe Kompromißfähigkeit bei der Vereinbarung von Stufenplänen,

● Schadenfallkündigungen als Mittel der Durchsetzung von Sanierungsforderungen auch bei Kleinschäden,

● Verweigerung von Kapazitäten einzelner Versicherer selbst zur Richtlinienprämie, da einzelne Versicherer den Ausstieg bei den sogenann-

---

2 G. Mehl, Allgemeine Fragen der Transportversicherung 1993, in: VW Heft 13, 1993, S. 815.

ten schadenbelasteten Konten in ihrer Zeichnungspolitik verankert haben"[3].

So schmerzhaft die Sanierung seitens der Industrie erlebt wird, so berechtigt erscheint die eingangs dargestellte Gegenargumentation der Versicherer. Dem Industrieversicherer geht es um *Kerngeschäft und Kernexistenz,* denn würde die Sanierung nicht in *kurzer* Zeit realisiert, so wäre seine Kontinuität in Frage gestellt oder zumindest ein „dramatischer Deckungsnotstand in der Industrie nicht mehr auszuschließen (Peter Frey) ... Wir sind zur Risikopartnerschaft verdammt"[4].

Soll solche Partnerschaft zwischen Industrie und Assekuranz auf Dauer ausgerichtet sein, so muß es allerdings nachdenklich stimmen, wenn der Vorsitzende des Fachausschusses „Industrielle Sachversicherung" seine Argumentation wie folgt abschließt: „Uns wurde das geschäftspolitische Handeln zu einem großen Teil aus der Hand genommen, ein Zustand, der nicht befriedigt, den wir wieder ändern müssen, wollen wir ernstzunehmende Partner für die Großindustrie sein." Davon ist natürlich auch die Beziehung zwischen Erst- und Rückversicherer berührt: „Erstmalig haben sich Feuer-Rückversicherer vom Preisgeschehen des Erstversicherungsmarktes abgekoppelt. (...) Wir müssen wohl zur Kenntnis nehmen, daß die Schicksalsteilung zwischen Erst- und Rückversicherungsmarkt lediglich in guten und leicht negativen Zeiten funktioniert. Diese Verschiebung hat uns Erstversicherer sicherlich überrascht"[5]. Fazit: Die ganze Kette der Wertschöpfung in der Industrieversicherung ist durch die derzeitige Veränderung betroffen.

Mit Blick auf die *Restrukturierung* des Industriegeschäfts stehen *zwei Themen* im Raum, welche zweifellos in Wechselbeziehung stehen, aber nicht notwendigerweise identische Herausforderungen bedeuten:

- *Operativ* genießt die erfolgreiche *Verwirklichung der Sanierung* weiterhin die Priorität. Sie sieht sich mit der Tatsache konfrontiert, daß gewisse Teilbranchen sich weiter verschlechtern und zudem im Hoffnungsjahr 1992 die Bereiche FI/FBU nur darum ein relativ günstiges Ergebnis ausweisen konnten, weil der niedrigere Aufwand für Spitzenschäden – eine halbe Milliarde weniger als im Vorjahr – wesentlich zur Ergebnisverbesserung beitrug – also großteils ein Zufallstreffer.

---

3 H. Kühl, Die industrielle Sachversicherung, in: VW Heft 15, 1993, S. 980; aus Kundensicht, vgl. G. Schlicht, Lage und Entwicklung der deutschen Versicherungswirtschaft aus Sicht des DVS, in: Die Versicherungspraxis Nr. 6/93, S. 101 ff., insb. S. 104 ff.
4 Kontinuität der Industrieversicherung aus Sicht eines Rückversicherers, in: Die Versicherungspraxis, Nr. 6, 1992, S. 107.
5 H. Kühl, a.a.O., S. 980.

- *Geschäftspolitisch* stellt sich die Frage, wie die *Kontinuität der Industrieversicherung* auf partnerschaftlicher Basis erfolgreich gestaltet werden kann. Diese Frage berührt weit tiefere Dimensionen der künftigen Versicherungstätigkeit und reicht bis zum Grundproblem, welche gesellschaftliche Rolle die Assekuranz im Dreieck von Industrie, Öffentlichkeit und organisiertem Risikoausgleich einnehmen will.

Im folgenden gehen wir davon aus, die Sanierung sei – mit Konflikten und unter teilweiser Abwanderung relativ gut ausgeglichener Geschäftsbereiche in die Captive-Szene – gelungen. Die Partnerschaft zwischen Industrie und Versicherung hat erheblich gelitten; dennoch hat sich ein Gremium führender Repräsentanten aus Industrie, Assekuranz und Vertretern der Öffentlichkeit gebildet, das die *grundsätzlichen und langfristigen Probleme* gemeinsam *im Dialog angehen* möchte. Wie könnte dessen Tagesordnung aussehen, und durch welche Probleme, Widersprüche und Paradoxien wären die angestrebten Lösungen tangiert?

Zunächst ist von einer *säkularen Veränderung im Geschäftsfeld der Industrieversicherung* auszugehen, welche die Veränderungen in der globalen Wirtschaft spiegelt. Hier gewinnen Risikoaspekte an Bedeutung, die in der Vergangenheit relativ leicht, dann aber immer schwieriger außer acht gelassen werden konnten: Diese Veränderungen zeigen zunächst die Notwendigkeit eines *erweiterten Verständnisses von „Risiko"* (1.) an. Darüber hinaus wird deutlich, daß Industrieunternehmen und Versicherer die Funktion *„Versichern" mit unterschiedlichem Kalkül* (2.) angehen und die Deckung normalerweise die Risiken insgesamt erhöht, anstatt einen Sicherheitszuwachs auszulösen. Weil sich die versicherungsrelevante Risikoentwicklung aufgrund der konsequenten Ausnutzung von Größenvorteilen und der exponentiellen Ausweitung kleinstwahrscheinlicher – aber möglicher – Größtschäden zunehmend unausgeglichen gestaltet, schlagen wir die Konzipierung eines *„Unwahrscheinlichkeits-Managements"* zur Berücksichtigung der dabei zu ermittelnden Risikogemeinkosten (3.) vor, wobei die *Vernetzung im Rahmen eines erweiterten Risiko-Managements* (4.) vertieft erörtert werden soll. Angesichts der Brisanz dieses Themas ist nolens volens auch die Industriepolitik und die Auseinandersetzung um Industrierisiken in der Öffentlichkeit angesprochen: Im Umfeld offener Risikokommunikation wird sich *die Industrieversicherung im gesellschaftlichen Risiko-Dialog* (5.) bewähren müssen.

1. Erweitertes Verständnis von „Risiko"

In einer standardmäßigen Definition gilt Risiko als Produkt von Eintrittswahrscheinlichkeit und Schadenausmaß. Sowohl die *quantitativen* Veränderungen als auch die durch die gesellschaftliche Kommunikation reflektierten *qualitativen* Veränderungen zeigen die Grenzen dieses Verständnisses auf. Für die Versicherung ist beides von größter Bedeutung. Einerseits beruht die Einschätzung von Risiken durch die Versicherung auf der Möglichkeit, ein Risiko durch das Erfassen der beiden Parameter Schadenwahrscheinlichkeit und -ausmaß hinreichend genau einschätzen zu können. Andererseits folgen Rechtsetzung und -sprechung den gesellschaftlichen Wertvorstellungen und damit dem, was sich als Ergebnis der öffentlichen Auseinandersetzung über Risiken, deren Akzeptanz und der Verantwortlichkeiten herausbildet.

Die Risikoveränderung in der modernen Industriegesellschaft ist schwergewichtig durch zwei Entwicklungen zu kennzeichnen[6]:

1. Abnahme der *Störanfälligkeit* und Zunahme des *Schadenpotentials* aus wenigen „Dennoch-Unfällen" (Kleinstwahrscheinliche Größtschäden).

2. Abnahme der *Zurechenbarkeit* von Schäden auf klar definierbare Verursacher. Die exakte Zurechnung wird sowohl sachlich (Was ist passiert?) wie auch sozial (Wer ist/sind der/die Verursacher?) und zeitlich (Seit wann existiert die Schadenursache bzw. die Störung?) immer schwieriger.

Die Handhabung von kleinstwahrscheinlichen Größtrisiken mit den traditionellen versicherungstechnisch/probabilistischen Mitteln ist aus mehreren Gründen schwierig. Zum einen beruht – mangels Erfahrung – die Einschätzung der zugrunde zu legenden Werte weitgehend auf *subjektiven Bewertungen,* welche nicht dieselbe operative Qualität aufweisen wie die eigentlichen Schadenstatistiken. Die jüngeren Untersuchungen solch probabilistischer Modelle im Zusammenhang mit dem Sicherheitsmanagement in Kernkraftwerken haben deutlich gemacht, daß dadurch ebenso viele Fragen neu aufgeworfen wie alte beantwortet werden. Nicht umsonst hat sich die Assekuranz bei der Deckung entsprechender Risiken zurückhaltend gezeigt; die eigentlichen Katastrophenrisiken sind nach wie vor auf die Gemeinwesen übertragen. Aber auch im nicht-nuklearen Bereich sind im *Spannungsfeld von „economies of scale" und „diseconomies of risks"* entsprechende Tendenzen nachzuweisen: Einzelne Großrisiken – z. B. im Petrobereich[7] – beanspruchen im Schadenfall weit über die MPL-Schätzungen hinausschießende Summen, so daß schon in wenigen Jahren mit einer ungenügenden Deckungskapazität für derartige Größtrisiken gerechnet werden muß. Wie eine vernetzte Analyse der Risikoentwicklung im *multilokalen Management* ergab, ist keinesfalls mit

---

6 Vgl. M. Haller, Der Beitrag des Risiko-Dialogs zur Zukunftssicherung, in: European Integration and Global Competitiveness, 19. Int. Managementgespräch St. Gallen, 1989, S. 117 ff.
7 Vgl. Schweizer Rück, Im Brennpunkt: Risiken der Petrochemie, Zürich 1991, S. 16 ff.

einer Beruhigung dieser Entwicklung zu rechnen; die entsprechenden Wirkungsgefüge führen tendenziell dahin, daß die Verwundbarkeit laufend zunimmt und relativ wenige, dennoch realisierte Störungen zum Teil weltumspannende Konsequenzen aufweisen werden[8]. Aus solchen Erkenntnissen heraus scheint es durchaus zweckmäßig, die *(Rück-)Versicherung als Frühwarnsystem* der modernen Industriegesellschaft zu interpretieren.

Aber auch aus der Perspektive der *Vorsorge- und Bereitschaftskosten* stoßen die Größtrisiken an die Grenzen der Tragfähigkeit und der Reaktionsfähigkeit unserer Sicherungs-Systeme. Weil kleinstwahrscheinliche Größtschäden jederzeit, also auch morgen, eintreten können, müssen auch jederzeit die entsprechenden finanziellen Mittel und Rettungsorganisationen bereitgestellt (und finanziert) werden. Aus diesem Grund hat H. C. Binswanger angeregt, im Sinne der *Internalisierung externer Kosten* seien die Vorsorge- und Rettungskosten den Risikoverursachern (nicht: den Schadenverursachern) zuzuweisen[9]. Neben den generellen Durchsetzungsschwierigkeiten stellt sich hierbei insbesondere das Problem, daß lediglich jene Risikokosten internalisiert werden können, die bereits bekannt sind. In ähnliche Richtung zielt die Forderung, *Versicherungsobligatorien* bis hinauf zu den maximalen Summen der Gefährdungspotentiale zu stipulieren. Natürlich wären hierbei immense Übergangsprobleme zu bewältigen[10], doch geht es um das grundsätzliche Anliegen, in die industriellen Systeme selbsttragende Mechanismen zur Optimierung und *Gewährleistung der Ausgleichsfähigkeit* der Risiken einzubauen.

Die andere Haupttendenz, *eine abnehmende Zurechenbarkeit von Schäden*, gilt weniger für die spektakulären Einzelfälle als für die aus dem industriellen „Normal"betrieb resultierenden *graduellen Veränderungen in der Umwelt*, die, von vielen verursacht, auf nur teilweise geklärten Wegen und mit zeitlicher Verzögerung zu Schädigungen der natürlichen Lebensgrundlagen führen. Die damit einhergehenden Prognoseprobleme lassen sich nach verschiedenen Klassen differenzieren und betreffen sowohl die Voraussage der Eintrittswahrscheinlichkeiten bzw. -zeitpunkte als auch die Schadenhöhe (Abb. 1):

---

8 Vgl. hierzu P. Gomez/K. Bleicher/E. Brauchlin/M. Haller, Multilokales Management – zur Interpretation eines vernetzten Systems, in: M. Haller u. a. (Hrsg.), Globalisierung der Wirtschaft – Einwirkungen auf die Betriebswirtschaftslehre, Bern/Stuttgart/Wien 1993, S. 273 ff., insb. S. 286 ff.
9 Vgl. H. C. Binswanger, Abschied von der „Restrisiko-Philosophie", in: Risiko und Wagnis, hrsg. von Mathias Schüz, Pfullingen 1990, Band 1, S. 257 ff., insb. S. 267.
10 M. Haller/J. Markowitz, Das Problem mit der Ethik im Risiko-Dialog – Konkretisierung am Beispiel der Versicherung, in: H. Ruh und H. Seiler (Hrsg.), ETH-Workshop Gesellschaft – Ethik – Risiko, Tagungsband, Basel u. a. 1993, S. 171 ff.

Abbildung 1: Prognoseprobleme bei ökologischen Risiken

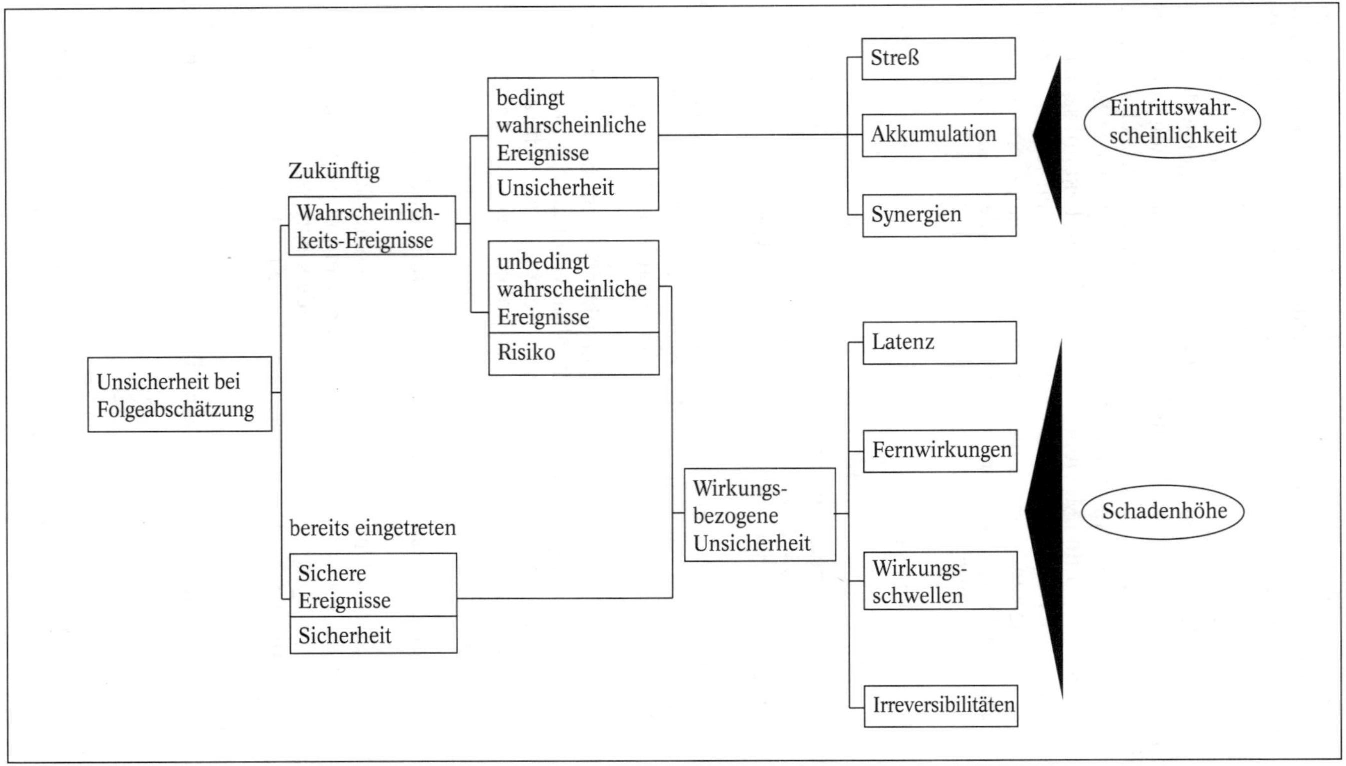

Zur Systematisierung der möglichen *Ursache-Wirkungs-Relationen*, die zu Schwierigkeiten für die Risikoabschätzung führen, läßt sich zunächst unterscheiden zwischen Ursachen bzw. Ereignissen, die erst zukünftig eintreten können und solchen, die bereits eingetreten sind: Bei denjenigen Ereignissen, deren zukünftiger Eintritt erwartet wird, ist wiederum im Sinne von F. Knight zwischen solchen zu unterscheiden, bei denen die Eintrittswahrscheinlichkeit unbekannt ist („Unsicherheit" im Sinne von F. Knight[11]) und solchen, bei denen die Eintrittswahrscheinlichkeit bekannt ist („Risiko"). In diesem zweiten Fall bzw. falls das Ereignis bereits eingetreten ist, kann jedoch die Schadenhöhe unbekannt sein, d. h. es besteht Unsicherheit hinsichtlich der zu erwartenden Auswirkungen. Eine kurze Erläuterung der aus dieser Systematik resultierenden Formen von Ursache-Wirkungs-Relationen macht die Problematik einer korrekten Einschätzung durch die Versicherung deutlich[12].

Prognoseprobleme hinsichtlich der *Eintrittswahrscheinlichkeit* ergeben sich vor allem bei

- *Streß:* Ein bereits aus anderen Quellen belastetes Ökosystem kippt, obwohl unter „Normalbedingungen" eine bestimmte Immissionsmenge verkraftbar gewesen wäre (Beispiel: Waldsterben);

- *Akkumulation:* Immissionen setzen sich fest, und eine bestimmte – letzte – Immission bringt das System aus dem Gleichgewicht (Beispiel: Schwermetallablagerungen im Organismus);

- *Synergien:* Verschiedene Emissionsstoffe haben je für sich keine Nebenwirkungen, gehen gemeinsam aber Verbindungen ein, die Nebenwirkungen hervorrufen können (Beispiel: Kohlenwasserstoff und Stickoxid reagieren und führen zu hohen Ozonwerten in der Atmosphäre).

Hinsichtlich der Bestimmung der *Schadenhöhe* sind problematisch die

- *Latenz:* Unter Umständen werden Schadeneintritt und/oder das Schadenausmaß erst mit zeitlicher Verzögerung sichtbar; dies macht schnelle Gegenmaßnahmen zur Schadenbegrenzung unmöglich (Beispiel: Anstieg des Meeresspiegels wegen Klimaveränderung);

- *Fernwirkungen:* Ausweitung und Intensivierung von Produktions-, Transport- und Konsumnetzen führen zu Folgewirkungen an weit ent-

---

11 F. H. Knight, Risk, Uncertainty and Profit, 1921, Reprint Chicago 1971.
12 Vgl. dazu J. Minsch, Ursache und Verursacherprinzip im Umweltbereich. Zur theoretischen Fundierung einer verursacherorientierten Umweltpolitik, St. Gallen 1988, S. 122 – 147.

fernten und damit unerwarteten Orten (Beispiel: Verseuchte Lebensmittel in Westeuropa nach dem Reaktorunfall von Tschernobyl);

- *Wirkungsschwellen:* Emissionsmengen zeigen unterhalb einer bestimmten Grenze oftmals keine Wirkung; wird diese Grenze überschritten, ergeben sich nicht erwartete, u. U. massive Dysfunktionen (Beispiel: Fischsterben bei Einleitung von Giften);

- *Irreversibilitäten:* Systeme können durch Eingriffe oder Immissionen in ihrer Struktur so verändert bzw. sogar zerstört werden, daß sich der status quo ante nicht wieder herstellen läßt (Beispiel: Gentechnologisch veränderte Tiere und Pflanzen; Verlust von Diversität).

Neben den sachrationalen Aspekten der Risikoentwicklung gewinnt die *öffentliche Auseinandersetzung um Risikofragen* zunehmend eine eigenständige Bedeutung. Dabei geht es neben den objektiven Aspekten der Risikoeinschätzung um die Frage der Beteiligung von Gruppen, die sich von Risiken betroffen fühlen. Die Problematik liegt weniger in der objektiven Konstellation der Risikolage als im *Sozialbereich der Entscheidungszurechnung.* Der Soziologe N. Luhmann hat herausgearbeitet, daß die gesellschaftliche Risikodebatte ihren Ausgang nimmt von der nicht zu überbrückenden Differenz zwischen denen, die über das Eingehen von Risiken entscheiden und denen, die dies als Betroffene erleben[13]. Hier geht es nicht darum, die Sachlage richtig zu erkennen und die einzig richtige Konsequenz zu ziehen. Vielmehr ist die Entscheidungszurechnung wichtig, also die Frage, *wer* entschieden hat und nicht die Frage, *was* entschieden worden ist. In dieser Konstellation stehen sich *Betroffener und Entscheider* gegenüber: Wie immer rational begründet die Argumente des Entscheiders waren, für den Betroffenen war es dessen Kalkül und dessen Entscheidung, und je ausführlicher die getroffene Entscheidung begründet wird, desto mehr Gegenargumente werden verfügbar, um einen Dissens auszudrücken.

Problematisch ist es, wenn der eine das Handeln des anderen als gefährlich erlebt, wenn es m. a. W. um Fälle geht, „in denen das Risikoverhalten des einen zur Gefahr für den andern wird. Erst diese Situationen machen es soziologisch fruchtbar, zwischen *Risiko und Gefahr* zu unterscheiden. Ein Risiko mag noch so rational kalkuliert sein, für diejenigen, die an der Entscheidung nicht beteiligt sind, wird dies als Gefahr verstanden. (...) Diejenigen, die ein Kernkraftwerk einrichten, werden heute sorgfältig kalkulieren. Sie werden die Gesundheitsrisiken für die Anwohner für minimal und eine Katastrophe für extrem unwahrscheinlich halten. Diese Einschätzung mag durchaus zutreffen und von allen geteilt werden. Aber

---

13 N. Luhmann, Risiko und Gefahr, in: ders., Soziologische Aufklärung, Band 5, Konstruktivistische Perspektiven, Opladen 1990, S. 131–169.

für die möglicherweise Betroffenen ist dies kein Risiko, sondern eine Gefahr[14]." Und dies zu wissen, *entschärft die Situation nicht, sondern radikalisiert sie:* „Die Gefahr ist deshalb besonders irritierend, weil sie für den anderen nur ein Risiko ist, und umgekehrt[15]." Für die Versicherung und die Frage der Versicherbarkeit ist diese Beobachtung deshalb wichtig, weil bei einer Gefahrwahrnehmung eine Risikorealisation als wesentlich schwerwiegender erlebt wird – und entsprechend die eventuellen Schadenersatzforderungen höher ausfallen werden.

Es wird deutlich, daß diese Problemfelder sich allesamt im *Grenzbereich von „Versicherbarkeit"* befinden. Die *Versicherung* sieht sich in die öffentlichen Auseinandersetzungen um die riskanten Entwicklungen unserer Wohlstands- und zugleich Risikogesellschaft *zunehmend hineingezogen*. Nicht derjenige, der tatsächlich die Entscheidungen über das Eingehen von bestimmten Risiken trifft, sondern das Verständnis der Betroffenen davon, wer entscheidungsverantwortlich ist, ist dafür maßgebend, wer auf die öffentliche Anklagebank gerät. Welche Partei es im Einzelfall treffen wird, ist nicht von vornherein auszumachen. Darum haben Industrie und Assekuranz das gemeinsame Interesse, im Rahmen ihrer langfristigen Beziehung tragfähige Konzepte für den *Umgang mit neuartigen Risiken* zu entwickeln. Voraussetzung ist das gegenseitige Verständnis der unterschiedlichen Versicherungskalküle (Abschn. 2); darauf könnten erweiterte Grundlagen der Versicherungskalkulation (Abschn. 3) aufbauen.

2. Assekuranz und Industrie: „Versichern" mit unterschiedlichem Kalkül

Eines haben Assekuranz und Industrie gemeinsam: Für beide ist *„Sicherheit" kein originäres Ziel*. Unter Bedingungen marktwirtschaftlicher Konkurrenz, bei der sich eine Unternehmung stets neu bewähren muß und Innovationskraft und Risikobereitschaft überlebensnotwendig sind, läßt sich die *Existenz nur dadurch sichern, daß man immer wieder und immer größere Risiken eingeht*, also die Unsicherheit über die Zukunft erhöht. Der Bestand einer Unternehmung hängt gerade nicht davon ab, daß sie Risiken meidet, sondern daß sie über Strategien der Identifikation und des anschließenden Umgangs mit Risiken verfügt. Sie muß Risiken eingehen, und jegliches Risiko-Management muß sich entsprechend an den Hauptzielen der Unternehmensaktivität ausrichten[16]. Vor diesem Hintergrund formuliert H.-W. Sinn, daß die „Bereitschaft, mehr Risiken

---

14 N. Luhmann, a.a.O., S. 152.
15 N. Luhmann, a.a.O., S. 154.
16 Vgl. M. Haller, Risiko-Management und Risiko-Dialog, in: Risiko und Wagnis, hrsg. von Mathias Schüz, Pfullingen 1990, Band 1, S. 229 ff., insb. S. 230 f.

zu tragen, zu einem erhöhten Produktionsniveau führen" wird[17]. Bei Risikoaversion werde nicht die bei Risikoneutralität zu wählende Produktionsvariante mit dem maximalen Erwartungswert des Outputs gewählt, sondern eine solche, die weniger riskant ist, aber dafür weniger Output verspricht. Je größer die Risikotragungsfähigkeit, desto geringer die Risikoaversion, und ein desto größerer Output ist zu erwarten. Diese Rahmenbedingung gilt sowohl für Industrie- wie für Versicherungsunternehmungen. Denn auch die *Versicherung* gewinnt ihre Existenzsicherheit dadurch, daß sie Geschäft übernimmt, also *Zeichnungsrisiken* eingeht. Aus der Perspektive des operativen Controllings wird dabei eher das laufende Geschäft problematisch erscheinen, wenn z. B. die Prämienqualität nicht stimmt, Änderungsrisiken sich abzeichnen etc. Ein zweiter Blick zeigt aber, daß auch die Nicht-Zeichnung von Geschäft problematisch ist, weil mit dem Verlust- zugleich auch das Gewinnpotential verschwindet. Die prinzipielle Paradoxie, daß eine Unternehmung riskieren muß, um (Existenz-)Sicherheit zu gewinnen, bleibt bestehen[18].

Für ein *Industrieunternehmen* ist Versicherung ein Instrument zur Gestaltung der eigenen Risikolage. Für den *Versicherer* bedeutet Versicherung nicht Erfüllung irgendeiner besonderen Pflicht (z. B. Organisation der „Gefahrengemeinschaft"), sondern ist Ergebnis einer autonomen Versicherbarkeits-Entscheidung (Abb. 2).

Durch Versicherungsnahme kann die *Industrieunternehmung* ihre Risiken in Fixkosten umwandeln und den gewonnenen Zuwachs an Planungssicherheit dazu nutzen, neue Risiken einzugehen, um sich im Wettbewerb zu behaupten. Nicht mehr Sicherheit, sondern *riskanter Einkommenszuwachs* ist das Ziel. Sie kann dieses Ziel unabhängig von den Wünschen des Marktpartners anstreben. Für den Versicherer ist dabei die Beobachtung wichtig, daß durch den Einsatz von Versicherungsschutz zur Realisierung eines riskanten Einkommenszuwachses eine Umkehrung des traditionellen Rückkoppelungsverhältnisses von Risiko und Versicherung stattfindet: *Nicht weil es Risiken gibt, gibt es Versicherungen, sondern weil es Versicherungen gibt, werden (vermehrt) Risiken eingegangen.* Statt eines risikoinduzierten Versicherungs-Booms entsteht ein Versicherungen-induzierter Risiko-Boom. Für die Industrie stellt sich nur die Frage nach den Modalitäten der Versicherung dieser Risiken; daß zu versichern sei, ergibt sich für sie aus der inneren Logik dieser umgekehrten Rückkoppelung.

---

17 H.-W. Sinn, Risiko als Produktionsfaktor, in: Kyklos. International Review for Social Sciences Vol. 39, 1986, S. 558; vgl. auch P. Frey/W. Walter, Der Beitrag der Versicherung zur Bewältigung von Existenzrisiken der Gesellschaft, in: ZVersWiss 3/1988, S. 363 ff.
18 Vgl. J. Petin, Versicherung und gesellschaftliche Risikoproblematik, St. Gallen 1992, S. 145 ff.

Abbildung 2: Unterschiedliches Kalkül bei Angebot und Nutzung von Versicherungsschutz

		Industrieunternehmung	
		Versichern zur Realisierung von	
		Sicherheitsgewinn	(riskantem) Einkommenszuwachs
Versichern als Entscheidung mit Ergebnis	versicherbar	traditionelle Konstellation	Autonomie der Industrieunternehmung
	nicht versicherbar	Autonomie der Versicherung	(Restrisiko für die Öffentlichkeit)

Versicherer

164

Natürlich nimmt auch der *Versicherer* Entscheidungsautonomie in Anspruch. Während er sich historisch mit engem Bezug auf reale Bedrohungen (Gefahrentheorie) oder dem Bedarf nach Unterstützung bei der Wiederherstellung des status quo ante (Schadentheorie) definiert hat, setzt sich zunehmend die präzisere Erkenntnis durch, daß Versicherung ihre innere Einheit nicht im Bezug darauf, sondern durch die für sie typische Operationsweise gewinnt: *Versichern* bedeutet demnach, *nach Maßgabe eines selbständig entwickelten Entscheidungsprogramms Versicherbarkeitsentscheidungen zu treffen*[19]. Der Wert dieses Definitionsansatzes liegt darin, daß er auf die fundamentale Unabhängigkeit der Versicherung aufmerksam macht, sich nach eigenen Vorgaben zu orientieren und zu entscheiden. Dies klar zu erkennen und zu kommunizieren, ist in der heutigen Situation der Industrieversicherung von Belang.

Einen klärenden Beitrag hat Dieter Farny geleistet, indem er das Versicherungsgeschäft in gedanklich eindeutig voneinander getrenntes *Risiko-, Spar/Entspar- und Dienstleistungsgeschäft* getrennt hat[20]. Bezüglich des Risikogeschäfts betont er, daß Versicherung ihren Ausgangspunkt nimmt im „Risikotransfer als Folge von Entscheidungen"[21]. Weder moralischer Druck von dritter Seite noch Festhalten an ehernen Regeln eines Versicherbarkeitskanons, sondern die freie, an jeweils eigenen „Kriterien der Versicherbarkeit von Risiken"[22] orientierte Deckungsentscheidung kann die Versicherung in ihrer Entscheidungsfindung steuern.

Die Versicherung trifft ihre Entscheidungen *unabhängig* von Sicherungswünschen ihrer Kunden und auch der Öffentlichkeit. Paradoxerweise kann die Versicherung nur dann optimal auf Ansinnen ihrer Kunden und der Öffentlichkeit eingehen, wenn sie sich von ihnen unabhängig macht und die Versicherbarkeit prüft. Im Rahmen des Versicherungskalküls ist an sich nichts unversicherbar. Auch kann ein Sachverhalt plötzlich versicherbar werden, ein anderer erscheint im Zeitpunkt als nicht mehr versicherbar. In jedem Fall muß die Versicherung beachten, daß eine übermäßige Risikoaversion sie aus dem Markt wirft, während die Verluste aus einem allzu offensiven Angebotsverhalten ihr Überleben gefährden.

Die *Entscheidungsautonomie* in Versicherbarkeitsfragen bildet also eine zentrale Voraussetzung für Erfolg und weitere Effizienzsteigerung der Versicherung – und mittelbar auch für die übrigen an Risikofragen beteiligten Parteien. Darum lassen sich *Fortschritte beim Umgang mit industriellen Größtrisiken nicht gegen, sondern nur mit der Versicherung* erzielen,

---

19 Vgl. J. Petin, Versicherung und gesellschaftliche Risikoproblematik, a.a.O., S. 195–237.
20 D. Farny, Versicherungsbetriebslehre, Karlsruhe 1989, S. 14–16, sowie P. Koch, D. Farny, Theorie der Versicherung, in: HdV 1988, S. 861–881.
21 D. Farny, a.a.O., S. 25–27.
22 D. Farny, a.a.O., S. 27–30.

dies um so mehr, als die Entscheidungen des Versicherers auch Aussagen zur prinzipiellen *Ausgleichsfähigkeit* bestimmter Risikotatbestände enthalten. Aus diesem Grund sind politisch motivierte Zwangsversicherungen, im Extrem durch einen (kollektiven) Annahmezwang ergänzt, der autonomen Marktentscheidung unterlegen. Wenn die Versicherung die Deckung nicht verweigern darf, kann sie auch keine Einschätzung des Risikos hinsichtlich seiner Ausgleichsfähigkeit vornehmen. Statt Versicherbarkeitskriterien zu prüfen, kann höchstens an Versicherungsbedingungen gefeilt werden; die Ausgestaltung der Versicherung folgt damit sachfremden Kriterien. Dies führt zu falschen Signalen darüber, wie schwerwiegend die dadurch vermeintlich gesicherten Risiken tatsächlich sind.

Aus Sicht der *Industrie* erscheint also nur jene Weiterentwicklung der Beziehung zwischen ihr und der Assekuranz nützlich, die den *Freiraum der Nutzung von Versicherungsschutz* sowohl kurz- als auch mittelfristig so wenig wie möglich einschränkt, der Assekuranz Entscheidungsvarianten für den Umgang mit der objektiv vorhandenen Risikoproblematik eröffnet und ihr eine angemessene Prämie sichert. Dies muß im Rahmen überblickbarer Perioden gewährleistet sein. Dazu kann eine Weiterentwicklung der Versicherungstechnik beitragen, welche für die *Versicherung* und für die *Industrie* einsichtig sein muß. Zur Handhabung der kontroversen Interessenkonstellation sowie zum Umgang mit der Unsicherheit über tatsächliche Schadenpotentiale müssen die bereits vorhandenen praktisch-technischen Konzepte des Risiko-Managements konsequent weiterentwickelt werden. Je weniger es um das „Wie?" der Versicherung, also die Höhe von Prämiensätzen geht, sondern nach dem „Ob überhaupt" gefragt werden muß, desto wichtiger wird die angemessene Kommunikation über die relevanten Aspekte dieses Themas. Dies wird deutlich bei der Diskussion des nachfolgend skizzierten Konzepts zum Umgang mit derzeit kaum ausgleichsfähigen Risiken.

3. „Unwahrscheinlichkeits-Management" und „Risikogemeinkosten"

Wenn die Feststellungen zutreffen, wonach sich das Risikoverständnis erweitert (Abschn. 1) und Unterschiede im Risikokalkül von Industrie und Versicherung (Abschn. 2) die Versicherbarkeit vor neue Fragen stellen, so wird man wohl kaum darum herumkommen, konkrete Konsequenzen zu ziehen und mit Blick auf die richtige Preisbemessung künftig *zwei Arten von Schadenkosten* zu unterscheiden:

- „*Wahrscheinlichkeitskosten*", welche sich aus der Hochrechnung der Schadenstatistik und aufgrund des traditionellen Risiko-Managements (und dessen Bewertung) ergeben;

- „*Unwahrscheinlichkeitskosten*", welche den Anteil eines Industrierisikos an unwahrscheinlichen, unbekannten und aus nicht direkt nachweisbaren Ursache-Wirkungsbeziehungen resultierenden Schäden abbilden.

Im Zeichen des herkömmlichen, vorwiegend technisch orientierten Risk Management ist der Umgang mit „Wahrscheinlichkeitskosten" bereits recht differenziert. Die Methodik stellt vorwiegend darauf ab, mögliche Störfälle und -pfade nach den jeweiligen Wahrscheinlichkeiten und Folgen zu beurteilen und eine präzise Gesamtbeurteilung vorzunehmen. Allenfalls um einen Faktor der Risikoaversion korrigiert, kann es in einer Vielzahl von Fällen als rationale Entscheidungsgrundlage dienen.

Dieses „*Wahrscheinlichkeits-RM*" hat allerdings einen blinden Fleck, indem es die extrem unwahrscheinlichen Schadenmöglichkeiten systematisch aus der Analyse verdrängt. Bereits im 19. Jahrhundert hat der italienische Sicherheitsökonom Gobbi die Problematik erkannt: „Die beste Organisation der Vorsorge hat den Zweck, gewisse Grenzen zu bestimmen, bis zu welchen erlaubt ist, sich mit den zukünftigen Eventualitäten zu beschäftigen, indem alle jene *unberücksichtigt* gelassen werden, welche sich außer diesen Grenzen befinden und *als unmöglich betrachtet* werden sollten"[23]. Eine solche Strategie bewährt sich auch für die Versicherung – allerdings nur solange, als nicht maßgebende (und sogar noch zunehmende) Anteile der Schadenlast aus der Klasse der unwahrscheinlichen Schadenfälle stammen: Die aktuelle Situation erfordert m. a. W. eine Neuorientierung, bei der die „Unwahrscheinlichkeitskosten" bewußt integriert und mit den übrigen Kosten bei der Preisstellung kombiniert werden.

Die Einführung eines (ergänzenden) „*Unwahrscheinlichkeits-RM*" ist praktisch der Preis dafür, daß sich im Zeichen weitgehender „Unkalkulierbarkeit" von Risiken die Assekuranz grundsätzlich bereithält, in einem bestimmten Risikobereich Versicherungsdeckung in substantiellem Ausmaß anzubieten. Nach Kriterien der Rechnungslegung handelt es sich um die *Zurechnung von Risikogemeinkosten,* welche – analog zur Forderung nach Deckung der Fixkosten im Industriebetrieb – ihre betriebswirtschaftliche Berechtigung haben.

Die Berücksichtigung solcher Risikogemeinkosten im Rahmen des RM zu postulieren, ist das eine, sie bei der Vertragsverhandlung zu *kommunizieren* und den entsprechenden Preis auch *durchzusetzen,* das andere. Denn auf den ersten Blick muß es aus Sicht des Industriekunden danach aussehen, daß sich ein konkretes Prämienniveau ohne einen auf ihn spe-

---

23 U. Gobbi, Theorie der Versicherung, begründet auf dem Begriff des eventuellen Bedürfnisses, in: Baumgartner'sche Zeitschrift für Versicherungsrecht und -wissenschaft, Bd. II u. III, 1896/97, zitiert nach F. Schönpflug, Gobbi und die moderne Versicherungstheorie, Ein dogmengeschichtlicher Rückblick, in: ZVersWiss 1933, S. 61–72, hier S. 72; Hervorhebung MH, JP.

ziell bezogenen und über das traditionelle Risiko-Management beeinflußbaren Grund substantiell erhöhen soll. Eine solche Ausgangslage verlangt, daß nicht die derzeit starke Stellung des Verkäufers die längerfristige Preisbildung bestimmt. Vielmehr soll die *gegenseitige Einsicht* in Überlebensbedürfnisse und in die je typischen Kalkulationsfundamente für die Verständigung ausschlaggebend werden. Zum ersten Faktor ist leicht ein Eingangskonsens zu erzielen: Industrieversicherer können mittelfristig nur überleben, wenn das Prämienvolumen den Erwartungswert der Schäden deckt. Da sich dieser Erwartungswert aber aus den statistisch schätzbaren „Wahrscheinlichkeitsrisiken" wie aus den rechnerisch nicht zuteilbaren, aber gesamthaft zu erwartenden „Unwahrscheinlichkeitsrisiken" zusammensetzt, müßte auch mit Blick auf die Assekuranz die übliche und akzeptierte Unterscheidung zwischen Einzel- und Gemeinkosten von beiden Marktpartnern als Kalkulationsgrundlage akzeptiert werden.

Ist dieses gedankliche Fundament gelegt, kann erneut die marktwirtschaftliche Regelung Fuß fassen: Derjenige Industrieversicherer, dem es dank Kooperation mit den industriellen Kunden und einem überlegenem Wahrscheinlichkeits- *und* Unwahrscheinlichkeits-Management gelingt, die Risikogemeinkosten zu senken oder in variable Kosten zu überführen, genießt einen Vorsprung im Markt. Dieser Vorsprung wird auf zwei Arten deutlich:

- Präzisierung der Gemeinkosten durch Ein- bzw. Ausschluß bestimmter Teilelemente eines größeren diffusen Ursache-Wirkungs-Komplexes sowie

- Überführung von Gemeinkosten in Einzelkosten, für die dann genauere Kosten-Nutzen-Abschätzungen möglich sind.

Aber auch die *Industrie* selbst dürfte über originäre Gründe verfügen, sich zum Anliegen der Risikogemeinkosten *positiv* zu stellen:

1. ist es ihr seit langem ein Anliegen, daß die *Risikokosten für Versicherungsnahme auf einer verläßlichen Basis* stehen und damit als voraussehbare Aufwendungen in die Leistungskalkulation eingehen. Wie vor allem die US-Erfahrungen zeigen, hat die Industrie kein Interesse an „business-cycles" in der Assekuranz, selbst wenn sie diese durch ihr Nachfrageverhalten miterzeugt;

2. gewinnt die Industrie über den Gemeinkosten-Dialog ein *vertieftes Verständnis* für die Probleme vom Typus der unwahrscheinlichen und/oder ökologischen Risiken; damit setzt sie sich vermehrt mit den *eigenen Gefährdungspotentialen* auseinander, welche ohnehin bloß zum Teil auf den Versicherer überwälzbar sind;

3. kann die *Optimierung zwischen Investitionschancen und -risiken* vorangetrieben werden, weil in der eigenen Investitionsrechnung der Herabsetzung der Gefährdungspotentiale das richtige Gewicht beigemessen wird;

4. besteht schließlich die Chance, daß nach der Verwirklichung solcher Schritte die *schwer zu handhabenden Risiken reduziert* und damit der Risikogemeinkostenanteil zugunsten der zurechenbaren Einzelkosten wieder abnimmt; damit werden die Risikokosten insgesamt einer konkreten Kosten-Nutzen-Abwägung leichter zugänglich;

5. dürfte sich die *Deckungskapazität* der Assekuranz systematisch erhöhen und stabilisieren, wobei hier nicht bloß die Grenzen der „weichen", sondern sogar jene der „harten" Kapazität (D. Farny[24]) erweitert würden.

Die *Versicherer* sichern sich Offenheit für diese Argumente am besten durch eine entsprechende Ausweitung der *Beratungskompetenz:* Einerseits wird der traditionelle RM-Ansatz durch Elemente der Gemeinkostenrechnung sowie durch Spezialberatungen im Zeichen der Rückführung von hohen Gefährdungspotentialen mit kleiner Eintrittswahrscheinlichkeit ergänzt; dies setzt das Eindenken in die Investitionskalküle der Industrie voraus. Andererseits ist ganz allgemein die Fähigkeit gefordert, die gesamte *„Logik" der Industrie,* d. h. die durch die Art ihrer Denkweise „konstruierte Wirklichkeit"[25] zu erfassen und in der *Kommunikation* mit den Geschäftspartnern umzusetzen.

Je mehr das „Unwahrscheinlichkeits-RM" als Dienstleistungselement in die Aktivitäten des Industrieversicherers einbezogen ist, desto schwerer fällt es der Industrie, um des kurzfristigen Prämienvorteils willen auf eine langfristig wirkende Verbesserung ihrer Risikostrukturen zu verzichten. Weil – wie immer – die Übergangsphase besonders kritisch sein dürfte, wenden wir uns anschließend in einer vernetzten Darstellung (Abschn. 4) den Wirkungen und Rückwirkungen zu, wie sie für eine erfolgreiche (oder nicht erfolgreiche) Einführung des Konzepts charakteristisch sein könnten.

---

24 D. Farny macht darauf aufmerksam, daß bezüglich der Kapazitäten im Risikogeschäft normalerweise von „ziemlich weichen Kapazitäten" auszugehen ist. Eine Ausnahme gilt für die „Groß- und Größtschadenpotentiale und (für die) Risiken mit Kumulneigung". Die Zurechnung von Risikogemeinkosten führt damit zu einer Ausdehnung dieser relativ „harten" Grenzen. Vgl. D. Farny, Kapazität von Versicherungsunternehmen, in: H. Corsten/R. Köhler/H. Müller-Merbach/H. H. Schröder (Hrsg.) Kapazitätsmessung, Kapazitätsgestaltung, Kapazitätsoptimierung – eine betriebswirtschaftliche Kernfrage, Stuttgart, 1992, S. 255 ff., insb. S. 265.

25 Vgl. M. Haller/R. Königswieser, Risiko-Dialog statt Kommunikationsabbruch, in: IO Management Zeitschrift 1993, Nr. 5, S. 24 ff., insb. S. 27 f.

Abbildung 3: Basis-Wirkungsgefüge Industrieversicherung

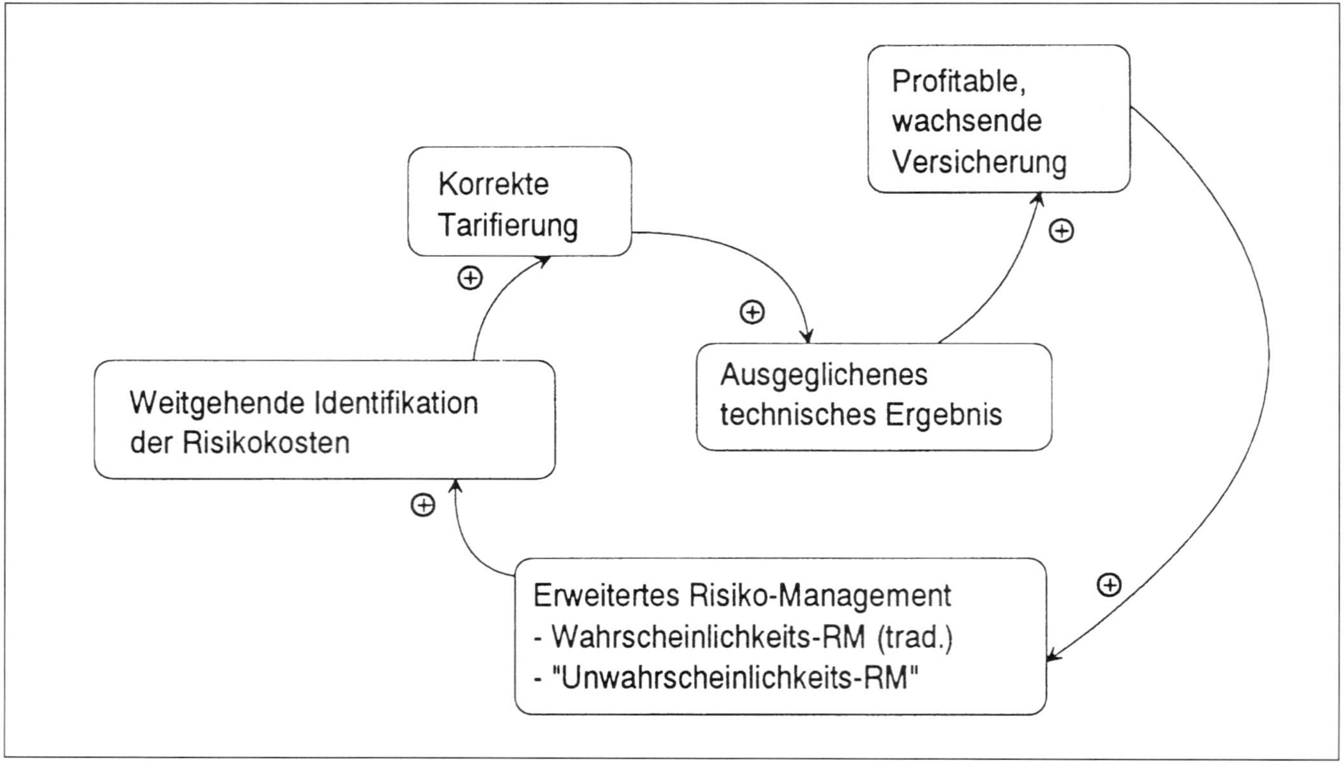

4. Erweitertes Risiko-Management und Risikogemeinkosten in der Vernetzung

Der grundsätzliche Wirkungszusammenhang für eine positive Entwicklung der Versicherung kommt in einem einfachen *Basis-Wirkungsgefüge* (Abb. 3) zum Ausdruck. Darauf aufbauend lassen sich die bisherigen Überlegungen schrittweise einbringen und ergänzen, bis ein differenziertes, erweitertes Wirkungsgefüge nach dem Ansatz des Vernetzten Denkens entsteht[26].

Das Basis-Wirkungsgefüge bildet den „Motor" im Versicherungsprozeß: Die „Weitgehende Identifikation der Risikokosten" erlaubt eine „Korrekte Tarifierung" und führt damit zu einem „Ausgeglichenen technischen Ergebnis". Über die Zeit kann sich damit die „Profitable, wachsende Versicherung" entwickeln. Sie ist die Basis, um Investitionen in ein „Erweitertes Risiko-Management" zu tätigen, welches zusätzlich zum traditionellen Wahrscheinlichkeits-RM das Konzept des Unwahrscheinlichkeits-RM umsetzt und weiterentwickelt. Je besser dieses erweiterte RM funktioniert, desto besser ist die „Identifikation der Risikokosten"; der Kreislauf schließt sich.

Dieses günstige Zusammenspiel der Variablen ist nicht automatisch sichergestellt. Die Entwicklung kann auch umgekehrt verlaufen: So führt z. B. mangelhafte Kenntnis der Risikostrukturen zu einer mangelhaften Identifikation der Risikokosten. Die Prämien werden dann zu niedrig kalkuliert, und die versicherungstechnischen Verluste kumulieren sich. Das Budget zur Weiterentwicklung des Risiko-Managements wird – mit entsprechender Wirkung in der Zukunft – weiter reduziert, und so fort. Auf diese Weise wird – unter anderem Vorzeichen – aus dem Erfolgszirkel des Versicherungsprozesses ein Teufelskreis.

---

26 Zum Ansatz des Vernetzten Denkens vgl. F. Vester, A. von Hesler, Sensitivitätsmodelle, Frankfurt 1980; G. Probst, P. Gomez, Vernetztes Denken – ganzheitlich Führen in der Praxis, 2. Aufl., Wiesbaden 1991. In der Assekuranz ist seit 1990 die Arbeitsgruppe NERIS (Netzwerk Risiko im Sensitivitätsmodell) tätig. Als Basis dient das von der sbu München (F. Vester) entwickelte Sensitivitätsmodell; unter Koordination von W. Krieg und M. Haller erfolgt im Gemeinschaftsprojekt die Software-Applikation auf assekuranzspezifische Themen. Vgl. auch A. Lehmann, R. Grünig, Vernetztes Denken in der Assekuranz: Vom Schlagwort zur Umsetzung, SVZ Jg. 59, 1991, S. 179 – 183.

Für eine einfache Koordination von Text und Abbildung sind die Variablen im Text in Anführungsstriche gesetzt und so bezeichnet, daß durch das jeweils beigefügte Adjektiv ein eindeutiger Zustand der Variablen beschrieben wird. Die Wirkung einer Variablen auf eine andere wird durch Pfeile angedeutet. „Plus" drückt eine verstärkende Wirkung aus; „Minus" drückt aus, daß ein Mehr der beeinflussenden zu einem Weniger bei der beeinflußten Variablen führt. „Minus"-Beziehungen sind gestrichelt eingezeichnet.

Auslösendes Moment für eine solch ungünstige Entwicklung bilden „Qualitative Risikoveränderungen", wie sie in Abschn. 1 skizziert worden sind: Kleinstwahrscheinliche Größtschäden sowie die fehlende Zurechenbarkeit von Risikopotentialen führen zu einer „Hohen Situationskomplexität", die ihrerseits die „Identifikation der Risikokosten" erschwert. Die Frage ist, ob solche Veränderungen bereits im Entstehen zu verstärkten Anstrengungen im Rahmen des „Erweiterten Risiko-Managements" führen, um die aufkommende Intransparenz abfangen zu können. Hier wird also bereits ein erster Faktor sichtbar, der die positive bzw. negative Entwicklung für den weiteren Ablauf moderiert.

Das Ausmaß der „Qualitativen Risikoveränderungen" hängt stark davon ab, inwiefern eine „Vermehrte Nutzung von Versicherung für Einkommenszuwachs" stattfindet. Eine der entscheidenden Voraussetzungen ist die „Ausweitung der Deckungskapazität" seitens der Versicherer. Ob diese erfolgt, hängt einzig vom Versicherer-Kalkül ab und kann nicht direkt von der anderen Seite beeinflußt werden (Abschn. 2); maßgebende Beurteilungsfaktoren sind die Validität der Tarifierungsgrundlagen („Korrekte Tarifierung") und die jeweilige Risikoneigung, welche nach unserer Annahme positiv mit der „Profitablen, wachsenden Versicherung" korreliert.

Mit diesen Aussagen läßt sich ein *erweitertes Wirkungsgefüge* (Abb. 4) skizzieren. Darin wird die Bedeutung einer „Systematischen Zurechnung von Risikogemeinkosten" deutlich. Sie bildet die Voraussetzung für eine „Korrekte Tarifierung" und ist damit mittelbar Lenkungsvariable für die „Ausweitung der Deckungskapazität". Für die Industrie ist die Entwicklung des Deckungsangebots natürlich von großer Bedeutung. Entsprechend wird sie sich bei kontinuierlicher Entwicklung mit „Steigender Auskunftsbereitschaft" bei der Ermittlung der Risikolage engagieren und grundsätzlich bereit sein, das Konzept einer transparenten „Systematischen Zurechnung von Risikogemeinkosten" mitzutragen. Dies erleichtert der Versicherung gleichzeitig die „Identifikation der Risikokosten". Hier kommt der angestrebte positive Regelkreis zum Ausdruck. Er entspricht auch dem wohlverstandenen Eigeninteresse der Industrie, die Tarifierung auf langfristig verläßliche Grundlagen zu stellen.

Eine letzte Überlegung bezieht sich auf den *Wettbewerbsaspekt:* Eine „Profitable, wachsende Versicherung" deutet auf attraktive Märkte hin und fördert erneut den Zutritt von „innocent capacity"-Anbietern, die mit niedrigen Preisen Marktanteilsgewinne anstreben. Die vernetzte Betrachtung macht die Nachteile deutlich, die sich aus einer Intensivierung des Preiswettbewerbs ergeben. Unmittelbare Folge ist ein Rückschritt in der Konsequenz, mit der die Risikogemeinkosten von der Industrie getragen werden. Mittelbar führt dies zu einer Verschlechterung der Ertragslage und zu einer – vor allem seitens der Industrie unerwünschten – Reduzierung der Deckungskapazität. Für beide Marktpartner ist es daher ent-

Abbildung 4: Erweitertes Wirkungsgefüge „Industrieversicherung"

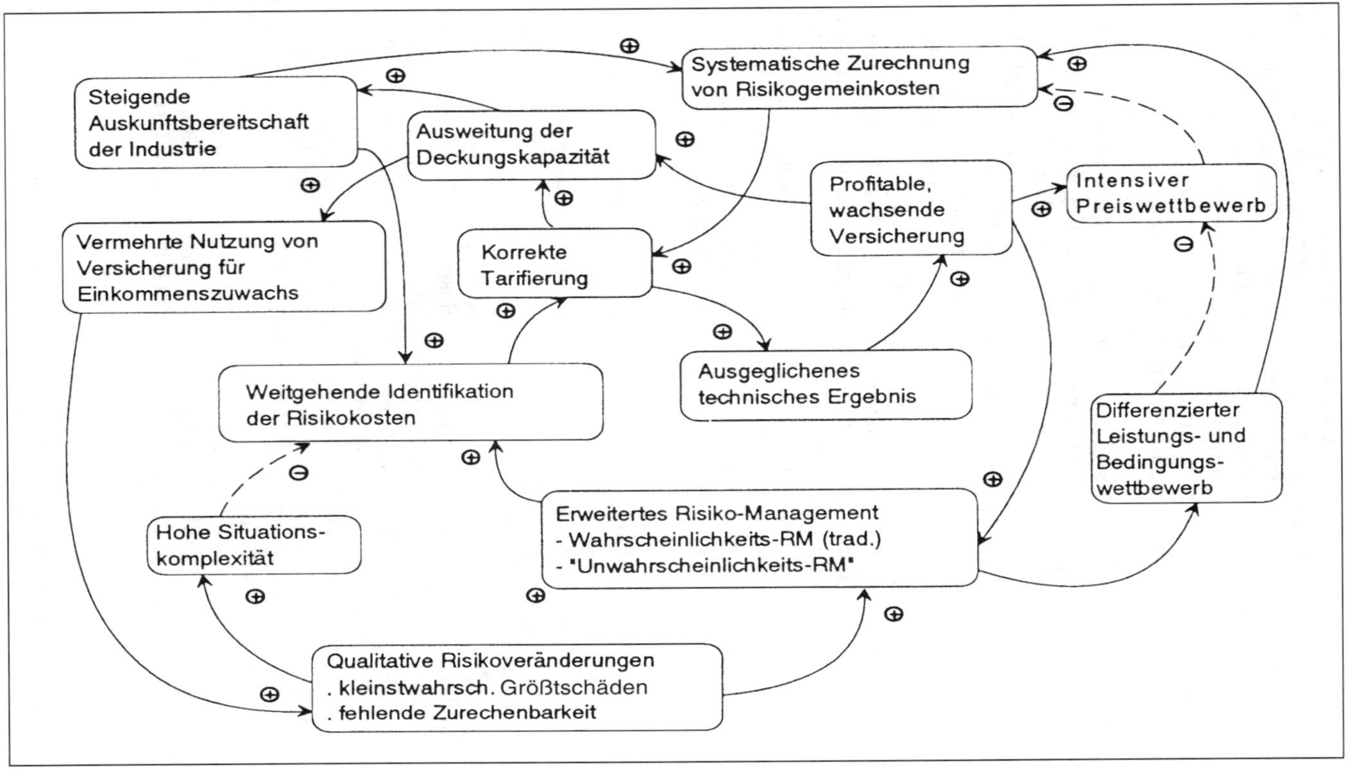

scheidend, sich nicht dem Spiel eines platten Preiswettbewerbs zu unterziehen, sondern im Sinne erweiterter Leistungskonzeptionen[27] im Rahmen eines „Differenzierten Leistungs- und Bedingungswettbewerbs" zu entscheiden und damit die „Systematische Zurechnung von Risikogemeinkosten" weiter zu ermöglichen. Sollte ihnen dies dank einer gemeinsamen kommunikativen Anstrengung gelingen, so würde zugleich der kurzfristige Preiswettbewerb an Bedeutung verlieren.

Die Darstellung der wesentlichen Wirkungszusammenhänge macht deutlich, wie stark eine Neuorientierung des Industriegeschäfts einerseits von einer gewissen Neuorientierung der Risikobetrachtung (unter Einschluß der Tarifierung), andererseits aber auch vom Fingerspitzengefühl der Beteiligten im Umgang mit kritischen Situationen abhängt. Da beide Parteien auf eine vertiefte, vertrauensvolle Zusammenarbeit angewiesen sind, erscheint es in jedem Falle günstiger, die in der Einleitung skizzierte Agenda für den Dialog gemeinsam zu gestalten und abzuarbeiten, vielleicht sogar unter Zuzug von neutralen Prozeßmoderatoren. Dies bildet eine gute Voraussetzung, um die vorhandenen Gestaltungsfreiräume zu nutzen. Würden sich die Marktpartner dieser Aufgabe entziehen, so käme sie wohl bald von selbst auf die Industrieversicherung zu – dann aber unter Druck der Öffentlichkeit und der Rechtsprechung. Die Herausforderung, die sich damit für die Weiterentwicklung der Industrieversicherung im gesellschaftlichen Umfeld ergibt, soll abschließend betrachtet werden.

5. *Industrieversicherung im gesellschaftlichen Risiko-Dialog*

Ausgangspunkt unserer Überlegungen war die Lage der Industrieversicherung, welche zu Beginn der neunziger Jahre von den Beteiligten eher als *Marktgegnerschaft* denn als Partnerschaft mit entsprechendem Nutzenausgleich definiert wird. Während die Versicherungsproduzenten die unabdingbare Sanierung betonen (und diesmal auch einfordern), bemängeln die Industriekunden die mißliche Situation bezüglich Kapazität und Deckung, der sie angesichts relativ starrer Risikostrukturen kaum entgehen können. Wie die vertiefte Analyse zeigt, ist nicht davon auszugehen, daß hier bloß „versicherungskonjunkturelle" Fragen angesprochen sind. Im Gegenteil ergibt sich aus der strukturellen Veränderung der für die Schadenlast maßgeblichen Risiken, verknüpft mit einer noch allzu wenig reflektierten unterschiedlichen Grundposition der Partner am Markt, eine wohl irreversible Veränderung in den Grundstrukturen der Industrieversicherung. Soll eine Marktschrumpfung vermieden werden, wird sie auch die entsprechenden Veränderungen in den Grundpositionen nach sich ziehen (müssen).

---

27 Vgl. M. Haller/W. Ackermann, Versicherungswirtschaft – kundenorientiert, Hrsg. VBV Zürich 1992, insb. Kap. 3.23, S. 29 ff.

Zunächst dürfte sich ein gewisser *Bewußtseinswandel* vollziehen. Obwohl sich im Industriegeschäft rational handelnde, nüchterne Geschäftspartner gegenüberstehen, war in der Kommunikation oft noch ein Grundverständnis gegeben, das sich am Modell der *Gefahrengemeinschaft* orientiert[28]. Dieses Modell bietet die Möglichkeit, für die Sicherung der wirtschaftlichen Interessen nicht auf eigenes, sondern auf das Interesse Dritter, eben der Gefahrengemeinschaft, zu verweisen, so daß Entscheidungen zur Risikoübernahme und zur Schadenabwicklung weitgehend losgelöst von eigenen Interessen erscheinen[29]. Mutatis mutandis findet man auf der Gegenseite ein analoges Verhalten des Marktpartners: Zwar fordern Industriekunden bei einer besonders guten Schadenhistorie individuelle Prämiennachlässe (die ihnen aufgrund der speziellen Verhältnisse lange auch gewährt wurden), doch erwarten sie – getreu dem Gefahrengemeinschaftsmodell – im Sanierungsfall die Sicherstellung von Kapazitäten, die Anwendung der durchschnittlichen Tarifprämie sowie die zeitliche Streckung von Prämienanpassungen. Darauf einzugehen war so lange möglich, wie der Ausgleich außerhalb des eigentlichen Industriegeschäfts gefunden werden konnte. Nun aber, da solche Verlagerungsmechanismen weitgehend ausfallen und sich gleichzeitig die *veränderten Risikostrukturen* (Abschn. 1) drastisch auf das technische Geschäftsergebnis auswirken, wird die *Unterschiedlichkeit der Kalküle* bei der Industrie einerseits und bei der Assekuranz andererseits immer deutlicher.

Zentral ist die Feststellung, daß die Geschäftsergebnisse der Industrieversicherer die *generelle Risikoentwicklung* spiegeln, mit der schon seit langem gerechnet werden konnte, obwohl zunächst die statistischen Daten fehlten[30]: Einerseits ist es den westlichen Volkswirtschaften gelungen, dank Ausdifferenzierung und hoher Spezialisierung die Effizienz ihrer Systeme und den Output enorm zu steigern, andererseits sind damit Gefahrenpotentiale entstanden, welche – bei kleinster Wahrscheinlichkeit ihrer Verwirklichung – einzelne, nur schwer ausgleichbare Größtschäden zur Folge haben. Somit weisen die *Risikocharakteristika* aus der Sicht der Industrie und der Assekuranz weitgehend *gegenläufige Tendenzen* auf: Unter dem (industriellen) Chancenaspekt Zunahme der Effizienz bei abnehmender Störanfälligkeit, unter dem (versicherungsseitig erlebten) *Gefahrenaspekt* Erhöhung der Verwundbarkeit mit katastrophalen Einzelschäden.

---

28 Vgl. M. Haller, Gefahrengemeinschaft oder Sicherungsteam? Zur Entwicklung eines Sinnmodells der Versicherung im Zeichen des Servicegedankens, I·VW-Beiträge zur Sicherheitsökonomik Heft 7, St. Gallen 1985.
29 Vgl. J. Petin, Versicherung und gesellschaftliche Risikoproblematik, a.a.O., Teil C, S. 165 ff.
30 Zit: Vgl. M. Haller, New Dimensions of Risk, in: The Geneva Papers on Risk and Insurance, Nr. 7, 1978, S. 3 – 15, angewandt auf Kommunikationsfragen erstmals ders., Der Beitrag des Risiko-Dialogs zur Zukunftssicherung, in: European Integration and Global Competitiveness, 19. Internationales Management-Gespräch, 1989, S. 117 ff.

Mit der Öffnung verschiedener Binnenmärkte und der gleichzeitig fortschreitenden Globalisierung wird den *„economies of scale"* in naher Zukunft noch mehr Bedeutung zukommen als heute. Dabei wird oft übersehen, daß den angestrebten Skaleneffekten bei vertiefter Analyse eben jene *„diseconomies of risk"* entgegenstehen, welche – nur selten erlebt und viel schwieriger erfahrbar als ihr Gegenpart – den materiellen Wohlstandszuwachs weitgehend aufwiegen und zusammen mit der Ökologieproblematik in Politik und Wirtschaft zu einer intensiven Debatte um die *Internalisierung der Risikokosten* im marktwirtschaftlichen Preisgefüge geführt haben. Naturgemäß rücken solche gesamtgesellschaftlichen Fragen rasch in die Nähe unseres Themas der Risikogemeinkosten, und es stellt sich die Frage, ob sich die Assekuranz nicht gleichzeitig der öffentlichen Aufklärungsarbeit zuwenden sollte, um die Herabsetzung bedrohlicher Einzelpotentiale von Risiken einzufordern. Obwohl von mancher Seite erwartet, scheint es wenig zweckmäßig, wenn die Assekuranz in der öffentlichen Diskussion moralisch oder politisch Stellung bezieht. Vielmehr genügt die Argumentation auf einer (erweiterten) versicherungstechnischen Basis, um im Marktgeschehen ohne arbiträren Anspruch auf Dauer ähnliche Effekte auszulösen.

Falls die unabdingbare Zurechnung der Risikogemeinkosten gelingt und die Risikoanalyse im beschriebenen Sinne auf partnerschaftlicher Basis ausgedehnt wird, kommt es automatisch zu einem gewissen *Ausgleich zwischen dem industriellen Chancen- und Gefahrenaspekt,* wobei die Tätigkeit des Industrieversicherers direkt mit beiden verknüpft ist: Unter dem Chancenaspekt erfüllt der Industrieversicherer eine *Ausgleichsfunktion*, welche das Eingehen größerer Risiken mit zunehmenden Gewinnerwartungen ermöglicht; unter dem *Gefahrenaspekt* nimmt die Industrieversicherung eine *Begrenzungsfunktion* wahr, indem sie – selbst bei Zurechnung von Risikogemeinkosten – letztlich die Grenzen der Versicherbarkeit abtastet und kommuniziert (Abb. 5).

Was sich betriebswirtschaftlich als eine Partnerschaft zwischen Industrie und Versicherung bei der Suche nach dem Optimum der „scale of risk" andeutet, spiegelt sich schon heute in der *gesellschaftlichen Auseinandersetzung um die weitere Entwicklung von Größtrisiken*. Die Forderungen nach Haftungserweiterungen (mit Rückwirkung auf die Prämienkalkulation), nach vollumfänglichen Versicherungsdeckungen (nach marktwirtschaftlichen Prinzipien) und nicht zuletzt die radikale Tendenz zu Moratorien im Bereich von Größtrisiken (mit entsprechenden Willkürkomponenten) deuten an, daß Industrie und Versicherung mit Vorteil aus eigener Initiative jene marktwirtschaftlichen Instrumente verwirklichen, die auf breiter Basis der Internalisierung von Risikokosten dienen. Es wäre wohl kaum realistisch, bei solch weitreichenden Fragestellungen von einem harmonischen Verhältnis auszugehen. Dennoch läßt sich hoffen, daß der schwierige Umgang mit dem „Zuviel und zuwenig an Risiko", aber auch die Frage nach dem „richtigen Risiko" die Partner der Industrieversicherung im Dialog zusammenhält.

Abbildung 5: Ausgleichsfunktion und Begrenzungsfunktion der Industrieversicherung in der „Wohlstands-Risikogesellschaft"

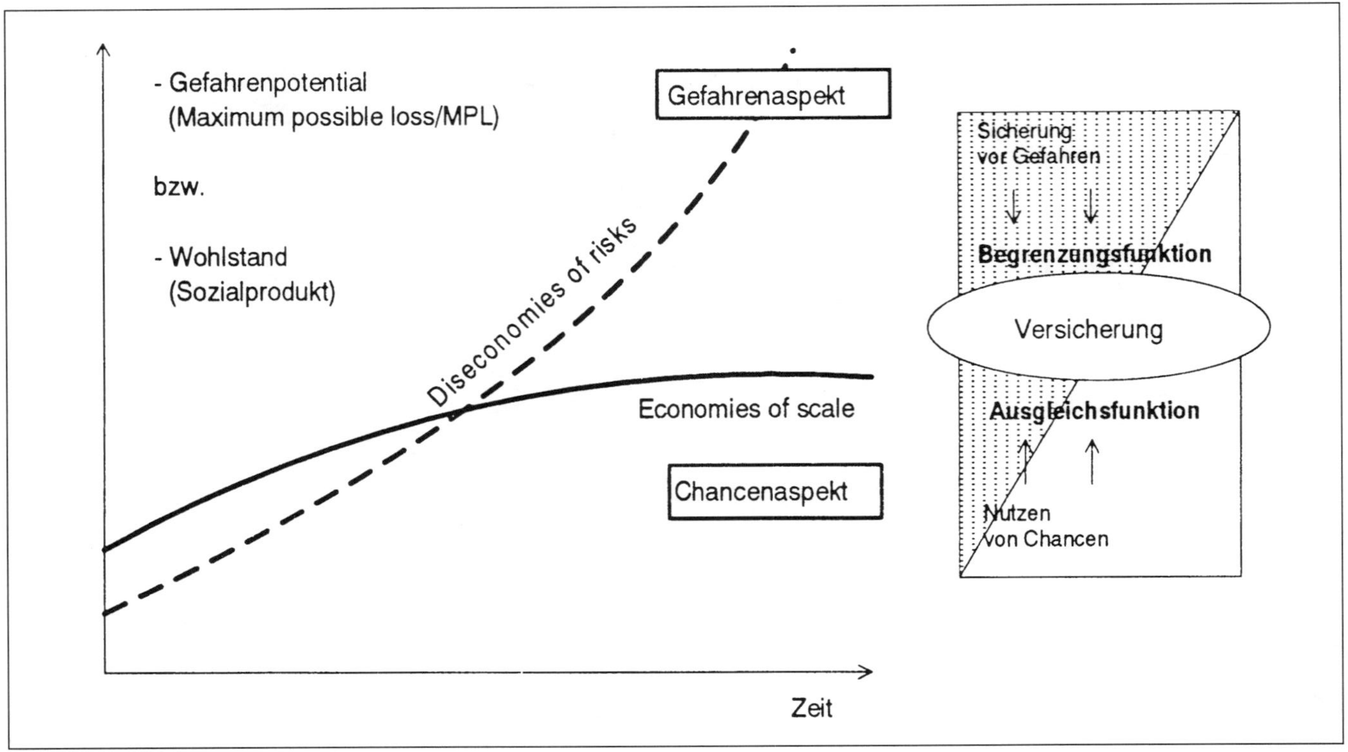

Wolf-Rüdiger Heilmann

Chancen und Risiken des Europäischen Binnenmarktes für Versicherungen

1. Einleitung

Chance (d. h. die Aussicht auf Gewinn, Erfolg, Überleben usw.) und Risiko (d. h. die Gefahr von Verlust und Niederlage, die Bedrohung von Leib und Leben usw.) sind Pole, zwischen denen freies menschliches Leben sich abspielt. Sie umfassen ein Spektrum von möglichen Ereignissen, Handlungen und Wahrnehmungen, das sich einer objektiven Messung und Bewertung, gar einer mathematischen Skalierung weitgehend entzieht: Eine (Umsatz-, Gewinn-)Steigerung kann als zu niedrig eingeschätzt, ein Unentschieden im Sport „wie eine Niederlage" empfunden werden. Der eine kämpft verzweifelt um sein Leben, der andere ist ein Selbstmordkandidat, dieser wird mit der Devise „no sports" uralt, jener fällt beim Triathlon tot um, mancher versucht, den Profit zu maximieren, ein anderer, den Einsatz zu minimieren. Und schließlich gibt es Pyrrhus-Siege und Danaer-Geschenke.

Auch derjenige, der etwas publiziert, bewegt sich zwischen der Chance (auf wohlwollende Aufnahme, Anerkennung und Zitiertwerden) und dem Risiko (des Ignoriert- oder gar Widerlegtwerdens). In besonders gelagerten Fällen ist die Chance minimal und das Risiko maximal, liegen die Erfolgsaussichten gleichsam zwischen Skylla und Charybdis, nämlich dann, wenn das Thema der Veröffentlichung schon Gegenstand zahlreicher (besser: zahlloser) mündlicher und schriftlicher Erörterungen war oder wenn ein noch nicht abgeschlossener Prozeß diskutiert und sein Ausgang prognostiziert wird und somit die Gefahr besteht, daß am Ende nicht nur die Kritiker, sondern auch die Fakten und Realitäten obsiegen.

Der vorliegende Beitrag ist in diesem Sinne doppelt gefährdet: Zum einen gibt es eine umfangreiche, kaum noch überschaubare Fülle an Literatur zum Europäischen Binnenmarkt im besonderen und zum Problem des Wettbewerbs auf Versicherungsmärkten im allgemeinen, zum anderen sind zum Zeitpunkt der Niederschrift noch nicht einmal alle Rahmenbedingungen des mit dem 1. Juli 1994 beginnenden Europäischen Binnenmarktes für Versicherungen festgelegt, und allein hieraus ergibt sich eine Reihe von Unwägbarkeiten nicht nur für die Teilnehmer des sich formierenden neuen Marktes, sondern erst recht für den Prognostiker, der auch noch die Reaktionen der Marktteilnehmer auf die noch unbekannten Rahmenbedingungen antizipieren muß.

Eine weitere Schwäche dieses Aufsatzes sei auch gleich eingestanden: Eine eigenständige theoretische Fundierung des Themas, ein wissenschaftlicher Beitrag zur Wettbewerbstheorie wird nicht angestrebt, sondern es wird auf die schon erwähnte Flut von Publikationen zu diesem Thema verwiesen. Bei aller Wertschätzung für diese Ansätze sollte im übrigen nicht vergessen werden, daß auch sie nicht in der Lage sind, Objektivität herzustellen: Jede Wettbewerbstheorie basiert auf vorgegebenen Werturteilen und wird auf diese Weise zu einem normativen Konzept; entsprechend umstritten sind die resultierenden Wettbewerbsbegriffe.

Die nachfolgenden Überlegungen sind zugegebenermaßen subjektiv gefärbt, und zwar in zweifacher Hinsicht: Sie geben die persönlichen Auffassungen und Einschätzungen des Verfassers wieder, und diese orientieren sich nicht an einem abstrakten, formalen Modell des Marktes oder des Wettbewerbs, sondern an den Perspektiven der wichtigsten Marktteilnehmer, nämlich der Versicherer und der Versicherungsnehmer.

Im nächsten Abschnitt werden einige Informationen zur Entwicklung des Europäischen Binnenmarktes für Versicherungen zusammengestellt. Danach werden theoretische und empirische Erkenntnisse über Fragen des Wettbewerbs auf Versicherungsmärkten diskutiert. Der abschließende Teil der Arbeit ist der Beantwortung der Frage gewidmet, wie sich der Europäische Versicherungsmarkt nach dem 1. Juli 1994 formieren und entwickeln und welchen Nutzen der Verbraucher daraus ziehen wird.

2. Der Europäische Binnenmarkt für Versicherungen

Die wichtigste Grundlage des Europäischen Binnenmarktes sind die sogenannten Verträge von Maastricht, genauer der

„Vertrag zur Gründung der Europäischen Gemeinschaft (EG) in der Fassung vom 7. Februar 1992"

und der

„Vertrag über die Europäische Einigung (EU) vom 7. Februar 1992".

Der für die Versicherungswirtschaft bedeutsamste Teil dieser Vertragswerke ist der Titel III des Dritten Teils des EG-Vertrages. Er besteht aus

Kapitel 1: Die Arbeitskräfte (Art. 48–51),
Kapitel 2: Das Niederlassungsrecht (Art. 52–58),

Kapitel 3: Dienstleistungen (Art. 59 – 66),
Kapitel 4: Der Kapital- und Zahlungsverkehr (Art. 67 – 73 h).

Die Verträge von Maastricht markieren allerdings nicht den Anfang, sondern den Durchbruch auf dem Weg zu einem Europäischen Binnenmarkt für Versicherungen. Harmonisierungs- und Liberalisierungsbestrebungen und entsprechende Aktivitäten auf europäischer Ebene hatte es schon im Anschluß an das Inkrafttreten des EWG-Vertrages von 1957 gegeben.

Von besonderem Belang für die Entwicklung des Binnenmarktes für Versicherungen sind die Tatbestände „Niederlassungsfreiheit" und „Dienstleistungsfreiheit". Erstere garantiert das Recht eines EG-Versicherers, in jedem anderen EG-Land eine Niederlassung zu den für Inländer gültigen Bedingungen zu errichten, letztere das Recht, in einem anderen EG-Land Versicherungsgeschäfte zu betreiben, ohne dort niedergelassen zu sein. Die Niederlassungsfreiheit für Versicherungsunternehmen in der EG wurde durch entsprechende EG-Richtlinien für die Rückversicherung (vom 25. 2. 1964), die Schadenversicherung (vom 24. 7. 1973) und die Lebensversicherung (vom 5. 3. 1979) geregelt. Die traditionell international orientierte und nicht unter staatlicher Aufsicht stehende Rückversicherung erhielt bereits zum gleichen Zeitpunkt auch die Dienstleistungsfreiheit. Ein wegweisendes Urteil zum Thema „Freier Dienstleistungsverkehr – Versicherung" verkündete der Europäische Gerichtshof in Luxemburg am 4. 12. 1986.

Die Dienstleistungsfreiheit für die Schadenversicherung (inkl. Krankenversicherung) und für die Lebensversicherung wurden abschließend in den jeweils Dritten EG-Richtlinien vom 18. 6. 1992 bzw. 11. 11. 1992 geregelt.

Bis zum Ende des Jahres 1993 müssen diese Dritten EG-Richtlinien in nationales Recht umgesetzt sein, und am 1. Juli 1994 tritt der Europäische Binnenmarkt für die private Schaden- und Lebensversicherung in Aktion.

Eine Chronologie der wesentlichen Schritte zur Harmonisierung und Liberalisierung des EG-Versicherungsmarktes vermittelt die folgende Übersicht (vgl. [26]).

Harmonisierungs- und Liberalisierungsrichtlinien der Europäischen Gemeinschaft im Bereich des Versicherungswesens

1957   EWG-Vertrag: Grundsatzentscheidung für freien Dienstleistungsverkehr

1964   Richtlinie zur Rückversicherung: Niederlassungs- und Dienstleistungsfreiheit

1972   1. Richtlinie Kraftfahrzeug-Haftpflichtversicherung: Wegfall Grüne Karte

1973   1. Koordinierungsrichtlinie Schaden: Niederlassungsfreiheit

1976   Richtlinie zu Versicherungsagenten und -maklern: Niederlassungs- und Dienstleistungsfreiheit

1978   Richtlinie zur Mitversicherung: Dienstleistungsfreiheit

1979   1. Koordinierungsrichtlinie Leben: Niederlassungsfreiheit

1983   2. Richtlinie Kraftfahrzeug-Haftpflichtversicherung: Mindestdeckungssummen

1987   Änderungsrichtlinie 1. Koordinierungsrichtlinie Schaden: Aufhebung der Spartentrennung für Rechtsschutz- und Kredit-/Kautionsversicherung

1988   2. Koordinierungsrichtlinie Schaden: Dienstleistungsfreiheit

1990   3. Richtlinie Kraftfahrzeug-Haftpflichtversicherung: weitere Harmonisierung / Richtlinie Kraftfahrtversicherung insgesamt: Einbeziehung in 2. Koordinierungsrichtlinie Schaden

1990   2. Koordinierungsrichtlinie Leben: Korrespondenzversicherung, Maklertätigkeit

1991   Versicherungsbilanzrichtlinie

1992   3. Koordinierungsrichtlinie Schaden / 3. Koordinierungsrichtlinie Leben: Solvenzaufsicht, EG-weite Zulassung

Weitere Details findet man beispielsweise in Jürgens et al. [18].

Mit dem Datum 1.7.1994 sind die wohl gravierendsten und einschneidendsten Veränderungen in den bisherigen nationalen europäischen Versicherungsmärkten seit mehr als hundert Jahren verbunden – speziell in Deutschland, dessen privates Versicherungswesen geprägt ist durch das Versicherungsvertragsgesetz (VVG) vom 30.5.1908 und in besonderer, beinahe singulärer Weise durch das Versicherungsaufsichtsgesetz (VAG) vom 12.5.1901.

Man kann diese Veränderungen zusammenfassen in dem Wort „Liberalisierung", und dieses wiederum ist aufzuteilen in die beiden Komponenten „Internationalisierung" und „Deregulierung".

Die eine große Neuerung liegt in der Internationalisierung der bisher nationalen, nach außen ziemlich abgeschotteten Versicherungsmärkte für das Privatkundengeschäft. Die nach dem Sitzlandprinzip ausgerichtete Dienstleistungsfreiheit sieht vor, daß den Versicherungsunternehmen eine einheitliche, in der ganzen Gemeinschaft gültige Zulassung (single licence) durch den Herkunftsmitgliedstaat nach dessen Grundsätzen von Zulassung und Aufsicht erteilt wird. So wird es also beispielsweise einer in Großbritannien zugelassenen Gesellschaft ab dem 1. Juli 1994 gestattet sein, ihren Tätigkeitsbereich durch bloße Notifikation auf EG-Mitgliedstaaten wie Deutschland und Frankreich auszudehnen, sei es durch Errichtung von Niederlassungen oder durch direkten grenzüberschreitenden Vertrieb.

Als noch gravierender dürfte sich – zumindest für den deutschen Markt – der Wegfall der im VAG kodifizierten sogenannten materiellen Staatsaufsicht über das Versicherungswesen – umgesetzt und realisiert durch das Bundesaufsichtsamt für das Versicherungswesen (BAV) in Berlin – erweisen. Insbesondere die Abschaffung der Bedingungs- und Tarifgenehmigung wird die bislang streng regulierten Bereiche der deutschen Lebens-, Kranken- und Kraftfahrzeug-Haftpflichtversicherung (und damit letzten Endes den gesamten deutschen Versicherungsmarkt) nachhaltig verändern und beeinflussen. An die Stelle der bisherigen Beaufsichtigung wird ein System der Finanz- und Publizitätsaufsicht treten, wie es in den Niederlanden und im Vereinigten Königreich bereits existiert.

Ob es zu einer wirklichen Integration der bisherigen Teilmärkte kommen wird, ist offen und darf mit Fug und Recht bezweifelt werden. Jeder weiß, daß das Geschehen auf Versicherungsmärkten in ganz starkem Maße von den geltenden Rahmenbedingungen (beispielsweise Rechts-, Steuer- und Sozialversicherungssystem, aber auch Mentalität und soziale Struktur der Bevölkerung) abhängt. Spätestens seit einer Rede von Sir Leon Brittan, Vizepräsident der EG-Kommission, am 15. 10. 1992 in London [4] ist nun klar, daß es nicht einmal zu einer formalen Harmonisierung im Europäischen Binnenmarkt, also beispielsweise einer Anpassung der Vertragsgesetze, kommen wird.

Ferner ist zu beachten, daß die Dritten Richtlinien den EG-Staaten einen gewissen Gestaltungsspielraum bei ihrer Umsetzung in nationales Recht konzedieren.

Es ist zu erwarten, daß die Mitgliedsländer von diesen Optionen in unterschiedlicher Weise Gebrauch machen werden. So wird im Bereich der Lebensversicherung der deutsche Gesetzgeber vermutlich seine Möglichkeiten zur Festschreibung gewisser Standards ausschöpfen, also insbesondere

- eine systematische Vorlage (der Grundlagen für die Kalkulation neuer Produkte) einführen

und

- eine Spartentrennung verordnen.

Zusammen mit den Vorschriften der 3. Lebensrichtlinie zur

- Festlegung einer Obergrenze beim Rechnungszins für die Deckungsrückstellung

und zur

- Finanzierung des Neugeschäfts

wären damit einige besonders nachdrückliche Forderungen der deutschen Versicherungswirtschaft erfüllt.

3. Wettbewerb auf Versicherungsmärkten

Die Literatur zum Thema „Wettbewerb auf Versicherungsmärkten" ist, wie bereits erwähnt, umfangreich, ja unübersichtlich und in ihren Ergebnissen und Schlußfolgerungen teilweise widersprüchlich. Allein an deutschsprachigen Buchveröffentlichungen aus den letzten Jahren sind zu nennen Eggerstedt [7], Farny et al. [8], Finsinger [9], [10], FWU-Forschungsgesellschaft [11], Heinrich [15], Hübner [17], Schwintowski [23], Strassl [24] sowie der Tagungsband Heilmann et al. [14] und die Festschrift Hopp et al. [16]. Ausgerichtet auf den künftigen Europäischen Binnenmarkt sind bereits Müller [19] und Geiger [12], letzterer mit besonderem Bezug auf die Versicherten/Versicherungsnehmer wie auch Blaesius [2]. Einschlägige Zeitschriftenartikel findet man beispielsweise in der Zeitschrift für die gesamte Versicherungswissenschaft, namentlich im Jahrgang 1989. Eine Fülle sehr anschaulicher und plausibler Argumente liefert der Festschriftbeitrag von Bäumer [1].

Gegensätzlich und widersprüchlich sind die Resultate dieser Publikationen vor allem in dem einen Punkt, der in dieser Arbeit im Vordergrund stehen soll, nämlich in der Frage des Verbraucherschutzes und der Wahrung der Interessen der Versicherungsnehmer. Etwas vereinfacht und vergröbert läßt sich sagen, daß der überwiegende Teil der mehr theoretisch fundierten Arbeiten eine materielle Staatsaufsicht zum Schutz der Versicherten eher ablehnt, beispielsweise Finsinger [10], während die stärker empirisch ausgerichteten Untersuchungen mehr Argumente zugunsten einer gewissen Regulierung des Versicherungsmarktes erbringen, etwa FWU-Forschungsgesellschaft [11]. Es sei am Rande erwähnt, daß gerade diese beiden Studien der Monopolkommission zur Vorbereitung ihres

Siebenten Hauptgutachtens 1986/87 dienten, wobei sich die Kommission in ihrer Stellungnahme dann fast vollständig auf das Gutachten von Finsinger [10] stützte.

Einige der Widersprüchlichkeiten in den Ergebnissen und Erkenntnissen lassen sich durch die Beantwortung der folgenden Fragen auflösen und erklären:

– Gehen die Verfasser vom Leitbild eines vollkommenen Marktes aus? Unterstellen sie vollkommenen Wettbewerb? Konzedieren sie von vornherein ein Marktversagen? Argumentieren sie allokationstheoretisch? Werden externe Effekte einbezogen bzw. zugelassen?

– Liegt eine normative Theorie zugrunde? Welches sollen die Ziele einer mehr oder weniger starken Regulierung sein?

– Welches Leitbild des Verbrauchers ist vorgegeben – der „mündige Kunde" oder der Versicherungsnehmer mit „Recht auf Uninformiertheit"? Wodurch wird das Produkt „Versicherung(sschutz)" beschrieben und charakterisiert – durch einen Kapital-, einen Risiko- oder durch einen Informationstransfer?

– Stellt man sich auf den Boden einer „Besonderheitenlehre" für die Dienstleistung Versicherungsschutz, d. h. bezieht man in eine Theorie der Nachfrage beispielsweise ein

　– das uno-actu-Prinzip und daraus folgend die Nichtlagerfähigkeit,

　– das Charakteristikum der Unsicherheit,

　– die Zeitraumbezogenheit und damit die Eigenschaft eines Erfahrungsgutes? Oder eines Vertrauensgutes? (Hierzu sei noch erwähnt: In Großbritannien gingen in der Nachkriegszeit 40 Versicherer in Konkurs, in den USA allein zwischen 1984 und 1987 fast 60.)

Die nun folgenden Betrachtungen sind wesentlich schlichter, ihr Erkenntnisziel ist bescheidener: Was bringt der Binnenmarkt den Versicherungskunden? Hierbei wird noch einschränkend auf das sogenannte Massen-, Breiten- oder Jedermanngeschäft abgestellt, also – ein wenig vornehmer ausgedrückt – auf den Privatkunden, dessen Belange ja auch durch die Umsetzung der Dritten Richtlinien und die Eröffnung des Binnenmarktes besonders berührt werden.

Doch auch diese Verengung läßt noch Spielraum genug für individuelle und subjektive Färbungen: Wer weiß eigentlich so genau, was „der" Verbraucher bzw. „die" Verbraucherin will? Wollen alle das gleiche Auto, die gleiche Wohnung, das gleiche Essen, die gleiche Frisur? Findet nicht der eine geschmacklos, was die andere anzieht, mokiert sich nicht die eine über das, was der andere genießt? Die Geschmäcker sind so verschieden wie die Bedürfnisse, aber vielleicht lassen sich die folgenden Determinanten des Nachfrage- und Kaufverhaltens fixieren:

- Das Produktangebot sollte vielfältig und bedarfsgerecht sein.

- Die Preise sollten niedrig, die Leistungen hoch sein, zumindest sollte „das Preis-Leistungs-Verhältnis stimmen".

- Das Produkt, ob Ware oder Dienstleistung, sollte von einer jeweils „angemessenen" Beratung und Betreuung (Service) begleitet sein.

Es ist offenkundig, daß die hier postulierten Qualitätsmerkmale teilweise schwer erfüllbar und auch kaum vollständig miteinander vereinbar sind: Diversifikation und Service verursachen Kosten, und ein einfaches Produkt ist tendenziell billig (in der Anschaffung und in der Wartung), leicht handhabbar, kaum fehleranfällig, dafür aber nur beschränkt verwendbar und wenig komfortabel, ein kompliziertes Produkt teuer, schwer handhabbar und fehleranfällig, dafür aber vielfältig einsetzbar und mit viel Komfort ausgestattet – wo liegt die größere Bedarfsgerechtigkeit, wo das bessere Preis-Leistungs-Verhältnis?

Finanzdienstleistungs- und speziell Versicherungsprodukte unterliegen darüber hinaus zusätzlichen Qualitätsanforderungen, die sich teilweise nur schwer testen und messen und zu Vergleichen heranziehen lassen. Die Dienstleistung Versicherungsschutz beispielsweise besteht nicht nur in der Erbringung einer konkreten (meist finanziellen) Leistung im Versicherungs-, sprich Schadens-, Erlebens- oder Todesfalle, sondern in einem über die gesamte Laufzeit eines Versicherungsvertrages sich erstreckenden Schutz- und Leistungsversprechen des Versicherers. An ein solch komplexes, immaterielles Produkt sind aus Sicht der Nachfrager – aber durchaus auch im Sinne seriöser, langfristig orientierter Anbieter – strenge Maßstäbe in puncto Transparenz, Sicherheit und Zuverlässigkeit zu legen. Bedenkt man außerdem, was und wieviel in vielen Fällen von einer Versicherungsleistung abhängt – nämlich Wohlergehen, Wohlfahrt, nicht selten buchstäblich die Existenz –, so liegt die Erkenntnis nahe, daß Versicherungsentscheidungen nicht allein durch trial-and-error, learning-by-doing (altmodisch ausgedrückt: durch Schaden wird man klug) gesteuert werden dürfen. Ein Gütesiegel, eine Art TÜV-Testat für Versicherungsprodukte wäre einem schon lieb – teuer müßte es gar nicht sein, vor allem, wenn man bedenkt, was es einem ersparen könnte.

Maßstab für eine Bewertung und einen Vergleich sollen Preise, Produktvielfalt und Transparenz auf einem staatlich besonders intensiv beaufsichtigten Markt wie Deutschland und einem nur schwach regulierten Markt wie Großbritannien sein.

4. Preise, Produktvielfalt und Transparenz auf dem Europäischen Binnenmarkt für Versicherungen

Das Leitbild des künftigen Binnenmarktes ist eindeutig am Vorbild der angelsächsischen Märkte und ihrer Rahmenbedingungen orientiert, und Leon Brittan stellt in Aussicht, daß in diesem Markt „Versicherungsnehmer die größtmögliche Auswahl an Produkten zu wettbewerbsfähigen Preisen" haben werden [4].

4.1 Preise

Der Vergleich wird sich zunächst auf ein Ergebnis aus dem sogenannten Cecchini-Bericht [5] aus dem Jahre 1988 stützen. Der italienische Europa-Politiker Paolo Cecchini hat diese Studie über die wirtschaftlichen Folgen des Binnenmarktes im Auftrag der EG-Kommission erstellt.

Die folgende Übersicht enthält einen Preisvergleich für Standardprodukte aus fünf gängigen Versicherungssparten in acht Ländern der Europäischen Gemeinschaft. Als 100%-Marke wurde der Durchschnitt der vier niedrigsten Preise aus diesen acht Ländern gewählt. Die in der Tabelle angegebenen Werte stellen jeweils die prozentualen Abweichungen von diesem niedrigen Referenzwert dar.

Es zeigt sich, daß die Preise in Großbritannien und in den Niederlanden tendenziell eher niedrig, in Frankreich und Italien tendenziell eher hoch sind. Aber kein Land zählt in mehr als drei Sparten zu den zwei „Billigländern", und die Ursachen für die Preisunterschiede dürfen keinesfalls allein oder auch nur überwiegend im Ausmaß der Regulierung des jeweiligen nationalen Versicherungsmarktes gesehen werden.

Beispielsweise können Preisdifferenzen durch objektive Unterschiede in den Rechnungsgrundlagen bedingt sein. Das trifft etwa auf das im Vergleich zu Deutschland niedrigere Verkehrsunfall(-tod)-Risiko in Großbritannien mit entsprechenden Auswirkungen auf die Personen- und Haftpflichtversicherung zu.

Auch unterschiedliche Konsequenzen und Rechtsfolgen aus Obliegenheitsverletzungen können einen Preis-Leistungs-Vergleich verzerren, beispielsweise im Bereich der britischen „warranties" (vgl. Bremkamp [3]).

Wegen eines Rentabilitätsvergleichs der gemischten Lebensversicherung in elf EG-Ländern sei auf Nonhoff [20] verwiesen. Mißt man die Realrenditen, so zeigt sich auch hier, daß weniger regulierte Märkte keinesfalls leistungsfähiger sind als andere.

Prozentuale Preisabweichungen bei Versicherungsprodukten, gemessen am Durchschnitt der vier niedrigsten Preise in den angegebenen Ländern

Versicherungssparte	Versicherungsschutz	Belgien	Deutschland	Spanien	Frankreich	Großbritannien	Italien	Luxemburg	Niederlande
Lebensversicherung	Risikolebensversicherung (Durchschnittswert)	78	5	37	33	-30	83	66	-9
Wohngebäudefeuer- und -diebstahlversicherung	Gebäudewert 70 000 ECU Inventar 28 000 ECU	-16	3	-4	39	90	81	57	17
Kfz-Versicherung	Fahrzeugvollversicherung 1,6 l-Fahrzeug, Fahrer mit 10jähriger Fahrpraxis, kein Schadenfreiheitsrabatt	30	15	100	9	-17	148	77	-7
Industriefeuer- und -diebstahlversicherung	Gebäudewert 387 240 ECU Inventar 232 344 ECU	-9	43	24	153	27	245	-15	-1
Haftpflichtversicherung	Maschinenbaufirma mit 20 Angestellten und 1,29 Mio. ECU Jahresumsatz	13	47	60	117	-7	77	9	-16

Fazit: Der Preis für Versicherungsschutz herkömmlicher Art wird sich nur marginal verändern.

Es ist, von wenigen Ausnahmen abgesehen, nicht erkennbar, in welchen Bereichen und Sparten der Versicherungswirtschaft durch einen noch so scharfen und noch so ungebremsten Wettbewerb nachhaltige und langfristige Preissenkungen erzwungen werden könnten. Insbesondere stoßen bei kunden- und serviceorientierten und somit personalintensiven Dienstleistungsunternehmen wie Versicherungen alle Rationalisierungsbemühungen sehr schnell an Grenzen.

Preisbewegungen und -unterschiede sind jedoch in dem Sinne zu erwarten, daß es vermutlich für spezifische Risiken Deckungen von unterschiedlichem Ausmaß, mit mehr oder weniger umfangreichem Service und Komfort geben wird („Light"- oder „Mager"-Produkte am unteren Ende des Spektrums, „De Luxe"-Angebote am oberen Ende). Eine solche, an den Bedürfnissen und finanziellen Möglichkeiten der Kunden orientierte Diversifikation, die es in einigen Sparten bereits heute gibt, wird möglicherweise schon bald branchenweit gang und gäbe sein.

4.2 Produktvielfalt

Über den Produktwettbewerb auf dem britischen Sachversicherungsmarkt schreibt Bremkamp [3]:

„Im Vereinigten Königreich gibt es, wie schon erwähnt, keine Genehmigungspflicht für Versicherungsbedingungen. Dies erlaubt – vordergründig gesehen – eine freie Gestaltung von Versicherungsbedingungen und Policen-Formen. Es existiert denn auch eine Vielzahl von Policen- und Bedingungstexten, die den Ruf vom freien, ungeregelten Markt zu bestätigen scheinen. Sicher ist es nicht übertrieben, beispielsweise von 30 oder mehr verschiedenen Household-Policen zu sprechen, die sich in recht unterschiedlicher Bezeichnung und Aufmachung zeigen. Ähnlich ist es in der gewerblichen Feuerversicherung, wenn wir die zwei Hauptbereiche der Sach-Versicherung einmal herausgreifen.

Bei näherer Betrachtung stimmen aber trotz äußerer Vielfalt die Policenformen und -texte in den wesentlichen Teilen der Bedingungen und besonders hinsichtlich der gewährten Deckungen weitgehend überein. Es muß sich allerdings um Produkte „gleicher Qualitätsklasse" handeln. Diese etwas abstrakte Einschränkung hat ihre Erklärung in der am englischen Markt durchaus üblichen Tatsache, daß ein Versicherer für eine Versicherungsart mehrere Policenformen in seinem Angebot hat. So gibt es z. B. in der Household-Versicherung bei vielen Gesellschaften 2 Modelle mit unterschiedlichem Deckungsumfang: eine Art Normalausführung und ein „Luxusmodell". In der gewerblichen Feuerversicherung können ebenfalls mehrere Deckungsklassen bestehen infolge der Möglichkeit, zusätzliche Gefahren wie z. B. Sturm oder innere Unruhen in einem Baukastensystem unterschiedlich mitzuversichern. Aber all dies sind sehr offenkundige Unterschiede, in denen sich der Fachmann und der Versicherungskunde relativ rasch zurechtfinden und die bei uns in vielen Bereichen auch nicht unbekannt sind."

Bezüglich der Lebensversicherungsprodukte sei wieder auf Nonhoff [20] verwiesen. Auch hier zeigt sich, daß der britische Markt im wesentlichen von einigen wenigen Standardprodukten dominiert wird, für die es dann – ähnlich wie auf dem deutschen Markt – eine Vielzahl von Varianten gibt.

Schließlich sei noch eine Aussage von Haasen [13] zum amerikanischen Lebensversicherungsmarkt zitiert:

„Der US-Lebensversicherungsmarkt hat als Folge veränderter Umfeldbedingungen seine traditionelle Struktur verloren. Sehr innovativ und in enormem Tempo sind neue Produktformen entwickelt worden, die ständig wieder umgeformt werden. Stabilität, Übersichtlichkeit und Beständigkeit sind nicht eingetreten. Der Kunde wird ständig veranlaßt, gerade Gekauftes in Neues einzutauschen. Echtes Neugeschäft tritt zurück."

Auch diese Einschätzung erweckt nicht gerade den Eindruck besonderer Kundenfreundlichkeit. Sie führt zum letzten Aspekt des Vergleichs. Doch zuvor ein weiteres

Fazit: Die Produktvielfalt wird sich erhöhen.

Es wird neue Deckungskonzepte geben, andere Risikotatbestände werden eingeführt, die Rechnungsgrundlagen werden variiert und die Produktstrukturen werden teilweise verschoben werden, in der Lebensversicherung beispielsweise zwischen den Polen Risikoschutz und Kapitalbildung, vorzeitige Leistung und Ablaufleistung, Stetigkeit/Einfachheit und Dynamik/Flexibilität. Manches ist denk- und machbar, beispielsweise die Einführung von Raucher/Nichtraucher-Tarifen in der Personenversicherung, Variationen beim Rechnungszins und bei der Überschußbeteiligung in der Lebensversicherung und die Berücksichtigung der km-Leistung oder des Geschlechts des Halters/Fahrers in der Kfz-Versicherung.

Allerdings: Das Rad des Versicherungswesens wird nicht neu erfunden werden, was schon ein Blick auf die vielen bestehenden, sehr unterschiedlich angelegten Versicherungsmärkte auf der ganzen Welt beweist. Die größeren Freiheiten des Europäischen Binnenmarktes werden es jedoch ermöglichen, daß die deutsche Assekuranz schneller, flexibler und kreativer auf neue Risiken, verändertes Nachfrageverhalten und unterschiedliche Rahmenbedingungen reagieren kann.

4.3 Transparenz

Es ist zu erwarten, daß mehr Freiheit auf Versicherungsmärkten zu mehr Vielfalt führt, es ist aber auch kaum zu bestreiten, daß eine größere Vielfalt auch mit einem Verlust an Transparenz verbunden ist, und dies verstößt massiv gegen die Interessen der Versicherungskunden. Haben schon auf einem regulierten Markt mit seinen Normierungen und Standardisierungen die Versicherungsnehmer Probleme mit dem berühmten „Kleingedruckten", mit Pflichten und Obliegenheiten, mit dem Einhalten von Fristen und dem Verständnis für versicherungstechnische Feinheiten (vgl. Diener [6]), so sind weit größere Schwierigkeiten und daraus resultierende Fehler und Enttäuschungen zu erwarten, wenn es um Vertragsabschlüsse, Produkt- und Preisvergleiche in einem deregulierten Markt geht. Die Vorteile, die ein freier Markt theoretisch haben könnte, werden – zumindest bei einem Produkt von der Art des Versicherungsschutzes – durch die aus Intransparenz resultierenden Nachteile bzw. durch den Aufwand, diese Nachteile zu überwinden, mehr als kompensiert. Surminski [25] schreibt hierzu:

„Mit verstärkten Informationsangeboten lassen sich die negativen Auswirkungen einer Produktvielfalt für die Masse der Verbraucher nicht beseitigen. Die Verbraucher sind nicht bereit, diese Fülle von Informationen anzunehmen. Sie hätten sonst nichts weiter zu tun, als sich zu informieren über eine Fülle von Produkten aus den verschiedensten Wirtschaftsbereichen. Deshalb verweigert sich der Verbraucher mit berechtigten Gründen dieser Fülle von Informationsangeboten. Für ihn ist eine Standardisierung, die ihm die Garantie bietet, daß seine Belange im wesentlichen gewahrt werden, die günstigste Lösung."

Das Phänomen der Intransparenz kollidiert frontal mit dem Streben nach Sicherheit und Klarheit. Hierzu sei abschließend noch ein empirischer Befund angeführt (vgl. v. d. Schulenburg et al. [22]). Bei einer Befragung im Jahre 1990 in den alten Bundesländern wurden die folgenden Motive für den Abschluß einer Kapital-Lebensversicherung genannt (Mehrfachnennungen möglich):

52 % finanzielle Sicherheit für die Familie im Todesfall
51 % Vorsorge für das eigene Rentenalter
27 % die Möglichkeit zu einer sicheren Geldanlage
27 % Angst vor einem sozialen Abstieg im Alter
26 % die Möglichkeit, Steuern zu sparen
16 % die Möglichkeit zur Hypothekentilgung
12 % mangelndes Vertrauen in unser Rentensystem
10 % die Möglichkeit zu einer guten Geldanlage
 3 % Rückzahlung eines Bankkredites
 4 % sonstige Gründe oder keine Angabe.

Ganz offensichtlich dominiert das Motiv der Sicherheit, Stabilität und Zuverlässigkeit. Genau in diesem Punkte treffen sich die Interessen von Versicherungsnehmern und Versicherern („Transparenz liegt indessen nicht nur im Interesse des Kunden, sondern in besonders ausgeprägter Weise im Interesse jedes Lebensversicherungsunternehmens selbst", Schickinger [21]), und dies führt zum abschließenden

Fazit: Der essentielle, über allem stehende „Produktions"-faktor bei der Herstellung der Dienstleistung Versicherungsschutz ist das Vertrauen, das sich auf die Stabilität des Versicherungsunternehmens, die Sicherheit des von ihm gewährten Schutzes und die Zuverlässigkeit seiner Leistungen gründet. Beide Seiten, Versicherungsnehmer (sowie Versicherte und Begünstigte) wie Versicherer, haben daher eine eindeutige Präferenz für Marktverhältnisse, die Sicherheit und Stabilität gewährleisten, ohne einen Wettbewerb der Preise, der Produkte und des Service zu verhindern.

Literatur

[1] Bäumer, A. P., Anmerkungen zum Wettbewerb an den Versicherungsmärkten, in: Henn, R., et al. (Hrsg.), Staat, Wirtschaft, Assekuranz und Wissenschaft, Festschrift für Robert Schwebler, Verlag Versicherungswirtschaft, Karlsruhe, 1986, 137 – 144

[2] Blaesius, S., Die Bewertung von Lebensversicherungsverträgen aus der Sicht der Nachfrager, Duncker & Humblot, Berlin, 1988

[3] Bremkamp, D., Der englische und der deutsche Sachversicherungsmarkt. Versuch eines Vergleiches aus der Sicht eines Praktikers, in: Heilmann, W.-R., et al. (Hrsg.), Versicherungsmärkte im Wandel, Verlag Versicherungswirtschaft, Karlsruhe, 1987, 5 – 17

[4] Brittan, L., Versicherungen: Mehr Wettbewerb, EG-Informationen 7/1992, 12 – 13

[5] Cecchini, P., The European Challenge 1992: The Benefits of the Single Market, zitiert in Diacon, S., Planning for the Single European Market, in: Diacon, S. (Hrsg.), A Guide to Insurance Management, MacMillan 1990, 35 – 58

[6] Diener, W. G., Transparenz, in: Henn, R., et al. (Hrsg.), Staat, Wirtschaft, Assekuranz und Wissenschaft, Festschrift für Robert Schwebler, Verlag Versicherungswirtschaft, Karlsruhe, 1986, 161 – 168

[7] Eggerstedt, H., Produktwettbewerb und Dienstleistungsfreiheit auf Versicherungsmärkten, Veröffentlichungen des Forschungsinstitutes für Wirtschaftspolitik an der Universität Mainz, Duncker & Humblot, Berlin, 1987

[8] Farny, D., et al., Die deutsche Versicherungswirtschaft – Markt, Wettbewerb, Konzentration, Verlag Versicherungswirtschaft, Karlsruhe, 1983

[9] Finsinger, J., Versicherungsmärkte, Campus Verlag, Frankfurt u. New York, 1983

[10] Finsinger, J., Verbraucherschutz auf den Versicherungsmärkten, Wettbewerbsbeschränkungen, staatliche Eingriffe und ihre Folgen, Verlag V. Florentz, München, 1988

[11] FWU-Forschungsgesellschaft für Wettbewerb und Unternehmensorganisation m.b.H. (Hrsg.), Versicherungsmärkte im Wettbewerb, Nomos Verlagsgesellschaft, Baden-Baden, 1989

[12] Geiger, H., Der Schutz der Versicherten im Europäischen Binnenmarkt, Hartung-Gorre Verlag, Konstanz, 1992

[13] Haasen, U., Der US-Lebensversicherungsmarkt – Struktur und Wettbewerb, in: Heilmann, W.-R., et al. (Hrsg.), Versicherungsmärkte im Wandel, Verlag Versicherungswirtschaft, Karlsruhe, 1987, 77 – 85

[14] Heilmann, W.-R., et al. (Hrsg.), Versicherungsmärkte im Wandel, Verlag Versicherungswirtschaft, Karlsruhe, 1987

[15] Heinrich, S., Versicherungsaufsicht und Wettbewerb, Gabler Verlag, Wiesbaden, 1991

[16] Hopp, F.W., et al. (Hrsg.), Versicherungen in Europa heute und morgen, Geburtstags-Schrift für Georg Büchner, Verlag Versicherungswirtschaft, Karlsruhe, 1991

[17] Hübner, U., Rechtliche Rahmenbedingungen des Wettbewerbs in der Versicherungswirtschaft, Nomos Verlagsgesellschaft, Baden-Baden, 1988

[18] Jürgens, U., et al., Der europäische Versicherungsmarkt, Economica Verlag, Bonn, 1993

[19] Müller, W., EG '94 und Versicherungsmärkte, Gabler Verlag, Wiesbaden, 1992

[20] Nonhoff, D., Lebensversicherungen im EG-Binnenmarkt – Wechselwirkung im Hinblick auf Produkt- und Marktverfassung, Zeitschrift für die gesamte Versicherungswissenschaft, 1991, 233 – 265

[21] Schickinger, W. F., Transparenz in der Lebensversicherung, Karlsruher Greif, Hauszeitschrift der Karlsruher Lebensversicherung AG und der Karlsruher Versicherung AG, 2/1984, 20 – 21

[22] v. d. Schulenburg, J.-M., et al., Die Lebensversicherten: ihre Informationsquellen, ihr Informationsstand und ihr Nachfragerverhalten, Zeitschrift für die gesamte Versicherungswissenschaft, 1991, 287 – 307

[23] Schwintowski, H.-P., Der private Versicherungsvertrag zwischen Recht und Markt, Nomos Verlagsgesellschaft, Baden-Baden, 1987

[24] Strassl, W., Externe Effekte auf Versicherungsmärkten, J. C. B. Mohr, Tübingen, 1988

[25] Surminski, A., Markttransparenz in der Versicherungswirtschaft, Zeitschrift für Versicherungswesen, 3/1987, 58 – 61

[26] Lebensversicherungsmärkte in der Europäischen Gemeinschaft, Schriftenreihe des Ausschusses Volkswirtschaft des Gesamtverbandes der Deutschen Versicherungswirtschaft, 13/1992

Elmar Helten

Wertewandel und fortschreitende Individualisierung der Prämien – Ende der Versichertensolidarität und des Ausgleichs im Kollektiv?

1. Wachsende Probleme mit der Akzeptanz der Versicherungsprämie nach schadenfreien Versicherungsjahren

Versicherung ist bei vielen Menschen nicht sonderlich beliebt. Warum? Ein Grund scheint darin zu liegen, daß jeder Versicherungsnehmer für den Versicherungsschutz Prämien zahlen muß, aber nur wenige Versicherungsnehmer eine sichtbare Gegenleistung, die Entschädigung im Schadenfall, erhalten. Die Aufgabe und der Nutzen der Versicherung, die Sicherheit der Finanzpläne der Versicherungsnehmer durch kollektive Reservebildung zu verbessern, sind zu wenig im Bewußtsein der Versicherungsnehmer verankert. Die regelmäßigen Prämienzahlungen werden – ähnlich wie Steuerzahlungen – nur als Belastungen empfunden.

Ein weiterer Grund für die Unbeliebtheit der Versicherung besteht wohl darin, daß die Auszahlung der Entschädigung – bis auf die Auszahlung der Versicherungsleistung in der Erlebensfallversicherung – immer mit einem negativen Ereignis verbunden ist. Es ist und bleibt das unabänderliche Los der Versicherung, untrennbar mit Schicksalsschlägen und Schadenereignissen der Versicherungsnehmer verbunden zu sein.

Während jeder Roulette- oder Lottospieler weiß, daß der Spieleinsatz grundsätzlich verloren ist, daß nur wenige Spieler gewinnen können und daß noch weniger Spieler mit einem großen Gewinn rechnen können, scheint vielen Versicherungsnehmern die Umverteilung des Prämienaufkommens auf die Geschädigten nicht hinreichend bewußt zu sein.

Mit Recht wird man den Spieler, der nach einem verlorenen Spiel den Einsatz zurückfordert, einen Narren nennen. Den schadenfreien Versicherungsnehmer, der eine Beitragsrückerstattung erwartet, hält man nicht für närrisch, sondern für einen aufgeklärten und mündigen Versicherungsnehmer.

Die Prämie ist aber ebenso wie der Spieleinsatz grundsätzlich verloren. Der Versicherungsnehmer sollte eigentlich froh sein, wenn er keinen Unfall, keine Krankheit, keinen Schaden hat. Doch diese Freude am schadenfreien Leben genügt heute anscheinend nicht mehr. Man möchte die sogenannten „unverbrauchten" Teile der Prämie zurückbekommen. Der schadenfreie Versicherungsnehmer fühlt sich als ein besserer Versicherungsnehmer. Er möchte für seine Schadenfreiheit durch Beitragsrückerstattung oder durch eine günstigere Prämie im nächsten Versicherungsjahr belohnt werden.

Es ist schon paradox, daß Menschen den Verlust des Spieleinsatzes auch in einem Spiel, das für sie gewinnlos blieb, durchaus akzeptieren, während sie nach schadenfreien Versicherungsjahren die Hingabe der vollständigen Versicherungsprämie immer weniger akzeptieren. Vielleicht läßt sich dieses Paradoxon dadurch erklären, daß man beim Glücksspiel – vom Verlust des Spieleinsatzes abgesehen – nur gewinnen kann, während bei einer Versicherung – vom Verlust der Prämie abgesehen – nur der Vermögensstand vor Schadenfall wieder erreicht werden kann.

Man kann also durch Versicherung keinen sichtbaren „Mehrwert" erhalten, sondern nur das Gefühl der Sicherheit, bei einem Schadenfall nicht auch noch finanziell ruiniert zu werden. Die persönlichen, nicht finanziellen Lasten der Krankheit, eines Unfalls oder die Folgen eines Einbruchs, eines Feuers oder sonstiger Schadenereignisse hat der Versicherungsnehmer immer selbst zu tragen. Die Wiederherstellung des Zustands vor Schadenfall (Naturalrestitution) gehört in Deutschland noch nicht allgemein zu den Dienstleistungen der Versicherungsunternehmen. Lediglich einige Versicherer mit Assistancezentren machen erste Versuche, die Versicherungsleistung im Schadenfall zu konkretisieren.

2. Der Einfluß von Wissenszuwachs und Wertewandel auf die Akzeptanz von Tarifstrukturen

Während aus den Anfängen des Versicherungswesens überliefert ist, daß die Sterbekassen und Brandgilden aus Solidarität und auf Gegenseitigkeit gegründet worden sind, wird heute der kollektive Charakter der Versicherung, der Ausgleich im Kollektiv, nicht mehr selbstverständlich akzeptiert. Früher glaubte man, daß Schicksalsschläge gottgegeben sind und jeden treffen können. Deshalb sorgte man nicht nur alleine, sondern vor allem auch gemeinschaftlich vor. Man gründete gemeinsam sowohl Unternehmen der Schadenverhütung (Feuerwehr, Deichanlagen) als auch Unternehmen der Schadenvergütung (Kassen, Versicherungen).

Heute werden Schäden durch den technischen und medizinischen Fortschritt, durch psychologische und soziologische Erkenntnisse immer besser erklärbar, das heißt, bestimmten Ursachen zurechenbar. Die

Schadenursachensysteme werden durchsichtiger, die Schadenverursacher, die „Schuldigen", schneller erkannt. Der Einfluß des Zufalls, in der Versicherungstechnik als „stochastische Restgröße" modelliert, scheint immer geringer zu werden. Dazu einige Beispiele: Während die Personenkraftwagen in der Kraftfahrt-Haftpflichtversicherung vor der Einführung der Unternehmenstarife nur nach ihrer Stärke (PS) differenziert wurden, entwickelte sich in den 30 Jahren danach eine sehr ausgeprägte Klassifizierung nach Tarifgruppen, Regionalgebieten und Bonus-/Malusklassen.

In der Lebensversicherung kalkulierte man mehr als 200 Jahre nur mit altersspezifischen Sterbetafeln, bis schweizerische Versicherungsunternehmen vor einigen Jahren mit dem Slogan „Wir machen Frauen drei Jahre jünger" die geschlechtsspezifischen Sterbewahrscheinlichkeiten einführten.

Die Entwicklung zu weiterer Tarifdifferenzierung in der Lebensversicherung ist damit noch nicht zu Ende. Die Risiken des Rauchens veranlaßten skandinavische Versicherer dazu, nach Rauchern und Nichtrauchern differenzierte Lebensversicherungstarife zu kreieren. Auch wird die Entwicklung der Gentechnologie weitere Differenzierungen von Risiken möglich machen.

Ebenfalls führt die durch das Marketing propagierte Kundengruppenbildung zu immer neuen, i.d.R. kleineren Kollektiven. Diese kleineren Kollektive (Tarifklassen) sind zwar unter Marketinggesichtspunkten, d.h. wegen ähnlichem Konsumverhalten, relativ homogen, aber unter versicherungstechnischen Aspekten, d.h. durch die Aggregation von Risiken mehrerer Versicherungszweige, relativ inhomogen. Durch die geringe Größe der Tarifklassen werden diese Kollektive immer weniger tragfähig für Großschäden. In einem ähnlich gelagerten Fall – in der industriellen Feuerversicherung – konnte man das Verteilungsproblem der Großschäden in kleinen Tarifklassen nur mühsam mit Hilfe der Credibility-Theorie lösen.

Vermehrtes Wissen führt also zu erklärungskräftigeren Schadenursachensystemen und differenzierteren Tarifen. Den Individualisierungstendenzen der Versicherungsnehmer kann man mit differenzierteren Tarifen besser entgegenkommen, schwächt aber gleichzeitig den Solidaritätsgedanken, der die Basis des Ausgleichs im Kollektiv ist. Verursachungsprinzip und Solidarprinzip sind eben konkurrierende Prinzipien.

Aus vielen soziologischen Studien ist bekannt, daß der Wertewandel für die Versicherungswirtschaft sehr bedeutsam ist. Dieser kann sich in Verschiebungen einzelner Werte auf der Bedeutungsskala innerhalb der Hierarchie eines Wertesystems oder auch in der Aufnahme neuer Werte in das bisherige Wertesystem äußern.

Gesellschaftsbezogene Pflicht- und Akzeptanzwerte wie Disziplin, Gehorsam, Leistung, Ordnung, Treue, Unterordnung, Fleiß, Bescheidenheit und sich auf das individuelle Selbst beziehende Pflicht- und Akzeptanzwerte, die Selbstbeherrschung, Pünktlichkeit, Anpassungsbereitschaft, Fügsamkeit, Enthaltsamkeit nahmen in den letzten Jahren ab, während Selbstentfaltungswerte wie Emanzipation von Autoritäten, Gleichbehandlung, Gleichheit, Demokratie, Partizipation, Autonomie des einzelnen, aber auch Genuß, Abenteuer, Spannung, Abwechslung, Ausleben emotionaler Bedürfnisse, Kreativität, Spontanität, Selbstverwirklichung, Ungebundenheit, Eigenständigkeit zunehmen. Diese Wertewandlungstendenzen schlagen sich nieder in einem gestiegenen Gesundheitsbewußtsein, in einer verstärkten Hinwendung zur Natur und in einer Höherbewertung der Freizeit und Privatsphäre.

Aus den vielen Befragungen, die das Allensbacher Institut für Demoskopie für die Versicherungswirtschaft gemacht hatte, ist die Frage, ob Versicherung als Geldtausch angesehen werden kann, in diesem Zusammenhang von Interesse. Hierzu wurde folgendes Statement den Befragten vorgelegt: „Ich will bei einer Versicherung mindestens herausbekommen, was ich einzahle." 37 Prozent der Bevölkerung akzeptierten diese Aussage, 40 Prozent der bis zu 30 Jährigen, 33 Prozent der 50–65 Jährigen. Auf die Aussage „Es ist mein gutes Recht als Versicherter, möglichst viel Geld von der Versicherung zurückzubekommen" antworteten 67 Prozent der Bevölkerung zustimmend, 70 Prozent bei den bis zu 30 Jährigen, 64 Prozent bei den 60–65 Jährigen.

Der in der Bundesrepublik Deutschland besonders stark sichtbar werdende Wertewandlungsprozeß wird auf folgende Einflüsse zurückgeführt:

1. Einfluß des Wirtschaftswunders und der anschließenden Prosperität in Kontrast zur Not- und Knappheitssituation in und nach der Kriegszeit,
2. Einfluß des Wohlfahrtsstaates mit der Möglichkeit, Pflichten nach oben zu delegieren,
3. Einfluß des Demokratisierungsbemühens und Ausbreitung des Fernsehens, die zu einer „zweiten Aufklärung" führten,
4. Einfluß einer verbreiteten Bewegung antikonservativer Art mit dem Ziel, überlieferte Normen, Leitbilder und Strukturen abzubauen,
5. Einfluß der Anfang der 60er Jahre begründeten „Bildungsrevolution".

Aus der Entwicklung des Wissenszuwachses und aus dem Wandel der individuellen gesellschaftlichen Werte können für die Neukonstruktion der Versicherungstarife nach dem 1.7.1994 folgende Tendenzen ausgemacht werden:

1. Die Tarife werden in allen Versicherungszweigen weiter differenziert werden. Offen ist die Frage: Wo endet aus Kosten- und Komplexitätsgründen die Tarifdifferenzierung?
2. Der Ausgleich in versicherungszweigspezifischen Kollektiven wird abnehmen. Noch offen ist die Frage: Können in den neuen, tendenziell kleineren Kollektiven Großschäden ausgeglichen werden?
3. Bonus-/Malus-Tarife werden in stärkerem Maße Berücksichtigung finden. Offen ist die Frage: In welchem Mischungsverhältnis werden Elemente der primären und sekundären Prämiendifferenzierung miteinander verknüpft?

3. *Inakzeptanz nur statistisch begründeter Tarifdifferenzierungen und von Systemen der sekundären Prämiendifferenzierung*

Nach dem Verursachungsprinzip werden in der Individualversicherung bestimmte Schadenursachen und -merkmale des Risikoträgers dann als Differenzierungskriterien und Tarifvariable benutzt, wenn anhand des Schadenverlaufs statistisch nachgewiesen ist, daß diese Tarifvariablen die Anzahl und die Höhe der Schäden am besten erklären. Doch als die Berufsgruppe „Beamte" (Mitglieder des Öffentlichen Dienstes) als Tarifvariable in der Kraftfahrt-Haftpflichtversicherung eingeführt wurde, fand diese Tarifvariable zunächst keine Akzeptanz bei den übrigen Versicherungsnehmern; denn sie konnten sich nicht erklären, warum „Beamte" weniger unfallträchtige Autofahrer sind und einen niedrigeren Schadenbedarf haben als die übrigen Versicherungsnehmer.

Der Freistaat Bayern hat lange Zeit die Regionalstruktur der Kraftfahrt-Haftpflichtversicherung nicht akzeptieren wollen mit der Begründung, daß durch die Regionalstruktur in einigen Regionen notwendigerweise die Prämien erhöht werden müßten und dann die wirtschaftsschwachen Regionen Bayerns benachteiligt würden. In einigen Ländern sind Frauen nicht mehr bereit, den u. a. durch Geburten verursachten höheren Frauentarif in der Krankenversicherung zu akzeptieren.

Die Beispiele könnten fortgesetzt werden.

Immer dann, wenn durch Tarifdifferenzierung die Prämien bei bestimmten Versicherungsnehmern erhöht werden müssen, wird das Differenzierungsmerkmal in Frage gestellt. Die Versicherungswirtschaft wird deshalb bei weiteren Tarifdifferenzierungen darauf achten müssen, daß die neuen bzw. zusätzlich aufgenommenen Tarifvariablen als Schadenursachen verständlich gemacht werden können. Der statistische Nachweis alleine reicht nicht aus.

Auch die Bonus-/Malus-Systeme, die der Prämiendifferenzierung nach dem individuellen Schadenverlauf dienen, haben bestimmte Problempunkte, die nicht von allen Versicherungsnehmern akzeptiert werden. So gilt in der Kraftfahrt-Haftpflichtversicherung bis heute eine statistisch korrekte, d.h. höhere Einstufung der Anfänger als Behinderung der Autohaltung junger Leute. Nach vielen schadenfreien Jahren wird die Rückstufung aus Anlaß eines Schadens als ungerechtfertigt und kleinlich apostrophiert. Daß das Bonus-/Malus-System in der Kraftfahrt-Haftpflichtversicherung nur die Anzahl der Schäden und nicht die Höhe der Schäden berücksichtigt, findet als Gleichbehandlung von Ungleichen wenig Akzeptanz. Daß bei allen in der Praxis benutzten Prämienstufensystemen die Großschäden gestutzt werden, ist nicht systemkonform.

An diesen Beispielen wird deutlich, daß auch das individuelle Äquivalenzprinzip, nach dem die Risikoprämie dem individuellen Erwartungswert des einzelnen Versicherungsnehmers entsprechen soll, auf Akzeptanzprobleme stößt.

4. Schlußfolgerungen

Die Möglichkeit, Tarife zu differenzieren, ist unendlich groß. Die ständige Vermehrung des Wissens hat dazu geführt, daß die Schadenursachen als Merkmale des Versicherungsnehmers bzw. des versicherten Objekts besser erkannt werden. Diese neuen Erkenntnisse ergeben Anhaltspunkte für die Risikoselektion und Tarifdifferenzierung. Die Versicherungsunternehmen haben die Tarifdifferenzierungsmöglichkeiten als neue Marktchance ergriffen. Der Wettbewerb auf dem Versicherungsmarkt erfolgt nicht mehr nur über das Preisniveau, sondern auch über die Tarifdifferenzierung und die damit verbundene Einordnung in bessere oder schlechtere Kollektive.

Aus den sozialpsychologischen Trends des Wertewandels und der Individualisierung resultiert für die Versicherungswirtschaft die Notwendigkeit, den individuellen Schadenverlauf des Versicherungsnehmers stärker in der Kalkulation zu berücksichtigen. Doch um eine genügend große statistische Basis für die Schätzung der individuellen Schadenbedarfe zu haben, benötigt die Versicherungstechnik möglichst lange Versicherungsvertragsdauern. Unter Wettbewerbsgesichtspunkten sollten aber möglichst kurze Verträge abgeschlossen werden. Man wird überlegen müssen, wie die Schadeninformationen des einzelnen Versicherungsnehmers von einem Versicherer zum anderen mitgenommen werden können. Die Versichererwechselbescheinigung der Kraftfahrt-Haftpflichtversicherung kann dabei als Vorbild dienen.

Ungelöst ist bisher das Problem, wie in kleineren Kollektiven mit geringem Schadenbedarf die seltenen Großschäden solidarisch ausgeglichen werden können.

Es muß ferner daran erinnert werden, daß der Ausgleich in der Zeit nicht perfekt funktioniert, nicht nur, weil das Leben kurz ist und damit die individuelle Schadenerfahrung nicht sehr umfangreich sein kann, sondern weil die Bindung an einen Versicherer grundsätzlich wettbewerbsvermindernd ist. Wie diese gegenläufigen Interessen zwischen Versicherungsnehmer und Versicherungsunternehmen – einerseits kurze Vertragsdauern, andererseits lange statistische Beobachtungsdauern und Ausgleichszeiträume sowie ferner einerseits möglichst viele Informationen über die individuellen Schadenpotentiale in stark differenzierten Kollektiven und andererseits möglichst große Ausgleichskollektive, um Großschäden finanzieren zu können – zu lösen sein wird, muß der Versicherungsmarkt in den nächsten Jahren zeigen.

„Das wird spannend. Die Erfolge und Mißerfolge der einzelnen Unternehmen werde ich durch meine Bilanzanalysen genau verfolgen können" (Farny, November 1993).

Weiterhin viel Erfolg dabei; nicht nur zum Nutzen der scientific community, sondern auch der Versicherungswirtschaft!

Literatur

Farny, D., Versicherungsbetriebslehre, Karlsruhe 1989, S. 531 ff.

Harbrücker, U., Wertewandel und Corporate Identity, Wiesbaden 1991, S. 145 ff.

Helten, E., Risikokalkulation in Versicherungsunternehmen, in: Schierenbeck, H. (Hrsg.), Bank- und Versicherungslexikon, München 1990, S. 548 ff.

Helten, E., Die Bedeutung der Kollektivbildung und des Planungshorizonts für die Kalkulation der Risikoprämie, in: Hammer, G. et al. (Hrsg.), Planung und Prognose in Dienstleistungsunternehmen, Karlsruhe 1986, S. 137 ff.

Karten, W., Risiken der Gentechnologie für die Assekuranz, in: Hopp, F. W., Mehl, G. (Hrsg.), Versicherungen in Europa heute und morgen – Geburtstags-Schrift für Georg Büchner, Karlsruhe 1991, S. 645 ff.

Noelle-Neumann, E., Geiger, H., Versicherungswirtschaft, öffentliche Meinung, Image und Öffentlichkeitsarbeit in der, in: Farny, D. et al. (Hrsg.), HdV, Karlsruhe 1988, S. 1227 ff.

Klaus Heubeck

Anmerkungen zu den umlagefinanzierten Sozialversicherungen in Deutschland

1. Zur aktuellen Situation

Wie in den meisten westeuropäischen Ländern werden die Leistungen der gesetzlichen Sozialversicherungen in Deutschland überwiegend durch Beiträge auf dem Weg der Bedarfsumlage finanziert. Dies gilt sowohl für die in den staatlichen Rentenversicherungen zusammengefaßten Alters-, Invaliditäts- und Hinterbliebenenversicherungen als auch für die Unfall- und die Arbeitslosenversicherung, die Krankenversicherung und die im Entstehen begriffene gesetzliche Pflegeversicherung. Mit vielen Ländern gemeinsam ist auch die Situation, daß sie nach Jahren der Expansion der Systeme und vielfach sehr weitgehenden Leistungsversprechen in den kommenden Jahrzehnten aufgrund zurückgehender und alternder Bevölkerungen mit einem Rückgang der Leistungen zu rechnen haben oder sich nach alternativen Lösungswegen zur Absicherung der Bevölkerung umsehen müssen.

In Großbritannien beispielsweise hat man diese Entwicklung erkannt und bereits 1985 zur Entlastung der staatlichen Rentenversicherung den Ausbau der kapitalbildenden betrieblichen Altersversorgung weiter gefördert. In der Schweiz hat man 1985 die betriebliche Altersversorgung zur die staatliche Grundsicherung ergänzenden Pflicht gemacht. In Frankreich wird gegenwärtig über eine Ergänzung der umlagefinanzierten staatlichen Versicherungen durch Kapitalansammlungsverfahren nachgedacht. In Deutschland sollten die Rentenreform 1992 und mehrere Gesundheitsstrukturreformen die Probleme von der Leistungsseite her langfristig lösen. Zu einer grundlegenden Änderung auf der Finanzierungsseite ist es dabei nicht gekommen, im Gegenteil: Bei der Rentenreform 92 hat man derartige Vorschläge abgelehnt, und bei der für 1994 geplanten Einführung einer staatlichen Pflegeversicherung setzt man erneut auf die Finanzierung durch Beiträge in Form der Umlage und verzichtet auf die langfristigen Entlastungsmöglichkeiten durch rechtzeitige Kapitalansammlung. Wie in der Krankenversicherung ist jedoch damit zu rechnen, daß das Leistungsvolumen nicht nur vom objektiven Schadenverlauf, sondern auch vom Anspruchsverhalten der Versicherten und vom Leistungsangebot des Marktes bestimmt wird und daß es aufgrund der Alterung der Bevölkerung zu überproportionalen Steigerungen im Gesamtbedarf (der Zahl und der Höhe nach) kommen wird. Insbesondere die umlagefinanzierte gesetzliche Pflegeversicherung – von ihren Befürwortern vielfach als krönender, notwendiger Abschluß staatlicher Sozialversicherung verstanden – wird man in einigen Jahren voraussichtlich als das genaue Gegenteil sehen, nämlich als Überfrachtung des Systems umlagefinanzierter staatlicher Vollversicherung.

Angesichts der bevorstehenden Alterung der Bevölkerung und zunehmend belastender, systembedingter Risiken erscheint es geboten, rechtzeitig grundlegende Änderungen und Ergänzungen der (unverzichtbaren) Umlagesysteme in Angriff zu nehmen, um sie ohne größeren Schaden über die nächsten Jahrzehnte fortführen zu können. Dabei sind die einzelnen Versicherungszweige, gerade auch wegen ihrer unterschiedlichen Abhängigkeit von der Bevölkerungsentwicklung und vom Anspruchsverhalten der Versicherten, durchaus verschieden zu beurteilen.

Bislang hat die teilweise intensive Beschäftigung mit Einzelheiten und Besonderheiten der jeweils im Vordergrund der Diskussion stehenden Einrichtung den Blick für deren Gesamtheit vielleicht verstellt. Viel eher als von vielen erwartet sind mit der Frage der Belastung für die Wirtschaft und der Akzeptanz beim einzelnen Beitragszahler jedoch auch die Grenzen sichtbar geworden. Das Problem, wie sich die umlagefinanzierten Sozialversicherungen in ihrer Summe auswirken, ist auf dem Tisch und durch Korrekturen im Detail vermutlich nicht mehr zu lösen.

Im folgenden sollen daher weniger die Leistungsseite, weniger Teilansätze und Verrechnungslösungen oder politische Verschiebungs- und Umordnungsmöglichkeiten behandelt werden; es soll vielmehr das Hauptaugenmerk auf die Beitragsseite gelenkt werden. Es ist danach nicht vermessen zu behaupten: die Dynamik der Leistungen einzelner Systeme und die Änderung in der Altersstruktur der Bevölkerung werden dazu führen, daß der gesamte Umlagebedarf der fünf Sozialversicherungssysteme in ihrer jetzigen Form längerfristig gewaltig ansteigen und daher nicht mehr aufgebracht werden wird. Es ist daher dringend erforderlich, sich nicht in weitere Sachzwänge zu begeben und sich beizeiten um Auswege aus dieser finanztechnisch zwingenden Einbahnstraße zu bemühen.

2. Zu den Finanzierungsgrundsätzen

Staatliche Sozialversicherung unterscheidet sich unter anderem von Privatversicherung dadurch, daß sie gesellschaftlichen Veränderungen und politischen Einflußnahmen stärker unterworfen ist und die Rechte (und Pflichten) des einzelnen durch die Erfordernisse und das Wohl der Allgemeinheit geschmälert werden können. Ungeachtet dessen gelten auch für die staatlichen Sozialversicherungen eine Reihe von versicherungstechnischen Gesetzmäßigkeiten, die generell zu beachten sind und die für die

Entwicklung der einzelnen Systeme in den kommenden Jahrzehnten von unterschiedlicher, aber zunehmender Bedeutung sein werden. Im folgenden soll zunächst an die einfachen finanziellen Zusammenhänge und letztlich Gesetzmäßigkeiten erinnert, die Bevölkerungsabhängigkeit dargelegt und bei der Diskussion über die voraussichtliche Dynamik der Leistungsseite insbesondere auf die Möglichkeiten verstärkter Inanspruchnahme des Gebotenen, das sogenannte moralische Risiko, und auf politische Risiken für die Systeme eingegangen werden.

Für jedes Versicherungssystem besteht nach einer hinreichend langen Anlaufzeit ein kalkulatorischer Zusammenhang zwischen Beiträgen und Leistungen, der sich wie folgt beschreiben läßt:

Versicherungsleistungen

= Beiträge + Zinserträge aus den Deckungsmitteln

In der Individualversicherung ist dieser Zusammenhang offenkundig, wenn man die gesamte Versicherungsdauer betrachtet und die Kalkulation nach dem Äquivalenzprinzip erfolgt. Für Sozialversicherungssysteme gilt die Beziehung (bei Vernachlässigung versicherungsfremder Leistungen und Beiträge bzw. Zuschüsse) für Bestände analog und sogar für jedes Jahr, wenn die Größe oder Homogenität der Bestände für den notwendigen Risikoausgleich sorgt oder die Beiträge hinreichend flexibel gehalten werden können.

Bei Finanzierung durch Umlage sind normalerweise keine Deckungsmittel vorhanden, die entlastende Zinserträge abwerfen könnten. Doch zeigt die obige Gleichung, daß Deckungsmittel, selbst wenn sie nur das Ausmaß einer Schwankungsreserve haben, durch ihre Zinserträge (oder ihren Abbau) zur Finanzierung der Versicherungsleistungen, d. h. zur Entlastung der Beiträge beisteuern können.

Die linke Seite der obigen Gleichung beinhaltet die Summe der einzelnen Versicherungsleistungen oder das Produkt aus der durchschnittlichen Versicherungsleistung und der Anzahl der Leistungsempfänger. Die Beiträge auf der rechten Seite sind zu verstehen als die Summe aller Einzelbeiträge oder das Produkt aus der Zahl der Beitragszahler und dem Durchschnittsbeitrag; bei Bezug auf eine bestimmte Beitragsbemessungsgrundlage, z. B. das beitragspflichtige Einkommen, steht hier der Beitragssatz.

Die Deckungsmittel sind in Sozialversicherungssystemen, wenn sie überhaupt vorhanden sind, nur als kollektive Größe – anders als in der Individualversicherung – ohne individuelle Zuordnung oder Besitzstände zu verstehen, so daß auch die Zinserträge nur pauschal anfallen und verwendet werden können. Von entscheidender Bedeutung für die Funktionsfähigkeit des Versicherungssystems ist es jedoch, ob sich die Bestände der Beitragszahler und der Leistungsempfänger gleichförmig entwickeln oder unterschiedliche oder gar gegenläufige Wachstumsraten haben. Ein Blick auf die entsprechend umformulierte obige Gleichung belegt dies:

Durchschnittsleistung × Anzahl der Leistungsempfänger

    = Durchschnittsbeitrag × Anzahl der Beitragszahler
    + Zinserträge aus den Deckungsmitteln

In dieser Form der Gleichung zeigt sich der geläufige Zusammenhang: Fehlen Deckungsmittel wie im üblichen Umlagesystem, so läßt sich z. B. eine im Vergleich zur Anzahl der Beitragszahler überproportionale Zunahme in der Anzahl der Leistungsempfänger nur durch Erhöhung des Beitragsniveaus oder durch Absenkung des Leistungsniveaus ausgleichen. Soweit man die Anzahlen nicht beeinflussen kann, muß man die finanziellen Größen verändern. Die Gleichung zeigt aber auch, daß Zinserträge auf eventuell vorhandene Deckungsmittel durchaus in der Lage sein können, eine fehlende oder absinkende Zahl von Beitragszahlern oder eine zu geringe Dynamik der Beitragshöhe zu kompensieren oder bei einer steigenden Zahl von Leistungsempfängern oder einer in bestimmtem Umfang gewünschten Dynamik eine Beitragsfunktion zu übernehmen. Mit Hilfe der Versicherungsmathematik lassen sich diese (meist linearen) Zusammenhänge belegen und sogar auch quantifizieren. Es läßt sich also zum Beispiel unmittelbar die Frage beantworten, durch welche Beträge an Deckungsmitteln und Zinserträgen ein zu erwartender Rückgang in der Zahl der Beitragszahler und eine Zunahme in der Zahl der Leistungsempfänger in ihren Auswirkungen auf die Beitrags- bzw. Leistungsseite kompensiert werden könnten.

3. Zur Bevölkerungsentwicklung

Derartige Berechnungen setzen voraus, daß man für das zu behandelnde Versicherungssystem ausreichend zuverlässige Prognosen über die künftige Entwicklung der relevanten Bestände und die wirtschaftlichen Rahmendaten hat. Für die deutsche Bevölkerung liegen (nach Ost und West getrennt und in zusammengefaßter Form) diesbezüglich Modellrechnungen vor (vgl. Andrea Weprek: Modellrechnungen zur langfristigen Entwicklung der Rentenbestände und Rentenausgaben der ArV und AnV, DAngVers 2/92, S. 70 ff.). Aus einem Ergebnis dieser Untersuchungen sind die in Übersicht 1 aufgeführten Zahlenreihen für die künftige Entwicklung der Bevölkerung im vereinten Deutschland zusammengestellt worden.

Die Modellrechnungen beruhen auf äußerst zurückhaltenden, d. h. im Sinne der Sozialversicherungen eher optimistischen Annahmen zur künftigen Entwicklung der Sterblichkeit und der Geburtenhäufigkeit. Für die Sterblichkeit ist z. B. ein weiterer Rückgang nur bis zum Jahr 1998 (bzw. bis 2010 in den neuen Bundesländern) unterstellt mit der Folge, daß die voraussichtliche weitere relative Zunahme der Lebenserwartung von älteren Personen und damit der zusätzliche Anstieg im Anteil der älteren Bevölkerung unterschätzt wird. Für die Geburtenziffern konnte die Untersuchung noch nicht den inzwischen erkennbar werdenden Rückgang in den neuen Bundesländern berücksichtigen.

Unabhängig von diesen Einwänden belegt die Untersuchung, daß der Alterungsprozeß in der deutschen Bevölkerung nicht, wie vielfach vermutet, erst weit im nächsten Jahrhundert, sondern bereits am Ende dieses Jahrzehnts – wenn auch zunächst schwach – einsetzen wird. Bis 2030 wird sich die Zahl der aktiven Personen, die im wesentlichen für Erwerbseinkommen und Beitragszahlungen in Betracht kommen, dann um etwa ein Drittel reduziert haben; die Zahl der in erster Linie als Leistungsempfänger zu erwartenden Personen wird sich bis dahin um ca. 50 % erhöht haben. Erst danach könnten sich die Verhältnisse, zunehmend auch den getroffenen Annahmen folgend, wieder normalisieren, was z. B. in einem dann annähernd konstanten Altersquotienten zum Ausdruck kommt.

Übersicht 1: Bevölkerungsentwicklung im vereinten Deutschland in Mio.

Jahr	Bevölkerung im Alter von			ins-gesamt	Alters-quotient (4) / (3)
	unter 20 Jahren	20 – 59 Jahren	60 und mehr Jahren		
(1)	(2)	(3)	(4)	(5)	(6)
1991	17,3	46,2	16,3	79,8	35,2
1995	17,3	46,0	16,9	80,2	36,7
2000	17,2	43,9	18,8	79,9	42,9
2005	16,1	42,4	20,2	78,7	47,6
2010	14,5	42,0	20,4	76,9	48,5
2015	13,1	40,7	21,1	74,9	51,9
2020	12,1	38,4	21,9	72,4	57,1
2025	11,6	34,8	23,3	69,7	67,0
2030	11,1	31,2	24,2	66,5	77,5
2035	10,3	29,5	23,2	63,0	78,7
2040	9,4	28,3	21,6	59,3	76,2

Die genannte Untersuchung belegt, daß bei gemeinsamer Erfassung der Bevölkerungen von Ost- und Westdeutschland die für Westdeutschland bisher prognostizierte Entwicklung längerfristig nur wenig durch die Hinzunahme der ostdeutschen Bevölkerung verändert wird. Die Altersquotienten werden voraussichtlich etwas niedriger, d. h. die Alterung der Bevölkerung wird etwas gemäßigter ausfallen, als wenn man nur die Bevölkerung der alten Bundesländer modellmäßig fortentwickelt hätte. Allerdings bleibt offen, ob sich ein solcher durch die Vereinigung möglicherweise bewirkte Entlastungseffekt auch tatsächlich einstellen wird, wenn die als noch deutlich höher nachgewiesene Sterblichkeit der ostdeutschen Bevölkerung sich (was mit der Änderung der gesellschaftlichen und umweltmäßigen Verhältnisse zu erwarten ist) der der westdeutschen angleichen wird. Eine Alterung der Gesamtbevölkerung auf ehemals westdeutschem Niveau und mit weiter steigender, noch darüber hinausgehenden Lebenserwartung könnte die Folge sein.

Daher sind Entwicklungslinien, wie sie in Übersicht 1 zum Ausdruck kommen, im Sinne der Sozialversicherungsfinanzierung eher als eine optimistische denn als eine pessimistische Grundlage anzusehen. Ihre Aussagekraft und Relevanz wird nicht etwa dadurch wesentlich beeinträchtigt, daß mit der Zusammenfassung zweier Bevölkerungsgruppen die Zahl und der Grad der Unsicherheiten vergrößert wird. Denn die Entwicklung von Personenbeständen wird in einem Zeitraum von 40–50 Jahren – abgesehen von Sondersituationen – fast ausschließlich und sehr eindeutig von ihrer Anfangsstruktur, dem Geburten- und dem Sterbeverhalten bestimmt, und diese Daten sind für die vorliegenden Bevölkerungen recht genau bekannt.

Daß die in der Tabelle beschriebene Entwicklung auch durch Zuwanderungen aller Voraussicht nach nicht wesentlich aufgehalten oder verschoben werden kann, belegen eine Reihe von Untersuchungen, die sich ernsthaft mit dem quantitativen Aspekt von Wanderung und unter realistischen Annahmen mit deren Steuerungsmöglichkeiten und den denkbaren Folgen auseinandersetzen (so z. B. Dinkel/Lebok: Könnten durch Zuwanderung die Alterung der Bevölkerung und die daraus resultierenden Zusatzlasten der Sozialen Sicherung aufgehalten oder gemildert werden?, Deutsche Rentenversicherung 6/93, S. 388 ff.). Es erscheint angesichts der politischen, sozialen und ökonomischen Voraussetzungen und Implikationen ohnehin zweifelhaft, wenn nicht gar vermessen, zu den Strukturverschiebungen in der deutschen Bevölkerung anzahl- und zeitgerecht einen ausgleichenden Wanderungssaldo, passend zu den unterschiedlichen Problemen in den Sozialversicherungen und ansonsten nachteilsfrei, zu erwarten bzw. sogar durch gezielte Steuerungsmaßnahmen herbeiführen zu wollen.

Die genannte Arbeit von Andrea Weprek enthält bereits auch modellhafte Vorausberechnungen zum Rentenbestand und zum Rentenvolumen in der

Rentenversicherung des vereinten Deutschland, diese allerdings auf der Grundlage nur der demographischen Basisdaten. Um die künftige Entwicklung eines Versicherungssystems insgesamt zuverlässig abschätzen zu können, bedarf es jedoch noch weiterer Informationen und spezifischer Statistiken, so z. B. zur Entwicklung der Erwerbstätigkeit, zum Pensionierungsverhalten oder zur Inanspruchnahme der gebotenen Versicherungsleistungen. Solange die Situation in Deutschland geprägt ist durch Überleitungen und Neueinführungen im Sozialversicherungsbereich und durch Anpassungs- und Umverteilungsprozesse im Gesamtwirtschaftlichen, werden sich hier keine zuverlässigen Statistiken und Informationen gewinnen lassen. Dennoch wird man versuchen, mit Hilfe von Untersuchungen zu Teilaspekten und mit plausibel erscheinenden Modifikationen von gesicherten Basisdaten möglichst bald geeignete Grundlagen für Modellrechnungen zu den gesetzlichen Sozialversicherungen zu gewinnen.

Ein Ansatz in diese Richtung ist z. B. eine „Modellrechnung zum Erwerbspersonenpotential und zur Arbeitsmarktbilanz bis zum Jahre 2030" (Deutsche Rentenversicherung 7/93, S. 449 ff.). Eine weitere (allgemeinere) Überlegung führt zu der Annahme, daß die mit dem Einigungsprozeß verbundenen Zusatzbelastungen für die Arbeitslosenversicherung mittelfristig abgebaut werden und sich eine für den wirtschaftlichen Entwicklungsstand typische Basisarbeitslosigkeit einstellen könnte.

Auch Szenarien, in denen ein hohes Potential an Erwerbspersonen nicht mehr auf ein der Zahl oder der Bezahlung nach ausreichendes Angebot an Arbeitsplätzen trifft, sind angesichts der Situation Deutschlands im Vergleich zu anderen Ländern und angesichts der Belastungen der Entgelte mit Steuern und insbesondere steigenden Sozialversicherungsbeiträgen nicht völlig auszuschließen. Bei Modellrechnungen gilt es, derartige mögliche Entwicklungen ebenso zu berücksichtigen, wie man im anderen Extrem eine Vollbeschäftigungssituation mit zusätzlicher Erwerbstätigkeit von Frauen und älteren Personen als denkbar unterstellt. Entsprechende Analysen liegen jedoch zur Zeit wohl nicht vor.

Nicht für alle Sozialversicherungssysteme ist eine Trennung der Bevölkerung in Alterungsgruppen in der Weise angebracht, wie sie in Übersicht 1 vorwiegend mit Blick auf die Rentenversicherung vorgenommen worden ist. Auf die je nach Versicherungssystem recht unterschiedlich definierten Bestände von Beitragszahlern und Leistungsempfängern und ihre künftige Entwicklung wird (in Abschnitt 5) bei der Behandlung der einzelnen Systeme noch einzugehen sein. Unabhängig davon ist aber festzuhalten, daß die kommenden Jahrzehnte in Deutschland von einem deutlichen Rückgang der Gesamtbevölkerungszahl, von einem starken Anstieg der Zahl der Älteren und Alten und etwa von einer Verdoppelung des Altersquotienten gekennzeichnet sein werden. Daran werden mit Blick auf die Rentenversicherung z. B. auch eine Verkürzung der Ausbildungszeiten oder eine Heraufsetzung der Altersgrenzen nicht allzuviel ändern, denn nicht automatisch werden durch solche Änderungen zusätzliche Beitragszahler geschaffen oder Leistungsempfänger vermieden. Man wird sich bei allen Überlegungen zur Finanzierung der Sozialversicherungssysteme daher darauf einstellen müssen, daß das personenabhängige Mengengerüst für das Beitragsaufkommen deutlich abnehmen und für die Leistungsseite in den Hauptleistungsbereichen merklich zunehmen wird.

4. Zum moralischen und zum politischen Risiko

Die in Abschnitt 2 dargelegten Zusammenhänge und Gleichungen lassen erkennen, daß die Funktionsfähigkeit staatlicher Sozialversicherungssysteme ganz wesentlich von der Bevölkerungszusammensetzung und -entwicklung, aber auch von der Höhe der Leistungen und der Beiträge und ihren jeweiligen Veränderungsraten bestimmt wird. Im Umlagesystem muß der Ausgleich jedes Jahr herbeigeführt werden: eine mehr oder weniger starke Dynamik der einen Größe (der Leistungen z. B.) muß durch eine entsprechend starke Steigerung der anderen Größe (der Beiträge) ausgeglichen oder durch entsprechende Korrekturen der sonstigen Größen (der Beitragszahler, der Leistungsempfänger oder – falls vorhanden – der Deckungsmittel) kompensiert werden. Soweit dies nicht möglich ist – und in dieser Situation befinden sich die deutschen Sozialversicherungssysteme weitgehend –, können beispielsweise überproportionale Leistungssteigerungen (wie eine Zunahme der Zahl der Leistungsempfänger) nur durch Anhebungen der Beiträge, d. h. des Beitragssatzes, das Ausbleiben von Beitragserhöhungen (wie ein Rückgang der Zahl der Beitragszahler) nur durch Absenkungen der Leistungen ausgeglichen werden. Eine andere Art von Finanzierung innerhalb der Umlagesysteme gibt es nicht. Auf den Rückgriff auf externe Mittel (Steuern, Zuschüsse) oder die vielfach bereits praktizierten Verschiebungen zwischen den verschiedenen Sozialversicherungssystemen soll hier nicht eingegangen werden. Sie haben ohnehin ihre zeitlichen und betragsmäßigen Grenzen.

Jedes der in Deutschland existierenden Sozialversicherungssysteme ist, dem sozialen Auftrag und den wirtschaftlichen und politischen Gegebenheiten folgend, dynamisch angelegt: die Leistungen und die Beiträge folgen in der einen oder anderen Form der wirtschaftlichen Entwicklung aufgrund bestehender Eigengesetzlichkeiten des Systems oder auf der Grundlage gesetzlich vorgegebener Dynamisierungsbestimmungen. Für die finanzielle Funktionsfähigkeit eines Systems ist es dabei weniger wichtig, wie hoch die Dynamik der Leistungen absolut oder im Vergleich zum wirtschaftlichen Umfeld ist, als vielmehr von entscheidender Bedeutung, wie sich diese Dynamik im Vergleich zu den Steigerungsraten der Beiträge darstellt. Über die Beitragsdynamik hinausgehende Leistungserhöhungen werden im Umlagesystem irgendwann unfinanzierbar, und weit unterhalb der Beitragsdynamik verbleibende Leistungssteigerungen oder sogar Festbetragsleistungen stoßen irgendwann auf den Widerstand der Leistungsempfänger und auch der Beitragszahler.

Die folgende Übersicht 2 gibt einen Überblick zur bisherigen Entwicklung der Beitragssätze in den bestehenden umlagefinanzierten Sozialversicherungssystemen. Bemerkenswert ist, daß es in fast allen Systemen zu Erhöhungen der Beitragssätze gekommen ist, und dies, obwohl auf der Beitragsseite insbesondere das Mengengerüst wiederholt auch Möglichkeiten zu einer Senkung der Sätze geboten hätte. Die Leistungsseite spielt bisher offensichtlich jedoch die entscheidende Rolle für die Entwicklung der Umlagesysteme.

Übersicht 2: Beitragssätze in den Sozialversicherungen in Prozent
– Vergangenheit –

Jahr (1)	Renten- versicherung (2)	Arbeitslosen- versicherung (3)	Unfall- versicherung[1) (4)	Kranken- versicherung (5)
1950	10,0	4,0	1,5	6,0
1960	14,0	2,0	1,5	8,4
1970	17,0	1,3	1,5	8,2
1980	18,0	3,0	1,5	11,4
1990	18,7	4,3	1,5	12,8

1) pauschale Werte

Die Frage der Leistungssteigerungen, ihrer Möglichkeiten, Restriktionen und Eigengesetzlichkeiten, ist für die verschiedenen Sozialversicherungszweige recht unterschiedlich zu beurteilen. Es fällt allerdings auf, daß das Dynamisierungsproblem in der öffentlichen Diskussion bei Reformüberlegungen oder bei Neueinführungen wie der Pflegeversicherung in seiner finanziellen Tragweite meist unterschätzt oder von sozialpolitischen Überlegungen vorgeprägt wird und daß die Erkenntnisse und Erfahrungen der Versicherungswissenschaft und der privaten Versicherungswirtschaft zu wenig beachtet oder verdrängt werden. Das Leistungsvolumen und seine Steigerungen hängen eben nicht nur von der objektiven Risikosituation als Folge der gesetzlichen Definitionen und der allgemeinen Wirtschaftsentwicklung ab, sondern werden in der Personenversicherung auch ganz wesentlich bestimmt durch das Verhalten der Versicherten, das subjektive und das sogenannte moralische Risiko. In der Sozialversicherung kommt ein Faktor hinzu, den man, da er seinen Ursprung nicht beim Individuum hat, als gesellschaftliches oder politisches Risiko bezeichnen könnte.

Jede Versicherung, bei der der Schadenfall und die Schadenhöhe nicht vollständig objektiviert und dem Einfluß des Versicherten entzogen sind, trägt die Gefahr in sich, daß die Versicherten keine Notwendigkeit zur sparsamen Inanspruchnahme der vorgesehenen Leistungen sehen, daß sie eine Art Refinanzierung anstreben und mit zunehmender Beitragsbelastung zu progressiver Nutzung des Systems neigen. Dies gilt verstärkt für Versicherungseinrichtungen mit Zwangsbeiträgen, bei denen der einzelne keine erkennbaren Vorteile aus sparsamem Verhalten hat, insbesondere z. B. für Systeme wie die gesetzliche Krankenversicherung, in der der Zusammenhang zwischen Beiträgen und Leistungen vom einzelnen nicht gesehen wird und auf individueller Basis – anders als in der gesetzlichen Rentenversicherung – ja auch nicht existiert.

Auf den Märkten für Versicherungsleistungen, die von staatlichen Pflichtversicherungssystemen getragen werden, ist sowohl eine nachfrageinduzierte Angebotsausweitung als auch eine angebotsorientierte Ausdehnung der Nachfrage nach Versicherungsleistungen zu beobachten. Beide Tendenzen sind für den Fall der Neueinführung eines Systems zu vermuten, sie sind aber auch festzustellen, wenn es zu den von Zeit zu Zeit unvermeidlichen Umstrukturierungen oder Verbesserungen eines bestehenden Systems kommt.

Die Privatversicherung kann sich gegen solche Tendenzen mehr oder weniger gut schützen und den belastenden Einflüssen des moralischen Risikos entgegenwirken, die gesetzliche Pflichtversicherung kann dies – auch aus politischen Gründen offenbar – nur bedingt. Die Folgen sind im Bereich der Schadenversicherungen in aller Regel überproportionale Steigerungen der Leistungsseite, die je nach Art und Reifezustand des Systems sich unterschiedlich auswirken und entwickeln können, die aber insbesondere dann nicht vernachlässigt werden sollten, wenn man wie bei der Einführung der Pflegeversicherung auf ein wirtschaftlich hochentwickeltes Umfeld und großes Nachfragepotential trifft und relativ wenig versicherungstechnische Erfahrungen hat. Dazu reicht es sicher nicht, daß man durch Gesetz eine wirksame und wirtschaftliche Leistungserbringung und eine auf den notwendigen Umfang beschränkte Inanspruchnahme verordnet. Derartige Vorschriften haben allenfalls die Qualität von Absichtserklärungen oder moralischen Appellen, sind aber ohne konkrete Anreiz- und Sanktionsregelungen kaum geeignet, den die Versichertengemeinschaft belastenden Folgen des moralischen Risikos entgegenzuwirken.

Ohnehin stellt sich die Frage, ob das moralische Risiko in einem Sozialversicherungssystem nachhaltig ausgeschaltet oder zumindest wirksam reduziert werden kann. Das individuell rationale Verhalten ist offenbar kaum mit kollektiver Rationalität (falls eine solche existiert) und Wirtschaftlichkeit in Einklang zu bringen. Es hat den Anschein, als ob die Politik und damit der Gesetzgeber gezwungen sind, die Rechte der Versicherten ausführlich zu betonen und zu verbessern, die Pflichten hingegen weitgehend unerwähnt zu lassen. Zum Teil sehen sie ihre Funktionen (insbesondere vor Wahlen) auch allein darin, bestehende Mißstände oder systembedingte Ungerechtigkeiten gerade im sozialen Bereich zu beseitigen oder zumindest zu verringern. Da Umlagesysteme die Finanzierungszwänge aufzuschieben erlauben und verschleiern, gibt es für die Befriedigung von im Grunde kaum eingrenzbaren Bedürfnissen keine wirksamen Schranken. Die Zuordnung der Sozialversicherungssysteme in den Bereich des Sozialen ohne Berücksichtigung der Finanzen und der entsprechenden ministeriellen Ressorts ist ein Spiegel dieser politischen Grundauffassung. Dies hat z. B. im Bereich der Rentenversicherungen jahrzehntelang immer wieder zu Leistungsverbesserungen und späteren Beitragssatzerhöhungen geführt. Umgekehrt scheint es ausgeschlossen, daß bei rückläufigem Beitragssatz die entsprechenden Spielräume politisch nicht zu Leistungsverbesserungen oder -ergänzungen im jeweiligen System oder zu Verlagerungen in andere Systeme genutzt werden. Derartige Risiken könnte man als gesellschaftliches oder besser als politisches Risiko bezeichnen. Im Ergebnis ist es dabei gleichgültig, ob man ihre Ursache im Selbstverständnis einzelner Politiker oder der Parteien sieht oder sie als Ergebnis von Verbesserungs- oder Umverteilungswünschen oder als Ausdruck von sozialem Konsens in der Gesellschaft oder der Versichertengesamtheit versteht.

Dem politischen Risiko könnte man es auch zurechnen, daß es in der Regel schwierig ist, einmal von der Sozialversicherung angebotene oder garantierte Leistungen vollständig oder auch nur teilweise rückgängig zu machen. Beispiele aus der Rentenreform 1992 mit ihren langen Übergangsregelungen für die Heraufsetzung der Altersgrenze oder aus den Krankenversicherungsreformen belegen dies. Dabei erweisen sich nicht nur das Durchsetzungsvermögen der Gruppeninteressen auf der Leistungsanbieterseite, sondern vorwiegend auch das zumindest von den Interessenverbänden vorgetragene und von der Politik berücksichtigte, intensive Besitzstandsdenken auf der Nachfrageseite als die Kräfte, die eine Umstrukturierung der Systeme behindern. Neue, als notwendig erachtete Leistungen können dann nur auf Kosten von Beitragserhöhungen oder neuen Beiträgen eingeführt, überholte oder übersteigerte Leistungen nicht beitragsmindernd aufgegeben werden.

Ein politisches Risiko für das einzelne und das gesamte System der Sozialversicherungen muß man auch darin sehen, daß durch Beitragserhöhungen oder -verschiebungen immer wieder Ausgaben finanziert werden, die nicht den Versicherungen zuzurechnen sind, sondern aus gesamtgesellschaftlichen Aufgabenstellungen resultieren und an sich aus allgemeinen Haushaltsmitteln zu decken wären. Der Sozialbeirat hat in seinen Gutachten wiederholt auf derartige Fehlentscheidungen und die damit verbundenen, systemfremden Belastungen der Versicherungen hingewiesen, allerdings ohne sie verhindern zu können.

Derartige Verknüpfungen der umlagefinanzierten Sozialversicherungssysteme mit politischen Handlungszwängen führt daher zu einem je nach System zwar verschieden stark ausgeprägten, aber in der Tendenz stets nach oben gerichteten Druck auf die Leistungsvolumina und damit auf die Beitragssätze.

5. Zu den Folgen für die einzelnen Sozialversicherungssysteme

Für die Sozialversicherungen im einzelnen kann man von folgenden, die künftigen finanziellen Verhältnisse weitgehend bestimmenden Sachverhalten und voraussichtlichen Entwicklungstendenzen ausgehen:

5.1 Im Bereich der gesetzlichen *Rentenversicherung* sind das Mengengerüst und die voraussichtliche finanzielle Entwicklung vor einigen Jahren im Hinblick auf die Rentenreform 1992 eingehend untersucht und diskutiert worden. Die dabei gefundenen Ergebnisse waren Grundlage für die seit Anfang 1992 geltenden Neuregelungen, die vorwiegend die Leistungsseite (u. a. die Anpassung der Renten nach den Nettoentgelten, die Angleichung bei der Altersgrenze und Verschlechterungen bei der Anrechnung und Bewertung beitragsgeminderter Zeiten), aber auch die Finanzierungsseite (Erhöhung und Dynamisierung des Bundeszuschusses) betrafen.

Eines der Hauptanliegen der Reform war es, die als Folge der Bevölkerungsentwicklung mittel- und längerfristig zu erwartenden, starken Steigerungen des Beitragssatzes zu vermeiden. Daß dies nur zum Teil erreicht wurde (und auch nicht weitergehend beabsichtigt war), belegen die Modellrechnungen, die im Zusammenhang mit der Reform Grundlage für die endgültigen Entscheidungen des Gesetzgebers waren.

Die Übersicht 3 enthält – in Anlehnung an diese Modellrechnungen und entsprechende, allerdings nur bis 2010 reichende Veröffentlichungen der Bundesregierung – einen unteren (optimistischen) und einen oberen (begrenzt pessimistischen) Verlauf der Beitragssätze zur Rentenversicherung der Arbeiter und Angestellten. Dabei wurden die Zahlen in der Anfangsphase nach den inzwischen eingetretenen Änderungen und im Hinblick auf die voraussichtlich vorübergehenden Turbulenzen entsprechend korrigiert.

Durch die Vereinigung von Ost- und Westdeutschland und die Ausdehnung des westdeutschen Rentenversicherungssystems auf die ostdeutsche Bevölkerung sind die Annahmen des Reformgebers und damit die genannten Werte zunächst einmal zweifelhaft geworden. Erste Statistiken und Modellrechnungen deuten darauf hin, daß mit der Vereinigung zwar vorübergehend zusätzliche Belastungen und Beitragserhöhungen, aber auch -senkungen auf die gesetzliche Rentenversicherung zukommen können und daß längerfristig aufgrund der etwas anderen Struktur der ost-

Übersicht 3: Beitragssätze in den Sozialversicherungen in Prozent
– mögliche Entwicklungen in der Zukunft –

Jahr (1)	Rentenversicherung (2)		Arbeitslosenversicherung (3)		Unfallversicherung (4)	Krankenversicherung (5)		Pflegeversicherung (6)	
	o	p	o	p		o	p	o	p
1995	19,0	19,0	4	4,5	1,5	13	14	1,0	1,0
2000	19,5	20,5	3	4	1,5	14	16	2,0	2,5
2005	20,8	21,6	3	4	1,5			2,4	2,8
2010	21,3	22,3	2	4	1,5	14	16	2,7	3,2
2015	21,8	23,6	2	4	1,5			3,0	3,5
2020	23,4	25,8	2	4	1,5	15	17,5	3,0	4,0
2025	25,2		2	4	1,5			3,2	4,5
2030	26,6	28,8	2	4	1,5	16	19,5	3,5	5,0
2035	26,8		2	4	1,5				
2040	26,4	29,5	2	4	1,5	15	20	3,5	5,0

o = optimistische Variante; p = pessimistische Variante

Anmerkung: Die aufgeführten Werte beruhen zum Teil auf Modellrechnungen, zum Teil auf Schätzungen, die unter den im Text näher erläuterten Plausibilitätsannahmen hergeleitet wurden.

deutschen Bevölkerung (im wesentlichen wegen eines bislang anderen Geburten- und Sterbeverhaltens) eine leichte Entlastung für die Rentenversicherung zu erwarten sein könnte. Wie bereits oben dargelegt, wird man jedoch damit rechnen müssen, daß derartige Unterschiede durch ein verändertes Inanspruchnahmeverhalten und eine allmähliche Angleichung der deutlich niedrigeren Lebenserwartung der ostdeutschen Bevölkerung an westdeutsche Verhältnisse ausgeglichen oder langfristig sogar überkompensiert werden.

Man wird daher annehmen können, daß die für die westdeutsche Situation vorliegenden Schätzungen zur künftigen Entwicklung des Beitragssatzes wohl kaum zu pessimistisch, daß sie im Hinblick auf die Folgen einer weiter steigenden Lebenserwartung wohl eher zu optimistisch sind. Ohne weitere Eingriffe in das System werden sich voraussichtlich keine niedrigeren Sätze als die dargelegten erreichen lassen. Auch von einer weiteren Heraufsetzung der Altersgrenze oder einer verstärkten (beitragspflichtigen) Erwerbstätigkeit von Frauen sind keine wesentlichen Entlastungen zu erwarten, solange nicht garantiert ist, daß derartige Vorstellungen sich auch tatsächlich realisieren lassen und nicht mit neuen Leistungen und negativen Auswirkungen für die Arbeitslosenversicherung verbunden sind. Ohnehin gehen die meisten Modellrechnungen von – aus meiner Sicht – recht optimistischen Annahmen zur Entwicklung der Zahl der Erwerbspersonen aus. Danach soll es in den nächsten 20 Jahren zu einem fast vollständigen Abbau der Arbeitslosigkeit und weiterem Wachstumspotential kommen, was gleichzeitig für eine gewisse Stabilisierung bzw. Steigerung der Beitragsbasis für die Sozialversicherungen sorgen würde, was aber wohl andererseits die strukturellen Probleme des Arbeitsmarktes und auch die Negativwirkung steigender Sozialversicherungsbeiträge vernachlässigt. Auch aus diesem Grunde sind die in Übersicht 3 für die Rentenversicherung genannten Beitragssätze vermutlich eher zu niedrig als zu hoch.

Das Problem der Dynamik ist durch die 92er Reform für die gesetzliche Rentenversicherung insoweit entschärft worden, als die Leistungsseite durch Bezug auf die Nettoeinkommensentwicklung der Aktiven in aller Regel weniger stark steigt als die von den Steigerungen der Bruttoeinkommen abhängige Entwicklung der Beitragsseite (und auch als der Bundeszuschuß). Dieser Effekt einer relativen Entlastung ist in den genannten Zahlen für den künftigen Beitragssatz bereits berücksichtigt. Da die Rentenversicherung im wesentlichen eine Summenversicherung ist und das moralische Risiko insofern keine große Rolle mehr spielt, als die Inanspruchnahme der vorzeitigen Pensionierung zu versicherungstechnisch (fast) äquivalenten Leistungskürzungen führt und die Invalidisierungshäufigkeiten ihr hohes Niveau der 80er Jahre wohl verlassen haben, ist mit systemimmanenten überproportionalen Dynamisierungen der Leistungsseite vermutlich nicht zu rechnen. Allerdings sind extern induzierte

Steigerungen, d. h. politische Risiken, wohl auch hier nicht auszuschließen, wie unter anderem das Beispiel der Einführung von Kindererziehungszeiten zeigt.

5.2 In der ebenfalls durch Umlage finanzierten *Arbeitslosenversicherung* knüpfen Beiträge und Leistungen an das Bestehen bzw. Nichtbestehen eines Arbeitsverhältnisses an. Sie betreffen im wesentlichen den gleichen Bestand von Erwerbspersonen, so daß der Beitragssatz im Prinzip unabhängig von Veränderungen in der Anzahl dieser Personengruppe sein könnte. Allerdings reagieren sowohl die Leistungsseite als auch die Beitragsseite unter anderem auf Veränderungen in der Struktur des Potentials an Erwerbspersonen, deren Alters- und Einkommensverteilung und natürlich auf Veränderungen am Arbeitsmarkt. Des weiteren werden beide Bereiche durch Maßnahmen und Eingriffe des Staates in unterschiedlich denkbaren Richtungen beeinflußt; der Eintritt des Versicherungsfalles und damit die Inanspruchnahme von Leistungen ist nicht frei von subjektiven Merkmalen, so daß eine fundierte Schätzung der künftigen Beitragssatzentwicklung kaum möglich sein dürfte.

In den vergangenen zwei Jahrzehnten ist in der Arbeitslosenversicherung ein starker, teils sprunghafter Anstieg des Beitragssatzes festzustellen gewesen, und vieles deutet darauf hin, daß das seit 1983 erreichte Niveau von über 4 % strukturbedingt und politisch akzeptiert ist. Wenn ein höherer Satz auch ungeachtet der mit der Vereinigung Deutschlands verbundenen vorübergehenden Sonderbelastungen auf Dauer nicht realistisch sein dürfte, so gibt es auf der anderen Seite kaum stichhaltige Argumente, die einen nachhaltigen Rückgang des Beitragssatzes zwingend erscheinen lassen. Als Folge solcher Überlegungen könnte man für die längerfristige Entwicklung den Beitragssatz zur Arbeitslosenversicherung mit rund 4 % veranschlagen. Da die Arbeitslosenversicherung ohnehin eine Art konjunkturelle Pufferfunktion miterfüllt, kann dieser Satz – wenig versicherungsspezifisch – näherungsweise konstant angesetzt werden. Denn auch Verschiebungsmöglichkeiten insbesondere im Finanzausgleich mit der Krankenversicherung und der Rentenversicherung, wie sie auch in der jüngsten Vergangenheit intensiv genutzt wurden, könnten bei einem solchen Ansatz außer acht gelassen werden. Auf der anderen Seite sollte man mittel- und längerfristig eine (auch für die anderen Umlagebereiche) positivere Entwicklung des Arbeitsmarktes nicht ausschließen. Übersicht 3 enthält daher auch eine optimistische Version für die Beitragssätze zur Arbeitslosenversicherung bis 2040, die sich an der Zeit vor 1975 orientiert.

5.3 Die gesetzliche *Unfallversicherung* weist aufgrund ihrer Konzeption ein von den anderen Sozialversicherungszweigen abweichendes, aber gleichwohl umlagebasiertes Finanzierungssystem auf. Der Unfallversicherungsschutz wurde als Folge des Fürsorgegedankens und zur Ablösung der zivilrechtlichen Haftpflicht der Unternehmen gegenüber ihren Arbeitnehmern eingerichtet und organisiert die Leistungserbringung und den Beitragseinzug solidarisch über die Berufsgenossenschaften.

Die Leistungen setzen sich im wesentlichen zusammen aus Aufwendungen für Renten an Verletzte und Hinterbliebene (etwa die Hälfte), Kosten für Heilbehandlungen und Pflege und Kosten für Unfallverhütungsmaßnahmen. Den Statistiken ist seit ca. 1960 eine absolute und auch relative Abnahme bei den Arbeitsunfällen als dem wesentlichen, die Leistungen auslösenden Versicherungsfall zu entnehmen, wohingegen die Häufigkeiten von Berufskrankheiten eher zunehmen. Die Gesamtaufwendungen der gesetzlichen Unfallversicherung zeigen einen kontinuierlich steigenden Verlauf, der wohl in der Hauptsache bestimmt wird durch den Trend der mit der Leistungsseite verbundenen Einkommen. Die Organisation des Systems und die von moralischem Risiko wohl weitgehend freie Versicherungssituation scheinen dazu beizutragen, daß es hier in der Vergangenheit nicht zu einer überproportionalen Dynamik der Ausgaben gekommen ist.

Die Beitragsseite des berufsgenossenschaftlichen Umlageverfahrens ist systemspezifisch dadurch gekennzeichnet, daß die Arbeitgeber die Beiträge allein aufbringen, die Versicherten selbst also keinen Beitrag zu zahlen haben, und daß eine an Gefahrenklassen der Unternehmen orientierte Beitragsdifferenzierung vorgenommen wird. Nach Festlegung eines von der einzelnen Berufsgenossenschaft festgelegten Beitragsfußes (einer internen Umlageziffer) und mit Bezug auf die Summe der Arbeitsentgelte eines Unternehmens ergibt sich der endgültige Jahresbeitrag als eine Umlage zur nachträglichen Bedarfsdeckung des Vorjahres. Auf diese Weise mußten die Umlagen des Jahres 1991 die Aufwendungen des Jahres 1990 in Höhe von ca. 15,6 Mrd. DM decken.

Wegen dieser Besonderheiten in der gesetzlichen Unfallversicherung kann man bei einer Gesamtbetrachtung nicht – wie in der gesetzlichen Rentenversicherung oder der Arbeitslosenversicherung – von einem einheitlichen Beitragssatz für alle beitragspflichtigen Arbeitseinkommen sprechen, sondern nur von einem durchschnittlichen Beitragssatz für alle Unternehmen, bezogen auf deren Lohn- und Gehaltssumme, ausgehen. Dieser Durchschnittsbeitragssatz betrug in den vergangenen rund zehn Jahren zwischen 1,25 und 1,55 %. Er dürfte vermutlich auch in Zukunft kaum steigen, es sei denn, die Einrichtung wird (wie beim Konkursausfallgeld) zur Übernahme systemfremder Leistungen genutzt. Die Tendenz zu konstanten, vielleicht sogar eher zurückgehenden Beitragssätzen läßt sich nicht nur mit den oben genannten Besonderheiten begründen; sie könnte sich vielmehr auch im Hinblick darauf ergeben, daß mögliche überproportionale Steigerungen auf der Leistungsseite (bei Heilbehandlungen, Pflege u. ä.) durch einen strukturbedingten Rückgang in der Häufigkeit von Unfällen und Berufskrankheiten überkompensiert werden. Aus dieser vagen Einschätzung (vielleicht besser Hoffnung) ergeben sich die in Übersicht 3 aufgeführten künftigen Beitragssätze der gesetzlichen Unfallversicherung.

5.4 Die gesetzliche *Krankenversicherung* ist nach der gesetzlichen Rentenversicherung die bedeutsamste und in ihrer künftigen Entwicklung wohl die am wenigsten einschätzbare Sozialversicherungseinrichtung. Sie ist – bei versicherungstechnischer Klassifizierung und anders als die gesetzliche Rentenversicherung – im wesentlichen eine reine Schadenversicherung, erhebt jedoch trotz einheitlicher, einkommensunabhängiger Leistungen begrenzt einkommensabhängige Beiträge.

Die Entwicklung der Beitragssätze in den vergangenen 30 Jahren ist gekennzeichnet durch einen fast durchgehenden Anstieg des über alle Träger gemittelten, durchschnittlichen Beitragssatzes (vgl. die Zusammenstellung in Übersicht 2). Eine Begründung für diese Steigerungen findet sich natürlich in den vielfach als Kostenexplosion bezeichneten Zunahmen der Ausgaben der Krankenkassen. Dabei traten Steigerungsraten auf, die fast immer über die der Lohn- und Gehaltsentwicklung hinausgingen und nur gelegentlich und kurzfristig von Kostendämpfungsgesetzen oder Strukturreformen gemindert wurden. Wenn die Beitragssätze in der Vergangenheit weniger stark gestiegen sind als die Ausgabenseite, so hat dies unter anderem seine Ursache in Strukturveränderungen und Einkommensverbesserungen auf der Seite der Beitragszahler und in der Tatsache, daß sich die Beitragszahlung auch auf die Leistungsempfänger erstreckt bzw. auf Personen ohne Erwerbseinkommen ausgedehnt worden ist. Dies ist ein Grund dafür, warum sich die in Abschnitt 2 beschriebene Alterung der Bevölkerung, d. h. der Wegfall von aktiven Personen mit Erwerbseinkommen und die Zunahme älterer Personen mit Renteneinkommen, auch in Zukunft in der Krankenversicherung auf der Beitragsseite weniger nachteilig auswirken wird als in der Rentenversicherung.

Andererseits belegen sämtliche (allerdings nicht sehr häufigen) Untersuchungen zu sozialen Krankenversicherungssystemen und natürlich die Statistiken der (vergleichbaren) privaten Krankenversicherung, daß die Gesundheitsausgaben pro Kopf mit dem Lebensalter, ab etwa dem 60. Lebensjahr sogar progressiv, steigen. Damit wird die zu erwartende Alterung der deutschen Bevölkerung allein risikobedingt zu einer Steigerung der Ausgaben pro Kopf führen und kaum durch den Rückgang der Leistungen an (weniger werdende) mitversicherte Familienmitglieder ausgeglichen werden.

In der Vergangenheit sind die Gesamtausgaben der gesetzlichen Krankenversicherung von Jahr zu Jahr mit Sätzen gestiegen, die weit über die Steigerung der Lebenshaltungskosten oder die der Einkommen hinausgingen, und dies, obwohl wesentliche Teile ihrer Ausgaben für Sachleistungen anfielen. Diese Entwicklung hat ihre Begründung unter anderem darin, daß durch die Versicherung eine quantitativ und qualitativ laufend verbesserte Absicherung des Krankheitsrisikos für die Versicherung geboten und in Anspruch genommen wurde. Sie beruht aber – wie einige Untersuchungen nahelegen – auch und ganz wesentlich darauf, daß gerade in der Krankenversicherung das (in Abschnitt 4 angesprochene) moralische Risiko besonders ausgeprägt ist. Die Versicherungsnehmer haben Einfluß auf die Schadenverteilung, was an zunehmenden Schadenzahlen und überproportional steigenden Schadenhöhen pro Schadenfall feststellbar ist, und üben diesen Einfluß um so vorbehaltloser aus, je weniger sie den Zusammenhang zwischen eigenem Beitrag und Leistung aus dem System erkennen und je fühlbarer sie durch den Beitrag belastet werden. So würde eine Erhöhung der Bemessungsgrenze nach einer Übergangszeit wohl auch eher eine zusätzliche Belastung als eine Entlastung für das System mit sich bringen.

Des weiteren wird die Ausgabenentwicklung bestimmt vom medizinischen Bedarf und der Entwicklung der technischen Möglichkeiten, aber auch dadurch, daß die Existenz eines zuverlässigen Kostenträgers und ein zum Teil bedingt-rationales Nachfrageverhalten den Markt für neue Produkte und eventuell höhere Preise schafft. Der Konflikt zwischen dem medizintechnisch Möglichen und dem finanziell Tragbaren ist von den am Krankenversicherungssystem Beteiligten allein sicher nicht zu lösen. In der Vergangenheit ist es den Trägern der gesetzlichen Krankenversicherung selbst bei Unterstützung durch den Gesetzgeber nicht gelungen, die dadurch induzierte Ausgabendynamik nachhaltig und generell zu vermeiden. Man wird bezweifeln müssen, daß dies in Zukunft hier (oder mit der Einführung eines weiteren Versicherungszweiges wie der gesetzlichen Pflegeversicherung in anderem Rahmen) besser gelingen kann.

Abzuwarten bleibt natürlich, ob die mit dem Gesundheitsstrukturgesetz ergriffenen Maßnahmen dazu führen, daß der Anstieg der Ausgaben der gesetzlichen Krankenversicherung nicht nur – was zu erwarten ist und auch schon bei früheren Reformgesetzen der Fall war – kurzfristig, sondern auch längerfristig gebremst wird und im Vergleich zur Dynamik der Einkommen möglicherweise auch relativ zurückgeht. Ungewiß ist auch, ob Änderungen in der Qualität und der Quantität der Leistungen zusammen mit den genannten Einflüssen auf die Leistungsseite, dem moralischen und dem politischen Risiko, zu einer abnehmenden oder zu einer weiterhin überproportionalen Dynamik der Ausgaben führen werden.

Da das System der gesetzlichen Krankenversicherung einen gewissen Reifegrad und Erfahrungsstand erreicht hat und sich für die private Krankenversicherung zum Teil zwangsweise ähnliche Probleme stellen, ist man geneigt anzunehmen, daß nennenswerte überproportionale Ausgabensteigerungen mittelfristig nicht zu erwarten sind. Hierfür würde auch das inzwischen erreichte Niveau der Beitragssätze von rund 13 % sprechen, bei dessen Höhe sich doch Grenzen der Belastbarkeit und Vertretbarkeit abzuzeichnen scheinen.

Längerfristig wird man in der gesetzlichen Krankenversicherung aber unausweichlich mit dem schon erwähnten Problem der Alterung der Bevölkerung konfrontiert werden. Selbst bei ansonsten relativ konstanter Ausgabenentwicklung kommt es auf der Basis der Umlagefinanzierung dazu, daß die Bedarfsbeiträge dadurch steigen, daß die Zahl und die Lebenserwartung der älteren Personen zunehmen und deren Beitragsanteil nicht in entsprechendem Umfang ansteigt. Dabei stellt sich zusätzlich das Problem der mit zunehmendem Alter steigenden Krankheitskosten, d. h. einer doppelten Dynamik, die für die Krankenversicherung wegen der Altersabhängigkeit des Krankheitsrisikos typisch ist. Anders als die private Krankenversicherung kann die umlagefinanzierte gesetzliche Krankenversicherung dieser Entwicklung weder durch den Aufbau einer Alterungsrückstellung noch durch die Vorabberücksichtigung weiterer Sterblichkeitsminderungen vorbeugen. Der Ansatz höherer, risikogerechterer Beiträge für höhere Alter würde die Problematik zwar mindern, ist aber politisch wohl nur schwer durchsetzbar. Allerdings hat man mit der Einführung eines Krankenversicherungsbeitrags für Rentner und der Verbindung zur gesetzlichen Rentenversicherung hier schon Ausgleichswege eröffnet. Die Einführung einer gesetzlichen Pflegeversicherung könnte längerfristig die Grundlagen für weitere strukturelle Veränderungen und Reaktionen auf der Leistungs- und auch auf der Beitragsseite bieten.

Angesichts dieser Fülle von Unwägbarkeiten scheint es vermessen, für die Zukunft irgendeine Prognose zum durchschnittlichen Beitragssatz in der gesetzlichen Krankenversicherung aufstellen zu wollen. Vieles spricht jedoch aufgrund der obigen Überlegungen dafür, daß der Beitragssatz künftig bestenfalls in etwa auf dem heutigen Niveau gehalten werden kann. Dies setzt allerdings Leistungseinschränkungen und -verlagerungen in größerem Ausmaß voraus. Bei Ausbleiben entsprechender Maßnahmen wird der Beitragssatz weiter, wenn vermutlich auch mit Schwankungen steigen und mit der Alterung der Bevölkerung längerfristig weiterem Druck nach oben ausgesetzt sein. Die in Übersicht 3 aufgeführten Zahlenreihen enthalten grobe Werte für ein in diesem Sinne optimistisches und ein pessimistisches Szenarium.

5.5 Mit der Einführung einer gesetzlichen *Pflegeversicherung* soll ab 1994 das System der umlagefinanzierten Sozialversicherungen um eine weitere Einrichtung ergänzt, das Leistungs- und Beitragsvolumen der staatlich organisierten Absicherung und Versorgung also entsprechend ausgeweitet werden. Hier soll nur kurz auf die finanziellen Grundlagen der entsprechenden Gesetzgebungspläne und ihre voraussichtlichen Folgen für die künftigen Beitragssätze eingegangen werden.

Der Gesetzentwurf gibt für die ab 1994 bei häuslicher Pflege zu erbringenden Versicherungsleistungen einen Beitragssatz von 1 % vor. Ab 1996 sollen Versicherungsleistungen auch bei stationärer Pflege erbracht werden, wobei der Beitragssatz dann mit 1,7 % vorgesehen ist. Die Beiträge werden in Analogie zur gesetzlichen Krankenversicherung von den Erwerbs- und den Renteneinkommen unter Beachtung der dort gegebenen Bemessungsgrenze erhoben. Die Leistungen sind z. T. als feste DM-Beträge, gestaffelt nach dem Grad der Pflegebedürftigkeit, z. T. in Abhängigkeit von den anfallenden Sach- und Personalkosten definiert. Durch Bindung an das Beitragsvolumen bei unveränderten Beitragssätzen soll in Zukunft eine übermäßige Dynamik der Leistungsseite verhindert werden. Der Problematik der Alterung der Bevölkerung hofft man durch eine gewisse Kapitalansammlung in der Anfangsphase der Versicherung begegnen zu können. Nach der Vorstellung der Bundesregierung wird der Beitragssatz aufgrund der Bevölkerungsentwicklung längerfristig zwar leicht ansteigen, dabei aber ein Niveau von 2,4 % bis 2030 nicht überschreiten.

Diesen Vorstellungen widerspricht allerdings die Tatsache, daß die vom Gesetz vorgesehenen Leistungen schon bei Einführung des Versicherungssystems in vielen Bereichen unter dem Niveau bleiben, das zu einer vollen Abdeckung des Schadenbedarfs notwendig wäre. Die bereits vor Einführung erkennbaren Lücken in der Finanzierung und Ansätze zur Kostenüberwälzung auf die anderen Versicherungssysteme geben zu Zweifeln an der finanziellen Solidität des Projektes Anlaß. Wenn nicht Teilleistungen von anderen Systemen übernommen und der Druck auf die Einrichtung nicht verstärkt werden sollen, ist mit Leistungsausweitungen und damit auch mit Beitragssatzerhöhungen zu rechnen. Das in Abschnitt 4 geschilderte politische Risiko und die soziale Sicherungsaufgabe (einer Pflegeversicherung, die den Namen verdient) werden diese Tendenz zur Erhöhung der Leistungen ebenso verstärken wie die Überlegung, daß längerfristig kaum ein System durchzuhalten sein dürfte, das bei dynamischen Beiträgen nur statische Leistungen erbringt.

Von längerfristig wesentlich größerer Tragweite sind jedoch die Probleme, die sich aus der voraussichtlichen Dynamik des Gesamtleistungsumfangs ergeben und künftig zu einem starken Druck auf den Umlagebedarf und den Beitragssatz führen werden. Mit der Einführung einer umlagefinanzierten sozialen Pflegeversicherung wird ein Katalog von Versicherungsleistungen geschaffen, der sämtlichen nach oben weisenden, zusätzlichen Risiken ausgesetzt ist, ohne daß die geeigneten Mittel zu deren Begrenzung zur Verfügung stünden: das Einführungsrisiko, das aus der Krankenversicherung hinreichend bekannte moralische Risiko, das politische Risiko und in mindestens zweifacher Ausprägung das Bevölkerungsrisiko.

Mit der Einführung eines zunächst quasi kostenfreien Angebots eröffnet man für viele Versicherte die Möglichkeit, Leistungen in Anspruch zu nehmen, die sie bisher nicht in Anspruch nehmen wollten oder konnten. Es widerspräche jeder Erfahrung, wenn diese Möglichkeit nicht auch über den bestehenden Sicherungsbedarf hinausgehend genutzt würde. Dabei ist für die ersten Jahre nach der Einführung ein Ausgabenvolumen zu erwarten, das über dem liegen und es sicher rasch weit übersteigen wird, was man – sich orientierend an den ohnehin nur schwer erfaßbaren (und wohl zu niedrig angesetzten) Beträgen aus der Zeit vor der Einführung – als Anfangsgrößenordnung für den Start der Versicherung angenommen und als Grundlage für die Festlegung der Beitragssätze von 1 % und 1,7 % eingerechnet hat. Der damit bewirkte Wandel bei den Pflegeleistungen mag z. T. sozial gerechtfertigt und politisch gewollt sein, doch hat er ein unmittelbares finanzielles Gegenüber auf der Umlage-Beitragsseite. Zum Einführungsrisiko zählen auch die bereits erkennbaren Probleme und zusätzlichen Kosten im Organisatorischen und Kontrollbereich, insbesondere aber die Erwartung, daß auf dem Hintergrund staatlicher Leistungsgarantien sich schnell ein vergrößertes Angebot an Pflegesach- und -dienstleistungen entwickeln und auch abgenommen werden wird. Dieser Effekt ist aus anderen Versicherungsbereichen bekannt; er bewirkt ein anfänglich höheres Ausgabenvolumen und verstärkt anschließend die Dynamik der Ausgaben und damit der Beiträge.

Auf die kostentreibende Kraft des moralischen Risikos und die Parallelen zur gesetzlichen Krankenversicherung wurde bereits hingewiesen. Das politische Risiko, vorwiegend die Leistungsseite im Auge zu haben und die Finanzierungsseite zu vernachlässigen, zeigte sich in der Einführungsdiskussion überdeutlich. Ein weiteres Problem besteht darin, daß es in manchen Bereichen schwierig sein wird, zwischen dem Versicherungsfall der Krankheit und dem der Pflege zu unterscheiden. Eine derartige Grauzone eröffnet dem einzelnen (Nachfrager und Anbieter) Möglichkeiten, die Versicherungsleistungen nach seinen Vorstellungen zu optimieren; sie beinhaltet des weiteren politische Risiken u. a. derart, daß Engpässe in der Finanzierung durch Verlagerung statt durch Einsparungen zu lösen versucht werden. Dies verstärkt die Dynamik der Beitragssätze der betroffenen Systeme, zumindest aber verhindert es denkbare Reduktionen im einzelnen. Man darf bezweifeln, ob die als Folge der Einführung stationärer Pflegeleistungen nach 1996 erwarteten Einsparungen im Krankenversicherungsbereich dort auch realisiert werden können.

Schließlich trifft die Pflegeversicherung auch das Bevölkerungsrisiko insoweit, als die Statistik mit dem Alter stark steigende Pflegefallhäufigkeiten zeigt. Ungewiß ist, ob sich die bei der Beitragssatzkalkulation unterstellten Pflegequoten und ihr Verlauf nach Einführung der Versicherung ändern und ob sie künftig mit der Alterung der Bevölkerung und der Verlängerung der Lebenserwartung wesentlich zunehmen. Die dem Ansatz der Beiträge mit 1 % und 1,7 % zugrundeliegenden Ausgangswerte für die altersabhängigen Pflegewahrscheinlichkeiten enthalten im Hinblick auf diese Risiken keine Sicherheitsmargen, was bei der Anfangsfestlegung des Beitragsbedarfs für eine umlagefinanzierte Sozialversicherung zwar vertretbar ist, was aber angesichts der notwendigerweise unvollkommenen Datenlage, der bestehenden Unsicherheiten und wegen des schon erwähnten moralischen Risikos recht bald zu Überraschungen, d. h. einem bedeutend höheren Beitragsbedarf führen könnte.

Es deutet alles darauf hin, daß die umlagefinanzierte Pflegeversicherung längerfristig – mehr noch als die Renten- und die Krankenversicherung – durch die Alterung der Bevölkerung zusätzlich belastet wird. Dazu könnte es kommen aufgrund der mit dem Alter stark steigenden Pflegewahrscheinlichkeiten, deren Progression noch wesentlich deutlicher ist als die Schadenwahrscheinlichkeiten in der Krankenversicherung, und angesichts der Tatsache, daß der Pflegeaufwand im Einzelfall mit höheren Altern tendenziell zunimmt. Ob sich mit der Verlängerung der Lebensdauern eine weitere Progression ergibt oder, wie verschiedentlich mehr gehofft als belegt wird, sich die niedrigeren Pflegehäufigkeiten entsprechend zu höheren Altern verschieben, ist eine offene Frage. Die Erfahrungen der Vergangenheit scheinen eher für die erstgenannte Entwicklung und damit auch für eine angesichts der Fortschritte in der Medizin zumindest plausible Verlängerung der Pflegedauern zu sprechen.

Soweit es später nicht gelingt, dieser bevölkerungsbedingten Entwicklung durch Eingriffe auf der Leistungsseite entgegenzuwirken, wird man mit anfänglich leichten, in zwei bis drei Jahrzehnten zunehmenden Belastungen aus der Alterung, d. h. mit zunehmenden Erhöhungen der Beitragssätze rechnen müssen. Obwohl ein großer Anteil der Beiträge von den älteren Versicherten, pflegebedürftig oder nicht, aufgebracht wird, fehlt es dann, wie in den anderen umlagefinanzierten Systemen auch, anzahlmäßig an Beitragszahlern und, was für die Pflegeversicherung im Hinblick auf ihre personalintensive Ausgabenseite besonders belastend ist, an Personen, die zur Pflege in der Lage oder zu den vorgesehenen Konditionen bereit sind.

Es scheint, als würde mit der umlagefinanzierten Pflegeversicherung eine Einrichtung geschaffen, die bei zunehmendem Druck auf die Beiträge ihrem sozialen Anspruch und ihren Aufgaben mittelfristig nur schwer wird gerecht werden können und die längerfristig den Zündstoff für einen (vorhersehbaren) Generationenkonflikt in sich trägt und wohl zum Teil auch mit legt. Die in Übersicht 3 aufgeführten Werte für mögliche Beitragssatz-Entwicklungen beruhen auf Modellrechnungen und einer Auswahl vernünftig erscheinender Parameter.

6. Schlußfolgerungen

Künftig wird es in Deutschland die genannten fünf umlagefinanzierten Sozialversicherungssysteme geben. Im internationalen Vergleich ist dies, was Leistungs- und Beitragsvolumen angeht, ein Sonderfall mit allen Konsequenzen für den Standort Deutschland im Hinblick auf Wohlstand, Produktivität, Arbeitsplätze usw. Im nationalen Rahmen gesehen haben die finanziellen Dimensionen der Sozialversicherung eine Größenordnung erreicht, die die Konjunktur, das Wachstum und die Einkommen der Bevölkerung massiv zu beeinflussen in der Lage sind.

Man wird künftig nicht mehr ernsthaft behaupten können, daß Beitragssteigerungen solange durchführbar seien, wie es für den einzelnen noch zu absoluten Steigerungen seines verfügbaren Einkommens komme. Ebensowenig wird man vernachlässigen dürfen, daß inzwischen die Höhe des gesamten Beitragsniveaus und seine Steigerungen einen deutlichen Einfluß auf die Leistungsseite der Sozialversicherungssysteme und die Erwerbseinkommen als ihrer unmittelbaren Finanzierungsgrundlage haben. Die finanziellen Grenzen der umlagefinanzierten Sozialversicherungen in Deutschland scheinen erreicht zu sein, zumindest sind sie absehbar.

Schon der Blick auf die voraussichtlichen Entwicklungen in Einzelbereichen legt die Frage nahe, ob das jeweilige System für sich allein ohne deutliche Veränderungen auf Dauer fortgeführt werden kann. Die Frage stellt sich für die geplante Pflegeversicherung ebenso wie für die Krankenversicherung, bei der nur unter sehr optimistischen Annahmen vielleicht ein weiterer Beitragsanstieg vermieden werden kann. Sie stellt sich insbesondere aber auch für die Rentenversicherung, wo die längerfristig zu erwartenden Beitragserhöhungen die Grundprinzipien dieses dynamischen, lohnbezogenen Versicherungssystems auszuhöhlen drohen.

Nun trifft nicht jedes der Systeme den einzelnen als Leistungsberechtigten oder als Beitragszahler in gleicher Weise. Insofern sind die in den Übersichten 2 und 3 aufgeführten Zahlenreihen zu den Beitragssätzen in der Vergangenheit und ihren denkbaren Entwicklungen in der Zukunft nicht für alle Beitragszahler in gleicher Weise relevant. Eine einfache Addition verbietet sich schon deshalb, weil es Wechselwirkungen zwischen den Systemen gibt (z. B. der Beitragssätze aller sonstigen Systeme mit der Arbeitslosenversicherung oder zwischen Kranken- und Pflegeversicherung) und weil optimistische und pessimistische Varianten nicht beliebig kombinierbar sind. Da die gesetzlichen Versicherungssysteme jedoch umfassend angelegt sind und auf der Beitragsseite die große Mehrheit der Bevölkerung, in den wesentlichen Bereichen insbesondere der Hauptbereich der Erwerbseinkommen der Arbeitnehmer, erfaßt wird, gibt die Zusammenstellung doch gewisse Anhaltspunkte dafür, wie diese Erwerbseinkommen durch die Sozialversicherungen gegenwärtig belastet werden und künftig belastet werden könnten. Unter anderem ist folgendes festzustellen:

Selbst bei optimistischen Annahmen ist in den kommenden Jahrzehnten nicht mit einer Abnahme, sondern mit einem deutlichen Anstieg der Beitragssätze für die gesetzlichen Sozialversicherungen zu rechnen. Dieser Anstieg beruht zum großen Teil auf dem Beitragsbedarf der Rentenversicherung, die das Hauptgewicht im Beitrags- (und Leistungs-) aufkommen hat. Der Anstieg wird um so stärker ausfallen, je weniger es gelingt, in den Bereichen von Kranken- und Pflegeversicherung das Auszahlungsvolumen und seine Steigerungen in Grenzen zu halten, und je mehr man davon ausgehen muß, daß sich die einigen Zahlenreihen zugrundeliegenden positiven Erwartungen zur Entwicklung (beitragspflichtiger) Erwerbstätigkeit nicht erfüllen werden.

Der Anstieg der Beitragssätze ist in seiner bevölkerungsbedingten Dimension dann unvermeidlich, wenn sämtliche vorgesehenen Leistungen auch weiterhin und vollständig nach dem Umlageverfahren finanziert werden. Er könnte allerdings flacher gehalten werden, wenn man für Teilleistungen oder Teilsysteme eine planmäßige Kapitalbildung vornähme.

Eine derartige Vorausfinanzierung würde in der Anfangsphase, d. h. für die heutige Generation der Beitragszahler zu einem Mehr an Belastungen führen, für die nächste, deutlich kleinere Generation der Beitragszahler aber dann höhere Beitragssätze vermeiden helfen. Der Ansparprozeß müßte, um den Bevölkerungswandel auszugleichen, sofort beginnen und könnte nach zwei bis drei Jahrzehnten auslaufen. Es erscheint unwahrscheinlich, daß er im Rahmen oder als Ergänzung eines der behandelten gesetzlichen Sozialversicherungssysteme begonnen und auch nur halbwegs sachgerecht fortgesetzt werden kann. Dies ist allerdings auch nicht notwendig, da im privatwirtschaftlichen Sektor mit der Versicherungswirtschaft und der betrieblichen Altersversorgung bewährte Einrichtungen zur Ergänzung zur Verfügung stehen, bei denen planmäßige Vorfinanzierung durch Kapitalansammlung, Risikoabsicherung und Vorsorge zur Ergänzung organisiert und abgewickelt werden können.

Ähnliche Überlegungen gelten auch für den zusätzlich zu erwartenden, über die bevölkerungsbedingte Dimension hinausgehenden künftigen Anstieg der Beitragssätze. Die staatlichen Versicherungen sind den weiteren Risiken, den moralischen und den politischen, weitgehend ungeschützt ausgesetzt, und dies um so stärker, je mehr das von ihnen gebotene Absicherungs- und Versorgungsniveau über den Mindestbedarf des einzelnen hinausgeht. Im Vergleich zu privatwirtschaftlich organisierten Versicherungseinrichtungen können sie diesen Risiken aufgrund ihrer sozialen Bindungen, ihres auch politisch bestimmten Selbstverständnisses und ihrer begrenzter Reaktionsmöglichkeiten weniger wirksam entgegentreten. Es läge also auch angesichts des zu befürchtenden Anstiegs der Beitragssätze in seiner leistungsbedingten Dimension nahe, die Möglichkeiten der privatwirtschaftlichen Einrichtungen zur Versicherung von Teilleistungen oder Teilsystemen mehr als bisher und insbesondere für ein neues System zu nutzen.

Wenn man daher als Ergebnis der bisherigen Überlegungen die Auffassung vertritt, daß das Risiko überproportionaler Leistungssteigerungen in den gesetzlichen Sozialversicherungen kaum eindämmbar und um so größer ist, je höher Leistungs- und Beitragsniveau sind, wenn man bereit ist, die Systeme auf die zu erwartenden Folgen der Alterung der Bevölkerung realistisch vorzubereiten und die Verantwortung und Kosten nicht der künftigen Generation zu überlassen, wenn man schließlich die Vorstellung beibehält, die staatlichen Versicherungssysteme sollten auch künftig mehr als eine Grundsicherung und -vorsorge bieten, dann kommt man um folgende Schlußfolgerungen nicht herum:

(i) Die staatlichen Versicherungssysteme sollten, mehr als bisher realisiert und geplant, durch private Versicherungssysteme flankiert und entlastet werden.

(ii) Möglichst bald beginnend ist die Umlagenfinanzierung der gesetzlichen Sozialversicherungen durch zusätzliche partielle Kapitalansammlung im Privatsektor zu ergänzen.

(iii) Zur Aufrechterhaltung eines gesellschaftlich für notwendig erachteten Sicherungs- und Versorgungsniveaus müssen den staatlichen Pflichtversicherungen entsprechende private Pflichtversicherungen an die Seite gestellt werden.

(iv) Die politische Verantwortung für die gesetzlichen Sozialversicherungssysteme darf nicht überwiegend von der Leistungsseite her bestimmt sein, sondern muß auch von der Finanzierungsseite ausgeübt und den entsprechenden Ressorts zugeordnet werden.

Diese Überlegungen gelten nicht nur für die Absicherung des Pflegerisikos, bei dem die politische Diskussion schließlich nur die Extremlösungen (und diese nicht einmal vollständig) behandelt hat. Sie betreffen in weit gewichtigerem Ausmaß die gesetzliche Krankenversicherung und die gesetzliche Rentenversicherung, in denen der Großteil der künftigen Risiken und Zusatzbelastungen zu erwarten ist. Hier Teilbereiche im Leistungsspektrum den privaten Pflichtversicherungen zu überantworten (ohne den Anreiz zu zusätzlicher privater Vorsorge und Absicherung abzuschwächen), bedeutet sicher keinen Rückzug des Staates aus den eingegangenen Leistungsverpflichtungen oder der sozialen Verantwortung. Im Gegenteil: diese Schritte sind notwendig, wenn man in den gesetzlichen Sozialversicherungen die Leistungsfähigkeit und die Freiräume erhalten will, die sie benötigen, damit sie auch langfristig ihren sozialen Aufgaben gerecht werden und den Generationenvertrag konfliktfrei erfüllen können.

Knut Hohlfeld

Finanzaufsicht und Rechnungslegung auf dem Versicherungssektor nach der Deregulierung

1. Einführung

1992 sind die Dritten Richtlinien der EG zur Schadenversicherung (Richtlinie 92/49/EWG des Rates vom 18. Juni 1992, EG-ABl. Nr. L 228/1 vom 11. August 1992) und zur Lebensversicherung (Richtlinie 92/96/EWG des Rates vom 10. November 1992, EG-ABl. Nr. L 360/1 vom 9. Dezember 1992) verabschiedet worden. Diese Richtlinien harmonisieren die Aufsichtssysteme innerhalb der Europäischen Gemeinschaft. Für Deutschland mit den innerhalb der EG bisher strengsten Aufsichtsregeln ist dies mit einer starken Deregulierung verbunden. Die Einführung der Sitzlandaufsicht sowie insbesondere die Aufhebung der Vorabkontrolle der Allgemeinen Versicherungsbedingungen und der Tarife führen zu einer Liberalisierung des Versicherungsmarkts. Jedes in einem Mitgliedstaat der EG zugelassene Versicherungsunternehmen (VU) soll seine Produkte ungehindert von einer aufsichtsbehördlichen Genehmigung EG-weit anbieten dürfen. Dabei haben die VU allerdings die in den einzelnen Mitgliedstaaten im Allgemeininteresse erlassenen zwingenden Rechtsvorschriften zu beachten.

Die Deregulierung wird den Versicherungsmarkt verändern. Der Wettbewerb wird erheblich zunehmen. Der Verbraucherschutz wird vermindert. Einer der schärfsten Kritiker dieser Entwicklung war Farny. Er hat mehrfach vor einer zu weitgehenden Deregulierung gewarnt (vgl. z. B. seine Aufsätze „(De)Regulierung von Versicherungsmärkten: Wettbewerb und Kundenwünsche im Versicherungsgeschäft", in VW 1989, 1470 ff., und „Versicherungen im Jahr 2000 – Strukturelle Stabilität verabschiedet sich", in: VersVerm 1992, 342 ff.). Seine Warnungen verhallten ungehört. Bei der Umsetzung der Dritten Richtlinien in nationales deutsches Recht sollte nun aber versucht werden, im Rahmen des nach den Richtlinien Zulässigen den Belangen des Verbraucherschutzes möglichst weitgehend Rechnung zu tragen.

Mit der Rückführung der Produktkontrolle gewinnt insbesondere die Finanzaufsicht künftig erheblich an Bedeutung. Deshalb erstaunt etwas, daß die Dritten Richtlinien es ermöglichen, auch die Finanzaufsicht weiter zu liberalisieren. Im folgenden will ich auf einige mir besonders wichtig erscheinende Aspekte einer künftigen Finanzaufsicht eingehen. Für eine umfassende Darstellung reicht der für diese Veröffentlichung zur Verfügung stehende Raum nicht aus. Darüber hinaus bin ich als Jurist auch nicht Fachmann genug, um eine vollständige Gesamtwürdigung der künftigen Möglichkeiten einer angemessenen Finanzaufsicht vorzunehmen.

2. Kapitalanlagevorschriften

Als ein zentraler Bereich der Finanzaufsicht sind die Kapitalanlagevorschriften anzusehen. Die Dritten Richtlinien enthalten eine Reihe von Vorgaben für eine vorsichtige Anlagepolitik sowie einige Regeln für eine ausreichende Mischung und Streuung. Von besonderer Bedeutung ist, daß Art. 20 beider Richtlinien die in § 54 Abs. 1 VAG vorgegebenen Anlagegrundsätze der Sicherheit, Rentabilität und Liquidität für alle Mitgliedstaaten der EG verbindlich macht. In der Frage der Mischung und Streuung ihrer Anlagen haben die VU „sicherzustellen, daß keine übermäßige Abhängigkeit von einer bestimmten Kategorie von Vermögenswerten, von einem bestimmten Kapitalanlagemarkt oder von einer bestimmten Anlage vorliegt" (Art. 22 Abs. 2 Unterabsatz i).

Als Konkretisierung dieses allgemeinen Grundsatzes gibt Art. 22 als Streuungsobergrenze vor, daß nicht mehr als 10 % der versicherungstechnischen Bruttorückstellungen in einem einzigen Grundstück oder einem einzigen einheitlichen Grundstückskomplex sowie nicht mehr als 5 % der versicherungstechnischen Bruttorückstellungen in Aktien, Anleihen oder sonstigen Wertpapieren eines einzigen Unternehmens oder in Darlehen an einen einzigen Darlehensnehmer angelegt werden dürfen. Die zuletzt genannte Grenze kann unter bestimmten Voraussetzungen auf 10 % und bei Anleihen bestimmter Kreditinstitute (Art. 22 Abs. 4) sogar auf 40 % erhöht werden.

Die Anknüpfung der Streuungsobergrenze an den versicherungstechnischen Rückstellungen ist nicht ganz unbedenklich. Es soll verhindert werden, daß der Ausfall einer einzigen Adresse die Solvenz eines Unternehmens gefährdet. 5 % der versicherungstechnischen Rückstellungen können aber die Eigenmittel eines VU bereits erheblich übersteigen, so daß ein entsprechender Ausfall das Unternehmen ernsthaft gefährden kann. Daher wäre es sinnvoller gewesen, wenn die Eigenmittel der VU als Maßstab für eine Streuungsvorschrift gedient hätten, dann aber natürlich mit höheren Prozentsätzen. Eine Anknüpfung an die Eigenmittel hätte auch der Regelung auf dem Bankensektor entsprochen. Zwar wird regelmäßig darauf hingewiesen, daß die Risiken bei den VU auf der Passivseite und bei den Banken auf der Aktivseite der Bilanz liegen. Vom Grundsatz her ist dies auch richtig. Man darf aber die Augen nicht vor der Tatsache verschließen, daß angesichts der hohen Kapitalanlagen der VU auch bei diesen erhebliche Risiken auf der Aktivseite bestehen. Diese

Risiken steigen noch mit jeder weiteren Liberalisierung der Kapitalanlagemöglichkeiten. Um diesen Gefahren von vornherein vorzubeugen, sollte Deutschland von der Möglichkeit Gebrauch machen, eine strengere Regelung als die Richtlinien zu treffen. Die Summe der Anlagen eines VU bei ein und demselben Schuldner sollte nicht nur auf 5 % des gebundenen Vermögens begrenzt werden, wie dies die Richtlinien vorsehen, sondern auch auf 25 % der Eigenmittel eines VU.

Art. 22 enthält schließlich noch Höchstgrenzen für eine ausreichende Mischung der Kapitalanlagen, nämlich 5 % für bestimmte nicht gesicherte Darlehen, 3 % für den zulässigen Kassenbestand sowie 10 % für nicht auf einem geregelten Markt gehandelte Aktien und Schuldverschreibungen, jeweils wiederum gemessen an den versicherungstechnischen Bruttorückstellungen. Im übrigen wird die Festlegung angemessener Mischungs- und Streuungsvorschriften den nationalen Gesetzgebern überlassen.

Der Sicherheit wäre am besten gedient, wenn der bisherige Anlagenkatalog des § 54 a VAG weitgehend erhalten bliebe. Nach den Dritten Richtlinien Schadenversicherung und Lebensversicherung wäre dies im wesentlichen auch möglich. Es wäre wenig sinnvoll, in den Richtlinien zusätzlich zugelassene Anlagearten wie z. B. Steuererstattungen, Forderungen gegen Garantiefonds, andere Sachanlagen als Grundstücke und Gebäude sowie einen Kassenstand für das gebundene Vermögen vorzusehen. Aufzugeben ist allerdings die erst zum 1. Januar 1991 neu eingeführte „Öffnungsklausel" des § 54 a Abs. 2 Nr. 14 VAG in ihrer gegenwärtigen weiten Fassung. Sie gestattet, 5 % des gebundenen Vermögens in Werten anzulegen, die nicht im Anlagenkatalog des VAG enthalten sind oder die darin genannten Höchstgrenzen überschreiten. Eine Öffnungsklausel läßt sich nur aufrechterhalten, wenn sie auf die in den Richtlinien zugelassenen Anlagearten beschränkt wird.

Eine Reihe von Änderungen des § 54 a VAG ist deshalb erforderlich, weil gemäß den Dritten Richtlinien künftig Anlagefreiheit in der gesamten Gemeinschaft besteht. Soweit daher in § 54 a VAG auf das Inland Bezug genommen wird, z. B. für die Belegenheit der Vermögenswerte, ist dieses auf das Gebiet der EWG auszuweiten. Des weiteren sollen Forderungen aus nachrangigen Verbindlichkeiten und Wertpapierleihgeschäfte in den Anlagenkatalog aufgenommen werden, um Bedürfnissen der Versicherungswirtschaft Rechnung zu tragen. Darüber hinaus bestehen keine Bedenken, die Anlagemöglichkeit in Grundstücken nicht nur auf Grundstücke in der gesamten EWG, sondern auch auf Anteile an Grundstücksgesellschaften auszudehnen.

Ob es im übrigen bei dem derzeitigen Anlagenkatalog des § 54 a VAG und den darin genannten Höchstgrenzen (z. B. 30 % für Aktien und sonstige Beteiligungswerte) bleiben wird, ist abzuwarten. Von seiten der Versicherungswirtschaft wird darin teilweise eine Inländerdiskriminierung gesehen. Die Anlagevorschriften werden nämlich künftig außer für VU mit Sitz außerhalb der EG nur noch für VU gelten, die ihren Sitz in Deutschland haben, allerdings auch für das von ihnen in anderen Mitgliedstaaten der EG betriebene Versicherungsgeschäft. Für VU mit Sitz in anderen Mitgliedstaaten der EG werden dementsprechend die Anlagevorschriften des jeweiligen Sitzlands auch hinsichtlich des in Deutschland im Rahmen der Niederlassungs- und Dienstleistungsfreiheit betriebenen Versicherungsgeschäfts gelten. Vermutlich werden in anderen Mitgliedstaaten der EG weiterhin teilweise weniger strenge Anlageregeln gelten als derzeit in Deutschland. Dies kann aber kein Grund sein, bewährte Anlagevorschriften aufzuweichen. Vor einer Regelung auf niedrigstem Niveau ist dringend zu warnen. Wer als Versicherer Sicherheit anbietet, sollte selbst kein Risiko eingehen. Strenge Kapitalanlagevorschriften bieten größere Sicherheit und lassen sich auch als gutes Werbeargument verwenden. Die Versicherer sollten daran interessiert sein, daß die Schwelle für eine Gefährdung nicht zu niedrig liegt. Der zu erwartende Wettbewerb könnte sonst leicht zu einem ruinösen Konkurrenzkampf führen. Daran kann eigentlich kein Versicherer interessiert sein.

3. *Erwerb und Veräußerung von Beteiligungen an Versicherungsunternehmen*

Die Dritten Richtlinien sehen vor, daß derjenige, der beabsichtigt, Beteiligungen an VU ab einer Größenordnung von 10 % der Stimmrechte oder des Kapitals zu erwerben oder zu veräußern, dies vor Realisierung der Aufsichtsbehörde mitzuteilen hat (Art. 15 der Dritten Richtlinie Schadenversicherung, Art. 14 der Dritten Richtlinie Lebensversicherung). Diese kann innerhalb einer Frist von 3 Monaten Einspruch gegen die Absicht eines Erwerbs erheben, wenn sie nicht davon überzeugt ist, daß der Erwerber „den im Interesse einer soliden und umsichtigen Führung des Versicherungsunternehmens zu stellenden Ansprüchen genügt".

Eine derartige Prüfung im Falle einer Änderung der Beteiligungsverhältnisse ist konsequent, da entsprechende Anforderungen an die Aktionäre oder Gesellschafter eines Unternehmens künftig auch als Voraussetzung für die Zulassung zum Versicherungsbetrieb gestellt werden (Art. 8 der Dritten Richtlinie Schadenversicherung, Art. 7 der Dritten Richtlinie Lebensversicherung). Der Neuregelung dürfte die Überlegung zugrunde liegen, daß die Deregulierung zu einer Verschärfung des Wettbewerbs führen wird. Damit wird es wichtiger zu wissen, wem der Wettbewerber gehört, wer also hinter dem einzelnen VU steht. Außerdem stellt die Eigentümerkontrolle ein wichtiges Mittel im Rahmen der Bekämpfung der Geldwäsche dar.

Allerdings fehlt bislang noch ein Katalog von Kriterien, anhand deren gemessen werden könnte, ob ein Miteigentümer den erforderlichen Ansprüchen genügt. Selbstverständlich brauchen aber an die Eigentümer nicht gleiche fachliche Ansprüche wie an die Leiter von VU gestellt zu werden.

Die neu aufgestellte Mitteilungspflicht stellt hohe Anforderungen an die Verschwiegenheit der Mitarbeiter der Aufsichtsbehörde. Es muß sichergestellt sein, daß Informationen über die Absicht eines Beteiligungserwerbs oder einer Beteiligungsveräußerung nicht an die Öffentlichkeit dringen. Auch müssen Insidergeschäfte verhindert werden.

4. Rechnungslegung

Die versicherungsrechtlichen EG-Richtlinien, insbesondere die Versicherungsbilanzrichtlinie vom 19. Dezember 1991, zwingen dazu, auch die bisher geltenden Rechnungslegungsvorschriften zu überarbeiten.

Die für die VU einschneidendste Änderung ist sicher darin zu sehen, daß die Unternehmen gehalten sein werden, ab 1997 in einer Anlage zu ihrer nach dem Niederstwertprinzip aufgestellten Bilanz auch die Zeitwerte ihrer Vermögensanlagen anzugeben, für Grundstücke ab 1999. Von dieser Veröffentlichung erwarten manche Beobachter das Zutagetreten riesiger stiller Reserven. Ob diese stillen Reserven wirklich so riesig sind, wird sich erst noch zeigen müssen. Im übrigen halte ich die Hoffnung von Verbraucherschützern, daß die Offenlegung der stillen Reserven zu einem Druck auf die Unternehmen auf Ausschüttung höherer Überschüsse an die Versicherungsnehmer führen wird, für sehr gewagt. Nach meiner Einschätzung wird vielmehr bei hohen stillen Reserven der Druck der Aktionäre auf Ausschüttung höherer Dividenden sehr viel stärker zunehmen.

Für das BAV sehr viel wichtiger ist die notwendige Neufassung der Internen Rechnungslegungs-Verordnung. Die Versicherungsbilanzrichtlinie führt zu einer Einschränkung der Information der Öffentlichkeit, insbesondere durch Wegfall der spartengetrennten Rechnungslegung. Es mutet schon widersprüchlich an, daß gerade zu einem Zeitpunkt, da der Informationsbedarf des Versicherungsnehmers wegen des Wegfalls der Vorabkontrolle der Versicherungsprodukte steigt, die Information durch die Bilanzen eingeschränkt wird. Um so wichtiger wird aber für das BAV die interne Rechnungslegung. Diese muß der Aufsichtsbehörde die Daten liefern, die erforderlich sind, um eine wirksame Finanzaufsicht durchzuführen und rechtzeitig eine eventuelle Schieflage zu erkennen. Insbesondere wird die interne Rechnungslegung nach Wegfall der nach Sparten getrennten externen Rechnungslegung für die Nichtlebenssparten eine Differenzierung nach Versicherungszweigen vorsehen. Dies ist Voraussetzung für eine qualifizierte Finanzaufsicht über die versicherungstechnischen Rückstellungen und Ergebnisse der Schaden-, Unfall- und Rückversicherungsunternehmen. Die Differenzierung soll sich am Spartenkatalog gemäß der Anlage zum VAG orientieren. Einfach wird dies jedoch nicht sein. Die Liberalisierung dürfte dazu führen, daß auch spartenübergreifende Versicherungsprodukte angeboten werden, bei denen eine Aufteilung schwierig werden wird.

Die Liberalisierung auf dem Versicherungsmarkt wird auch die Gefahr des Konkurses von VU erhöhen. Deshalb gilt es, ein wirksames Frühwarnsystem aufzubauen. Die bisherige jährliche Rechnungslegung reicht hierfür nicht aus. Vielmehr müßten entscheidende Kerndaten wenigstens vierteljährlich der Aufsichtsbehörde vorgelegt werden. Es wird z. Zt. noch geprüft, welches derartige entscheidende Kerndaten sind. Es sollten solche sein, die im normalen Betriebsablauf ohnehin anfallen oder zumindest leicht ermittelbar sind.

Eine Art Frühwarnsystem stellt auch das Rating-System dar, das in den USA seit langem Anwendung findet. Beim Rating handelt es sich um eine allgemein anerkannte standardisierte Bonitätsbeurteilung. Abgegeben wird sie von privaten Analysegesellschaften, die sich auf die Bewertung von Schuldnern spezialisiert haben. Vor einiger Zeit war in der Presse zu lesen, daß auch in Deutschland die Gründung einer Rating-Gesellschaft vorbereitet wird. Von einem gut aufgebauten Rating-System sind wichtige Hinweise auf die Leistungskraft von VU zu erwarten.

Allerdings darf man in ein solches Rating-System auch keine übertriebenen Hoffnungen setzen. Gemäß Pressemeldungen ist einem vor einiger Zeit notleidend gewordenen amerikanischen Lebensversicherer kurz zuvor noch eine AAA-Bonität zuerkannt worden. Ein Rating-System macht demnach den Aufbau eines eigenen Frühwarnsystems durch das BAV nicht entbehrlich.

5. Konkurssicherungsfonds

Unter dem bisherigen Aufsichtssystem ist es hervorragend gelungen, in Deutschland Konkurse von VU zu verhindern. Abgesehen von einem kleinen Transportversicherer ist in Deutschland seit Jahrzehnten kein Versicherer mehr in Konkurs gefallen. Es bleibt Aufgabe des BAV, die dauernde Erfüllbarkeit der Versicherungsverträge zu sichern. Daher muß sich das BAV auch weiterhin bemühen, Konkurse zu verhindern. Der Wegfall der Genehmigungspflicht für Versicherungsbedingungen und Tarife, die Liberalisierung der Finanzaufsicht sowie der zu erwartende schärfere Wettbewerb werden diese Aufgabe sehr viel schwerer machen. Es ist zu hoffen, daß es in Deutschland nicht zu ebenso schwerwiegenden Problemen kommt wie zuletzt etwa in den skandinavischen Ländern. Aber beispielsweise auch im Vereinigten Königreich, in Italien und in den USA sind Zusammenbrüche von VU nichts Außergewöhnliches. Den

Konkurs eines VU halte ich für die Zukunft auch in Deutschland jedenfalls für nicht mehr so unwahrscheinlich wie bisher.

Im Zusammenhang mit möglichen Konkursen von VU muß im Interesse eines notwendigen Verbraucherschutzes auch über die Einrichtung von Konkurssicherungsfonds nachgedacht werden. Insbesondere Farny wendet sich mit Nachdruck gegen derartige Fonds (vgl. VW 1989, 1470, 1480 ff.). Er sieht darin einen Verstoß gegen marktwirtschaftliche Grundsätze.

Es ist zuzugeben, daß Konkurssicherungsfonds dazu führen können, daß mit den Einzahlungen der seriös kalkulierenden Versicherer, letztlich also mit den Beiträgen der bei ihnen Versicherten, in den Fonds die Kunden unsolider Billigversicherer subventioniert werden. Auf der anderen Seite erscheint es aber dringend geboten, daß insbesondere die Opfer eines Verkehrsunfalls auch dann entschädigt werden, wenn der Kraftfahrzeug-Haftpflichtversicherer des Unfallverursachers zahlungsunfähig sein sollte. Doch auch in anderen Sparten wie beispielsweise in den übrigen Zweigen der Haftpflichtversicherung, in denen Dritte die Begünstigten der Versicherungsleistung sind, aber ebenso etwa in der Lebensversicherung oder der privaten Krankenversicherung wäre eine gewisse Absicherung für den Fall des Konkurses eines Versicherers zu begrüßen. Für eine entsprechende Absicherung spricht auch, daß die Versicherer bei ihrer Werbung und in der Produktgestaltung von Lebensversicherungsangeboten die günstige Kapitalanlage sehr viel stärker hervorheben als den Versicherungscharakter. Damit bringen sie selbst die Nähe zu Bankprodukten zum Ausdruck. Künftig wird es auch in Deutschland erlaubt sein, die auf dem französischen Versicherungsmarkt sehr erfolgreiche Capitalisation anzubieten. Dieses Produkt ähnelt so sehr einem Bankprodukt, daß nicht einzusehen ist, weshalb der Kunde nicht durch einen Garantiefonds gegen die Gefahr eines Konkurses seines Versicherers ebenso geschützt werden sollte, wie dies bei den Banken durch den Einlagensicherungsfonds gewährleistet ist.

Ein Konkurssicherungsfonds darf allerdings nicht so ausgestaltet sein, daß seriös rechnende Unternehmen mit ihren Einzahlungen in den Fonds das Risiko leichtfertig kalkulierender Konkurrenten übernehmen und die Kunden dann ohne Gefahr für ihre Ansprüche Verträge mit zu niedrig angesetzten Prämien abschließen können. Dem könnte dadurch begegnet werden, daß ein Ausfallfonds nur sehr eingeschränkte Leistungen erbringt und insbesondere eine hohe Selbstbeteiligung vorsieht. Darüber hinaus sollte die Versicherungswirtschaft den Beitritt zu einem Sicherungsfonds von der Erfüllung bestimmter Kriterien abhängig machen. Ein wirksamer Schutz gegen unseriös kalkulierende Versicherer dürfte sich beispielsweise dadurch ermöglichen lassen, daß die positive Beurteilung der Prämienkalkulation durch einen vom Fonds bestellten unabhängigen Aktuar als Voraussetzung für die Mitgliedschaft in einem Ausfallfonds gefordert wird.

Einzuräumen ist, daß dem Versicherungsgedanken eine individuelle Versicherung der einzelnen VU gegen die Gefahr eines Konkurses sehr viel angemessener wäre als ein Konkurssicherungsfonds. Farny hat dies einmal als die einzig vertretbare Form einer Konkursabsicherung bezeichnet. Die VU müßten sich einer Bonitätsbeurteilung unterziehen, wie sie in der Kreditversicherung üblich ist. Sogenannte Billigversicherer und damit ihre Kunden hätten wegen der größeren Konkursgefahr einen höheren Beitrag zur Konkursabsicherung zu leisten als vorsichtig kalkulierende Versicherer und deren Versicherungsnehmer. Es wäre jedoch utopisch anzunehmen, daß eine derartige Lösung generell durchsetzbar wäre. Dies sieht Farny nicht anders, wie seine Bewertung der Begründung der Monopolkommission für einen Konkurssicherungsfonds ergibt (VW 1989, 1470, 1482).

Bei den Überlegungen über die Einrichtung eines Konkurssicherungsfonds läßt sich darauf verweisen, daß andere Staaten mit durchaus funktionierender Marktwirtschaft wie z. B. das Vereinigte Königreich oder die USA mit Konkurssicherungsfonds zur Absicherung der Versicherungskunden bereits Erfahrungen gesammelt haben. Die Belastungen daraus für die Versicherer und damit für ihre Kunden waren äußerst gering.

Auch in Deutschland bestehen bereits Einrichtungen, die einem Konkurssicherungsfonds vergleichbar sind. Dies gilt für den Pensions-Sicherungs-Verein, der der Absicherung der betrieblichen Altersversorgung für den Fall des Konkurses des Arbeitgebers dient, sowie für den Verein Solidarhilfe e.V., der im Falle des Konkurses eines seiner Mitgliedsunternehmen bei Ansprüchen aus Kraftfahrzeug-Haftpflichtschäden eintritt. Als eine vergleichbare Regelung läßt sich auch ansehen, daß bei dem in § 257 SGB Teil V für ältere Versicherte vorgesehenen Standardtarif in der Krankenversicherung ein Umlageverfahren vorgesehen ist, wenn die Prämieneinnahmen des Tarifs für die zu erbringenden Leistungen nicht ausreichen.

Bleibt es dabei, daß Konkurse in Deutschland weiterhin vermieden werden, brauchen für einen Konkurssicherungsfonds auch keine Umlagen erhoben zu werden. Das BAV wird sich mit Kraft bemühen, dies, wie es seine Aufgabe ist, sicherzustellen. Da die Gefahr von Konkursen aufgrund der Deregulierung aber steigen wird, sollte der Versicherungskunde davor gesichert werden, daß er der Leidtragende eines Konkurses ist. Der Konkurssicherungsfonds liegt in seinem Interesse. Beiträge an einen Konkurssicherungsfonds würden schließlich auch aus seinen Prämienzahlungen geleistet werden und nicht aus dem Vermögen der VU. Es ist jedoch gerechtfertigt, daß ein – sehr geringfügiger – Teil seiner Prämie für die in seinem Interesse liegende Absicherung gegen das Insolvenzrisiko verwendet wird.

6. Abschließende Bemerkungen

Die Deregulierung wird zu einer Verstärkung des Wettbewerbs auf dem Versicherungssektor führen. Das BAV wird darauf achten müssen, daß dieser Wettbewerb nicht in einen ruinösen Wettbewerb ausartet. Nur wenn die Aufsichtsbehörde hierbei erfolgreich ist, wird die größere Freiheit nicht zum Nachteil der Versicherungskunden ausschlagen. Würde der Zusammenbruch von VU auch in Deutschland zur Normalität werden, würde der Kunde das Gegenteil dessen erhalten, was er mit einem Versicherungsvertrag anstrebt. Statt Sicherheit vor der Gefahr großer, evtl. sogar existenzbedrohender Schäden zu erhalten, würde er verunsichert werden. Dem vorzubeugen liegt im ureigensten Interesse der Versicherungswirtschaft. Dieser muß daher an einer wirksamen Finanzaufsicht sehr gelegen sein. Für die Frage, wie sie am zweckmäßigsten ausgestaltet sein sollte, kann die Versicherungswissenschaft wertvolle Anregungen geben. Für die aufgrund der Deregulierung erforderliche Umgestaltung der Aufsichtstätigkeit ist daher der Rat von Prof. Dr. Farny mehr denn je erwünscht und gefragt.

Ulrich Hübner

Zum interdisziplinären Charakter der Versicherungswissenschaften – Wirtschaftliche Folgefragen der Mitgliedschaftsbeendigung bei Lebensversicherungsvereinen auf Gegenseitigkeit durch Bestandsübertragung

I. Einleitung

Mit dem Jubilar, dem der Verfasser dieses Beitrags seit vielen Jahren mehr als kollegial verbunden ist, hat man oft über versicherungswissenschaftliche Themen diskutiert. Wir haben gemeinsam Seminare veranstaltet. Wir sind gemeinsam Mitglieder des Beirats des Bundesaufsichtsamtes für das Versicherungswesen und waren nicht zuletzt an – unterschiedlichen – Entscheidungen von Beschlußkammern beteiligt, die sich mit Strukturveränderungen von Versicherungsgruppen durch Bestandsübertragungen (§§ 14, 44 VAG)[1] zu befassen hatten[2].

Diese zeigen besonders deutlich die Notwendigkeit fachübergreifender Durchdringung versicherungswissenschaftlicher Probleme. Es geht um wirtschaftliche Folgeprobleme der Umstrukturierung eines VVaG, die schwerpunktmäßig betriebswirtschaftlicher Natur sind, aber von juristischen Wertungsgrundlagen vorgegeben werden: Nach welcher Methode ist ein Lebens-VVaG zur Ermittlung der Abfindungen für die ausschei-

---

1   Die Bestandsübertragung ist nicht auf den Fall der Sanierung beschränkt, sondern sie kann auch zur Umstrukturierung angewendet werden; vgl. VerBAV 1989, 235 (238, II.3.a)); Präve, Die Bedeutung der Überschußbeteiligung des Versicherungsnehmers bei der Lebensversicherungs-AG für die Umbildung von Versicherungsgruppen, ZfV 1992, 334 (342, sub 8.); a. A. Mudrack, Zur Behandlung stiller Reserven bei Bestandsübertragung von Lebensversicherern, Supplement Finanzberater, Beilage des BB 1989, 26 (30).
2   „Allianz" (Sachversicherungsbestand von Aktiengesellschaft auf AG): Beschlußkammer-Entscheidung, VerBAV 1986, 262 ff.; BVerwG VersR 1990, 473 ff. mit zustimmender Anm. Kaulbach, VersR 1990, 645 f. und kritischer Anm. v. Hippel, JZ 1990, 730 ff.; BVerfG NJW 1991, 1167 „Deutscher Herold" (Lebensversicherungsbestand von AG auf AG): Beschlußkammer-Entscheidung, VerBAV 1989, 235 ff. „VHV": Beschlußkammer-Entscheidung, VerBAV 1991, 299 ff. „R +V" (Lebensversicherungsbestand von VVaG auf AG): Beschlußkammer-Entscheidung, VerBAV 1992, 3 ff.

denden Mitglieder zu bewerten, und was geschieht mit stillen Reserven[3]? Dabei kann die künftige Entwicklung des Aufsichtsrechts angesichts der abgeschlossenen Vorgänge außer Betracht bleiben.

II. Beschlußkammer-Entscheidungen des Bundesaufsichtsamtes für das Versicherungswesen[4]

Den rechtlichen Rahmen zu den Fragen der Unternehmensbewertung und der Behandlung stiller Reserven bilden zwei Beschlußkammer-Entscheidungen des BAV.

1. Bei der Umstrukturierung der R+V-*Gruppe* übertrug ein *Lebens-VVaG* einen Teilbestand von ca. 96 % auf eine – neu gegründete – Aktiengesellschaft (AG). Die Übertragung erfolgte zu Buchwerten. Sämtliche Vermögensgegenstände wurden unter Einbeziehung ihrer stillen Reserven im Verhältnis des übertragenen zum zurückbehaltenen Versicherungsbestand zugeordnet[5]. Durch geschäftsplanmäßige Erklärung verpflichtete sich die AG, den Versicherungsnehmern ein Abfindungsentgelt für den Verlust der Mitgliedschaft im VVaG zu zahlen[6]. Zur Ermittlung der Abfindung wurde der Unternehmenswert zunächst nur nach der Ertragswertmethode berechnet. Die AG sicherte weiter für einen an den Restlaufzeiten der Versicherungsverträge orientierten Zeitraum (14 Jahre) eine Überschußbeteiligung von 98,6 % zu.

Gegen die Genehmigung des Bestandsübertragungsvertrages und der geschäftsplanmäßigen Erklärung legten Versicherungsnehmer des VVaG Widerspruch mit der Begründung ein, nicht ausreichend abgefunden worden zu sein[7].

---

[3] Auf weitere äußerst umstrittene Fragen der Lebensversicherung (These vom „Geld der Versicherten", Rechtmäßigkeit der geltenden Überschußbeteiligung) wird nur kurz unter Hinweis auf die Literatur einzugehen sein.

[4] Die Beschlußkammern des BAV entscheiden im förmlichen Verwaltungsverfahren nach dem VwVfG über die Genehmigung von Bestandsübertragungen (§ 7 Abs. 2 Nr. 4 der 3. DVO zum BAG, abgedr. in Prölss/Schmidt/Frey, VAG, 10. Auflage München 1989). Allerdings kann der Präsident des BAV durch Verfügung entscheiden, wenn dem Antrag auf Genehmigung der Bestandsübertragung stattgegeben werden soll (§ 7 Abs. 3 Nr. 1 der 3. DVO/BAG). Wird gegen diese Verfügung Widerspruch erhoben, so entscheidet eine Beschlußkammer (§ 8 der 3. DVO/BAG).

[5] Das Verhältnis der übertragenen zu den zurückbehaltenen Vermögenswerten unter Einbeziehung der stillen Reserven beträgt 96,9 % zu 3,1 %, vgl. VerBAV 1992, 3 (4).

[6] VerBAV 1992, 3.

[7] Die Beschlußkammer sah die Widerspruchsbefugnis deshalb als gegeben an, weil jede Genehmigung einer Bestandsübertragung die Rechtsstellung der Versicherten unmittelbar berührt, da sie ihnen ein anderes Versicherungsunternehmen als Vertragspartner aufzwingt, VerBAV 1992, 3 (5), vgl. dazu auch BVerwG VersR 1990, 473 (474).

Die Beschlußkammer gab der R+V die Erstellung eines zweiten Gutachtens auf, das alle für den Wert eines Unternehmens wesentlichen Größen zu ermitteln hatte, also neben dem Ertragswert auch den Substanzwert. Der Substanzwert war danach geringer als der Ertragswert[8].

Dabei berücksichtigte das Gutachten im Rahmen der Ertragswertmethode, daß den Mitgliedern des VVaG nach dessen Satzung (§ 19) nur die Erträge entgehen können, die bei dem VVaG in die Gewinnrücklage eingestellt worden wären[9]. Die prognostizierten Ertragsüberschüsse wurden auf den Bewertungsstichtag, 31. 12. 1988, mit einem Kapitalisierungszinssatz von 7 % abgezinst. Von den stillen Reserven des VVaG zum 31. 12. 1988 entfielen 2 % auf die Mitglieder. 98 % sind bei Auflösung in die Rückstellung für Beitragsrückerstattung einzustellen. Die stillen Reserven, die später bei der AG möglicherweise aufgelöst werden, werden dabei an neue Versichertengenerationen „vererbt"[10].

Nach Ansicht der Beschlußkammer waren die Widersprüche unbegründet, da die Belange der Widerspruchsführer *ausreichend* gewahrt worden seien (§§ 14 Abs. 1 S. 3 i. V. m. 8 Abs. 1 Nr. 2 VAG)[11]. Zu differenzieren ist dabei zwischen den versicherungsvertrags- und den mitgliedschaftsrechtlichen Belangen.

Auf die vertragsrechtlichen Beziehungen hat die Bestandsübertragung keine Auswirkung und kann diese auch nicht negativ beeinträchtigen. Das Vertragsverhältnis wird zu den vereinbarten Bedingungen unverändert mit dem Versicherungsunternehmen, auf das der Bestand übertragen wurde, fortgesetzt.

---

8 VerBAV 1992, 3 ff. Das 1. Gutachten (Ertragswertverfahren) ermittelte einen Abfindungsbetrag von 217,875 Mio. DM. Das 2. Gutachten ermittelte nach dem Ertragswertverfahren einen verteilungsfähigen Unternehmenswert von 197,6 Mio. DM und nach dem Substanzwertverfahren einen verteilungsfähigen Substanzwert von 90,7 Mio. DM. (Bei einer Aufteilung zwischen den Ansprüchen der Versicherungsnehmer auf Überschußbeteiligung und den Rechten der ausscheidenden Mitglieder i. V. v. 98 % zu 2 %; unter Zugrundelegung eines Aufteilungsverhältnisses von 90 % zu 10 % – wie bei der Umstrukturierung „Deutscher Herold" – ergäbe sich nach dem Substanzwertverfahren ein verteilungsfähiger Betrag von 185,425 Mio. DM), vgl. VerBAV 1992, 3 (7 f.).
9 Nach der Satzung des VVaG stand der gesamte Jahresüberschuß zwar grundsätzlich den Mitgliedern zu, war aber nach der Dotierung von Rücklagen in vollem Umfang der Rückstellung für Beitragsrückerstattung zuzuführen.
10 VerBAV 1992, 3 (4, I.3.).
11 A. A. Baumann, Rechtliche Grundprobleme der Umstrukturierung von VVaG in Versicherungs-AG, VersR 1992, 905 (916). Das BAV und das BVerwG prüfen im Rahmen der §§ 14 Abs. 1 S. 3 i. V. m. 8 Abs. 1 Nr. 2 VAG nur, ob eine unangemessene Benachteiligung vorliegt, nicht aber, ob die Rechte der Versicherten hätten besser gewahrt werden können (keine Optimierungspflicht), vgl. BVerwG VersR 1990, 73; BVerwGE 61, 59 (64 f.). Zu den aufsichtsrechtlichen Problemen der R+V-Umstrukturierung vgl. Präve, Aufsichtsrechtliche Aspekte zu Bestandsübertragungen von einem VVaG auf eine AG, ZfV 1991, 494 ff.

Einen neuen Beitrag zum Recht des VVaG bilden die zutreffenden Ausführungen der Beschlußkammer zum Erlöschen der Mitgliedschaft. Den ausscheidenden Mitgliedern steht *dem Grunde nach* ein Anspruch auf Abfindung zu[12]. Die mitgliedschaftlichen Abfindungsansprüche seien *übertragungs- bzw. liquidationsrechtliche Partizipationsrechte* am Vereinsvermögen, in denen sich die *eigentümerähnliche Rechtsstellung* der Mitglieder am Vereinsvermögen zeige. Das Mitgliedschaftsrecht habe während der Laufzeit des Versicherungsvertrages keinen vom Versicherungsvertrag lösbaren selbständigen Vermögenswert[13]. Findet eine Umstrukturierung statt, die zum Erlöschen der Mitgliedschaft führt, so erstarke das mit den vertraglichen Ansprüchen verbundene Mitgliedschaftsrecht zu einem echten Beteiligungsrecht am Vereinsvermögen[14].

Die Begründung der Abfindungsverpflichtung gilt entsprechend für die Teilbestandsübertragung der R+V. Ansonsten könnten Versicherungsunternehmen eine Abfindung umgehen, indem sie einen geringen Bestand zurückhalten[15].

Für die Ermittlung der *Anspruchshöhe* macht die Beschlußkammer mehrere Einschränkungen. Der für die Abfindung maßgebende Unternehmenswert kann sich nicht auf der Grundlage eines Liquidationswertes ergeben, da der Versicherungsbestand nach der Bestandsübertragung fortgeführt wird und die Vermögenswerte nicht aufgelöst werden. Die Aktivwerte, die die versicherungsvertraglich und geschäftsplanmäßig geschuldeten Verpflichtungen bedecken, stehen für eine Abfindung der Mitglieder nicht zu Verfügung[16].

Ein eventuell im Vergleich zum Ertragswert höher anzusetzender Marktwert des Bestandes habe außer Betracht zu bleiben. Der Bestand sollte nicht weiterveräußert, sondern in anderer Rechtsform fortgeführt werden. Es sei nicht Aufgabe der Aufsichtsbehörde, die für die ehemaligen Mitglieder günstigste Abfindung zu ermitteln, denn die unterschiedlichen Wege der Umstrukturierung eines VVaG in eine AG können zu unter-

---

[12] Dies ist in der Literatur ganz h. M., vgl. Baumann, VersR 1992, 905 (907); Präve, ZfV 1991, 494 (496 f.); Stuirbrink/Geib/Axer, Die Abfindung der Mitglieder eines Lebens-VVaG (Teil I), Die WPg 1991, 29 (33).
[13] Dies ist auf der Grundlage der für das Verhältnis von Versicherungsvertrag und Mitgliedschaft im VVaG geltenden ganz herrschenden Einheitstheorie nicht zu bestreiten.
[14] VerBAV 1992, 3 (6).
[15] VerBAV 1992, 3 (7).
[16] VerBAV 1992, 3 (7).

schiedlichen Resultaten in der Höhe der Abfindung führen (sog. „Divergenzansatz")[17].

Auch bei der Form der Abfindung hält sich das BAV an den Beschluß der obersten Vertretung des VVaG gebunden, der keine Abfindung in Aktien der übernehmenden AG vorsah, sondern eine Barabfindung. Ob eine Abfindung in Aktien finanziell günstiger gewesen wäre, ist nicht vom BAV zu überprüfen[18].

2. Bei der Umstrukturierung des Unternehmens Deutscher Herold übertrug eine *AG* ihren gesamten Lebensversicherungsbestand durch einen Einbringungs- und Bestandsübertragungsvertrag auf eine andere AG. Der Buchwert der bei der übertragenden AG verbliebenen Aktiva und Passiva machte 1,12 % der Aktiva und Passiva aus, die die übertragende AG vorher in ihrer Bilanz ausgewiesen hatte[19].

Mit ihren Widersprüchen gegen die Genehmigung des Bestandsübertragungsvertrages machten die Widerspruchsführer geltend, die in der übertragenden AG zurückbehaltenen Aktiva enthielten erhebliche stille Reserven, die ihnen zustünden und entzogen würden.

---

17 VerBAV 1992, 3 (8). A. A. Baumann, VersR 1992, 905 (909 sub II.2. und 910), der einen „Äquivalenzansatz" vertritt: Eine ausreichende Wahrung der Belange der Mitglieder sei von der Prüfung abhängig, daß eine Gleichwertigkeit der Abfindung i. d. S. vorliegt, daß eine Barabfindung den Wert einer Abfindung in Aktien erreichen muß. Baumann folgert seinen „Äquivalenzansatz" aus einer für die Frage der Abfindungshöhe problematischen Heranziehung des § 44 b VAG, der einen anderen Fall – die Vermögensübertragung – zum Gegenstand hat. § 44 b VAG ist im Rahmen der Bestandsübertragung soweit anwendbar, wie aus ihm die Pflicht zur Abfindung dem Grunde nach herleitbar ist und er bestimmte Abfindungsgrundsätze aufstellt. Für die Höhe der Abfindung ist zu bedenken, daß die Vermögensübertragung auf das Erlöschen gerichtet ist, während die Bestandsübertragung nicht auf das Erlöschen gerichtet zu sein braucht und im Fall der Teilbestandsübertragung auch nicht auf das Erlöschen gerichtet sein kann. Eine nahezu 100 %-ige Teilbestandsübertragung ändert nichts an der Verpflichtung zur Abfindung, jedoch kann der Zurückbehaltung von Vermögenswerten bei der Teilbestandsübertragung in der Höhe der Abfindung Rechnung getragen werden. Das BAV und das BVerwG sind im Rahmen der §§ 14 Abs. 1 S. 3, 8 Abs. 1 Nr. 2 VAG nur dann zum Eingreifen verpflichtet, wenn unter Berücksichtigung der Gesamtheit der beteiligten Interessen – auch der Unternehmensinteressen – eine unangemessene Beeinträchtigung stattfindet. Würde die „Äquivalenzthese" zutreffen, müßte man fragen, welchen Sinn die Teilbestandsübertragung noch hätte; vgl. Stuirbrink/Geib/Axer, Die WPg 1991, 29 (32). Es liegt keine Gleichwertigkeit von Vermögensübertragung und Bestandsübertragung vor. Eine solche herzustellen ist Aufgabe des Gesetzgebers. Es ist dem Divergenzansatz zu folgen, der sich aus bestehenden Unterschieden von Teilbestandsübertragung, Vermögensübertragung und Umwandlung ergibt.
18 VerBAV 1992, 3 (8). Bei einer Abfindung in Aktien könnte es neben spekulativen Risiken zu einer Zersplitterung in Kleinstanteile kommen, die die Anteilsinhaber wegen ihres geringen Wertes veräußern würden. Vgl. zu dem ähnlichen Problem bei der Umwandlung nach §§ 385 d ff. AktG Jörns, Die Umwandlung eines VVaG in eine AG, Karlsruhe 1975, S. 96.
19 VerBAV 1989, 235 (235).

Die Beschlußkammer forderte die beteiligten Versicherungsunternehmen auf, durch ein Sachverständigengutachten darzulegen, in welchem Umfang in den zurückbehaltenen bzw. übertragenen Aktiva stille Reserven enthalten waren. Das Gutachten konnte aber unterbleiben, da sich die beteiligten Versicherungsunternehmen dem BAV gegenüber vertraglich verpflichteten, bei Veräußerung der zurückbehaltenen Anteile an verbundenen Unternehmen und Beteiligungen die Versicherten, deren bei Bestandsübertragung bestehender gewinnberechtigter Versicherungsvertrag im Zeitpunkt der Veräußerung noch nicht abgelaufen ist, anteilig an dem erzielten Veräußerungsgewinn (Veräußerungserlös minus Buchwert) mit mindestens 90 % zu beteiligen[20].

Die Beschlußkammer hielt die Widersprüche für unbegründet. Nicht deutlich genug kann in diesem Zusammenhang die klare Absage der Beschlußkammer an die – mehr rechtspolitisch als juristisch begründete – von Verbraucherschützerseite aufgestellte These vom „Geld der Versicherten" festgehalten werden[21]. Der Versicherungsnehmer hat keine Eigentums- oder andere dingliche Rechte am Vermögen oder an Teilen des Vermögens einer Versicherungs-AG. Prämien und damit erworbene Vermögenswerte stehen ausschließlich im Eigentum der AG[22].

Die bestehenden Ansprüche der Versicherungsnehmer wurden nach Ansicht der Beschlußkammer ausreichend gesichert (§§ 14 Abs. 1 S. 3 i. V. m. 8 Abs. 1 Nr. 2 VAG). Versicherungsnehmer mit einem kapitalbildenden Lebensversicherungsvertrag[23] haben – neben dem Anspruch auf

---

20 VerBAV 1989, 235 (236, mit dem genauen Wortlaut des Vertrages). Zu Ausführungen der Beschlußkammer zur Unzulässigkeit der Widersprüche von Widerspruchsführern mit fondsgebundenen Lebensversicherungen und zur Zulässigkeit des Widerspruchs des Widerspruchsführers mit einer kapitalbildenden Lebensversicherung vgl. VerBAV 1989, 235 (236 ff.).
21 Vertreter dieser These sind: Hans-Dieter Meyer, Wem gehören 800 Milliarden Mark?, ZRP 1990, 424 ff.; v. Hippel, Gewinnbeteiligung und Verbraucherschutz in der Lebensversicherung, JZ 1989, 663 ff.; ders., Anm. z. OLG Hamburg, JZ 1990, 445 f.; a. A.: Gärtner, Neuere Entwicklungen der Vertragsgerechtigkeit im Versicherungsrecht, Karlsruhe 1991, S. 44; Winter, Ausgewählte Rechtsfragen der Lebensversicherung, ZVersWiss 1991, S. 203 (216 ff.). Die Kritik von Meyer an der bestehenden Praxis und der vertragsrechtlichen Konzeption des Lebensversicherungsvertrages rüttelt an dem juristisch gegenwärtig bestehenden Verständnis vom Wesen der Versicherung und der Rechtsnatur des Versicherungsvertrages. Es sind rechtspolitische Forderungen, die im geltenden Recht keine Grundlage finden. Versicherer sind keine geschäftsbesorgenden Treuhänder, und die Prämien der Versicherten stellen kein vom Versicherer zu verwaltendes Sondervermögen (anders als §§ 6, 21, 34 KAAG) dar. Zur Ansicht, die die Überschußbeteiligung in der Kapitallebensversicherung regelnden Vertragsklauseln verstoßen gegen das AGBG, vgl. Basedow, Die Kapitallebensversicherung als partiarisches Rechtsverhältnis, ZVersWiss 1992, S. 419 ff.; a. A.: Präve, ZfV 1992, 334 (337 ff.).
22 VerBAV 1989, 235 (238 f.). Ob beim VVaG etwas anderes zu gelten hat, läßt die Beschlußkammer offen. Vgl. auch BVerwG VersR 1990, 473 (474).
23 Vgl. zur Abgrenzung von der fondsgebundenen Lebensversicherung VerBAV 1989, 235 (237).

Zahlung des vereinbarten Kapitals oder einer Rente – einen Anspruch auf Beteiligung an den von den Versicherungsunternehmen erwirtschafteten Überschüssen[24]. Die Beteiligung der Versicherungsnehmer am Überschuß ist das „... *Regulativ für die aus Sicherheitsgründen vorsorglich zu hoch bemessenen Lebensversicherungsbeiträge*[25]."

Der Höhe nach ist der Anspruch des einzelnen Versicherungsnehmers nicht festlegbar. Erzielt der Versicherer nämlich keine verteilungsfähigen Überschüsse, wird der Versicherungsnehmer nicht beteiligt. Der Anspruch auf Überschuß ist ein in der Höhe unbestimmtes Beteiligungsversprechen[26].

An den in den Aktivwerten eines Versicherungsunternehmens enthaltenen stillen Reserven kann der Versicherungsnehmer im Rahmen der Überschußbeteiligung nur partizipieren, wenn das Versicherungsunternehmen die stillen Reserven realisiert. Ob dies geschieht, steht grundsätzlich im pflichtgemäßen Ermessen des Vorstandes[27]. Die Versicherungsnehmer haben keine Rechte auf Realisierung der stillen Reserven, um ihre Überschußbeteiligung zu erhöhen. Hätten nämlich die beteiligten Versicherungsunternehmen ohne Bestandsübertragung die Aktivwerte fortgeführt, hätten die Versicherungsnehmer auch keine Erhöhung der Überschußbeteiligung durch Realisierung der stillen Reserven erzwingen können. Somit konnten grundsätzlich die Aktivwerte zu Buchwerten ohne Berücksichtigung stiller Reserven im Rahmen der Bestandsübertragung übertragen bzw. bei dem übertragenden Versicherungsunternehmen belassen werden.

Etwas anderes müsse aber ausnahmsweise dann gelten, wenn – praktisch in einer Vorausschau – die zurückbleibenden Aktivwerte und die darin

---

24 Vgl. § 16 Abs. 1 AVB für die Lebensversicherung: Beteiligung der Versicherungsnehmer entsprechend dem von der Aufsichtsbehörde genehmigten Geschäftsplan.
25 VerBAV 1989, 235 (239); BVerwG VersR 1990, 73 (74); BT-Drucks. 9/1493, 27.
26 VerBAV 1989, 235 (239). Das BVerwG VersR 1990, 73 (74) führt dazu aus: „Mit der Entscheidung der Organe der Kläger (scil. der Versicherungsunternehmen), bestimmte Überschußanteile zum Zweck der Beitragsrückerstattung in die RfB (Rückstellung für Beitragsrückerstattung) einzustellen, erwirbt der einzelne Versicherte noch keinen Vermögenszuwachs. Er erlangt insbesondere keinen Rechtsanspruch auf baldige Zuteilung eines sich daraus ergebenden Anteils (vgl. BGHZ 87, 346 [354]). Er enthält lediglich eine nicht weiter konkretisierte Anwartschaft, die zudem nachträglich wieder entfallen oder gemindert werden kann (wird ausgeführt) ... Erst mit der Zuteilung erwirbt der Versicherte einen unmittelbaren unwiderruflichen Vermögenszuwachs, ..." Die Regelung in den AVB wird durch die geschäftsplanmäßigen Festlegungen der Versicherungsunternehmen ausgefüllt. Aus dem Gesamtgeschäftsplan für die Überschußbeteiligung folgt, daß mindestens 90 % des Rohüberschusses des gesamten Versicherungsgeschäfts als Direktgutschrift verwendet oder der RfB zugewiesen werden, vgl. VerBAV 1988, 424 (426). Nach dem Urteil des BVerwG VersR 1990, 73 (74), haben die Geschäftspläne der Versicherungsunternehmen zu gewährleisten, daß die für die Überschußbeteiligung vorgesehenen Beiträge zeitnah ausgeschüttet werden.
27 Vgl. R 6/60, VerBAV 1960, 259.

möglicherweise enthaltenen stillen Reserven die Aussicht auf die Überschußbeteiligung verändern[28]. Dies sah die Beschlußkammer im Fall Deutscher Herold als gegeben an. Die bei dem übertragenden Versicherungsunternehmen zurückbleibenden Aktiva mit den stillen Reserven werden den gewinnberechtigten Versicherungsnehmern als Überschußquelle endgültig entzogen. Ein angemessener Ausgleich zwischen Versicherungsunternehmen und den Versicherungsnehmern schien der Beschlußkammer dadurch möglich, daß sichergestellt wurde, daß die im Zeitpunkt der Bestandsübertragung gewinnberechtigten Versicherungsnehmer, soweit ihr Versicherungsvertrag noch nicht abgelaufen ist, bei Veräußerung der zurückbehaltenen Anteile an verbundenen Unternehmen und Beteiligungen mit mindestens 90 % des Veräußerungsgewinnes zu beteiligen sind[29].

III. Unternehmensbewertung eines Lebens-VVaG im Fall der Bestandsübertragung

Um die angemessene Abfindung der ausscheidenden Mitglieder eines Lebens-VVaG im Fall der Bestandsübertragung zu ermitteln, ist eine betriebswirtschaftliche Unternehmensbewertung notwendig, die von juristischen Wertungsgrundlagen vorgegeben wird[30].

Eine angemessene Abfindung soll nach Stimmen in der Literatur berücksichtigen, daß dem Abzufindenden alle künftig zu erwartenden Ausschüttungen entgehen[31]. Angemessen ist demnach eine wirtschaftlich volle Entschädigung hinsichtlich des zukünftigen Nutzwertes der Beteiligung an dem arbeitenden Unternehmen[32].

Wie sich aus den spezialgesetzlichen Abfindungsvorschriften §§ 44 b Abs. 4 S. 1 VAG, 305 Abs. 3 S. 2, 320 Abs. 5 S. 5, 375 Abs. 1 S. 1 AktG, 12 Abs. 1 UmwG ergibt, ist zur Ermittlung der angemessenen Abfindung die Vermögens- und Ertragslage des Unternehmens als lebende Einheit unter Einbeziehung des Wertes seiner Organisation am Tag des Beschlusses des ober-

---

28 VerBAV 1989, 235 (240). Zur Kritik an der Beschlußkammer-Entscheidung vgl. Mudrack, Supplement Finanzberater, Beilage zu BB 1989, 26 (29). Zu Differenzierungen bei der Überschußermittlung nach dem Fall Deutscher Herold vgl. Claus, Die Mindestbeteiligung der Versicherten am Überschuß in der Lebensversicherung, VerBAV 1989, 225 ff.
29 VerBAV 1989, 235 (240).
30 Spezialgesetzlich geregelte Bewertungsverfahren – für die Landwirtschaft vgl. §§ 2049, 1515 Abs. 2, 1376 Abs. 4, 2312 Abs. 1 BGB, 12 HöfO, 16 GrVerkG, Art. 137 EGBGB, für stille Beteiligungen vgl. § 25 d KAGG – und Schätzungen, §§ 738 Abs. 2 BGB, 286, 287 ZPO, helfen nicht weiter.
31 Moxter, Grundsätze ordnungsgemäßer Unternehmensbewertung, 2. Auflage, Wiesbaden 1983, Nachdruck 1990, S. 90.
32 BVerfGE 14, 263 (283).

sten Organs entscheidend[33]. Da offengelassen wird, wie die Vermögens- und Ertragslage bei der betriebswirtschaftlichen Unternehmensbewertung zu berücksichtigen ist, liegt eine durch Rechtsprechung und Literatur zu schließende Gesetzeslücke vor. *„Die Bewertung ganzer Unternehmen gehört seit Jahrzehnten zu den in Theorie und Praxis besonders stark diskutierten betriebswirtschaftlichen Gebieten[34]."*

Im folgenden werden die Grundsätze und die Unterschiede maßgeblicher Unternehmensbewertungsverfahren aufgezeigt (1.), Rechtsprechung und Literaturmeinungen dargestellt (2.) und auf ausgewählte Besonderheiten bei der Ermittlung des Unternehmenswertes eines Lebensversicherungsunternehmens eingegangen (3.).

1. Verfahren zur Bewertung ganzer Unternehmen

Von den Unternehmensbewertungsverfahren soll nur auf das Ertragswert-, das Substanzwertverfahren sowie die Liquidationswert- und die Buchwertmethode eingegangen werden[35].

a) Entscheidend für den *Ertragswert* eines Unternehmens ist dessen zukünftiger Erfolg. Die Höhe des Ertragswertes bestimmt sich wesentlich durch zwei Faktoren: den Zukunftsertrag und dessen Kapitalisierung[36].

Problematisch ist bereits die Frage, welche *Erfolgsgrößen* der Berechnung des Zukunftsertrages zugrunde zu legen sind. In Frage kommen eine Einnahmen- und Ausgaben-Rechnung oder eine Aufwands- und Ertragsrechnung zur Ermittlung des Unternehmenswertes[37]. Aus prakti-

---

33 Die Grundsätze der angegebenen Vorschriften zur Ermittlung der angemessenen Abfindung sind auch für den Fall der Bestandsübertragung anzuwenden, vgl. Prölss/Schmidt/Frey, VAG, § 44 b Rdnr. 18; Stuirbrink/Geib/Axer, (Teil II), Die WPg 1991, 68 (69).
34 Wirtschaftsprüfer (WP)-Handbuch, 10. Auflage, Düsseldorf 1992, Bd. II, Rdnr. A 1.
35 Vgl. zur Kombination von Ertrags- und Substanzwert (Mittelwertverfahren, Verfahren der Goodwillrenten, Verfahren der Geschäftswertabschreibung, Umsatzmethode), zur Leistungseinheitsmethode, zu steuerlichen Bewertungsverfahren (Stuttgarter Verfahren) und zu anderen Bewertungsverfahren: Piltz, Die Unternehmensbewertung in der Rechtsprechung, 2. Auflage, Düsseldorf 1989, S. 16 ff.; Sanfleber, Abfindungsklauseln in Gesellschaftsverträgen, Düsseldorf 1990, S. 82 ff. Nach Stuirbrink/Geib/Axer, Die WPg 1991, 68 (70), ist die „Anwendung früher gebräuchlicher vereinfachender Verfahren heute nicht mehr mit dem Stand der Betriebswirtschaftslehre zu vereinbaren und daher abzulehnen; dies gilt besonders für die sogenannte Mittelwertmethode".
36 Piltz, S. 17.
37 Bei der Einnahmen/Ausgaben-Rechnung besteht das Problem, daß alle künftigen Einnahmen und Ausgaben des Unternehmens zu berücksichtigen sind, was praktisch unmöglich ist, vgl. WP-Handbuch 1992, Bd. II, Rdnr. A 80. Die reine Aufwands- und Ertragsrechnung kann nicht unmittelbar herangezogen werden, da deren Daten mit der Zielsetzung einer periodischen Zuordnung der Werteabgänge und Wertezuwächse an Gütern und Dienstleistungen erstellt worden sind, vgl. Piltz, S. 18; Sanfleber, S. 70.

schen Gründen wird die Aufwands- und Ertragsrechnung als Ausgangsgrundlage genommen, wobei sie aber nicht unerheblich zu korrigieren ist[38].

Wesentlich für die Ermittlung des Ertrages ist der *Grundsatz*[39] *der Substanzerhaltung,* denn die Grundlage des künftigen Erfolges darf sich nicht vermindern.

Die Ermittlung des künftigen Ertrages macht eine Bewertung der vorhandenen *Ertragskraft* notwendig. Dafür kommen eine pauschale und eine analytische Methode in Frage[40]. Die analytische, auf Zukunftsgrößen basierende Methode birgt einige Unsicherheiten in sich, während die pauschale Methode nachprüfbar ist, aller Voraussicht nach aber den künftigen Ertrag nicht so korrekt ermitteln wird wie die analytische Methode. Im Rahmen der analytischen Methode ist eine Prognose der zukünftigen Ergebnisse erforderlich. Dazu wird das sog. Phasenmodell vorgeschlagen, bei dem verschiedene Planungsphasen mit unterschiedlichem Sicherheitsgrad unterschieden werden[41]. Die Planungsphasenmethode ist sehr aufwendig und wird sich vornehmlich bei der Bewertung größerer Unternehmen anbieten, während man ansonsten die um außerordentliche Erfolgseinflußgrößen bereinigten Vergangenheitsergebnisse unter Berücksichtigung absehbarer Zukunftsentwicklungen nehmen kann.

Der Zukunftserfolg muß durch einen *Kapitalisierungszinsfuß* abgezinst werden[42]. Der Kapitalisierungszinsfuß ist neben der Höhe der Erfolgsgrößen der wichtigste Faktor der Ertragswertmethode, da schon kleine Ab-

---

38 Solche Korrekturen sind: (1.) Trennung der Jahreserfolge aus der Gewinn- und Verlustrechnung in Betriebsergebnisse und neutrale Ergebnisse. Nur die Betriebsergebnisse sind der Ertragswertberechnung zugrunde zu legen, vgl. Piltz, S. 28. (2.) Ergänzende Finanzbedarfsrechnung zur Ermittlung, inwieweit sich in den zukünftigen Ertragsüberschüssen Kapitalbindungen oder -freisetzungen auswirken werden, vgl. WP-Handbuch 1992, Bd. II, Rdnr. A 128.
39 Weiter zu beachtende Grundsätze sind: (1.) Bei der Ertragswertermittlung zum Stichtag ist von der These der Vollausschüttung auszugehen. (2.) Das Risiko der Unternehmensbewertung ist zu berücksichtigen. (3.) Synergieeffekte und Management-Faktoren können in Ansatz gebracht werden; vgl. Piltz, S. 21 f.; Sanfleber, S. 74 f.
40 Bei der pauschalen Methode wird aus den Ergebnissen von Vergangenheit und Gegenwart ein Durchschnittsbetrag gebildet. Dieser gilt als Zukunftsertrag. Bei der analytischen Methode werden zukunftsorientierte Analysen für die Entwicklung einzelner Bereiche erstellt, vgl. Sanfleber, S. 71 f.
41 WP-Handbuch 1992, Bd. II, Rdnr. A 122; Piltz, S. 19; Sanfleber, S. 72 f. In der sehr aufwendigen Phasenmethode werden für die ersten ein bis drei Jahre (1. Phase) Detailprognosen für jedes Jahr und jeden Einzelplan (z. B. Finanz-, Kosten-, Personalplan) ermittelt. Für den Zeitraum bis zu fünf Jahren nach dem Bewertungsstichtag (2. Phase) wird der aufgrund der Entwicklung in der 1. Phase zu erwartende Trend als jährlich durchschnittlich zu erwartender Erfolg genommen. Für die 3. Phase wird eine lineare Weiterentwicklung des Erfolges angenommen.
42 Zur Kapitalisierung mittels eines Multiplikators – anzuwenden in erster Linie bei mittleren und kleinen Unternehmen – vgl. Piltz, S. 26 f.

weichungen erhebliche Änderungen des Unternehmenswertes erzeugen. Als Basiszinsfuß kann der künftige landesübliche Zinssatz dienen, der dem Durchschnittszins festverzinslicher Wertpapiere entspricht[43]. Auf diesen Zinsfuß können Zuschläge für das allgemeine Unternehmensrisiko, für die mangelnde Ausschüttung von Gewinnen, schwere Verkäuflichkeit und Abschläge für die Geldentwertung vorgenommen werden[44]. Zugrunde gelegt werden kann der Stichtagszinsfuß oder der zukünftige Zinsfuß[45].

Notwendig ist, das sog. *betriebsneutrale* (nicht betriebsnotwendige) vom *betriebsnotwendigen Vermögen* abzugrenzen, da das betriebsneutrale Vermögen nicht in die Ertragsbewertung einbezogen wird, sondern dem Ertragswert zugeschlagen wird[46]. Der Unternehmenswert setzt sich demnach aus Ertragswert und Wert des betriebsneutralen Vermögens zusammen.

b) Der *Substanzwert* eines Unternehmens bestimmt sich danach, inwieweit geplante Ausgaben durch die Übernahme von Substanz substituiert werden können[47].

Anders als beim Ertragswertverfahren liegt keine Gesamtbewertung vor, sondern es finden verschiedene Einzelbewertungen statt. Der zukünftige Erfolg wird nicht berücksichtigt. Die Substanzbewertung erfaßt nur die materiellen Vermögensgegenstände, nicht aber immaterielle Geschäftswerte, z. B. den Goodwill, den Kundenwert, die Organisation[48]. Wie beim Ertragswertverfahren wird auch beim Substanzwertverfahren von einer Fortführung des Unternehmens ausgegangen und das betriebsneutrale Vermögen mit dem Liquidationswert angesetzt und dem Substanzwert hinzugerechnet.

Zur Ermittlung des Substanzwertes werden die Wirtschaftsgüter mit ihren Einzelwiederbeschaffungskosten bewertet[49].

---

43 Piltz, S. 25. Daneben kommt die Branchenrendite oder die Aktienrendite in Frage, vgl. Sanfleber, S. 75 f.
44 Piltz, S. 25 f.; Sanfleber, S. 77.
45 Der zukünftige Zinsfuß sollte entscheidend sein, da in den künftigen Erfolgen bereits einkalkulierte Veränderungen nicht nur in den Erfolgen berücksichtigt werden dürfen, vgl. Sanfleber, S. 76; Stuirbrink/Geib/Axer, Die WPg 1991, 68 (73).
46 Nicht betriebsnotwendiges Vermögen dient nicht dem Unternehmenszweck, und durch dessen Wegfall würde sich nicht der Ertragswert ändern. Beispiel für betriebsneutrales Vermögen nach Piltz, S. 28: Gemälde im Direktionsbüro. Das betriebsneutrale Vermögen ist nach dem Liquidationswert zu bewerten, vgl. Piltz, S. 29.
47 Grundlegend Sieben, Der Substanzwert der Unternehmung, Wiesbaden 1963, S. 17. Zu anderen Begriffsinhalten (Vermögenswert, Rekonstruktionswert, Reproduktionswert), vgl. Sieben, a.a.O., S. 10 ff.
48 Piltz, S. 33.
49 Üblicherweise erfolgt die Bewertung durch Ersetzung der bilanziellen Wertansätze durch die Wiederbeschaffungspreise, vgl. Piltz, S. 34. Vgl. zu den Einzelheiten die Nachweise im WP-Handbuch 1992, Bd. II, Rdnr. A 255.

c) Der *Liquidationswert* ergibt sich bei Auflösung des Unternehmens durch die Addition der Einzelveräußerungspreise unter Abzug der Verbindlichkeiten[50]. Die Liquidationswertmethode kommt aber grundsätzlich nur dann in Frage, wenn ein Unternehmen nicht mehr fortgeführt wird. Bei der Teilbestandsübertragung wird das Unternehmen aber nicht aufgelöst, sondern fortgeführt[51]. Deshalb scheidet das Liquidationswertverfahren grundsätzlich als Unternehmensbewertungsverfahren für diese Fälle aus.

d) Der *Buchwert* eines Unternehmens, der vornehmlich im Rahmen von Abfindungen ausgeschiedener Gesellschafter Bedeutung erlangen kann, ergibt sich aus dem bilanziellen Eigenkapital auf der Grundlage von Handelsbilanz oder Steuerbilanz[52]. Der Buchwert wird aufgrund der handels- und steuerrechtlichen Bilanzierungs- und Bewertungsvorschriften erheblich vom „wahren" Unternehmenswert abweichen. Stille Reserven und ein Firmenwert werden nicht berücksichtigt[53]. Vorteil der Buchwertabfindung ist die relativ einfache Berechnung und bei ertragsstarken Unternehmen die bestandsschützende Wirkung. Allerdings tritt bei einer erheblichen Diskrepanz zum „wahren" Unternehmenswert das Problem einer materiellen Abfindungsungerechtigkeit auf.

2. Rechtsprechung und Literaturansichten zu den Unternehmensbewertungsverfahren

Es dominiert heute, wie noch aufzuzeigen ist, die Ertragswertmethode. Freilich sind die höchstrichterliche Rechtsprechung und die verschiedenen Stellungnahmen in der Literatur sich bei der Beantwortung der Frage nach der Wahl des Unternehmensbewertungsverfahrens auch einig, daß es keine für jeden Anlaß verbindliche Unternehmensbewertungsmethode gibt. Im Einzelfall ist das geeignete Verfahren zu wählen. So stellt der BGH in einem Urteil vom 13. 3. 1978 fest:

„Eine allgemein anerkannte oder rechtlich vorgeschriebene Methode für die Bewertung von Handelsunternehmen gibt es nicht. Vielmehr unterliegt es dem pflichtgemäßen Urteil der mit der Bewertung befaßten Fachleute, unter den in der Betriebswirtschaftslehre und der betriebswirtschaftlichen Praxis vertretenen Verfahren das im Einzelfall geeignet erscheinende auszuwählen. Das von ihnen gefundene Ergebnis hat dann der Tatrichter frei zu würdigen[54]."

---

50 Vgl. Piltz, S. 29; Sanfleber, S. 89.
51 Vgl. VerBAV 1992, 3 (7) Stuirbrink/Geib/Axer, Die WPg 1991, 29 (34).
52 Sanfleber, S. 87.
53 Sanfleber, S. 87 m. w. N.
54 BGHZ 71, 40 (52). Ebenso BGH NJW 1991, 1547 (1548).

Durch diesen Grundsatz, der auch für den VVaG gelten dürfte, obwohl dieser kein Handelsunternehmen ist, wird das Problem auf die Beantwortung der Frage verlagert, welches die im Einzelfall geeignete Unternehmensbewertungsmethode ist.

a) In der *Rechtsprechung* sind verschiedene Einzelfälle, zu denen Unternehmensbewertungen erforderlich werden, auseinanderzuhalten[55]. Schon vor mehr als 30 Jahren erkannte der BGH die künftigen Erträge eines Unternehmens als maßgeblich für seinen Wert an[56]. Die rechtliche Zulässigkeit und die entscheidende Bedeutung des Ertragswertes hob der BGH in seinem Grundsatzurteil vom 13. 3. 1978 zur Bewertung beiderseitiger Leistungen im Fall der Kapitalerhöhung mit Sacheinlage hervor:

„Ungeachtet aller nicht zu verkennenden Schwierigkeiten, den Zukunftsertrag eines Unternehmens einigermaßen zuverlässig zu bestimmen, und bei allen Meinungsverschiedenheiten über das hierbei im einzelnen anzuwendende Verfahren besteht gerade auch heute jedenfalls darüber Einigkeit, daß der Ertragswert bei der Bewertung lebender Betriebe eine mehr oder weniger wichtige, wenn nicht die entscheidende Rolle spielt, weil sich Käufer und Verkäufer mit ihren Preisvorstellungen wesentlich an dem zu erwartenden Nutzen auszurichten pflegen[57]."

Zunächst hielt die Rechtsprechung den Ertragswert nur dann für maßgeblich, wenn er unter dem Substanzwert und über dem Liquidationswert lag[58]. Die neuere Rechtsprechung macht hinsichtlich der Höhe des Wertes keinen Unterschied mehr und hält regelmäßig das Ertragswertverfahren für anwendbar[59].

---

55 Unternehmensbewertungen erfolgen im Bereich des Gesellschaftsrechts im Falle des Ausscheidens eines Gesellschafters oder der Auflösung der Gesellschaft. Für die Personengesellschaften gelten im wesentlichen die Grundsätze der §§ 738, 740 BGB zum Recht der Gesellschaft bürgerlichen Rechts, wonach zwar eigentlich der Liquidationswert des Unternehmens maßgeblich wäre, nach der Rechtsprechung aber die Bewertung des lebenden Unternehmens unter Einschluß der stillen Reserven und des Geschäftswerts entscheidend ist, vgl. BGHZ 17, 130 (136). Bei der Aktiengesellschaft werden Unternehmensbewertungen in den Fällen der Umwandlung, Eingliederung oder bei Abschlüssen von Beherrschungs- und Gewinnabführungsverträgen erforderlich, vgl. §§ 305 Abs. 3 S. 2, 320 Abs. 5 S. 5 AktG, 12 Abs. 1 UmwG. Unternehmensbewertungsprobleme tauchen aber auch im Familienrecht, im Erbrecht, im Wiedergutmachungsrecht (§ 56 Bundesentschädigungsgesetz), im Strafrecht (§ 283 StGB) und im Steuerrecht auf; vgl. dazu Piltz, S. 59 ff.
56 BGH zu § 56 BEG, BB 1962, 155.
57 BGH BGHZ 71, 40 (52); vgl. auch BGH NJW 1985, 192 (193) zur Abfindung eines ausscheidenden Kommanditisten; LG Frankfurt, WM 1987, 559 (560).
58 BGHZ 71, 40 (52): „Lag der Ertragswert über dem Liquidationswert, jedoch unter dem Substanzwert, so wurde das Unternehmen nach dem Ertragswert bestimmt; war er größer als der Substanzwert, so wurde dieser in die Bewertung einbezogen."
59 BGHZ 116, 359 (371); BGH NJW 1985, 192 (193); OLG Düsseldorf DB 1990, 1394 (1396) zum Verfahren über den Abfindungsanspruch außenstehender Aktionäre bei Beherrschungs- und Gewinnabführungsvertrag.

Dem Substanzwert und damit den in den bilanziellen Buchwerten stekkenden stillen Reserven kommt nach der Rechtsprechung des BGH nur noch – solange kein Ausnahmefall vorliegt – eine mittelbare Bedeutung zu[60]. Als ein solcher Ausnahmefall, in welchem dem Substanzwert größere Bedeutung zukommt, wurden in der Rechtsprechung Umstände bewertet, nach denen das nicht betriebsnotwendige Vermögen einen überdurchschnittlichen Anteil einnahm und der Substanzwert aufgrund der bilanziellen Unterbewertung des Anlagevermögens das Zehnfache des Buchwerts ausmachte[61]. Bei einer derartigen Problemstellung kann der Wert nicht streng dogmatisch nach dem Ertragswert- oder dem Substanzwertverfahren ermittelt werden; vielmehr ist ein Wert zu finden, der die Interessen aller beteiligten Parteien zumutbar ausgleicht.

Die Rechtsprechung hatte nicht ausschließlich Abfindungsfälle zu beurteilen. Trotzdem kann angenommen werden, daß sie sich grundsätzlich an dem maßgeblichen Stand der Betriebswirtschaftslehre orientiert und das Ertragswertverfahren als das auch in Abfindungsfällen heranzuziehende Unternehmensbewertungsverfahren ansieht. Zu prüfen bleibt aber, wie weit die „mittelbare" Bedeutung des Substanzwertes geht und ob nicht doch ein Ausnahmefall vorliegt.

b) Die Ansichten in der juristischen und der betriebswirtschaftlichen *Literatur* sehen das Ertragswertverfahren als entscheidend an[62]. Auch in der Praxis der Wirtschaftsprüfung ist es das maßgebliche Unternehmensbewertungsverfahren[63].

Allerdings soll der Substanzwert häufig allein den „richtigen" Unternehmenswert wiedergeben, da bestimmte Unternehmen aufgrund ihrer Eigenart keinen über die Summe ihrer Sachwerte hinausgehenden Wert haben[64]. Dies dürfte aber wohl nur für personenbezogene Klein- und Mittelbetriebe gelten, und dies auch nur dann, wenn sie keinen Geschäftswert aufgebaut haben.

c) Unabhängig davon, daß das Ertragswertverfahren nach den Grundsätzen ordnungsgemäßer Unternehmensbewertung das für die Sachverständigen heute maßgebliche Unternehmensbewertungsverfahren ist, führt die Anwendung des Substanzwertverfahrens bei Versicherungsunterneh-

---

60 BGH NJW 1985, 192 (193).
61 BGH WM 1993, 1412 (1414).
62 Großfeld, Unternehmens- und Anteilsbewertung im Gesellschaftsrecht, 2. Auflage 1988, S. 35 ff.; Moxter, S. 54; Neuhaus, Unternehmensbewertung und Abfindung, Heidelberg 1990, S. 75; Stuirbrink/Geib/Axer, Die WPg 1991, 68 (71); Piltz, S. 16; Prölss/Schmidt/Frey, VAG, § 44 b Rdnr. 18; Sanfleber, S. 66 ff.; Farny, Versicherungsaktien unter der Lupe, Der Volkswirt 1964, Beilage zu Heft 44, S. 46.
63 WP-Handbuch 1992, Bd. II, Rdnr. A 1 ff.
64 Piltz, S. 181 f.

men zu Schwierigkeiten. Die Außenorganisation oder der Versicherungsbestand des Unternehmens sind zwar von entscheidender Bedeutung für die künftigen Geschäftschancen und damit den Firmenwert. Dieser ist jedoch als immaterieller Wert nicht im Rahmen der Substanzbewertung zu erfassen[65]. Daher sind immaterielle Vermögensgegenstände ergänzend zu berücksichtigen[66]. Gerade die Schwierigkeiten, die für Versicherungsunternehmen oft entscheidenden Immaterialgüterwerte im Substanzwertverfahren zu berücksichtigen, sprechen gegen die grundsätzliche Anwendung des Substanzwertverfahrens als Bewertungsverfahren zur Ermittlung der Abfindung.

Das Substanzwertverfahren wird nach Rechtsprechung und den Ansichten in der Literatur unterstützend als Dateninformationsquelle im Rahmen des Ertragswertverfahrens herangezogen. So liefert die Substanzbewertung Rechengrundlagen für die Daten der Ertragswertrechnung, der Einnahmenüberschußrechnung und für die Bewertung nicht betriebsnotwendigen Vermögens[67]. Durch das Substanzwertverfahren kann der Finanzbedarf und die Kreditfähigkeit für die Zukunft ermittelt werden[68]. Auch spricht ein hinter dem Substanzwert zurückbleibender Ertragswert dafür, daß bestimmte Faktoren in der Ertragswertrechnung zu pessimistisch beurteilt worden sind. Im Fall der R+V-Umstrukturierung blieb der Ertragswert aber nicht hinter dem Substanzwert zurück, er war sogar höher.

Eine Grenze soll der Anwendbarkeit des Ertragswertverfahrens insoweit gezogen sein, als solche Unternehmen zu bewerten sind, die Vermögen – insbesondere Grundstücke und Wertpapiere – verwalten[69]. Dann solle das Liquidationswertverfahren anzuwenden sein. Die Abfindung nach dem Liquidationswert kommt aber grundsätzlich nicht in Frage, wenn das Unternehmen, wie im Fall der Teilbestandsübertragung, nicht liquidiert wird[70].

3. Besonderheiten bei der Unternehmenswertermittlung eines Lebensversicherungsunternehmens

Eine wesentliche Problematik in den dargestellten, von den Beschlußkammern des BAV zu entscheidenden Fällen, lag in der Ermittlung der Höhe der an die Mitglieder eines VVaG zu zahlenden Abfindung. Sie

---

65 Stuirbrink/Geib/Axer, Die WPg 1991, 68 (75).
66 Stuirbrink/Geib/Axer, Die WPg 1991, 68 (74).
67 WP-Handbuch 1992, Bd. II, Rdnr. A 256.
68 LG Frankfurt, WM 1987, 559 (561).
69 Piltz, S. 129.
70 Stuirbrink/Geib/Axer, Die WPg 1991, 68 (74).

wird auf der Grundlage einer Unternehmensbewertung festgesetzt. Dabei ist von den folgenden allgemeinen Grundsätzen auszugehen:

Das Ertragswertverfahren wird trotz gewisser Probleme von der Rechtsprechung – ohne daß es für allgemein verbindlich erklärt wurde – und von den Ansichten im Schrifttum ganz überwiegend als das maßgebliche Unternehmensbewertungsverfahren in den Abfindungsfällen angesehen. Versicherungsunternehmen bilden keine Ausnahmefälle, auf die ein anderes Verfahren anzuwenden wäre. Die besondere Struktur und die Prinzipien des VVaG führen nicht dazu, ein anderes als das Ertragswertverfahren anzuwenden.

Dem Substanzwertverfahren kommt nur insoweit „mittelbare" Bedeutung zu, als es bestimmte Daten für das Ertragswertverfahren liefert.

Schwierigkeiten macht das Ertragswertverfahren bei der Ermittlung der am Bewertungsstichtag vorhandenen Ertragskraft und der Höhe des Kapitalisierungszinsfußes[71]. Die für die Ertragskraft maßgeblichen Entwicklungen müssen am Bewertungsstichtag bereits „in der Wurzel" vorhanden oder voraussehbar sein und den Wert der Abfindung beeinflussen[72].

Die wirtschaftlichen Besonderheiten der Ermittlung des Wertes eines Lebensversicherungsunternehmens wurden in der Literatur – soweit ersichtlich – bislang nur singulär ausführlich dargestellt[73]. Zentrale Probleme sind danach – wie auch sonst bei der Unternehmensbewertung – die Bestimmung des zu kapitalisierenden Betrages auf der Basis der zu prognostizierenden zukünftigen Erfolgsströme und des Zinssatzes der Kapitalisierung.

Der Kapitalisierung liegen entweder alle zukünftigen Einnahmenüberschüsse zugrunde, da auch der Unternehmenswert eines Lebensversicherungsunternehmens aus seiner Fähigkeit folgt, Einnahmenüberschüsse zu erwirtschaften[74]. Die Praxis geht jedoch in der Regel von Erfolgsströmen aus, da die zukünftigen Einnahmen- und Ausgabenströme zumeist nicht umfassend erschlossen werden können. Diese Berechnungsmethode ist insofern vergangenheitsbezogen, als die Erfolgsströme aus der handelsrechtlichen Gewinn- und Verlustrechnung unter Annahme der Vollausschüttung abgeleitet werden[75].

---

71 Vgl. Sanfleber, S. 131.
72 BGH DB 1973, 563 ff.; BGH WM 1981, 452.
73 Stuirbrink/Geib/Axer, Die WPg 1991, Teil I S. 29 ff., Teil II S. 68 ff.
74 WP-Handbuch 1992, Bd. II, Rdnr. A 80.
75 Stuirbrink/Geib/Axer, Die WPg 1991, 68 (71).

Die Zukunftserträge werden anhand einer rückschauenden Analyse der Ertragsursachen ermittelt[76]. Für den Zukunftsertrag eines Lebensversicherungsunternehmens sind die Zusammensetzung der Ertragsfaktoren Versicherungsbestand und Kapitalanlagen wichtig, da davon die Entwicklung künftiger Aufwendungen und Erträge abhängt[77]. Lebensversicherungsverträge werden langfristig abgeschlossen. Bedingungen und Tarife unterliegen einem strengen System gesetzlicher und aufsichtsbehördlicher Bestimmungen[78]. Mit Recht hat daher *Dieter Farny* darauf hingewiesen, daß die durch die Lebensversicherungsverträge verursachten Erträge und Aufwendungen ebenfalls langfristig festliegen[79] und die Sicherheit des Erreichens der prognostizierten Ertragskraft erhöhen[80].

Zur Ermittlung der zukünftigen Ertragskraft sind die Vergangenheitsergebnisse um einmalige, außerordentliche und periodenfremde Einflüsse zu bereinigen. Bei Lebensversicherungsunternehmen sind diese Einflüsse wegen der Beitragsrückerstattung nahezu neutralisiert[81]. Außerordentliche Erträge und Aufwendungen aus dem Kapitalanlageergebnis werden nicht bereinigt, da Kapitalanlagen und Lebensversicherungsgeschäft miteinander verbunden sind: Den Lebensversicherungsunternehmen stehen die Prämien und Beiträge zur Anlage zur Verfügung, und somit sind die Kapitalanlageergebnisse dem Versicherungsgeschäft als Teil des nachhaltigen Ergebnisses des Lebensversicherungsunternehmens zuzurechnen[82].

Bei der Ermittlung des künftigen Ertrages ist die Überschußbeteiligung der Versicherungsnehmer zu berücksichtigen, da die Grundlage zur tatsächlichen Entwicklung in rechtlicher und wirtschaftlicher Sicht bereits regelmäßig vor dem Bewertungsstichtag gelegt wurde. Rückstellungen für Beitragsrückerstattungen sind als Passivposten zu berücksichtigen[83].

Keine grundlegenden Besonderheiten ergeben sich für die Kapitalisierung. Es ist der künftige landesübliche Zinssatz im oben beschriebenen Sinne und ein Geldentwertungsabschlag anzusetzen. Ein Unternehmensrisikozuschlag für Lebensversicherungsunternehmen muß gering ausfallen, da mit den Solvabilitäts- und den Kapitalanlagevorschriften risikomindernde Gesetze vorliegen[84].

---

76 Moxter, S. 97.
77 Stuirbrink/Geib/Axer, Die WPg 1991, 68 (71).
78 Hinzuweisen ist auf eine diesbezügliche Änderung im Zuge der Transformation der Dritten EG-Richtlinie Lebensversicherung, da die präventive Produktkontrolle in ihrer heutigen Gestalt nicht aufrechterhalten werden kann.
79 Farny, Der Volkswirt 1964, Beilage zu Heft 44, S. 46.
80 Stuirbrink/Geib/Axer, Die WPg 1991, 68 (72).
81 Stuirbrink/Geib/Axer, Die WPg 1991, 68 (71 f.).
82 Farny, Versicherungsbetriebslehre, Karlsruhe 1989, S. 400.
83 Stuirbrink/Geib/Axer, Die WPg 1991, 68 (73), was dadurch unterstützt wird, daß die RfB als Rückstellungen steuerlich abzugsfähig sind, § 21 KStG.
84 Stuirbrink/Geib/Axer, Die WPg 1991, 68 (73).

Die Bedeutung der Substanz materieller Anlagegüter eines Lebensversicherungsunternehmens ist gering, da fast das gesamte Vermögen nach Ertragswertgesichtspunkten zu ermitteln ist[85]. Der Substanzwert ist jedoch im Rahmen einer ordnungsgemäßen Unternehmensbewertung ergänzend zu ermitteln, um z. B. das nicht betriebsnotwendige Vermögen gesondert bewerten zu können[86]. Dies trifft besonders auf von Versicherungsunternehmen zu Beteiligungszwecken gehaltene Anteile an anderen Gesellschaften zu. Diese sind wiederum grundsätzlich mit ihrem Ertragswert, ggf. mit einem höheren Verkehrs- oder Liquidationswert anzusetzen[87].

IV. Behandlung stiller Reserven im Fall der Bestandsübertragung

Stille Reserven sind Teile des Eigenkapitals, deren Höhe aus der Bilanz nicht ersichtlich ist[88]. Auf der Aktivseite entstehen sie durch zu niedrige Bewertung, durch Nicht-Aktivierung von Vermögensgegenständen oder dadurch, daß die Tageswerte höher als die Buchwerte sind. Dies folgt vornehmlich daraus, daß die Tageswerte über die Anschaffungswerte steigen oder die Aktiva unter die Anschaffungskosten abgeschrieben und die Wertsteigerungen nicht wieder zugeschrieben werden. Auf der Passivseite resultieren stille Reserven aus zu hohen Wertansätzen. „Die Höhe der stillen Reserven ergibt sich aus der Differenz zwischen den Buchwerten und den *höheren* ‚tatsächlichen' Werten von Aktiva bzw. aus der Differenz zwischen den Buchwerten und den *niedrigeren* ‚tatsächlichen' Werten von Passiva[89]."

Gesetzliche Zwangsreserven entstehen bei Beachtung der gesetzlichen Bilanzierungs- und Bewertungsvorschriften. Ermessensreserven entstehen bei Beachtung des Vorsichtsprinzips durch Ungewißheit von Schätzungen und durch Wahlrechte im Rahmen von Bilanzierung, Bewertungsverfahren und Wertansätzen[90].

Stille Reserven werden aufgelöst, wenn unterbewertete Gegenstände des Umlaufvermögens veräußert werden. Im abnutzbaren Anlagevermögen werden stille Reserven aufgelöst, wenn der durch die Nutzung eintretende Werteverzehr die bilanziellen Abschreibungen übersteigt. Liegt der Verkaufswert von Gegenständen des Anlagevermögens über dem Buchwert, kommt es auch zu einer Auflösung stiller Reserven[91].

---

85 Stuirbrink/Geib/Axer, Die WPg 1991, 68 (75).
86 WP-Handbuch 1992, Bd. II, Rdnr. A 256.
87 WP-Handbuch 1992, Bd. II, Rdnr. A 65.
88 Coenenberg, Jahresabschluß und Jahresabschlußanalyse, 14. Auflage 1993, S. 169.
89 Coenenberg, S. 169.
90 Coenenberg, S. 169.
91 Coenenberg, S. 170.

Fraglich ist, ob und inwieweit die Abfindungsberechtigten bei der Bestandsübertragung von einem Lebens-VVaG auf eine AG an stillen Reserven zu beteiligen sind.

Grundsätzlich besteht im deutschen Recht keine Rechtspflicht zur Auflösung stiller Reserven, und es gibt auch weder einen entsprechenden Anspruch auf Aufdeckung noch ein Partizipationsrecht für Abfindungsberechtigte an stillen Reserven. Die Realisierung stiller Reserven steht im Ermessen des Vorstandes.

Etwas anderes könnte deswegen bei Lebensversicherungsunternehmen gelten, weil durch die überhöhten Beiträge der Versicherungsnehmer den Versicherungsunternehmen die Möglichkeit gegeben wird, stille Reserven zu bilden. Damit würde aber der Zusammenhang zwischen Sicherheitszuschlägen und stillen Reserven nicht richtig eingeschätzt. Die stillen Reserven entstehen durch die Anlage der Prämien und Beiträge. Der Sicherheitszuschlag auf die Beiträge hat direkt nichts mit der Höhe von stillen Reserven zu tun.

Werden stille Reserven aufgelöst, so sollten die Abfindungsberechtigten im Rahmen der Überschußbeteiligung daran auch partizipieren. Es besteht daher ein Zusammenhang zwischen Sicherheitszuschlägen in der Lebensversicherung und Gewinnbeteiligung, nicht aber zwischen den stillen Reserven und den Sicherheitszuschlägen. Lebensversicherungsverträge geben grundsätzlich kein Teilhaberecht an stillen Reserven.

Hinsichtlich einer denkbaren Beteiligung bei Auflösung der stillen Reserven ist weiter zu differenzieren: Stille Reserven in Beteiligungen können nicht aus Prämien oder Beiträgen der Versicherungsnehmer gebildet worden sein, sondern nur aus dem Eigenkapital der Versicherungsunternehmen. Deshalb gibt es keinen Ansatzpunkt, Versicherungsnehmer an stillen Reserven in Beteiligungen partizipieren zu lassen. Anderes sind möglicherweise solche stillen Reserven zu behandeln, die durch Abschreibungen entstanden sind und die Rohüberschüsse – die den Versicherungsnehmer im Wege der Gewinnbeteiligung zustehen – gemindert haben. Zulässige Zuschreibungen sollten die Rohüberschüsse auch wieder ansteigen lassen.

Eine andere Frage ist jedoch, ob nicht im Rahmen des Ertragswertverfahrens die stillen Reserven bereits berücksichtigt sind, so daß ein richtig ermittelter Ertragswert die den Abfindungsberechtigten zuzurechnenden stillen Reserven beinhaltet. Durch die Realisierung von stillen Reserven fallen Einnahmeüberschüsse an, die in die Ertragswertrechnung einzubeziehen sind. Zum Bewertungszeitpunkt vorhandene stille Reserven werden nach Maßgabe ihrer Realisierung berücksichtigt. Werden stille Reserven realisiert – und nur dann haben Abfindungsberechtigte überhaupt ein Beteiligungsrecht –, fließen sie in den Rohüberschuß und kommen der

Beitragsrückerstattung der Versicherungsnehmer zugute[92]. Im Rahmen der Ertragswert- oder Substanzwertberechnung ist daher die Überschußbeteiligung in der Weise mindernd zu berücksichtigen, daß die Rückstellung für Beitragsrückerstattung als Passivposten berücksichtigt wird[93]. Dieser Abzug ist erforderlich, da sonst die Abfindungsberechtigten sowohl im Wege der Abfindung als auch der Überschußbeteiligung an der Realisierung stiller Reserven partizipierten[94]. So stellt auch die Beschlußkammer-Entscheidung völlig zu Recht fest, daß den unter Substanzwertgesichtspunkten ermittelten stillen Reserven bei der R+V-Bestandsübertragung die geschäftsplanmäßige Verpflichtung der übernehmenden AG gegenübergestellt wird, die Versicherungsnehmer bis zum Jahre 2002 mit 98,6 % an den Überschüssen zu beteiligen[95].

Im richtig ermittelten Ertragswert sind somit die zu berücksichtigenden stillen Reserven im Rahmen der Abfindungsleistung bereits abgegolten[96].

V. Zusammenfassung

1. Die Ertragswertmethode ist die nach herrschender Ansicht zur Ermittlung der Abfindungsverpflichtungen eines Lebens-VVaG heranzuziehende Unternehmensbewertungsmethode.

2. Die Ertragswertmethode ist auch normalerweise für die Abfindungsberechtigten günstig. Sie berücksichtigt die stillen Reserven; der auf ihrer Grundlage ermittelte Wert gilt sie ab.

3. Abfindungsberechtigte haben jedoch keinen Anspruch auf Aufdeckung oder Realisierung stiller Reserven.

---

92 Stuirbrink/Geib/Axer, Die WPg 1991, 68 (73).
93 Stuirbrink/Geib/Axer, Die WPg 1991, 68 (76).
94 Stuirbrink/Geib/Axer, Die WPg 1991, 68 (76).
95 VerBAV 1992, 3 (7 f.).
96 Stuirbrink/Geib/Axer, Die WPg 1991, 68 (71).

Walter Karten

Über die Wettbewerbsfähigkeit des Versicherungsvertreters

Dieter Farny stellte vor etwa 10 Jahren im Hinblick auf das „klassische Außendienstsystem" fest: „Die Eignung dieses Absatzverfahrens ist unverändert gut oder sogar noch wachsend bei den hochwertigen, gestaltungsbedürftigen, anpassungsbedürftigen, insgesamt also beratungsbedürftigen Versicherungsprodukten und bei Kundengruppen mit schwacher Initiative oder nicht ausreichendem Sachverstand in Risiko-, Versicherungs- und Finanzfragen". Er meinte, „daß der dezentrale Kundendienst auch in Zukunft das dominierende Absatzverfahren im Privatkundengeschäft bleibe"[1]. Seine wissenschaftliche Auseinandersetzung mit dieser Materie – vorwiegend systematisch eingeordnet in größere Zusammenhänge der Absatzpolitik von Versicherungsunternehmen – datiert jedoch bereits aus den Anfängen seiner Forschung und wurde von ihm immer wieder aufgegriffen[2].

Farnys analysierende und eher zurückhaltende Einschätzungen der Entwicklung kontrastieren zu verwegenen Prognosen, die viel Aufmerksamkeit erzeugten, aber bei Kennern des Marktes auch erhebliches Kopfschütteln hervorriefen, wie etwa die Voraussage, in nur 8 Jahren von 1990 bis 1998 werde der Marktanteil der Ausschließlichkeitsorganisationen von 70 % auf ganze 30 % zurückgehen[3]. Die Prognose hat wohl ihren Zweck erreicht, denn ihr Grad an Publizität steht im krassen Gegensatz zur bisher erkennbaren Realität der Aussagen. Kassandrarufe und Schwanengesänge auf den Versicherungsaußendienst haben im übrigen schon eine lange Tradition. Einen ihrer Höhepunkte erreichten solche Orakel vor einigen Jahren auf der Woge der Btx-Euphorie.

---

1 Farny, D.: Absatz- und Serviceverfahren für Versicherungsschutz – heute und morgen, in: „Die Versicherungsrundschau" 1985, S. 50.
2 Vgl. z. B. Farny, D.: Die Versicherungsmärkte, Berlin 1961; ders. Absatz und Absatzpolitik des Versicherungsunternehmens, Karlsruhe 1971; ders. Entwicklungen bei den Vertriebsverfahren für Versicherungen, in: Die Betriebswirtschaft 1986, S. 421–437; ders. Der Versicherungsvermittler und sein Kunde im Spannungsfeld zwischen gestern und morgen, in: Versicherungsvermittlung 1987, S. 531–539.
3 Hübner, O.: Marktdynamik beschert der Assekuranz strategischen Handlungsbedarf, in: VW 1990, S. 1036–1041.

Weit ernster zu nehmen sind die in den letzten Jahren immer wieder vorgebrachten wettbewerbstheoretisch unterlegten Voraussagen, die Deregulierung werde den Ausschließlichkeitsvermittlern weitestgehend den Boden entziehen. Quasi amtlich wurde diese Tendenz bereits im Siebenten Hauptgutachten der Monopolkommission festgestellt, begründet und positiv gewertet[4]. Es wird dort angenommen, aus Kostengründen werde sich der Direktvertrieb in Teilen des Privatkundengeschäfts mit geringer Produktdifferenzierung durchsetzen, wogegen in den Feldern, in denen freier Bedingungswettbewerb zu höherer Bedingungsvielfalt führt, der gestiegene Beratungsbedarf zur Deckung der Informationsbedürfnisse der Nachfrager den Ausschlag geben werde. „Policen würden dann vermutlich auch im Massenrisikengeschäft über unabhängige Makler vertrieben werden[5]." Hohe Kosten des Ausschließlichkeitsvertreters und unvollständige Informationsvermittlung sind damit die Kernargumente, die mehr oder weniger modifiziert gegen das traditionell überwiegende Absatzverfahren der deutschen Versicherer vorgebracht werden und sicher nicht vollends von der Hand zu weisen sind.

Matthias Haller[6], der diese Thesen aufgreift und kritisch beleuchtet, erläutert, daß auch offizielle Deregulierungsstudien in Österreich[7] und der Schweiz[8] gleichartige Positionen widerspiegeln. Er findet dies herausfordernd und „erschütternd, weil ‚Außendienst' in allen drei Gutachten nicht als Teil eines aktuellen Marketingkonzeptes aufscheint"[9].

Am eingehendsten wurden die Deregulierungsforderungen mit den anzustrebenden Konsequenzen in Deutschland von Jörg Finsinger wettbewerbstheoretisch untermauert, dessen Gutachten für die Monopolkommission[10] sehr weitgehend in deren Ergebnisse eingeflossen ist. Nach einer Reihe vorangehender Beiträge zum Thema hat er seine Argumente und Ergebnisse in jüngster Zeit in der Zeitschrift für betriebswirtschaftliche Forschung konzentriert vorgestellt[11], worauf stellvertretend kurz eingegangen werden soll.

---

4 Siebentes Hauptgutachten der Monopolkommission 1986/1987, Deutscher Bundestag Drucksache 11/2677 vom 19. 7. 88.
5 Ebenda Tz. 124, S. 31, siehe auch Tz. 127, S. 32.
6 Haller, M.: Assekuranz 2000 ohne Außendienste? Gedanken zur Position der Versicherungsvermittler zwischen Dienstleistung und „Deregulierung", in: Assekuranz im Wandel. Eine Festschrift aus Anlaß des 125jährigen Bestehens der Concordia Versicherungs-Gesellschaft auf Gegenseitigkeit, Hrsg. P. Koch, Karlsruhe 1989, S. 267 – 284.
7 Möglichkeiten des Einsatzes von Deregulierungsmaßnahmen als wirtschaftspolitisches Instrument im Bereich des Gewerbes und der freien Berufe in Österreich. Studie im Auftrag des Bundesministeriums für Finanzen, Wien 1988.
8 Veröffentlichung der schweizerischen Kartellkommission und des Preisüberwachers. Die Wettbewerbsverhältnisse auf dem Sachversicherungsmarkt, Bern 1988.
9 Haller, S. 283.
10 Finsinger, J. Verbraucherschutz auf Versicherungsmärkten. Wettbewerbsbeschränkungen, staatliche Eingriffe und ihre Folgen, München 1988.
11 Finsinger, J. und F. A. Schmid: Gebundener versus ungebundener Vertrieb. Theorie und empirische Evidenz für europäische Versicherungsmärkte, in ZfbF 1993, S. 216 – 226.

Einleitend werden ein paar aufschlußreiche Modelle aus der amerikanischen Literatur diskutiert, welche die Gründe für den Einsatz gebundener Vermittler aus der Sicht der Absatzpolitik von Versicherungsunternehmen auf der Basis unterschiedlicher theoretischer Ansätze untersuchen. Darauf soll hier nicht näher eingegangen werden; jedoch bleibt festzuhalten, daß die ökonomischen Interessen des Versicherungsanbieters für die Zukunftsaussichten des Vertreters ganz erheblich ins Gewicht fallen. Dennoch ist unzweifelhaft, daß letztlich die Konsumenten „über den Erfolg von Produkten und die Vorteilhaftigkeit von Vertriebskanälen" entscheiden[12]. Größerer Bedarf an Marktinformationen, insbesondere wegen steigender Produktvielfalt und zunehmender Unternehmenskonzentration, gehen nach Ansicht der Verfasser zu Lasten des gebundenen Vermittlers[13].

In einem Modell aus drei Regressionsgleichungen wird versucht, dieses auf den ersten Blick als Tendenz plausible „information channelling-Argument" zahlenmäßig zu unterstützen. Als zentrales Ergebnis wird dabei herausgestellt, „daß eine Deregulierung den Marktanteil des *gebundenen* Vertriebs (im Durchschnitt der beobachteten Jahre) in Deutschland um 40 v. H. ... senken würde"[14]. Auch wenn kaum jemand leugnet, daß es Gründe für eine Entwicklung in dieser Richtung geben mag, so löst das Ausmaß und die Eindeutigkeit dieser Aussage doch eher Verblüffung und Skepsis aus; denn die heutigen Strukturen der Märkte für Vermittlerdienstleistungen in den Staaten der EU ist sicher das Ergebnis jahrzehntelanger höchst differenzierter Entwicklungen mit meist nur langsamen Anpassungsprozessen an veränderte Daten. Ohne den Nutzen abstrahierender und isolierender Analysemodelle zu verkennen, regen sich hier doch Bedenken, es könnten vorschnell statistische Korrelationen als durchschlagende Kausalitäten unterstellt werden. Die Anwendung exakter Methoden und die Scheingenauigkeit der resultierenden Zahlen suggerieren leicht beim unvoreingenommenen Leser einen hohen Grad an Zuverlässigkeit, der allerdings bei näherer Betrachtung der Ausgangsdaten einem gewissen Zweifel weicht.

Es werden zwar Meßfehler der Marktanteile des gebundenen Vertriebes eingeräumt[15], deren Auswirkungen jedoch angeblich nicht ins Gewicht fallen. Dennoch beeindruckt die Keckheit im Umgang mit den Eingangsdaten des Modells, wenn die herangezogene Quelle[16] selbst etwas näher in Augenschein genommen wird. Bekanntlich existiert keine statistische

---

12 Ebenda S. 219.
13 Ebenda S. 220.
14 Ebenda S. 224.
15 Ebenda Fußnote 16, S. 223.
16 Duflot, F.: Douze pour un, un pour douze, in: L'Argus 1989, S. 1290–1295. Es handelt sich um einen Bericht über zwei Diskussionsveranstaltungen.

Erfassung der Marktanteile von Versicherungs-Vertriebswegen in den europäischen Staaten, und die bekannt gewordenen – insbesondere von Rückversicherern stammenden – Schätzungen zeigen beachtliche Differenzen und in manchen Märkten bemerkenswerte Veränderungen in den letzten Jahren. Sehr generell betrachtet tritt in ganz Europa, unabhängig vom Aufsichtssystem, eine Tendenz des Vordringens neuer Distributionsformen in Erscheinung, was kaum verwundert. Während die Zahlenangaben in L'Argus erkennbar roh und unvollständig sind, werden sie für die Analyse auf abenteuerliche Weise zusammengefaßt[17]. Wegen der offensichtlichen Unterschiede zwischen den Aufsichtssystemen und den vorherrschenden Vertriebswegen im Vereinigten Königreich und in den Niederlanden einerseits sowie Deutschland, Frankreich und Italien andererseits genügte für die Messung der Aufsichtsintensität eine Dummy-Variable mit den Werten 0, bzw. 1, während in vorherigen Veröffentlichungen[18] die Folgerungen sogar auf eine Regression mit dreistelligen Aufsichtsintensitäts-Kennziffern[19] gestützt wurde.

Im folgenden soll nun versucht werden, die Vielschichtigkeit der Frage nach der Wettbewerbsfähigkeit von selbständigen Versicherungsvertretern gem. § 84 HGB mit Ausschließlichkeitsbindung aufzuzeigen und einige der weitgehend bekannten Effekte und Argumente aus der Sicht der verschiedenen Marktteilnehmer zu erörtern. Ziel ist dabei weder eine eindeutige Prognose noch eine der z. Zt. so beliebten Weissagungen; ebensowenig geht es um eine Idealisierung oder Rechtfertigung der Ausschließlichkeitsbindung als solcher[20]. Die Rolle des gebundenen Vertre-

---

[17] Dazu zwei Beispiele: Für das UK werden für den Lebensversicherungsmarkt detaillierte Prozentzahlen für sechs Vertriebswege angegeben, für Nicht-Leben nur die Zahl 70 % Anteil der Makler, ohne über die restlichen Vertriebswege etwas auszusagen. Diese werden von Finsinger/Schmid voll der Kategorie Einfirmenvertreter zugeschlagen und dann 50 zu 50 gemittelt, so daß sich mit 38,5 sogar eine Zahl im Zehntel-Prozent-Bereich ergibt. Derselben Tabelle ist der Originalquelle ist allerdings zu entnehmen, daß das Prämienaufkommen in Leben fast doppelt so hoch war wie in Nicht-Leben.
Die ziemlich genau anmutende Zahl 56 % Marktanteil des gebundenen Vertriebs für Italien setzt sich aus den Schätzungen 50 % in Leben und 60 plus 2 % für Vertreter bzw. Angestellte in Nicht-Leben zusammen, obwohl zugleich das Prämienaufkommen in Leben mit knapp 22 % Anteil am Gesamtmarkt ausgewiesen wurde.

[18] Finsinger, J.: European Market Integration and the European Insurance Industry. Reasons for Trade, Barriers to Entry, Distribution Channels, Regulation and Price Levels. Research Report No. 4 CEPS Financial Markets Unit, Centre for European Policy Studies, 1990, S. 15 ff.

[19] Aus Farny, D.: Erwartungen europäischer Versicherer an den Binnenmarkt, in: ZVersWiss 1989, S. 67 – 106, Tabelle zu Frage 8, Seite 100. Dort wird die mangelnde Signifikanz und beschränkte Aussagefähigkeit der Indizes jedoch in der gebotenen Weise offengelegt.

[20] Vergleiche etwa Martinek, M. und J. Oechsler: Die EG-kartellrechtliche Stellung der deutschen Versicherungsvermittler. Zur wettbewerblichen Unentbehrlichkeit und kartellrechtlichen Schutzwürdigkeit von Ausschließlichkeitsbindungen, Fremdgeschäftsverboten und Provisionsweitergabeverboten der Versicherungsvertreter im EG-Binnenmarkt, Karlsruhe 1993; ihre ökonomischen Argumente sind zum Teil wenig überzeugend.

ters im Versicherungsmarkt, seine Aufgaben und Grenzen, sind schlaglichtartig zu beleuchten[21].

Das Erscheinungsbild der Versicherungsvermittler im Spektrum der Vertriebswege ist von außerordentlicher Mannigfaltigkeit. Vom internationalen technischen Versicherungsmakler bis hin zum nebenberuflichen Kontaktvermittler oder dem spezialisierten Verkäufer nur eines Tarifes ist die Skala der Tätigkeitsprofile nahezu lückenlos besetzt; denn „grundsätzlich können alle auf das Produkt Versicherungsschutz bezogenen Teilaufgaben des Versicherers bis auf die bloße Risikotragung und alle risikopolitischen Aktivitäten des Nachfragers bis auf die Prämienzahlung auf Vermittler übertragen werden"[22]. Keineswegs ist es jedoch so, daß sich an den Enden dieser Spanne die gebundenen Vertreter und die anbieterunabhängigen Vermittler in getrennten Feldern gegenüberstünden. Vielmehr überlappen sich die Funktionsbereiche ganz erheblich, und auch die Grade der Unabhängigkeit sind über diese Gruppen hinweg fließend. Schließlich konkurrieren die Vermittler im gesamten Bereich ihrer möglichen Dienstleistungen mit Versicherern, Versicherungsnehmern und anderen Informationsintermediären und Serviceanbietern (z. B. Beratern). Im Grenzfall des Direktvertriebs sind die Dienstleistungen der Vermittler vollends durch eigene Aktivitäten der Vertragspartner substituiert.

Die Nachfrage im Markt für Vermittlerdienstleistungen ist ebenfalls weder einheitlich noch konstant; erinnert sei nur an die deutlichen Verschiebungen der Marktanteile im Bereich der Produktivversicherung, wo die versicherungsnehmerverbundenen Vermittler die Makler aus dem industriellen Großrisikogeschäft weitgehend verdrängten und diese wiederum in die Domäne der qualifizierten Generalagenten bei mittleren Gewerbebetrieben einbrechen konnten. Welchen Raum die Vermittler tatsächlich ausfüllen und künftig einnehmen werden, hängt schließlich von ihren Leistungen und Kosten sowie ihrer Anpassungsfähigkeit und Flexibilität ab. Die gewachsene Heterogenität der verschiedenartigen Typen sind durch die Erfüllung unterschiedlicher Aufgaben für unterschiedliche Bedürfnisse ein erster Beleg für ihre Existenzberechtigung.

Weder die vorherrschende Betrachtung des Versicherungsvermittlers als Absatzorgan des Versicherers noch die einseitige Sicht des Maklers als Sachwalter des Versicherungsnehmers werden den möglichen und tatsächlichen Aufgaben des Versicherungsvermittlers gerecht; er muß im wörtlichen Sinne verstanden werden, um seine doppelseitige Blickrichtung zu erfassen. Er hat das Spannungsverhältnis zwischen Anbieter und

---

21 Für eine betriebswirtschaftliche Analyse seiner Tätigkeit sei auf die von Farny geprägte Dissertation von H. Arnhofer: Grundlagen einer betriebswirtschaftlichen Theorie versicherergebundener Versicherungsvermittlungsbetriebe, Berlin 1982, verwiesen.
22 Karten, W.: Funktionen der Versicherungsvermittler und Konsequenzen für ihre Qualifikation, in: VW 1978, S. 351.

Nachfrager von Versicherungsschutz aufzulösen und die Distanz zwischen beiden zu überbrücken. Zur Vermittlung gehört ausdrücklich nicht nur der Vertragsabschluß – das ist nur ein Grenzfall –, sondern die Vermittlung ist eine Daueraufgabe zwischen den Vertragspartnern; denn Versicherungsschutz wird im Zeitablauf produziert und vom Versicherten ebenso kontinuierlich konsumiert. Auf beiden Seiten sind dauernde Nachfrage- und Angebotsentscheidungen, etwa bezüglich Anpassung, Bestandspflege, Schadenregulierung usw., zu treffen. Daran ändern auch langfristige feste Versicherungsverträge im Prinzip nichts, wenn auch die Dauerhaftigkeit der Vermittlerdienstleistungen noch unterstrichen wird, falls sich künftig kurzfristige Verträge mit oder ohne Erneuerungsklausel durchsetzen.

In der Lebensversicherung tritt dieser Aspekt zwar derzeit faktisch zurück – jedoch weniger aus Gründen des mangelnden Bedarfs an dauernder Betreuung als wegen des durch die vorherrschenden Vergütungssysteme geförderten Übergewichts der Abschlußinteressen. Sieht man vom Direktvertrieb auf dem reinen Korrespondenzwege oder durch Automaten ab, sind alle anderen Absatzverfahren, also auch der Verkauf über Vereine, Banken, Autohändler oder andere Institutionen, spezielle Formen der Vermittlung, die jeweils versuchen, gewisse Vorzüge in besonderen Marktsegmenten zu nutzen. Sie konkurrieren dort jeweils mit den im Grundsatz eher all-round ausgerichteten Versicherungsvertretern.

Aus dem gesamten Katalog betriebswirtschaftlicher Funktionen im Versicherungsbetrieb können Teilaufgaben auf Versicherungsvermittler übertragen werden. Ebenso kann er auf der Versicherungsnehmerseite Aufgaben der Vorbereitung, Strukturierung und Ergänzung der Versicherungsnachfrage durch Risikoanalyse und Vermögensplanung übernehmen. Im Mittelpunkt des Interesses steht für den Versicherer freilich die Absatzfunktion, deren Ausfüllung letztlich der Schwerpunkt aller Vermittlertätigkeiten ist und deren Einkommen zu großen Teilen bestimmt. Reine Beratungen gegen Entgelt sind noch äußerst selten. Dennoch ist festzuhalten, daß die Leistung gegenüber dem Versicherer sehr unterschiedlich ausfällt und überwiegend weit umfassender ausgeprägt ist als der bloße Produktverkauf. Auf der anderen Seite geht der Service des Vermittlers eine enge Verbindung mit dem Produkt Versicherungsschutz ein. Es läßt sich sagen, daß der direkt abgeschlossene Versicherungsvertrag ein anderes Produkt darstellt als der vom Vertreter oder vom Makler betreute.

Eine der viel zitierten Eigenheiten des Versicherungsabsatzes ist die außerordentliche Bedeutung der Bedarfsweckung, die üblicherweise der Bedarfsdeckung vorangehen muß. Das hat vor allem drei Gründe: Erstens löst das nur sehr selten als dringlich empfundene Bedürfnis nach Versicherung kaum je spontane Nachfrage aus. Zweitens ist das Gut erklärungsbedürftig, weil die Zusammenhänge des Versicherungsvorganges, außer für Fachleute, nur schwer durchschaubar sind. Drittens ist der Versicherungsfall in der Regel mit unangenehmen Ereignissen verbunden, die gern verdrängt werden. Die Bedarfsweckung ist aus der Sicht des Versicherungsnehmers ebenso notwendig und wünschenswert wie aus der Sicht des Versicherers und geschieht in zwei Stufen. Zunächst ist aus der Perspektive des Nachfragers das Problem des Erkennens und der Analyse seiner Risikosituation zu lösen und dann die Frage nach den passenden Maßnahmen zu beantworten, die sich nicht nur auf den Versicherungsschutz und seine spezielle Gestaltung beschränken. Das ist die Riskmanagementaufgabe, für die der Kunde eine Problemlösung sucht, die der Vermittler ihm durch qualifizierte Entscheidungsvorbereitung anbieten kann.

Aus der Sicht Akquisition heißt Bedarfsweckung, das Risiko bewußt zu machen und dann den Nutzen der Versicherung zur Befriedigung des latenten Bedürfnisses nach Sicherheit zu erklären. Die etwas saloppe Illustration, es gelte in Abwandlung des Mottos „besser verunsichert als unversichert" den Nachfrager zu verunsichern, um ihn dann richtig zu versichern[23], wurde allerdings trotz zusätzlicher Präzisierung in spröder Theoriesprache bierernst fehlinterpretiert. Es sei die von mir „treffend formulierte Strategie teurer Versicherungsgesellschaften", deren Vertretern nicht daran liege, „den hilflosen Kunden objektiv zu beraten"[24]. Unzweifelhaft liegt aber in dieser Aufklärungs- und Beratungsnotwendigkeit der Hauptgrund für die heute und noch lange Zeit vorherrschende persönliche Werbung und Akquisition auf den Versicherungsmärkten.

Nur in einem – allerdings sehr bedeutsamen – Punkt der Nachfrageentscheidung sind dem Vertreter gegenüber dem Makler die Hände beim Kunden gebunden. Der Nachfrager hat schließlich stets die Entscheidung für ganz bestimmte Versicherer zu treffen, und nur der tatsächlich unabhängige Vermittler kann ihn dabei wirklich unterstützen. Im übrigen ist er hier auf sich gestellt und wird auch nicht erwarten, daß der Ausschließlichkeitsvertreter in sein Problemlösungsangebot einen Überblick über alle brauchbaren Produkte am Markt einbezieht. Die Rolle des Vertreters als Informationsintermediär in einem unvollkommenen Markt bleibt also wegen seiner Bindung an einen Versicherer selbst unvollkommen. In welchem Ausmaß und in welchen Marktsegmenten dieser Nachteil den Ausschlag für die Nachfrage nach Vermittlerdienstleistungen gibt, erweist sich als Schlüsselfrage der zu erwartenden Entwicklung – wäre sie die allein entscheidende, wären die Vertreter auch bisher schon chancenlos.

Trotz Bedingungsgenehmigung und teilweiser Preisregulierung resultieren aus der Unvollkommenheit der Versicherungsmärkte notorische und oft überraschend große Preis- und Qualitätsunterschiede, die einen hohen

---

23 Ebenda, S. 353.
24 Meyer, H. D.: Ratgeber Versicherung, 1. Aufl., Hamburg 1982, S. 15.

Informationsbedarf begründen. Andererseits gibt es reichlich standardisierte Produkte, die dem informationsbereiten und -fähigen Nachfrager den Einkauf ohne Vermittler zu niedrigem Preis ermöglichen. Wenn bei dieser Marktlage das Segment des Direktvertriebes noch so gering ist wie heute und auch der Marktanteil der unabhängigen Vermittler sich im Privatkundengeschäft in engen Grenzen hält, müssen die Anreize zur Überwindung der Informationsdefizite durch eigenes Bemühen oder durch Inanspruchnahme von Maklern wohl nicht stark genug sein. Es scheint dann auch nicht ohne weiteres einsichtig, wie in dem unübersichtlicheren deregulierten Markt der zweifellos objektiv steigende Informationsbedarf durch noch stärker steigende subjektive Informationsanreize überkompensiert werden soll.

Nebenbei bemerkt, stellt auch heute die Werbung der Versicherer und ihrer Vertreter die Gleichartigkeit der Versicherungsbedingungen nicht in den Vordergrund, sondern sie versuchen, durch die Betonung von Produkt- und Service-Besonderheiten ihr Angebot zu individualisieren und von Preisvergleichen eher abzulenken. Es darf auch nicht übersehen werden, daß die Nachfrager keineswegs generell auf Angebotsvergleiche verzichten, wenn sie sich bewußt schließlich für das Paket aus Versicherungsvertrag und Service bei einem bestimmten Vermittler entscheiden. Auch in anderen Märkten mit serviceintensiven Produkten wie Autos oder Bankdienstleistungen, die durch Ausschließlichkeitsverkäufer vertrieben werden, ist der Nachfrager für den Anbietervergleich auf eigene Informationsbemühungen oder andere Informationsintermediäre angewiesen.

Der subjektiv empfundene Informationsbedarf ist individuell höchst verschieden, aber stets in engem Zusammenhang mit der ebenso subjektiven Gesamteinschätzung der Vermittlerdienstleistung zu sehen. Sowohl gebundene wie unabhängige Vermittler sind in erheblichem Maße Reputationsträger; die Kunden entwickeln ihnen gegenüber starke Präferenzen. Eine gute Reputation, die vor allem von stark standortbestimmten Vermittlern nur allmählich in der Zeit aufgebaut werden kann, ist für die meisten von existentieller Bedeutung und bei Fehlleistungen ein flüchtiges Gut. Das Vertrauen in die Qualität der Leistung des Vermittlers und seiner Interessenvertretung gegenüber dem Versicherer wiegt viel Informationsunsicherheit auf. Präferenzen ersetzen Transparenz. Nicht selten wird im Beratungsgespräch, wie beim Arzt, zusätzliche Information unter Hinweis auf das Vertrauen geradezu abgewehrt. Auch das Etikett „Unabhängigkeit" hat eine eigene präferenzbildende Wirkung, die manchmal stärker ins Gewicht fällt als der leistbare zusätzliche Informationsnutzen. Aufkeimendes Mißtrauen in die Objektivität von freien Vermittlern wegen deren Courtage-Interesse wirken dem entgegen.

Vieles spricht dafür, daß für Intensität der Informationsnachfrage in bezug auf die Angebotsbreite des Gesamtmarktes weniger dessen Struktur als die individuelle Einstellung des Verbrauchers und das Volumen der Versicherungsnachfrage ausschlaggebend sind. Die voraussichtliche Prämienhöhe für den nachgefragten Versicherungsschutz ist einer der stärksten Informationsanreize. Folglich werden eine allgemein steigende Versicherungsnachfrage, vor allem im Bereich der Personenversicherung, und ein Bewußtseinswandel in der Bevölkerung sicher Impulse zugunsten des Marktanteils der unabhängigen Vermittler geben. Beide Prozesse werden erfahrungsgemäß aber nur langsam ablaufen.

Wenn nach diesen Überlegungen der Markt auch nach der Deregulierung weiten Raum für die Dienstleistungen der Versicherungsvertreter läßt, dann wird seine Ausfüllung naturgemäß auch in erheblichem Maße von den Interessen der Versicherer an diesem Vertriebsweg und an der Ausgestaltung und Unterstützung der gebotenen Dienstleistungen abhängen[25]. Aus der Sicht des Versicherers ist es vor allem der zielgerechte Einsatz und die Steuerbarkeit einer eigenen Außenorganisation, die vielfältige Differenzierungen unterschiedlicher Aufgabenbereiche zuläßt. Dagegen verliert der auf Makler angewiesene Versicherer einen Teil seiner absatzpolitischen Unabhängigkeit. Er kann das Angebot seiner Produkte beim Kunden nicht unmittelbar betreiben, sondern muß sich indirekter Anreize bedienen. Sein gesamtes Leistungsspektrum unterliegt der Selektion durch die Makler. Produkte, die für den Makler oder nach dessen Einschätzung für den Nachfrager nicht hinreichend attraktiv sind, werden kaum verkauft werden.

Für Versicherer, die neu in einen Markt eintreten wollen, ist in der Regel der Zugang über die Zusammenarbeit mit unabhängigen Vermittlern leichter, weil hohe, risikoreiche Investitionen in den Aufbau des Außendienstes vermieden werden können. Die Öffnung der EU-Versicherungsmärkte für den freien Dienstleistungsverkehr wird daher wohl den Maklern Auftrieb geben.

Der Versicherer, der über eine eigene Außendienstorganisation verfügt, kann je nach Schwierigkeitsgrad und Komplexität der Risiko- und Vermögenslage der Kunden unterschiedlich qualifizierte Absatzorgane einsetzen und durch gezielte Verkaufsunterstützungen zum Erfolg führen. Schlagkräftig im Markt ist erst der Verbund von Unternehmen und Vertretern im Produkt, im Service und dann schließlich auch in der Reputation. Nur ein umfassendes und differenziertes sales-promotion-Konzept erlaubt ein breites Dienstleistungsangebot auf dem Markt auch wirksam werden zu lassen. Dies wird auch in den Teilen des Privatkundengeschäfts zunehmend bedeutsam, wo heute noch die Kundenbindung allein an den Vertreter vorherrschend ist. Sie strahlt jedoch erst schwach auf

---

25 Vgl. die bei Finsinger/Schmid diskutierten theoretischen Argumente für die absatzpolitischen Vorzüge des Einsatzes von gebundenen Vermittlern.

die Lebensversicherungs-Akquisition aus, die eher von kurzfristigen aktiven Verkaufsbemühungen geprägt ist.

Gezielte Spezialisierungen der Vertreter nach Kundengruppen, Versicherungsprodukten oder Teilfunktionen bringen vielfältige Vorteile der Arbeitsteilung und gestatten vor allem auch Qualifikationen erfolgreich werden zu lassen, die als Allround-Vertreter oder Makler schwerlich eine Chance hätten. Das ist bei dem chronisch knappen Akquisitionspotential bei aller Problematik für den gesamten Markt ein wichtiger Faktor. Je selbständiger ein Vermittler arbeitet, um so mehr wirkt sich andererseits der Vorteil der Generalagenten alten Stils aus, der als Rundum-Versicherungsfachmann in seinem Gebiet oder Kundenkreis mit umfassenden Aufgaben Bestände pflegt und mehrt. Er bietet dem Versicherer Kontinuität und Bestandsschutz sowie eine hohe Identifikation mit dem Unternehmen, die auch seiner Dienstleistung gegenüber dem Kunden Überzeugung verleiht. Andererseits steht er in dem altbekannten Spannungsverhältnis zwischen Beratungskompetenz, Dauerbetreuung und Rundumservice einerseits und Akquisitionseffizienz andererseits. Seine Stärke, die es auszubauen gilt, ist der „Sofa"-Verkauf, was heißt „see old faces again". Der Ausdruck stammt aus dem Rückversicherungsgeschäft, ist aber ein Hinweis darauf, wie stark persönliche Präferenzen und Ausschließlichkeit des Angebotes selbst einen Markt bestimmen, in dem die Fachleute unter sich sind.

Zum Schluß bleibt noch hervorzuheben, daß letztlich die künftigen rechtlichen Rahmendaten des Marktes für Vermittlerdienstleistungen die Wettbewerbsfähigkeit der Versicherungsvertreter ganz erheblich mitbestimmen werden. Der drastische Rückgang der Zahl der unabhängigen Lebensversicherungsvermittler in Großbritannien nach Einführung des Financial Services Act von 1986 offenbart dies in aller Deutlichkeit. Diese britischen Regelungen dienen im wesentlichen in der EU als Richtschnur und haben ihren Niederschlag in der Empfehlung der Kommission vom 18. Dezember 1991 über Versicherungsvermittler (92/48/EWG) gefunden[26]. Von der Strenge, mit der diese Empfehlungen umgesetzt werden, hängen ihre Auswirkungen entscheidend ab. Tendenziell wird es eine Polarisierung zwischen Ausschließlichkeitsvertretern und Maklern zu Lasten der Mehrfachagenten geben. Die vorgeschlagenen Offenlegungsverpflichtungen für unabhängige Vermittler (Anhang, Art. 3) sowie die schärferen Anforderungen an die Makler hinsichtlich Qualifikation, Haftung und finanzielle Leistungsfähigkeit werden beachtenswerte Markteintrittsbarrieren errichten, deren genaue Höhe heute noch nicht auszumachen ist. Daß sie in gleichem Maße die Chancen des Versicherungsvertreters mit Ausschließlichkeitsbindung erhöhen, liegt auf der Hand.

---

26 Amtsblatt der Europäischen Gemeinschaften Nr. L 19 vom 28. 1. 1992, S. 32–33.

Das Fazit sei kurz:

Differenzierte Informations- und Servicebedarfe bieten auch künftig unterschiedlichen Vermittlerdienstleistungen erfolgversprechende Marktchancen.

Haupterfolgsfaktor des klassischen Außendienstes ist der Verbund von Vertreter und Versicherer; Funktion und Qualifikation des Vermittlers verschmelzen mit dem Produkt des Versicherers durch marktgerechte Verkaufsunterstützung zur absatzwirksamen und bedarfsgerechten Einheit.

Verschiebungen der Marktanteile zugunsten anderer Vertriebswege werden weitergehen, jedoch nicht dramatisch.

Dieter Farny wird mit dem Eingangszitat noch lange recht behalten.

Peter Koch

Epochen der Geschichte der Versicherungswissenschaft in Deutschland

Eine Versicherungswissenschaft im Sinne der theoretischen Beschäftigung mit dem Phänomen der Assekuranz ist so alt wie das Versicherungswesen selbst[1]. Überlegungen unterschiedlicher Art mußten es wegen seiner Komplexität naturgemäß von Anfang an begleiten. Daher gibt es eine Versicherungswissenschaft – vielleicht zunächst auch nur in Form einer gewissen Versicherungstechnik[2] – seit etwa 350 Jahren.

Vom Gegenstand her handelt es sich um eine praxisbezogene Wissenschaft, die trotz des einheitlichen Betrachtungsobjektes inzwischen wohl mit Recht allgemein als Sammelwissenschaft angesehen wird[3]. Die Zersplitterung erklärt sich aus den verschiedenen Zugängen zu dem Thema und den angewendeten Methoden.

I. Prägende Aspekte

Entscheidend für die Ausbildung einzelner Epochen im Rahmen der Entwicklung der Versicherungswissenschaft sind bestimmte innere Faktoren und äußere Anstöße, die dazu beigetragen haben, daß die Teilbereiche dieser Disziplin teilweise einen anderen Verlauf genommen haben als andere Wissenschaften.

1. Im Gegensatz zu vielen technischen Erfindungen ist das wirtschaftliche und rechtliche Instrument der Versicherung nicht von der Theorie geschaffen, sondern von der Wirtschaft selbst entwickelt worden. Die Theorie hat es zunächst ausschließlich als ihre Aufgabe angesehen, syste-

---

1 Einen einführenden Überblick bieten: Manes, Versicherungswesen, 1. Bd., 5. Aufl. 1930, S. 387–395; Dorn, Wissenschaft, Versicherungslexikon, 3. Aufl. 1930, Sp. 1849–1860; von der Thüsen, Die Versicherungswissenschaft und ihre Einrichtungen im In- und Auslande, Deutsche Versicherungswirtschaft, 1. Bd. 1936/39, S. 333–344; Voigt, Versicherungswissenschaft, Handwörterbuch des Versicherungswesens, 2. Bd. 1958, Sp. 2383–2390; R. Schmidt, Versicherungswissenschaft, Handwörterbuch der Versicherung (HdV), 1988, S. 1243–1249.
2 R. Schmidt, Versicherungswissenschaft, HdV, 1988, S. 1243.
3 Anders noch Eichler, Versicherungswissenschaft als einheitliche Wissenschaft, VersArch 1957, S. 219–225.

matische Arbeitsgrundlagen zu schaffen, beispielsweise auf mathematischem Gebiet, und ihm durch neue Gedanken den Weg zu bereiten. Zu Spannungen zwischen Praxis und Theorie kam es, als in manchen Bereichen abstrakte Überlegungen angestellt wurden, deren Effizienz für die betrieblichen Vorgänge in den Unternehmen nicht immer eingesehen werden konnte. Auf der anderen Seite hat dieser Gegensatz auch frühzeitig dazu geführt, daß sich die Praxis selbst mit dem wissenschaftlichen Hintergrund ihres Wirtschaftszweiges – zum Teil auf beachtlichem Niveau – auseinandergesetzt hat. Inzwischen ist das Verhältnis offensichtlich entspannt, sicher nicht nur deshalb, weil sich die Anwendungsorientierung der Wissenschaft verbessert hat[4], sondern auch, weil verstärkt eine wissenschaftlich ausgebildete Generation in die Betriebe gekommen ist.

Soweit die aus der Praxis stammenden Arbeiten sich beispielsweise auf mathematische oder juristische Probleme erstrecken, ist die Einhaltung eines gewissen Anforderungsprofils in der Regel von der Natur der Sache her gegeben. Aber auch zu praktischen Fragen vollzieht sich in den Fachzeitschriften ein nützlicher Gedankenaustausch, der nicht nur für die Praxis der Betriebe, sondern auch für die Theorie wichtig sein kann, da sich aus ihm die Suche nach Problemlösungen ergibt, bei der sie unter Umständen behilflich sein kann. Als völlig unbrauchbar haben sich allerdings häufig versicherungsgeschichtliche Veröffentlichungen ungeschulter Autoren erwiesen, durch die häufig nicht nur kein Baustein[5] für das Gesamtgebäude einer Versicherungsgeschichte geliefert wird, sondern mitunter sogar lediglich Fehler abgeschrieben und weitergetragen werden, zumal den Verfassern oft das Verständnis für die Zusammenhänge fehlt[6].

2. Bereits zu Beginn der Entstehung erster Ansätze einer versicherungswissenschaftlichen Literatur verdeutlichte die Dreiteilung in die Behandlung rechtlicher, wirtschaftlicher und mathematischer Ausgestaltungen der Assekuranz die Struktur der Versicherungswissenschaft als Sammelwissenschaft. Diese Aufspaltung führte dazu, daß lange Zeit Einzeluntersuchungen spezieller Themen im Vordergrund standen und für das Versicherungswesen Gesamtdarstellungen erst wesentlich später kamen als in anderen Wissenschaften. Das Spezialistentum hat sicher frühzeitig einen gewissen Tiefgang gefördert, aber auch den Gedankenaustausch häufig verhindert, weil die Verfasser der Abhandlungen von ihrer theoretischen Vorbildung her eine andere Sprache redeten und sich deshalb untereinander nicht verständigen konnten.

---

4 Schwebler/Hilger, Zur Bedeutung der Wirtschaftswissenschaften für die Versicherungspraxis, ZVersWiss 1987, S. 339–367; R. Schmidt, Ein Wort am Wege der Genfer Vereinigung, Lettre d'information Nr. 133 Mai 1993, S. 2.
5 Im Sinne der Terminologie von F. Büchner, VW 1959, S. 378.
6 Vgl. Koch, Schon die alten Babylonier..., VW 1963, S. 585.

Dieses Nebenher der einzelnen Teilgebiete dauert bis in die Gegenwart an, obwohl sie seit dem Beginn dieses Jahrhunderts unter dem Dach des Deutschen Vereins für Versicherungswissenschaft e.V. zusammengefaßt sind und ihre Vertreter sich auf den Jahrestagungen gegenseitig anregen. Auch ist der Zugang zu den grundlegenden Erkenntnissen der einzelnen Wissenschaften durch entsprechende Sammelwerke über die Grenzen der Fachgebiete hinaus für den Interessenten wesentlich erleichtert worden[7].

Aus dem Wesen der Versicherungswissenschaft als Sammelwissenschaft ergibt sich, daß das Phänomen der Versicherung von den einzelnen wissenschaftlichen Disziplinen mit unterschiedlicher Methode und Zielsetzung untersucht wird. Sicherlich könnte eine interdisziplinär angelegte Versicherungswissenschaft dazu beitragen, die Erkenntnisse eines Wissenschaftszweiges für eine andere Fachrichtung nutzbar zu machen[8]. So erklärt die Versicherungsbetriebslehre das Versicherungsgeschäft mit Merkmalen aus der Produktion des Versicherungsschutzes[9], während es nicht als Aufgabe der rechtswissenschaftlichen Betrachtung angesehen wird, den Vorgang der Versicherung zu beschreiben und zu erläutern[10]. Die Rechtsordnung legt vielmehr die Voraussetzungen fest, unter denen die Versicherungsleistung gewährt wird; insbesondere bestimmen sich Inhalt und Umfang des Wirtschaftsgutes Versicherungsschutz nach rechtlichen Vorschriften[11]. Die Einheitlichkeit der von den Versicherungsunternehmen gegenüber den Versicherten erbrachten Leistungen erfordert jedoch die Einbeziehung der wirtschaftlichen Grundlagen in die rechtswissenschaftliche Analyse[12].

3. Von entscheidender Bedeutung ist stets das Verhältnis der versicherungswissenschaftlichen Teildisziplinen zu ihren Mutterwissenschaften gewesen. Zunächst hatten sich die Mathematiker den versicherungsma-

---

7 Von besonderer Bedeutung ist in diesem Zusammenhang das 1988 erschienene „Handwörterbuch der Versicherung" (HdV) mit 194 Artikeln namhafter Autoren über ihre Arbeitsgebiete.
8 Schwebler/Hilger, Zur Bedeutung der Wirtschaftswissenschaften für die Versicherungspraxis, ZVersWiss 1987, S. 339 (356).
9 Farny, Versicherungsbetriebslehre, 1989, S. 14.
10 Koch, Versicherungswirtschaft – Ein einführender Überblick, 3. Aufl. 1991, S. 39.
11 Farny, Anwendungsorientierte Versicherungsbetriebslehre und rechtlicher Datenkranz für das Wirtschaften in Versicherungsunternehmen, Zukunftsperspektiven der anwendungsorientierten Betriebswirtschaftslehre, Festschrift für E. Grochla zum 65. Geburtstag, 1986, S. 419.
12 Z. B. R. Schmidt, Rechtliche und betriebswirtschaftliche Zugänge zu Sachverhalten der Versicherungswirtschaft – ein gedanklicher Versuch, Festschrift für F. Hauß zum 70. Geburtstag, 1978, S. 321–333, sowie Die betriebswirtschaftlichen und versicherungstechnischen Grundlagen des VVG und ihre Ausprägung heute, Symposion „80 Jahre VVG" – Das Versicherungsvertragsrecht in Rechtsprechung und Regulierungspraxis, Heft 2 der Schriftenreihe Versicherungsforum, 1988, S. 12–39; Koch, Zur rechtlichen Qualifikation des Versicherungsschutzes als Dienstleistung, Die Dienstleistung Versicherungsschutz in Wissenschaft und Berufsbildung, Festschrift für G. Lukarsch, 1991, S. 19–34.

thematischen Aufgaben, die Juristen den rechtlichen Fallstellungen sowie die Kameralisten und frühen Handelswissenschaftler der Arbeitsweise des Versicherungswesens gewidmet. So erklärt es sich, daß einige der namhaftesten Gelehrten ihrer Zeit, wie beispielsweise Gottfried Wilhelm Leibniz oder Carl Friedrich Gauß, wichtige versicherungswissenschaftliche Arbeiten vorgelegt haben. Dieses Interesse zeigt sich bis in unsere Tage, wenn beispielsweise Werner Heisenberg darauf hinweist, daß die moderne Physik sich an der Lebensversicherungsmathematik orientieren müsse. Einstein habe große Schwierigkeiten gehabt, die Rolle des Zufälligen in der Atomphysik zu akzeptieren; deshalb müßten die Physiker Statistik treiben, „ so wie etwa eine Lebensversicherungsgesellschaft über die Lebenserwartung ihrer vielen Versicherten statistische Rechnungen anstellen muß"[13]. Es bestehen also nicht nur Interdependenzen zwischen Theorie und Praxis der Versicherung, sondern auch zwischen den klassischen Wissenschaften und den daraus hervorgegangenen Versicherungs-Teilwissenschaften, sogar zwischen der Physik als der wohl wichtigsten klassischen Naturwissenschaft und der Tagesarbeit des Lebensversicherungsbetriebes.

Im Laufe der Zeit bezogen die Hauptwissenschaften das Stoffgebiet der Versicherung in ihre Gesamtdarstellungen ein. Ihre Vertreter beschränkten sich nicht mehr auf die Auseinandersetzung mit Spezial- und Einzelfragen. Vielmehr ging es ihnen verhältnismäßig frühzeitig darum, dem Gebiet der Assekuranz einen angemessenen Platz im System ihrer Wissenschaft zuzuweisen. Dies taten in erster Linie die Kameralisten und frühen Handelswissenschaftler, in deren Werken die Assekuranz häufig einen erstaunlich breiten Raum einnimmt, etwa bei Carl Günther Ludovici[14] und Johann Michael Leuchs[15]. Auch die Rechtswissenschaft bezog den Versicherungsvertrag ganz selbstverständlich in ihre Lehrbücher ein und ordnete ihn den aleatorischen oder Glücksverträgen zu[16]. Auch in die großen Systeme der Nationalökonomie von Karl Heinrich Rau, Wilhelm Roscher oder Gustav Schmoller fand das Versicherungswesen Eingang.

Mit der inzwischen eingetretenen Verselbständigung der Versicherungswissenschaft gegenüber ihren Mutterwissenschaften hat sich ein umgekehrter Prozeß vollzogen. Die Lehrbücher des Bürgerlichen Rechts erwähnen den Versicherungsvertrag nur noch ganz vereinzelt[17]. In den

---

13 Heisenberg, Der Teil und das Ganze – Gespräche im Umkreis der Atomphysik, 3. Aufl. 1981, S. 145.
14 Ludovici, Eröffnete Akademie der Kaufleute oder Vollständiges Kaufmanns-Lexicon, 1752/56, 2. Aufl. 1767/68.
15 Leuchs, System des Handels, 1804, 4. Aufl. 1839.
16 W. Ebel, Glücksvertrag und Versicherung, ZVersWiss 1962, S. 53.
17 Ausnahmen bilden etwa: Esser/Weyers, Schuldrecht, 2. Bd. Besonderer Teil, 6. Aufl. 1984, § 44 = S. 329, und Fikentscher, Schuldrecht, 7. Aufl. 1985, § 92 III = S. 630.

Standardwerken der modernen Betriebswirtschaftslehre sucht man das Stichwort „Versicherung" in den Sachregistern meist vergeblich[18]. Dieser Wandel gegenüber dem 19. Jahrhundert erklärt sich bestimmt auch aus der Tatsache, daß sich das Stoffgebiet erheblich ausgeweitet hat und inzwischen umfassende Spezialdarstellungen vorliegen[19]. Trotzdem wäre die systematische Verknüpfung zu begrüßen. Sehr stiefmütterlich wird die Versicherung auch in den Handbüchern der Wirtschafts- und Sozialgeschichte behandelt[20].

4. Die Auswahl der untersuchten Gegenstände wird in der Versicherungswissenschaft wie in allen anderen Bereichen durch Erfordernisse der Praxis (im Bereich der Jurisprudenz auch durch neue Fallgestaltungen, Gesetze und Entscheidungen) sowie die persönliche Beziehung des Bearbeiters zu der jeweiligen Materie bestimmt. Für versicherungswissenschaftliche Forschungen kommt der ganz entscheidende Gesichtspunkt hinzu, ob man das wirtschaftliche Produkt Versicherung in die Hauptwissenschaften einordnen und den allgemeinen Grundsätzen unterwerfen will, beispielsweise im Bereich der Allgemeinen Betriebswirtschaftslehre oder der schuldrechtlichen Verträge, oder ob man das Abweichende und Besondere herausarbeiten und damit den Weg der Spezialisierung gehen will.

II. Begriff der Epoche

Derartige Gegebenheiten lassen innerhalb der Entwicklung der Versicherungswissenschaft bestimmte Epochen erkennen, deren Einteilung allerdings erst mit einem gewissen zeitlichen Abstand zu übersehen ist.

1. Beim Gebrauch des Wortes Epoche denkt man vor allem an den Satz, den Goethe am Abend des 20. September 1792, des Tages der Kanonade von Valmy, gesprochen hat, daß von hier und heute eine neue Epoche der Weltgeschichte ausgehe[21]. Obwohl der Feldzug so kümmerlich verlief, war er von weltgeschichtlicher Bedeutung; er entschied das Schicksal der Französischen Revolution[22].

---

18 So etwa bei Wöhe, Einführung in die Allgemeine Betriebswirtschaftslehre, 17. Aufl. 1990, und Schierenbeck, Grundzüge der Betriebswirtschaftslehre, 11. Aufl. 1993.
19 Helten, Internationalisierung der Versicherungsbetriebslehre, Beiträge zur Internationalisierung der Versicherung, 1993, S. 29.
20 Z. B. Henning, Deutsche Wirtschafts- und Sozialgeschichte im Mittelalter und in der frühen Neuzeit, Handbuch der Wirtschafts- und Sozialgeschichte Deutschlands, 1. Bd. 1991.
21 Campagne in Frankreich, 1822.
22 Vgl. Koch, Gedanken zu dem Thema „Versicherung und Französische Revolution", VW 1989, S. 888.

In diesem Sinne wird der Begriff auch von der historischen Wissenschaft verwendet. Johannes Haller versteht unter einer Epoche einen Zeitpunkt, an dem etwas Neues beginnt, ein neues Moment bestimmend in die Entwicklung eintritt, ein Ereignis dem Lauf der Dinge eine neue Richtung gibt. Ereignisse dieser Art bezeichne man als epochemachend oder epochal. In übertragenem Sinne nenne man auch den ganzen Zeitraum, der von den Nachwirkungen eines solchen Ereignisses beherrscht wird, eine Epoche. Gemeint werde damit die einem Wendepunkt der Geschichte nachfolgende Periode[23].

2. Von derartigen Zeitabschnitten läßt sich nicht nur im Rahmen der allgemeinen politischen Geschichte sprechen, sondern auch im Hinblick auf die Rechts- und Wirtschaftsgeschichte[24]. Ähnliche Überlegungen gelten für das Teilgebiet der Versicherungsgeschichte[25] sowie der Entwicklung der Versicherungswissenschaft.

3. Auch für die Versicherungswissenschaft bedeuten Epochen Wendungen im Verlauf ihrer Geschichte. Aufgrund ihrer Abhängigkeit von dem praktischen Betrieb der Versicherungsgeschäfte, wirtschafts-, sozial- und rechtspolitischen Entscheidungen, dem allgemeinen wirtschaftlichen Umfeld sowie ihrer Verknüpfung mit dem Stand der einzelnen Wissenschaften, von denen sie ihre Methoden bezieht, waren die Einschnitte in der Regel fremdbestimmt. Bei einer zunächst sehr groben Betrachtungsweise zeichnen sich unter diesen Gesichtspunkten drei Epochen in der Geschichte der deutschen Versicherungswissenschaft ab. Man könnte sie als die Vorgeschichte, die Zeit der systematisierenden Zusammenfassung und die Periode der Institutionalisierung der Versicherungswissenschaft bezeichnen.

Während dieser einzelnen Abschnitte kommen der Versicherungswissenschaft und ihren Teildisziplinen jeweils unterschiedliche Aufgaben zu.

III. Vorgeschichte

Im Gegensatz zur Versicherungswirtschaft läßt sich der Beginn einer Versicherungswissenschaft wesentlich genauer erfassen, weil die theoretischen Überlegungen ihren Niederschlag in Druckerzeugnissen gefunden haben, während die praktische Versicherungstätigkeit nur dann überliefert ist, wenn sie sich in Akten und Urkunden erhalten hat. Greifbar werden beide Bereiche also durch die historische Quelle.

---

23 Haller, Die Epochen der deutschen Geschichte, 1923, 50. Aufl. 1939, Neuausgabe 1962.
24 Coing, Epochen der Rechtsgeschichte in Deutschland, 1967.
25 Koch, Epochen der Versicherungsgeschichte, Heft 37 der Schriftenreihe des Seminars für Versicherungsbetriebslehre, 1967.

1. Die ersten veröffentlichten wissenschaftlichen Überlegungen scheinen juristischer Art gewesen zu sein. Es handelt sich um Untersuchungen über die rechtliche Struktur des Versicherungsgeschäftes, die – und das ist von entscheidender Bedeutung für den Beginn der Versicherungswissenschaft – auf Anregung der Kaufmannschaft verfaßt worden sind[26]. Da das juristische Gedankengut die Seeversicherung offensichtlich auf ihrem Weg vom Mittelmeerraum nach Hamburg begleitet hat, gehören zu den frühesten Druckwerken über Versicherungsthemen in Deutschland versicherungsrechtliche Abhandlungen[27]. Es waren aber noch keine systematischen Darstellungen, sondern Erörterungen einzelner Rechtsfragen, beispielsweise zur Leistungspflicht des Versicherers bei Nichtzahlung der Prämien.

2. Soweit man damals bei den auf dem genossenschaftlichen Gedanken beruhenden Kassen, den von der öffentlichen Hand eingesetzten Gebäudebrandversicherungsanstalten und den Anfängen einer kaufmännischen Versicherung auf dem Gebiet der Seeversicherung schon von einer Versicherungspraxis sprechen kann, befand sie sich noch in einem Experimentierstadium und suchte die für ihre drei Wurzeln gemäße Form. In die gleiche Richtung bewegten sich die Äußerungen, die sich in den staatswissenschaftlichen Abhandlungen der Kameralisten mit dem Versicherungsgedanken beschäftigten. Dabei erhoben die von ihnen entwickelten Ideen keinen Anspruch auf Vollständigkeit. Es wurden zahlreiche Pläne und Projekte ausgebreitet, die jedoch zum Teil an der Tatsache scheiterten, daß sich ihre Verfasser gedanklich zu sehr zersplittert haben. Trotzdem waren ihre bruchstückhaften Überlegungen zu Kranken- und Sterbekassen, das Brandbettelunwesen, die Errichtung von Versicherungsanstalten gegen alle Zufälle des Lebens und die Versorgung heiratsfähiger Mädchen von erheblicher Bedeutung für die weitere Ausgestaltung des Versicherungswesens.

3. Dem vom Prämienvolumen her wichtigsten Versicherungszweig haben theoretische Untersuchungen an entscheidender Stelle seiner Entwicklung den Weg bereitet. Die moderne Lebensversicherung ist das Projekt dreier verschiedener Entwicklungsreihen, nämlich der Vorsorgebestrebungen der Gilden und Zünfte, des Leibrentenwesens sowie der Wahrscheinlichkeitsrechnung und anderer mathematischer Methoden zur Erfassung der Sterblichkeit[28].

---

26 Petrus Santerna, Tractatus de assecurationibus et sponsionibus, Venedig 1552. Das Werk bezeichnet sich auf der Titelseite selbst als die erste Publikation dieser Art.
27 Seiler, Über die Anfänge wissenschaftlicher Bearbeitung des Versicherungsrechts in Hamburg, Festschrift für K. Sieg, 1976, S. 531.
28 Koch, Pioniere des Versicherungsgedankens, 1968, S. 41; Neuburger, Die Versicherungsmathematik von vorgestern bis heute – ein Vortrag ohne Formeln, ZVersWiss 1974, S. 107–124.

In Deutschland folgte die mathematisch betriebene Lebensversicherung der Periode von Sterbe-, Witwen- und Waisenkassen sowie ähnlichen Einrichtungen, bei denen aufgrund des fehlenden statistischen Unterbaus zahlreiche Mißstände aufgetreten waren. Eine wesentliche Aufgabe der beginnenden Versicherungsmathematik bestand daher in der Schaffung tragfähiger Grundlagen für derartige Institutionen.

4. Diese durch das Merkmal des Experimentierens geprägte Epoche der Vorgeschichte dauerte knapp 200 Jahre von etwa 1650 bis zum ersten Drittel des 19. Jahrhunderts. Sein Ende fand dieser Zeitraum der Vorgeschichte durch die Tatsache, daß nach den Napoleonischen Kriegen mit dem Aufkommen eines deutschen Nationalbewußtseins an vielen Plätzen Deutschlands in Anlehnung an englische und französische Vorbilder Versicherungsunternehmen in der Rechtsform des Versicherungsvereins auf Gegenseitigkeit oder der Aktiengesellschaft errichtet wurden. Mit ihnen begann die Entstehung von Versicherungsbetrieben als selbständigen Wirtschaftseinheiten, in denen Handlungsgehilfen zur Abwicklung der Geschäfte beschäftigt wurden. Das stetige Wachstum von Handel und Industrie förderte die Ausbreitung der Versicherungswirtschaft.

Damit mußte auch die Versicherungswissenschaft das Stadium des bloßen Wegbereitens und Projektierens verlassen.

IV. Zeit der systematisierenden Zusammenfassung

Mit dem Beginn der neuen Epoche wurden der Versicherungswissenschaft Aufgaben anderer Art zugewiesen. Ihre Funktion bestand nunmehr darin, den Betrieben geeignete Arbeitsgrundlagen zu verschaffen, eine zweckentsprechende Ausbildung in den Betrieben durch entsprechendes Lehrmaterial und an den Hochschulen sicherzustellen sowie an der Gestaltung des erforderlichen rechtlichen und sozialpolitischen Rahmens für die Versicherungswirtschaft mitzuwirken.

In die Erfüllung dieser Aufgaben teilten sich in erster Linie betriebliche Praktiker, Vertreter der Rechtspflege, wie Rechtsanwälte und Richter, aber auch bereits Hochschullehrer, die nicht in das unmittelbare wirtschaftliche Geschehen eingebunden waren.

Ganz entscheidend für diese, nahezu das gesamte 19. Jahrhundert ausfüllende Periode ist der Weg von der Behandlung einzelner spezieller Probleme zu einer das gesamte betriebliche Geschehen umfassenden Darstellung, also zur systematisierenden Zusammenfassung der Versicherungsthemen.

1. Die Theorie hat diese Forderung sehr bald erkannt und sich ihr ganz bewußt gestellt. Zum Ausdruck kommt dies in dem ersten Werk, das sich

mit der gesamten Materie der Seeversicherung beschäftigt, dem Anspruch gerecht wird und ihm in seinem Titel ausdrücklich Rechnung trägt: „System des Assekuranz- und Bodmereiwesens". Dieses von 1805 bis 1821 in 5 Bänden erschienene Werk stammte von Wilhelm Benecke, der praktische Erfahrungen in Hamburg und London gesammelt und auch ein Lebensversicherungsunternehmen errichtet hatte. Er war also der Prototyp des theoretisch ausgerichteten Praktikers. Sein Werk gilt als das erste zusammenfassende Lehrbuch des Assekuranzwesens, das sich allerdings auf die Seeversicherung beschränkte. Es trug ihm höchstes Lob im In- und Ausland ein und wurde sogar in die englische, französische, dänische und italienische Sprache übersetzt.

2. Von Praktikern war auch die weitere Entwicklung der Versicherungsmathematik getragen. Vorbild wurde das 1849 gegründete „Institute of Actuaries of Great Britain and Ireland" in London, von dem wesentliche Impulse ausgingen. Um die gleiche Zeit setzte in Deutschland der Beginn einer wissenschaftlichen Versicherungsmathematik ein[29]. An seinem Anfang steht der aus der Lebensversicherungspraxis stammende Mathematiker August Zillmer, der auch heute noch zu den bekanntesten Vertretern seines Faches gehört, weil mit seinem Namen das 1863 entwickelte Verfahren des Zillmerns für die Berechnung der Prämienreserve in der Lebensversicherung verbunden ist. Ein wichtiges Instrument für die Arbeit der Betriebe wurden die von ihm herausgegebenen Sterbetafeln.

3. Systematischer Art waren auch die Bestrebungen der gemeinrechtlichen Pandekten-Literatur des 19. Jahrhunderts, das Phänomen der Versicherung in das Gesamtgefüge der allgemeinen Zivilrechtswissenschaft einzuordnen. Diese Bemühungen gehen überwiegend auf Rechtstheoretiker zurück. Sie gingen von der römisch-rechtlichen Vorstellung des aleatorischen oder Glücksvertrages aus, die jedoch von dem versicherungsrechtlichen Spezialschrifttum schon weitgehend überwunden war[30].

4. Mit der steigenden Zahl der Beschäftigten in den Versicherungsbetrieben und dem verstärkten Einsatz von Versicherungsagenten kam ein Bedarf nach Ausbildungsliteratur auf, zumal die Betriebe noch keine gezielte Lehre kannten. Diese Nachfrage befriedigte Ernst Albert Masius, den man den Vater der deutschen Versicherungspublizistik genannt hat und der einen wichtigen Platz in der Versicherungswissenschaft um die Mitte des 19. Jahrhunderts eingenommen hat. Er war mit der Praxis der Betriebe bestens vertraut und ein guter Systematiker. Aus seiner Feder stammt mit der 1846 in Leipzig erschienenen „Lehre der Versicherung

---

29 Zur Entwicklung: Kracke, Versicherungsmathematik, ZVersWiss 1974, S. 51; Helten, Versicherungsmathematik, HdV, 1988, S. 1077.
30 Koch, Theorie der Versicherung, A. Anfänge der theoretischen Beschäftigung mit der Versicherung, HdV, 1988, S. 861 (864).

und statistischen Nachweisung aller Versicherungsanstalten in Deutschland, nebst Hinweisung auf den hohen Einfluß dieser Institute auf Nationalwohlstand und die Gesetze darüber in den verschiedenen Staaten" das älteste deutsche Lehrbuch des gesamten Stoffgebietes der Versicherungswirtschaft[31]. Das für Ausbildungszwecke bestimmte Werk enthielt wertvolles Material bei allerdings loser Systematik. Im gleichen Jahr brachte der Verfasser auch ein „Handbuch für Versicherungsagenten" heraus. Die Grenzen zwischen Praxis und Theorie waren damals, wie sie es auch heute noch sind, durchaus flüssig.

In diese Zeit fällt auch die Begründung der ersten deutschen Versicherungs-Fachzeitschrift „Rundschau der Versicherungen", ebenfalls durch Ernst Albert Masius, die bis zum Jahre 1922 als Masius' Rundschau bestand. Damit wurde ein wichtiges Forum für die Ausbreitung theoretischer Ideen, praktischer Anwendungen, Ausbildungsmaterialien und den Gedankenaustausch geschaffen. Auch heute noch verbinden die führenden Fachzeitschriften Beiträge aus Theorie und Praxis auf hohem Niveau. Die Begründung dieser Tradition ist ein wesentlicher Aspekt der zweiten Epoche, weil das Fachorgan die Grundlage bildet für die Behandlung von Einzelthemen, deren Diskussion und Weiterführung letztlich erst die modernen Speziallehrbücher ermöglicht hat.

5. Sehr zurückgedrängt war während dieses Zeitraumes die Anbindung an die allgemeinen wissenschaftlichen Disziplinen. Rechtswissenschaftler, Nationalökonomen und Mathematiker bezogen zwar das Phänomen in ihre Arbeiten ein und leisteten damit einen wertvollen Beitrag zur Verbreitung des Versicherungsgedankens, der in späterer Zeit von der allgemeinen Wissenschaft nicht mehr in gleicher Weise geboten worden ist. Im Vordergrund stand also wirklich die systematische Erfassung. Es fehlte jedoch weitgehend eine Vertiefung.

Diesem Mißstand wollte man durch eine Verankerung der Versicherungswissenschaft an den Hochschulen seit der Mitte des 19. Jahrhunderts abhelfen. Es blieb aber bei einzelnen Veranstaltungen interessierter Hochschullehrer. Der Handelsrechtler Levin Goldschmidt hielt in der zweiten Hälfte des 19. Jahrhunderts die erste versicherungsrechtliche Vorlesung an der Universität Berlin; einzelne mathematische Veranstaltungen schlossen sich an.

V. *Periode der Institutionalisierung der Versicherungswissenschaft*

Zeitlich bedeutete der Ausgang des 19. Jahrhunderts das Ende der zweiten sowie den Beginn der dritten und bisher letzten Epoche in der Ge-

---

31 Koch, Pioniere des Versicherungsgedankens, 1968, S. 261 – 264.

schichte der deutschen Versicherungswissenschaft. Dieser Übergang ist gekennzeichnet durch den Wandel von der Systematisierung zur Spezialisierung, die Institutionalisierung der Versicherungswissenschaft an den Hochschulen sowie durch den Deutschen Verein für Versicherungswissenschaft e.V., die Schaffung einheitlicher Rechtsgrundlagen für die Versicherungswirtschaft, die Entstehung moderner Großbetriebe mit entsprechenden Anforderungen sowie insbesondere eine Ausdehnung der Wirtschaftswissenschaften.

1. Eine Rückkoppelung der aus den allgemeinen Wissenschaften hervorgegangenen speziellen Teilbereiche der Versicherungswissenschaft trat mit der Errichtung des ersten versicherungswissenschaftlichen Instituts im Jahre 1895 an der Universität Göttingen durch den Juristen Victor Ehrenberg und den Nationalökonomen Wilhelm Lexis ein[32]. Diese Gründung bedeutete nicht nur eine Anerkennung der bisher überwiegend von Praktikern geleisteten versicherungswissenschaftlichen Arbeiten, sondern darüber hinaus vor allem den Versuch einer interdisziplinären Zusammenarbeit auf diesem Gebiet, die wegen der unterschiedlichen Methoden und Fragestellungen der einzelnen Teilwissenschaften so wichtig ist. Das Problem war also schon damals erkannt.

Noch bedeutender war die Schaffung des Deutschen Vereins für Versicherungswissenschaft e.V. in Berlin, weil er bis heute einen Gesamtrahmen für Privat- und Sozialversicherung, für alle Teildisziplinen der Versicherungswissenschaft sowie für Theorie und Praxis bietet.

Sowohl der Verein als auch das Göttinger Institut haben das Vorbild für weitere vergleichbare Hochschulinstitute abgegeben, hinsichtlich der Vereinsgründungen allerdings in kleinerem Rahmen, meist bezogen auf Förderaufgaben.

2. Einen weiteren entscheidenden Wandel brachte der Erlaß der beiden Reichsgesetze über die Beaufsichtigung der Versicherungsunternehmen und den Versicherungsvertrag unmittelbar nach der Jahrhundertwende. Diese Gesetzgebungswerke regten Rechtswissenschaft und -praxis zu intensiver Beschäftigung mit den neuen Gesetzen an. Es entstanden bedeutende Spezialkommentare und Lehrbücher des Versicherungsrechts, die das Gebiet auf ein hohes Niveau hoben, es zugleich aber auch zu einer Materie für Spezialisten machten. Das Stoffgebiet verschwand deshalb aus den allgemeinen zivilrechtlichen Lehrbüchern, und man verzichtete

---

32 Dorn, Wissenschaft, Versicherungslexikon, 3. Aufl. 1930, Sp. 1849; E. Frey, 75 Jahre Deutscher Verein für Versicherungswissenschaft, ZVersWiss 1974, S. 1.

auch weitgehend auf den Versuch, den Versicherungsvertrag in das System der schuldrechtlichen Vertragslehre einzuordnen[33].

Lange Zeit dominierte das Versicherungsvertragsrecht. Dies wurde nach dem Zweiten Weltkrieg mit dem Aufkommen neuer Rechtsgebiete, wie beispielsweise des Wettbewerbs-, Datenschutz- und EG-Rechts, anders[34]. Inzwischen ist wieder ein Wandel in die umgekehrte Richtung eingetreten, da das AGB-Gesetz die Rechtsprechung zwingt, den Inhalt Allgemeiner Versicherungsbedingungen an der gesetzlichen Regelung des VVG zu messen[35]. Durch diese Rückbesinnung hat das Versicherungsvertragsgesetz auch wissenschaftlich wieder an Bedeutung gewonnen, nachdem versicherungsrechtliche Probleme in der allgemeinen versicherungswissenschaftlichen Diskussion lange Zeit durch das überwiegende Interesse an wirtschaftswissenschaftlichen Fragestellungen zurückgedrängt worden waren.

3. Die Anforderung an die Versicherungswirtschaft, seit dem Beginn des 20. Jahrhunderts Deckungen für neue technische Erfindungen, wie das Kraftfahrzeug, andere Verkehrsmittel und maschinelle Einrichtungen aller Art im weitesten Sinne, zu bieten, eröffnete auch der Wissenschaft neue Dimensionen durch das Thema „Versicherung und Technik", das sich auf eine Vielzahl von Disziplinen erstreckt[36]. Praxis und Wissenschaft der Versicherung haben in vielen Bereichen den technischen Fortschritt überhaupt erst ermöglicht und die Ausgestaltung des Versicherungsschutzes, vor allem auch durch die Schadenforschung, immer mehr verfeinert und verbessert.

4. Gleichzeitig dehnte sich der Versicherungsschutz, dessen Angebot sich während des 19. Jahrhunderts überwiegend auf Handel und Gewerbe sowie wohlhabendere Kreise beschränkt hatte, durch die Einführung der Kleinlebens- oder Volksversicherung auf breite Bevölkerungsschichten aus. Diese Tatsache verwandelte die Versicherung unversehens in ein Massengeschäft und ließ in unerwarteter Weise die ersten Großbetriebe dieses Wirtschaftszweiges entstehen. Bei der Bewältigung der damit verbundenen Probleme war die Praxis zunächst auf sich allein gestellt,

---

33 Eichler, Vom Zivilrecht zum Versicherungsrecht, Grundprobleme des Versicherungsrechts, Festgabe für H. Möller, 1972, S. 177; Möller, Allgemeine Grundlagen, Versicherungsaufsichts- und Versicherungsvertragsrecht, ZVersWiss 1974, S. 7.
34 R. Schmidt, Das Versicherungsrecht in der Wirtschaftsordnung, Vielseitige Rückversicherung, 1978, S. 31 – 36.
35 Vgl. zuletzt Schirmer, Aktuelle Fragen bei der Anwendung des AGB-Gesetzes auf AVB, Symposion AGBG und AVB – Die Entwicklung des Verbraucherschutzes bei Versicherungsverträgen, Heft 12 der Schriftenreihe Versicherungsforum, 1993, S. 61 – 113; Bundschuh, Versicherung im Wandel, ZVersWiss 1993, S. 39 – 56.
36 Vgl. den Überblick von Kethers, Versicherung und Technik, HdV, 1988, S. 1259 – 1268.

weil die Wissenschaft sich des Versicherungsbetriebes erst in einer sehr späten Phase angenommen hat[37].

In erster Linie ging es um Fragen der Rationalisierung, der Arbeitsplatzgestaltung, der Betriebsorganisation und des Einsatzes betriebstechnischer Hilfsmittel, wie der Schreibmaschine, des Telefons, der Adrema bis hin zur modernen Versicherungsinformatik[38], die wegen ihrer Gesamtdurchdringung des Versicherungsbetriebes vielleicht sogar einen neuen Zeitabschnitt eingeleitet hat. Allgemeine betriebswirtschaftliche Erkenntnisse ließen sich nicht in allen Fällen auf die Versicherungspraxis übertragen, und Spezialuntersuchungen mußten von der Praxis selbst angestellt werden.

5. Schließlich hat sich aus den Wirtschaftswissenschaften[39] die Betriebswirtschaftslehre als eigenständige Disziplin entwickelt[40]. Die Bezeichnung Versicherungsbetriebslehre taucht zum ersten Mal im Untertitel der 1914 von Hans Hilbert vorgelegten „Technik des Versicherungswesens" auf. Zu den Anfangsgebieten dieses neuen Forschungsbereiches gehörten vor allem die Rechnungslegung und Bilanzierung, die Betriebsorganisation und die Managementlehre, die sich inzwischen sogar zu Teilwissenschaften entwickelt haben[41]. Einen besonderen Platz nimmt die Beschäftigung mit der Struktur und Erfassung des Risikos ein[42]. Das Interesse der Praxis an derartigen Arbeiten hat ständig zugenommen und sicherlich wesentlich dazu beigetragen, daß sich die Versicherungsbetriebslehre gerade auch in Deutschland zu einem Wissenschaftszweig von hohem Rang entwickeln konnte und inzwischen ihr System in einem modernen Lehrbuch gefunden hat[43].

---

37 Zusammenfassend H. L. Müller-Lutz, Grundlagen des Versicherungsbetriebes – Gedanken und Erfahrungen, hrsg. aus Anlaß der Vollendung seines 75. Lebensjahres, 1987.
38 v. d. Schulenburg, Versicherungsinformatik – Entwicklung, Trends und Zukunftsperspektiven, Assekuranz im Wandel, Festschrift aus Anlaß des 125jährigen Bestehens der Concordia Versicherungs-Gesellschaft a. G., 1989, S. 97–111.
39 Hax, Wirtschaftswissenschaften und Versicherung, ZVersWiss 1974, S. 45–50.
40 Schneider, Geschichte der Betriebswirtschaftslehre, Gabler Wirtschaftslexikon, 13. Aufl. 1992, S. 1322–1329.
41 Zur Entwicklung: Lukarsch, Die Betriebswirtschaftslehre der Versicherungen, VW 1962, S. 509; Farny, Grundfragen einer theoretischen Versicherungsbetriebslehre, Wirtschaft und Recht der Versicherung, P. Braeß zum 66. Geburtstag, 1969, S. 27; Hax, Auf dem Wege zu einer Versicherungsbetriebslehre, Praxis und Theorie der Versicherungsbetriebslehre, Festgabe für H. L. Müller-Lutz, 1972, S. 135; Koch, Zur Geschichte der Versicherungsbetriebslehre, ebd., S. 171; Helten, Versicherungsbetriebslehre, WiSt 1977, S. 1 und 152.
42 Vgl. neuerdings etwa: Risiko ist ein Konstrukt – Wahrnehmungen zur Risikowahrnehmung, Bd. 2 der Reihe „Gesellschaft und Unsicherheit", herausgegeben von der Bayerischen Rückversicherung AG, 1993.
43 Farny, Versicherungsbetriebslehre, 1989.

Diese starke Stellung der Versicherungsbetriebslehre innerhalb der Versicherungswissenschaft hat auf der einen Seite zu der bereits erwähnten Vernachlässigung von Versicherungsthemen in den allgemeinen wirtschaftswissenschaftlichen Lehrbüchern geführt, andererseits aber auch wesentlich zur Aufgeschlossenheit der Versicherungspraxis für wissenschaftliche Fragestellungen und zur Schaffung neuer Forschungsgebiete beigetragen, bei denen die Assekuranz Beschäftigungsobjekt und Untersuchungsgegenstand ist.

Udo Koppelmann

Marketingüberlegungen im Versicherungsbereich

1. Zum Marketingverständnis

Das Marketingverständnis ist unter den Vertretern der Disziplin uneinheitlich. Statt einer umfangreichen Literaturdiskussion soll hier kurz das eigene Verständnis verdeutlicht werden. Den Denkrahmen für die eigenen Überlegungen bildet die Koalitionstheorie. In der behavioristischen Theorie der Unternehmung (Simon 1955; March/Simon 1958; Cyert/March 1963) wird die Unternehmung als offenes soziales System betrachtet. Dieses System kann man auch als Koalition bezeichnen. Sowohl interne wie auch externe Koalitionen gelingen nur solange, wie Koalitionsteilnehmer den subjektiven Eindruck haben, daß sie für das, was sie leisten (was sie in den Topf tun), auch einen fairen Gegenwert (das, was sie aus dem Topf erhalten) bekommen. Daraus ergeben sich für uns folgende Marketingmerkmale:

- Marketing befaßt sich mit den Austauschbeziehungen zwischen Institutionen/Personen und Personen/Institutionen;

- Marketing erstreckt sich auf die Beeinflussung der Austauschbeziehungen zur eigenen Zielerfüllung;

- Die Austauschbeziehungen sind um so wirkungsvoller beeinflußbar, je mehr von den Ansprüchen der Austauschpartner ausgegangen wird.

Als Austauschpartner gelten Kunden, Lieferanten, das Umfeld sowie die Mitarbeiter im Unternehmen. Der Kundenschwerpunkt im unternehmerischen Handeln hat durchaus Sinn. Folgt man dem Gedanken Gutenbergs vom *Ausgleichsgesetz der Planung* (1983, S. 163 ff.), dann wird man in der Mehrzahl der Unternehmenssituationen in einer Wettbewerbswirtschaft den *Absatzmarkt* als Engpaßsektor für unternehmerisches Planen feststellen. Man kann noch so gute Produkte haben, noch so günstig produzieren usw., wenn dies alles keinen Interessenten findet, handelt man mit Zitronen. Somit wollen wir das kunden- oder absatzmarktgerichtete Marketingdenken in den Mittelpunkt dieser Überlegungen stellen.

Man kann dieses Marketingdenken in einem Wettbewerbsmarkt auch als *Profilierungsdenken* umschreiben. Wie die folgende Übersicht zeigt, muß sich der Anbieter in den Augen seines Kunden gegenüber der Konkurrenz profilieren:

Übersicht 1: Das Profilierungsgefüge im Wettbewerb

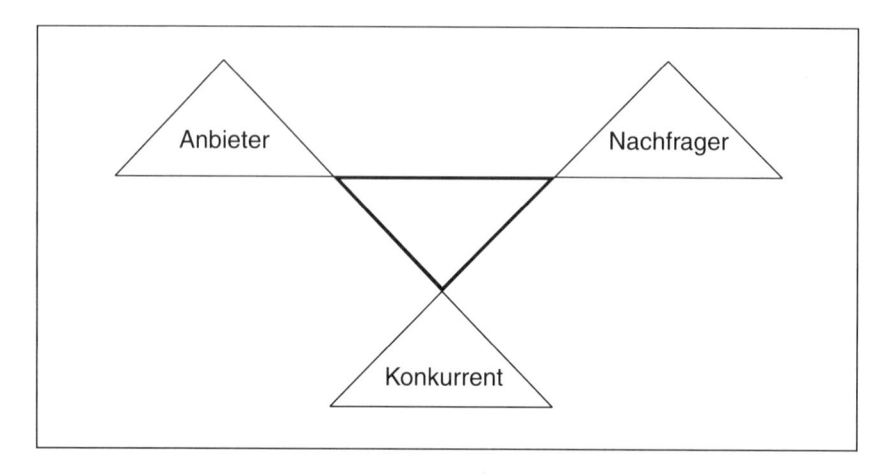

```
         Anbieter              Nachfrager


                   Konkurrent
```

Daraus folgen mehrere Konsequenzen:

- Der Kunde muß meine Angebote wahrnehmen;
- Er muß diese Angebote für wichtig halten;
- Er muß sie für interessanter als die der Konkurrenz halten;
- Er muß sie als meine Angebote wiedererkennen.

Alles, was der Kunde nicht wahrnimmt oder nicht wahrnehmen kann, sollte man sich schenken. Die aus der Gestaltpsychologie stammenden Gestaltgesetze (Koppelmann 1993, S. 31 ff.) helfen bei der Erklärung, warum besser bzw. schlechter wahrgenommen wird. Der Kunde wendet sich nur dem zu, was ihn interessiert, was ihm wichtig erscheint. Es interessiert also nicht das, was dem Anbieter als wichtig erscheint, was das Versicherungsunternehmen meint, sondern nur das subjektive Kundeninteresse. Dies kann sicherlich auch geprägt werden, so daß es falsch wäre, dieses mit den herkömmlichen Marktforschungsmethoden abzufragen. Was könnte für einen Kunden morgen wichtig sein? Meinem Angebot wird sich der Kunde nur zuwenden, wenn er es für besser als das Konkurrenzangebot hält. Auch dies ist wieder lediglich ein subjektives Urteil. Nicht meine Konkurrenzbeurteilung, sondern die des Kunden und seine Beurteilung meines Angebotes ist damit bedeutsam. Natürlich können Leistungsvergleiche wichtig sein, das ist allenfalls eine Beurteilungsgrundlage – nicht mehr. Die Erklärungsschwierigkeiten wären ja auch nicht unbeträchtlich, wenn man begründen sollte, daß die größten

Marktanteile in den einzelnen Versicherungssparten ja nun nicht unbedingt die Anbieter mit den günstigsten Preis-Leistungs-Relationen aufweisen.

Und schließlich will ein Unternehmen auch Folgekäufe initiieren. Firmen- und Markentreue sind wichtige Ziele. Dazu muß mein Auftritt mit der jeweiligen Leistung in Verbindung gebracht werden. Es muß ein markanter statt eines diffusen Auftritts sein, der durch Konstanz in den Gestaltungsinstrumenten gekennzeichnet ist. Das gilt für die Werbung, das Corporate Design usw.

Nun hängt die Untersuchung der Beeinflussung von Austauschbeziehungen auch davon ab, worauf sich der Austausch bezieht, vom Austauschgegenstand. Schaut man sich das typische Austauschobjekt in den meisten mit Marketing betitelten Lehrbüchern an, dann stehen Konsumgüter im Mittelpunkt. Sehr viel jüngeren Datums sind Industriegüter (Investitionsgüter). Dienstleistungen als Beispiele sind noch eher die Ausnahme. Versicherungsprodukte und alles das, was sie jeweils spezifisch umgibt, sollen hier als *Dienstleistungen* aufgefaßt werden. Das allgemeine Marketing gilt grundsätzlich, im Dienstleistungsmarketing müssen einige Besonderheiten bedacht werden, die sich aus dem Charakter des Austauschgegenstandes ergeben. Dienstleistungen kann man als immaterielle Bereitstellung und Vollzug von Faktorkombinationen verstehen (Koppelmann 1991, S. 5).

Wegen der Immaterialität sind die Ansprüche an Dienstleistungen anders als die an Sachgüter strukturiert. Die Gestaltung der Austauschprozesse unterliegt anderen Einflüssen und auch die Vermarktung weist Besonderheiten auf. Versicherungen als *Risikoausgleichsprodukte* gehören in diese Kategorie. Bei diesem Geschäft wird man sich nicht ohne Berücksichtigung von Potentialen (Stärken/Schwächen), Limitierungen (das rechtlich Vorgegebene) und der eigenen Ziele operieren können. Darauf werden wir später noch verweisen. Es ergibt sich somit ein modifiziertes Bild (siehe Übersicht 2).

Das absatzgerichtete Marketing für Versicherungsprodukte weist allerdings die gleichen Strukturmodule auf, die wir auch bei Sachprodukten kennen. Weil es sich um eine hochkomplexe Entscheidungssituation handelt, kann sich die Struktur am Phasentheorem der Entscheidung (Witte 1980) orientieren. Zunächst muß das Problem identifiziert werden, dazu benötigt man Informationen, bevor man zur Problemlösung übergeht. Für das hier gestellte Problem kann sich folgende Struktur als dienlich erweisen (siehe Übersicht 3).

Vorrangig zur Markt- und Zielanalyse, reduziert zur Realisations- und Veränderungsanalyse, sollen einige Marketingüberlegungen für Versicherungen entwickelt werden.

Übersicht 2: Einflüsse auf das Versicherungsangebot

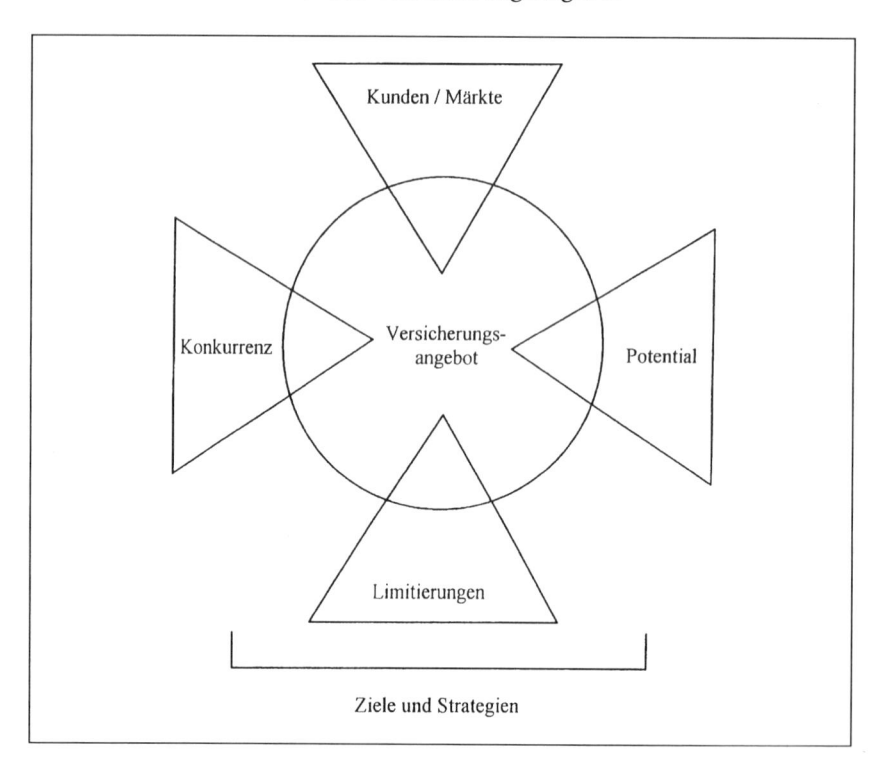

```
          Kunden / Märkte

Konkurrenz   Versicherungs-   Potential
               angebot

          Limitierungen

          Ziele und Strategien
```

2. Marktanalyse für Versicherungen

(1) Marktfeldbestimmung

Eine falsche *Marktfeldbestimmung* verdirbt die besten Überlegungen. Verschiedene Anhaltspunkte zur Marktdefinition stehen zur Verfügung. Man kann sie einzeln, meist allerdings kombiniert wählen. Die *geographische* Option liegt in der Polarität: regional oder global. Dazwischen gibt es dann die verschiedenen Übergänge (national/hemisphärisch/international). Langfristig wird man davon ausgehen können, daß die noch vorhandenen Marktbegrenzungen auf den interessanten Märkten rund um den Globus abgebaut werden. Des weiteren haben wir es mit der *Objektoption* zu tun. Das kann die Produktkategorie (Pkw-Haftpflicht) sein, es sind aber auch Spezifizierungen möglich (Taxi-Haftpflicht). Die objektbezogene Marktfeldbestimmung ist sicherlich am weitesten verbreitet. Unter kritischem Marketingblickwinkel kommt das jedoch einer „Steinzeit"-Marktfeldbestimmung gleich. Entsprechend dem hier unterstellten Marketingverständnis wollen wir uns hier der *Subjektoption* der *Kun-*

Übersicht 3: Der Marketingentscheidungsprozeß

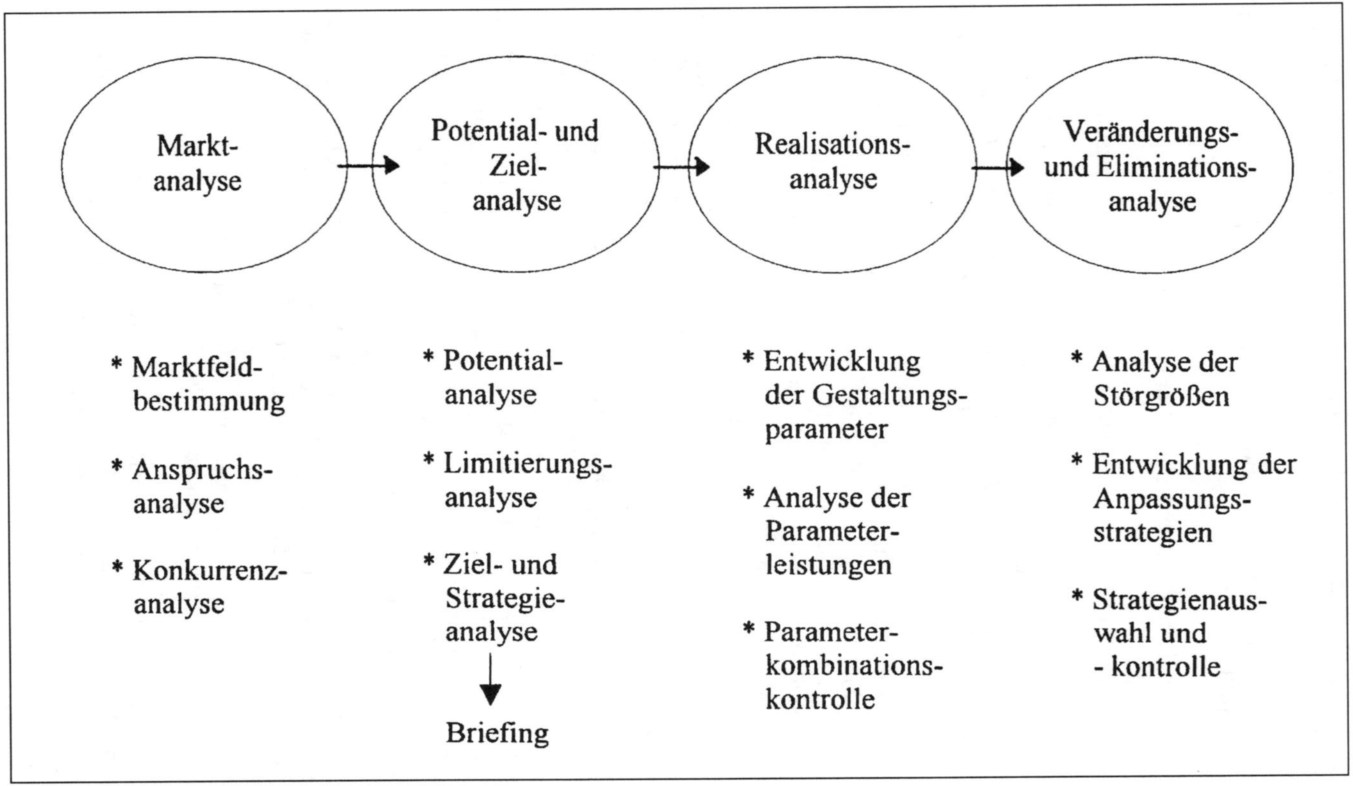

```
     Markt-            Potential- und      Realisations-      Veränderungs-
     analyse      →    Ziel-          →    analyse        →   und Eliminations-
                       analyse                                analyse

* Marktfeld-         * Potential-        * Entwicklung        * Analyse der
  bestimmung           analyse             der Gestaltungs-    Störgrößen
                                           parameter
* Anspruchs-         * Limitierungs-                          * Entwicklung der
  analyse              analyse           * Analyse der          Anpassungs-
                                           Parameter-           strategien
* Konkurrenz-        * Ziel- und           leistungen
  analyse              Strategie-                             * Strategienaus-
                       analyse           * Parameter-           wahl und
                                           kombinations-       - kontrolle
                       →                   kontrolle
                       Briefing
```

densegmentierung zuwenden. Vielfältige Segmentierungskriterien stehen zur Verfügung:

- demografische/sozioökonomische (z. B. Geschlecht, Alter, Familienstand, Beruf, Wohnort);
- soziologische (Status, Rollen, Schicht usw.);
- psychologische (Einstellungen, Wünsche, Motive, Wissen etc.).

Daraus lassen sich recht heterogene, auf den jeweiligen Einzelfall konkretisierbare Segmentierungen ableiten. Besonders bekannt sind in der Versicherungswirtschaft die demographischen Segmentierungen, wenn dieser Aspekt überhaupt beachtet wird (siehe hierzu asw 8/91, S. 56).

Theorie und Praxis des Konsumgütermarketing sind allerdings weiter vorangeschritten. Bereits Mitte der 70er Jahre ragt die Lebensstildiskussion in das Marketing hinein (Plummer 1974, S. 33 ff.). Die Diskussion wird soziologisch unterfüttert (z. B. Bourdieu 1979, 5. Aufl. 1993). Man bemüht sich, den Menschen als Ganzheit zu betrachten, statt wie bisher nur Einzelfacetten zu nutzen. Viele Merkmale aus verschiedenen Bereichen werden erhoben, um mit ihrer Hilfe Gruppengleichheiten und -distanzen, das sind dann Marktsegmente, festzustellen. Das in der Bundesrepublik Deutschland am besten fundierte Modell dieser Art ist das seit Anfang der 80er Jahre existierende *Sinus-Lebenswelten-* oder *-Milieu-Modell*. Es werden Fragen zum Lebensziel, zur sozialen Lage, zu Einstellungen zur Arbeit und zur Leistung, über das Gesellschaftsbild, über Familie/Partnerschaft, über die Freizeit, über Wunsch- und Leitbilder und über den Lebensstil erhoben. Die Befragung wird dadurch ergänzt, daß man fotografisch die jeweils realen Lebenswelten dokumentiert und anschließend contentanalytisch auswertet. Insbesondere bei den weniger kognitiv gesteuerten Verhaltensweisen ist die Fotografie gegenüber der Befragung sicherlich die validere Erhebungsform, weil die Gefahr der kognitiven Transformation reduziert wird.

Ein weiterer positiver Aspekt dieser Lebensweltenforschung liegt in der Dynamik. Es bleibt nicht bei einer einmaligen Erhebung; sie wird wiederholt. Den jetzigen Stand dokumentiert die Übersicht 4 (Spiegel 1993).

Die Entwicklung der Mengenanteile über die Zeit zeigt die Übersicht 5 (Becker, U./Becker, H./Ruhland 1992, S. 86).

Aus dieser Entwicklung können unterschiedliche Schlüsse gezogen werden. Auffällig ist das neue Milieu „Neues Arbeitermilieu", das sich zunehmend deutlicher im Jahre 1991 herausschälte.

Übersicht 4: Die sozialen Milieus in Westdeutschland – Soziale Stellung und Grundorientierung

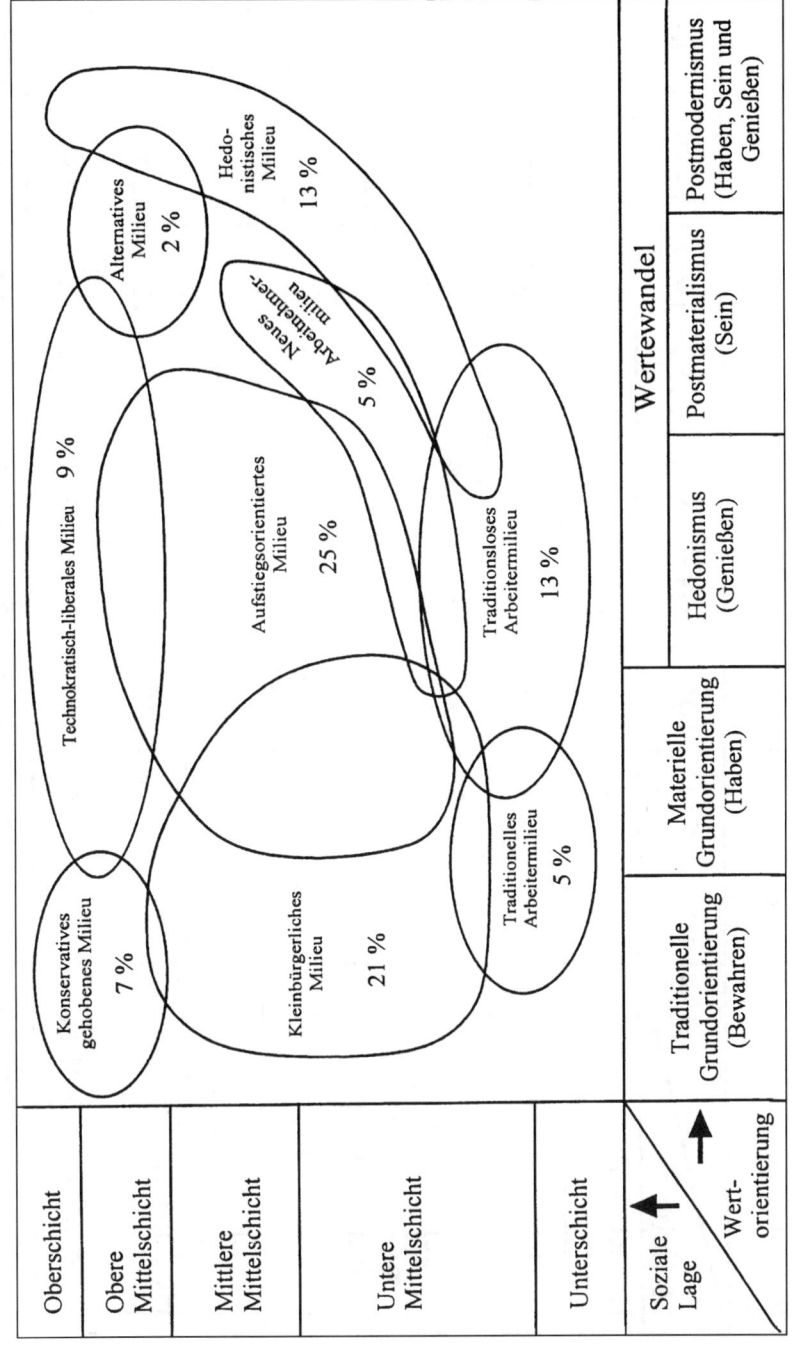

Soziale Lage	Traditionelle Grundorientierung (Bewahren)	Materielle Grundorientierung (Haben)	Hedonismus (Genießen)	Postmaterialismus (Sein)	Postmodernismus (Haben, Sein und Genießen)
Oberschicht					
Obere Mittelschicht	Konservatives gehobenes Milieu 7 %		Technokratisch-liberales Milieu 9 %		Alternatives Milieu 2 %
Mittlere Mittelschicht			Aufstiegsorientiertes Milieu 25 %		Hedonistisches Milieu 13 %
Untere Mittelschicht	Kleinbürgerliches Milieu 21 %			Neues Arbeitnehmermilieu 5 %	
Unterschicht	Traditionelles Arbeitermilieu 5 %		Traditionsloses Arbeitermilieu 13 %		

Wertorientierung

Wertewandel

Übersicht 5: Entwicklung der Milieustruktur der deutschen Wohnbevölkerung

Jahre Milieus	1982	1983	1984	1985	1986	1987	1988	1989	1990
Konservatives gehobenes Milieu	9 %	9 %	9 %	9 %	9 %	9 %	8 %	8 %	7 %
Kleinbürgerliches Milieu	28 %	28 %	28 %	26 %	26 %	25 %	25 %	24 %	24 %
Traditionelles Arbeitermilieu	10 %	10 %	10 %	9 %	9 %	8 %	7 %	7 %	6 %
Traditionsloses Arbeitermilieu	9 %	9 %	9 %	10 %	10 %	11 %	11 %	12 %	13 %
Aufstiegsorientiertes Milieu	20 %	21 %	20 %	23 %	24 %	24 %	25 %	25 %	26 %
Technokratisch-liberales Milieu	9 %	9 %	9 %	10 %	10 %	9 %	9 %	9 %	9 %
Hedonistisches Milieu	10 %	9 %	10 %	10 %	11 %	11 %	12 %	12 %	13 %
Alternatives Milieu	4 %	4 %	4 %	3 %	3 %	3 %	3 %	3 %	2 %
Basis:	25670	52343	49027	52421	52153	51877	26419	10000	10000

Eigentlich müßte an dieser Stelle eine Milieubeschreibung folgen. Das würde jedoch den gesetzten Rahmen weit sprengen, so daß auf die Spiegel-Dokumentation (1993, S. 201 ff.) verwiesen werden muß. Den gewonnenen Raum wollen wir zur Darstellung der ostdeutschen Milieus nutzen (ebenda, S. 210 ff.). Trotz über 40jähriger unterschiedlicher Entwicklung haben sich doch recht ähnliche Lebenswelten herausgebildet, wie die Übersicht 6 zeigt (S. 212).

Die jeweilige Milieubeschreibung läßt recht plastisch erkennen, wen man jeweils vor sich hat. Es werden auch Bezüge zwischen den Segmenten deutlich, die man zur Erklärung von Diffusionsverhalten nutzen kann (Koppelmann 1993, S. 61).

(2) Anspruchsanalyse

Ansprüche werden hier als gegenstandsgerichtete, nahe an der Verhaltensoberfläche liegende Wünsche bezeichnet. Ausgehend von einer allgemeinen Systematik möglicher Ansprüche (Koppelmann 1993, S. 101) wollen wir hier nach einer dienstleistungsorientierten Systematik Ausschau halten. Die folgende Systematik orientiert sich an den Anspruchskreisen (Verwender: Konsumenten-/Produzentensphäre; Mittler: Agenten, Makler, eigener Außendienst; Anbieter: Versicherungsunternehmen). Wir wollen uns hier auf die konsumtiven Verwender beschränken (siehe Übersicht 7).

Sachansprüche sind vorrangig bewußt geäußerte, kognitiv gesteuerte Wünsche. Man kann die Sachansprüche an Versicherungen in solche der Leistungsanbahnung, der Leistungsrealisation sowie der Beziehungspflege unterteilen. Bei der Leistungsanbahnung spielen Fragen der Zeit (wann ist die Anbahnung möglich, wie schnell wird auf Wünsche reagiert?), des Ortes (bei mir zu Hause, in der Bank, in der Versicherung, Ortsqualität: Parken usw.), des Partners (Kompetenz, Argumentation, Auftreten) und der Information (Informationsumfang, -verständlichkeit, -zweifelsfreiheit, -aktualität) eine Rolle. Ansprüche im Rahmen der Leistungsrealisation erstrecken sich auf die Quantität (z. B. Versicherungssummenhöhe), auf die Qualität der Abwicklung (z. B. Sorgfalt im Zweifelsfalle zugunsten des Kunden), auf die Abwicklungsgeschwindigkeit, auf den Abwicklungsort (muß ich im Schadenfall zum Versicherungsunternehmen oder kommt ein Mitarbeiter zu mir?), auf die Leistungskonstanz (z. B. stets freundliche Hilfsbereitschaft) und natürlich auch auf die bei der Abwicklung entstehenden Kosten in Form von Preisen, die ich entrichten muß. Gerade bei Dienstleistungen ist die Beziehungspflege wichtig, um den Kundenkontakt (→ Marken-/Firmenbindung) zu halten. Wenn man nach dem Versicherungsverkauf nichts mehr von sich hören läßt, nicht als der kompetente Partner in allen Versicherungsfragen den

Übersicht 6: Die sozialen Milieus in Ostdeutschland – Soziale Stellung und Grundorientierung

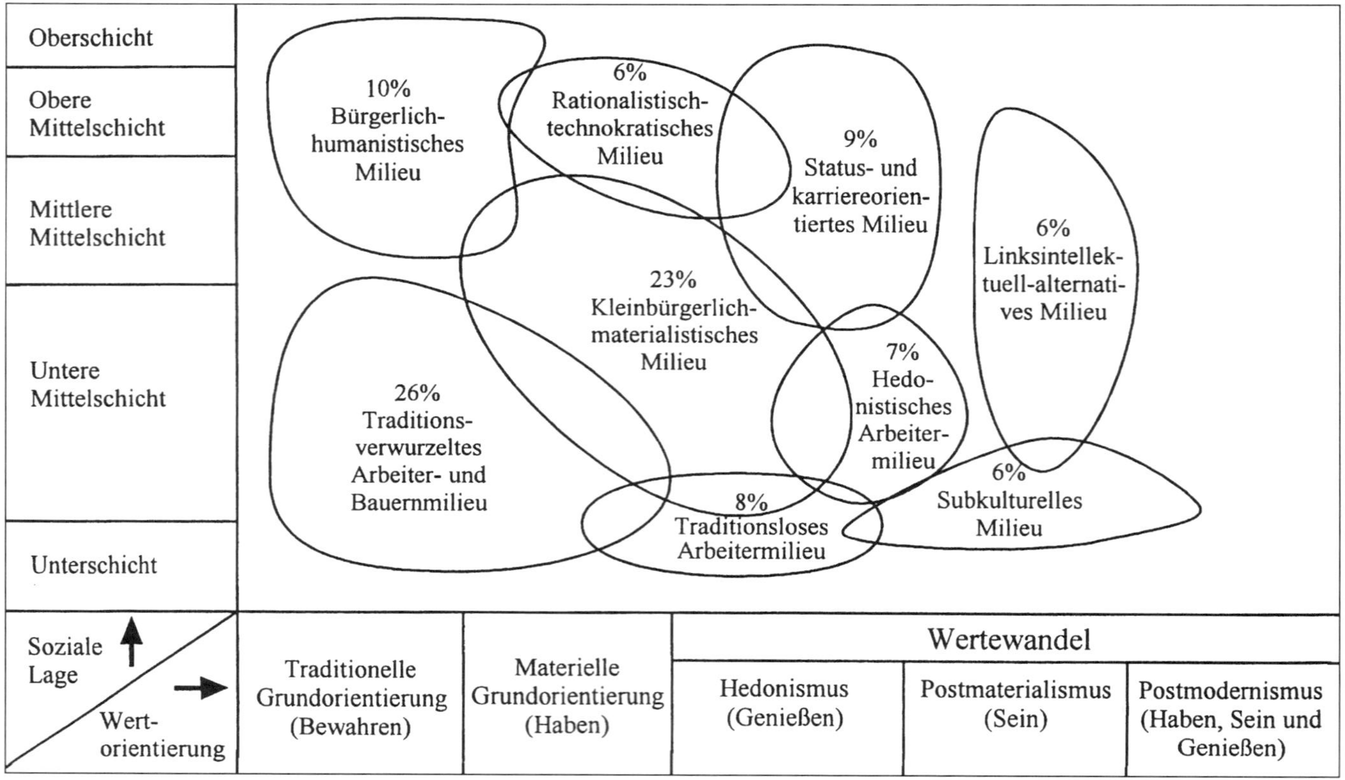

Soziale Lage	Traditionelle Grundorientierung (Bewahren)	Materielle Grundorientierung (Haben)	Hedonismus (Genießen)	Postmaterialismus (Sein)	Postmodernismus (Haben, Sein und Genießen)
Oberschicht					
Obere Mittelschicht	10% Bürgerlich-humanistisches Milieu	6% Rationalistisch-technokratisches Milieu	9% Status- und karriereorientiertes Milieu	6% Linksintellektuell-alternatives Milieu	
Mittlere Mittelschicht					
Untere Mittelschicht	26% Traditionsverwurzeltes Arbeiter- und Bauernmilieu	23% Kleinbürgerlich-materialistisches Milieu	7% Hedonistisches Arbeitermilieu	6% Subkulturelles Milieu	
Unterschicht		8% Traditionsloses Arbeitermilieu			

Wertorientierung → Wertewandel

Übersicht 7: Ansprüche an Dienstleistungen

Ansprüche an Dienstleistungen

Verwenderansprüche

Sachansprüche
- Leistungsanbahnung (Zeit / Ort / Partner / Informationen)
- Leistungsrealisation (Quantität / Qualität / Geschwindigkeit / Ort / Leistungskonstanz / Kosten)
- Beziehungspflege (Information / Beratung)
- usw.

Anmutungsansprüche
- Vertrauen
- Atmosphäre
- Sicherheit
- Demonstration
- usw.

Mittleransprüche
- Spezialisierung / Standardisierung
- Marktanteilserweiterung
- Profilierung
- Gewinnerzielung
- usw.

Anbieteransprüche
- Absatzansprüche
- Abwicklungsansprüche (Produktion)
- Risikoansprüche
- Monopolisierungsansprüche
- Gewinnansprüche
- usw.

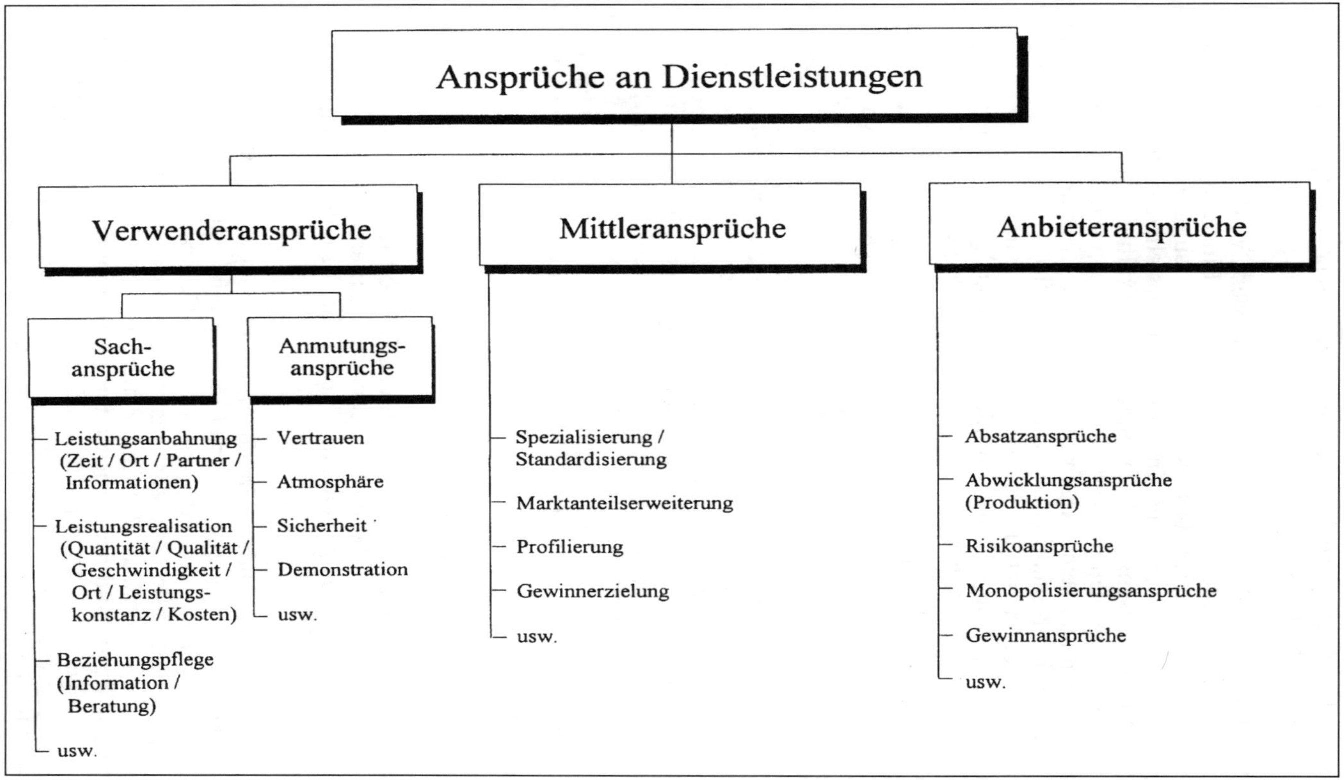

Kontakt pflegt, dann darf man sich nicht über das Wechselverhalten seiner Kunden wundern.

Seit langem praktiziert, aber selten realisiert, wird der Umgang mit *Anmutungsansprüchen*, die aus Stimmungen, Einstellungen, Motiven resultieren, also weniger stark kognitiv gesteuert sind. Sie sind die Antriebskräfte unseres Handelns. Im Vordergrund stehen sicherlich Vertrauens- und Sicherheitsansprüche. Weil man das Produkt nicht sehen kann, muß man den Aussagen des Vertreters usw. Glauben schenken. Seine Sprache, sein Auftreten, seine Argumentation müssen in mir Vertrauen schaffen, denn ich kann nicht wissen, ob die zukünftige Leistung auch wirklich so erfüllt wird, wie ich mir das heute vorstelle. Damit hängt der Sicherheitsanspruch zusammen. Insbesondere bei einer Lebensversicherung erhoffe ich nach meinen jetzigen Einzahlungen eine gut verzinste Auszahlungssumme z. B. in 20 Jahren. Wer weiß aber bei der heutigen Wirtschafts- und Politikdynamik, was morgen sein wird? In der Architektur der Verwaltungsbauten von Banken und Versicherungen finden wir bereits frühzeitig einen Reflex auf diesen Anspruchsbereich; heute gehört das zum Bereich des Corporate Design. Das wird auch unter dem Aspekt der Atmosphäre berücksichtigt. Der herrschaftliche Gestus der Architektur macht den Kunden klein; nicht jedem paßt das. Man möchte vielleicht seine individuellen Atmosphärenwünsche verwirklicht sehen. Wenn sich das auf Beratungsräume im Versicherungsunternehmen bezieht, heißt das beispielsweise, daß die Büroeinrichtung gegen unterschiedliche Wohnstile ausgetauscht werden muß. Im Versicherungsbereich spielt der Demonstrationswunsch vielleicht noch keine so große Rolle wie im Bankbereich; dort kann die Angabe eines Kontos bei der internationalen renommierten Privatbank O. durchaus auf die Solidität des Kontoinhabers zurückstrahlen.

(3) Anspruchssegmentierung

Mit den beiden geschilderten Parametern können wir nun eine Auswahlmatrix bilden. Als Wenn-Komponente figurieren die einzelnen Milieus und als Dann-Komponente die Ansprüche. Es entsteht folgende Struktur (siehe Übersicht 8).

Die einzelnen Felder können nun erfahrungsgestützt inhaltlich gefüllt werden. So ist es zum Beispiel offenkundig, daß die einzelnen Milieus unterschiedliche Anforderungen an den Gesprächspartner bezüglich der Argumentationsinhalte, der Argumentationsform, der Sprache, des Auftretens usw. stellen. Wenn man sich in die Denk- und Gefühlswelt der Segmente anhand der vorliegenden Beschreibungen hineinversetzt, sollte es gelingen, die zielgruppenspezifischen Wunschschwerpunkte zu isolieren. Dann kann man sich auch gezielt Gedanken über Anspruchsentwicklungen machen. Statt allgemeiner Anspruchsprognosen wird das

Hineinversetzen in die „Köpfe der Zielgruppen" wesentlich qualifiziertere Aussagen ermöglichen.

Übersicht 8: Zur Anspruchssegmentierung

Wenn-Komponente z.B. Segmente / Dann-Komponente z.B. Verwenderansprüche	Konservatives Milieu	Technokratisches Milieu	usw.
Leistungsanbahnung			
Zeitansprüche			
Ortsansprüche			
Partneransprüche			
Informationsansprüche			
Leistungsrealisation			
Quantitätsansprüche			
Qualitätsansprüche			
Geschwindigkeitsansprüche			
Ortsansprüche			
Leistungskonstanzansprüche			
Kostenansprüche			
usw.			

(4) Konkurrenzanalyse

Zuerst geht es um die *Definition* des Konkurrenten. Wen betrachtet man als Konkurrenten? Denkbar sind Budgetkonkurrenten, Problemlösungskonkurrenten, Imagekonkurrenten, Produktleistungskonkurrenten und Angebotsmodalitätskonkurrenten.

Jemand hat X DM geerbt. Soll er eine neue Küche kaufen, eine Weltreise machen oder etwas für die Altersvorsorge tun? Das Altersvorsorgeproblem kann mit Immobilien, Wertpapieren, Lebensversicherungen usw. gelöst werden. Lebensversicherungen können marken-/firmenspezifische Alternativen sein. Die Ausprägung des einzelnen Versicherungsproduktes schlägt sich in der Produktleistungskonkurrenz nieder. Als Angebotsmodalitätskonkurrenten treten zum Beispiel Unternehmen im Direktvertrieb bei gleichem Produkt auf.

Dann wird man die *Konkurrenzinhalte* prüfen müssen. Auch hier müssen wir uns wieder die subjektive Kundensicht vor Augen halten. Was halten die von mir für wichtig gehaltenen Kunden von den Konkurrenzangeboten? Neben einer Detailanalyse empfiehlt sich eine *Angebotspositionierung*. Reduziert auf wenige kaufentscheidende Merkmale, sind Schwerpunktbestimmungen möglich. So kann man neben der üblichen zweidimensionalen Felddarstellung auch mehrdimensionale Polarkoordinatendarstellungen wählen:

Übersicht 9: Angebotspositionierung

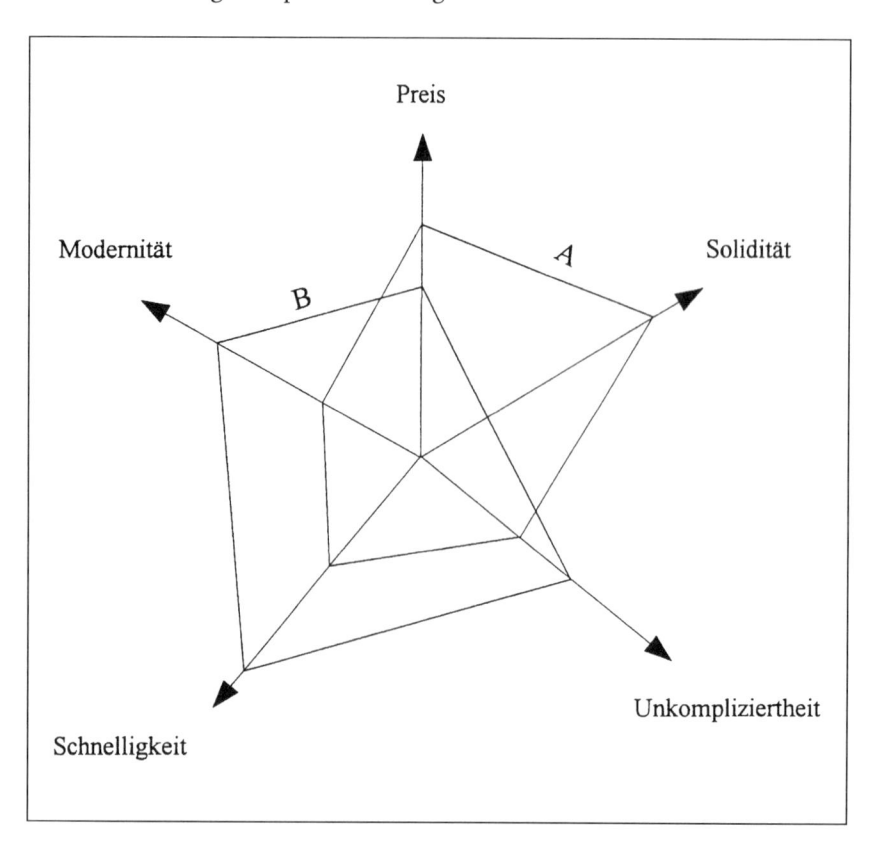

Vom Koordinatenursprung aus nimmt die Merkmalsausprägung jeweils zu. Konkurrent A bietet das Produkt hochpreisig an, er gilt als recht solide, allerdings auch kompliziert in der Abwicklung, deshalb als nicht besonders schnell und eher als konservativ. B kann man selbst oder ein weiterer Konkurrent sein usw. Aus dieser Positionierung erwachsen Profilierungshinweise in den jeweiligen für wichtig gehaltenen Schwerpunkten.

3. Potential- und Zielanalyse

Nach dieser externen (Markt-)Betrachtung müssen wir die internen Gegebenheiten prüfen. Im Rahmen der *Potentialanalyse* geht es um die Feststellung der internen Restriktionen und Anknüpfungspunkte für deren Beseitigung. Als Instrument kann die Stärken-Schwächen-Analyse dienen:

Übersicht 10: Stärken-Schwächenanalyse

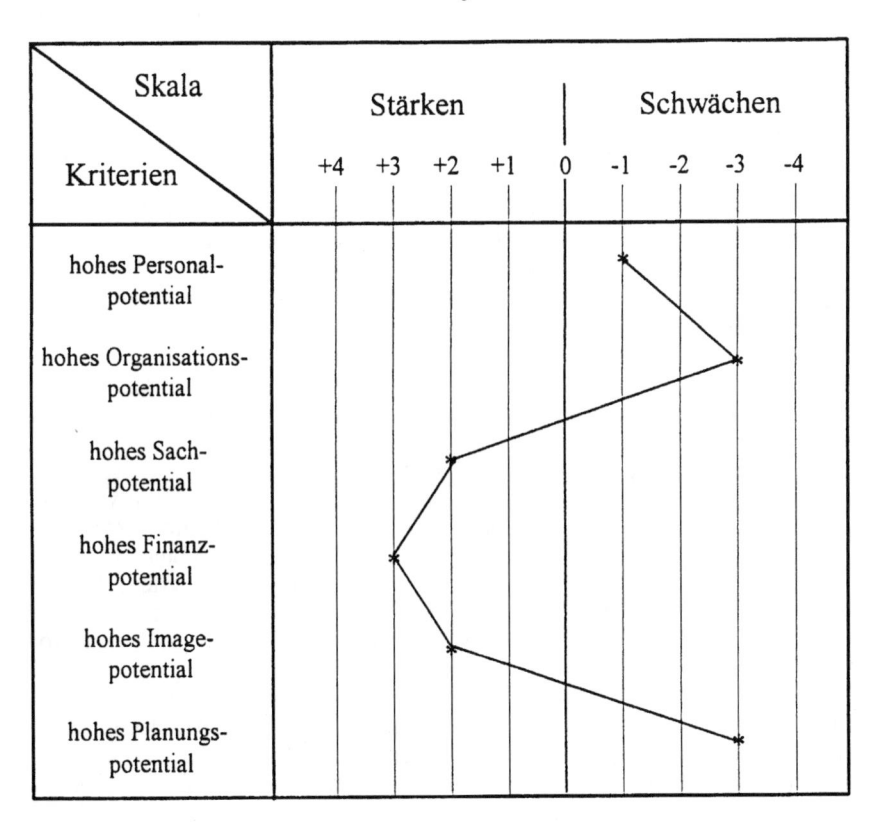

Kriterien \ Skala	Stärken				Schwächen			
	+4	+3	+2	+1	0	-1	-2	-3	-4
hohes Personalpotential						*			
hohes Organisationspotential								*	
hohes Sachpotential			*						
hohes Finanzpotential				*					
hohes Imagepotential					*				
hohes Planungspotential								*	

Problematisch ist bei dieser Analyse die Maßstabsfindung. Will man sich am Konkurrenzbesten orientieren, will man das derzeit Bestmögliche oder sollte man es nicht vielleicht besser von dem zu lösenden Problem abhängig machen? Für ein einfaches kostenreduziertes Angebot benötigt man andere Potentiale als für ein diffiziles Spezialprodukt. Diese Betrachtungsweise läßt sich realisieren, wenn man das Unternehmen nach spezifischen Produkt-Markt-Beziehungen (strategische Geschäftseinheiten) organisiert hat. Die auf das Angebot konzentrierte Sichtweise hat den Vorteil, daß der Maßstab recht konkret ausfällt, keine teuren Potentialreserven geplant werden.

Jeweils branchenspezifisch fällt die *Limitierungsanalyse* aus. Die rechtlichen Begrenzungen haben meist länderbezogene Inhalte, sie können von supranationalen Regelungen überdeckt werden. Nicht nur heutige Limitierungen, auch morgen wahrscheinliche müssen bedacht werden.

Vor diesem Hintergrund kann nun die *Zielanalyse* erfolgen. Aus Platzgründen sollen hier lediglich einige Gedanken zu den Inhalten von Formalzielen entwickelt werden. Zuerst wird man die *Basisziele* für die Planungsperiode klären müssen. Das sind nicht immer die erwerbswirtschaftlichen Ziele Gewinn und Umsatz. Sicherungs- und Einflußziele (Koppelmann 1993, S. 188) findet man nicht nur im Mittelstand; die jüngsten Übernahmeschlachten haben auch im Versicherungsbereich das Unabhängigkeitsziel des Vorstandes deutlich werden lassen. Die Marketingziele als Funktionsbereichsziele können sich aus dem Unternehmen selbst ergeben (z. B. Programmkonzentration), sie können aber auch marktorientiert sein (z. B. Marktanteilssteigerung, Absatzstetigkeit). Daraus folgen Instrumentalziele. Für jedes Marktbeeinflussungsinstrument kann man Zielvorgaben entwickeln. Da man die Instrumente allerdings kombiniert einsetzt, benötigt man eine Vernetzungsgröße. Dazu eignen sich besonders die Produktziele (siehe Übersicht 11).

Mag sein, daß es für das eine oder andere Produktziel noch kein Versicherungsbeispiel gibt, vielleicht muß es noch entwickelt werden.

Das billige Massenprodukt als einfache, wenig differenzierte Lösung für ein breites Publikum mit möglichst geringen Distributionskosten verlangt eben ein anderes Vermarktungsmix als die Entwicklung und Vermarktung von Spezialitäten für sehr schmale Segmente, wie sie beispielsweise von der Mannheimer Versicherungsgruppe angeboten werden. In der gleichen Quelle (asw 8/91) wird ein First-Class-Service-Konzept als strategische Option beschrieben, wir würden einfach von einem Spitzenprodukt reden.

Diese und mögliche weitere Ziele verlangen nicht nur spezifische Maßnahmen der Produktgestaltung; sie legen auch Schwerpunkte im Vermarktungsmix fest. Darüber hinaus kann man Potentialabhängigkeiten

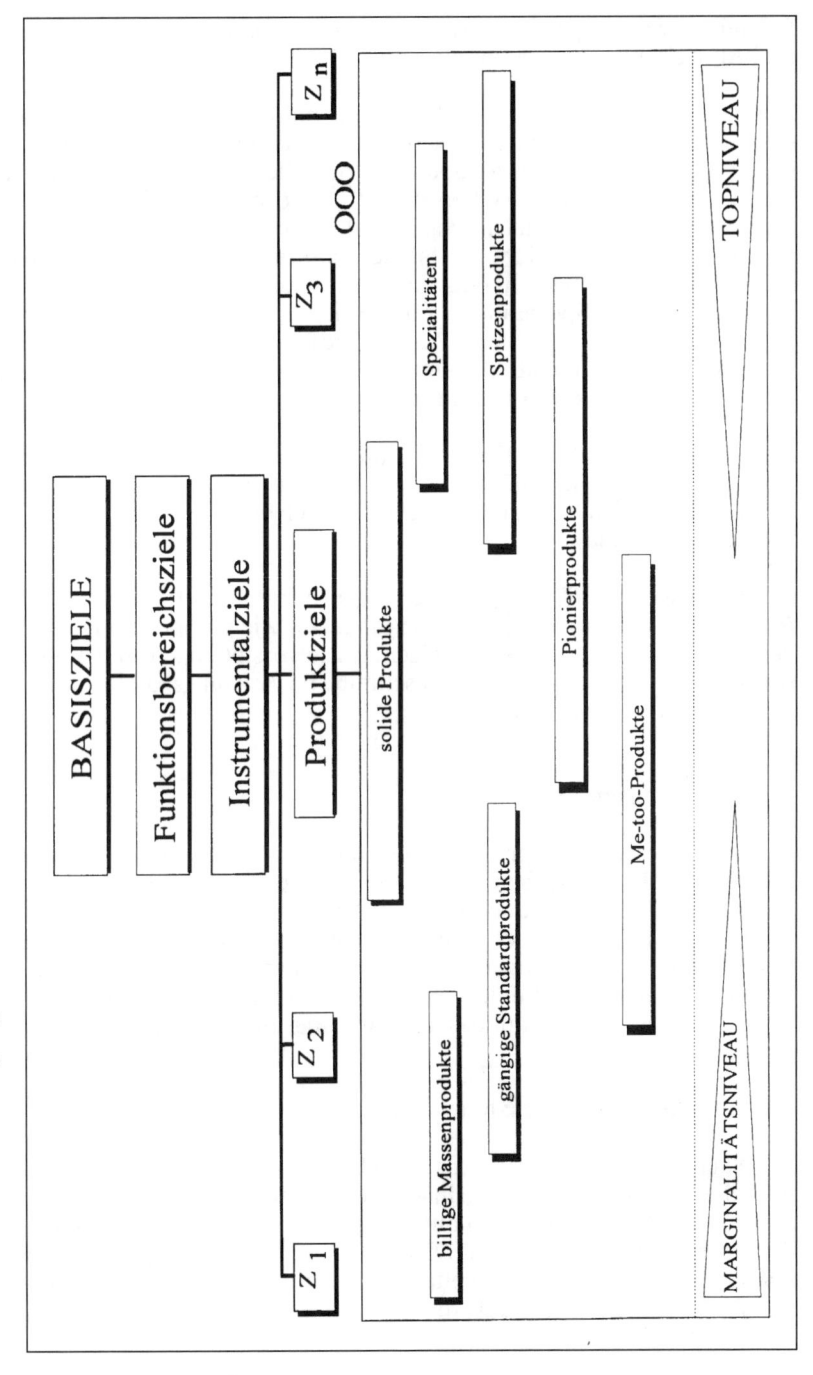

Übersicht 11: Zielüberlegungen

BASISZIELE

Funktionsbereichsziele

Instrumentalziele

Produktziele

Z_1 Z_2 Z_3 ooo Z_n

- billige Massenprodukte
- gängige Standardprodukte
- solide Produkte
- Spezialitäten
- Me-too-Produkte
- Pionierprodukte
- Spitzenprodukte

TOPNIVEAU

MARGINALITÄTSNIVEAU

feststellen. Spitzenprodukte setzen einen entsprechenden Distributions- und Abwicklungsapparat voraus usw.

Abschließen wollen wir diese Überlegung mit einigen *Kompatibilitätsgedanken*. Um Zielkonflikte zu vermeiden, müssen auf der gleichen Zielebene für die jeweilige Planperiode die Zieldominanzen fixiert sein. Wenn man unabhängig bleiben möchte, wird man für diesen Planungszeitraum das Gewinnziel höchstens als Nebenbedingung gelten lassen können. Wenn man sich für billige Massenprodukte als Produktzielschwerpunkt entschieden hat, dann wird man unter gleichem Namen kaum erfolgreich Spezialitäten oder Spitzenprodukte anbieten können. Das widerspricht auch dem Prägnanzgesetz der Wahrnehmung. Viele Ziele führen zur Diffusität; Zielwandel im Zeitablauf verstößt gegen das Konstanzprinzip, dessen Beachtung das schnelle Lernen fördert.

Neben der horizontalen Kompatibilitätsprüfung wird man sich auch der vertikalen unterziehen müssen. Welche Produktziele eignen sich zur Verwirklichung welcher Marketingziele und welche von ihnen zur Realisierung der Basisziele?

Abgeschlossen werden die Überlegungen der Phasen 1 und 2 mit einem *Realisationsbriefing*. Es enthält Angaben zur Zielgruppe, die Darstellung des Konkurrenzangebotes, die eigenen Zielvorstellungen und Potentiale sowie die Limitierungen. Man beschreibt im Leistungskatalog, was man von dem neuen Produkt erwartet.

4. Realisationsanalyse

Erst nach diesen umfangreichen, hier nur grob angedeuteten Vorarbeiten können Realisationsarbeiten beginnen. Die Realisationsüberlegungen können parallel oder sequentiell ablaufen. Wir wollen uns zuerst der Gestaltung des Produktes „Versicherungsleistung" und dann der Gestaltung des Vermarktungsmix zuwenden, weil wir davon ausgehen, daß das Produkt im Regelfall im Mittelpunkt der Realisationsbemühungen steht und von ihm Auswirkungen auf das Vermarktungsmix ausgehen.

(1) Produktgestaltungsanalyse

Bei Sachgütern hat es sich als üblich und zweckmäßig herausgestellt, über die Wahl der Gestaltungsinstrumente, über ihre Leistungen und Kosten nachzudenken (Koppelmann 1993, S. 249 ff.). Diese Gedanken wurden frühzeitig auch für den Dienstleistungsbereich aufgegriffen (Kaufmann 1976, S. 129 ff.). Wir gehen heute von folgenden Gestaltungsmitteln für Dienstleistungen aus, die auch im Versicherungsbereich anwendbar sein dürften:

Übersicht 12: Gestaltungsmittel für Versicherungen

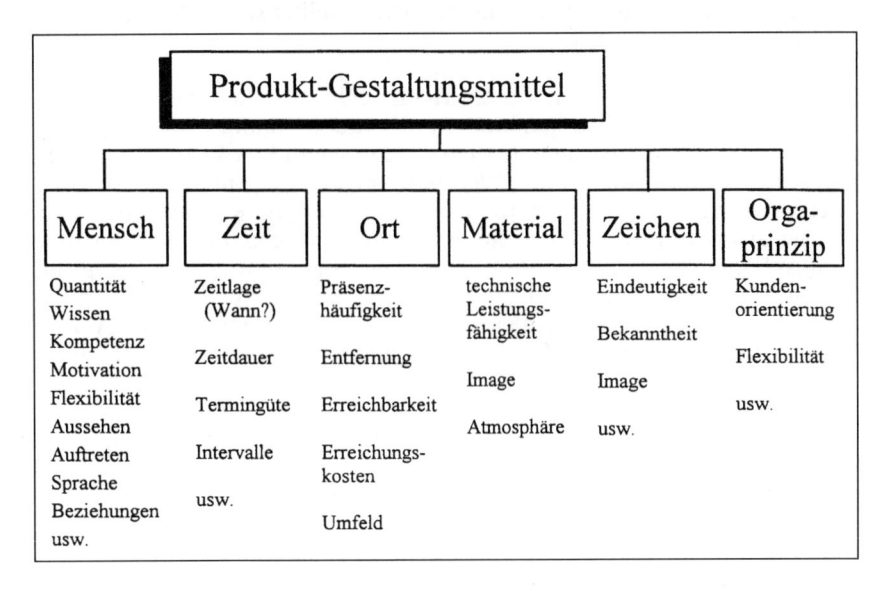

Produkt-Gestaltungsmittel						
Mensch	Zeit	Ort	Material	Zeichen	Orga-prinzip
Quantität	Zeitlage	Präsenz-	technische	Eindeutigkeit	Kunden-
Wissen	(Wann?)	häufigkeit	Leistungs-		orientierung
Kompetenz			fähigkeit	Bekanntheit	
Motivation	Zeitdauer	Entfernung			Flexibilität
Flexibilität			Image	Image	
Aussehen	Termingüte	Erreichbarkeit			usw.
Auftreten			Atmosphäre	usw.	
Sprache	Intervalle	Erreichungs-			
Beziehungen		kosten	usw.		
usw.	usw.				
		Umfeld			

Wegen der Gleichzeitigkeit von Produktion und Konsumtion bei Dienstleistungen empfiehlt es sich, den *Menschen*, gleichgültig ob er in der Abwicklung oder der Distribution tätig ist, als integralen Bestandteil der Produktgestaltung zu betrachten. Wenn man vom Problem der Qualitätskonstanz bei Dienstleistungen spricht, dann liegt das eben an den Leistungsschwankungen der Menschen, die es zu reduzieren gilt. Daraus folgt dann zwangsläufig, daß man auch die personenbezogenen Aspekte der Vertriebspolitik zum Gegenstand der Produktpolitik macht. Die Teilaspekte des Menschen als Gestaltungsinstrument von Versicherungsleistungen sind aus anderen Zusammenhängen bekannt; sie müssen deshalb nicht mehr besonders kommentiert werden.

Die *Zeit* als weiteres Gestaltungsinstrument spielt wegen der Nichtlagerfähigkeit eine große Rolle. Die Zeitlage erfaßt den Zeitraum, wann Dienstleistungsabschlüsse möglich sind. Die Zeitdauer umschreibt die Zeit der Dienstleistungsproduktion (z. B. Angebotserstellung, -bearbeitung, Policenübergabe). Die Termingüte deutet auf die Einhaltung vereinbarter Zeiten hin. Die Wiederholungsintervalle spielen eher bei repetitiven Dienstleistungen (Verkehr usw.) eine Rolle.

Der *Ort* deutet an, wo man mit dem Versicherungsnehmer Kontakt aufnehmen kann. Häufige Präsenz erleichtert den Zugang, reduziert den Suchaufwand. Damit hängt die Entfernung zusammen – kundenproportionale Streuung führt zur Entfernungsreduktion. Die Erreichbarkeit ist verkehrsmittel- und kommunikationsmittelabhängig. Das schlägt sich auch in den Erreichungskosten nieder. Die Qualität des Ortes hängt vorrangig von seinem Umfeld ab.

Das Gestaltungsinstrument *Material* erstreckt sich auf die physischen Komponenten der Leistungserstellung. Bei der Leistungserstellung interessiert neben dem Instrument Mensch die Technik, vorrangig in Form von Hard- und Software. Beim Weg zum Versicherungsunternehmen (der Niederlassung usw.) ist sicherlich auch die erwartete Atmosphäre des Hauses attraktionsfördernd. Wenn man weiß, daß einen eine angenehme Atmosphäre erwartet, entschließt man sich eher, zum Versicherungsunternehmen (usw.) zu gehen. Und wenn dies auch noch ein allgemein akzeptierter Ort ist, wo man den einen oder anderen gesellschaftlich Akzeptierten trifft (z. B. bei einer Vernissage), dann kann das auch imageförderlich sein.

Das *Organisationsprinzip* macht eventuell den Umgang des Kunden mit dem Versicherungsunternehmen leichter. Statt von Pontius zu Pilatus weitergeschoben zu werden, übernimmt bei kundenfreundlicher Organisation eine Person die Abwicklung aller Aufgaben bei interner Delegation. Flexible statt starrer Arbeitsabläufe sind da hilfreich.

Und zuletzt sollte man wegen des bereits zu Beginn beschriebenen Bemerktwerdens die Notwendigkeit von Firmen- und Marken*zeichen* nicht vergessen. In ihnen kann sich gleichsam wie in einem Informationsknoten das gesamte Firmen-/Markenimage niederschlagen. Gerade für zu commodities neigenden Versicherungsprodukten ist dieses Gestaltungsinstrument zur Unterscheidbarkeit wichtig. Deshalb muß das Zeichen eindeutig, prägnant sein. Das heißt nicht abstrakt, einfach, langweilig. Damit wäre es schnell austauschbar, das, womit man es laden will, „rutscht am Zeichen herunter". Ein zu komplexes Zeichen auf der anderen Seite setzt dem Lernen allerdings große Widerstände entgegen. Für das Zeichen muß kommunikativ gearbeitet werden, damit es bekannt wird und bleibt.

Diese Gestaltungsinstrumente werden auf ihre Leistungsfähigkeit geprüft, um die katalogisierten Leistungen zu erfüllen. Bei der Kombination geht es darum, mit möglichst geringem Gestaltungsmittelinput, ausgedrückt in Gestaltungsmittelkosten, das gewählte Gestaltungsziel zu erreichen. Leistungskonflikte müssen vermieden, Gestaltungssynergien gefördert werden.

(2) Vermarktungsanalyse

Was kann man für den Absatz der Versicherungsleistungen noch Förderliches tun? Der Strauß der Instrumente ist aufgrund der produktpolitischen Instrumentalwahl deutlich kleiner als gewohnt:

Übersicht 13: Vermarktungsinstrumente

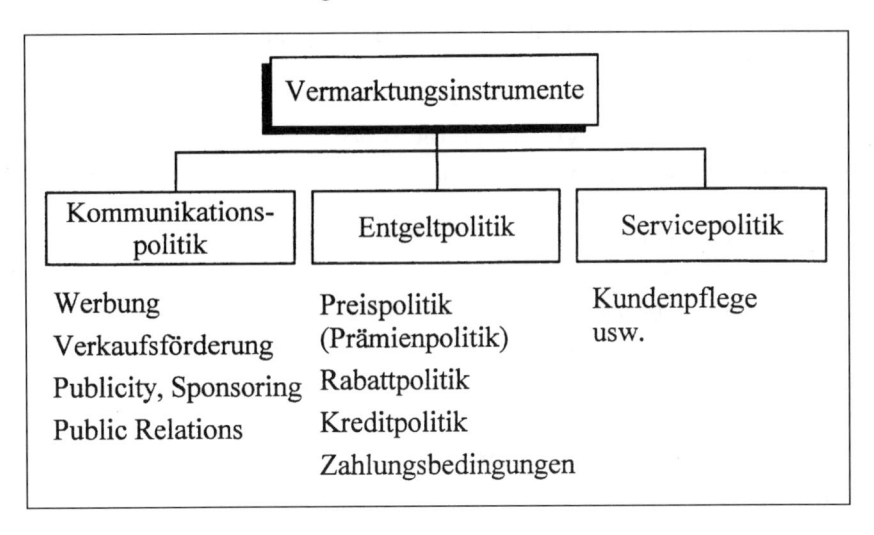

Vermarktungsinstrumente		
Kommunikations-politik	Entgeltpolitik	Servicepolitik
Werbung Verkaufsförderung Publicity, Sponsoring Public Relations	Preispolitik (Prämienpolitik) Rabattpolitik Kreditpolitik Zahlungsbedingungen	Kundenpflege usw.

Die Kommunikationsinstrumente sind bekannt, sie müssen nicht weiter erläutert werden. Das gleiche gilt für die entgeltpolitischen Instrumente. Bei der Servicepolitik ragt die Kundenpflege als bedeutsames Teilinstrument heraus.

(3) Kontrollaspekte

Vor einer nationalen Produkteinführung empfiehlt sich im Regelfall eine Kontrolle (z. B. Produkttest, Markttest). Verschiedene Testmethoden stehen zur Verfügung. Je neuer ein Produkt ist, um so eher versagen die bekannten Techniken. Die Expertenkontrolle mit dem Blickwinkel der anvisierten Zielgruppe kann valide, allerdings nur begrenzt reliable Ergebnisse liefern.

5. *Veränderungsanalyse*

Eine Dienstleistung nutzt sich ab. Die Wünsche der Kunden ändern sich; die Konkurrenz bietet Neues, Besseres an. Bevor man sein eigenes Angebot ändert, muß man die Störgrößen prüfen, die dazu geführt haben, weshalb das eigene Angebot von der bisherigen Zielgruppe nicht mehr als aktuell empfunden wird. Man kann dann störgrößenspezifisch das Angebot anpassen, man kann sich vielleicht eine andere Zielgruppe suchen; vielleicht muß man die Dienstleistung aber auch eliminieren und durch eine neue ersetzen, wobei wir dann wieder am Anfang wären.

Literatur

Becker, U./Becker, H./Ruhland, W.: Zwischen Angst und Aufbruch, Düsseldorf/ Wien/New York/Moskau 1992

Bourdieu, P.: Die feinen Unterschiede, 5. Aufl., Frankfurt/Main 1992

Cyert, R. M./March, J. G.: A Behavioral Theory of the Firm, Englewood Cliffs 1963

Gutenberg, E.: Grundlagen der Betriebswirtschaftslehre, 1. Bd. Die Produktion, 24. Aufl., Berlin usw. 1983

Kaufmann, E. J.: Marketing für Produktivleistungen, Diss., Köln 1976

Koppelmann, U.: Marketing, 3. Aufl., Düsseldorf 1991

Koppelmann, U.: Produktmarketing, 4. Aufl., Berlin usw. 1993

March, J. G./Simon, H. A.: Organizations, New York 1958

Plummer, J. T.: The Concept and Application of Life Style Segmentation, in: Journal of Marketing, January 1974

Witte, E.: Stichwort „Entscheidungsprozesse", in: Handwörterbuch der Organisation, hrsg. v. E. Grochla, 2. Aufl., Stuttgart 1980, Sp. 633–641

o. V.: Außendienst außen vor? asw 8/91

o. V.: Auto, Verkehr und Umwelt – Spiegel-Dokumentation, Hrsg. Spiegel-Verlag, Hamburg 1993

Bernhard Kromschröder

Cash flow-Underwriting und kalkulatorische Kapitalkosten in der Schaden/Unfallversicherung

I. Einleitung und Problemstellung

In vielen Bereichen sperrt sich der Versicherungsbetrieb gegen die bloße Übernahme gängiger Erkenntnisse der vorrangig am Leitbild des Industriebetriebs orientierten betriebswirtschaftlichen Theorie. Mehr oder minder weitgehende Modifikationen bis hin zu eigenen versicherungsspezifischen Ansätzen sind erforderlich und gefragt. Der mit vorliegender Festschrift zu ehrende Jubilar Dieter Farny stellt seit vielen Jahren seine ganze Schaffenskraft in den Dienst dieser anspruchsvollen, aber auch reizvollen Aufgabe. Er hat tragende Stützpfeiler errichtet und legt vom Fundament bis zum Dach des versicherungsbetrieblichen Theoriegebäudes ständig mit Hand an, um Wesentliches beizutragen[1]. Dafür schulden wir ihm Dank und Anerkennung.

Im Bemühen, dem mit einem kleinen Beitrag bescheidenen Ausdruck verleihen zu wollen, trifft man dann in der Tat auch in fast allen versicherungsbetrieblichen Problembereichen auf schon geleistete Farnysche Grundlagenarbeit, so daß nur mehr Anpassungen, Ergänzungen oder Erweiterungen anstehen. In diesem Sinn seien die nachfolgenden Überlegungen verstanden. Die ausgewählte Thematik belegt zugleich anschaulich die eingangs vorgetragene These von den versicherungsspezifischen Besonderheiten: Während die Betriebswirtschaftslehre Kosten der Kapitalnutzung in Form von Eigen- und Fremdkapitalzinsen als selbstverständlichen Bestandteil der Preiskalkulation sieht[2], wird eine solche Vorgehensweise jedenfalls in der Schaden/Unfallversicherung für problematisch gehalten[3]. Dies zum einen, weil Fremdkapital vorrangig in Form nicht zinspflichtiger versicherungstechnischer Rückstellungen und Verbindlichkeiten vorliegt, Kreditfinanzierung dagegen praktisch keine Rolle spielt. Zum anderen steht das Eigenkapital im wesentlichen als Sicher-

---

1 Beispielhaft sei nur auf so grundlegende Monografien wie Farny (1965), (1989 a) und (1992) verwiesen.
2 Vgl. z. B. Kilger (1987), S. 133–138.
3 In der Lebensversicherung und beim nach Art der Lebensversicherung kalkulierten Geschäft erfolgt dagegen eine Berücksichtigung von Zinskosten in Höhe des sog. Rechnungszinses von derzeit 3,5 %.

heitskapital zur Anlage am Kapitalmarkt zur Verfügung, so daß die Kapitalerträge die Eigenkapitalkosten (zumindest weitgehend) kompensieren.

Aus diesem Grund wird traditionell auf eine Zinsberücksichtigung in der Prämienkalkulation verzichtet. Andererseits ergibt sich dann aber insofern ein gewisser Preis(verhandlungs-)spielraum, als das versicherungstechnische Fremdkapital ebenfalls temporär für eine rentierliche Anlage am Kapitalmarkt zur Verfügung steht. Unter Bedingungen heftigen Preiswettbewerbs führt das – wie z. B. die Erfahrungen im großindustriellen Versicherungsgeschäft lehren – zu einem Absinken des Marktpreises unter die kalkulatorische Prämie, womit die Prämienkalkulation ihrer Aufgabe, die betriebswirtschaftlich gerade noch vertretbare Preisuntergrenze zu ermitteln, offenbar nicht mehr gerecht wird. Das führt zu der Forderung, die Prämie von Anfang an unter Abzug der Zinsen auf das versicherungstechnische Fremdkapital zu bestimmen, was in Anlehnung an die amerikanische Literatur auch als Cash flow-Underwriting bezeichnet wird[4].

In seinem vielbeachteten Beitrag „Nichtversicherungstechnische Erträge und Prämienbedarf in der Schaden/Unfallversicherung oder: Versuche und Versuchungen des Cash flow-Underwriting"[5] setzt sich Farny mit der Angemessenheit und der Problematik dieser später von ihm als „Modelle mit Zins"[6] bezeichneten Kalkulationsform intensiv auseinander. Bei grundsätzlicher Akzeptanz des Ansatzes kommt er vom Ergebnis bzw. der Wirkung her zu einer eher zurückhaltenden Einschätzung. Dabei bezieht sich die Analyse naturgemäß auf den seinerzeitigen bundesdeutschen Versicherungsmarkt mit seiner weitgehenden aufsichtsmäßigen und an Buchhaltungs- bzw. Jahresabschlußdaten orientierten Regulierung. Mit Blick auf die sich abzeichnenden Veränderungen habe ich mich daher gefragt, ob und inwieweit die zurückhaltende Beurteilung des Cash flow-Underwriting im marktwirtschaftlichen Umfeld eines deregulierten Versicherungsmarktes Bestand hat.

Die folgenden Überlegungen kontrastieren die traditionelle und bislang wohl auch weitgehend praxisübliche Sicht, die sich am „Unternehmen an sich" und seiner Erhaltung orientiert, mit der rein marktwirtschaftlichen und von den Eigentümerinteressen ausgehenden Betrachtungsweise der modernen betriebswirtschaftlichen Theorie. Dies nicht zuletzt in der Hoffnung, damit vielleicht auch den einen oder anderen nützlichen Hinweis für die zukünftige Tätigkeit der Versicherungsunternehmen auf liberalisierten Märkten zu gewinnen. Interessanterweise scheint sich zudem die eigentümerorientierte Betrachtungsrichtung der Theorie – wohl nicht

---

4 Vgl. Farny (1983) und die dort angegebene Literatur.
5 Farny (1983), bzgl. der Rückversicherung ergänzt durch Farny (1984 a).
6 Farny (1989 a), S. 50.

zuletzt als Folge der Internationalisierung – in der deutschen Wirtschaftspraxis mehr und mehr durchzusetzen. Jedenfalls findet sie – keine Innovation ohne neudeutsches Schlagwort – als „Shareholder-Value Management" in der aktuellen Wirtschaftspresse eine deutliche Resonanz[7].

In Abschnitt II wird unter A. zunächst kurz auf die traditionellen Kalkulationselemente der Versicherungsprämie und die Kalkulationsgrundlagen eingegangen. Teilabschnitt B. widmet sich dem Fremdkapitalkostenabzug und den beiden von Farny ergänzten Kalkulationsbestandteilen, wobei mich die Berücksichtigung inflationsbedingten Selbstfinanzierungsbedarfs ganz besonders fasziniert hat, und zwar weil sie das seit eh und je in der Betriebswirtschaftslehre streitige Thema der adäquaten Einbeziehung von Inflationseffekten anspricht und dabei eine ganze Reihe interessanter betriebswirtschaftlicher Fragen aufwirft.

Die eignerorientierte Sicht bedingt, daß vorrangig der Kapitalmarkt die kalkulatorischen Kapitalkosten bestimmt. Damit kommt kapitalmarkttheoretischen Erkenntnissen Bedeutung für die Prämienkalkulation zu, ein Aspekt, der mich seit längerem beschäftigt[8] und dem in Abschnitt III übersichtshalber nachgegangen werden soll[9].

II. Elemente der Prämienkalkulation unter besonderer Berücksichtigung der Kapitalkosten

A. Traditioneller Kalkulationsaufbau: Modell ohne Zins

1. Grundschema und Kalkulationszweck

Beziehung (1) charakterisiert das gängige Grundschema der Versicherungskalkulation in der Schaden/Unfallversicherung[10]:

(1) $\quad P^* = E(S) + B + R$

$\quad$ mit P^* $\quad$ – (kalkulatorische) Bruttoprämie,
$\quad\quad\;\; E(S)$ – Schadenkosten, angesetzt mit ihrem mathematischen Erwartungswert,
$\quad\quad\;\; B$ $\quad\;\,$ – Betriebs- und Verwaltungskostenzuschlag,
$\quad\quad\;\; R$ $\quad\;\,$ – Risikozuschlag.

---

7 Vgl. z. B. Höfner/Pohl (1993) und Povejsil (1993).
8 Vgl. Kromschröder (1987), (1988), (1991).
9 Für seine ausdauernde und hilfreiche Diskussionsbereitschaft während der Abfassung dieses Artikels und besonders für die Mithilfe beim Abschnitt III bin ich meinem Mitarbeiter, Herrn Dipl.-Kfm. Helmut Gründl, zu Dank verpflichtet.
10 Vgl. z. B. Farny (1989a), S. 47; Helten/Karten (1991), S. 190. Die Versicherungsteuer ist in unserer Beziehung (1) in der Komponente B enthalten, auf einen etwaigen Gewinnzuschlag wird nachfolgend gesondert eingegangen.

Die zu ermittelnde Bruttoprämie P* bestimmt sich also als Summe aus (erwarteten) Schadenkosten (E(S)), kalkulatorischen Kosten der Risikotragung (R) sowie den für die Durchführung der Betriebstätigkeit und die Aufrechterhaltung der Betriebsbereitschaft notwendigen Betriebs- und Verwaltungskosten (B) je Vertrag bzw. je DM Versicherungssumme. Wie eingangs erläutert, enthält die Komponente B weder Eigen- noch Fremdkapitalkosten, da diese als irrelevant bzw. unerheblich angesehen werden. Die Interpretation des Risikozuschlags als Kostenfaktor resultiert aus der Vorstellung, daß R das seitens des Versicherungsunternehmens mindestens zu erzielende Entgelt für die Risikotragung darstellt; nur wenn über die Betriebs- und Schadenkosten hinaus ein Zuschlag in Höhe von R in der Prämie erlöst werden kann, ist das Unternehmen bereit und/oder in der Lage, das zu versichernde Risiko zu übernehmen.

Als Kalkulationszweck wird hier und im weiteren von der Bestimmung einer langfristigen Preisuntergrenze ausgegangen, so daß die kalkulierte Prämie P* die anteiligen Gesamtkosten decken soll[11]. Diese Zwecksetzung entspricht dem Ziel der Kostenrechnung, dem Management entscheidungsrelevante Informationen zur Verfügung zu stellen. Jede rationale Preisentscheidung setzt aber die Kenntnis der Preisuntergrenze notwendig voraus.

Ausdrücklich zu betonen ist, daß die Preisuntergrenze zunächst nichts mit dem am Markt tatsächlich realisierbaren Preis zu tun hat und allein für sich auch nicht die Frage nach der optimalen Preispolitik beantwortet, da dazu auch die zu erwartenden und möglichen Nachfragerreaktionen sowie das Verhalten der Konkurrenten zu berücksichtigen sind. Die Preisuntergrenze steckt demgegenüber lediglich den Preisspielraum des Unternehmens nach unten ab, sie gibt den Preis an, der langfristig bzw. im Durchschnitt *mindestens* erzielt werden muß, wenn das Geschäft nicht unvorteilhaft sein soll.

Beziehung (1) darf demnach nicht als Schema zur Bestimmung des Angebotspreises (miß-)verstanden werden, was zugleich das Fehlen eines „Gewinnzuschlags" erklärt, dessen Aufgabe darin besteht, die Differenz zwischen Preisuntergrenze – also unserem P* – und dem vom Kunden tatsächlich zu fordernden Preis zu präzisieren. Leider wird der als Kalkulationsbestandteil oft angegebene Gewinnzuschlag in der Literatur nicht einheitlich aufgefaßt und nicht immer genau erläutert. Neben der eben angegebenen wird ihm z. T. offenbar auch die Funktion der kalkulatorischen Eigenkapitalzinsen zugewiesen. Diese werden hier aber im folgen-

---

11 An der Schematik ändert sich grds. nichts, wenn statt dessen eine wie auch immer definierte kurzfristige Preisuntergrenze ermittelt werden soll. Anstelle der anteiligen Gesamtkosten ist dann entsprechend auf die Grenzkosten, die unmittelbar auszahlungswirksamen Kosten o. ä. abzustellen.

den gesondert erfaßt, da sie nicht Bestandteil des Modells ohne Zins sind.

2. Die Kalkulationselemente

Die Schadenkosten E(S) beinhalten die durchschnittlich je Kalkulationseinheit (z. B. je Vertrag) zu erwartenden und seitens des Versicherers zu leistenden Schadenzahlungen. Sie bedürfen keiner weiteren Erläuterung. Eine Prämie, die nur diese Schadenkosten deckt, beschreibt den Idealfall der „kostenlosen" Versicherung[12]. Denn einerseits erfordert sie, daß aus der Betriebstätigkeit und -bereitschaft keine Kosten erwachsen (weder Betriebs- und Verwaltungskosten noch Kosten der Risikotragung), andererseits ist sie für den Versicherungsnehmer kostenlos, da er ohne Minderung seines erwarteten Vermögens das eben dieses Vermögen bedrohende Risiko reduzieren bis beseitigen kann. Leider ist in der Realität fast nichts kostenlos, was die Prämienbestandteile R und B in der Kalkulationsformel erklärt und rechtfertigt. Die Berücksichtigung der Betriebs- und Verwaltungskosten ist völlig unstreitig. Farny unterteilt sie in seinem Beitrag[13] in versicherungstechnische Betriebskosten, nicht versicherungstechnische Betriebskosten und Kostensteuern, wobei der Hinweis auf die Rechnungslegungsvorschriften die weitere Untergliederung anspricht.

Problematisch ist allerdings die Bestimmung des Risikozuschlags R. Er wird traditionell als Kompensation für das versicherungstechnische Risiko[14] gesehen und dementsprechend in Abhängigkeit von einer geeigneten Maßgröße für dieses Risiko (z. B. Standardabweichung oder Varianz, Erwartungswert, Variationskoeffizient o. ä.) festgelegt, wobei ein ökonomisch begründeter Bewertungsansatz allerdings fehlt. Auch wenn mit Blick auf diesen Mangel auf die Entscheidungstheorie zurückgegriffen wird, so bleibt immer noch offen, an wessen Interessen und anhand welcher (gruppen-)individueller Präferenzen sich die Bewertung ausrichten soll. Das „Unternehmen an sich" bzw. hier ganz und gar nur das „Versicherungsgeschäft an sich" ist dafür denn doch ein zu vages und zu wenig spezifiziertes Konstrukt. Es bleibt die ökonomische Frage, ob bzw. bis zu welchem Grad die Sicherheitsinteressen der Versicherungsnehmer, der Aktionäre, des Managements, der Arbeitnehmer, des Staates usw. für die Bestimmung der Höhe des Sicherheitszuschlages maßgeblich sein sollen. Diese Frage zu beantworten, stellt praktisch eine permanente und diffizile Managementaufgabe dar: Die Unternehmungspolitik muß mit Blick auf die möglichen Reaktionen der betroffenen Gruppen und unter Abwä-

---

12 Sie wird in der Ökonomie auch „faire" Prämie, in der Versicherungstechnik Nettorisikoprämie genannt.
13 Vgl. Farny (1983), S. 476.
14 Zum versicherungstechnischen Risiko vgl. z. B. Farny (1989 a), S. 65 – 79.

gung der Auswirkungen bestimmt werden. Die wissenschaftliche Analyse kann demgegenüber nur systematisch unter Betrachtung zunächst der einzelnen Aspekte je für sich vorgehen. Daher können und wollen wir hier nicht den Versuch unternehmen, die komplexe Realität einer mehr oder weniger sozialen, mehr oder weniger Marktwirtschaft zu analysieren, sondern uns aus den eingangs genannten Gründen auf den (reinen) Typus der privatwirtschaftlichen Unternehmung in einem marktwirtschaftlichen Umfeld konzentrieren.

In dieser Sicht determinieren (letztlich) die Eigentümerinteressen die Unternehmungspolitik, so daß konsequenterweise auch die Höhe des Risikozuschlags daraus abzuleiten ist, wobei aber naturgemäß nicht das versicherungstechnische Risiko, sondern das Unternehmungsgesamtrisiko, genauer: das Eigenkapitalrisiko die relevante Bezugsgröße darstellt. Den Konsequenzen einer explizit markttheoretischen Betrachtungsweise für die Kalkulation der Kapital- und der Risikokosten, die beide – wie sich noch zeigen wird – eng miteinander verflochten sind, werden wir im Abschnitt III im einzelnen nachgehen. Hier wollen wir uns zunächst mit der Feststellung begnügen, daß im Eignerinteresse und damit auch im Interesse der Erhaltung des unternehmerischen Wachstumspotentials die Prämie insgesamt mindestens so hoch sein muß, daß sich das Eigenkapital zu Marktwerten aus der Sicht der Eigenkapitalgeber angemessen verzinst. Soweit eine Kompensation des Eigenkapitalrisikos im Risikozuschlag Berücksichtigung findet, genügt es daher, die nachfolgend anzusprechenden kalkulatorischen Eigenkapitalkosten auf dem Niveau einer (weitgehend) risikofreien Verzinsung zu berechnen. Umgekehrt erübrigt sich der Ansatz entsprechender kalkulatorischer Risikokosten, wenn dieser Risikoaspekt im Rahmen eines risikoadjustierten Kapitalkostensatzes erfaßt wird[15].

Zahlen muß für die über den Zuschlag R bzw. den Ansatz risikoentsprechender Eigenkapitalkosten zu schaffende Sicherheit auf jeden Fall der Versicherungsnehmer, dem sie andererseits durch die Bevorrechtigung seiner Ansprüche aber auch zugute kommt. Somit ist zwar die Bereitschaft der (potentiellen) Nachfrager, eine Prämie mindestens in Höhe der kalkulierten Preisuntergrenze zu zahlen, Bedingung dafür, daß überhaupt ein Marktvorgang, d. h. ein für beide Seiten vorteilhafter Versicherungsabschluß zustande kommt; andererseits fördert die Risikoabneigung der allermeisten Wirtschaftssubjekte tendenziell die Akzeptanz einer die Risikokosten umfassenden Prämie. Möglicherweise sind sogar die Versicherungsnehmer an einer höheren Sicherheit ihrer Ansprüche interessiert, als sie die im Eignerinteresse kalkulierte Prämie bietet. Dem kann leicht durch einen entsprechenden zusätzlichen Risikozuschlag Rechnung getragen werden, der um so mehr die Zustimmung der Nachfrager finden

---

15 Vgl. dazu Beziehung (6) in Abschnitt B. 1.

wird, je mehr ihnen (ex post) nicht benötigte Prämieneinnahmen im Wege der Beitragsrückerstattung wieder gutgebracht werden. Daß derartige Überlegungen nicht ganz weltfremd sind, belegt die tägliche Versicherungspraxis. Beim Versicherungsverein ist naturgemäß nur die letztere, versicherungsnehmerbezogene Sichtweise relevant, da hier Versicherungsnehmer und Eigentümer identisch sind.

B. Prämienkalkulation unter Einbeziehung von Kapitalkosten: Modell mit Zins

Das durch Beziehung (1) angegebene Grundschema bleibt auch in der Kalkulation mit Zins erhalten, es wird lediglich um Fremd- und Eigenkapitalkosten ergänzt.

1. Fremdkapitalkosten

Im Versicherungsgeschäft werden die Prämien generell im voraus gezahlt, die Kosten der zugehörigen Produktionstätigkeit führen aber überwiegend erst im Laufe der Versicherungsperiode, z. T. erst in Folgeperioden zu Auszahlungen[16]. Letzteres gilt insbesondere für die Schadenzahlungen. Damit stehen die Prämieneinnahmen temporär zur verzinslichen Anlage am Kapitalmarkt zur Verfügung mit der Folge, daß es zur Deckung des Kostenbedarfs $E(S) + R + B$ in Beziehung (1) ausreicht, wenn die Summe aus Prämieneinnahme plus der daraus erzielten Kapitalerträge diesem Kostenbedarf entspricht, d. h. wenn gilt:

(2a) $P + Z(P) = E(S) + B + R$ bzw.

(2b) $P = E(S) + B + R - Z(P)$

mit $Z(P)$ – Zins- bzw. Kapitalerträge aus der temporären Anlage der Prämieneinnahmen,
  P – Bruttoprämie unter Berücksichtigung von Fremdkapitalkosten[17].

Beziehung (2b) demonstriert, daß mit dem Grundschema (1) die Preisuntergrenze in der Tat konzeptionell zu großzügig ermittelt wurde, indem das Geschäft auch dann noch vorteilhaft ist, wenn die am Markt erzielbare Prämie zwischen P^* gemäß (1) und P gemäß (2b) liegt.

---

16 Abweichungen von diesem Prinzip betreffen die Auszahlungen für den Aufbau der Unternehmensstruktur. Die daraus resultierenden Modifikationen werden unter 2. explizit erfaßt und tangieren die Darstellung hier nicht.
17 Übrige Symbole wie unter (1) angegeben.

Der Abzugsposten Z(P) läßt sich gemäß folgender Überlegung als Fremdkapitalkosten interpretieren: Die Prämieneinnahmen sind zunächst Umsatzkapital und stellen, solange und soweit die Versicherungsnehmeransprüche noch nicht erfüllt sind, versicherungstechnisches Fremdkapital dar. Kapitalgeber sind die Versicherungsnehmer, denen die Kapitalüberlassungsleistung über Z(P) vergütet wird, was zugleich den *Zinsabzug* erklärt. Damit kann Z(P) aber auch als Verzinsung der Prämie mit einem (Jahres-)Zinssatz z über die Zeitdauer k, während der die Prämieneinnahmen im Durchschnitt im Versicherungsunternehmen angelegt werden können, präzisiert werden:

(3) $Z(P) = z\, k\, P.$

Im traditionellen Kalkulationsrahmen bestimmt sich der Zinssatz z als seitens des Versicherungsunternehmens voraussichtlich erzielbare bzw. als marktübliche Kapitalanlagerendite. In der rein eigentümerorientierten Sicht dagegen, in der R der Kompensation des Eigenkapitalrisikos dient, ist z – wie bereits oben erwähnt – als Marktrendite weitgehend risikoloser Anlagen anzusetzen.

Die Bestimmung der durchschnittlichen Anlagedauer k ist diffiziler: Bezüglich des Schadeneintritts wird man oft in etwa eine gleichmäßige Verteilung innerhalb der Versicherungsperiode unterstellen können, was zu einer durchschnittlichen Dauer von ½ Jahr zwischen Prämienzahlung und Schadeneintritt führt; hinzuzurechnen ist dann die durchschnittliche Schadenabwicklungsdauer, eine wohl mehr unternehmensindividuelle und branchenabhängige Komponente. Die entstehende durchschnittliche Gesamtdauer k_1 in Jahren (z. B. 1,3 oder 0,9 Jahre) darf korrekterweise aber nur auf den Prämienbestandteil (E(S) + R) angewendet werden. Die Betriebs- und Verwaltungskosten dagegen werden tendenziell eher früher auszahlungswirksam, z. B. im Durchschnitt schon nach $k_2 < k_1$ Jahren. Damit differenziert sich (2b) zu:

(2c) $P = E(S) + R + \dfrac{1 + k_1 z}{1 + k_2 z}\, B - k_1 z P.$

Angesichts der meist nur sehr grob abschätzbaren Faktoren k_1 und k_2 mag man bezweifeln, ob die feinsinnige Differenzierung in (2c) praktisch viel Sinn macht. Unternehmensspezifisch läßt sich die Sache jedoch i. d. R. vereinfachen. Ist z. B. k_1 nicht viel größer als 1, so kann approximativ mit einer einheitlichen durchschnittlichen Bindungsdauer von 1 Jahr gerechnet werden und mit $k_1 = k_2 = 1$ folgt:

(4) $P = E(S) + B + R - z P.$

Varianten des Cash flow-Underwriting, die den Beziehungen (2) und (4) entsprechen, bezeichnet Farny als Zurechnungsmodell[18] oder Zinsträgermodell[19].

Die alternative Formulierung, das sog. Barwertmodell, läßt sich aus (4) einfach ableiten:

Mit

$$P + zP = E(S) + B + R$$

folgt das Barwertmodell:

(5) $\quad P = \dfrac{E(S) + B + R}{1 + z}$.

Zwischen den Schreibweisen (4) und (5) besteht materiell natürlich keinerlei Unterschied[20]. Wie oben erwähnt, wird mitunter der Risikoaspekt nicht durch Verrechnung von Risikokosten in Form des Risikozuschlags R, sondern durch eine risikoentsprechende Anpassung des Kalkulationszinsfußes z, hier also durch einen Risikoabschlag z_R von z erfaßt:

(6) $\quad P = \dfrac{E(S) + B}{1 + z - z_R}$.

Die Version (6) des Barwertmodells ist Ausfluß der sog. Methode des risikoangepaßten Zinsfußes. Version (5) beruht dagegen auf der Methode der Sicherheitsäquivalente, indem (E(S) + R) als das Sicherheitsäquivalent der unsicheren Schadenvariablen S angesehen werden kann. Die Identität der Prämien gemäß (5) und (6) bedingt, daß der Risikozuschlag z_R in (6) mit den Risikokosten je DM Prämie gemäß (5) übereinstimmt[21]:

(6a) $\quad z_R = R/P$.

2. Eigenkapitalzinsen

Die kalkulatorische Berücksichtigung von Eigenkapitalzinsen unterblieb im Modell ohne Zins mit Hinweis auf den Sicherheitskapitalcharakter

---

18 Vgl. Farny (1983), S. 403.
19 Vgl. Farny (1989 a), S. 52.
20 Das gilt auch, falls das Barwertmodell aus einer diffizileren Variante wie (2c) abgeleitet wird. Farnys Präferenz für die Zurechnungsschreibweise (vgl. Farny (1983), S. 402, 403 und (1989a), S. 52) scheint mir von daher eher eine Geschmacksfrage zu sein.
21 z_R ist i. a. aus Vergangenheitsdaten zu schätzen, so daß die resultierende implizite Form (6) mit (6a) nicht so problematisch ist, wie man auf Anhieb annehmen könnte.

des Eigenkapitals, so daß den Eigenkapitalkosten prinzipiell Anlageerträge in gleicher Höhe gegenüberstehen. Denn es gibt wohl keinen besonderen Grund dafür anzunehmen, den Aktionären stünden auf einem funktionsfähigen Kapitalmarkt andere, vor allem bessere Anlagemöglichkeiten zur Verfügung als der Versicherungsunternehmung[22].

Demgegenüber weist Farny zu Recht darauf hin, daß das Eigenkapital zum Teil aber im Versicherungsunternehmen selbst gebunden ist, indem es der Finanzierung der Unternehmensstruktur, der Außenorganisation und der Betriebs- und Geschäftsausstattung dient. Insoweit steht es natürlich nicht zur verzinslichen Anlage am Kapitalmarkt zur Verfügung, und die Kosten seiner Nutzung können nur über die Prämienerlöse aus dem Versicherungsgeschäft verdient werden[23].

In einer Gesamtrechnung wird man hierbei kalkulatorische Zinsen auf das Gesamteigenkapital als Betriebskosten ansetzen und davon die voraussichtlichen Kapitalerträge aus dem Eigenkapitalanteil am Sicherheitskapital (also die Differenz zwischen den gesamten Kapitalerträgen und den auf das versicherungstechnische Fremdkapital gem. Abschnitt 1 entfallenden Kapitalerträgen) absetzen. In einer marktwirtschaftlichen Betrachtung ist es dabei i. d. R. nicht korrekt, die Gesamteigenkapitalkosten mit den angestrebten Dividendenzahlungen zu identifizieren. Vielmehr ergeben sich die Eigenkapitalkosten durch Anwendung des Eigenkapitalkostensatzes auf den Markt-(= Kurs-)wert des Versicherungsunternehmens. Der Eigenkapitalkostensatz i. S. der seitens der Aktionäre geforderten Aktienrendite ist dabei aus dem Kapitalmarktzusammenhang abzuleiten bzw. zu schätzen. Die so bestimmten Eigenkapitalkosten entsprechen der erforderlichen Vorsteuerrendite; sie um die „darauf ruhenden Ertragsteuern"[24] zu erhöhen, wäre daher unangemessen[25].

3. Kalkulatorischer Kapitalverzehr und Selbstfinanzierungsbedarf

Mit der Ergänzung eines weiteren – in seinem Schema fünften[26] – Prämienbestandteils verläßt Farny den Bereich der gängigen und prinzipiell unstreitigen Kalkulationselemente und wendet sich der Berücksichtigung von Inflationswirkungen in der Prämienkalkulation zu. Damit wird zweifellos eine zentrale und nach wie vor umstrittene betriebswirtschaftliche Problematik angesprochen, erstaunlicherweise ohne daß das meiner Kenntnis nach bislang größeren Widerhall gefunden hat. Der Grund

---

22 Mögliche Abweichungen von diesem Prinzip werden unter 3. diskutiert.
23 Vgl. Farny (1983), S. 476.
24 Farny (1983), S. 476.
25 Das gilt grundsätzlich auch für den Farnyschen Argumentationszusammenhang. Vgl. dazu z. B. Döring (1993).
26 Vgl. Farny (1983), S. 476.

dafür mag z. T. in der sehr zurückhaltenden und bezüglich wesentlicher Zusammenhänge auf Hinweise in der Beispielrechnung beschränkten Darstellungsweise sowie in der etwas unübersichtlichen Bezeichnung dieses Prämienelements als „Selbstfinanzierungsbedarf für Anpassung der Solvabilitätsmittel als Folge nominal (inflationär) bedingter Steigerung der Solvabilitätsgrößen"[27] liegen. Deshalb soll im folgenden eine systematische Aufarbeitung der Farnyschen Darstellung unter Anfügung einiger naheliegender Ergänzungen versucht werden.

a) Kapitalverzehr als kalkulatorische Kostenkomponente

Auszugehen ist bei dem fünften Farnyschen Prämienelement von der Vorstellung, daß die Prämie nicht nur die Kosten der *Eigenkapitalnutzung* in Form kalkulatorischer Zinsen, sondern ggf. auch einen exogenen, insbesondere einen inflationsbedingten *Kapitalverzehr* decken soll. Entscheidend ist daher nicht, ob ein Finanzierungsbedarf entsteht, sondern daß eine Eigenkapitalentwertung droht, der durch einen entsprechenden Zuschlag im Preis entgegenzuwirken ist. In der Kostenrechnungstheorie entspricht dem die Frage nach dem Kostencharakter einer solchen Wertminderung, der bejaht wird, wenn es sich um einen betriebsbedingten Güter- bzw. Werteverzehr handelt. Indem Kapital unstreitig einen Produktionsfaktor darstellt und nach h. M. auch erzwungenem Faktorverzehr (z. B. durch staatliche oder politische Maßnahmen) Kostencharakter zukommt[28], besteht insofern kein Hinderungsgrund, Kapitalverzehr als Kostenart einzuordnen. Streitig ist allerdings die Kostenbewertung und insbesondere, ob Kosten zwingend aus Ausgaben bzw. Zahlungsgrößen abzuleiten sind[29]. Auf diese bekannte Diskussion braucht hier nicht weiter eingegangen zu werden, sondern man wird Döring folgen können, der die moderne Sichtweise dahingehend charakterisiert, daß die Kosteneigenschaft nicht aus dem Kostenbegriff, sondern aus dem Rechnungszweck abzuleiten ist[30].

Den Kalkulationszweck sieht auch Farny in der Bestimmung der Preisuntergrenze[31], und er begründet die Berücksichtigung des inflationsbedingten Kapitalbedarfs mit dem Ziel der realen Kapitalerhaltung. Die Konsequenz läßt sich gemäß der Darstellung in seinem Rechenbeispiel[32] wie folgt erläutern (wobei ich vereinfachend einen einheitlichen Körperschaftsteuer- gleich Einkommensteuersatz von 50 % annehme und in der folgenden Argumentation auf den Marktwert des Eigenkapitals ab-

---

27 Farny (1983), S. 476.
28 Vgl. z. B. Rehkugler (1993), Sp. 2320 f.
29 Vgl. Rehkugler (1993), Sp. 2320 f.
30 Vgl. Döring (1993), Sp. 2340.
31 Vgl. Farny (1983), S. 476.
32 Vgl. Farny (1983), S. 477, 478.

stelle[33]): Besteht am Kapitalmarkt die Möglichkeit, Kapital mit einer Rendite von 8 % nach Steuern anzulegen, so werden die Aktionäre der Versicherungsunternehmung von ihrem Unternehmen ebenfalls die Erwirtschaftung einer Nachsteuerrendite von 8 % erwarten. Gelingt es dem Versicherungsunternehmen – wie im Beispiel angenommen – aber nur, auf das als Sicherheitskapital angelegte Eigenkapital eine Rendite von 8 % vor Steuern, d. h. bei 50%igem Steuersatz von 4 % nach Steuern zu erzielen, so tritt ein Eigenkapitalverzehr in Form eines entsprechenden Kursverlustes ein. Erkennbar hat dieser Effekt zunächst nichts damit zu tun, daß, wie ebenfalls im Beispiel angenommen, für das betreffende Jahr mit einer Inflationsrate von 5 % gerechnet wird, so daß die Kapitalmarktteilnehmer eine Realverzinsung ihres Kapitals von 3 % und aus ihren Versicherungsunternehmensanteilen nur eine solche von – 1 % zu erwarten haben.

Ob diese Konstellation nun aber eine Kompensation des ansonsten drohenden Eigenkapitalverzehrs durch einen entsprechenden Kostenzuschlag in der Prämienkalkulation zuläßt, und inwieweit das vom Vorliegen einer inflatorischen Entwicklung abhängt, soll nachfolgend diskutiert werden.

Betrachten wir zunächst einmal den Fall, daß die Divergenz zwischen (seitens der Eigner) geforderter und (seitens der Versicherungsunternehmung) erzielbarer Kapitalanlagerendite nichts mit der Inflation zu tun hat, sondern ausschließlich Folge schlechten Kapitalanlagemanagements ist. Das ändert zwar nichts am Kostencharakter des resultierenden Kapitalverzehrs, betrifft aber Kosten des Mißmanagements, die in den Preis einzukalkulieren höchst gefährlich wäre, da man sich damit aus dem Markt „herauskalkuliert", wenn nicht alle Konkurrenten genauso schlecht wirtschaften. Ist dagegen die unzureichende Anlagerendite exogen bedingt, so betrifft sie alle Anbieter gleichermaßen. Für das Entstehen einer derartigen Situation wird oft das deutsche Steuerrecht verantwortlich gemacht, das grundsätzlich realisierte Kapitalerträge voll, unrealisierte Wertsteigerungen aber nicht besteuert. In unserem Beispiel indes resultiert daraus kein relevanter Effekt, solange Aktionäre und Unternehmung steuerlich gleich behandelt werden. Ergibt sich z. B. die seitens der Eigner am Kapitalmarkt erzielbare Nachsteuerrendite von 8 % als Folge steuerfreier Wertsteigerungen in Immobilien oder anderem Sachvermögen, so kann auch das Versicherungsunternehmen diese Nachsteuerrendite erwirtschaften, wenn es das Kapital ebenfalls in derartigen Anlagen

---

33 In Farnys Beispielrechnung ist das Eigenkapital dagegen wohl bilanziell gemeint. In diesem Fall ist die als Eigenkapitalkosten zu interpretierende Renditegröße als Quotient aus dem seitens der Eigner geforderten Gewinn (Vermögenszuwachs) und dem Bilanzeigenkapital zu verstehen.

investiert. Es entsteht dann zwar kein ausweisbarer Jahresüberschuß, aber der Unternehmenswert steigt als Folge der stillen Reserven.

Anders zu beurteilen ist dagegen der Fall steuerlicher Ungleichbehandlung, etwa in der Weise, daß zwar den Aktionären, nicht aber dem Versicherungsunternehmen steuerfreie oder -begünstigte Anlagemöglichkeiten zur Verfügung stehen. Dann ist der Eigenkapitalverzehr exogen, hier steuerlich bedingt und betrifft alle Unternehmungen in ähnlicher Form. Damit sind alle Anbieter gleichermaßen gezwungen, dem drohenden Wertverlust in der Prämienkalkulation Rechnung zu tragen, wenn sie die Anforderungen der Eigentümer erfüllen und nicht ihre Beteiligungsfinanzierungsmöglichkeiten und damit ihre Wachstumschancen gefährden wollen.

Eine ähnliche Situation entsteht im Inflationsfall, wenn das Versicherungsunternehmen aufgrund aufsichtsrechtlicher Kapitalanlagevorschriften nicht in der Lage ist, in ausreichendem Umfang Kapital in Sachwerten anzulegen. Da es sich bei den Eigenkapitalgegenwerten um restliches (freies) Vermögen handelt, könnte im Rahmen der geltenden Kapitalanlagevorschriften der §§ 54 ff. VAG eine solche Restriktion zwar nur aus dem Mischungs- und Streuungs- oder dem Liquiditätsgrundsatz des § 54 resultieren (Sicherheit und Rentabilität sprechen ja für die Sachanlage), so daß eine generelle, alle Versicherungsunternehmen betreffende Beschränkung im allgemeinen wohl nicht vorliegt. Wenn und soweit sie jedoch allgemeiner Natur ist, ergeben sich die gleichen Folgerungen wie bei der ungleichen Besteuerung der Kapitalerträge.

Schließlich könnte der Hinweis auf das Ziel realer Kapitalerhaltung den Eindruck erwecken, allein die Tatsache einer negativen realen Anlagerendite des Versicherers im oben skizzierten Beispiel erfordere einen sie kompensierenden Prämienzuschlag[34]. Das ist jedoch eindeutig nicht zutreffend, da ein Eigenkapitalverzehr ausschließlich durch die *Differenz* zwischen den (höheren) Eigenkapitalkosten und der Anlagerendite der Versicherungsunternehmung (beide nach Steuern) entsteht. Dabei ist es völlig gleichgültig, ob man diese Differenz real oder nominal mißt – in beiden Fällen ist sie, wie auch im Beispiel, gleich groß, da sich Real- und Nominalrendite konzeptionell gerade um die Inflationsrate unterscheiden. Beseitigen wir daher im Beispiel diese Differenz durch die Annahme, die Eigner könnten am Kapitalmarkt genauso wie das Versiche-

---

34 Farny zieht diese Konsequenz – das sei ausdrücklich vermerkt – in seinem Rechenmodell nicht, sondern beschränkt seine Argumentation, wie die Benennung des 5. Prämienelements ja ausweist, auf den Solvabilitätsaspekt. Allerdings könnte die hervorhebende Betonung der realen Kapitalerhaltung im Abschnitt 5.1 „Grundlagen" (vgl. Farny (1983), S. 476) den angesprochenen Eindruck entstehen lassen, was mich zu der nachfolgenden, rein ergänzenden Klarstellung veranlaßt.

rungsunternehmen nur eine Nominalrendite von 8 % vor Steuern und damit (bei 50 % Steuern und einer 5%igen Inflationsrate) nur eine Realrendite von – 1 % nach Steuern erzielen, so ist auch die Eigenkapitalentwertung beseitigt – der Aktienkurs bleibt trotz (real) negativer Anlagerendite konstant (da die Aktionäre ja auch alternativ keine bessere Rendite erzielen können). Hier mit dem Argument, das Unternehmen müsse aber doch wohl seine Substanz bzw. sein Realkapital erhalten, den Kunden eine entsprechend höhere Prämie in Rechnung stellen zu wollen, wäre jedenfalls auf einem (funktionsfähigen) Konkurrenzmarkt, wie er im Rahmen der Liberalisierung angestrebt wird, unangebracht und auch in der Konsequenz fatal: da die erzielbare Rendite ja den Eigenkapitalkosten, also den Anforderungen der Aktionäre entspricht, besteht für diese kein Anlaß zur Unzufriedenheit und für die Konkurrenzanbieter kein Anlaß, ihre Prämien ebenfalls zu erhöhen. Nur auf einem regulierten Versicherungsmarkt, auf dem oft der Ausgleich zwischen vielfältigen Interessen die marktwirtschaftliche Sichtweise überlagert[35], oder im Rahmen eines Preiskartells, das aus psychologischen Gründen eine „plausible" Rechtfertigung für seine Preisforderung sucht, kann dem Substanzerhaltungsargument und ähnlichen Konstrukten Bedeutung zukommen.

Generell läßt sich feststellen: die Forderung nach (realer) Kapitalerhaltung geht ins Leere, wenn der Markt die erforderliche Rendite nicht hergibt, und sie ist umgekehrt unzureichend, wenn auch höhere Renditen ohne weiteres realisierbar sind. Warum also, fragt man sich, auf diesen definierten Nullpunkt[36] starren wie das Kaninchen auf die Schlange, statt sich marktwirtschaftlich konsequent an den kapitalmarktbestimmten Kapitalkosten zu orientieren[37]?

b) Selbstfinanzierungsbedarf für eine Erhöhung der Solvabilitätsmittel als Kalkulationselement?

In der bisher verfolgten marktwirtschaftlichen und entsprechend konsequent den möglichen Kapitalverzehr am Marktwert des Eigenkapitals messenden Sichtweise findet sich – wie gezeigt – eigentlich kein überzeugendes Argument für eine kalkulationsrelevante Inflationswirkung. Von

---

35 Ein Musterbeispiel dafür scheint mir die Gesetzliche Beitragsermäßigung (sog. Reinzinsausschüttungsregelung) in der Kfz-Haftpflichtversicherung zu sein, die den ökonomisch begründeten Abzug von Zinsen auf das versicherungstechnische Fremdkapital in der Versicherungsprämie mit der Berücksichtigung aller möglichen Argumente zu einer umständlichen und unübersichtlichen Regelung und Rechenanweisung ausformt.
36 Vgl. Schildbach (1993), Sp. 2089.
37 Die These von der „betriebswirtschaftlichen Zweckmäßigkeit des Ziels realer Kapitalerhaltung" (Farny (1983), S. 476) ist zwar von großer vordergründiger Plausibilität, aber in ihrer entscheidungsorientierten Anwendung wie gezeigt nicht unproblematisch. Sie ist auch keineswegs unkontrovers: vgl. bereits die Kritik Riegers (1959), S. 249; weiterhin Wagner (1978) mit vielen Literaturhinweisen.

daher wird auch sofort klar, warum Farny mit dem fünften Kalkulationselement auf einen Inflationseffekt abstellt, der sich über Bilanzkategorien auswirkt, nämlich die Verschiebung der solvabilitätsbestimmenden bilanziellen Kapitalstruktur. Denn gerade dort kann man sachverständigerweise eine für das Unternehmen nachteilige Inflationswirkung erwarten, indem einerseits zwar inflatorische Wertsteigerungen das Bilanzvermögen und -eigenkapital nicht tangieren, sich andererseits aber mit dem inflationsbedingt wachsenden versicherungstechnischen Fremdkapital die (bilanzielle) Kapitalstruktur dadurch verschlechtert. Führt nun dieser Effekt zu einer Verletzung der Solvabilitätsvorschriften, so ist der entstehende Nachteil zweifellos exogener Natur, was eine kalkulatorische Berücksichtigung rechtfertigen kann, sofern eine Wertminderung mit Kostencharakter, also ein *(Eigen-)kapitalverzehr* vorliegt und nicht nur *Kapitalbedarf* und damit ein reines Finanzierungsproblem induziert wird.

Im Interesse einer umfassenden Analyse dieser interessanten Frage ist es zweckmäßig, zu unterscheiden, ob die Solvabilitätsanspannung (1) (rein) wachstumsbedingt oder aber ob sie (2) inflationsbedingt ist. Nur auf den zweiten Fall bezieht sich die Argumentation Farnys, deren Erörterung durch die vorangehende ergänzende Diskussion zu (1) aber vorbereitet und erleichtert werden soll.

b) 1. Wachstumsbedingter Solvabilitätsmittelbedarf

Darauf, daß der im Beispiel Farnys als Inflationskonsequenz entstehende Finanzierungsbedarf auch ohne Inflation, rein als Folge realen Unternehmenswachstums auftreten kann, hat Börner[38] bereits 1967 hingewiesen. Die Folgerung, es sei dann Sache des Versicherungsnehmers, das für die Übernahme seines Risikos seitens des Versicherers benötigte Eigenkapital selbst aufzubringen und im Rahmen der zu zahlenden Prämie zwecks Generierung von Gewinnen zur Selbstfinanzierung zusätzlich einzuzahlen, ist – abgesehen vom Versicherungsverein[39] – so natürlich recht aberwitzig. Bedeutet das doch, daß der Kunde den Unternehmenseignern ihr Kapital nicht nur verzinsen, sondern auch noch schenken soll! Daran ändert sich auch nichts, wenn man diese Forderung auf den Fall beschränkt, in dem das Versicherungsunternehmen an seiner solvabilitätsbedingten Kapazitätsgrenze angelangt ist. Selbst im Fall eines regulierten Marktes, in dem sich ein solches Vorgehen natürlich faktisch durchsetzen ließe, kann man sich kaum vorstellen, daß sich eine Regulierungsbehörde einer derartigen Argumentation anschließen würde. In einer Marktwirtschaft ist die Sache vollends klar: Entweder der zusätzlich zu zeichnende Versicherungsvertrag ist aus der Sicht der Eigner hinlänglich

---

38 Vgl. Börner (1967), S. 1094–96.
39 Auf die Situation des VVaG wird am Schluß der Erörterung eingegangen.

profitabel, dann werden sie auch bereit sein, entsprechend zusätzliches Eigenkapital einzuschießen; oder dies ist nicht der Fall, dann sollte auf das Geschäft verzichtet werden. Deshalb stellt Börner mit seiner Argumentation auch auf eine Situation des Marktversagens ab und begründet die Berücksichtigung des solvabilitätsbedingten Eigenkapitalbedarfs in der zu fordernden Prämie mit der geringen Ergiebigkeit des deutschen Kapitalmarktes. Seine Folgerung impliziert allerdings wesentlich weitergehend nicht nur geringe, sondern gar keine Ergiebigkeit. Das heißt, es ist völlig unmöglich, auch nicht gegen beliebig hohe Zinsen Eigenkapital aufzutreiben, oder in der Sprache der Theorie: die Kapitalkosten sind unendlich. Dem entspricht dann auch exakt, daß man den Eignern Geld schenken muß, um ihre Anforderungen zu erfüllen – geschenktes Geld hat in der Tat eine Rendite von unendlich. In der Realität mögen die Kapitalkosten bei Kapitalknappheit durchaus beträchtlich sein, unendlich hoch aber waren sie mit Sicherheit auch 1967 nicht. Dann stellt sich aber auch hier wieder die Frage, warum die Versicherungsunternehmen in einer solchen Situation nicht in der Lage sein sollen, ebenfalls derart hohe Anlagerenditen zu erzielen. Auf mögliche Gründe und ihre Konsequenzen für die Prämienkalkulation (aber auch ihre offenbar nur geringe praktische Relevanz) sind wir am Beginn des vorliegenden Abschnitts bereits ausführlich eingegangen. Allerdings handelte es sich dort um die Erfassung kostenrelevanten Kapitalverzehrs, während es hier lediglich um die Finanzierung weiteren Unternehmenswachstums durch Abschluß *zusätzlicher* Versicherungsverträge geht. Der ist aus Eignersicht dann vorteilhaft, wenn sich das dazu zusätzlich zur Verfügung zu stellende Eigenkapital angemessen verzinst, d. h. die u. U. durchaus hohen Eigenkapitalkosten erwirtschaftet werden. Der Versuch einer Selbstfinanzierung des entstehenden Kapitalbedarfs über die Prämie erscheint demgegenüber als ein sehr teures Finanzierungskunststück, zumal für jede DM benötigten Eigenkapitals in den Prämien (bei 50%igem Steuersatz) 2 DM über die Deckung aller Kosten hinaus erlöst werden müssen. Im obigen Beispiel mit derzeitigen Prämieneinnahmen von 100 und einem Eigenkapital von 30 bedeutet das, daß von jeder DM zusätzlicher Prämieneinnahme 60 Pfennige für die Selbstfinanzierung benötigt werden (30 Pfennige davon für den Fiskus)! Das Bild wird allerdings günstiger, wenn man den wachstumsbedingten Finanzierungsbedarf „sozialisiert" und auch die Bestandskunden dazu beitragen läßt. Bei marginalem Wachstum genügt dann eine 3%ige Beitragssteigerung. Diese wird aber (prozentual) um so größer, je größer das Wachstum ist.

Anders stellt sich die Situation beim Versicherungsverein dar, der Wachstum naturgemäß nur aus erzielten Gewinnen finanzieren kann. Im (Preis-)Wettbewerb mit Aktiengesellschaften stehen ihm dafür konzeptionell nur die ersparten Dividendenzahlungen zur Verfügung, was das oft beklagte beschränkte Wachstumspotential der Versicherungsvereine begründet. Hier könnte in der Tat die von Börner vorgeschlagene Form der Schaffung des zusätzlichen Selbstfinanzierungspotentials über entsprechend erhöhte Prämien in Betracht kommen, allerdings nur unter der Voraussetzung, daß es gelingt, die Versicherungsnehmer (= Mitglieder) von der für sie recht teuren Maßnahme zu überzeugen. Das dürfte aus zwei Gründen schwierig sein: zum einen weil den konkurrierenden Aktiengesellschaften die billigere Beteiligungsfinanzierungsmöglichkeit und damit das Angebot zu niedrigeren Prämien offensteht; andererseits partizipiert das Vereinsmitglied, anders als der Aktionär, ja nicht an der resultierenden Unternehmenswertsteigerung und kann diese nicht über den Verkauf von Anteilen realisieren.

b) 2. Inflationsbedingter Solvabilitätsmittelbedarf

Doch nun zum Farnyschen Problem der kalkulatorischen Berücksichtigung inflationsbedingten Selbstfinanzierungsbedarfs der Versicherungsunternehmung. Anders als in b) 1. geht es hierbei um einen gegebenen Versicherungsbestand, der von einem drohenden oder bereits erfolgten Inflationsschub betroffen wird. Damit steigt zunächst der (nominale) Schadenbedarf, was zu einer entsprechenden Prämienanpassung (über das Kalkulationselement Erwartungsschaden) zwingt. Über die damit zugleich verbundene (inflatorische) Aufblähung des versicherungstechnischen Fremdkapitals, aber den bilanzrechtlich bedingt nicht oder nicht im gleichen Maße steigenden Bilanzvermögensausweis verschlechtert sich die Kapitalstruktur hier in der Weise, daß freie, unbelastete Eigenmittel nicht mehr in ausreichendem Umfang zur Verfügung stehen[40]. Erfordert bzw. erlaubt das einen Selbstfinanzierungszuschlag in der Prämie analog der von Börner empfohlenen Vorgehensweise? Mangelnde Solvabilität gefährdet den Bestand des Versicherungsunternehmens. Sie bedeutet daher für die Unternehmenseigner ein Negativsignal, das im allgemeinen einen Kursverlust und damit einen Eigenkapitalverzehr bedingen wird. Somit ist Farnys Lösung folgerichtig: Die Renditeanforderungen der Eigentümer können nur erfüllt werden, wenn aus dem Versicherungsgeschäft ausreichend Gewinne erwirtschaftet werden, um die Solvabilitätsklemme und damit den Kursverlust zu vermeiden. Die kostenrechnerische Begründung für das fünfte Kalkulationselement liegt also nicht im entstandenen Finanzierungsproblem bzw. -bedarf, sondern im drohenden Eigenkapitalverzehr. Der Selbstfinanzierungsbedarf bestimmt dagegen die Kostenbewertung, d. h. die erforderliche Höhe des Prämienzuschlags. Damit stehen der Kostencharakter und die systematische Einordnung als Kalkulationselement außer Frage[41]. Zu überprüfen bleibt lediglich, ob realistischerweise davon ausgegangen werden kann, daß sich die resultierende Prämienerhöhung auch am Markt wird durchsetzen lassen. Dazu

---

40 Zur Kritik des Begriffes der freien, unbelasteten Eigenmittel vgl. Farny (1984 b).
41 Zur Begründung vgl. die Ausführungen am Beginn des Abschnittes a.

sind die Interessenlagen der und die Wirkungen auf die Versicherungsnehmer einerseits, Unternehmenseigner andererseits zu betrachten[42].

b) 2.1 Die Versicherungsnehmersicht

Die Zielsetzung der Versicherungsnehmer erfordert ein Abwägen zwischen dem Preis des Gutes Versicherungsschutz und der Sicherheit der Schadenersatzansprüche gegenüber dem Versicherungsunternehmen. Die unstreitige Risikoaversion der meisten Wirtschaftssubjekte verleiht dem Sicherheitsaspekt gerade im Versicherungszusammenhang große Bedeutung. Von daher werden die Versicherungsnehmer an der Erhaltung der Leistungssicherheit des Unternehmens prinzipiell sehr interessiert und ggf. bereit sein, einen Beitrag dazu in Form der Zahlung einer höheren Prämie zu leisten. Der Hinweis auf den exogenen, vom Versicherungsunternehmen nicht zu vertretenden Charakter der eingetretenen bzw. drohenden Solvabilitätsklemme kann zudem den zu fordernden Prämienanstieg argumentativ unterstützen und seine Akzeptanz seitens der Versicherungsnehmer fördern. Andererseits ist die u. U. spürbare Größenordnung[43] des erforderlichen Prämienzuschlags zu beachten. Sie kann vor allem dann zu einem Nachfragerückgang und zu entsprechendem Bestandsstorno führen, wenn die Konkurrenzanbieter nicht oder nicht in gleichem Umfang die Prämien erhöhen (müssen). Zwar betrifft die Inflationswirkung alle Versicherungsunternehmen tendenziell in gleicher Richtung, aber nicht notwendig im gleichen Ausmaß bzw. mit sofort/alsbald solvabilitätsbedrohender Wirkung. Damit kommt aber eine Fülle situativer, dynamischer und in zunehmendem Maße auch internationaler Aspekte in unsere Betrachtung, die hier nur angedeutet, nicht aber weiter verfolgt werden können, und die auch an der prinzipiellen Begründbarkeit des fünften Prämienelements nichts ändern.

Ein weiterer wesentlicher Punkt wird dagegen durch die Frage angesprochen, ob die Sicherheit der Versicherungsnehmeransprüche überhaupt durch die (inflationsbedingte) Solvabilitätsanspannung tangiert wird. So zeigen bisherige deutsche (Nachkriegs-)Erfahrungen, daß es insbesondere aufgrund der Attraktivität akquirierter Bestände im allgemeinen gelingt, in ihrer wirtschaftlichen Existenz bedrohte Versicherungsunternehmen im Wege der Fusion oder Übernahme zu sanieren. Außerdem ist eine Verminderung der Sicherheit der Versicherungsleistungen im vorliegenden Zusammenhang gar nicht zwingend, indem im Versicherungsunternehmen ausreichend stille Reserven vorhanden sein können. Das legt den

---

[42] Auf die Sondersituation beim VVaG, bei dem die beiden Gruppen identisch sind, wurde bereits unter b) 1 eingegangen, so daß sich eine entsprechende Darstellung hier erübrigt.
[43] In Abschnitt b) 1 ergab sich eine 3%ige, zusammen mit der Inflationswirkung also eine insgesamt 8%ige Beitragserhöhung.

Vorschlag nahe, entsprechend der EG-Lösung[44] die stillen Reserven in die Berechnung der Ist-Solvabilität einzubeziehen. Für eine derartige Anpassung spricht auch die in Zukunft verpflichtende Angabe zeitnaher Kapitalanlagenwerte im Jahresabschluß, durch die das Argument der mangelnden Ersichtlichkeit und Überprüfbarkeit der zugehörigen stillen Reserven entfällt.

b) 2.2 Eignersicht

Selbstverständlich sind auch die Aktionäre an der Vermeidung bzw. Beseitigung des Kursverlustes interessiert, und sie könnten dem ziemlich problemlos durch die Zustimmung zu einer Kapitalerhöhung begegnen. Problemlos deshalb, weil das einzuzahlende Eigenkapital ausschließlich als Sicherheitskapital benötigt wird und damit voll zur Kapitalanlage im Versicherungsunternehmen zur Verfügung steht. Normalerweise sollte die dabei zu erzielende Anlagerendite (nach Steuern) den Nachsteuereigenkapitalkosten entsprechen, so daß die Eigentümeransprüche auch ohne Prämienerhöhung befriedigt werden können.

Mit dieser Erkenntnis zeichnet sich die Beteiligungsfinanzierung als die gesamtwirtschaftlich präferable und effiziente Lösung ab: die Versicherungsnehmer gewinnen durch die ausbleibende Prämienerhöhung, während die Eigner nichts verlieren. Das heißt allerdings nicht, daß diese Lösung auch individuell rationalem Verhalten entspricht. So kann es den Eignern durchaus als vorteilhaft erscheinen, die Kapitalerhöhung zu verweigern, wenn sie mit der Akzeptanz der Prämienerhöhung durch die Versicherungsnehmer rechnen können (oder rechnen zu können glauben). Denn auf diese Weise entsteht zusätzliches, in Zukunft dividendenberechtigtes Eigenkapital aus der Selbstfinanzierung über die zusätzlichen Prämieneinnahmen ohne Eigenleistung der Aktionäre – außer vielleicht der Tragung des Risikos, daß die Versicherungsnehmer nicht im erforderlichen Umfang mitspielen.

Damit stehen wir hier vor einer spieltheoretischen Situation, in der der Vorteil des einen von dem nicht sicher absehbaren Verhalten des anderen abhängt. Denn grundsätzlich haben auch die Versicherungsnehmer guten Grund, abwartend zu taktieren und durch Kaufzurückhaltung, Kündigungsandrohungen und vorsorgliche Kündigungen mangelnde Akzeptanz der Prämienerhöhung zum Ausdruck zu bringen, um dadurch die Eigner zur Kapitalerhöhung zu veranlassen. Ich gebe gerne zu, daß dies zunächst rein theoretische Überlegungen sind, von denen ich mir allerdings vorstellen könnte, daß sie z. B. im großindustriellen Versicherungsgeschäft nicht völlig ohne Realitätsgehalt sein müssen. Gemäß der häufig

---

44 Vgl. Farny (1989 a), S. 623.

zitierten These vom zunehmend aufgeklärten Verbraucher und der sich verstärkenden Aufklärungstätigkeit durch Verbraucherverbände u. ä. könnte das zukunftsbezogen auch für einen erweiterten Betrachtungsrahmen gelten.

Ohne die Sache spieltheoretisch weiter zu vertiefen, wovon ich mir im Augenblick auch keinen praktisch brauchbaren Beitrag zu unserem Problem verspreche, scheint mir die folgende marktwirtschaftliche Überlegung als nicht ganz abwegig: Gerade wenn einige Versicherer in vorliegender Situation versuchen, dem Solvabilitätsproblem durch entsprechende Prämienerhöhungen zu begegnen, kann es für andere Konkurrenten und deren Aktionäre interessant werden, die Beteiligungsfinanzierung zu wählen, um über die niedrigere Prämie Marktanteile und die daraus resultierenden längerfristigen Ertragsvorteile zu gewinnen. Auf einem einigermaßen funktionsfähigen Konkurrenzmarkt wird es daher i. d. R. schwierig sein, das inflationsbedingte Solvabilitätsproblem über die Prämie zu lösen.

Als Fazit läßt sich festhalten, daß Farny mit dem fünften Prämienelement den einzigen, theoretisch und praktisch plausibel als Kostenfaktor zu begründenden Inflationseffekt erfaßt. Ob sich ein entsprechender Prämienzuschlag auch am Versicherungsmarkt durchsetzen läßt, ist eine ganz andere Frage und – wenn auch materiell interessant – nicht Gegenstand der Konzeption eines möglichst vollständigen Kalkulationsschemas. In Farnys Rechenbeispiel verbindet sich das Element inflationsbedingter Selbstfinanzierungsbedarf allerdings mit weiteren, hier unter 3. a als weniger plausibel eingeschätzten Effekten, nämlich Steuern auf kalkulatorische Eigenkapitalzinsen und Divergenz zwischen Eigenkapitalkosten und versicherungsbetrieblicher Kapitalanlagerendite (nach Steuern). Ganz abgesehen von der grundsätzlichen Problematik von an Kategorien der Finanzbuchhaltung ansetzenden und durch Rechnungslegungsvorschriften verzerrten Rechendaten wird dadurch die Bedeutung der Kapitalanlageerträge auf das versicherungstechnische Fremdkapital in Farnys Untersuchung m. E. zu stark relativiert.

III. Prämienkalkulation und Kapitalmarkt

Die bereits in Abschnitt II. B. präferierte marktwirtschaftliche Sicht geht davon aus, daß für die Unternehmenspolitik letztlich die Eigentümerinteressen ausschlaggebend sind. Damit determinieren die Renditeanforderungen der Anteilseigner die Preisuntergrenze der (Versicherungs-)Produkte. Die (risikoabhängige) Renditeforderung der Eigentümer leitet sich im allgemeinen von den besten alternativen Anlagemöglichkeiten am Kapitalmarkt ab. Die Kapitalmarkttheorie analysiert und expliziert den Rendite-Risikozusammenhang im Marktgleichgewicht und liefert damit die Grundlagen auch für die risikobezogene Versicherungsbewertung. Die

Bestimmung der Versicherungsprämie erfolgt dann aus dem Blickwinkel von Eigenkapitalgebern, die in ihrem Privatportefeuille die Möglichkeit haben, Anteile an Versicherungsunternehmen mit anderen Finanztiteln zu kombinieren und so das Anlagerisiko durch Diversifikation zu reduzieren.

In der Literatur werden in diesem Rahmen vor allem zwei Vorgehensweisen zur Bestimmung der Versicherungsprämie diskutiert: eine Prämienkalkulation auf der Basis eines Kapitalmarktmodells (z. B. des CAPM[45]) oder auf der Basis der Optionspreistheorie. Diese Ansätze werden verschiedentlich mißverstanden, was zu folgender Klarstellung Anlaß gibt: Gefragt wird in beiden Modellvarianten nach der Mindestversicherungsprämie aus der Sicht der Eigenkapitalgeber, damit diese eine risikoadäquate Verzinsung ihres eingesetzten Kapitals erhalten. Im CAPM haben die Eigenkapitalgeber Diversifikationsmöglichkeiten am Kapitalmarkt, weshalb dann auch das Versicherungsunternehmen nicht (nur) auf der Basis der Schadenrisiken aus dem Versicherungsgeschäft bewertet, sondern im Kontext des Gesamtportefeuillerisikos der Eigner gesehen wird. Wie sich die vom Versicherungsunternehmen gezeichneten bzw. zu zeichnenden Risiken auf die Risikoposition der Versicherungsaktionäre auswirken, hängt vorrangig von der Korrelation zwischen den Schadengefahren und dem Kapitalmarktrisiko ab. Wie groß diese Korrelation ist, läßt das Modell offen; sie zu bestimmen, ist eine rein empirische Angelegenheit.

In der optionspreistheoretischen (Erst-)Versicherungsbewertung[46] benötigt man als Input des Modells zusätzlich zu den Standard-Daten der Optionspreisformel auch noch ein Bewertungsmodell für das Eigenkapital, z. B. das CAPM[47]. Explizit läßt sich aus dem Optionspreisansatz die Höhe der Versicherungsprämien allerdings nicht mehr bestimmen[48], weshalb wir uns im weiteren auf die kapitalmarktbezogene Analyse konzentrieren.

Bei Anwendung des CAPM auf die Versicherungsbewertung resultiert, daß sich die prinzipielle Bewertungssystematik, mit der das Versicherungsunternehmen bewertet wird, auch auf die Mindestversicherungsprämie überträgt, um die Eigner für das übernommene Risiko zu kompensieren[49]. Es ist dabei aber keineswegs so, daß die Versicherungsverträge als

---

45 Capital Asset Pricing Model (CAPM), entwickelt von Sharpe (1964), Lintner (1965) und Mossin (1966). Es wurde auf den Versicherungszusammenhang übertragen von Quirin/Waters (1975), Fairley (1979), Hill (1979), Kahane (1979) u. a.
46 Bezüglich der Anwendung der Optionspreistheorie auf die Schadenexzedenten-Rückversicherung vgl. Albrecht (1991), S. 519–521.
47 Vgl. Doherty/Garven (1986), S. 1034–1047.
48 Vgl. D'Arcy/Doherty (1988), S. 60.
49 Vgl. Fairley (1979), Hill (1979), Kahane (1979).

am Markt gehandelte Wertpapiere angesehen werden, wie Breuer[50] meint. Vielmehr leitet sich die Preisuntergrenze P ausschließlich aus der Anforderung ab, daß der Marktwert des Versicherungsunternehmens durch das Versicherungsgeschäft jedenfalls nicht sinken soll. Ihre Höhe ist dann prinzipiell durch Gleichung (5) aus Abschnitt II. B. beschrieben, wobei aber der Zinssatz z und die Risikoadjustierung R modellspezifisch bestimmt werden. Beziehung (5) präzisiert sich dann zu[51]

(7) $\quad P = \dfrac{E(S) + B + R}{1 + r}$

mit r – „risikoloser" Zinssatz

und R gemäß (7a):

(7a) $\quad R = -(E(r_M) - r)\,\dfrac{cov\,(S, r_M)}{var\,(r_M)}$.

Als Kalkulationszinssatz ist also der sog. risikolose Zinssatz r, d. h. die Rendite weitgehend risikofreier Anlagemöglichkeiten am Kapitalmarkt anzuwenden. Die Risikoadjustierung gemäß (7 a) erfolgt anhand der Bewertung des systematischen Schadenrisikos, ausgedrückt durch den Quotienten auf der rechten Seite, mit dem sog. Marktpreis des Risikos $(E(r_M)-r)$. Hierbei bezeichnet r_M die sog. Marktrendite, verstanden als Rendite des „Marktportefeuilles", das alle am Kapitalmarkt gehandelten Finanztitel beinhaltet. Das systematische Schadenrisiko wird durch die Kovarianz zwischen der Schadenvariablen S und der Marktrendite r_M bestimmt und durch Bezug auf die Varianz der Marktrendite lediglich normiert.

Die Konsequenzen der Versicherungskalkulation entsprechend Beziehung (7) sollen kurz erläutert werden. Einen Risikoaufschlag erhält man für eine negative Kovarianz des zu bewertenden Schadens mit der Marktrendite: Die Schäden sind i. d. R. dann hoch, wenn am Kapitalmarkt ohnehin schon Verluste auftreten, und sind damit äußerst unwillkommen. Im umgekehrten Fall, also wenn die Schäden regelmäßig dann eintreten, wenn am Kapitalmarkt eine gute Performance erzielt wird, können sie z. T. durch die marktgängigen Finanztitel kompensiert werden. Für solche

---

50 Vgl. Breuer (1992), S. 620.
51 Bei Anwendung der Methode des risikoangepaßten Zinsfußes spezifiziert sich analog Beziehung (6) zu

(8) $\quad P = \dfrac{E(S) + B}{1 + r - z_R}$

mit $\quad z_R = (E(r_M) - r)\,\dfrac{cov\,(r_v, r_M)}{var\,(r_M)}\quad$ und $r_v = (P - S)/P$.

Schäden muß das im Anteilseignerinteresse handelnde Versicherungsunternehmen natürlich eine geringere Prämie fordern als für die erstgenannten: Es gibt einen Risikoabschlag.

Aus empirischen Untersuchungen kann man die Folgerung ziehen, daß Risiken in der Schaden-/Unfallversicherung oft bzw. im Durchschnitt mit der Rendite des Marktportefeuilles unkorreliert sind[52], d. h. die versicherungstechnischen Risiken sind relativ unabhängig vom Geschehen am Kapitalmarkt. Dies ist für weite Bereiche der Schadenversicherung auch nicht sehr verwunderlich und sicherlich kein Grund, die CAPM-basierte Versicherungsbewertung *deshalb* abzulehnen. Besagt es doch lediglich, daß die Schadenrisiken keinen Einfluß auf das Gesamtportefeuillerisiko der Aktionäre haben und damit für diese nicht bewertungsrelevant sind. In diesem Extremfall errechnet sich also die Versicherungsprämie aus der Summe aus erwartetem Schaden zuzüglich Verwaltungskosten, die mittels des Zinsfußes für sichere Anlagen abdiskontiert wird[53].

Die Anwendung des Standard-CAPM auf die Versicherungsbewertung weist allerdings eine entscheidende Schwachstelle auf: Das CAPM entwickelt sich letztlich aus einem mikroökonomischen Ansatz, der die optimale Kapitalanlageentscheidung eines Individuums untersucht, wobei ausgeklammert wird, ob dieses Individuum nicht marktgängige Einkommenskomponenten hat oder von Schadengefahren bedroht wird, gegen die es sich versichern kann oder die es mit geeigneten Portefeuille-Dispositionen selbst versichert. Die im Standard-CAPM ermittelten Gleichgewichtspreise spiegeln damit in keiner Weise das Vorhandensein von Schadengefahren wider. In der Übertragung auf die Versicherungsbewertung wird dann aber unterstellt, die CAPM-Bewertungssystematik habe auch für ein Versicherungsunternehmen, das Schaden- und Unfallgefahren versichert, Gültigkeit. Und hier genau liegt die Inkonsistenz des Ansatzes: Einerseits sollen Schaden- und Unfallrisiken bewertet werden, andererseits bemüht man dazu ein Modell, das diese Gefahren überhaupt nicht abbildet. Es scheint daher angebracht, auf Modellformulierungen zurückzugreifen, in die die zu versichernden Schadengefahren der Kapitalmarktteilnehmer auch Eingang finden. Wenig überzeugend sind hierbei die Ansätze von Ang/Lai (1987) und Breuer (1992). Bei Ang/Lai agieren die mit einer Risikonutzenfunktion ausgestatteten Versicherungsunternehmen als Kapitalanleger am Kapitalmarkt, die „normalen" Kapitalmarktteilnehmer optimieren aber weiterhin ohne Berücksichtigung der sie bedrohenden Schäden ihr Wertpapierportefeuille. Konsequenz dieser eigentümlichen Modellierung ist, daß nur die versicherten Schäden Be-

---

52 Vgl. Fairley (1979), S. 203-206; Cummins/Harrington (1985), S. 27-33.
53 Davon unbenommen bleibt die in Abschnitt II. A. 2. angedeutete Möglichkeit, daß ggf. ein dem Sicherheitsinteresse der Versicherungsnehmer entsprechender Risikozuschlag berücksichtigt wird.

wertungsrelevanz hinsichtlich der Versicherungsprämie haben. Dasselbe Problem tritt bei Breuer auf: Einer der Marktteilnehmer nimmt die Funktion eines Versicherungsunternehmens ein und bestimmt aus seinem Nutzenkalkül den Grenzpreis für Versicherung, wenn die anderen Marktteilnehmer ihre Risiken auf ihn übertragen. Dabei wird dem Versicherer nicht die Möglichkeit eingeräumt, selbst Kapitalanteile zu emittieren, so die versicherungstechnischen Risiken an den Kapitalmarkt zurückzugeben und damit zu diversifizieren. Unverständlich bleibt auch, warum die marktgängigen Finanztitel ohne Berücksichtigung der Schadengefahren nach dem Standard-CAPM bewertet werden[54].

In der Tradition der Herleitung des Standard-CAPM, jedoch unter Berücksichtigung von Schadengefahren bei der individuellen Portefeuilledisposition (in der Art der Modellierung von Mayers/Smith (1983)) stehen die Arbeiten von Turner (1981) und (1987) sowie Gründl (1993). Es zeigt sich darin, daß die individuellen Schadengefahren einen Einfluß auf die individuelle Portefeuillestruktur und letztlich auch auf die Preise von Unternehmen, also auch Versicherungsunternehmen haben. Als Bewertungssystematik für die Bewertung von Versicherungsschutz resultiert strukturell eine der Gleichung (7) mit der Risikoadjustierung (7a) ähnliche Beziehung, in der allerdings das Marktportefeuille um sämtliche nicht marktfähige Vermögensgrößen (z. B. die Arbeitseinkommen) und vor allen Dingen um sämtliche Schadengefahren in der Volkswirtschaft (mit negativem Vorzeichen) erweitert ist. Betrachtet man die analog zu (7a) resultierende Risikoadjustierung, so führt eine positive Korrelation des zu bewertenden Schadens mit allen übrigen Schäden in der Volkswirtschaft zu einem Risikoaufschlag auf den Erwartungsschaden. Denkt man z. B. an Kumulrisiken bei Sturmschäden o. ä., so wird klar, daß derartige Schäden besonders hohe Versicherungsprämien verlangen, ein Umstand, der in der traditionellen CAPM-basierten Prämienkalkulation – im Gegensatz zur erweiterten Modellformulierung – keine Berücksichtigung fand. Mit diesem Ergebnis wird auch dem Einwand Albrechts Rechnung getragen, daß „Aktienkursschwankungen ... wenig informativ (sind) für das Ausmaß versicherungstechnischer Risiken"[55].

Man sieht, daß geeignete Modellerweiterungen das Capital Asset Pricing Model um realitätsnähere Tatbestände zu Prämienhöhen führen, die einerseits das durch die Prämieneinnahmen generierte Kapitalanlageergebnis berücksichtigen, andererseits der Tatsache Rechnung tragen, daß der Eigenkapitalgeber auch für das übernommene versicherungstechnische Risiko in der Versicherungsprämie zu entlohnen ist, allerdings nur in dem Umfang, wie das versicherungstechnische Risiko zum Risiko in der Volkswirtschaft beiträgt. Bei mit allen übrigen Vermögensgrößen un-

---

54 Vgl. Breuer (1992), S. 622.
55 Albrecht (1991), S. 514.

korrelierten Schäden ist dies die Varianz des Schadens; das CAPM birgt also das Varianzprinzip der Prämienkalkulation als Sonderfall in sich!

IV. Schluß

Enger werdende Gewinnmargen, verschärfter Wettbewerb auf liberalisierten und internationalisierten Versicherungsmärkten sowie weitere Gründe verleihen der Preiskalkulation i. S. zutreffend ermittelter Preisuntergrenzen eine bisher in der Versicherungswirtschaft weitgehend unbekannte Bedeutung.

Nicht daß die Prämienkalkulation im regulierten Umfeld unerheblich wäre, aber sie ist anders, erfolgt nach anderen Gesichtspunkten und verfolgt andere Zwecke: Von der Intention her auf Interessensausgleich gerichtete, der Sache nach bürokratisch geprägte Kalkulationsregeln und -verordnungen dominieren über weite Bereiche betriebswirtschaftliches Denken.

Von daher wurde es in vorliegendem Beitrag unternommen, Farnys grundlegende Analyse von 1983 unter Anwendung der konsequent marktwirtschaftlichen Betrachtungsweise der modernen betriebswirtschaftlichen Theorie zu ergänzen und fortzuführen.

Als wesentliche Ergebnisse lassen sich nennen:

(1) Die letztlich künstliche Abgrenzung eines sog. versicherungstechnischen Abrechnungskreises entspricht sicher einer gewissen gruppen- bzw. branchenindividuellen Rationalität, läßt sich aber marktwirtschaftlich kaum stichhaltig begründen und führt auf Konkurrenzmärkten zur Fehlkalkulation und – wie auch Farny hervorhebt – leicht zu einem problematischen preispolitischen Verhalten[56].

(2) Demgegenüber erweist sich das Cash flow-Underwriting für Zwecke der Bestimmung einer Preisuntergrenze als der präferable Ansatz, wobei hier ergänzend klargestellt sei, daß die Preisuntergrenze der (Top-)Managementinformation dient. Sie den Verkaufsorganen offenzulegen, ist dagegen schon aus psychologischen Gründen meist wenig zweckmäßig.

(3) Primär determinieren in marktwirtschaftlicher Sicht die Eigentümerinteressen die Preiskalkulation: Der Preis muß alle Kosten, d. h. den in der Weise abgegrenzten und bewerteten gesamten betriebsnotwendigen Güterverzehr decken, daß der Marktwert des Versicherungsunternehmens durch das zu zeichnende Geschäft jedenfalls nicht sinkt. Zusätzlich

---

56 Vgl. Farny (1983), S. 398.

können die Präferenzen der Versicherungsnehmer den zu fordernden Preis beeinflussen: Sind die Kunden an einer höheren Unternehmenssicherheit interessiert als die Eigner und bereit, dafür einen höheren Preis zu akzeptieren, so sollte diese Überlegung über die Festlegung des Sicherheitszuschlages in die Prämie einfließen. Bei Versicherungsvereinen integrieren sich beide Aspekte durch die Identität von Eigentümern und Versicherungsnehmern.

(4) Konsequenz der eigentümerorientierten Sichtweise ist auch die von Farny zu Recht herausgearbeitete Notwendigkeit, kalkulatorische Eigenkapitalzinsen auf das in der Unternehmungsorganisation und -struktur gebundene Kapital sowie in Sonderfällen auch kalkulatorische Wertminderungen in Form von exogenem Eigenkapitalverzehr in der Prämienkalkulation zu berücksichtigen.

(5) Theoretische Analysen auf der Grundlage von Kapitalmarktmodellen fördern die Einsicht in die marktwirtschaftlichen Zusammenhänge und ihre Konsequenzen für die Prämienkalkulation, hier insbesondere die Gewinnung der unter (1) bis (4) gezogenen Folgerungen. Einen sowohl direkt praktikablen als auch theoretisch befriedigenden Bewertungsansatz liefert die kapitalmarkttheoretische Versicherungsforschung – trotz großer Fortschritte in den letzten Jahren – derzeit allerdings noch nicht.

Literatur

Albrecht, P. (1991): Kapitalmarkttheoretische Fundierung der Versicherung?, in: Zeitschrift für die gesamte Versicherungswissenschaft, Bd. 80, 1991, S. 499–530

Ang, J. S./Lai, T.-Y. (1987): Insurance Premium Pricing and Ratemaking in Competitive Insurance and Capital Asset Markets, in: Journal of Risk and Insurance, Vol. 54, 1987, S. 767–779

Börner, W. H. (1967): Zinserträge der Schaden- und Unfallversicherer, in: Versicherungswirtschaft, Jg. 21, 1967, S. 1094–1096

Breuer, W. (1992): Kapitalmarkttheorie und Versicherungswissenschaft, in: Zeitschrift für die gesamte Versicherungswissenschaft, Bd. 81, 1992, S. 617–629

Cummins, J. D. (1990): Asset Pricing Models and Insurance Ratemaking, in: The ASTIN Bulletin, Vol. 20, 1990, S. 125–166

Cummins, J. D./Harrington, S. E. (1985): Property-Liability Insurance Rate Regulation: Estimation of Underwriting Betas Using Quarterly Profit Data, in: Journal of Risk and Insurance, Vol. 52, 1985, S. 16–43

D'Arcy, S. P./Doherty, N. A. (1988): The Financial Theory of Pricing Property-Liability Insurance Contracts, Philadelphia 1988

Doherty, N. A./Garven, J. R. (1986): Price Regulation in Property Liability Insurance: A Contingent Claims Approach, in: Journal of Finance, Vol. 41, 1986, S. 1031 – 1050

Döring, U. (1993): Kostenrechnung und Steuern, in: W. Wittmann u. a. (Hrsg.), Handwörterbuch der Betriebswirtschaft (HWB), Stuttgart 1993, Sp. 2339 – 2351

Fairley, W. B. (1979): Investment Income and Profit Margins in Property Liability Insurance: Theory and Empirical Results, in: The Bell Journal of Economics, Vol. 10, 1979, S. 192 – 210

Farny, D. (1965): Produktions- und Kostentheorie der Versicherung, Karlsruhe 1965

Farny, D. (1983): Nichtversicherungstechnische Erträge und Prämienbedarf in der Schaden/Unfallversicherung oder: Versuche und Versuchungen des Cash flow-Underwriting, in: Versicherungswirtschaft, Jg. 38, 1983, S. 398 – 403 und S. 476 – 485

Farny, D. (1984 a): Nichtversicherungstechnische Erträge und Prämien in der Schaden/Unfallversicherung, in: Versicherungswirtschaft, Jg. 39, 1984, Beilage zu Nr. 8, S. I – XVI

Farny, D. (1984 b): Solvabilität und Solvabilitätspolitik der Versicherungsunternehmen, in: Zeitschrift für die gesamte Versicherungswissenschaft, Bd. 73, 1984, S. 35 – 67

Farny, D. (1989 a): Versicherungsbetriebslehre, Karlsruhe 1989

Farny, D. (1992): Buchführung und Periodenrechnung im Versicherungsunternehmen, 4. Aufl., Wiesbaden 1992

Gründl, H. (1993): Versicherungsumfang, Versicherungspreis und moralisches Risiko im Kapitalmarktzusammenhang, Diss., Universität Passau 1993

Helten, E./Karten W. (1991): Das Risiko und seine Kalkulation (Teil II), in: W. Große; H. L. Müller-Lutz; R. Schmidt (Hrsg.), Versicherungsenzyklopädie, Bd. 2, 4. Aufl., Wiesbaden 1991, S. 181 – 221

Hill, R. D. (1979): Profit Regulation in Property Liability Insurance, in: The Bell Journal of Economics, Vol. 10, 1979, S. 172 – 191

Höfner, K./Pohl, A. (1993): Das Ziel ist eine quantifizierbare und wertorientierte Unternehmensführung, in: Handelsblatt vom 5. 7. 1993 (Nr. 126), S. 20; Abweichen vom gängigen und recht bequemen Sicherheitsdenken notwendig, in: Handelsblatt vom 12. 7. 1993 (Nr. 131), S. 18

Kahane, Y. (1979): The Theory of Insurance Risk Premiums – A Re-examination in the Light of Recent Developments in Capital Market Theory, in: The ASTIN Bulletin, Vol. 10, 1979, S. 223 – 239

Kilger, W. (1987): Einführung in die Kostenrechnung, 3. Aufl., Wiesbaden 1987

Kromschröder, B. (1987): Versicherung aus kapitalmarkttheoretischer Sicht, in: W.-R. Heilmann; G. Hammer; R. Schwebler (Hrsg.), Versicherungsmärkte im Wandel – Herausforderungen für Theorie und Praxis, Karlsruhe 1987, S. 87 – 99

Kromschröder, B. (1988): Kapital, in: D. Farny; E. Helten; P. Koch; R. Schmidt (Hrsg.), Handwörterbuch der Versicherung (HdV), Karlsruhe 1988, S. 321 – 329

Kromschröder, B. (1991): Versicherungspreis und Versicherungskalkulation in kapitaltheoretischer Sicht, in: D. Rückle (Hrsg.), Aktuelle Fragen der Finanzwirtschaft und der Unternehmensbesteuerung, Wien 1991, S. 321 – 339

Lintner, J. (1965): The Valuation of Risk Assets and the Selection of Risky Investments in Stock Portfolios and Capital Budgets, in: The Review of Economics and Statistics, Vol. 47, 1965, S. 13 – 37

Mayers, D./Smith, C. W. (1983): The Interdependence of Individual Portfolio Decisions and the Demand for Insurance, in: Journal of Political Economy, Vol. 91, 1983, S. 304 – 311

Mossin, J. (1966): Equilibrium in a Capital Asset Market, in: Econometrica, Vol. 34, 1966, S. 768 – 783

Povejsil, D. J. (1993): Die Unternehmenseinheiten müssen sich das Recht auf Wachstum erwerben, in: Handelsblatt vom 19. 7. 1993 (Nr. 136), S. 16

Quirin, D. G./Waters, W. R. (1975): Market Efficiency and the Cost of Capital: The Strange Case of Fire and Casualty Insurance Companies, in: Journal of Finance, Vol. 30, 1975, S. 427 – 445

Rehkugler, H. (1993): Kostenbegriffe, Kostenarten und Kostenkategorien, in: W. Wittmann u. a. (Hrsg.), Handwörterbuch der Betriebswirtschaft (HWB), Stuttgart 1993, Sp. 2320 – 2329

Rieger, W. (1959): Einführung in die Privatwirtschaftslehre, 2. Aufl., Erlangen 1959

Schildbach, T. (1993): Kapital- und Substanzerhaltung, in: W. Wittmann u. a. (Hrsg.), Handwörterbuch der Betriebswirtschaft (HWB), Stuttgart 1993, Sp. 2088 – 2112

Sharpe, W. F. (1964): Capital Asset Prices: A Theory of Market Equilibrium under Conditions of Risk, in: Journal of Finance, Vol. 19, 1964, S. 425 – 442

Turner, A. L. (1981): Insurance Markets and the Behavior of Competitive Insurance Firms, Diss., University of Pennsylvania 1981

Turner, A. L. (1987): Insurance in an Equilibrium Asset-Pricing Model, in: J. D. Cummins; S. A. Harrington (Hrsg.), Fair Rate of Return in Property-Liability Insurance, Boston 1987, S. 79 – 99

Wagner, F. W. (1978): Kapitalerhaltung, Geldentwertung und Gewinnbesteuerung, Berlin-Heidelberg-New York 1978

Wilhelm, J. (1983): Finanztitelmärkte und Unternehmensfinanzierung, Berlin-Heidelberg-New York 1983

Egon Lorenz

Zur Anwendbarkeit erbrechtlicher Vorschriften auf Drittbegünstigungen durch eine Kapitallebensversicherung auf den Todesfall

A. Die Problematik

Der einzige Versicherungsvertrag, der im BGB ausführlicher geregelt wird, ist der Lebensversicherungsvertrag, durch den „die Zahlung der Versicherungssumme an einen Dritten bedungen" worden ist. Es sind allerdings nur einige grundsätzliche Regelungen, die das BGB zur Beurteilung des Lebensversicherungsvertrags zugunsten Dritter bereithält. Näher ausgestaltet worden ist er erst acht Jahre nach dem Inkrafttreten des BGB durch das VVG. Auch die Vorschriften des VVG lassen jedoch manches offen. Das gilt insbesondere für die Kapitallebensversicherung zugunsten Dritter auf den Todesfall. Da die Begünstigung des Dritten durch ihn – wie die Begünstigung durch eine Verfügung von Todes wegen – im Zweifel (§ 331 Abs. 1 BGB und § 166 Abs. 2 VVG[1]) erst mit dem Tode des Zuwenders eintritt und da die Zuwendung meist unentgeltlich erfolgt, liegt es nahe, bei Regelungslücken und Auslegungsfragen auf erbrechtliche Vorschriften zurückzugreifen.

Das wohl bekannteste und seit Jahrzehnten mit unterschiedlichem Ergebnis beurteilte Beispiel einer solchen Lückenfüllungsfrage liefert der Fall, in dem der Versicherungsnehmer seinen Ehegatten begünstigt (als Bezugsberechtigten benannt) hat und dieser bei seinem Tode (Eintritt des Versicherungsfalls) von ihm geschieden war[2]. In diesem Falle kommt sogleich die Regelung des § 2077 BGB in den Blick. Danach ist eine letztwillige Verfügung des Erblassers zugunsten seines Ehegatten unwirksam, wenn die Ehe vor dem Tode des Erblassers aufgelöst worden ist (Abs. 1). Anders soll es (nach Abs. 3) nur dann sein, wenn anzunehmen ist, daß der Erblasser die letztwillige Verfügung zugunsten des Ehegatten auch für den Fall der Auflösung der Ehe „getroffen haben würde". Das soll heißen:

---

1 Näher dazu E. Lorenz, Zur Kapitallebensversicherung für den Todesfall, in: Festschrift für Robert Schwebler, 1986, S. 349 (S. 351 f.).
2 Vollständige Nachweise der Rechtsprechung und des Schrifttums bis 1988 bei Bruck/Möller/Winter, VVG, Bd. V/2, 8. Aufl., Anm. H 71 (zur h. M. S. 1101; zur Gegenansicht S. 1902).

335

Wenn der Erblasser seinen später von ihm geschiedenen Ehegatten eingesetzt und den Fall der Eheauflösung nicht bedacht hat[3], soll die Unwirksamkeit der letztwilligen Verfügung (nach § 2077 Abs. 1 BGB) nicht eintreten, wenn der Ehegatte Umstände darlegen und notfalls auch beweisen kann, aus denen sich ergibt, daß der Erblasser die letztwillige Verfügung auch für den Fall der Eheauflösung getroffen hätte.

Da eine entsprechende Vorschrift für die den Ehegatten begünstigende Kapitallebensversicherung auf den Todesfall fehlt, ist die entsprechende Anwendung des § 2077 BGB immer wieder erwogen und auch bejaht worden[4]. Durchgesetzt hat sich aber schließlich die Gegenansicht. Entscheidungen, die ihre Anerkennung besonders gefördert haben, bilden das Urteil des OLG Bremen vom 11.11.1958[5], dem Haidinger[6] mit ergänzenden Argumenten zugestimmt hat, und der Armenrechtsbeschluß des BGH vom 17.9.1975[7], in dem sich der BGH schon auf die herrschende Meinung berief. Nach dieser heute zwar herrschenden, aber keineswegs unangefochtenen Ansicht wird die Begünstigung eines Ehegatten durch die Kapitallebensversicherung zugunsten Dritter auf den Todesfall also durch eine vor dem Eintritt des Versicherungsfalls erfolgte Eheauflösung grundsätzlich nicht berührt. Sie kann aber zu versagen sein, wenn die Auslegung ergibt, daß sie für den Fall der Eheauflösung nicht gelten sollte, oder wenn anzunehmen ist, daß sie aus einem anderen Grund, etwa wegen Wegfalls der Geschäftsgrundlage[8], entfallen ist.

Die Frage nach der Anwendbarkeit erbrechtlicher Vorschriften auf die Begünstigung (Bezugsberechtigung) Dritter durch einen Kapitallebensversicherungsvertrag auf den Todesfall stellt sich aber nicht nur und nicht einmal zuerst, wenn es um die Ausfüllung gesetzlicher oder vertraglicher Regelungslücken geht. Die Grundfrage ist vielmehr die, ob die im Regelfall unentgeltliche Begünstigung nicht nach § 2301 BGB den erbrechtlichen Vorschriften unterliegt. Nach (Abs. 1) dieser Vorschrift sind auf „ein Schenkungsversprechen, welches unter der Bedingung erteilt wird, daß der Beschenkte den Schenker überlebt", sowie auf ein schenkweise unter dieser Bedingung erteiltes Schuldversprechen oder Schuldanerkenntnis „die Vorschriften über die Verfügung von Todes wegen" anzuwenden, sofern der Schenker die Schenkung zu seinen Lebzeiten noch nicht durch Leistung des zugewendeten Gegenstandes vollzogen hat (Abs. 2).

---

3 Also wenn die Auslegung der Verfügung von Todes wegen das ergibt.
4 So zuletzt Kollhosser in Prölss/Martin, VVG, 25. Aufl., 1992, § 167 VVG Anm. 4 am Ende. Ebenso schon Winter, oben Fußnote 2, S. 1102, mit Hinweisen auf zahlreiche namhafte Autoren.
5 OLG Bremen VersR 1959, 689.
6 Haidinger, VersR 1959, 690.
7 BGH VersR 1975, 1020.
8 Dazu etwa BGH VersR 1987, 660 und Liebl-Wachsmuth, VersR 1983, 1005.

Falls die Vorschrift auch die unentgeltliche Begünstigung durch einen Kapitallebensversicherungsvertrag zugunsten Dritter auf den Todesfall den Vorschriften über die Verfügung von Todes wegen unterstellen sollte, ergäben sich weitreichende Konsequenzen für die Form der Begünstigung, für die Haftung des Begünstigten (Bezugsberechtigten) und für die Auslegung. Die Bezugsberechtigung müßte dann den Formerfordernissen einer Verfügung von Todes wegen entsprechen, also entweder handschriftlich (§ 2247 BGB) verfaßt oder notariell beurkundet (§ 2231 BGB) sein. Und in haftungsrechtlicher Hinsicht müßte der Begünstigte (Bezugsberechtigte) im Zweifel (§ 2087 Abs. 2 BGB) wie ein (befriedigter) Vermächtnisnehmer behandelt werden. In den Fällen, in denen der Nachlaß des Erblassers (Versicherungsnehmers) zur Deckung der Erblasserschulden, der Erbfallschulden (insbesondere der gegenüber Pflichtteilsberechtigten begründeten Schulden) und der Erbschaftsverwaltungsschulden nicht ausreicht, käme der Begünstigte (Bezugsberechtigte) also wegen des Nachrangs der Vermächtnisforderungen[9] oft nicht zum Zuge.

Die Beantwortung der Grundfrage, ob die Vorschriften über die Verfügung von Todes wegen nach § 2301 BGB auf die Zuwendung durch eine Kapitallebensversicherung auf den Todesfall anzuwenden ist, hängt wesentlich davon ab, wie diese Zuwendung ausgestaltet ist. Sie ist daher zunächst zu beschreiben. Dabei kann auf eine Untersuchung zurückgegriffen werden, die gerade diesem Thema gewidmet ist[10].

B. Die Begünstigung eines Dritten durch einen Kapitallebensversicherungsvertrag auf den Todesfall

Wie bei jedem Vertrag zugunsten Dritter sind auch bei der Kapitallebensversicherung zwei Elemente zu unterscheiden: das Deckungsverhältnis zwischen dem Versicherer (Versprechenden), der dem Versicherungsnehmer (Versprechensempfänger) eine Leistung zusagt, und das Zuwendungs- oder Valutaverhältnis, durch das der Versicherungsnehmer dem Dritten einen Gegenstand zuwendet. Und bei dem Zuwendungsverhältnis sind zusätzlich das die Zuwendung dieses Gegenstandes bewirkende Zuwendungsgeschäft und das ihm zugrunde liegende Kausalverhältnis zu unterscheiden.

---

9 Vgl. § 226 KO und dazu Kipp/Coing, Erbrecht, 13. Bearbeitung, § 81 II. 1. b). Vgl. auch Medicus, Bürgerliches Recht, 15. Aufl., § 16 V. 4. (Rdnr. 401).
10 Vgl. E. Lorenz, oben Fußnote 1.

I. Der Zuwendungsgegenstand

Gegenstand der Zuwendung ist die durch das Deckungsverhältnis begründete Forderung gegen den Versicherer auf die versicherungsvertragliche Leistung, die nicht nur die Versicherungssumme umfaßt. Diese Versicherungsforderung entsteht auch bei einer reinen Kapitallebensversicherung auf den Todesfall nicht etwa erst mit dem Tode des Versicherungsnehmers, sondern bereits bei Abschluß des Versicherungsvertrages „als ein festes, wenn schon betagtes und durch die Zahlung der Prämien bedingtes Recht"[11]. Der Tod des Versicherungsnehmers erweist sich damit lediglich als Fälligkeitstermin. Das alles ist nahezu selbstverständlich, wenn man nur bedenkt, daß die Forderung aus dem Versicherungsvertrag zur Sicherung etwa einer Darlehensschuld an den Darlehensgläubiger abgetreten und auch gepfändet werden kann.

II. Das Zuwendungsgeschäft: Die Begünstigungserklärung

1. Die Trennung der Begünstigungserklärung von der Forderungsbegründung

Nicht so einfach zu beantworten ist die Frage, durch welches Geschäft der Versicherungsnehmer dem Dritten (Bezugsberechtigten) die Forderung auf die versicherungsvertragliche Leistung zuwendet. Möglich ist einmal, das Zuwendungsgeschäft sowohl in dem Geschäft, das die Leistungspflicht des Versicherers begründet, als auch in der den Dritten (Bezugsberechtigten) bezeichnenden Erklärung, der Begünstigungserklärung, zu sehen.

Dieses Verständnis entspricht am ehesten den Fällen, in denen der begünstigte Dritte schon bei Vertragsschluß und endgültig (unwiderruflich) bestimmt wird. Es zwingt dagegen zu umständlichen Konstruktionen, wenn der Versicherungsnehmer zunächst keinen Begünstigten (Bezugsberechtigten) benennt oder den zunächst widerruflich benannten später durch einen anderen ersetzt. In diesen Fällen müßte jeweils eine Neubegründung der Forderung angenommen werden (Novationskonzeption), obwohl es in der Sache nur darum geht, einen neuen Gläubiger der bei Vertragsschluß begründeten Forderung zu bestimmen.

Das geschieht allein durch die Begünstigungserklärung. Es liegt deshalb nahe, die Begünstigungserklärung von der Forderungsbegründung durch

---

[11] RGZ 62, 46 (47) und dazu Plumbohm, JW 1938, 349 (350). Zum Unterschied zwischen schon entstandener, aber noch nicht fälliger (also betagter) Forderung und der Forderung, deren Entstehung aufgeschoben ist, vgl. MünchKomm – H. P. Westermann, 2. Aufl., § 163 BGB Rdnr. 3.

den Versicherungsvertrag zu trennen. Dementsprechend hat schon das RG in – soweit ersichtlich – bis heute nicht begründet bestrittenen Ausführungen zur „Wesensart" der Begünstigungserklärung gemeint[12]: Die Begünstigungserklärung ist „eine einseitige (empfangsbedürftige) Willenserklärung, deren Wirksamkeit zwar eine Vertragsbindung zwischen dem Versicherer und dem Versicherungsnehmer voraussetzt, die aber keineswegs einen Bestandteil des Versicherungsvertrages selbst darstellt". Und wenig später heißt es in derselben Entscheidung: Die Begünstigungserklärung stehe selbständig neben dem Versicherungsvertrag und sei einer eigenen Beurteilung ihrer Rechtswirksamkeit zugänglich und bedürftig.

Als Rechtsgeschäft, durch das dem begünstigten Dritten die schon bei Abschluß des Versicherungsvertrags entstehende[13] Forderung auf die versicherungsvertragliche Leistung zugewendet wird, ist also die Begünstigungserklärung des Versicherungsnehmers anzusehen.

2. Die Struktur der Begünstigungserklärung

a) Der „Verfügungscharakter" der Begünstigungserklärung

Die Trennung der Begünstigungserklärung von der versicherungsvertraglichen Forderungsbegründung besagt zunächst nur, daß die Forderung aus dem Versicherungsvertrag durch die Begünstigungserklärung „transportiert" wird. Offen ist aber noch die Frage, wie dieser „Transport" geschieht.

Da nach § 330 BGB „im Zweifel" anzunehmen ist, daß der Begünstigte das Recht auf die Leistung „unmittelbar" erwerben soll, hat das RG die Begünstigungserklärung als eine „rechtsgestaltende Erklärung"[14] angesehen, und der BGH hat sie mit der Ausübung eines Wahlrechts bei einer Wahlschuld verglichen[15].

Diese Qualifikation bestätigt zunächst die Trennung der Begünstigungserklärung von dem Versicherungsvertrag; denn die setzt voraus, daß der Rechtserwerb des Dritten stets, also auch dann, wenn der Dritte schon bei Vertragsschluß benannt wird, von der Begünstigungserklärung des Versicherungsnehmers abhängt. Sie besagt aber zugleich, daß der Rechtserwerb nicht durch Rechtsübertragung, sondern durch Rechtsbegründung oder – bei späterer Änderung der Bezugsberechtigung – durch inhaltliche

---

12 RGZ 154, 99 (104 und 106).
13 Vgl. oben Text bei Fußnote 11.
14 So RGZ 154, 99 (102) und 168, 177 (186).
15 Vgl. BGH VersR 1953, 179. Weitere Nachweise bei E. Lorenz, oben Fußnote 1, S. 359 Fußnote 29.

„Umschaffung" der versicherungsvertraglichen Forderung erfolgt. Diese „Umschaffung" besteht aber allein darin, daß (durch die Begünstigungserklärung) die „Rechtszuständigkeit" – oder anders ausgedrückt – der Gläubiger ausgewechselt wird. Die Begünstigungserklärung bewirkt also der Sache nach dasselbe wie eine Forderungsabtretung; denn auch durch sie wird die Forderung in der Weise „umgeschaffen", daß der Schuldner nicht mehr an den Zedenten (den alten Gläubiger), sondern an den Zessionar (den neuen Gläubiger) zu leisten hat.

Die Begünstigungserklärung ist daher als ein in seiner Wirkung der Zession entsprechendes Verfügungsgeschäft über die bei Vertragsschluß als (betagtes und durch die Prämienzahlung bedingtes Recht[16]) entstehende Forderung auf die versicherungsvertragliche Leistung zu verstehen[17].

Diese im Schrifttum schon früh und immer wieder mehr oder weniger klar angesprochene Deutung der Begünstigungserklärung[18] fügt sich auch zwanglos der nach § 330 BGB „im Zweifel" anzunehmenden Unmittelbarkeit des Rechtserwerbs durch den Dritten. Unmittelbarkeit des Rechtserwerbs bedeutet dann allerdings nicht, daß Vorerwerb des Versicherungsnehmers stattfindet. Sie besagt nur, daß der Dritte das ihm zugewendete Recht unmittelbar durchsetzen, die Leistung also unmittelbar fordern kann und nicht etwa darauf angewiesen ist, daß der Versicherungsnehmer Leistung an ihn verlangt.

Der damit anzunehmende Vorerwerb des Versicherungsnehmers bewirkt auch keine sachliche Änderung der nach der Novationskonzeption entstehenden Rechtslage; denn immer wenn es auf den Vorerwerb anzukommen scheint, kann – was sich noch zeigen wird – eine verständige Anwendung der maßgebenden Bestimmungen nicht zu Ergebnissen führen, die allein von dem Bestehen oder Nichtbestehen eines Vorerwerbs des Versicherungsnehmers abhängen.

Die Qualifikation der Begünstigungserklärung als Verfügungsgeschäft ist schließlich deshalb geboten, weil sie die Erwerbsvorgänge zwangsloser erklärt als die Novationskonzeption. Wenn etwa ein Versicherungsnehmer bei Vertragsschluß keinen Bezugsberechtigten benennt, später aber einen Dritten unter der aufschiebenden Bedingung bestimmt, daß er den Versicherungsnehmer überlebt, und wenn der Dritte dann vor dem Versicherungsnehmer stirbt, ist nach der Novationskonzeption zu sagen: Die bei Vertragsschluß entstandene betagte und durch die Prämienzahlung

---

16 Vgl. oben Text bei Fußnote 11.
17 Näher dazu E. Lorenz, oben Fußnote 1, S. 359–363.
18 Vgl. etwa Heinrich Müller, Die Begünstigtenbezeichnung bei der Lebensversicherung als Verfügungsgeschäft, Diss. Frankfurt am Main 1934; Heilmann, VersR 1972, 997 (998: „Durch Begünstigung ... verfügen".) Vgl. auch Gottschalk, VersR 1976, 797 (801).

bedingte Forderung aus dem Versicherungsvertrag stand zunächst dem Versicherungsnehmer zu. Er hat sie aber durch die Begünstigungserklärung aufgehoben und zugunsten des Dritten neu begründet. Mit dessen Tod ist sie jedoch wieder erloschen und – aufgrund einer entsprechenden Auslegung der Begünstigungserklärung oder kraft Gesetzes (§ 168 VVG) – neu zugunsten des Versicherungsnehmers begründet worden.

Qualifiziert man die Begünstigungserklärung dagegen als ein Verfügungsgeschäft, so ist nur festzustellen, daß die betagte und durch die Prämienzahlung bedingte Forderung zunächst dem Versicherungsnehmer zustand, dann auf den Dritten übertragen wurde und bei dessen Vorversterben an den Versicherungsnehmer zurückgefallen ist, weil die Wirkung der Begünstigungserklärung in diesem Sinne bedingt war.

Dieses Erklärungsmodell gilt auch, wenn der Versicherungsnehmer schon bei Vertragsschluß einen Dritten benannt hat und dessen Bezugsberechtigung später weggefallen ist; denn es kann nicht darauf ankommen, ob die Forderungszuwendung zufällig mit der Forderungsbegründung zusammenfällt oder nicht. Das wird für den Widerrufsvorbehalt in § 166 Abs. 2 VVG sogar ausdrücklich hervorgehoben. Eine zusätzliche Bestätigung dieser Ansicht liefern die (Regel-)Fälle, in denen der Dritte bei Vertragsschluß benannt wird, aber die sofort als betagte und durch die Prämienzahlung bedingte Forderung[19] (nach § 331 BGB und § 166 Abs. 2 VVG) nicht sofort, sondern erst mit dem Tode des Versicherungsnehmers erwirbt[20]; denn weil die entstandene Forderung bis dahin nicht subjektlos ist, sondern dem Versicherungsnehmer zusteht[21], ist auch in diesen Fällen ein Vorerwerb des Versicherungsnehmers gegeben.

b) Die Einseitigkeit der Begünstigungserklärung

Obwohl die Begünstigungserklärung in ihrer verfügungsrechtlichen Wirkung der Zession entspricht, weicht sie in ihrer rechtsgeschäftlichen Struktur wesentlich von der Zession ab; denn der Übergang auf den Dritten tritt ohne dessen Zustimmung ein[22]. Der Dritte hat lediglich das in § 333 BGB vorgesehene Recht, die zunächst durch die Begünstigungserklärung „erworbene" (§ 333 BGB) Forderung zurückzuweisen. In ihrer rechtsgeschäftlichen Struktur entspricht die Begünstigungserklärung also insoweit der letztwilligen Verfügung (§ 1937 BGB) und dem damit verbundenen Anfall- und Ausschlagungsprinzip (§§ 1942 und 1943 BGB).

19 Vgl. dazu oben zu B. I. Text bei Fußnote 11.
20 Näher dazu sogleich zu B. II. 3. a.
21 Vgl. E. Lorenz, oben Fußnote 1, S. 352 zu 3.
22 A. A. Hadding, Zur Theorie des Vertrags zu Rechten Dritter im deutschen Recht, Festschrift für Zajtay, 1982, S. 185 ff. Wie hier aber Winter, oben Fußnote 2, Anm. H 43 (S. 1087).

c) Die Empfangsbedürftigkeit der Begünstigungserklärung

Die Begünstigungserklärung entfaltet ihre verfügungsrechtliche Wirkung aber nicht allein dadurch, daß der Versicherungsnehmer sie abgibt. Sie bedarf vielmehr als eines zweiten Wirkungselements des Empfangs durch den Versicherer. Dieses Erfordernis ergibt sich schon aus den Materialien zu § 332 BGB und zu § 166 VVG[23], der nur die Zustimmung des Versicherers zu der Begünstigungserklärung, nicht aber deren Empfangsbedürftigkeit ausschließt. Diese erweist sich vielmehr als ein notwendiges Wirksamkeits- und „Publizitätselement" der durch die Begünstigungserklärung getroffenen Verfügung. Außerdem hat sie den Zweck, für den Versicherer Klarheit zu schaffen[24]. Soweit die ALB die Empfangsbedürftigkeit fordern, wiederholen sie also nur eine dem Gesetz zu entnehmende Anforderung.

Entbehrlich ist der Empfang der Begünstigungserklärung durch den Versicherer nach § 332 BGB nur dann, wenn der Dritte in einer Verfügung von Todes wegen benannt wird. Nach überzeugend vertretener, aber nicht unbestrittener Ansicht hat diese Ausnahme aber keine praktische Bedeutung, weil die Empfangsbedürftigkeit auch für diese Fälle in den ALB zum zwingenden Erfordernis der Wirksamkeit einer Begünstigungserklärung erhoben wird[25].

3. Die Ausgestaltung der Begünstigungserklärung

Wenn von den Beteiligten nichts anderes vereinbart worden ist, und das ist der Regelfall, ist die den Erwerb der (betagten und durch die Prämienzahlung bedingten) Forderung aus dem Versicherungsvertrag bewirkende Begünstigungserklärung kraft gesetzlicher Gestaltung sowohl aufschiebend befristet als auch bedingt.

a) Die aufschiebende Befristung bis zum Tode des Versicherungsnehmers

Nach der allgemeinen Bestimmung des § 331 BGB, den § 166 Abs. 2 VVG für den Lebensversicherungsvertrag wiederholt, erwirbt der Dritte das Recht auf die Leistung im Regelfall erst mit dem Tode des Versicherungsnehmers. Das soll nicht nur heißen, daß der Dritte die zunächst betagte und durch die Prämienzahlung bedingte Forderung zwar schon vorher erlangt, aber erst mit dem Tode des Versicherungsnehmers, dem Fäl-

---

23 Belege bei E. Lorenz, oben Fußnote 1, S. 365 Fußnote 43.
24 Winter, oben Fußnote 2, Anm. H 45 (S. 1088).
25 Vgl. § 13 Abs. 3 ALB n. F. und dazu Winter, oben Fußnote 1, Anm. H 46 (S. 1089) mit Übersicht über den Streitstand.

ligkeitstermin[26], einziehen kann. Gemeint ist vielmehr, daß der Erwerb der Forderung bis zu diesem Termin aufschiebend befristet ist[27]. Die Begünstigungserklärung enthält also eine in diesem Sinne zu verstehende aufschiebende Befristung.

b) Die Bedingungen

(1) Die Bedingung des Überlebens des Dritten

Von den Bedingungen, unter denen die Begünstigungserklärung im Regelfalle steht, ergibt sich die erste aus § 168 VVG. Daraus ist zu entnehmen, daß der Dritte die Forderung aus dem Versicherungsvertrag nur selbst (in seiner Person) erwerben soll, also nur dann, wenn er den Tod des Versicherungsnehmers erlebt. Da das ungewiß ist, handelt es sich um eine Bedingung, die meist als aufschiebende Bedingung qualifiziert wird[28]. Diese in der bereits genannten früheren Untersuchung[29] ebenfalls vertretene Ansicht ist jedoch zweifelhaft. Da der Rechtserwerb des Dritten nach § 166 Abs. 2 VVG schon unter der aufschiebenden Befristung des Todes des Versicherungsnehmers steht, erscheint es geboten, das Vorversterben des Dritten als auflösende Bedingung zu begreifen; denn in den Fällen, in denen der Rechtserwerb des Dritten (etwa wegen Unwiderruflichkeit der Begünstigungserklärung[30]) schon vor dem in § 166 Abs. 2 VVG genannten Zeitpunkt eintritt, kann sie nur diese Wirkung haben.

(2) Die Bedingung des Nichteintritts der Fälligkeit vor dem Tode des Versicherungsnehmers

Bei gemischten Lebensversicherungen, nach denen die Ansprüche auf die vertragliche Leistung beim Tode des Versicherungsnehmers, spätestens aber zu einem bestimmten Zeitpunkt fällig wird, enthält die Begünstigungserklärung eine weitere Bedingung, wenn sie die Bezugsberechtigung des Dritten auf die Todesfallversicherung beschränkt. In diesem Fall steht die Begünstigungserklärung unter der auflösenden Bedingung, daß ihre Wirkung entfällt, wenn der Versicherungsnehmer den nicht in seinem Tode bestehenden Fälligkeitstermin (Ablauftermin) erlebt[31].

---

26 Dazu oben B. I. Text bei Fußnote 11.
27 Vgl. E. Lorenz, oben Fußnote 1, S. 351 f. Zust. Winter, oben Fußnote 2, Anm. H 95.
28 Vgl. Winter, oben Fußnote 2, Anm. H 96 mit Nachweis.
29 E. Lorenz, oben Fußnote 1, S. 352.
30 Dazu sogleich zu (3).
31 Vgl. BGHZ 45, 162 (166).

(3) Der Widerrufsvorbehalt

Obwohl im § 166 Abs. 1 VVG nur davon die Rede ist, daß der Versicherungsnehmer die Bezugsberechtigung im Zweifel – ohne Zustimmung des Versicherers – widerrufen kann, ist aus der Gesamtregelung des § 166 VVG auch zu entnehmen, daß dem Versicherungsnehmer ohne entgegenstehende Abrede ebenfalls vorbehalten ist, die Bezugsberechtigung ohne Zustimmung des Dritten zu widerrufen[32]. Dagegen ist nicht anzunehmen, daß dieses Widerrufsrecht auch den Erben des Versicherungsnehmers zusteht[33]. Die Begünstigungserklärung steht also auch unter der aufschiebenden (Potestativ-)Bedingung des Widerrufs durch den Versicherungsnehmer.

Bei Unwiderruflichkeit der Begünstigungserklärung entfällt nicht nur die soeben genannte auflösende Bedingung, sondern auch die erwähnte[34] aufschiebende Befristung des Rechtserwerbs durch den Dritten; denn bei der Unwiderruflichkeit handelt es sich um eine „besondere Bestimmung" i. S. des § 328 Abs. 2 BGB und um eine „Abweichung" i. S. des § 166 Abs. 2 VVG, aus der zu entnehmen ist, daß der Dritte die zunächst betagte und durch die Prämienzahlung bedingte Forderung auf die versicherungsvertragliche Leistung nicht erst beim Tode des Versicherungsnehmers, sondern sofort erwerben soll[35].

Nicht berührt werden durch diesen sofortigen Rechtserwerb dagegen die sonstigen zuvor genannten auflösenden Bedingungen. Die unwiderrufliche Begünstigungserklärung und mit ihr der durch sie bewirkte sofortige Rechtserwerb des Dritten können also nachträglich wieder entfallen, wenn der Dritte vor dem Versicherungsnehmer stirbt oder wenn der Versicherungsnehmer bei gemischten Lebensversicherungen den nicht in seinem Tode bestehenden Fälligkeitstermin erlebt[36].

4. Der Rechtserwerb außerhalb des Nachlasses

Auch in den Fällen, in denen der Begünstigte die betagte und durch die Prämienzahlung bedingte Forderung auf die versicherungsvertragliche Leistung nicht schon bei Abgabe der Begünstigungserklärung erwirbt, sondern wegen der im Regelfall bestehenden aufschiebenden Befristung erst mit dem Tode des Versicherungsnehmers, erwirbt er die dann fällige Forderung nach ganz herrschender Meinung außerhalb des Nachlasses[37].

---

32 Zur näheren Begründung vgl. E. Lorenz, oben Fußnote 1, S. 354. Zust. Winter, oben Fußnote 2 Anm. H 147.
33 Vgl. Winter, oben Fußnote 2, Anm. H 149 mit Nachweisen.
34 Oben zu a.
35 Vgl. BGHZ 45, 162 (165).
36 Auch dazu näher BGHZ 45, 162 (166).
37 Nachweise z. B. bei Kollhosser, oben Fußnote 4, § 15 ALB a. F. Anm. 2 B (S. 1629).

Wenn man die Begünstigungserklärung – wie vorgetragen[38] – als ein Verfügungsgeschäft qualifiziert, ist das ganz selbstverständlich. Die von dem Versicherungsnehmer vorgenommene Verfügung wird dann mit seinem Tode wirksam, weil damit ihre aufschiebende Befristung abläuft. Die übliche Argumentation mit dem „originären" Rechtserwerb, die aus § 330 BGB („unmittelbar") entnommen wird[39], ist also entbehrlich.

III. Der Rechtsgrund der Begünstigung

Ohne besondere Abrede zwischen dem Versicherungsnehmer und dem begünstigten Dritten wird die Zuwendung der Versicherungsforderung meist als unentgeltlich angesehen. Zugleich wird angenommen, daß ihr Rechtsgrund in einer Schenkung bestehe[40]. Ein origineller Vorbehalt gegen diese Annahme findet sich neuerdings wieder bei Winter[41], der den Rechtsgrund für die Drittbegünstigung durch eine Kapitallebensversicherung zugunsten Dritter auf den Todesfall in den allermeisten Fällen in einer Unterhaltsverpflichtung sieht. Eine Verpflichtung des Versicherungsnehmers, nach der seine lebzeitigen Unterhaltsgläubiger, etwa seine Familienangehörigen, von ihm Sicherung durch Lebensversicherung verlangen und damit auch einklagen können, läßt sich aber aus dem gesetzlichen Unterhaltsrecht nicht entnehmen. Abgedeckt wird das Versorgungsbedürfnis naher Angehöriger also nur durch das (auch diesem Zweck dienende) Pflichtteilsrecht. Eine Schenkung der Versicherungsforderung muß daher im Ergebnis selbst dann angenommen werden, wenn sich der Versicherungsnehmer ohne Gegenleistung verpflichtet, eine Kapitallebensversicherung zugunsten seiner Unterhaltsgläubiger abzuschließen.

Die Bedenken gegen seine Auffassung offenbart Winter auch selbst, wenn er in seinen Ausführungen zu § 2325 BGB[42] annimmt, daß der Versicherungsnehmer dem begünstigten Dritten die Prämien – geschenkt – habe[43].

Im Ergebnis ist daher zu sagen: Die dem Dritten zugewendete Forderung auf die versicherungsvertragliche Leistung dient zwar oft der Versorgung oder dem Unterhalt des benannten Dritten. Aus dieser Funktion des Zu-

---

38 Oben zu 2 a.
39 Vgl. zu dieser Argumentation die soeben in Fußnote 37 genannten Nachweise.
40 Vgl. Kollhosser, oben Fußnote 4, § 15 ALB a. F. Anm. 5, und Finger, VersR 1986, 508 ff., jeweils mit weiteren Nachweisen.
41 Zuletzt Winter, ZVersWiss 1991, 203 (209 f.) und ausführlicher ders., Interessenkonflikte bei der Lebensversicherung zugunsten Angehöriger, Mannheimer Vorträge zur Versicherungswissenschaft, Heft 45, 1989, S. 14 ff. und 26 ff.
42 Winter, oben Fußnote 2, Anm. H 135 (S. 1125 oben).
43 Vgl. auch Winter, Fußnote 2, Anm. H 276 (Schenkung der Versicherungsforderung) und dazu unten zu D. II. 2. a.

wendungsgegenstandes darf aber nicht gefolgt werden, daß der Rechtsgrund der Zuwendung eine Unterhaltsverpflichtung darstelle. Rechtsgrund ist vielmehr eine Schenkung.

Und Schenkung bedeutet zunächst Schenkungsvertrag. Das heißt: Das von dem Versicherungsnehmer „stillschweigend" abgegebene Schenkungsangebot muß von dem Dritten angenommen werden. Die Annahme wird auch überwiegend gefordert[44]. Da es aber zu Lebzeiten des Versicherungsnehmers oft nicht zu der Annahme durch den Dritten kommt, besteht die Möglichkeit, daß die früher als der Dritte über die Kapitallebensversicherung informierten Erben das Schenkungsangebot widerrufen, auf diese Weise die Entstehung des Schenkungsvertrages verhindern und von dem Dritten die durch die Begünstigungserklärung erworbene Forderung auf die versicherungsvertragliche Leistung (oder diese) nach Bereicherungsrecht herausverlangen können. Es ergibt sich also ein oft unwürdiger Wettlauf zwischen den Erben und dem Dritten, in dem derjenige siegt, der zufällig zuerst die Information über die Kapitallebensversicherung erlangt hat. Um diesen Wettlauf, der sich eigentlich selbst richtet, möglichst auszuschließen, sind zahlreiche scharfsinnige „Annahmeersatzkonstruktionen" entwickelt worden[45]. Keine von ihnen hat jedoch bisher die Anerkennung der Gerichte gefunden.

Solange an dem Annahmeerfordernis festgehalten wird, ist damit wohl auch nicht zu rechnen. Fraglich ist aber, ob dieses Erfordernis gerechtfertigt ist. Eine Konzeption, nach der nicht nur die Annahme entbehrlich ist, hat Harder unter Verarbeitung früherer Ansätze und historischer Vorbilder glänzend dargelegt[46]. Danach soll – etwas vergröbernd gesagt – die Begünstigungserklärung als besondere (formlose) Verfügung von Todes wegen den Rechtsgrund ebenso in sich tragen wie eine letztwillige Verfügung[47].

Diese Konzeption ist jedoch bedenklich, weil sie die Begünstigungserklärung zu stark „vererbrechtlicht" und die außerhalb des Erbrechts bestehende Trennung zwischen Verfügungs- und Kausalgeschäft fast völlig aufhebt. Zu folgen ist der Konzeption jedoch insoweit, als sie die Besonderheiten der Zuwendung durch einen Vertrag zugunsten Dritter auf den Todesfall betont. Diese Besonderheiten beseitigen die Trennung zwischen Verfügungs- und Kausalgeschäft aber nicht. Sie besagen nur, daß das mit dem Verfügungsgeschäft (Begünstigungserklärung) verbundene Kausalge-

---

44 Vgl. nur BGH VersR 1975, 706, und die Nachweise in dem oben Fußnote 40 genannten Schrifttum.
45 Über diese unterrichten ausführlich Harder, FamRZ 1976, 418 (421–428); Winter, wie vorige Fußnote; Kollhosser, oben Fußnote 4, § 15 ALB a. F. Anm. 5 (S. 1632).
46 Vgl. Harder, FamRZ 1976, 418 (426–428).
47 Im Ergebnis (1986) ebenso E. Lorenz, oben Fußnote 1, S. 366–369.

schäft (Schenkung) ebenso modifiziert wird wie jenes. Das heißt im einzelnen: Wenn keinerlei anderweitige Verhandlungen zwischen den Parteien des Valutaverhältnisses geführt worden sind und nur eine schenkweise Zuwendung der versicherungsvertraglichen Forderung in Betracht kommen kann, gibt der Versicherungsnehmer mit der Begünstigungserklärung zugleich eine Schenkungserklärung ab, die zu ihrer Wirkung als Rechtsgrund ebensowenig der Zustimmung des Dritten bedarf wie die Begünstigungserklärung zu ihrer Wirkung als Verfügung. Dabei wird dem Vertragserfordernis, das den Dritten vor aufgedrängten Zuwendungen schützen soll, auf der Rechtsgrundebene ebenso wie auf der Verfügungsebene durch § 333 BGB Rechnung getragen: also dadurch, daß der Dritte die Schenkung und deren Vollzug durch die Begünstigungserklärung nachträglich entweder billigen oder mit Ex-tunc-Wirkung zurückweisen kann.

Für die unentgeltliche Zuwendung der versicherungsvertraglichen Forderung an den Dritten stehen dem Versicherungsnehmer also drei Zuwendungsarten offen: Die Zuwendung durch Verfügung von Todes wegen, die keines zusätzlichen Rechtsgrunds bedarf; die Zuwendung durch Abtretungsvertrag (§ 398 BGB), die als Rechtsgrund einen Schenkungsvertrag erfordert; und die Zuwendung durch Begünstigungserklärung, deren Rechtsgrund in der Schenkungserklärung des Versicherungsnehmers besteht und (mit der Begünstigungserklärung) nach § 333 BGB gebilligt oder zurückgewiesen werden kann.

C. Die Beurteilung der Anwendbarkeit erbrechtlicher Vorschriften

Auf der Grundlage der zuvor (unter B.) nur skizzierten Begünstigung durch eine Kapitallebensversicherung zugunsten Dritter auf den Todesfall ist nunmehr die Frage zu beantworten, ob und inwieweit diese Begünstigung der unmittelbaren oder (zur Lückenfüllung) der entsprechenden Anwendung erbrechtlicher Vorschriften unterliegt.

Wie eingangs bemerkt[48], geht es dabei hauptsächlich um die Anwendbarkeit der erbrechtlichen Vorschriften über die Form der Rechtsgeschäfte, über die Haftung des Begünstigten und über die Auslegung.

---

48 Oben zu A.

I. Die unmittelbare Anwendbarkeit der erbrechtlichen Vorschriften nach § 2301 BGB

1. Die Erwägungen zugunsten der Anwendung des § 2301 BGB

Die Vorschriften über die Verfügung von Todes wegen sind nach § 2301 Abs. 1 BGB (unmittelbar) anzuwenden auf „Schenkungsversprechen", die unter der Bedingung erteilt sind, daß der Beschenkte den Schenker überlebt. Das gilt nach § 2301 Abs. 2 BGB nur dann nicht, wenn der Schenker die Schenkung durch Leistung des geschenkten Gegenstands (zu seinen Lebzeiten) vollzogen hat. Ein solcher Vollzug ist demnach jedenfalls bei unbefangener Betrachtung nicht gegeben, wenn der Rechtserwerb erst mit dem Tode des Schenkers eintritt.

Nach den vorangegangenen Bemerkungen zur Kapitallebensversicherung zugunsten Dritter auf den Todesfall steht die Begünstigungserklärung des Versicherungsnehmers im Regelfall unter der (auflösenden) Bedingung, daß der Dritte den Versicherungsnehmer überlebt[49]. Das dieser Verfügung zugrunde liegende Kausalgeschäft ist eine (nach der hier vertretenen Auffassung allerdings besonders strukturierte) Schenkung[50]. In vielen Fällen liegt vor dem Tode des Versicherungsnehmers nur dessen Schenkungserklärung vor, und sie steht auch unter der genannten Bedingung; denn es ist im Regelfall nicht anzunehmen, daß die Schenkung bestehen bleiben soll, wenn die den Forderungserwerb begründende Begünstigungserklärung wegen Bedingungseintritts entfällt.

Die Schenkungserklärung des Versicherungsnehmers erfüllt damit alle im § 2301 Abs. 1 BGB genannten Voraussetzungen für die Anwendung der erbrechtlichen Vorschriften. Nach § 2301 Abs. 2 BGB unterliegt sie daher nur dann nicht den erbrechtlichen Vorschriften, wenn die Schenkung zu Lebzeiten des Versicherungsnehmers vollzogen worden ist. Erworben hat der Dritte die versicherungsvertragliche Forderung aber zumindest bei widerruflicher Bezugsberechtigung zu seinen Lebzeiten nicht, und zwar deshalb nicht, weil bei Widerruflichkeit vielleicht nicht diese[51], wohl aber die bei Widerruflichkeit geltende aufschiebende Befristung des Rechtserwerbs bis zum Tode des Versicherungsnehmers[52] den Vollzug ausschließt. Und selbst bei unwiderruflicher Begünstigungserklärung, die zum sofortigen Erwerb der betagten und durch die Prämienzahlung bedingten versicherungsvertraglichen Forderung führt[53], ist ein Vollzug nicht ohne weiteres anzunehmen, weil die Forderung wegen der an die Begünstigungser-

---

49 Näher dazu oben zu B. II. 3. b. (1).
50 Vgl. oben zu B. III.
51 Die nach MünchKomm – Musielak, 2. Aufl., § 2301 BGB Rdnr. 22 mit Nachweisen, den Vollzug nicht ausschließt.
52 Dazu oben zu B. II. 3. a.
53 Vgl. oben zu B. II. 3. b. (3).

klärung geknüpften und durch die Unwiderruflichkeit nicht beseitigten Bedingungen[54] nicht endgültig von dem Dritten erworben worden ist. In beiden Fällen hat der Versicherungsnehmer zwar alles getan, was zum endgültigen Forderungserwerb des Dritten erforderlich ist. Es ist jedoch durchaus zweifelhaft, ob das unter den genannten Umständen für einen Vollzug i. S. des § 2301 Abs. 2 BGB genügt[55].

Falls man aus den genannten Gründen meint, daß die Schenkungserklärung des Versicherungsnehmers nach § 2301 BGB den erbrechtlichen Vorschriften unterliegt, ist sie in der Regel wegen der fehlenden erbrechtlichen Form (§ 2231 BGB) nichtig. Der Dritte erwirbt dann zwar mit dem Tode des Versicherungsnehmers die nun auch fällige versicherungsvertragliche Forderung. Er muß sie (oder die schon eingezogene Leistung) aber nach Bereicherungsrecht an die Erben „herausgeben".

Die Formnichtigkeit der Schenkungserklärung des Versicherungsnehmers wird jedoch allgemein abgelehnt[56]. Umstritten ist dagegen die Antwort auf die noch bedeutsamere Frage, ob die Schenkungserklärung des Versicherungsnehmers auch im übrigen den nach § 2301 BGB maßgebenden erbrechtlichen Vorschriften unterliegt und der durch die *Schenkung* begründete Anspruch auf den geschenkten Gegenstand, also auf die versicherungsvertragliche Forderung, im Zweifel (§ 2087 BGB) wie ein (durch die Wirkung der Begünstigungserklärung erfüllter) Vermächtnisanspruch zu behandeln ist.

Diese und die Formfrage gehören zusammen. Da die Schenkungserklärung des Versicherungsnehmers nach den bisher vorgetragenen Erwägungen den Voraussetzungen des § 2301 Abs. 1 BGB entspricht und ein Schenkungsvollzug nach Abs. 2 zumindest nicht in jeder Hinsicht überzeugend begründet werden kann, ist sie den erbrechtlichen Vorschriften nur dann nicht zu unterwerfen, wenn sie dem Anwendungsbereich des § 2301 BGB wegen ihrer Besonderheiten durch eine besondere Regelung entzogen worden ist.

2. Die Einwände gegen die Anwendung des § 2301 BGB

a) Der allgemeine Einwand aus § 331 BGB

Der soeben angesprochene Ausschluß der Anwendbarkeit des § 2301 BGB soll sich nach Ansicht des BGH[57], die im Schrifttum breite Zustim-

---

54 Wie vorige Fußnote.
55 Was aber teilweise angenommen wird. Vgl. etwa Kegel, Zur Schenkung von Todes wegen, 1972, S. 52; MünchKomm – Musielak, oben Fußnote 51, Rdnr. 19.
56 Vgl. nur BGH VersR 1975, 706, unter Hinweis auf eine „feststehende" Rechtsprechung.
57 Vgl. BGH, wie vorige Fußnote, und die Übersicht bei Medicus, Fußnote 9, Rdnr. 395.

mung findet, für alle schenkweisen Zuwendungen durch einen Vertrag zugunsten Dritter auf den Todesfall aus § 331 BGB ergeben. Ihrem Wortlaut nach bestimmt diese Vorschrift aber nur den Zeitpunkt, zu dem der Dritte die Forderung auf die beim Tode des Versprechensempfängers fällig werdende Leistung erwerben soll. Es ist der Tod des Versprechensempfängers, also bei der Kapitallebensversicherung zugunsten Dritter auf den Todesfall der des Versicherungsnehmers (§ 166 Abs. 2 VVG)[58]. Ohne Auslegungsaufwand ist aus § 331 BGB außerdem noch zu entnehmen, daß der Dritte die Forderung zu diesem Zeitpunkt auch erwirbt, wenn er wirksam als Begünstigter benannt worden ist. In § 2301 BGB geht es aber nicht um den Rechtserwerb, sondern um die Schenkung als causa des Rechtserwerbs, und davon ist in § 331 BGB nicht die Rede. Und weil das so ist, ergibt sich aus ihm auch nicht, daß § 2301 BGB für Schenkungen durch Verträge zugunsten Dritter auf den Todesfall schlechthin nicht gilt oder daß in dem in § 2301 Abs. 2 BGB geforderten lebzeitigen Vollzug solcher Schenkungen durch den Schenker geringere Anforderungen zu stellen sind.

Der überwiegend vertretenen Ansicht, daß schon § 331 BGB die Anwendbarkeit des § 2301 BGB auf Schenkungen durch Verträge zugunsten Dritter auf den Todesfall schlechthin ausschließe, ist daher zu Recht immer wieder abgelehnt worden.

b) Die Einwände aus der Funktion und der gesetzlichen Regelung der Lebensversicherungsverträge

Auch die Gegner der Ansicht, daß § 2301 BGB bei Schenkungen durch Verträge zugunsten Dritter auf den Todesfall von § 331 BGB verdrängt werde, und selbst Gustav Böhmer, ihr erbittertster und schärfster Kritiker[60], haben jedoch dem Kapitallebensversicherungsvertrag zugunsten Dritter auf den Todesfall eine Sonderstellung eingeräumt. Und diese Sonderstellung hat er auch.

(1) Da ist zunächst die Besonderheit, daß der Gegenstand der Zuwendung an den Dritten, nämlich die Forderung auf versicherungsvertragliche Leistung, generell[61] erst mit dem Tode des Zuwenders (Versicherungsnehmers) fällig wird. Das bedeutet zwar einerseits, daß die bei Vertragsschluß nur betagte und durch die Prämienzahlung bedingte Forderung nach § 331 BGB und nach § 166 Abs. 2 VVG mangels anderer Abre-

---

58 Näher dazu oben zu B.
59 Vgl. etwa Medicus, oben Fußnote 9, Rdnr. 397.
60 Vgl. die Nachweise bei Wieacker, Zur lebzeitigen Zuwendung auf den Todesfall, in: Festschrift für Heinrich Lehmann, 1956, S. 271 (S. 238 Fußnote 37).
61 Ausgenommen sind gemischte Lebensversicherungen mit lebzeitigem Ablauftermin.

den zunächst dem Versicherungsnehmer zusteht[62] und erst nach dessen Tod und dann als fällige Forderung auf den Dritten übergeht. Andererseits ergibt sich aber gerade aus der generell erst mit dem Tode des Versicherungsnehmers eintretenden Fälligkeit, daß es dem Versicherungsnehmer in der Regel jedenfalls nicht hauptsächlich darauf ankommt, dem Zweck des § 2301 BGB[63] zuwider, einen ihm schon zu Lebzeiten in vollem Wert zustehenden Vermögensgegenstand zum Nachteil der Nachlaßgläubiger am Nachlaß und dessen erbrechtlicher Verteilung vorbeizuleiten.

(2) Unterstützt wird diese Überlegung durch den immer wieder vorgebrachten Gedanken, daß die Kapitallebensversicherung zugunsten Dritter auf den Todesfall einen Versorgungs- oder Unterhaltszweck habe[64]. Diesen Zweck hat sie zwar nicht immer, und ihn kann der Zuwender durchaus auch durch die Schenkung eines Gegenstands verfolgen, der nicht in der Forderung aus einer Kapitallebensversicherung besteht. Der Versorgungs- und Unterhaltszweck ist aber in der Kapitallebensversicherung zugunsten Dritter auf den Todesfall stärker angelegt als bei anderen Verträgen zugunsten Dritter auf den Todesfall.

(3) Eine weitere Besonderheit der Kapitallebensversicherung zugunsten Dritter auf den Todesfall besteht darin, daß sie – insoweit mit Einschränkungen der vom Erbrecht ebenfalls nicht erfaßten Sozialversicherung und deren Hinterbliebenenschutz vergleichbar[65] – ein Massengeschäft ist. Diese Besonderheit wirkt sich in mehrfacher Hinsicht aus.

(a) Sie verträgt sich nicht mit den komplizierten erbrechtlichen Formvorschriften (§ 2231 BGB), was auch schon häufig hervorgehoben worden ist; und

(b) sie begründet – anders als bei Verträgen zugunsten Dritter auf den Todesfall, die nicht als Massengeschäft betrieben werden – einen besonderen Schutz der Interessen des Versprechenden (bei der Kapitallebensversicherung des Versicherers). Für ihn muß klar und leicht feststellbar sein, wer Gläubiger der versicherungsvertraglichen Forderung ist. Und das nicht nur, damit er das Versicherungsverhältnis reibungslos abwickeln kann, wenn der Versicherungsfall eingetreten ist, sondern auch schon vor Vertragsschluß bei der Vertragsgestaltung durch Allgemeine Versicherungsbedingungen und bei der Erfüllung der ihm obliegenden vorvertraglichen Aufklärungsobliegenheiten gegenüber den (Massen-)Versiche-

---

62   Näher dazu E. Lorenz, oben Fußnote 1, S. 352 zu 3.
63   Dazu ausführlich Winter, oben Fußnote 2, Anm. H 132 (S. 1123 f.) mit Nachweisen.
64   Vgl. dazu oben zu B. III. sowie die ausführlichen Darlegungen bei Winter, Interessenkonflikte, oben Fußnote 41, S. 7 ff. (zu II.).
65   Worauf neben Winter, wie vorige Fußnote, auch etwa Medicus, oben Fußnote 9, Rdnr. 401, hinweist.

rungsnehmern. Das alles könnte er kaum angemessen leisten, wenn er sich jeweils über den Rechtsgrund der Begünstigungserklärung zu erkundigen hätte und bei Schenkungen nach § 2301 BGB die erbrechtliche Rechtslage mitbedenken müßte.

(4) Die Unanwendbarkeit des § 2301 BGB auf die schenkweise erfolgte Zuwendung durch eine Kapitallebensversicherung zugunsten Dritter auf den Todesfall ist auch schon in den Beratungen zum BGB zum Ausdruck gekommen, und zwar in der Kommission für die zweite Lesung des § 332 BGB, der die Änderung der Bezugsberechtigung durch eine Verfügung von Todes wegen betrifft. Diese Regelung stieß auf Widerspruch, weil aus ihr die (nicht beabsichtigte) Folgerung gezogen werden könne, daß die Nachlaßgläubiger das Recht haben sollten, „sich an die Versicherungssumme als einem Bestandteil der Nachlaßmasse zu halten"[66].

Diese vor rund einhundert Jahren angestellten Erwägungen hätten heute allerdings kaum noch Gewicht, wenn dem schließlich ergangenen Gesetz eindeutig das Gegenteil zu entnehmen wäre. So ist es aber gerade nicht.

(5) Der Gesetzgeber hat diese Erwägungen vielmehr der Sache nach bekräftigt, und zwar durch das im Jahre 1908 geschaffene VVG, in dem er den Lebensversicherungsvertrag und insbesondere auch die Kapitallebensversicherung zugunsten Dritter auf den Todesfall besonders geregelt und damit von allen anderen (nur im BGB behandelten) Verträgen zugunsten Dritter auf den Todesfall abgehoben hat.

Die Vorschriften des VVG enthalten zwar auch keine ausdrückliche Absage an die Anwendbarkeit des § 2301 BGB. Sie zeigen aber insbesondere durch die in ihnen enthaltenen besonderen Auslegungsregeln, daß die schenkweise Begünstigung durch eine Kapitallebensversicherung zugunsten Dritter auf den Todesfall nicht dem Erbrecht unterliegen soll, sondern – wie andere Versicherungsverträge auch – in all ihren rechtsgeschäftlichen Teilen, die nicht allein durch die Vorschriften über den Vertrag zugunsten Dritter geregelt sind – dem VVG.

3. Das Ergebnis

Aus allen genannten Gründen ist § 2301 BGB auf eine von dem Versicherungsnehmer mit der Begünstigungserklärung abgegebene Schenkungserklärung[67] nicht anzuwenden. Die in § 2301 Abs. 1 BGB vorgesehene un-

---

66 Vgl. Prot. Bd. I, S. 760. Vgl. ferner den Hinweis auf die Motive zu § 167 VVG bei Winter, Interessenkonflikte, oben Fußnote 41, S. 29.
67 Näher dazu oben zu B. III.

mittelbare Anwendung „der Vorschriften über die Verfügung von Todes wegen" ist also abzulehnen, und zwar ohne Rücksicht darauf, ob ein Schenkungsvollzug nach § 2301 Abs. 2 BGB anzunehmen ist oder nicht.

II. Die entsprechende Anwendung der erbrechtlichen Vorschriften

Das soeben erzielte Ergebnis beruht auf der Überlegung, daß die von dem Versicherungsnehmer mit der Begünstigungserklärung abgegebene Schenkungserklärung nicht dem § 2301 Abs. 1 BGB und damit nicht den erbrechtlichen Vorschriften unterliegt, weil die Kapitallebensversicherung zugunsten Dritter auf den Todesfall gegenüber den sonstigen Verträgen zugunsten Dritter auf den Todesfall Besonderheiten aufweist und weil sie wegen dieser Besonderheiten im VVG eine besondere gesetzliche Regelung erfahren hat.

Diese Begründung läßt die Analogiefrage gar nicht aufkommen; denn sie besagt, daß die erbrechtlichen Vorschriften wegen der genannten Besonderheiten und wegen der besonderen gesetzlichen Regelung generell nicht anwendbar sein sollen, obwohl die schenkweise Zuwendung einer versicherungsvertraglichen Forderung durch eine Kapitallebensversicherung zugunsten Dritter auf den Todesfall unbestreitbar Ähnlichkeiten mit der Zuwendung durch eine Verfügung von Todes wegen hat. Wenn diese Ähnlichkeiten aber wegen der im übrigen bestehenden Unterschiede nicht die in § 2301 BGB vorgesehene unmittelbare Anwendung der erbrechtlichen Vorschriften auslösen sollen, dann können sie auch die entsprechende Anwendung dieser Vorschriften nicht tragen; denn die Analogie setzt (als Vollzug des Gleichheitssatzes) wesentliche Gleichartigkeit voraus, und die ist aus den oben (zu I.) genannten Gründen gerade nicht anzunehmen.

Die eingangs[68] aufgeworfene Frage, ob § 2077 BGB entsprechend anzuwenden ist, wenn die Ehe zwischen dem Versicherungsnehmer und seinem von ihm zum Bezugsberechtigten benannten Ehegatten vor dem Eintritt des Versicherungsfalls aufgelöst wurde, ist also zu verneinen.

Dennoch hat Winter[69] die Analogie erst kürzlich wieder ausführlich verteidigt. Er hat auch trefflich eine Reihe der Argumente widerlegt, die gegen die Analogie vorgebracht worden sind, das entscheidende aber nicht. Es ergibt sich aus der auch von ihm geteilten Ansicht[70], daß § 2301 BGB die Schenkungserklärung des Versicherungsnehmers in einer Kapitallebensversicherung zugunsten Dritter auf den Todesfall nicht erfaßt,

---

68 Oben zu A.
69 Winter, oben Fußnote 2, Anm. H 71 (S. 1102).
70 Vgl. Winter, oben Fußnote 2, Anm. H 132.

also nicht dem Erbrecht unterstellt, weil – wie soeben dargelegt – die Unterschiede zwischen der schenkweisen Zuwendung durch eine Kapitallebensversicherung auf den Todesfall und der Zuwendung durch Verfügung von Todes wegen gewichtiger sind als die Ähnlichkeiten.

Diese Ansicht hat der BGH[71] soeben nicht nur für Lebensversicherungsverträge, sondern für alle Verträge zugunsten Dritter auf den Todesfall bestätigt: Der begünstigte Dritte war vor dem Versprechensempfänger gestorben. Die auflösende Bedingung der Begünstigung (die bei Lebensversicherungsverträgen aus § 168 VVG zu entnehmen ist[72]) war also eingetreten. Gestritten wurde darüber, ob die Erben des Dritten Ersatzbegünstigte sein sollten. Die Begünstigungserklärung war nicht klar. Ihre damit gebotene Auslegung hat der BGH zu Recht nicht nach den erbrechtlichen Auslegungsvorschriften für den Fall des Vorversterbens eines bedachten Erben, sondern nach den §§ 133 und 157 BGB vorgenommen.

D. Die Pflichtteilsergänzungsansprüche wegen Begünstigung eines Dritten

Nicht mehr um die bisher behandelte, sondern um eine andere Art der Anwendbarkeit erbrechtlicher Vorschriften auf die Begünstigung durch eine Kapitallebensversicherung zugunsten Dritter auf den Todesfall geht es bei der Frage, ob und inwieweit Pflichtteilsberechtigten wegen einer solchen Begünstigung nach § 2325 BGB (und hilfsweise nach § 2329 BGB) eine Erhöhung ihres Pflichtteils gebührt.

Nach § 2325 Abs. 1 BGB können sie wegen der Schenkung des Erblassers an einen Dritten „als Ergänzung des Pflichtteils den Betrag verlangen, um den sich der Pflichtteil erhöht, wenn der verschenkte Gegenstand dem Nachlasse hinzugerechnet wird". Die Beurteilung der Fälle, in denen der Erblasser (Versicherungsnehmer) einen Dritten durch eine Kapitallebensversicherung auf den Todesfall beschenkt hat, ist in mehrfacher Hinsicht umstritten.

I. Der geschenkte Gegenstand

1. Der Meinungsstand

Umstritten ist einmal, was dem Bezugsberechtigten geschenkt worden ist. Nach der einen Ansicht ist es die Versicherungsforderung, deren Höhe

---

71 BGH 12. 5. 1993 (IV 227/92) VersR 1993, 1246.
72 Näher dazu oben B. II. 3. b. (1).

sich durch die von dem Versicherer zu erbringende Leistung, also durch die Versicherungssumme und die Überschußbeteiligung, bestimmt[73]. Nach der anderen Meinung, welche die (noch) herrschende ist, sind es die von dem Versicherungsnehmer an den Versicherer gezahlten Prämien[74].

2. Die Identität zwischen dem geschenkten Zuwendungsgegenstand der Kapitallebensversicherung und dem „verschenkten Gegenstand" nach § 2325 BGB

Bei der Kapitallebensversicherung besteht der Zuwendungsgegenstand in dem „Recht" auf die versicherungsvertragliche Leistung, also in der Versicherungsforderung[75]. Diese Feststellung ist unabhängig davon, ob man die Begünstigungserklärung – wie es hier geschehen ist[76] – als ein die Forderung übertragendes Verfügungsgeschäft qualifiziert oder (i. S. der Novationskonzeption) als eine die Forderung jeweils neu begründende Erklärung; denn in den §§ 328 ff. BGB und in den §§ 166 bis 168 VVG wird der dem Dritten zugewendete Gegenstand immer wieder als „das Recht auf die Leistung" bezeichnet.

Es drängt sich daher geradezu auf, dieses Recht auf die Leistung, also die Versicherungsforderung, auch als den „verschenkten Gegenstand" i. S. des § 2325 BGB anzusehen.

3. Die Einwände gegen die Identität

a) Die Darstellung

Gegen diese Identität bestehen nach der herrschenden Meinung Einwände, die aus § 2325 BGB abgeleitet werden. Es wird einmal gesagt: Die schenkweise Zuwendung verlange eine Bereicherung des Beschenkten aus dem Vermögen des Schenkers. Diese Voraussetzung sei aber nur bei den Prämien gegeben; denn die „Versicherungssumme" habe dem Versicherungsnehmer (Schenker) nie gehört[77]. Mehr auf § 2325 BGB zuge-

---

73 So schon grundlegend Josef, Archiv für Bürgerliches Recht 42 (1916) 319 (322 ff., 329); ferner Harder, FamRZ 1976, 617 (619); ihnen folgend Winter, oben Fußnote 2, Anm. H 276. Ebenso Kollhosser, oben Fußnote 4, § 15 ALB a. F. Anm. 6 B.
74 So der BGH in ständiger Rechtsprechung. Vgl. nur BGH FamRZ 1976, 616 (617). Ebenso schon RGZ 128, 187 (190). Zust.: MünchKomm – Frank, 2. Aufl., § 2325 BGB Rdnr. 17; Staudinger/Ferid/Cieslar, 12. Aufl., § 2325 BGB Rdnr. 18; Soergel/Dieckmann, 11. Aufl., § 2325 BGB Rdnr. 8 (wenn auch zweifelnd).
75 Näher dazu oben zu B. I.
76 Vgl. oben zu B. II. 2. a.
77 So schon RGZ 128, 190. Vgl. ferner BGH FamRZ 1976, 616 (617) und die oben, Fußnote 73 genannten.

schnitten, lautet der Einwand: Der „Grundwertung" dieser Vorschrift werde besser entsprochen, wenn man nicht die Versicherungsforderung, sondern die Summe der gezahlten Prämien als verschenkten Gegenstand ansehe, weil der Erblasser (Versicherungsnehmer) nur in dieser Höhe ein Vermögensopfer erbracht habe[78].

Da dem Dritten bei der Kapitallebensversicherung auf den Todesfall nur mittelbar die Versicherungssumme und unmittelbar die Forderung auf ihre Auszahlung zugewendet wird, besagen die Einwände in genauerer Darstellung: Die Versicherungsforderung sei nicht der „verschenkte Gegenstand", weil nicht sie, sondern die Summe der geschenkten Prämien aus dem Vermögen des Versicherungsnehmers stamme, weil der Dritte deshalb nur in Höhe der Prämien aus diesem Vermögen bereichert werde und weil der Versicherungsnehmer nur in dieser Höhe ein Vermögensopfer bringe.

b) Die Würdigung

(1) Betrachtet man zunächst den Regelfall der widerruflichen Begünstigungserklärung, so muß man sagen:

(a) Der Dritte – gleichgültig, ob bei Vertragsschluß oder später benannt – erwirbt das „Recht auf die Leistung" erst mit dem Tode des Versicherungsnehmers. Bis dahin steht es diesem zu, und zwar als betagte und durch die Prämienzahlung bedingte Forderung gegen den Versicherer[79].

Entgegen der herrschenden Meinung ist also festzustellen,

– daß die Forderung zum Vermögen des Versicherungsnehmers gehört hat,

– daß der Dritte damit um sie aus dem Vermögen des Versicherungsnehmers bereichert worden ist und

– daß sie das Vermögensopfer des Versicherungsnehmers bildet.

Richtig ist allerdings, daß die mit dem Vertragsschluß als betagtes und durch die Prämienzahlung bedingtes Recht begründete Versicherungsforderung dem Versicherungsnehmer nie als fällige Forderung zugestanden hat, weil sie mit dem Fälligkeitstermin (Tod des Versicherungsnehmers) auf den Dritten übergegangen ist. Daraus ergibt sich aber gerade, daß sie erst dann aus dem Vermögen des Versicherungsnehmers ausgeschieden

---

78 Vgl. dazu etwa Frank/Ferid/Cieslar und Dieckmann, alle wie oben, Fußnote 73.
79 Vgl. oben zu B. I. und E. Lorenz, oben Fußnote 1, S. 352 zu 3.

und von dem Dritten erworben worden ist, als sie ihren vollen, durch die Leistung des Versicherers bestimmten Umfang erlangt hatte. Hinzu kommt, daß bis zum Tode des Versicherungsnehmers unsicher ist, ob die Forderung sein Vermögen überhaupt verläßt; denn dazu kommt es nicht, wenn der Dritte auch nur kurz vor dem Versicherungsnehmer stirbt[80] oder wenn die Begünstigung des Dritten bei der gemischten Lebensversicherung auf den Todesfall des Versicherungsnehmers beschränkt ist und der Versicherungsnehmer den Ablauftermin erlebt.

(b) Gegen die herrschende Meinung, nach der nicht die Versicherungsforderung, sondern die Summe der Prämien den „verschenkten Gegenstand" i. S. des § 2325 BGB darstellt, spricht ferner der Inhalt des Kausalgeschäfts im Valutaverhältnis, also der Schenkung durch den Versicherungsnehmer: Sie ist nämlich nicht auf die Prämien bezogen, sondern auf das, was durch die Zahlung an den Versicherer aus den Prämien wird, also die Forderung auf die versicherungsvertragliche Leistung. Soweit es um die Prämienzahlung geht, besteht mangels (in der Regel fehlender) besonderer Abrede auch nicht einmal der Ansatz einer Verpflichtung zwischen dem Versicherungsnehmer und dem Dritten. Verpflichtet ist der Versicherungsnehmer vielmehr allein dem Versicherer, und diese Verpflichtung kann er ohne Rücksicht auf den Dritten beenden, indem er die Prämienzahlung einstellt und kündigt.

(c) Die herrschende Meinung kann schließlich auch deshalb nicht überzeugen, weil die bisher vorgetragenen Erwägungen zeigen, daß sie ungleichartige Fälle zu Unrecht gleich behandelt; denn sie besagt, daß es bei der Pflichtteilsergänzung keinen Unterschied macht, ob der Versprechensempfänger den Versprechenden verpflichtet, an den Dritten eine in Raten aufgebrachte Geldsumme zu zahlen, oder ob der Versprechensempfänger als Versicherungsnehmer an den Versprechenden als Versicherer aufgrund einer Kapitallebensversicherung zugunsten Dritter auf den Todesfall Prämien zahlt. Diese beiden Fälle sind jedoch nicht gleichartig, weil sie auf ungleichartigen Verträgen zugunsten Dritter auf den Todesfall beruhen und diese den gleichartigen Zahlungen einen ungleichartigen Wert geben.

Wenn der Schenker an den Versprechenden nur Geldraten leistet, die dieser als Summe an den Dritten auskehren soll, bestehen das Vermögensopfer des Schenkers und die Bereicherung des Dritten nur in der Summe der Raten; denn nur darauf richtet sich die von dem Dritten mit dem Tod des Schenkers erworbene Forderung gegen den Versprechenden. Und nur in dieser Höhe bleibt die Forderung bei Unwirksamkeit der Begünstigung des Dritten im Vermögen des Schenkers.

---

[80] Zu dieser Bedingung oben zu B. II. 3. b. (1).

Wenn der Schenker dieselben Raten dagegen als laufende Prämien einer Kapitallebensversicherung zugunsten Dritter auf den Todesfall leistet, besteht sein Vermögensopfer – wegen dieser andersartigen Zweckbestimmung und der ihr entsprechenden Vertragsgestaltung – nicht in der „schlichten" Summe der Prämien, sondern in der Versicherungsforderung,

- die als solche bis zum Tode des Versicherungsnehmers (Schenkers) in seinem Vermögen bleibt,

- deren Wert bei Fälligkeit wesentlich höher ist als die Summe der Prämien,

- die ihren höchstmöglichen Wert beim Tode des Versicherungsnehmers erreicht,

- die der Dritte mit diesem höchstmöglichen Wert erwirbt

und

- die mit diesem höchstmöglichen Wert und nicht mit dem Wert der Prämiensumme endgültig in dem Vermögen des Versicherungsnehmers (Schenkers) bleibt, wenn die Begünstigungserklärung unwirksam war.

(d) Im Ergebnis heißt das: Der Zuwendungsgegenstand, der bei der Kapitallebensversicherung zugunsten Dritter auf den Todesfall in der Forderung des begünstigten Dritten auf die versicherungsvertragliche Leistung, insbesondere auf die Versicherungssumme, besteht, ist in dem Regelfall der widerruflichen Begünstigung auch der „verschenkte Gegenstand" i. S. des § 2325 BGB.

(2) Im Ergebnis ebenso verhält es sich, wenn der Versicherungsnehmer den Dritten nicht – wie in dem zuvor behandelten Regelfall – widerruflich, sondern unwiderruflich als Bezugsberechtigten genannt hat. Dann erwirbt der Dritte die – zunächst nur als betagtes und durch die Prämienzahlung bedingtes Recht entstandene – Forderung auf die versicherungsvertragliche Leistung sofort und nicht erst mit dem Tode des Versicherungsnehmers[81].

Auch in diesem Falle bezieht sich die Schenkung des Versicherungsnehmers an den Dritten aber nicht auf die an den Versicherer gezahlten Prämien, sondern auf die Versicherungsforderung. So muß es sein, weil die gegenteilige Ansicht zu der unhaltbaren Annahme zwingt, daß der Dritte,

---

81 Vgl. oben B. II. 3. b. (3).

dem die volle versicherungsvertragliche Leistung zugeflossen ist, von dem Versicherungsnehmer nichts erhalten hat, wenn der die Haftung des Versicherers begründende Versicherungsfall wegen Abdingung des § 38 Abs. 2 VVG schon vor der ersten Prämienzahlung eingetreten ist.

II. Die Bedeutung der Zehnjahresfrist des § 2325 Abs. 3 BGB

Nach § 2325 Abs. 3 BGB ist der „verschenkte Gegenstand" bei der Pflichtteilsergänzung nicht zu berücksichtigen, wenn seit seiner Leistung zur Zeit des Erbfalls zehn Jahre verstrichen sind. Dabei soll die Frist bei einer Schenkung an den Ehegatten erst mit der Auflösung der Ehe beginnen. Außerdem wird in § 2325 Abs. 2 BGB bestimmt, daß bei Schenkungen innerhalb der Zehnjahresfrist nur der Wert zur Zeit der Schenkung berücksichtigt wird, wenn er niedriger ist als der Wert zur Zeit des Erbfalls (Niederstwertprinzip).

1. Die widerrufliche Bezugsberechtigung

In dem zunächst zu betrachtenden Regelfall der widerruflichen Bezugsberechtigung ist die Beurteilung bei folgerichtiger Beachtung der bisher erzielten Erkenntnisse einfach: Die geschenkte Versicherungsforderung geht in diesem Fall erst mit dem Tode des Versicherungsnehmers auf den Dritten über[82]. Der Versicherungsnehmer erbringt die Leistung des „verschenkten Gegenstandes" (§ 2325 Abs. 3 BGB) also erst „zur Zeit des Erbfalls" und nicht vorher. Die Zehnjahresfrist wird also überhaupt nicht in Gang gesetzt, und die Bewertungsfrage nach § 2325 Abs. 2 BGB stellt sich gar nicht. Bei widerruflicher Bezugsberechtigung unterliegt die Versicherungsforderung also in voller Höhe der Pflichtteilsergänzung nach § 2325 Abs. 1 BGB[83].

2. Die unwiderrufliche Bezugsberechtigung

Zweifelhaft ist die Rechtslage dagegen, wenn der Versicherungsnehmer eine unwiderrufliche Begünstigungserklärung abgegeben hat und die Versicherungsforderung als zunächst betagtes und durch die Prämienzahlung bedingtes Recht schon im Zeitpunkt der Erklärung von dem Dritten erworben worden ist[84].

---

82 Dazu oben zu B. II. 3. a.
83 So schon Winter, oben Fußnote 2, Anm. H 277 im Anschluß an Hasse, Interessenkonflikte bei der Lebensversicherung zugunsten Dritter, 1981, S. 250 f.
84 Vgl. oben zu B. II. 3. b. (3).

a) Der Meinungsstand

Falls die unwiderrufliche Begünstigungserklärung innerhalb der Zehnjahresfrist abgegeben wird, soll die (als verschenkter Gegenstand angesehene) Versicherungsforderung bei der Pflichtteilsergänzung nach § 2325 BGB in vollem Umfang berücksichtigt werden[85].

Dieses Ergebnis wird teilweise[86] mit der Erwägung begründet, daß der Pflichtteilsberechtigte so zu stellen sei, wie wenn die Schenkung unterblieben wäre. Diese Begründung reicht aber nicht; denn es bleibt immer noch die sich aus § 2325 Abs. 2 BGB ergebende Frage, ob dann nur der bei Abgabe der unwiderruflichen Begünstigungserklärung niedere Wert der Forderung zu berücksichtigen ist. Das verneint Harder[87] mit der Überlegung, daß die Forderung zu diesem Zeitpunkt das Vermögen des Versicherungsnehmers noch nicht völlig verlassen habe und deshalb nicht „im Vermögen des Beschenkten" (also des Dritten) die zwischen der Abgabe der unwiderruflichen Begünstigungserklärung und dem Tod des Versicherungsnehmers eingetretene Wertsteigerung erfahren habe. Der Sache nach nimmt Harder also an, daß die unwiderrufliche Begünstigungserklärung noch keine „Leistung des verschenkten Gegenstands" i. S. des § 2325 Abs. 3 BGB darstelle.

Diese Beurteilung hätte allerdings zur Folge, daß die Versicherungsforderung auch dann in vollem Umfang zugunsten der Pflichtteilsberechtigten zu berücksichtigen wäre, wenn der Versicherungsnehmer den Versicherungsvertrag beispielsweise dreißig Jahre vor seinem Tode abgeschlossen und somit schon zwanzig Jahre vor dem Beginn der Zehnjahresfrist Prämien gezahlt hätte. Ein solches Ergebnis überzeugt nicht.

Es wird deshalb von Winter[88] mit der Annahme korrigiert, daß die vor dem Beginn der Zehnjahresfrist geleisteten Prämien bei der Pflichtteilsergänzung abzusetzen seien. Diese Argumentation paßt aber nicht zu seiner Annahme, daß der Versicherungsnehmer dem Dritten – nicht – die Prämien, sondern die Versicherungsforderung schenke.

---

85 Vgl. Josef, oben Fußnote 74, 323 f.; Reinicke, NJW 1956, 1053; Harder, FamRZ 1976, 617, 618; Winter, oben Fußnote 2, Anm. H 276 (vgl. aber auch ders. Anm. H 135, S. 1125: „Versicherungsprämien"); Kollhosser, oben Fußnote 4, § 15 ALB a. F. Anm. 6 B; Hasse, oben Fußnote 83, S. 236–238 (für den Fall der nachträglichen Begünstigungserklärung).
86 Vgl. etwa Winter, wie vorige Fußnote.
87 Harder, FamRZ 1976, 617 (619).
88 Winter, wie Fußnote 85 (S. 1179 am Ende).

b) Die Würdigung

Die Darstellung des Meinungsstandes zeigt, daß eine sowohl folgerichtige als auch in den Ergebnissen überzeugende Beurteilung noch nicht gefunden ist. Versucht man, die Einwände gegen die bisher vertretenen Ansichten zu vermeiden, so läßt sich in der nun gebotenen äußersten Kürze zu den wichtigsten Fallkonstellationen sagen:

Hat der Versicherungsnehmer eine gemischte Lebensversicherung abgeschlossen und die unwiderrufliche Begünstigungserklärung auf den Fall seines Todes beschränkt, so rechnet er bis zu seinem Tode mit der auch gegebenen Möglichkeit, daß die Versicherungsforderung zu seinen Lebzeiten fällig wird und ihm zufällt. In diesem Falle ist daher eine „Leistung des verschenkten Gegenstands" i. S. des § 2325 Abs. 3 BGB nicht anzunehmen. Die Zehnjahresfrist wird also nicht in Gang gesetzt und die Frage der Wertberechnung nach § 2325 Abs. 2 BGB stellt sich nicht. Die Versicherungsforderung ist daher bei der Pflichtteilsergänzung in vollem Umfang zu berücksichtigen.

Handelt es sich dagegen um eine reine Kapitallebensversicherung auf den Todesfall und ist die unwiderrufliche Begünstigung innerhalb der Zehnjahresfrist erklärt worden, so ist eine „Leistung des verschenkten Gegenstands" anzunehmen und nur der im Abgabezeitpunkt gegebene Wert der Versicherungsforderung bei der Pflichtteilsergänzung zu berücksichtigen. Dieser Wert ist aber nicht (nur) der Rückkaufswert, der im Vergleich zu dem Wert bei Eintritt des Versicherungsfalls bedeutungslos sein kann[89] und eine Kündigung voraussetzt. Maßgebend ist vielmehr der Wert, den die Versicherungsforderung gehabt hätte, wenn der Versicherungsfall sogleich nach der Abgabe der unwiderruflichen Begünstigungserklärung eingetreten wäre, weil der Dritte im Abgabezeitpunkt sofort eine feste Anwartschaft in Höhe dieses Wertes erlangt hat.

Das bedeutet zugleich: Wenn die unwiderrufliche Begünstigung bei einer reinen Kapitallebensversicherung zugunsten Dritter auf den Todesfall vor dem Beginn der Zehnjahresfrist des § 2325 Abs. 3 BGB erklärt wurde, ist die Versicherungsforderung der Pflichtteilsergänzung in Höhe des Wertes entzogen, der sich ergeben hätte, wenn der Versicherungsfall am Tage vor dem Beginn der Zehnjahresfrist eingetreten wäre.

E. Schlußbemerkung

Die Kapitallebensversicherung zugunsten Dritter auf den Todesfall hat seit ihrer gesetzlichen Regelung am Anfang dieses Jahrhunderts eine Fülle

---

[89] Was Harder, wie Fußnote 87, zu Recht hervorhebt.

bis in die Gegenwart andauernder Streitfragen hervorgebracht. Sie gehört damit zu den Themen, die bei der sich abzeichnenden Reform des VVG besondere Aufmerksamkeit verdienen.

Dieser Beitrag beruht auf einer früheren Untersuchung[90], deren Ergebnisse hier und da zu präzisieren waren. Sein Ziel sollte es sein, die wichtigsten Streitfragen zum Verhältnis zwischen dem Recht der Kapitallebensversicherung zugunsten Dritter auf den Todesfall und dem Erbrecht aufzuzeigen und eine möglichst geschlossene Beurteilungskonzeption anzubieten. Der Beitrag gilt einem Jubilar, der in seinem bedeutenden wirtschaftswissenschaftlichen Werk mehr als üblich auch die „Bezüge zum Recht" mitbedacht hat.

---

90 Vgl. oben Fußnote 1.

Wolfgang Müller †

Informationsökonomische Grundlagen und empirische Überprüfung eines Beschreibungsmodells für Versicherungsprodukte

1. Unstimmigkeiten der traditionellen Ansätze zur Erklärung und Abgrenzung des Versicherungsproduktes

Die Entwicklung der Versicherungsbetriebslehre leidet darunter, daß über zentrale Bereiche ihres Untersuchungsgegenstandes unterschiedliche und häufig theoretisch unbefriedigende Auffassungen bestehen. Kernprobleme sind dabei die ökonomische Erklärung des Versicherungsprozesses sowie die Beschreibung und Abgrenzung der von den Versicherungsunternehmen am Markt angebotenen Dienstleistungen. Auch Farny (1965) hat dieses Problem schon in den sechziger Jahren gesehen und mit dem produktionswirtschaftlichen Produktkonzept einen betriebswirtschaftlichen Lösungsansatz expliziert.

Die in derartig vielfältigen Ansätzen zum Ausdruck kommende Unklarheit über die zentralen konzeptionellen Grundlagen der Versicherungsbetriebslehre hat höchst nachteilige theoretische und praktische Folgen. Das hat sich deutlich in der in den letzten Jahren abgelaufenen Diskussion über die Deregulierung der deutschen Versicherungswirtschaft gezeigt. Aber auch die geringe Aufmerksamkeit der Versicherungsbetriebslehre für die seit langem bekannten Probleme der wenig verbrauchergerechten Gestaltung und des teilweise unqualifizierten Vertriebs von Versicherungsprodukten steht in engem Zusammenhang mit bestimmten Produktkonzepten.

Die weitere Untersuchung ist einem dieser Kernprobleme – der Entwicklung eines betriebswirtschaftlich begründeten Ansatzes zur Beschreibung und Abgrenzung von Versicherungsprodukten – gewidmet.

2. Ein informationsökonomischer Ansatz zur Erklärung des Versicherungsproduktes

Eine neue Perspektive zum Verständnis der Funktionen und zur Beschreibung der Merkmale des Versicherungsproduktes wird durch die informationsökonomische Theorie eröffnet. Die konstitutive Bedeutung von Informationen und Prozessen der Produktion und des Transfers von Informationen auf unvollkommenen Märkten mit begrenzt rationalen Akteuren ist in der neueren ökonomischen Theorie in vielfältiger Hinsicht herausgearbeitet worden (Hax 1991; Kaas 1991). Schwerpunkte sind dabei die Risiken von Vertragsbeziehungen bei asymmetrischer Informationsverteilung (Spremann 1990), Informationsbeschaffung (Screening) und Informationsübertragung (Signaling) und die damit verbundenen (Transaktions-)Kosten (Picot 1982) sowie die Rolle von öffentlichen und privaten Institutionen bei der Versorgung von Marktteilnehmern mit Informationen (Hopf 1983).

Den Ansatzpunkt für eine grundsätzliche Neubestimmung der Versicherungsfunktion unter den Marktbedingungen der Informationsökonomik bietet die unbestrittene Eignung der Versicherungsprodukte zur Risikoreduzierung bei den Versicherungskäufern. Im Gegensatz zum risikotheoretischen Konzept des Risikotransfers ist aus informationsökonomischer Sicht diese risikoreduzierende Wirkung der Versicherung durch einen Informationstransfer zu erklären. Da unvollkommene Informationen die Ursache für die Entscheidungsrisiken der Marktteilnehmer sind, können diese ihre Risikosituation durch die Beschaffung relevanter Informationen verbessern. Genau diese Wirkung erzeugen Versicherungsprodukte. Mit Abschluß eines Versicherungsvertrages liefert das Versicherungsunternehmen jedem Käufer ein Versicherungsprodukt in der Form einer spezifischen Zustandsgarantie für das Vermögen des Versicherten (Müller 1981; Eisen/Müller/Zweifel 1990, S. 25). Da sich die Zustandsgarantie des Versicherungsunternehmens regelmäßig auf den zukünftigen Vermögenszustand des Versicherungskäufers bezieht, verbessert sie dessen unvollkommene Informationslage und versetzt ihn folglich in eine günstigere Risikosituation.

Die in den vertraglich vereinbarten Versicherungsbedingungen beschriebene Zustandsgarantie sichert dem Versicherungskäufer für die Dauer des Vertrages zu, daß sein Vermögen keine Verluste durch die als zulässig abgegrenzten, möglichen Schadenereignisse erleiden wird. Freilich können auch Versicherungsunternehmen für den Einzelfall nicht mit Sicherheit prognostizieren, ob tatsächlich ein Schadenereignis eintreten wird. Die Vermögenszustandsgarantie des Versicherungsunternehmens schließt deshalb dessen Verpflichtung ein, im Falle einer Vermögensminderung durch ein vertraglich gedecktes Schadenereignis den Vermögenszustand durch Schadenzahlungen im vereinbarten Umfang wiederherzustellen.

3. Ein Modell zur Beschreibung von Versicherungsprodukten

Auf der Grundlage der informationsökonomischen Erklärung des Versicherungsproduktes wird nun ein allgemeines Modell zur Produktbeschreibung entwickelt. Dadurch soll einerseits die notwendigerweise abstrakte theoretische Charakterisierung des Versicherungsproduktes als Informationsprodukt konkretisiert und der empirischen Überprüfung zugänglich gemacht werden. Zum anderen eröffnet erst die detaillierte Produktbeschreibung die Möglichkeit zur versicherungstechnischen und betriebswirtschaftlichen Produktanalyse und damit auch für effiziente Entscheidungen, z. B. zur Produktgestaltung.

Bislang wurden in der Versicherungstheorie erst wenige Modelle zur Beschreibung von Versicherungsprodukten entwickelt. Stellvertretend für diese sei hier auf den Ansatz von Farny (1975) verwiesen, der später eine Erweiterung und Konkretisierung erfuhr (vgl. Farny 1989). Farny entwickelt einen Katalog von Merkmalen, durch die der Inhalt des Produktes „Versicherungsschutz" festgelegt und dessen Darstellung in Form einer Matrix ermöglicht wird.

Das Modell von Farny hat durch die systematische Zerlegung des Versicherungsproduktes in dessen wichtigste Teilkomponenten und die – wenn auch nur begrenzt mögliche (vgl. Farny 1989, S. 301) – empirische Validierbarkeit zweifellos einen erheblichen Erkenntnisfortschritt bewirkt. Dessen ungeachtet hat es, genau wie die anderen vorliegenden Ansätze zur Produktbeschreibung, nur begrenzte Bedeutung für weitergehende theoretische und praktische Produktuntersuchungen erlangt. Ursächlich hierfür ist vor allem die Tatsache, daß es nicht gelungen ist, Risikotransfers und innerbetriebliche Leistungen in die Beschreibungsmodelle einzubeziehen, so daß sich gewisse Inkonsistenzen zum jeweiligen Produktkonzept ergeben.

Das Informationskonzept der Versicherung läßt sich auch so formulieren, daß jedes Versicherungsprodukt aus einer sprachlich repräsentierten Informationsmenge besteht, durch die die Art, der Umfang und die Gültigkeitsbedingungen des durch das Produkt garantierten Vermögenszustandes festgelegt werden. Jeder reale Versicherungsvertrag enthält in der Form von „Versicherungsbedingungen" eine Informationsmenge, die diesen Anforderungen genügt. Theoretisch sollten Art und Umfang der Informationsmenge einer Produkteinheit direkt bestimmt werden, jedoch steht zur Messung des semantischen Gehalts der sprachlichen Aussagen in den Versicherungsbedingungen kein direktes Verfahren zur Verfügung. Es liegt nahe, statt dessen die im wesentlichen bekannten Dimensionen des durch die Zustandsgarantie „gedeckten" bzw. „versicherten" Risikos heranzuziehen, um die hauptsächlichen Merkmale zur Beschreibung von Versicherungsprodukten zu entwickeln. Diese Risikodimensionen werden hier rein deskriptiv verwendet und implizieren schon wegen der unterschiedlichen subjektiven Risikoneigungen von Versicherungsunternehmen und Versicherungskäufern keine Annahmen über die Risikobewertung durch die jeweiligen Vertragspartner.

Das versicherte Gesamtrisiko eines Versicherungsproduktes läßt sich nach drei Dimensionen strukturieren:

- Das Objektrisiko entsteht aus der Art und Menge der Vermögenszustände des Versicherungskäufers, für die das Versicherungsunternehmen die Zustandsgarantie übernimmt, aus den möglichen Veränderungen des garantierten Vermögenszustandes und ihren Ursachen. Für den Versicherungskäufer stellt sich das Objektrisiko (exogenes Risiko) als ein unbeeinflußbares Risiko dar, während es die Aufgabe des Versicherers ist, dieses mit Hilfe eines effizienten Risiko-Managements zu handhaben.

- Das Verhaltensrisiko (endogenes Risiko) ist Folge der asymmetrischen Informationsverteilung zwischen Versicherungsunternehmen und Versicherungskäufer über das Objektrisiko, das dem Versicherungskäufer häufig besser bekannt ist als dem Versicherungsunternehmen und vom Versicherungskäufer möglicherweise beeinflußt werden kann.

- Das Finanzrisiko ergibt sich aus der Höhe des Anteils des Versicherungsunternehmens an der Wiederherstellung des garantierten Vermögenszustandes, falls sich das Objektrisiko durch einen Schaden realisiert.

Als weitere Risikodimension muß strenggenommen die Zeitdauer berücksichtigt werden, für die die Zustandsgarantie eines Versicherungsproduktes gilt. Da die Zeitdimension jedoch relativ geringe Bedeutung für die hier angestrebte sachliche Produktbeschreibung besitzt, wird aus Vereinfachungsgründen auf ihre Darstellung verzichtet.

Durch die Risikodimensionen werden Art und Umfang der Zustandsgarantie eines Versicherungsproduktes abgegrenzt. Konkret erfolgt dies für jedes einzelne Versicherungsprodukt durch sprachliche Aussagen in den jeweiligen Versicherungsbedingungen. Dementsprechend wird angenommen, daß sich die in den Bedingungen eines Versicherungsproduktes enthaltene Gesamtinformationsmenge aus unterscheidbaren Teilmengen zusammensetzt, die jeweils spezifische Aussagen zur Präzisierung einzelner Risikodimensionen umfassen. Diese Informationsteilmengen werden im weiteren als „Produktmerkmale" bezeichnet.

Das Produktbeschreibungsmodell soll generell, also für beliebige Versicherungsprodukte, gültig sein. Daraus ergibt sich die Anforderung, daß die in das Beschreibungsmodell einbezogenen Produktmerkmale hinreichend sein müssen, um alle Teilinformationen eines beliebigen Versicherungsproduktes erfassen zu können. Zugleich sollten die einbezogenen Produktmerkmale in dem Sinne notwendig sein, daß sie zur vollständigen Beschreibung von Versicherungsprodukten erforderlich sind. Unter

Beachtung dieser Anforderungen werden aus den Risikodimensionen folgende Produktmerkmale für das Beschreibungsmodell hergeleitet:

Risikodimension	Produktmerkmal
Objektrisiko	versicherte Gefahren versicherte Vermögensgegenstände versicherte Zustandsveränderungen
Verhaltensrisiko	Verhaltensanforderungen
Finanzrisiko	Entschädigungsregelungen

Diese Produktmerkmale des Beschreibungsmodells werden im folgenden erläutert und anschließend empirisch überprüft.

Produktmerkmale zur Beschreibung des Objektrisikos

Versicherte Gefahren

Dieses Merkmal beschreibt die Menge aller zugelassenen Ereignisse, die zu einer Änderung des garantierten Zustandes des versicherten Objektes führen können. Versicherte Gefahren sind also die im Versicherungsprodukt genannten Ursachen, die dann, wenn sie eine versicherte Zustandsveränderung am versicherten Objekt bewirken, einen Schadenfall hervorrufen (vgl. Bürgi 1985, S. 81).

Vorwiegend bei der Abgrenzung der versicherten Gefahren werden zwei Prinzipien unterschieden (vgl. Jabornegg 1979, S. 51 ff.). Nach dem Prinzip der „Spezialität der Gefahrendeckung" werden alle versicherten Gefahren explizit angeführt (Einzel-Gefahren-Deckung). Das Prinzip der „Generalität der Gefahrendeckung" besagt, daß alle Gefahren versichert sind, die nicht ausdrücklich ausgenommen werden (All-Gefahren-Deckung). Beide Abgrenzungsprinzipien können auch auf die versicherten Objekte und Zustandsveränderungen angewendet werden.

Versicherte Vermögensgegenstände

Von den wenigen Ausnahmen des Naturalersatzes (z. B. Glasversicherung) abgesehen, richtet sich die Zustandsgarantie des Versicherungsproduktes auf die finanziellen Folgen von Schadenereignissen, die sich letztlich auf den Gesamtvermögenszustand des Versicherungskäufers auswirken. Deshalb ist es zweckmäßig, die versicherten Vermögensgegenstände prinzipiell auf der Geldvermögensebene zu betrachten, so daß mit dem Versicherungsprodukt ein bestimmter finanzieller Vermögenszustand des Versicherungskäufers garantiert wird. Durch das Produktmerkmal „versicherte Vermögensgegenstände" werden dann die konkreten Vermögensgegenstände des Versicherungskäufers bestimmt und abgegrenzt, die durch die versicherte Gefahr bedroht werden. Auf diese Bestandteile des Vermögens des Versicherungskäufers beschränkt sich die Zustandsgarantie des Versicherers. Bei den versicherten Vermögensgegenständen kann es sich konkret handeln um

- Vermögen, das in bestimmten Sachgegenständen gebunden ist (Versicherung realgüterbezogener Risiken, wie Hausrat- oder Feuerversicherung),

- Vermögen, das in der Person des Versicherungskäufers begründet ist oder durch sie bedroht werden kann (Versicherung personenbezogener Risiken, wie Lebens- oder Krankenversicherung) oder

- Vermögen, das durch finanzielle Ansprüche Dritter an den Versicherungskäufer gefährdet werden kann (Versicherung nominalgüterbezogener Risiken, wie Haftpflicht- oder Rechtsschutzversicherung).

Versicherte Zustandsveränderungen

Durch die Zustandsgarantie werden nur solche Vermögensminderungen gedeckt, die von den durch dieses Merkmal festgelegten Zustandsveränderungen konkreter Vermögensgegenstände verursacht werden. Es sind folglich nicht automatisch alle Schäden versichert, die aus der Einwirkung der versicherten Gefahren auf das versicherte Objekt entstehen.

Zwischen den drei Produktmerkmalen „versicherte Gefahren", „versicherte Vermögensgegenstände" und „versicherte Zustandsveränderungen" besteht ein enger Zusammenhang, weil erst durch sie gemeinsam der sachliche Geltungsbereich der Zustandsgarantie des Versicherungsproduktes festgelegt wird. Eine von diesem Wirkungszusammenhang – versicherte Gefahr verursacht am versicherten Vermögensgegenstand eine versicherte Zustandsveränderung – abweichende Situation liegt jedoch bei einigen nominalgüterbezogenen Risiken vor, die durch Haftpflicht-Versicherungsprodukte gedeckt werden. Werden vom Versicherungskäufer Schäden an Vermögensgegenständen dritter Personen verursacht, dann kann dies zu Schadenersatzansprüchen und damit mittelbar zur Vermögensminderung beim Versicherungskäufer führen. Im Rahmen des Produktmerkmals „versicherte Zustandsveränderungen" werden solche Schadenersatzansprüche, die zu Vermögenseinbußen beim Versicherungskäufer führen können, durch die Zustandsgarantie gedeckt.

Verhaltensrisiko und Verhaltensanforderungen

Versicherungsprodukte enthalten regelmäßig Aussagen über bestimmte Verhaltensweisen, die das Versicherungsunternehmen in bezug auf das Objektrisiko vom Versicherungskäufer fordert und an deren Erfüllung es die uneingeschränkte Gültigkeit der Zustandsgarantie bindet[1]. Die Verpflichtungen, die dadurch dem Versicherungskäufer auferlegt werden, beziehen sich

- auf die Bereitstellung von Informationen durch den Versicherungskäufer über dessen individuelle Situation hinsichtlich der versicherten Gefahren, Vermögensgegenstände und deren Zustände bei Vertragsbeginn sowie über Änderungen während der Vertragslaufzeit; und

- auf bestimmte Verhaltensregeln für den Versicherungskäufer, die ihm Grenzen bei der Beeinflussung des Objektrisikos durch eigenes Handeln auferlegen sollen.

Die hauptsächliche Funktion der Verhaltensanforderungen ergibt sich aus der asymmetrischen Informationsverteilung zwischen Versicherungskäufer und -unternehmen hinsichtlich des Objektrisikos bei Vertragsabschluß und während der Vertragslaufzeit. Durch seine ungünstigere Informationslage könnte das Versicherungsunternehmen ungewollt eine erheblich umfangreichere Zustandsgarantie abgeben als beabsichtigt oder einen zu geringen Preis dafür erlangen. Eine weitere Folge ist das moralische Risiko des Versicherungsunternehmens, daß das Objektrisiko durch bestimmte Verhaltensweisen des Versicherungskäufers, die von der geringen Bereitschaft zur Schadenverhütung bis zur absichtlichen Schadenverursachung reichen können, erhöht wird.

Die eigenständige Beschaffung der fehlenden Informationen ist für die Versicherungsunternehmen bei den meisten Verträgen schon aus Kostengründen nicht sinnvoll. Teilweise sind solche Informationen ohne Mitwirkung des Käufers gar nicht zu erlangen, etwa über dessen Gesundheitszustand. Die wichtigsten Informationsquellen des Versicherungsunternehmens zur Abschätzung des individuellen Objektrisikos sind deshalb die direkt oder indirekt informationswirksamen Verhaltensanforderungen an die Käufer. Das Versicherungsunternehmen kann zwar nicht damit rechnen, daß auf diese Weise sein Informationsrisiko vollständig

---

1 Im Versicherungsrecht werden diese Verhaltenspflichten als „Obliegenheiten" bezeichnet, zu denen jedoch noch andere Vertragsteile gerechnet werden (vgl. Weyers 1986).

beseitigt wird, da es weder die Zuverlässigkeit der ihm zur Verfügung gestellten Informationen zweifelsfrei beurteilen noch das tatsächliche Verhalten der Käufer während der Vertragsdauer systematisch beobachten kann. Insbesondere im Schadenfall kann das Versicherungsunternehmen jedoch häufig anhand zusätzlicher Informationen die Beachtung der Verhaltenspflichten durch den Käufer und damit die Zuverlässigkeit eines Zahlungsanspruchs aus der Zustandsgarantie überprüfen.

Die vom Versicherungskäufer über das Objektrisiko bereitgestellten Informationen werden vom Versicherungsunternehmen zudem dazu verwendet, um die in den zumeist standardisierten Versicherungsbedingungen abstrakt formulierte Zustandsgarantie für das individuelle Objektrisiko des einzelnen Versicherungskäufers zu konkretisieren. Ebenso wie diese direkten Informationen dienen auch die Verhaltensregeln zur Beschränkung des moralischen Risikos letztendlich der Abgrenzung des Objektrisikos, für das die Zustandsgarantie des Versicherungsproduktes gilt. Schon deshalb ist es notwendig und sinnvoll, die Verhaltensanforderungen an den Versicherungskäufer als Bestandteil des Versicherungsproduktes zu behandeln. Dafür spricht außerdem, daß die Verhaltensanforderungen an den Käufer weitreichende Ansprüche stellen oder seine Verhaltensmöglichkeiten stark einschränken können, so daß sie den Produktnutzen für den Käufer erheblich beeinflussen.

Finanzrisiko und Entschädigungsregelungen

Da die im Schadenfall zu erbringenden Schadenzahlungen des Versicherungsunternehmens nicht identisch mit der Höhe des eingetretenen Schadens sein müssen, konkretisiert dieses Produktmerkmal den Umfang, mit dem das Versicherungsunternehmen zur Wiederherstellung einer Zustandsveränderung des Vermögens des Versicherungskäufers beizutragen hat. Sowohl durch quantitative als auch durch qualitative Regelungen wird der Umfang der Zahlungsverpflichtungen, und damit das Finanzrisiko des Versicherungsunternehmens, bestimmt. Bei den quantitativen Regelungen handelt es sich z. B. um Bruchteilversicherungen, Bewertungsregeln (Zeitwert oder Nennwert) sowie die Festlegung von Versicherungssummen und Selbstbehalten. In qualitativer Form erfaßt dieses Merkmal bei einigen Versicherungsprodukten Regelungen zur Abwehr unbegründeter Ansprüche gegen den Versicherungskäufer. Anstelle des finanziellen Ausgleichs von Vermögenseinbußen erfüllt das Versicherungsunternehmen in diesen Fällen seine Zustandsgarantie durch die Vermeidung von Zustandsveränderungen des Vermögens des Versicherungskäufers.

Dieses allgemeine Beschreibungsmodell gibt mit seinen fünf Produktmerkmalen die oberste, generellste Strukturierungsebene für Versicherungsprodukte an. Für speziellere Untersuchungszwecke dürfte es keine grundsätzlichen Schwierigkeiten bereiten, jedes dieser Produktmerkmale weiter zu untergliedern, wie dies für einige Merkmale, z. B. für „versicherte Vermögensgegenstände", schon gezeigt worden ist.

4. Empirische Überprüfung des Beschreibungsmodells

Das Beschreibungsmodell kann als Hypothese über den funktionalen, aus den Dimensionen des versicherten Risikos hergeleiteten Aufbau von Versicherungsprodukten aus Teilinformationsmengen interpretiert werden. Diese Hypothese kann durch Anwendung des Modells bei der Beschreibung realer Versicherungsprodukte überprüft werden. Auf diese Weise kann vor allem der Anspruch beurteilt werden, daß die fünf Produktmerkmale notwendig und hinreichend für die Beschreibung von Versicherungsprodukten sind. Da das Beschreibungsmodell streng aus dem informationsökonomischen Konzept zur Erklärung des Versicherungsproduktes hergeleitet worden ist, kann seine Überprüfung die Aussagekraft dieses Produktkonzeptes unterstützen.

Die Informationsmenge des Versicherungsproduktes, die dessen Vermögenszustandsgarantie abgrenzt und spezifiziert, wird in der Versicherungsrealität generell als „Versicherungsbedingungen" bezeichnet. Deren Gestaltung erfolgt bislang ganz überwiegend nach juristischen Zielen und Normen, so daß zuweilen das Problem der Vermischung von ökonomischen und juristischen Begriffsinterpretationen auftritt. Wie in zahlreichen Ländern, so besteht auch in Deutschland eine spezielle Rechtsnorm, das Versicherungsvertragsgesetz (VVG), die grundlegende Anforderungen an Form und Inhalt von Versicherungsverträgen regelt. Zudem bedürfen die meisten Versicherungsbedingungen z. Zt. noch der Genehmigung durch die staatliche Aufsichtsbehörde, die über das VVG hinausgehende Anforderungen an die Vertragsgestaltung entwickelt hat[2].

Daher gibt es in Deutschland mit wenigen Ausnahmen nur „Allgemeine Versicherungsbedingungen", also für ein Produkt eine von allen Versicherungsunternehmen zu verwendende Fassung der Versicherungsbedingungen.

Durch die juristische Auffassung, daß die Allgemeinen Versicherungsbedingungen die Allgemeinen Geschäftsbedingungen der Versicherungswirtschaft seien (vgl. z. B. Weyers 1986, S. 66), mit der Folge, daß in den realen Allgemeinen Versicherungsbedingungen Produktinformationen

---

[2] Nach den 3. EG-Richtlinien, die zum 1. 7. 1994 in Kraft treten werden, wird im Zuge der Schaffung eines einheitlichen europäischen Versicherungsmarktes die staatliche Vorab-Genehmigung von Versicherungsbedingungen mit Ausnahme der Krankenversicherung nicht mehr zulässig sein.

und Geschäftsbedingungen – im engeren Sinne von rechtlichen Randbedingungen für die Vertragsabwicklung – regelmäßig vermischt dargestellt werden, entstanden gewisse Abgrenzungsprobleme (vgl. hierzu auch Farny 1975, S. 182–183). Für die empirische Untersuchung war es deshalb erforderlich, bei jedem Bedingungswerk zwischen den der Spezifikation der Zustandsgarantie dienenden Produktinformationen und den Geschäftsbedingungen zu trennen. Als Abgrenzungskriterien wurden die oben entwickelten Risikoabgrenzungsfunktionen der Produktmerkmale herangezogen. In gleicher Weise wurde in den wenigen Fällen vorgegangen, in denen die untersuchten Allgemeinen Versicherungsbedingungen sonstige Aussagen, wie Preisinformationen, enthielten.

Die Überprüfung des Beschreibungsmodells erfolgte anhand von 13 Allgemeinen Versicherungsbedingungen (s. Anhang). Zwei Bedingungswerke enthalten Zustandsgarantien für mehrere Versicherungsprodukte[3], so daß insgesamt 23 Versicherungsprodukte in die Untersuchung einbezogen wurden, auf die mehr als 80 % des Prämienvolumens des deutschen Versicherungsmarktes entfallen. Die Bedingungswerke wurden so ausgewählt, daß Produkte des Privatkunden – ebenso wie des Industriegeschäftes – und jeweils Produkte für die Deckung personen-, realgüter- und nominalgüterbezogener Risiken repräsentiert sind. Dadurch werden die wichtigsten Einflußfaktoren berücksichtigt, die sich auf die Produktmerkmale auswirken könnten. Aufgrund des besonderen mehrstufigen Aufbaus der drei Kranken- sowie der Haftpflichtversicherungsbedingungen wurden für diese zusätzlich zu den Allgemeinen auch Besondere Versicherungsbedingungen herangezogen, um vollständige Produktbeschreibungen zu erhalten.

Die oben entwickelten Funktionsbestimmungen der fünf Produktmerkmale des Beschreibungsmodells für die Risikoabgrenzung wurden verwendet, um für jede Aussage eines jeden der untersuchten Bedingungswerke zu entscheiden, ob sie einem der fünf Produktmerkmale zugeordnet werden kann. Falls dies nicht möglich war, wurde geprüft, ob es sich um Aussagen zu den Allgemeinen Geschäftsbedingungen handelt. War auch diese Zuordnung nicht möglich, so wurde die Aussage der Restkategorie „Sonderfälle" zugeordnet. Dabei handelt es sich um weniger als 5 % der erfaßten Fälle und fast ausschließlich um Aussagen zur Prämienermittlung bzw. zu Sparprozessen in der Lebensversicherung.

Systematisch auftretende Zuordnungsprobleme waren in zweierlei Hinsicht zu lösen. Zum einen enthalten alle untersuchten Bedingungen Begriffe oder Formulierungen, die gleichzeitig mehrere Produktmerkmale betreffen. In diesen Fällen erfolgte auch eine entsprechende Mehrfach-

---

3 Dabei handelt es sich um die „Allgemeinen Bedingungen für die Kraftfahrtversicherung (AKB)" sowie die „Allgemeinen Bedingungen für die Rechtsschutzversicherung (ARB)".

Zuordnung der Aussagen. Zum anderen mußte bei der Abgrenzung von Aussagen zum Merkmal „Verhaltensanforderungen" von solchen zu den jeweiligen Geschäftsbedingungen sehr sorgfältig vorgegangen werden. Das ist nicht überraschend, denn beide Aussagearten dienen der Risikoabgrenzung. Allerdings sind es unterschiedliche Risiken, und so konnte die Zuordnung bis auf ganz wenige Grenzfälle eindeutig erfolgen.

Als Darstellungseinheit wurde der Paragraph verwendet, der in allen untersuchten Bedingungswerken zur Aussagengliederung dient. Zwar sind erhebliche Unterschiede in der Länge der Paragraphen festzustellen, jedoch gilt zumindest tendenziell, daß in den einzelnen Paragraphen jeweils inhaltlich ähnliche Informationen zusammengefaßt werden.

Das Ergebnis der Analyse der 13 Bedingungswerke und damit der 23 Versicherungsprodukte ist in der folgenden Abbildung zusammengefaßt. In den ersten fünf Spalten wird die Häufigkeit ausgewiesen, mit der in Paragraphen der jeweiligen Bedingungen Aussagen zu den einzelnen Produktmerkmalen enthalten sind. Da häufig in einem Paragraphen Aussagen zu mehreren Produktmerkmalen gemacht werden, umfassen die ausgewiesenen Zahlen auch Mehrfach-Zuordnungen. Gleiches gilt für die beiden restlichen Spalten, in denen die auf Paragraphen bezogene Häufigkeit von Aussagen zu Allgemeinen Geschäftsbedingungen sowie zu sonstigen Vertragsvereinbarungen dargestellt ist.

Die Übersicht zeigt, daß sämtliche untersuchten Versicherungsbedingungen Teilinformationen zu jedem der fünf Produktmerkmale enthalten. Der empirische Befund bestätigt also die Hypothese des Beschreibungsmodells, daß zur Risikoabgrenzung der Zustandsgarantie eines Versicherungsproduktes die durch die Produktmerkmale angegebenen Teilinformationen notwendig sind.

Allerdings zeigt der empirische Befund auch, daß sämtliche untersuchten Bedingungswerke Informationen enthalten, die nach dem Beschreibungsmodell für die Produktspezifikation nicht erforderlich sein sollten. Die Funktion dieser zusätzlich festgestellten Teilinformationen kann jedoch vollständig erklärt werden. Ganz überwiegend handelt es sich um die für jedes Bedingungswerk gesondert formulierten Geschäftsbedingungen für die Vertragsabwicklung. Bei sieben Bedingungswerken sind außerdem sonstige Teilinformationen in geringem Umfange ermittelt worden. Sie dienen vor allem der Regelung der Beitragskalkulation[4], des Kapitalanlageverfahrens in der Fondsgebundenen Lebensversicherung sowie schließlich einer rein formalen Schlußbestimmung (Hausratversicherung). Keine

---

4 Auch die Überschußbeteiligung in der Lebensversicherung ist in diesem Sinne zu verstehen, da sie ökonomisch gesehen nichts anderes als die Rückzahlung „vorsichtig" kalkulierter Beitragsanteile darstellt.

Abbildung: Anzahl der Paragraphen mit Aussagen zu Produktmerkmalen, AGB und sonstigen Vertragsvereinbarungen (mit Mehrfach-Zuordnungen)

Versicherungs-bedingungen	M1	M2	M3	M4	M5	AGB	Sonstige
Kraftfahrt	9	7	3	4	9	19	1 (Beitragsberechnung)
Hausrat	11	3	1	7	11	20	1 (Schlußbestimmung)
Haftpflicht	8	3	3	3	6	7	0
Rechtsschutz	15	12	3	6	13	19	0
Unfall	3	3	2	3	6	8	0
Kapital-Leben	3	1	2	2	2	14	1 (Überschußbeteiligung)
Risiko-Leben	3	1	2	2	2	14	1 (Überschußbeteiligung)
fondsgebundene Lebensversicherung	4	1	3	3	5	16	3 (Kapitalanlage; Überschußbeteiligung)
Krankheitskosten und Krankenhaustagegeld	8	6	4	4	10	16	5 (Tarifbestimmungen)
Krankentagegeld	7	5	4	3	5	15	4 (Tarifbestimmungen)
Feuer-Betriebs-unterbrechung	4	2	2	4	9	7	0
Computer-Mißbrauch	5	2	3	1	2	7	0
Warenkredit	3	5	1	8	6	7	0

Legende: M1 = Produktmerkmal „versicherte Gefahren"
M2 = Produktmerkmal „versicherte Vermögensgegenstände"
M3 = Produktmerkmal „versicherte Zustandsveränderungen"
M4 = Produktmerkmal „Verhaltensanforderungen"
M5 = Produktmerkmal „Entschädigungsregelungen"
AGB = Allgemeine Geschäftsbedingungen

der zusätzlich festgestellten Teilinformationen dient also der Produktbeschreibung. Der empirische Befund erfordert folglich nicht die Erweiterung der fünf Produktmerkmale des Beschreibungsmodells.

5. Theoretische und praktische Konsequenzen

Die informationsökonomische Erklärung des Versicherungsproduktes vermeidet die zahlreichen konzeptionellen Schwierigkeiten, mit denen die bislang in der Versicherungstheorie verwendeten Erklärungsansätze vor allem durch die Einbeziehung von Schadenzahlungen, Risikotransfer oder innerbetrieblichen Prozessen behaftet sind. Das Informationskonzept der Versicherung konnte zudem soweit konkretisiert und operationalisiert werden, daß es erfolgreich empirisch überprüft werden konnte. Über die theoretische Aussagekraft hinaus ist für die Relevanz dieses Erklärungsansatzes freilich von Bedeutung, welche weiterreichenden Konsequenzen damit verbunden sind. Tatsächlich können auf der Grundlage des Informationskonzeptes mehrere zentrale Bereiche der Versicherungsbetriebslehre so umstrukturiert werden, daß sie nicht mehr zu Widersprüchlichkeiten zur Allgemeinen Betriebswirtschaftslehre führen (vgl. Bachmann 1988; Müller 1991). Während die traditionelle Versicherungstheorie ein umfangreiches System von Besonderheitenbehauptungen entwickelt hat, um Auffassungen zu begründen, die von der ökonomischen Theorie abweichen (vgl. Farny 1979 u. 1987), können aus dem Informationskonzept produktions- und marketingtheoretische Grundlagen der Versicherung hergeleitet werden, die keiner Besonderheitenannahmen bedürfen.

Auf der Basis des Informationskonzeptes der Versicherung haben Seng (1989) einen neuen Ansatz für eine Produktionstheorie der Versicherung und Nickel-Waninger (1987) für das Versicherungsmarketing entwickelt. Beide Ansätze arbeiten auf der Grundlage der betriebswirtschaftlichen Theorie, revidieren die traditionelle Versicherungsbetriebslehre in zentralen Punkten und zeigen vor allem Wege für deren Weiterentwicklung auf. Zur Erläuterung der Relevanz dieser Konsequenzen aus dem Informationskonzept sei hier nur auf die seit langem in der Literatur zum Versicherungsmarketing zu findende Auffassung eingegangen, eine unveränderliche Besonderheit der Versicherungsprodukte sei ihre Komplexität (vgl. z. B. Farny 1971; Delisle 1981). Infolge dieser „Einsicht" hat sich das Versicherungsmarketing kaum mit Fragen der Produktgestaltung und der Benutzerfreundlichkeit von Versicherungsprodukten befaßt. Statt dessen ist aus Komplexität und Erklärungsbedürftigkeit der Versicherungsprodukte die Notwendigkeit zu deren Vertrieb durch firmengebundene Vermittler hergeleitet worden.

Mit Hilfe des Informationskonzeptes hat schon Nickel-Waninger gezeigt, daß die Auffassung von der unveränderlichen Komplexität der Versicherungsprodukte nicht haltbar ist und Möglichkeiten zu ihrer Vereinfachung untersucht. Das hier dargestellte Beschreibungsmodell präzisiert durch die Produktmerkmale die Ansatzpunkte für die mögliche Gestaltung und Vereinfachung der Versicherungsprodukte, denn die dadurch erreichbare Risikoabgrenzung ist keine versicherungstechnische Notwendigkeit, sondern der unternehmerischen Gestaltungsentscheidung zugänglich (vgl. Eisen/Müller/Zweifel 1990, S. 80 ff.). Diese Überlegung wird durch die empirische Untersuchung der realen Versicherungsbedingungen gestützt. Sie weisen beim Vergleich untereinander erhebliche Komplexitätsunterschiede allein beim strukturellen Aufbau auf. Einen groben Hinweis geben auch die Aussagehäufigkeiten in der Abbildung, die erkennen lassen, daß AGB-Aussagen teilweise häufiger auftreten als Aussagen zu den Produktmerkmalen. Da beide Aussagearten in den Versicherungsbedingungen völlig vermischt werden, würde allein schon ihre Trennung zur deutlichen Vereinfachung der Produktbeschreibungen führen.

Nicht zuletzt bereitet es keine grundsätzlichen Schwierigkeiten, das Informationskonzept der Versicherung in ein marktwirtschaftliches Modell des Versicherungsprozesses zu integrieren. Der in der Einleitung kurz angesprochene Erklärungsansatz der traditionellen Versicherungstheorie stützt sich zentral auf das risikotheoretische Modell des „Risikoausgleichs im Kollektiv nach dem Gesetz der großen Zahlen", um die Funktionsbedingungen für den Versicherungsprozeß zu bestimmen. Es läßt sich jedoch zeigen, daß dieses Erklärungsmodell von seinen Grundannahmen her nicht mit den Bedingungen einer Wettbewerbsordnung der Versicherungswirtschaft kompatibel ist (vgl. Eisen/Müller/Zweifel 1990, S. 17 ff.). Im Gegensatz zu diesem mechanistisch-statistischen Ausgleichsmodell geht das Modell der „Versicherungstechnologie" davon aus, daß der Risikoprozeß durch unternehmerische Entscheidungen gestaltet wird, die dem Wettbewerbsdruck des Marktes ausgesetzt sind. Eine der wichtigsten Entscheidungen, die das Versicherungsunternehmen im Rahmen seiner Versicherungstechnologie zu treffen hat, ist die Abgrenzung der mit dem Versicherungsprodukt gegebenen Zustandsgarantie, denn dadurch legt das Versicherungsunternehmen sein eigenes Risiko aus dem Versicherungsgeschäft fest. Die Abgrenzung und Formulierung der durch die fünf Produktmerkmale beschriebenen Informationsteilmengen, aus denen sich die Zustandsgarantie des Versicherungsproduktes zusammensetzt, ist also der hauptsächliche Einflußfaktor für die Risikosituation des Versicherungsunternehmens und damit für alle weitergehenden risikopolitischen Maßnahmen.

Anhang: Untersuchte Versicherungsbedingungen

1. Allgemeine Hausratversicherungsbedingungen (VHB), Stand 1984
2. Allgemeine Bedingungen für die Kraftfahrtversicherung (AKB), Stand 1. 4. 1985
3. Allgemeine Versicherungsbedingungen für die Haftpflichtversicherung (AHB), Stand 1989
4. Allgemeine Bedingungen für die Rechtsschutzversicherung (ARB), Stand 1988
5. Allgemeine Unfallversicherungs-Bedingungen (AUB), Stand 1988
6. Allgemeine Versicherungsbedingungen für die kapitalbildende Lebensversicherung (ALB), Stand 1986

7. Allgemeine Versicherungsbedingungen für die Risikoversicherung mit Umtauschrecht, Stand 1986

8. Allgemeine Bedingungen für die Fondsgebundene Lebensversicherung, Stand 1988

9. Allgemeine Versicherungsbedingungen für die Krankheitskosten- und Krankenhaustagegeldversicherung (MB/KK), Stand 1978
Tarife P und Z der Debeka, Stand 3/1991
Tarif TK der Debeka, Stand 10/1988

10. Allgemeine Versicherungsbedingungen für die Krankenhaustagegeldversicherung (MB/KT), Stand 1980
Tarif TG der Debeka, Stand 1/1991

11. Allgemeine Feuer-Betriebsunterbrechungs-Versicherungs-Bedingungen (FBUB), Stand 12/86

12. Allgemeine Bedingungen der Computer-Mißbrauch-Versicherung (ABCM), Stand 5/1988

13. Allgemeine Bedingungen für die Warenkreditversicherung (AVB Warenkredit), Stand 1984

Literatur

Bachmann, W. (1988): Leistung und Leistungserstellung der Versicherungsunternehmen, Karlsruhe

Borch, K. (1974): The Mathematical Theory of Insurance, Lexington

Bürgi, Ch. (1985): Allgemeine Versicherungsbedingungen im Lichte der neusten Entwicklungen auf dem Gebiet der Allgemeinen Geschäftsbedingungen, Zürich

Corsten, H. (1988): Betriebswirtschaftslehre der Dienstleistungsunternehmen, München

Delisle, E. (1981): Marketing in der Versicherungswirtschaft, Karlsruhe

Eisen, R. (1979): Theorie des Versicherungsgleichgewichts, Berlin

Eisen, R. (1980): Das Äquivalenz-Prinzip in der Versicherung, in: ZVersWiss, S. 529–556

Eisen, R./Müller, W./Zweifel, P. (1990): Unternehmerische Versicherungswirtschaft, Wiesbaden

Farny, D. (1971): Absatz und Absatzpolitik des Versicherungsunternehmens, in: ZVersWiss, S. 155–184

Farny, D. (1975): AVB unter dem Gesichtspunkt der „Produktbeschreibung", in: ZVersWiss, S. 169–184

Farny, D. (1979): Die Versicherungswirtschaft im Wettbewerbskonzept der Marktwirtschaft, in: ZVersWiss, S. 31 – 74

Farny, D. (1987): Über Regulierung und Deregulierung von Versicherungsmärkten, in: ZfB, S. 1001 – 1023

Farny, D. (1989): Versicherungsbetriebslehre, Karlsruhe

Finsinger, J. (1988): Verbraucherschutz auf Versicherungsmärkten, München

Hax, H. (1991): Theorie der Unternehmung – Information, Anreize und Vertragsgestaltung, in: Betriebswirtschaftslehre und ökonomische Theorie, hrsg. von D. Ordelheide, B. Rudolph und E. Büsselmann, Stuttgart, S. 51 – 72

Hax, K. (1972): Auf dem Wege zu einer Versicherungsbetriebslehre, in: Praxis und Theorie der Versicherungsbetriebslehre, Festschrift für H. L. Müller-Lutz, hrsg. von P. Braeß u. a., Karlsruhe, S. 135 – 145

Helten, E. (1975): Risikotheorie – Grundlage der Risikopolitik von Versicherungsunternehmen?, in: ZVersWiss, S. 75 – 92

Hirshleifer, J./Riley, J. G. (1979): The Analytics of Uncertainty and Information – An Expository Survey, in: Journal of Economic Literature, Vol. 17, S. 1375 – 1421

Hopf, M. (1983): Informationen für Märkte und Märkte für Informationen, Frankfurt am Main

Jabornegg, P. (1979): Das Risiko des Versicherers, Wien

Kaas, K.-P. (1991): Marktinformationen: Screening und Signaling unter Partnern und Rivalen, in: ZfB, S. 357 – 370

Karten, W. (1972): Zum Problem der Versicherbarkeit und zur Risikopolitik des Versicherungsunternehmens – betriebswirtschaftliche Aspekte, in: ZVersWiss, S. 279 – 299

Karten, W. (1976): Versicherungsbetriebslehre, in: HWB Bd. I/3, hrsg. von E. Grochla und W. Wittmann, 4. Aufl., Stuttgart, Sp. 4246 – 4255

Mehr, R. I./Cammack, E. (1976): Principles of Insurance, Homewood, Illinois u. a.

Möller, H. (1962): Moderne Theorien zum Begriff der Versicherung und des Versicherungsvertrages, in: ZVersWiss, S. 269 – 289

Möller, H. (1977): Versicherungsvertragsrecht, 3. Aufl., Wiesbaden

Müller, W. (1981): Das Produkt der Versicherung, in: Geld und Versicherung, Festgabe für W. Seuß, hrsg. von M. Jung, R. R. Lucius und W. G. Seifert, Karlsruhe, S. 155 – 171

Müller, W. (1983): Finanzierungstheoretische Analyse der Versicherungsunternehmen und Versicherungsmärkte, in: ZVersWiss, S. 535 – 574

Müller, W. (1991): Versicherungsbetriebslehre und betriebswirtschaftliche Dienstleistungstheorie, in: Die Dienstleistung Versicherungsschutz in Wissenschaft und Berufsbildung, Festschrift für G. Lukarsch, hrsg. von R. Eisen und E. Helten, Karlsruhe, S. 35 – 44

Müller, W./Nickel, H. (1984): Das Marketing von Informationsprodukten am Beispiel von Versicherungen, in: Marktorientierte Unternehmensführung, hrsg. von

H. Mazanec und F. Scheuch, Wien, S. 731 – 752, abgedruckt in: Versicherungsbetriebe Nr. 3, S. 8 – 19

Nickel-Waninger, H. (1987): Versicherungsmarketing auf der Grundlage des Marketing von Informationsprodukten, Karlsruhe

Picot, A. (1982): Transaktionskostenansatz in der Organisationstheorie: Stand der Diskussion und Aussagewert, in: DBW, S. 267 – 284

Präve, P. (1991): Verbraucherschutz und Versicherung – Zur Kritik von H. D. Meyer, in: ZVersWiss, S. 383 – 394

Pusch, H.-D. (1976): Versicherungsproduktion als Input/Output-Prozeß, Hamburg

Seng, P. (1989): Informationen und Versicherungen – Produktionstheoretische Grundlagen, Wiesbaden

Skogh, G. (1989): The Transactions Cost Theory of Insurance: Contracting Impediments and Costs, in: JRI, S. 726 – 732

Spremann, K. (1990): Asymmetrische Information, in: ZfB, S. 561 – 586

Wälder, J. (1971): Über das Wesen der Versicherung, Berlin

Weyers, H.-L. (1986): Versicherungsvertragsrecht, Frankfurt am Main.

Hubert Pestenhofer

Die Wesensmerkmale der deutschen Lebensversicherung vor und nach der Liberalisierung

1. Historischer Abriß

Die deutsche Lebensversicherung versteht sich als eigenständige und bewährte Vorsorgeeinrichtung[1] und als Ergänzung zur gesetzlichen und betrieblichen Alters- und Hinterbliebenenvorsorge. Das Dreisäulensystem der Altersvorsorge ist ein fester Begriff[2].

Die sozialgeschichtlichen Wurzeln der drei Bestandteile dieses Vorsorgesystems reichen weit zurück. Mit der Entstehung der neuzeitlichen Lebensversicherung im 18. Jahrhundert wurde die überlieferte naturalwirtschaftliche Versorgung in der Mehrgenerationenfamilie um Geldleistungen ergänzt. In der Frühphase der Industrialisierung, etwa um die Mitte des 19. Jahrhunderts, begannen sozial eingestellte Unternehmer, ihren Mitarbeitern betriebliche Versorgungsleistungen zu geben. Im industriellen Massenzeitalter gab die Einführung der Sozialversicherung durch Bismarck (Kaiserliche Botschaft vom 1. 11. 1881) der Lebensversicherung neue Impulse[3]. Damit trat die Lebensversicherung neben die gesetzlichen und betrieblichen Vorsorgeeinrichtungen.

Bei der Realisierung der sozialen Marktwirtschaft nach dem Zweiten Weltkrieg wurde dieses System weiter vervollkommnet. Neben einer primären Sicherungsfunktion kam der Lebensversicherung ein hohes ordnungs- und sozialpolitisches Gewicht zu, weil sie Vorsorge für Fälle trifft, die sonst vom Gemeinwesen zu Lasten der Gesamtwirtschaft zu regeln wären[4].

---

1 Vgl. Axel Holzwarth, Langfristig erzielbare Leistungen aus der Lebensversicherung in einzelwirtschaftlicher Betrachtung, ZVersWiss 1989, S. 620 ff.
2 Vgl. Robert Schwebler, Die Funktion der Lebensversicherung in der Gesamtwirtschaft – ein Beitrag zur Aktualisierung des Drei-Säulen-Konzepts, ZVersWiss 1990, S. 551.
3 Paul Hagelschuer, Versicherungsenzyklopädie, Band 5, Lebensversicherung, Wiesbaden 1984, S. 12.
4 Vgl. Robert Schwebler, a.a.O., S. 552.

2. Qualitätsmerkmale der deutschen Lebensversicherung

2.1 Abgrenzung von anderen Produkten der Vermögensbildung

Charakteristisch für die deutsche Lebensversicherung ist die Abdeckung des individuellen Risikos nach Zahlung des ersten Beitrages. Der Transfer des Risikos vom einzelnen auf das Lebensversicherungsunternehmen steht im Vordergrund. Diese Risikoübertragung und der Risikoausgleich beim Versicherungsunternehmen unterscheidet die Lebensversicherung in erster Linie von allen Produkten reiner Vermögensbildung und verleiht ihr jene Qualität, die sie für das System unserer Alters-, Invaliditäts- und Hinterbliebenenvorsorge in besonderer Weise geeignet macht[5].

2.2 Flexibilität

Ein wesentliches Kennzeichen der langfristigen Lebensversicherung ist es, Vorsorge nach dem individuellen Bedarf des einzelnen anbieten zu können. Es können Formen gewählt werden, bei denen die Höhe des Todesfallschutzes, des Schutzes bei Berufsunfähigkeit und der erwarteten Erlebensfalleistungen völlig variabel miteinander kombiniert und ständig wechselnden Bedürfnissen angepaßt werden. Dies führt hin zu einem individuell gestalteten lebensbegleitenden Versicherungsschutz.

Die Flexibilität der Lebensversicherung zeigt sich auch in besonderen Lebenslagen, z. B. bei vorübergehenden Zahlungsschwierigkeiten des Kunden. Für diese Fälle haben die Lebensversicherer eine Fülle von Überbrückungsmaßnahmen entwickelt, die unter möglichst weitgehender Aufrechterhaltung des aktuellen Versicherungsschutzes Erleichterung schaffen[6].

Neben der in der Vergangenheit vorherrschenden Form der einmaligen Kapitalzahlung nehmen in der jüngsten Zeit Versicherungen mit Rentenzahlungen erheblich zu. Sowohl die Kapitalzahlung einer Lebensversicherung als auch eine lebenslang laufende Rentenzahlung dienen der Alterssicherung, wie ein Blick auf die soziale Wirklichkeit zeigt. Altersbedarf entsteht nicht nur aus den Bedürfnissen des täglichen Lebens. Er kann z. B. auch aus Belastungen mit Zins- und Tilgungsraten für eine Wohnung erwachsen. Von beiden kann sich ein Rentner durch eine Kapitalleistung befreien mit der Folge der Erhöhung seines verfügbaren laufenden Einkommens.

---

[5] Hubert Pestenhofer, Altersvorsorge durch Lebensversicherung, Versicherungswirtschaft 12/1987, S. 756 ff.

[6] Vgl. Gerhard Laskowski, Die Lebensversicherung als System der Alters-, Invaliditäts- und Hinterbliebenensicherung – Eine Skizze –, Staat Wirtschaft Assekuranz und Wissenschaft, Festschrift für Robert Schwebler, S. 329.

2.3 Dauernde Erfüllbarkeit der Versicherungsverträge

Entscheidendes Gewicht kommt bei der langfristigen Altersvorsorge der dauernden Erfüllbarkeit der Verträge zu. Bei einer nicht exakt berechenbaren Zukunft müssen die Rechnungsgrundlagen vom Prinzip der Vorsicht geprägt sein, d. h., der kalkulatorische Zins muß relativ niedrig, die Sterbewahrscheinlichkeit relativ hoch angesetzt und die Kosten müssen über die gesamte Laufzeit ausreichend sein. Daraus ergibt sich zum einen, daß die vertragliche Leistung bei gleichbleibenden Beiträgen auch noch nach Jahrzehnten garantiert werden kann, und zum anderen, daß über die vertraglich garantierte Leistung hinaus weitere Leistungszusagen aufgrund der erwirtschafteten Überschußanteile gemacht werden können. Das Vertrauen in die Lebensversicherung kann nur durch dieses hohe Maß an Verläßlichkeit gerechtfertigt werden.

2.4 Kapitalanlagegrundsätze

Der konkursfeste Deckungsstock ist ein weiteres wichtiges Wesensmerkmal der deutschen Lebensversicherung[7]. Das Kapital muß sicher, rentabel und in angemessener Mischung und Streuung angelegt werden. Der Lebensversicherer muß zu jeder Zeit über ausreichende Liquidität verfügen, um fällige Versicherungsleistungen unverzüglich erbringen zu können. Das Deckungsstockvermögen ist für die Befriedigung der den Versicherungsnehmern zustehenden Zahlungsansprüche reserviert und dem Zugriff anderer Gläubiger des Versicherungsunternehmens entzogen. Zur Überwachung des Deckungsstocks ist unter Mitwirkung des BAV ein Treuhänder zu bestellen, der die Bestände des Deckungsstocks unter Mitverschluß des Versicherungsunternehmens zu verwahren hat[8]. Der Treuhänder übt sein Amt im öffentlichen Interesse aus.

2.5 Die materielle Staatsaufsicht

Die materielle Staatsaufsicht über die Versicherungsunternehmen hat bisher die deutsche Lebensversicherung entscheidend geprägt. Ihre rechtlichen Grundlagen finden sich in zahlreichen Vorschriften des Versicherungsaufsichtsgesetzes, vor allem in den §§ 81–89 VAG. Der dort vorgegebene Ordnungsrahmen hat sich im wesentlichen auch aus der Sicht des Kunden bewährt. Ziel dieser präventiven Aufsicht ist es, die Wahrung der Belange der Versicherten, insbesondere die dauernde Erfüllbarkeit der Versicherungsverträge durch die Versicherungsunternehmen, zu gewährleisten.

---

7 Vgl. §§ 54–54 d VAG.
8 Aufgaben des Treuhänders, siehe BAV-Rundschreiben R2/81; vgl. auch § 70 VAG.

2.6 Der versicherungsmathematische Sachverständige

Mit der Beauftragung eines versicherungsmathematischen Sachverständigen für die Berechnung der technischen Rückstellungen und einer Bestätigung, daß die Berechnung den Vorschriften des VAG entspricht, werden Anforderungen an die deutsche Lebensversicherung gestellt, die Zuverlässigkeit garantieren. Das Gesetz stellt sich den Sachverständigen als einen mit der Berechnung von Deckungsrückstellungen vertrauten Mathematiker vor, der bei Berechnungen mit Hilfe einer EDV-Anlage auch das System einschließlich seiner Kontrollen verantworten muß[9].

2.7 Das Gleichbehandlungsgebot bei der Prämienbemessung

Im Grundsatz der Gleichbehandlung bei der Beitragsbemessung sieht der Kunde ein Qualitätsmerkmal der deutschen Lebensversicherung. Der einzelne Versicherungsnehmer ist Glied einer Kette, deren Glieder gleich stark sein müssen, soll die Kette nicht reißen. Daraus ergibt sich, daß ein Versicherungsnehmer keine Sondervorteile für sich beanspruchen kann[10]. Das BAV stellte fest, daß das Gleichbehandlungsgebot im Wesen der Versicherung als einer Gefahrengemeinschaft enthalten ist; es ergibt sich aus dem Versicherungsbegriff, der auf wechselseitige Bedarfsdeckung einer Gefahrengemeinschaft abstellt[11]. Der Verpflichtung zur Gleichbehandlung müssen allerdings gleiche Voraussetzungen der Versicherten zugrunde liegen, wobei subjektive und objektive Verschiedenartigkeiten der Risiken zu berücksichtigen sind[12].

2.8 Spartentrennung

Das Spartentrennungsgebot ist ein Charakteristikum der deutschen Lebensversicherungswirtschaft. Es besagt, daß die Lebensversicherung nur von Spezialversicherern betrieben werden darf, das Lebensversicherungsunternehmen demnach andere Versicherungssparten nicht betreiben darf[13]. Der innere Grund für dieses Gebot ist der Schutz des Lebensversicherten vor möglichen Verlusten aus anderen Versicherungszweigen.

---

9 Vgl. Prölss/Schmidt/Frey, Kommentar zum Versicherungsaufsichtsgesetz, 10. Auflage, § 65 VAG, Rdnr. 5.
10 Vgl. Bruck/Möller, Kommentar zum Versicherungsvertragsgesetz, 8. Auflage, Einleitung Anm. 66 und § 1 VVG, Anm. 4.
11 Vgl. VerBAV 1980, S. 312.
12 Zu den unterschiedlichen Meinungen zum Gleichbehandlungsgrundsatz im Versicherungsrecht vgl. Prölss/Schmidt/Frey, a.a.O., § 21 VAG, Rdnr. 2.
13 § 8 Abs. 1 a VAG.

3. Die Wesensmerkmale nach der Liberalisierung

– Die 3. Lebensversicherungsrichtlinie geht in ihrem Grundansatz von einer Mindestharmonisierung und im übrigen von gegenseitiger Anerkennung der Aufsichtssysteme aus[14].

– Die nationalen Systeme der Bedingungs- und Tarifgenehmigung werden abgeschafft. Eine präventive Produktkontrolle mit Genehmigung der technischen Geschäftspläne durch die Aufsichtsbehörde ist nicht mehr zulässig. Allen Mitgliedstaaten wird aber das Recht eingeräumt, eine sogenannte systematische Vorlage der Grundlagen für die Kalkulation neuer Produkte an die Aufsichtsbehörde zu verlangen.

– Mit der Einrichtung und Verankerung eines „Verantwortlichen Aktuars" im VAG werden wesentliche bisher dem Bundesaufsichtsamt für das Versicherungswesen zustehende Befugnisse auf diesen Sachverständigen des Unternehmens übertragen. Seine Hauptaufgabe ist es, die Finanzlage des Unternehmens insbesondere daraufhin zu überprüfen, ob die dauernde Erfüllbarkeit der sich aus den Versicherungsverträgen ergebenden Verpflichtungen jederzeit gewährleistet ist.

– Eine einzige Zulassung durch die Aufsichtsbehörde im Sitzland des Lebensversicherungsunternehmens genügt für dessen Tätigkeit im In- und Ausland. Sie gilt sowohl für Niederlassungen als auch für den freien Dienstleistungsverkehr.

– Die Befugnisse der Aufsichtsbehörde des Tätigkeitslandes gegenüber ausländischen Versicherungsunternehmen beschränken sich auf eine Mißbrauchsaufsicht und Legalitätskontrolle.

– Dem Verbraucher soll eine weiter gefächerte Auswahl von Versicherungsprodukten geboten werden. Das setzt umfassende Information voraus.

– Eine generelle Harmonisierung der Rechnungsgrundlagen ist nicht vorgesehen. Die Beiträge müssen aber zur Erfüllung der Versicherungsleistung ausreichend hoch sein. Jeder Tarif muß sich selbst tragen. Die Richtlinie legt Maßstäbe für Obergrenzen beim Rechnungszins für die Deckungsrückstellung fest.

– Die Spartentrennung bleibt als Optionsrecht erhalten.

– Die Harmonisierung des für den Versicherungsvertrag geltenden Rechts ist keine Vorbedingung für die Verwirklichung des Binnenmarktes.

---

14 Vgl. 90/619/EWG (Dritte Richtlinie Lebensversicherung), ABl. EG Nr. L 360/1 vom 9. 12. 1992.

4. Wertung der Änderungen

4.1 Grundsätzliches

Die 3. Lebensversicherungsrichtlinie geht von der Fiktion der Gleichwertigkeit der nationalen Aufsichtssysteme aus[15]. Die Versicherungsaufsicht über den Versicherer und dessen ausländische Niederlassungen erfolgt durch die Sitzlandaufsichtsbehörde.

Ausländische Unternehmen müssen mit dem Privatkunden in Deutschland grundsätzlich deutsches Recht vereinbaren. Es gelten also die Bestimmungen des deutschen Vertragsrechts. Die Wahl fremden Rechts ist im Privatkundengeschäft nur eingeschränkt zulässig.

Das ausländische Unternehmen hat daneben die Bestimmungen zu beachten, die unabhängig vom Vertragsrecht gelten, wie z. B. GWB, UWG und AGB-Gesetz.

Das deutsche Vertragsrecht und die anderen genannten Vorschriften werden durch Art. 28 der 3. Lebensversicherungsrichtlinie in ihrer Anwendung eingeschränkt: Sie können gegenüber ausländischen Anbietern nur durchgesetzt werden, soweit sie durch zwingende Belange des Allgemeininteresses gerechtfertigt sind. Daran muß sich auch die Aufsicht über deutsche Unternehmen messen lassen. Eine im Vergleich zu ausländischen Unternehmen strengere Aufsicht über deutsche Unternehmen, die diese benachteiligen würde, wäre nicht zu rechtfertigen.

4.2 Zur Lebensversicherung im einzelnen

Eine Reihe wesentlicher Forderungen der deutschen Lebensversicherer zur Wahrung des Qualitätsstandards wird umgesetzt. Nicht alle der heute verbindlichen Vorschriften sind zwingend zur Wahrung der Qualität der deutschen Lebensversicherung erforderlich. Die entscheidenden Kriterien aber werden auch in Zukunft zum Tragen kommen:

a) Die Aufsichtsbehörden der Mitgliedstaaten müssen zur Berechnung der Deckungsrückstellungen einen Höchstzinssatz festlegen. Eine Alternative ist, bei Verträgen mit Zinsgarantie den Rechnungszins auf höchstens 60 % des Zinssatzes der Staatsanleihen, auf deren Währung der Vertrag lautet, festzusetzen.

---

15 Die Wertung der Änderungen stützt sich auf den derzeitigen Stand der Erörterungen in den Versicherungsverbänden (Stand Juni 1993).

b) Die Mitgliedstaaten können verlangen, daß die Versicherungsunternehmen der Aufsichtsbehörde des Sitzlandes die technischen Grundlagen für die Berechnung der Tarife und der technischen Rückstellungen vorlegen. Voraussichtlich wird der deutsche Gesetzgeber von dieser Option Gebrauch machen. Systematische Vorlage bedeutet aber nicht Genehmigung, weil eine Genehmigung gegenüber den ausländischen Anbietern ein Wettbewerbsnachteil wäre.

c) Für ausländische Versicherer gilt die Spartentrennung nicht mehr. Für den deutschen Gesetzgeber stellt sich die Frage, ob er für inländische Unternehmen an der Spartentrennung festhalten will. Dies dürfte zu bejahen sein. Das ist auch wichtig, um die Einrichtung eines Konkurssicherungsfonds abwenden zu können.

d) Es kann derzeit davon ausgegangen werden, daß der konkursfeste Deckungsstock und der Treuhänder in der bisherigen Form erhalten bleiben.

e) Der Gleichbehandlungsgrundsatz sollte insofern fortgelten, als die Versicherungsunternehmen bei der Berechnung der Prämien verpflichtet sind, einzelne Versicherungsnehmer oder Gruppen von Versicherungsnehmern ohne sachlich gerechtfertigten Grund nicht ungleich zu behandeln.

f) Um die Vielfalt und den verstärkten Wettbewerb nutzen zu können, muß der Kunde ausreichend informiert sein. Deshalb sind im Anhang II der 3. Lebensversicherungsrichtlinie detaillierte Festlegungen getroffen, welche Informationen der Kunde *vor* Vertragsabschluß und *während* der Laufzeit des Vertrages erhalten muß.

5. Auswirkungen der Liberalisierung auf die ausländische Konkurrenz

Die ausländischen Versicherer werden versuchen, ihre Produkte in den deutschen Markt einzuführen. Tarife, die oftmals nur wenig mit dem zu tun haben, was in Deutschland unter Lebensversicherung verstanden wird, sind in den jeweiligen EG-Staaten durch spezifische Marktfaktoren geprägt, wie Geldwertentwicklung, Steuergesetzgebung, Sozialversicherung, betriebliche Altersversorgung. Als Beispiel hierfür seien die mit großem Erfolg auf dem französischen Markt angebotenen sog. Kapitalisationsverträge erwähnt. Im Rahmen solcher Verträge übernehmen Lebensversicherungsunternehmen gegen im voraus festgesetzte einmalige oder regelmäßig wiederkehrende Zahlungen die Verpflichtung, zu einem bestimmten Ablaufdatum ein garantiertes Kapital auszuzahlen. Nach deutscher Auffassung handelt es sich bei solchen Verträgen um reine Sparverträge, denen zwar ein mathematisches Verfahren zugrunde liegt, das jedoch nichts am Charakter solcher Verträge als Bankgeschäfte ändert[16]. Durch hohe Steuervorteile bedingt, haben solche Produkte in Frankreich einen großen Marktanteil erreicht.

Ausländische Versicherer dürften jedoch nur dann nennenswerte Marktanteile in Deutschland gewinnen, wenn sie einen Vertrieb an der Hand haben, der den örtlichen Markt- und Konsumentengewohnheiten nahekommt. Weiter müßten diese Anbieter das deutsche Versicherungsvertragsrecht und Steuerrecht beachten.

6. Auswirkungen der Liberalisierung auf die deutschen Wettbewerber

Für die deutschen Lebensversicherer bringen die Änderungen eine größere Freiheit in der Produktgestaltung. Wie werden die neuen Produkte sich von den gewohnten unterscheiden? Der Wettbewerb wird sich mehr über die Beitragshöhe abspielen. Die Überschußbeteiligung wird im gleichen Verhältnis an Gewicht verlieren. Denkbar sind auch Tarife, deren Rückkaufswerte nicht mehr garantiert sind. Produktvarianten können angeboten werden, die eine Überschußbeteiligung überhaupt nicht vorsehen.

Eine größere Produkt- und Bedingungsvielfalt führt zwangsläufig zu weniger Transparenz. Der Verbraucher muß entscheiden, ob er ein klassisches Produkt zur Alters- und Hinterbliebenenvorsorge einem Kapitalanlageprodukt mit größeren Risiken vorzieht.

Aufgabe der deutschen Versicherungsunternehmen wird es sein, die Unterschiede zu solchen Produkten deutlich und verständlich herauszustellen, die nicht in erster Linie der Alters- und Hinterbliebenenvorsorge dienen. Auch der Verbraucherschutz kann ein Wettbewerbsargument sein! Der Gedanke eines Gütesiegels muß erwogen werden. Der Beratung durch einen hochqualifizierten Außendienst wird noch mehr Bedeutung zukommen.

7. Zusammenfassung

Die Liberalisierung im Rahmen des europäischen Binnenmarktes wird zu keinem Wildwuchs führen. An die traditionelle Lebensversicherung zur Alters- und Hinterbliebenenvorsorge werden auch künftig hohe Anforderungen gestellt.

---

16 Vgl. Hubert Pestenhofer, Die deutsche Lebensversicherung auf dem Weg nach Europa, Versicherungswirtschaft 13/1989, S. 808 ff.

Die deutschen Lebensversicherer brauchen mit ihren Leistungen Vergleiche mit dem Ausland nicht zu scheuen[17].

Die Wesensmerkmale der deutschen Lebensversicherung haben sich bewährt, sie werden in ihren Grundzügen auch in einem gemeinsamen Europa Bestand haben.

---

17 D. Ferguson, The Single European Market: Who gets best value? in Money Management, FT Business Publications, London, Mai 1990. Vgl. auch Dieter Nonhoff: Lebensversicherung im EG-Binnenmarkt – Wechselwirkung im Hinblick auf Produkt- und Marktverfassung, ZVersWiss 1991, S. 233 ff.

Helmut Schirmer

Überlegungen zur Fortentwicklung der Rechtsform des VVaG

Dieter Farny hat – wie könnte es anders sein – mit seiner analytischen Denkweise auch die Diskussion um die Rechtsform des Versicherungsvereins auf Gegenseitigkeit (VVaG) befruchtet[1] und Perspektiven ausgelotet. So darf ich auf sein Interesse hoffen, wenn ich hier Gedanken zur Fortentwicklung des VVaG unterbreite, die sich allerdings auf ausgewählte Themenschwerpunkte beschränken:

- Eigenkapitalbildung beim VVaG
- Gruppenbildung unter Beteiligung von VVaG
- steuerliche Organschaft bei VVaG-Gruppen[2].

I. Verbesserung der Eigenkapitalbildung bei VVaG

Solvabilitätsvorschriften, (Rationalisierungs-)Investitionen, Ausweitung der Geschäftstätigkeit in Deutschland und auf Europa, schrumpfende Gewinne und sogar weitergehend Verluste in einzelnen Sparten lassen VVaG an die Grenzen der Eigenkapitalbeschaffung stoßen. Da sie nicht – wie die AG bei der Grundkapitalbildung – auf den Kapitalmarkt zurückgreifen können, ist die Suche nach Eigenmittelquellen über den aus der Geschäftstätigkeit herrührenden Gewinn hinaus legitim und notwendig.

1. Nachträgliche Auflage eines weiteren Gründungsstocks

Aus dem Hause des Bundesministers für Finanzen stammt die aktuelle Anregung, daß sich ein VVaG Eigenkapital durch nachträgliche, erneute Bildung eines Gründungsstocks beschaffen könne.

---

[1] Farny, Die Mitwirkung der Mitglieder im Versicherungsverein auf Gegenseitigkeit und ausgewählte Fragen der Unternehmenspolitik von Versicherungsvereinen auf Gegenseitigkeit, ZVersWiss 1984, 337 und dazu E. Lorenz, Ausgewählte Fragen zur Unternehmenspolitik von Versicherungsvereinen auf Gegenseitigkeit (Stellungnahme zu der Untersuchung von Dieter Farny), ZVersWiss 1984, 367; Farny, Versicherungsbetriebslehre, 1989, S. 155 ff.
[2] Die Ausführungen basieren auf einem Vortrag, den der Verf. am 10. 11. 1993 in Bonn vor der Arbeitsgemeinschaft der Versicherungsvereine auf Gegenseitigkeit in Deutschland gehalten hat. Der Vortragsfassung sind einige Anmerkungen beigefügt.

Daran ist zwar richtig, daß ein „Gründungsstock" auch nachträglich nach längerem Bestehen des VVaG in Betracht kommt, der zwingend für die Gründung des Vereins und für die ersten Geschäftsjahre gebildet werden muß. Mit diesem Vorschlag können die Eigenkapitalprobleme von VVaG jedoch nicht dauerhaft gelöst werden. Zunächst ist darauf hinzuweisen, daß bei bestehenden VVaG die erneute Bildung eines Gründungs- oder besser Gewährsstocks in der Öffentlichkeit mit dem Odium der Sanierungsbedürftigkeit verbunden werden wird. Diese Einschätzung ließe sich nur dann ausschalten, wenn der VVaG mit Hilfe des erneuten Gründungsstocks eine bisher nicht betriebene Versicherungssparte zusätzlich aufnehmen will oder bei Erweiterung des räumlichen Wirkungskreises (neue Bundesländer, Europa); die Erklärungslast für die Neuauflage trotz wirtschaftlich geordneter Verhältnisse läge jedoch immer beim VVaG.

Eine dauerhafte Lösung läßt sich dadurch nicht erreichen, weil der Gründungsstock getilgt werden muß. Man könnte nun versuchen, diesem Problem durch mehrere zeitlich nacheinander geschaltete Gewährsstöcke Herr zu werden. Darin wäre jedoch eine Umgehung der zwingenden Vorschrift gegeben, wonach der Gründungsstock zurückzuzahlen ist.

2. Keine Tilgung des Gründungsstocks

Das zuletzt angesprochene Problem ließe sich de lege ferenda lösen, wenn die gesetzliche Vorschrift zur Tilgung des Gründungsstocks aufgehoben werden würde: Der Gründungsstock stünde dauerhaft dem VVaG als Eigenkapital zur Verfügung[3].

Man muß jedoch sehen, daß damit der Gründungsstock in seinem Wesen eine vollständige Veränderung erfahren würde. Der Gründungsstock hat nach der augenblicklichen Ausgestaltung ganz bewußt eine zeitlich beschränkte Funktion. Er ist das Mittel, um die Mehrausgaben der ersten Jahre auf die Folgejahre zu verteilen oder um *vorübergehenden* Eigenkapitalschwierigkeiten entgegenzuwirken. Ein nicht rückzahlbarer dauerhafter Gründungsstock tangiert zumindest das Gegenseitigkeitsprinzip des VVaG.

Mit dem Verzicht auf die Tilgung stellt sich auch die Frage nach der Einflußnahme der Garanten auf die Geschäftstätigkeit des VVaG neu und anders, ohne daß ich diese Fragen hier vertiefen kann.

---

[3] Brenzel, Der Versicherungsverein auf Gegenseitigkeit – Unternehmensform und Rechtsstruktur im Wandel, 1975, S. 92.

3. Eintrittsgelder, Aufnahmegebühren

Solche zusätzlichen Leistungen von neu eintretenden Mitgliedern des VVaG sind rechtlich zulässige Möglichkeiten der Eigenkapitalbeschaffung. Sie sind jedoch aus Wettbewerbsgründen problematisch und deswegen im Privatkundengeschäft nicht durchzusetzen: dem neuen Mitglied dürfte nicht zu vermitteln sein, daß es neben dem Beitrag für den Versicherungsschutz auch noch eine zusätzliche Gebühr zahlen muß.

Das kann anders sein, wenn es sich um schwere oder schwierig versicherbare Risiken handelt. Dann mag eine Gruppe von Versicherungsnehmern zur zusätzlichen Zahlung von Eintrittsgeldern bereit sein, wenn sie dadurch überhaupt Deckung bei „ihrem" VVaG finden können.

4. Geschäftsanteile von VVaG-Mitgliedern

Eine Eintrittsgebühr hat für das Mitglied den Nachteil, daß keine Rückzahlung erfolgt, wenn das Versicherungsverhältnis und damit die Mitgliedschaft auf „normale" Art und Weise enden etwa durch Zeitablauf, Kündigung oder Interessewegfall. Die Mittel aus Eintrittsgeldern verbleiben dauerhaft dem VVaG, werden also nicht bei Beendigung von Versicherungsverhältnissen aus dem VVaG abgezogen.

Zur Verbesserung der Eigenkapitalbasis beim VVaG ist auch an die Ausgabe von Geschäftsanteilen wie bei den Genossenschaften gedacht worden[4]. Anders als bei nicht rückzahlbaren Eintrittsgeldern kommt bei derartigen Geschäftsanteilen eine Rückzahlung an das Mitglied in Betracht. Bei zwangsweise zu zeichnenden Geschäftsanteilen ist das spätestens mit Beendigung der Mitgliedschaft der Fall, wenn also im Versicherungsverhältnis normale Beendigungsgründe gegeben sind. Dagegen läßt sich nicht einwenden, daß sich bei Beendigung der Mitgliedschaft auch das versicherungstechnische Risiko vermindert. Das ist zwar einerseits richtig, andererseits wird dadurch jedoch gerade die Funktion des Geschäftsanteils zur Aufbringung freier unbelasteter Eigenmittel entscheidend ausgehöhlt: Der VVaG und damit die Gesamtheit der Mitglieder kann eben nicht auf das Verbleiben der Geschäftsanteile notfalls bis zur Auflösung des Vereins vertrauen. Der vergleichende Blick ins Genossenschaftsrecht (§ 65 Abs. 1 und 4 GenG) belegt zudem, daß dort sogar das Kündigungsrecht des Genossen nicht ausgeschlossen werden kann.

Freiwillig gezeichnete Geschäftsanteile müssen darüber hinaus auch ohne Beendigung von Versicherungsverhältnis und Mitgliedschaft kündbar sein (so auch § 67 b GenG). Der mangelnde Eigenkapitalcharakter

---

[4] Brenzel a.a.O., S. 96.

derartiger freiwilliger Geschäftsanteile liegt auf der Hand: Sie können dem VVaG entzogen werden, obwohl das versicherungstechnische Risiko sich insgesamt überhaupt nicht vermindert. Abhilfe könnten fünfjährige Kündigungsfristen (vgl. § 65 Abs. 2 S. 1 GenG) schaffen.

5. VVaG mit Grundkapital

Die Nachteile von Geschäftsanteilen werden vermieden, wenn man beim VVaG die Einrichtung und Zeichnung von Grundkapital wie bei der Aktiengesellschaft zulassen würde[5]. Eine derartige, lediglich durch Anteilserwerb begründete Mitgliedschaft beim VVaG erscheint jedoch schon mit dem Gegenseitigkeitsgedanken nicht vereinbar. Es gäbe dann dauerhaft „Mitglieder", die niemals Versicherungsschutz beim VVaG erhalten wollen. Ihre „Mitgliedschaft" würde lediglich aus der kapitalmäßigen Beteiligung ermittelt und wäre von der eigenen Nachfrage nach Versicherungsschutz völlig losgelöst.

Dem Vorwurf des Fremdeinflusses könnte man dadurch zu entgehen versuchen, daß die Zeichnung von Aktien nur durch Mitglieder erfolgen kann, aber nicht muß, also nicht durch außenstehende Dritte. Doch nach Beendigung des Versicherungsverhältnisses würden wiederum Mitgliedschaft und Anteilsberechtigung auseinanderfallen. Man könnte nun zur Aufrechterhaltung der Mitgliedschaft auf § 20 S. 3 VAG verweisen, wonach die Satzung bestimmen kann, daß die Mitgliedschaft trotz Beendigung des Versicherungsverhältnisses weiter besteht. Doch ist das keineswegs zweifelsfrei, selbst wenn man aus dieser Vorschrift ein satzungsgemäßes Fortwirken der Mitgliedschaft trotz Beendigung des Versicherungsverhältnisses herleiten will. Denn hier geht es ja gerade nicht um eine partielle Durchbrechung des Einheitsprinzips, sondern um eine kapitalmäßige Anteilsberechtigung, die in dem bisherigen Verständnis von Mitgliedschaft und Versicherungsverhältnis weder rechtlich noch denklogisch integriert ist. Als Ausweg käme dann nach Ende der Mitgliedschaft nur eine *Pflicht* zur Übertragung des Anteils – wiederum natürlich nur an andere Mitglieder des VVaG – in Betracht.

6. Gutschrift von Überschüssen auf Mitgliederkonten

Hierbei werden Überschüsse, die den versicherten Mitgliedern zustehen, nicht ausgezahlt, sondern gutgeschrieben[6]. Derartige Mitgliederkonten – verbreitet in den Niederlanden – rücken in die Nähe von Geschäftsanteilen, die

---

5 Brenzel a.a.O., S. 98.
6 Weigel, Möglichkeiten der Konzernentwicklung und Kapitalbildung beim VVaG, VW 1993, 690 (692).

aber nicht betragsmäßig festgelegt sind, sondern sich nach der variablen Dotierung durch Überschüsse richten. Daher treten hier auch die gleichen Fragen auf wie bei den Geschäftsanteilen. Spätestens bei Ende der Mitgliedschaft muß jedoch auch die Auflösung dieses Mitgliederkontos erfolgen.

Die entscheidende Vorfrage zielt jedoch auf die Steuerneutralität solcher auf Mitgliederkonten gebuchten Überschüsse. Ein entscheidender Vorteil ergäbe sich nur dann, wenn diese Verbuchung auf Mitgliederkonten nicht aus dem versteuerten Gewinn erfolgen muß, also insoweit nicht der Körperschaftssteuer unterfällt.

Der Referentenentwurf zum VAG sieht Mitgliederkonten als Form der Eigenmittel *nicht* vor: Eine Begründung fehlt, während *nachrangige Darlehen*[7] bewußt abgelehnt werden.

7. Einschaltung einer Zwischenholding für die von VVaG gehaltenen Beteiligungen

VVaG können beteiligt sein an anderen Kapitalgesellschaften, insbesondere an Aktiengesellschaften. Diese Beteiligungen lassen sich einbringen in eine Zwischenholding, an der der VVaG neben einem oder mehreren Mitgesellschaftern beteiligt ist[8]. Die bisher allein dem VVaG zustehende Beteiligungsquote an der Kapitalgesellschaft wird durch die Aufnahme weiterer Gesellschafter in die Zwischenholding wertmäßig vermindert, abgeschmolzen. Die Eigenkapitalbasis des VVaG läßt sich durch die Beteiligung von Partnern an der Zwischenholding verbessern, die Zwischenholding ermöglicht mittelbar den Zugang zum Kapitalmarkt. Drittbeteiligungen an der Zwischenholding sollten allerdings unter 50 %, besser unter 25 % liegen – zur Erhaltung der Unabhängigkeit des VVaG.

8. Ausgabe von Genußscheinen

Der gesetzliche Rahmen zur Anerkennung von Genußscheinen als Eigenkapital wird für Versicherungsunternehmen durch § 53 c Abs. 3 a VAG gezogen. Hiervon kann der VVaG in gleicher Weise wie die Versicherungsaktiengesellschaft Gebrauch machen, wie es auch in der Praxis geschieht.

Der gesetzliche Rahmen beläßt erhebliche Gestaltungsfreiheit. So kann die Ausgabe von Genußscheinen bei VVaG auf die Mitglieder beschränkt

---

[7] Weigel a.a.O., S. 692.
[8] Weigel a.a.O., S. 692 f.; Peiner, Konzernstrukturen bei Versicherungsvereinen auf Gegenseitigkeit, VW 1992, 920 (923).

werden, um den Einfluß außenstehender Genußscheininhaber auszuschalten. Die Übertragung an Nichtmitglieder scheidet damit ebenso aus wie eine Börsengängigkeit derartiger Genußrechte.

Einen besonders interessanten und gerade auf die *kapitalmäßige* Beteiligung von Mitgliedern am VVaG zugeschnittenen Vorschlag hat Weigel[9] entwickelt. In Anlehnung an den Genußrechtsrahmen wird ein spezifisches Gegenseitigkeitswertrecht vorgeschlagen, das durch eine zunächst geringe Verzinsung gekennzeichnet ist, dagegen als Ausgleich die Aussicht auf Teilnahme am Wertzuwachs des VVaG bieten soll. Dieses Gegenseitigkeitswertrecht bleibt auf die Mitglieder des VVaG beschränkt, eine Übertragung ist nur auf andere Mitglieder möglich. Die Vermarktung unter den Mitgliedern kann vom VVaG organisatorisch vermittelt werden. Die steuerlichen und bilanziellen Folgen werden im einzelnen dargelegt und erörtert, insbesondere eine Abzugsfähigkeit von Ausschüttungen auf derartige Gegenseitigkeitswertrechte im Körperschaftssteuerrecht wie bei der genossenschaftlichen Rückvergütung befürwortet; die steuerlichen Fragen sind jedoch bisher ungeklärt. Weigel verspricht sich eine Attraktivität dieser Wertrechte auch aus dem damit verbundenen spekulativen Moment, die gerade bei großen VVaG eine Stärkung der Wettbewerbsfähigkeit erreichen läßt, auch wenn nur ein geringer Prozentsatz der Mitglieder von der Zeichnungsbefugnis Gebrauch macht.

Probleme sehe ich bei Statuierung einer Rückgabepflicht, wenn das Versicherungsverhältnis und damit die Mitgliedschaft endet. Dieser Tatbestand kann ja auch vor Ablauf der mindestens fünfjährigen Laufzeit eintreten, die bei Genußrechten für die Anerkennung als Eigenkapital als Mindestlaufzeit vorgesehen ist. Die *Übertragungspflicht* auf ein anderes Mitglied des Vereins könnte dann einen legitimen Ausweg darstellen. Der Vorschlag zum Gegenseitigkeitswertrecht ist sicherlich geprägt vom VVaG in der Lebens- und Krankenversicherung mit langfristigen Versicherungsverhältnissen ohne übermäßige vorzeitige Auflösung und häufigen Wechsel der Mitglieder wie in der Sach- oder Kraftfahrzeugversicherung.

9. Einschaltung einer abhängigen AG

a) Neugründung

Unter Aufbringung des notwendigen Eigenkapitals für eine Versicherungsaktiengesellschaft kann der VVaG allein oder im Zusammenwirken mit anderen Aktionären eine Aktiengesellschaft gründen. Diese Aktiengesellschaft soll das Neugeschäft in bisher auch vom VVaG betriebenen Versicherungssparten fortsetzen, *ohne* daß eine Bestandsübertragung

---

9 Weigel a.a.O., S. 693 ff.

vom VVaG auf die neu gegründete AG stattfindet. Allerdings muß der VVaG die zur Gründung der Aktiengesellschaft notwendigen Mittel entweder allein oder unter Zuhilfenahme weiterer Gründer aufbringen.

Der Versicherungsbetrieb in dieser Sparte beim VVaG würde mit der Zeit auslaufen, eine Auflösung im Sinne von § 48 VAG kann darin nicht gesehen werden. Völlig zweifelsfrei ist diese Feststellung nicht, da bei Mehrspartenunternehmen auch auf die einzelne Sparte abgestellt werden könnte – wie beim Einspartenunternehmen: Sind dann bei einer für den Risikoausgleich nicht mehr ausreichenden Mitgliederzahl in der auslaufenden Sparte die Auflösungsvorschriften anzuwenden? Dagegen wird die „Generationenfolge"[10] im Komposit-VVaG gewahrt – oder ist sie auch auf die Sparte zu beschränken?

b) Gründung einer abhängigen AG und Übertragung des Versicherungsbestandes vom VVaG auf die AG

Die mit einer derartigen Bestandsübertragung vom VVaG auf eine AG verbundenen Rechtsfragen sind zur Zeit vollständig ungeklärt. Das BAV ist nicht bereit, die Bestandsübertragung auf die AG ohne Abfindung der von dem VVaG zur AG wechselnden Mitglieder zu genehmigen. Die Bestandsübertragung soll analog den Vorschriften über die Vermögensübertragung auf eine Aktiengesellschaft (§ 44 b VAG) Entschädigungspflichten gegenüber den ausscheidenden Mitgliedern auslösen. Ab wann eine solche Bestandsübertragung der Vermögensübertragung gleichkommt, läßt sich ebenfalls nicht mehr vorhersagen. Selbst bei geringfügigen Teilbestandsübertragungen hält das BAV seit kurzer Zeit uneingeschränkt eine Abfindung der Mitgliederrechte für notwendig.

Festzuhalten bleibt folgendes: Das BAV läßt die Anwendung von § 20 S. 3 VAG bei Übertragung eines Teilbestandes vom VVaG auf eine AG nicht zu. Eine Aufteilung des bisher einheitlichen Mitgliedschaftsverhältnisses in eine versicherungsvertragliche Komponente bei der AG und in eine fortbestehende körperschaftliche Komponente beim VVaG ist danach nicht möglich, selbst wenn es sich um eine von dem VVaG kraft Kapitalbeteiligung beherrschte AG handelt. Zu einer zusammenfassenden Betrachtung der abhängigen AG mit dem herrschenden VVaG kann es also nicht kommen. Darüber hinaus wird auf jede noch so geringfügige Teilbestandsübertragung die Entschädigungspflicht analog § 44 b VAG angewandt, diese Bestandsübertragung also quasi als Teilliquidationstatbestand eingestuft, für die dann aber nicht § 48 Abs. 2 VAG, sondern § 44 b VAG einschlägige Regeln bieten soll. Der Gedanke der Genera-

---

10 Baumann, Rechtliche Grundprobleme der Umstrukturierung von Versicherungsvereinen auf Gegenseitigkeit in Versicherungs-Aktiengesellschaften, VersR 1992, 905 (913).

tionenfolge wird bei dieser Betrachtung *nur* auf den einzelnen übertragenen Bestand bezogen: Sie endet beim übertragenden VVaG, ein weitergehendes Verständnis dieses Prinzips der Generationenfolge in einem Komposit-VVaG, der die übrigen Versicherungssparten weiter betreibt, ist dann verschlossen. Es scheint, als ob das Prinzip der *wirtschaftlichen* Spartentrennung an dieser Stelle auch in einem Komposit-VVaG durchschlägt.

Von der Möglichkeit einer fortbestehenden Mitgliedschaft ist die Frage zu trennen, ob auch die neuen, mit der AG abschließenden VN Mitglieder des VVaG werden. Die Antwort ist eindeutig: Eine Mitgliedschaft dieser VN – vermittelt über das Versicherungsverhältnis bei der AG – bleibt ausgeschlossen. Nach § 20 S. 2 VAG kann Mitglied des VVaG nur werden, wer ein Versicherungsverhältnis dort begründet. Daß die AG möglicherweise abhängiges Unternehmen im Verhältnis zum VVaG ist oder sich sogar in dessen vollständigem Kapitalbesitz befindet, kann nach der geltenden Rechtslage nichts ändern. Insoweit könnte nur eine gesetzliche Neuregelung weiterhelfen – etwa entsprechend dem österreichischen Modell.

10. Gesetzesänderungen in Anlehnung an das österreichische Modell

Neue Wege hat der österreichische Gesetzgeber mit der Novelle 1991 zum (österreichischen) VAG beschritten[11]. Danach kann ein VVaG seinen *gesamten* bisherigen Versicherungsbetrieb auf eine AG übertragen, damit ist die Einstellung des eigenen unmittelbaren Versicherungsbetriebs verbunden. Der VVaG bleibt auch nach Einbringung seines gesamten Versicherungsbestands in eine oder mehrere Aktiengesellschaften bestehen, sein Gegenstand ist allerdings auf die Vermögensverwaltung beschränkt.

Dieses Vorgehen kann zur Kapitalbeschaffung nutzbar gemacht werden, da die Aktiengesellschaft nicht in 100%igem Alleinbesitz des VVaG stehen muß. Jedoch gilt eine Untergrenze: Der VVaG wird aufgelöst, wenn sein Anteil an der Aktiengesellschaft, in die er seinen gesamten Versicherungsbestand eingebracht hat, unter 26 % der *stimmberechtigten* Aktien sinkt. Bis zu dieser Grenze geht der österreichische Gesetzgeber jedoch davon aus, daß der Versicherungsbetrieb des VVaG mittelbar über die AG fortgeführt wird. Zu diesem Zweck wird die Mitgliedschaft beim VVaG an das Bestehen eines Versicherungsverhältnisses bei der AG gebunden, in die der VVaG seinen Versicherungsbetrieb eingebracht hat.

---

11 Eckert, Die Einbringung von Versicherungsbetrieben aus Versicherungsvereinen auf Gegenseitigkeit in Versicherungs-Aktiengesellschaften gemäß §§ 61 a bis 61 c österr. VAG, VersR 1993, 392; Schimetschek, Erfahrungen mit der neuen VVaG-Gesetzgebung in Österreich, VW 1993, 701.

Die Fortsetzung der Generationenfolge beim VVaG wird dadurch erreicht, daß auch der Abschluß neuer Versicherungsverträge bei der AG die Mitgliedschaft beim VVaG begründet.

Der österreichische Gesetzgeber läßt sich daher von der Vorstellung leiten, daß der einbringende VVaG und die AG, in die der Versicherungsbetrieb eingebracht worden ist, zusammengefaßt betrachtet werden dürfen und müssen. Die Fortsetzung des Versicherungsbetriebs und der Neuabschluß von Versicherungsverträgen bei der AG werden mittelbar auch dem VVaG zugerechnet. Die Holding-Konstruktion wird hier von Gesetzes wegen unter Einsatz des VVaG als Obergesellschaft ermöglicht. Mitgliedschafts- und Versicherungsverhältnis sind kraft Gesetzes auf die beiden Unternehmensformen aufgesplittet – nicht nur für den übertragenen Bestand, wie es sich für das deutsche Recht vielleicht schon aus § 20 S. 3 VAG herleiten läßt, sondern auch für das Neugeschäft.

Die Schwellenwerte der Beteiligung des VVaG an der AG sind mit der Begründung kritisiert worden, sie übten einen schleichenden Druck auf die Auflösung des VVaG aus. Gegen die Erhöhung des Schwellenwerts auf etwa 50 % und eine Aktie oder sogar 75 % und eine Aktie wird vorgebracht, daß sich dann der Auflösungsdruck noch viel früher als nach der österreichischen 26%-Grenze einstellen würde[12]. Doch scheint mir dieses Argument vordergründig und nicht tragfähig gegen eine weitere Beschäftigung mit diesem Modell zu sein. Wenn der VVaG mit 50 % oder mehr an der Aktiengesellschaft beteiligt ist, können Beschlüsse gegen diese Mehrheit nicht zustande kommen. Das sollte als ausreichender Schutz gegen Überfremdung und letztlich gegen die drohende Auflösung genügen. Auf der anderen Seite stellen derartig erhöhte Schwellenwerte selbstverständlich auch eine Verminderung der Kapitalbeschaffung mit Hilfe der AG dar[13].

Wenn man die Gedanken des österreichischen Gesetzgebers in die Verbesserung der Kapitalausstattung einbeziehen, sollten zugleich noch anregende Modifikationen, Variationen bedacht werden. Das österreichische Modell läßt nur die Übertragung des *gesamten* Versicherungsbestandes zu, wodurch sich der VVaG unmittelbar nur noch mit der Vermögensverwaltung und lediglich mittelbar mit dem Versicherungsbetrieb beschäftigt. Würde man die damit verbundene Aufspaltung des Mitgliedschafts- und Versicherungsverhältnisses auch auf *Teilbestandsübertragungen* von einem VVaG auf eine AG anwenden, bliebe der VVaG in den nicht übertragenen Versicherungssparten als echter, den Versicherungsbetrieb unmittelbar fortsetzender Verein erhalten. Auch dann könnte die Mitgliedschaft im Verein für den Alt- und Neubestand an das Bestehen eines Ver-

---

[12] Peiner a.a.O., S. 927.
[13] Peiner a.a.O.

sicherungsverhältnisses bei der AG geknüpft werden. Die Aufspaltung in das Versicherungsverhältnis bei der AG und in das körperschaftliche Mitgliedschaftsverhältnis bei dem VVaG ist in gleicher Weise vorstellbar, wenn der VVaG nur einen Teilbestand in die AG einbringt. Und bei Unterschreitung der Mindestbeteiligung an den stimmberechtigten Aktien in der AG ist bei einer derartigen *Teilbestandsübertragung* dann keine Auflösung des VVaG vonnöten, sondern es genügt eine Abfindung der über diese AG versicherten Mitglieder des VVaG. Auch für diese Abfindungslösung bietet das österreichische Modell ein Vorbild, obwohl es nur die Gesamtbestandsübertragung als Ausgang nimmt. Danach unterbleibt die Auflösung des VVaG, wenn dessen Anteil an den stimmberechtigten Aktien nur bei *einer* von mehreren AG unter die 26%-Grenze sinkt, bei anderen jedoch darüber erhalten bleibt. Dann sind nur die Mitglieder derjenigen AG abzufinden, in der der Schwellenwert unterschritten wird (§ 61 b Abs. 7 öVAG).

Die Fortsetzung des Versicherungsbetriebs beim VVaG nach Teilbestandsübertragungen mag auch Bedenken gegen den wirtschaftlichen, auf Vermögensverwaltung beschränkten Verein entkräften.

II. Gruppenbildung: Versicherungskonzernrecht unter Einschaltung von VVaG

Von meinem Gießener Kollegen Dreher[14] stammt folgende Aussage:

Das Versicherungskonzernrecht steht gewöhnlich im Schatten des allgemeinen Konzernrechts. Die hier schon schwierigen Rechtsfragen sind dort noch um vieles komplizierter, weil das Aufsichtsrecht zum Konzernrecht hinzutritt. Das gilt insbesondere für das Thema Unternehmensverträge unter Beteiligung von Versicherungsaktiengesellschaften.

Ich möchte hinzufügen: Die Schwierigkeiten beginnen sich zu potenzieren, wenn dabei nicht nur Aktiengesellschaften, sondern auch Versicherungsvereine auf Gegenseitigkeit beteiligt sind. Dann müssen nicht nur die Vorgaben des allgemeinen Konzernrechts und des Aufsichtsrechts, sondern darüber hinaus auch noch die Besonderheiten der Rechtsform des VVaG beachtet werden.

Doch zunächst zu den Gründen, die zur Bildung von Versicherungsgruppen unter Zusammenfassung mehrerer selbständiger Versicherungsunternehmen geführt haben. In Deutschland ist das von der Aufsicht entwickelte Spartentrennungsgebot maßgeblich für die Gruppenbildung gewor-

---

14 Dreher, Versicherungskonzernrecht nach der Aufsichtsderegulierung – Das Beispiel der Unternehmensverträge mit Versicherungsaktiengesellschaften, DB 1992, 2605.

den. Spartentrennungsgrundsatz und Rundumangebot lassen sich im Konzern durch Gruppenbildung versöhnen. Die deutsche Aufsicht hatte das Spartentrennungsgebot entwickelt für die

- Lebensversicherung
- Krankenversicherung
- Rechtsschutzversicherung
- Kredit- und Kautionsversicherung,

gestützt auf den Grundsatz der Wahrung der Belange der Versicherten, wenn auch jeweils aus unterschiedlichen Überlegungen. Selbständige Versicherungsunternehmen mußten für die von der Spartentrennung erfaßten Versicherungszweige gebildet werden, um sie dann unter dem Dach einer Versicherungsgruppe zusammen mit einem Schaden- und Unfallversicherer, eventuell noch mit einem eigenständigen Rückversicherer zusammenzufassen. Das Spartentrennungsgebot ist zwar zwischenzeitlich für die Rechtsschutz- sowie die Kredit- und Kautionsversicherung entfallen, die bisherigen Spezialgesellschaften sind jedoch erhalten geblieben. Nach Umsetzung der 3. Richtlinien wird die Spartentrennung (nur noch) in der Lebensversicherung und in der substitutiven Krankenversicherung weiter gelten.

Abgesehen vom rechtlichen Spartentrennungsgrundsatz sind es unternehmensstrategische Entscheidungen, die zur Gründung eigenständiger Versicherungsunternehmen mit einem abgegrenzten Tätigkeitsbereich führen. So läßt sich die Kundensegmentierung, etwa auf das industrielle Großrisikengeschäft, bis in die eigene dafür zuständige Unternehmensform fortsetzen. Versicherungsvereine sind z. B. vielfach durch Spezialisierung auf bestimmte Branchen, Berufe oder Personengruppen gekennzeichnet; das allgemeine sonstige Geschäft wird dann getrennt davon in einem selbständigen Unternehmen zusammengefaßt[15].

Und zuletzt können unterschiedliche Absatzwege die Aufteilung des Versicherungsgeschäfts in selbständige Unternehmen erforderlich machen, z. B. durch Einschaltung eines eigenständigen Unternehmens für den Direktabsatz, um dadurch die Trennung von dem herkömmlichen Absatzweg über den Außendienst deutlich werden zu lassen.

Im Zuge der Allfinanzstrategien ist die Ausdehnung von Versicherungsgruppen auf weitere Leistungsangebote festzustellen. Doch da es sich dabei nicht um Versicherungsprodukte, sondern um sonstige Finanzdienstleistungen handelt, stehen dafür sämtliche allgemeinen Unternehmensformen zur Verfügung. Insbesondere die Rechtsform des VVaG hat

---

15 Farny, ZVersWiss 1984, 337 (352).

auf diesem sonstigen Finanzdienstleistungssektor nichts zu suchen, da der Verein auf die *Versicherung* seiner Mitglieder beschränkt ist.

Bei meinen weiteren Überlegungen will ich mich zum einen auf die versicherungsspezifische Gruppenbildung unter Beteiligung von VVaG beschränken. Zum anderen sollen die aus der Rechtsform des VVaG herrührenden Besonderheiten im Vordergrund stehen, allgemein konzernrechtliche und aufsichtsrechtliche Implikationen finden daher nur am Rande Erwähnung.

1. VVaG als herrschendes Unternehmen (Obergesellschaft)

Keine mit der Rechtsform zusammenhängenden Probleme ergeben sich für den VVaG als herrschendes Unternehmen über eine oder mehrere Versicherungsaktiengesellschaften. Die AG kann vom VVaG gegründet oder übernommen worden sein, es kann sich um eine alleinige oder Mehrheitsbeteiligung am Grundkapital handeln. Diese faktische über die Kapitalmehrheit vermittelte Abhängigkeit der AG vom VVaG kann noch durch einen Beherrschungs- oder Gewinnabführungsvertrag verstärkt werden. Selbstverständlich sind dabei die aus dem Spartentrennungsgrundsatz hergeleiteten Grenzen für solche Unternehmensverträge – Lebensversicherungsunternehmen nicht als Obergesellschaft zu SchadenVU wegen des Verlustausgleichs nach § 302 AktG – oder Einschränkungen des Weisungsrechts gegenüber einem abhängigen LebensVU zu beachten.

Bestehen somit keine rechtsformbedingten Hindernisse für den VVaG als herrschendes Unternehmen, so schließen sich doch weitere Fragen an. Die erste geht dahin, daß der VVaG die zur Gründung oder zum Erwerb einer Mehrheitsbeteiligung an der abhängigen Aktiengesellschaft erforderlichen Kapitalbeträge aufbringen muß – und zwar (weitgehend) aus seinen freien und unbelasteten Eigenmitteln.

Die zweite Frage betrifft das Selbstverständnis eines VVaG, wenn er gezwungen sein sollte, zur Gruppenbildung auf die Rechtsform der Versicherungs-AG ausweichen zu müssen: Ist das nicht auch eine Art erzwungene „Flucht aus der Rechtsform"[16]? Warum sollte der Gegenseitigkeitsgedanke auf den VVaG als Obergesellschaft beschränkt bleiben, warum kann dieses konstituierende Prinzip nicht für alle Unternehmen der von einem VVaG beherrschten Gruppe gelten[17]? Anders formuliert: Ist der VVaG in der Gruppe auch als abhängiges Unternehmen rechtlich vorstellbar?

---

16 Vgl. Weigel a.a.O., S. 692.
17 Brenzel a.a.O., S. 111: „Andererseits könnte es für die Werbung günstiger sein, wenn alle Konzernunternehmen einheitlich die Rechtsform des VVaG besitzen".

2. VVaG als abhängiges Unternehmen (Unterordnung)

Abhängigkeit, Beherrschung kann vermittelt werden

- faktisch durch Kapitalmehrheit und/oder Stimmenmehrheit
- vertraglich durch Beherrschungsvertrag.

a) Kapitalmehrheit, Stimmrechtsmehrheit

Eine Beherrschung des VVaG über die Kapitalmehrheit scheidet von vornherein aus, weil der VVaG – anders als die Aktiengesellschaft – kein festes Grundkapital besitzt[18].

Auch auf eine Stimmrechtsmehrheit läßt sich die Beherrschung eines VVaG nicht aufbauen. Dafür sind rechtliche und praktische Gründe ausschlaggebend[19]. In der obersten Vertretung des VVaG haben überhaupt nur Mitglieder Sitz und Stimme. Jedes Mitglied hat hier – sei sie nun *Mitgliederversammlung* oder *Mitgliedervertretung* – grundsätzlich eine Stimme. Die Satzung kann einzelnen Mitgliedern zwar ein erhöhtes Stimmrecht (Mehrstimmrechte) einräumen, jedoch nur aus versicherungstechnisch gerechtfertigten Gründen: Mehrstimmrechte dürfen also den Grundsatz der Gegenseitigkeit beim VVaG nicht antasten. Unter diesen Prämissen läßt sich eine Stimmrechtsmehrheit[20] bei einem großen VVaG jedenfalls dann nicht herstellen, wenn sämtliche Mitglieder in der obersten Vertretung als *Mitgliederversammlung* stimmberechtigt sind. Das gleiche trifft auf eine *Mitgliedervertretung* zu, wenn die Vertreter durch ein Wahlverfahren von *allen* Mitgliedern des VVaG bestimmt werden. Auf die große Zahl von stimm- oder wahlberechtigten Mitgliedern des VVaG läßt sich kein dauerhafter, zur Beherrschung eines VVaG führender Einfluß gründen.

Am ehesten scheint für Stimmrechtsmehrheiten der VVaG mit einer *Mitgliedervertretung* geeignet zu sein, die sich nach dem *Kooptationsprinzip* selbst ergänzt[21]. Hier mag zwar die Erlangung einer Stimmrechtsmehrheit überhaupt noch vorstellbar sein, doch wie sollte dieser Prozeß vonstatten gehen? Dazu wäre ein lang andauerndes Verfahren bei der jeweils anstehenden Ergänzung in der Mitgliedervertretung notwendig, der Aufbau einer Stimmrechtsmehrheit kann nur an bestimmte einzelne *Ver-*

---

18 Peiner a.a.O., S. 922; Großfeld, Der Versicherungsverein auf Gegenseitigkeit im System der Unternehmensformen, 1985, S. 25; Goldberg/Müller, VAG, 1980, § 8 Rdnr. 39; Baumann, Unternehmenspolitik und Rechtsstrukturen des Versicherungsvereins auf Gegenseitigkeit – Allfinanz-Konzeptionen durch Kooperation und Konzern, 1987, S. 27.
19 Großfeld a.a.O., S. 21 ff.; Peiner a.a.O.
20 Großfeld a.a.O.
21 Peiner a.a.O.

treterpersonen anknüpfen. Es besteht zudem keine Sicherheit, das angestrebte Ziel zu erreichen oder eine vorhandene Stimmrechtsmehrheit weiterhin zu erhalten. Und nicht einmal bei der einzelnen Beschlußfassung ist gewährleistet, daß sich die Mitgliedervertretung des VVaG entsprechend den Vorgaben eines „herrschenden" Versicherungsunternehmens verhält. Eine sinnvolle dauerhafte Konzerneingliederung eines VVaG kann daher auch nicht auf das Kriterium einer Stimmrechtsmehrheit gestützt werden: Diese Überlegungen sind letztlich graue Theorie!

Die Frage bleibt bei Neugründung eines VVaG, die sich zur Gruppenbildung z. B. aus rechtlichen Gründen der Spartentrennung als notwendig erweist, ob sich über die Zeichnung des Gründungsstocks Herrschaft ausüben läßt. Dazu ist zunächst festzustellen, daß den Zeichnern des Gründungsstocks (Garanten) Mitverwaltungsrechte in der Satzung eingeräumt werden können (§ 22 Abs. 1 S. 2 VAG)[22]. Diese Mitverwaltungsrechte sind jedoch auf den Aufsichtsrat und den Vorstand beschränkt. Ein Stimmrecht steht dem Garanten in der obersten Vertretung in dieser Eigenschaft gerade nicht zu, falls die Mitgliedschaft nicht zufällig durch ein gleichzeitig bestehendes Versicherungsverhältnis begründet wird. Darüber hinaus dürfen die Garanten immer nur eine Minderheit der Vorstands- und Aufsichtsratsmandate besetzen, der beherrschende Einfluß auf die Vereinsorgane muß den Mitgliedern nach dem zwingenden Selbstverwaltungsprinzip verbleiben. Und zuletzt sind derartige Minderheitenrechte der Garanten zur Mitverwaltung des Vereins zeitlich begrenzt: Sie enden mit der Rückzahlung des Gründungsstocks endgültig.

Über den Gründungsstock und die Garantenstellung ist die konzernmäßige Eingliederung eines abhängigen VVaG auf Dauer daher ebenfalls nicht zu erreichen.

b) Beherrschungsvertrag mit VVaG

Taugen also weder Kapital- noch Stimmrechtsmehrheit zur Beherrschung eines VVaG, so bleibt nur noch die Begründung eines Beherrschungsverhältnisses durch Vertrag: Eine Kapitalmehrheit ist zwar fast immer Voraussetzung für den Abschluß eines Beherrschungsvertrages, rechtlich notwendig ist sie jedoch nicht, so daß als abhängiger Partner eines derartigen Beherrschungsvertrages auch ein VVaG denkbar ist[23]. Mit der Frage nach der Zulässigkeit eines Unterordnungskonzerns kraft Beherrschungsvertrages mit einem abhängigen VVaG begeben wir uns auf unsicheres schwankendes Terrain. Ob dieser Ansatz überhaupt tragfähig ist, wird schon streitig beurteilt. Und praktisch begehbare Pfade sind in dieses Ge-

---

22 Brenzel a.a.O., S. 111 ff.; Großfeld a.a.O., S. 25 f.; Peiner a.a.O.
23 Großfeld a.a.O.; Peiner a.a.O.

biet noch nicht eingeschlagen worden. Beispiele für Beherrschungsverträge mit abhängigen VVaG sind bisher nicht bekannt.

So wird in der Diskussion die Zulässigkeit eines Beherrschungsvertrages mit einem abhängigen VVaG von vornherein verneint: Der VVaG könne sich nicht einer Leitung von außen unterstellen[24]. Soweit die Zulässigkeit eines derartigen Beherrschungsvertrages überhaupt vom Grundsatz her bejaht wird, dann doch nur mit inhaltlichen Modifikationen[25]. So wird eine uneingeschränkte Weisungsbefugnis des herrschenden Unternehmens gegenüber dem VVaG als mit dem Gegenseitigkeitsprinzip unvereinbar bezeichnet. Ein VVaG darf keinem Verbund angehören und sich tatsächlich unterwerfen, der nicht auf die Förderung der Mitglieder des VVaG selbst ausgerichtet ist. Gewinnabführungsverträge sind daher beim abhängigen VVaG von vornherein unzulässig[26]. Nach dem Inhalt des Gegenseitigkeitsprinzips müssen alle etwa entstehenden Überschüsse sowie das Vermögen des VVaG ausschließlich den versicherten Mitgliedern zustehen. Der Beherrschungsvertrag kann somit eine Privilegierung des Konzerninteresses zum Nachteil des beherrschten VVaG nicht vorsehen.

Bei Beachtung dieser inhaltlichen Grenzen wird man allerdings höchstens noch von einem stark abgeschwächten Beherrschungsvertrag sprechen dürfen, der den Verbund schon ganz in die Nähe eines Gleichordnungskonzerns zu rücken scheint. Doch einerseits bilden Gleichordnungs- und Unterordnungskonzern keine völlig starren Gegensätze, vielmehr können die Grenzen fließend sein. Das belegt zum anderen gerade die Aufsichtspraxis zu Beherrschungsverträgen zwischen Versicherungsunternehmen. So ist der Beherrschungsvertrag zwischen einem Sachversicherungsunternehmen und einem abhängigen Lebensversicherer nur genehmigungsfähig, wenn die Weisungsbefugnis des herrschenden Unternehmens eingeschränkt wird[27]:

Die Eigenverantwortlichkeit des Vorstandes der abhängigen Lebensversicherungs-AG für die Einhaltung der die Lebensversicherung betreffenden gesetzlichen und aufsichtsbehördlichen Vorschriften sowie der aufsichtsbehördlichen Verwaltungsgrundsätze bleibt unberührt. Das herrschende Versicherungsunternehmen enthält sich daher aller Weisungen – z. B. auf den Gebieten der Überschußermittlung, der Überschußverwendung nach § 56 a VAG und der Überschußverteilung, der Aufteilung der Personal- und Sachkosten für gemeinsame Innen- und Außendiensteinrichtungen, der Vermögensanlage –, deren Befolgung bei objektiver Beurteilung für

---

24 L. Raiser, Der Gegenseitigkeitsverein im Unternehmensrecht, VW 1977, 1272 (1276).
25 Brenzel a.a.O., S. 114; Großfeld a.a.O.; Baumann a.a.O. (Fn. 18), S. 27 f. m. w. N.
26 Zöllner, Der große VVaG und die Aktienrechtsreform, ZVersWiss 1964, 295 (309); Brenzel a.a.O., S. 117; Baumann a.a.O., (Fn. 18), S. 28.
27 GB BAV 1966, 31.

die Belange der Lebensversicherten oder die dauernde Erfüllbarkeit der Lebensversicherungsverträge nachteilig ist.

Das BAV verlangt seit einiger Zeit sogar für *alle* Beherrschungsverträge die Regelung,

> nach der sich das herrschende Unternehmen verpflichten muß, sich aller Weisungen zu enthalten, deren Befolgung bei objektiver Beurteilung für die Belange der Versicherten oder für die dauernde Erfüllbarkeit der Versicherungsverträge nachteilig oder mit aufsichtsbehördlichen Grundsätzen unvereinbar ist[28].

Die gesetzlichen und aufsichtsbehördlichen Vorschriften führen also allgemein zu inhaltlichen Modifikationen von Beherrschungsverträgen mit abhängigen Versicherungsunternehmen. Das Gegenseitigkeitsprinzip zählt ebenso zu den gesetzlichen Grundsätzen, die bei Konzernverträgen unter Beteiligung von VVaG zu beachten sind. Bei Aufnahme entsprechender, das Weisungsrecht des herrschenden Versicherungsunternehmens beschränkenden Klauseln wird dieses Postulat erfüllt, oder wie anderweitig[29] formuliert wird:

> Das Gegenseitigkeitsprinzip wird durch die Eingliederung des VVaG in einen Unterordnungskonzern zwar nicht verletzt; sein Erscheinungsbild wird aber modifiziert.

Diese Modifikationen wirken sich aber um so geringfügiger aus, um so mehr die Gruppenbildung von der Spartentrennung veranlaßt ist und an derartigen Konzernverträgen allseits Unternehmen in der Rechtsform des VVaG beteiligt sind.

Die fehlende Unterlegung solcher Beherrschungsverträge mit einer Kapitalmehrheit rückt die Möglichkeit einseitiger Auflösung ins Blickfeld. Beherrschungsverträge sind ordentlich kündbar, soweit und so lange das Kündigungsrecht nicht ausgeschlossen worden ist[30]; in jedem Fall bleibt die Kündigung aus wichtigem Grund zulässig[31]. Auf eine Kapitalmehrheit kann dann zur Fortsetzung einer faktischen Beherrschung nach einseitiger Auflösung nicht zurückgegriffen werden. Die konzernmäßige Verbindung eines VVaG kann also nicht so fest gesichert werden, wie das bei einer AG durch Erwerb der Kapitalmehrheit möglich ist. Doch läßt sich hier auf die normative Kraft des Faktischen hoffen: Mit zunehmender wirtschaftlicher Verflechtung im Konzernverbund wird die Auflösungs-

---

28 GB BAV 1981, 30.
29 Brenzel a.a.O., S. 118.
30 Brenzel a.a.O., S. 118.
31 Peiner a.a.O., S. 922.

entscheidung eines VVaG ökonomisch mehr und mehr unmöglich[32] – auch wenn sie rechtlich keineswegs ausgeschlossen werden darf.

Bei der Frage nach der Zulässigkeit von Beherrschungsverträgen mit abhängigen VVaG können auch die neueren Überlegungen zur konzernmäßigen Eingliederung abhängiger *Genossenschaften* fruchtbar gemacht werden. Dort beginnt die herrschende Meinung[33] unter der Kritik[34] zu bröckeln, daß eine Genossenschaft keinen Beherrschungsvertrag mit einem anderen Unternehmen wirksam abschließen könne. Dafür läßt sich jedenfalls nicht die Verpflichtung des Vorstandes zur Leitung der Genossenschaft unter eigener Verantwortung anführen. Denn das ist auch bei der AG nicht anders, ohne daß daraus durchschlagende Argumente gegen die Zulässigkeit von Beherrschungsverträgen hergeleitet werden – allerdings mit den geschilderten Einschränkungen von Weisungsbefugnissen gegenüber abhängigen *Versicherungsaktiengesellschaften*. Ebensowenig soll aus § 1 Abs. 1 GenG zwingend die Unzulässigkeit von Beherrschungsverträgen folgen, sofern durch den Vertrag nur sichergestellt wird, daß wenigstens das herrschende Unternehmen für die Erfüllung des Förderzwecks sorgt oder doch keine Weisungen erteilen wird, die mit dem Förderzweck der abhängigen Genossenschaft unvereinbar sind. Voraussetzung für die Zulässigkeit aller Unternehmensverträge von Genossenschaften mit anderen Unternehmen sei lediglich, daß zumindest *mittelbar* der Förderzweck des § 1 Abs. 1 GenG Erfüllung findet. Allerdings wird dafür plädiert, daß mindestens eine ¾-Mehrheit in der Generalversammlung der abhängigen Genossenschaft dem Vertragsschluß analog § 16 Abs. 2 GenG zustimmen muß[35]; zuweilen wird sogar die Zustimmung *aller* Genossen für erforderlich gehalten (§ 33 BGB)[36].

3. Gleichordnungskonzern

In der Praxis findet sich – vermutlich wegen der zahlreichen ungeklärten Rechtsfragen beim Unterordnungskonzern – der Verbund unter Beteiligung mehrerer VVaG in der Form des Gleichordnungskonzerns[37]. Dieser ist gekennzeichnet durch die Zusammenfassung rechtlich selbständiger, voneinander unabhängiger Unternehmen unter einheitlicher Leitung. Im Gleichordnungskonzern bleiben jedoch die einzelnen selbständigen Un-

---

32 Brenzel a.a.O., S. 118.
33 Merle, Die eingetragene Genossenschaft als abhängiges Unternehmen, Die AG 1979, 265 (266 ff.); Müller, GenG, 3. Band, 1980, § 93 s. Anh. II Rdnr. 40.
34 Beuthien, Die eingetragene Genossenschaft als verbundenes Unternehmen, in: Mestmäker/Behrens, Das Gesellschaftsrecht der Konzerne im internationalen Vergleich, 1991, S. 133 ff.; Emmerich/Sonnenschein, Konzernrecht, 4. Aufl. 1991, S. 430 ff.
35 Beuthien a.a.O., S. 164.
36 Emmerich/Sonnenschein a.a.O., S. 431.
37 Peiner a.a.O., S. 922 ff.; ders., Probleme der Konzernbildung bei VVaG, VW 1993, 697 (698 f.); Brenzel a.a.O., S. 118 ff.; Großfeld a.a.O.; Baumann a.a.O. (Fn. 18), S. 25 f.

ternehmen an der Willensbildung beteiligt, auf der die einheitliche Leitung beruht.

Die tatsächliche Ausgestaltung solcher Gleichordnungskonzerne unter Beteiligung von mehreren VVaG ist in der vom VVaG-Ausschuß eingesetzten Kommission „Konzernstrukturen bei VVaG" durchforstet und aufgearbeitet worden. Peiner[38] hat über die Möglichkeiten und Probleme des Gleichordnungskonzerns zwischen VVaGs aus der Sicht des Insiders – „Gothaer Gruppe" – berichtet. Hierauf kann und muß ich Bezug nehmen.

VVaG-Gleichordnungskonzerne müssen trotz vertraglicher Absicherung mit einer gewissen Instabilität leben lernen. Die einheitliche Leitung läßt sich über ein Gemeinschaftsorgan – Konzernvorstand – erreichen. Auch wenn den Beschlüssen dieses Gemeinschaftsorgans lediglich empfehlender Charakter zukommt, dürften sie gleichwohl wegen der personellen Verflechtung in den Leitungsorganen der einzelnen VVaG, aus denen sich dann auch das Gemeinschaftsorgan rekrutiert, erhebliches Gewicht haben[39]. Die enge personelle Verknüpfung in der Leitungsebene – Vorstand – und in den Überwachungsorganen – Aufsichtsrat – bis hin zur personellen Identität wird als wichtiger Stabilisierungsfaktor gewertet[40]. Diese wechselseitige personelle Verflechtung kann sich bis in die Mitgliedervertretung der beteiligten VVaG fortsetzen. Ein mindestens ebenso wichtiger Integrationsfaktor stellt die wirtschaftliche Verflechtung[41] der beteiligten VVaG dar etwa durch

– wechselseitige Beteiligungen an Tochtergesellschaften

– quotenmäßig aufgeteilte Kapitalanteile an anderen Unternehmen

– gemeinsame Dienstleistungsgesellschaften

– Zwischenschaltung einer Finanzholding unterhalb der Ebene der VVaG zur Verwaltung von Beteiligungen an Drittunternehmen.

Gerade die zunehmende *wirtschaftliche* Verflechtung läßt die Entscheidung eines beteiligten VVaG zur Auflösung des Gleichordnungskonzerns aus ökonomischen Gründen in den Hintergrund treten[42]. Daß sie rechtlich nicht ausgeschlossen werden darf, war schon betont worden. Deshalb dürfen auch Maßnahmen der personellen Verflechtung nicht so weit gehen, daß die Möglichkeit eines der beteiligten VVaG zur eigenständi-

---

38 VW 1992, 920 und 1993, 697.
39 Brenzel a.a.O., S. 119 f.
40 Peiner, VW 1992, 920 (923).
41 Peiner a.a.O.
42 Brenzel a.a.O., S. 118.

gen Wahrung seiner Interessen faktisch aufgehoben wird[43]. Ebensowenig darf die freie Entscheidung zur etwaigen Auflösung des Gleichordnungskonzerns an der wechselseitigen personellen Verflechtung scheitern[44]: Das Quorum für diesen Beschluß darf nicht von vornherein durch eine Sperrminorität von Vertretern des anderen VVaG unmöglich gemacht werden.

Personelle und wirtschaftliche Verflechtung fördern das Zusammenwachsen selbständiger Versicherungsvereine im Gleichordnungskonzern, sie können jedoch nicht verhindern, daß sich im Laufe der Zeit eine wirtschaftliche Ungleichgewichtigkeit der einzelnen VVaG zueinander entwickelt. Unter diesen Umständen ist es dann auch vorstellbar, daß sich eine „dichte und umfassende Leitung" durch den ökonomisch mächtigeren VVaG über den anderen ergeben kann – ein Beispiel für den fließenden Übergang vom Gleichordnungskonzern in Richtung auf eine faktische Abhängigkeit[45].

III. Steuerliche Organschaft und VVaG-Gruppen

Daß der VVaG über eine Kapitalmehrheit nicht zu beherrschen ist, hat Auswirkungen im Steuerrecht. Die steuergünstigen Wirkungen einer Organschaft im Körperschafts-, Gewerbe- und Umsatzsteuerrecht lassen sich nach geltendem Steuerrecht bei Konzernverhältnissen unter Beteiligung mehrerer VVaG nicht erreichen. Die *körperschaftssteuerliche* Organschaft kann dabei von vornherein ausgeblendet werden, weil sie einen Gewinnabführungsvertrag voraussetzt (§ 14 KStG), der für einen VVaG – wie gesagt – nicht in Betracht kommt. Darüber hinaus verlangt das Körperschaftssteuergesetz, daß es sich bei der eingegliederten Organgesellschaft um eine *Kapitalgesellschaft* handelt (§ 17 KStG).

Gewerbesteuerlich gilt ähnliches. Zwar betreibt auch der VVaG einen Gewerbebetrieb (§ 2 Abs. 2 S. 1 GewStG), organschaftlich kann aber wiederum nur eine Kapitalgesellschaft eingegliedert sein (§ 2 Abs. 2 S. 2 GewStG), so daß ein VVaG auch insoweit ausscheidet. Es bleibt die *umsatzsteuerliche* Organschaft, deren Erreichung für VVaG-Konzerne auch besonders praxisrelevant ist. Die Problematik ist seit einiger Zeit geläufig, Peiner[46] und Weigel/Baer[47] haben die Benachteiligung von VVaG-Gleichordnungskonzernen im Vergleich zu abhängigen Versicherungsaktiengesellschaften deutlich herausgearbeitet – und geklagt:

---

43 Peiner, VW 1993, 697 (699 f.).
44 Peiner a.a.O.
45 Peiner a.a.O., S. 699.
46 Peiner, VW 1992, 920 (923 f.) und VW 1993, 697 (698 f.).
47 Weigel/Baer, Der Versicherungsverein auf Gegenseitigkeit – ein Stiefkind des Steuerrechts?, VersR 1993, 777.

Der Versicherungsverein auf Gegenseitigkeit – ein Stiefkind des Steuerrechts[48]?

Eine umsatzsteuerliche Organschaft hat zur Folge, daß die zwischen den Gesellschaften des Organkreises ausgeführten Umsätze nicht der Umsatzbesteuerung unterfallen: Sie werden als sog. Innenumsätze wie zwischen rechtlich unselbständigen Abteilungen eines einzigen Rechtsträgers behandelt. Zunächst kommt für den umsatzsteuerlichen Bereich auch der VVaG in Betracht, weil jede juristische Person Organgesellschaft im Sinne des Umsatzsteuergesetzes sein kann (§ 2 Abs. 2 Nr. 2 UStG), also nicht nur Kapitalgesellschaften wie im Körperschafts- und Gewerbesteuerrecht. Voraussetzung für die umsatzsteuerliche Organschaft ist jedoch die finanzielle, wirtschaftliche und organisatorische Eingliederung der Organgesellschaft in das Unternehmen des Organträgers. Die finanzielle Eingliederung als Grundvoraussetzung setzt den Besitz der entscheidenden Anteilsmehrheit der Organgesellschaft voraus, die es ermöglicht, Beschlüsse in der Organgesellschaft durchzusetzen. Bei grammatikalischer Auslegung scheidet damit der VVaG schon als umsatzsteuerlich anerkannte Organgesellschaft aus. Versteht man das Merkmal der finanziellen Eingliederung durch eine Anteilsmehrheit jedoch nur als *Grundlage* für die Stimmrechtsmehrheit, dann ließen sich auch andere Kriterien denken, die es ermöglichen, Beschlüsse in der Organgesellschaft durchzusetzen – sogar auch ohne Anteilsmehrheit[49]. Zu denken wäre etwa an die seltenen Beherrschungsverträge ohne Kapitalmehrheit; doch werden ja derartige Verträge mit einem VVaG entweder für unzulässig gehalten oder nur in höchst abgeschwächter Form mit der Tendenz zur Gleichordnung akzeptiert.

Zudem ist diese Auslegung der „finanziellen Eingliederung" über die gesellschaftsrechtliche Beteiligung hinaus keineswegs gesichert. Und das gilt in noch stärkerem Maße, wenn man sogar einen Schritt weitergehen und die einheitliche Willensbildung, die einheitliche Leitung im VVaG-Gleichordnungskonzern genügen lassen würde. Abhilfe kann daher nur die bereits geforderte Gesetzesänderung im Umsatzsteuerrecht bringen. Zur Begründung läßt sich anführen:

– Das Spartentrennungsgebot hat zur Gründung selbständiger Versicherungsunternehmen geführt, so sind Strukturkonzerne von Aufsichts wegen entstanden. Die Spartentrennung bleibt für die Lebensversicherung und die substitutive Krankenversicherung auch in Zukunft erhalten. Finanzielle Eingliederung im Sinne des Umsatzsteuerrechts durch Kapitalmehrheit wie bei abhängigen Aktiengesellschaften kann vom Konzernverbund mehrerer VVaG als Organschaftskriterium nicht prä-

---

48 So der Titel des Aufsatzes von Weigel/Baer, VersR 1993, 777.
49 A. A. Weigel/Baer, VersR 1993, 777 (778).

sentiert werden. Eine Allbranchenversicherung ist in Deutschland nun aber niemals in einem rechtlich einheitlichen Unternehmen möglich, sondern immer nur in einem Konzern. Daher stammt auch die Feststellung, daß es im Versicherungswesen nicht so sehr um die Konzernierung durch *Eingliederung* als um die Konzernierung durch *Ausgliederung* geht[50].

- Was im Verhältnis zu abhängigen Versicherungsaktiengesellschaften bereits durch die Kapitalmehrheit erreicht wird, können VVaG-Konzerne nur auf vertraglicher Grundlage schaffen – und wie die Praxis zeigt: im Gleichordnungskonzern. Das Spartentrennungsgebot zwingt zwar zu rechtlich selbständigen Unternehmen, diese Trennung hat jedoch im Aktienkonzern wegen der Beherrschung abhängiger Unternehmen über die Kapitalmehrheit keine umsatzsteuerlichen Nachteile. Der VVaG-Gleichordnungskonzern kann dagegen die Organschaftsvergünstigungen nicht für sich in Anspruch nehmen, was sich mit dem fehlenden Kapitaleinsatz nun keineswegs rechtfertigen läßt.

- Hier liegt also eine rechtsformbedingte Benachteiligung des VVaG bei der Gruppenbildung vor, die z. B. durch Gleichstellung des VVaG-Gleichordnungskonzerns mit der steuerlichen Organschaft beseitigt werden könnte. Das jedoch nicht allgemein, sondern soweit die Spartentrennung selbständige Versicherungsunternehmen gebietet und damit die Gruppenbildung zwischen mehreren VVaG fördert, ja geradezu fordert und den gemeinschaftlichen Betrieb in einem VVaG verbietet. Und zuletzt müssen die „tatsächlichen Verhältnisse" (vgl. § 2 Abs. 2 Nr. 2 UStG) die mehreren zusammengeschlossenen VVaG als einheitliche Versicherungsgruppe erscheinen lassen, die es rechtfertigt, wie bei der Organschaft von einem einheitlichen Unternehmen zu sprechen. Ein Gleichordnungskonzern mit den geschilderten personellen und wirtschaftlichen Verflechtungen kann sich bei entsprechender tatsächlicher Ausgestaltung zu einer marktrelevanten Einheit entwickeln. Einfache Kooperationsabkommen sind dagegen für eine solche einheitliche, zusammenfassende Sichtweise noch keine taugliche Grundlage.

Viele Fragen sind aufgeworfen worden, nach den Antworten wird noch gesucht. Wer wie Dieter Farny die richtigen Fragen stellt, hat damit bereits die Richtung gewiesen, selbst wenn die Antworten erst noch im Prozeß der Meinungs- und Überzeugungsbildung erarbeitet werden müssen.

---

50 Zöllner a.a.O. (Fn. 26), S. 306.

Ulrich Schlie

Von den Anfängen des Deutschen Vereins für Versicherungswissenschaft am Beginn des 20. Jahrhunderts

Die bald hundertjährige Geschichte des Deutschen Vereins für Versicherungswissenschaft ist äußerlich nicht sehr bewegt; eher ist sie durch Stetigkeit des wissenschaftlichen Arbeitens selbst in Zeiten großer politischer und ökonomischer Umbrüche (unterbrochen nur eineinhalb Jahrzehnte nach dem Zweiten Weltkrieg) gekennzeichnet. Seit den Anfängen des Vereins am Beginn des Jahrhunderts haben seine Statuten mit der darin vollzogenen Gliederung in wissenschaftliche Fachabteilungen keine grundlegenden Änderungen erfahren. Heute wie damals tritt er Jahr für Jahr als Herausgeber der Zeitschrift für die gesamte Versicherungswissenschaft sowie mit Vortrags- und Diskussionsveranstaltungen an die Öffentlichkeit und führt am Berliner Sitz seine Fachbibliothek. Kontinuität der wissenschaftlichen Aktivitäten wird über die Jahrzehnte hinweg auch in der personellen Zusammensetzung der leitenden Vereinsorgane deutlich.

Betrachtet man allerdings Berichte und Kommentare aus der ersten Dekade des Deutschen Vereins, seine Publikationen und Protokolle der Mitgliederversammlungen und Sitzungen von Vorstand und Ausschuß am Beginn des Jahrhunderts näher, so werden neben zahlreichen Übereinstimmungen in den damaligen und heutigen organisatorischen Strukturen und Arbeitsmethoden auch Unterschiede namentlich des politischen Umfeldes sichtbar, die auf den Wissenschafts-„Betrieb" im Verein nachhaltig einwirkten. Der nachfolgende kurze Rückblick befaßt sich mit der „Universalität" der versicherungswissenschaftlichen Disziplinen im Deutschen Verein sowie mit dessen internationaler Ausstrahlung in der Zeit vor dem Ersten Weltkrieg und wendet sich sodann einigen inhaltlichen Schwerpunkten der Tätigkeit des Vereins in diesen Jahren zu.

Interdisziplinäres Arbeitsprinzip

Das Zusammenwirken der ökonomischen und juristischen, der mathematischen, medizinischen und technischen Wissenszweige macht heute wie bei seiner Gründung das Hauptcharakteristikum des Deutschen Vereins aus. Gleichwohl war es in den Jahren vor der konstituierenden Versammlung am 26. September 1899 in Berlin keineswegs von vornherein ausgemacht, daß die neue wissenschaftliche Gesellschaft mehr sein würde als eine nationale Vereinigung von (Lebens)Versicherungsmathematikern, gleichsam das deutsche Pendant zu dem schon 1848 gegründeten englischen Institute of Actuaries. Von deutschen Teilnehmern der beiden ersten Internationalen Kongresse der Aktuare 1895 in Brüssel und 1898 in London nämlich war die Anregung zur Gründung des Vereins, die sodann vom Verband deutscher Lebensversicherungs-Gesellschaften betrieben wurde, ausgegangen. Auch gab es weltweit kein Vorbild für eine interdisziplinär arbeitende versicherungswissenschaftliche Vereinigung, sondern lediglich getrennt operierende Zusammenschlüsse von Versicherungsmathematikern einerseits und Versicherungsärzten andererseits in mehreren Ländern. Der schon in den ersten, die Gründung vorbereitenden Schriftstücken und Gesprächen durchgehend erscheinende und offenkundig nie umstrittene Name „Deutscher Verein für Versicherungs-Wissenschaft" besagt nichts anderes; er hätte auch für eine wissenschaftliche Gesellschaft allein der Aktuare bzw. Versicherungstechniker stehen können. Der Begriff „Versicherungs-Wissenschaft" nämlich wurde noch um die Jahrhundertwende vielfach nahezu synonym mit „Lebensversicherungs-Mathematik" verwendet; in der deutschen Fassung der Statuten des Permanent Committee of International Actuarial Congresses hieß es für „Actuarial Science": Versicherungs-Wissenschaft[1], und jene noch heute turnusmäßig stattfindenden Weltkongresse der Versicherungsmathematiker, deren fünfter 1906 vom Deutschen Verein in Berlin ausgerichtet worden ist, führte und zählte man sogar noch bis in die zwanziger Jahre in Deutschland als Internationale Kongresse für Versicherungs-Wissenschaft.

So verwundert es nicht, daß die Versammlung des Verbandes deutscher Lebensversicherungs-Gesellschaften bei der ersten Erörterung des Gründungsprojekts am 26. März 1898 zunächst darüber zu beraten hatte, ob „das Institut nur als Mittel zur Förderung der Lebensversicherungswissenschaft oder vielmehr als Mittel zur Förderung der Versicherungswissenschaft überhaupt gedacht", ferner, „was als Gegenstand der Förderung seitens des zu begründenden Instituts betrachtet werden" sollte, „ob nur die Technik oder die Versicherungswissenschaft überhaupt, also neben der Technik auch das Versicherungsrecht und die Versicherungswirtschaft". Als Ergebnis der Verhandlungen wird protokolliert, daß eine einzusetzende Kommission die Gründung eines deutschen Vereins für Versicherungswissenschaft „ohne Beschränkung auf einen Zweig der Wissenschaft" vorzubereiten habe. Nach der sodann beschlossenen und in der Satzung festgehaltenen Definition werden folgerichtig unter Versiche-

---

[1] The Actuarial Society of America (Hrsg.), Proceedings of the Fourth International Congress of Actuaries, New York 1904, Vol. II, S. 53 und 61.

rungs-Wissenschaft „ebensowohl die rechts- und wirtschaftswissenschaftlichen wie die mathematischen und naturwissenschaftlichen Wissenszweige verstanden, deren Bestand und Fortbildung dem Versicherungswesen dienlich sind"[2].

Bei dieser von den Gründungsvätern, namentlich A. Emminghaus – er hatte einen ersten Entwurf der Satzung geliefert und leitete sodann die Gründungskommission – sowie den beiden nachmaligen Vorsitzenden des Vereins, Franz Gerkrath und Ferdinand Hahn, offenkundig zielbewußt vorbereiteten Weichenstellung, die das Wirken des Deutschen Vereins von seinen Anfängen an bis heute inhaltlich und methodisch bestimmen sollte, sind nach den vorliegenden Berichten auch Erfahrungen mit dem „Collegium für Lebensversicherungswissenschaft" wirksam gewesen. Diese am Ende des Jahrhunderts nur noch formal bestehende Vereinigung, in der sich schon im Jahre 1868 Lebensversicherungs-„Techniker" zusammengefunden hatten, stand den Gründern des Deutschen Vereins als eine Institution vor Augen, die sich ausschließlich mathematischen Fragen der Lebensversicherung zugewandt und deshalb bald kein Interesse mehr bei einem größeren Publikum gefunden hatte. Eher als die Erinnerung an diesen Vorgänger mag allerdings für die Durchsetzbarkeit der Entscheidung, alle Wissenszweige der Versicherung im Deutschen Verein zusammenzuführen, vor allem bestimmend gewesen sein, daß in den Leitungsgremien des Verbandes der Lebensversicherungs-Gesellschaften (wie sodann auch in der die Gründung vorbereitenden Kommission und später in Vorstand und Ausschuß des Vereins) nicht Mathematiker, sondern Juristen dominierten. Schließlich erwies es sich als förderlich für die angestrebte „große" Lösung, daß schon im Jahre 1895 an der Göttinger Universität ein Seminar für Versicherungswissenschaft mit einer mathematischen und einer administrativen Klasse eingerichtet worden war; hier wurde erstmals ein interdisziplinär konzipiertes Programm des Versicherungs-Unterrichts – zunächst freilich bei schwerpunktmäßiger Betonung der Versicherungsmathematik – angeboten.

So wenig kontrovers die Diskussion zum interdisziplinären Arbeitskonzept unter den Gründern des Deutschen Vereins selbst verlaufen war und so konsequent dieses Konzept in den Vereinsstatuten, in den organisatorischen Strukturen und in den Arbeitsprojekten des Vereins sodann um-

---

2 Nach der Gründung des Deutschen Vereins wurde über Jahrzehnte die Frage diskutiert, was Versicherungs-Wissenschaft, nunmehr verstanden im Sinne der Definition der DVfVW-Satzung, eigentlich sei: eine in Teil- oder Einzelwissenschaften gegliederte Sammelwissenschaft, eine spezialisierte Hilfswissenschaft der Wirtschaftswissenschaften, eine Mehrheit bzw. ein Bündel von Wissenschaften oder lediglich Grenzgebiet für ein halbes Dutzend anerkannter Wissenschaften (vgl. u. a. Alfred Manes, Versicherungslexikon, 3. Aufl., Berlin 1930, Sp. 1850–1860; Hans Gert Lobscheid, Festgabe Walter Rohrbeck, Berlin 1955, S. 193 ff.; Reimer Schmidt, Versicherungswissenschaft, in: Handwörterbuch der Versicherung (HdV), Karlsruhe 1988, S. 1243).

gesetzt wurde – für das damalige, in den Kategorien von Universitätsfakultäten denkende Wissenschaftsverständnis war damit ein weitgehend unbekanntes Land betreten und ein Schritt gewagt, der dem Deutschen Verein insbesondere im Umfeld der ausländischen Assekuranz für die nächsten Jahre nicht nur Zustimmung und Interesse, sondern auch Kritik einbringen sollte. Insbesondere die Lebensversicherungs-Techniker, die das Feld der Versicherungs-Wissenschaft lange Zeit fast allein bestellt hatten, mochten das Zusammenwirken mit Juristen, Nationalökonomen, Medizinern und anderen Naturwissenschaftlern in einer und derselben Organisation als mindestens ungewohnt empfinden. Noch im Jahre 1906 bestand gegenüber den ausländischen Teilnehmern des V. Internationalen Kongresses für Versicherungs-Wissenschaft in Berlin offensichtlich erheblicher Erklärungsbedarf dafür, daß der Rat des Ständigen Ausschusses der internationalen Aktuar-Kongresse nicht befolgt worden war, den Deutschen Verein nach dem Vorbild der englischen und schottischen Aktuarvereine ins Leben zu rufen, und so galten seitenlange Passagen der Eröffnungsrede des Kongreß-Präsidenten und damaligen Vorsitzenden des Deutschen Vereins, Ferdinand Hahn, der Rechtfertigung dieses Abweichens von der Regel, verbunden mit an die traditionsreichen britischen Aktuarvereine gerichteten Ovationen der Anerkennung und endend mit dem Ausruf des Juristen Hahn, daß „auch wir Deutschen uns auf diesem Kongresse nur als Aktuare fühlen"[3].

Internationalität

Mit der Entscheidung der Gründer für ein alle Wissenszweige der Versicherung umgreifendes Arbeitsprinzip des Deutschen Vereins hängt dessen ungewöhnlich starke internationale Ausstrahlung, die, trotz der erwähnten kritischen Distanz namentlich der Aktuare in England und Amerika, schon im ersten Jahrzehnt zu verzeichnen war, aufs engste zusammen. Am Jahresende 1906 waren mehr als 200 der damals insgesamt 1067 Mitglieder außerhalb Deutschlands ansässig, und Ende 1911 gehörten dem Verein – bei einem Gesamtbestand von 1300 – annähernd 400 Mitglieder im Ausland an. Ein großer Teil von ihnen nahm aktiv am wissenschaftlichen Leben im Deutschen Verein teil, wovon noch heute u. a. besonders zahlreiche Beiträge ausländischer Autoren in den frühen Jahrgängen der Zeitschrift für die gesamte Versicherungswissenschaft, aber auch die regelmäßige Berichterstattung über wissenschaftliche Arbeitsprojekte des Deutschen Vereins in der ausländischen Fachpresse

---

3 Manes, Alfred (Hrsg.), Berichte, Denkschriften und Verhandlungen des Fünften Internationalen Kongresses für Versicherungs-Wissenschaft ..., 3. Bd., Berlin 1906, S. 20. Vgl. auch die Programmrede von Alfred Manes bei seiner Einführung als DVfVW-Generalsekretär, DVfVW (Hrsg.), Bericht über die am 12. Dezember 1902 abgehaltene wissenschaftliche Mitgliederversammlung des Deutschen Vereins für Versicherungs-Wissenschaft (Veröffentlichungen des DVfVW, Heft 1, Berlin 1903, S. 10 [14]).

zeugen. Zehn Jahre nach der Gründung wird berichtet, das deutsche Beispiel der Organisation einer versicherungswissenschaftlichen Vereinigung habe in Rußland und Japan Nachahmung gefunden, und auch in Frankreich sei eine solche Gründung nach deutschem Muster angeregt worden[4].

Offenkundig hatte um die Jahrhundertwende das Bedürfnis nach einem weltweiten wissenschaftlichen Forum für Theoretiker und Praktiker der Versicherung bestanden, welches allein vom Permanent Committee der Aktuare mit den von ihm periodisch veranstalteten internationalen Kongressen nicht befriedigt werden konnte. Der Deutsche Verein für Versicherungswissenschaft, Treffpunkt der Lebensversicherungstechniker und -ärzte, zugleich aber auch von Juristen, Nationalökonomen, Ingenieuren und anderen naturwissenschaftlichen Berufen, vermochte, wie sich alsbald zeigte, diese Lücke für eine längere Periode zu schließen und zeitweilig fast die Funktion eines Weltvereins für Versicherungswissenschaft auszufüllen. Noch 1924 anläßlich der 25-Jahresfeier heißt es in einer ausländischen Grußadresse, der Deutsche Verein sei als einzige versicherungswissenschaftliche Organisation international orientiert, und immer wieder wird seine außergewöhnliche weltweite Bedeutung betont[5].

Ohne die für damalige Verhältnisse ungewöhnlich intensiven persönlichen Verbindungen des seit 1902 tätigen Generalsekretärs Alfred Manes mit ausländischen und internationalen Organisationen der Privatversicherung und Sozialversicherung[6] wäre der Deutsche Verein in dieser Zeit gewiß nicht über das hinausgewachsen, was die Gründer vor allem hatten schaffen wollen – eine versicherungswissenschaftliche Gesellschaft für Deutschland. Auch haben natürlich die im Jahre 1906 von ihm in Berlin gleichzeitig ausgerichteten Internationalen Kongresse für Versicherungs-Wissenschaft und für Versicherungs-Medizin mit vielen hundert ausländischen Teilnehmern erheblich zur weltweiten Publizität des Deut-

---

4 DVfVW (Hrsg.), Entstehung und Wirken des Vereins 1900–1910, Berlin 1911, S. 15. Vgl. auch den Bericht „Die Organisation des Deutschen Vereins für Versicherungs-Wissenschaft in französischer Beleuchtung" über die Bestrebungen des DVfVW-Mitglieds Professor Maurice Bellom, in Frankreich eine interdisziplinär arbeitende versicherungswissenschaftliche Vereinigung zu gründen, ZVersWiss 1907, S. 331–334.
5 DVfVW (Hrsg.), Die Jubiläums-Tagung des Vereins zur Feier der 25. Wiederkehr seines Gründungstages (Veröffentlichungen des DVfVW, Heft 34, Berlin 1924, S. 22–33). Die den Deutschen Verein vor allem in seiner ersten Zeit kennzeichnende Internationalität wird beispielhaft auch daran deutlich, daß im Jahre 1913 (bei insgesamt 220 Hörern) 48 Ausländer zu dem von ihm einige Jahre vor und nach dem Ersten Weltkrieg in Berlin veranstalteten Fortbildungsunterricht angemeldet waren (DVfVW [Hrsg.], Bericht über das Jahr 1913, S. 11).
6 Schon bei seinem ersten Auftritt vor der Mitgliederversammlung am 12. Dezember 1902 als Generalsekretär hatte Manes Internationalität als Arbeitsprinzip der Versicherungswissenschaft und des Deutschen Vereins gefordert, DVfVW (Hrsg.), Bericht über die am 12. Dezember 1902 abgehaltene wissenschaftliche Mitgliederversammlung (Veröffentlichungen des DVfVW, Heft 1, Berlin 1903, S. 15 f.).

schen Vereins beigetragen. Andererseits wäre die besondere internationale Anziehungskraft des Vereins in seiner frühen Lebensphase nicht denkbar ohne die von vornherein festgelegte Zusammenführung der einzelnen versicherungswissenschaftlichen Disziplinen als stetiges Arbeitsprinzip: Internationalität ging aufs engste einher mit Universalität.

Bei allen seinen internationalen Verbindungen hat sich der Deutsche Verein indes von Beginn an als eine Institution verstanden, die ihre wichtigen Aufgaben vor allem in der wissenschaftlichen Begleitung der sich schnell entwickelnden deutschen Versicherungswirtschaft in allen ihren Zweigen, also auf nationaler Ebene zu suchen hatte. Zwei große Themen und Arbeitsprojekte waren es vor allem , denen sich der Verein in seinen ersten Jahren zuwandte und an die im Folgenden erinnert werden soll.

VVG-Kodifikation

Bereits das im Januar 1904 erschienene zweite Heft der „Veröffentlichungen des Deutschen Vereins für Versicherungs-Wissenschaft" trägt den Titel „Kritik des Gesetzentwurfs über den Versicherungsvertrag, Berichte und Debatten auf der Mitgliederversammlung des Deutschen Vereins für Versicherungswissenschaft am 10., 11., 12. Dezember 1903". Es ist das 419 Seiten umfassende Wortprotokoll einer wissenschaftlichen Diskussion, die mehrere Monate nach der Veröffentlichung des im Reichs-Justizamt – nach Beratungen mit „Sachverständigen" aus Kreisen der Rechtswissenschaft, der Versicherer und der Versicherungsnehmer – erarbeiteten Vorentwurfs im Mai 1903[7], andererseits auch frühzeitig genug vor der Einbringung des Entwurfs in das parlamentarische Verfahren im Herbst 1904, stattfand und damit in der Entstehungsgeschichte des VVG exakt so plaziert war, daß ihre Ergebnisse auf die weitere Behandlung des Gesetzwerks einwirken konnten[8]. In den Monaten vor und nach der Mitgliederversammlung waren zahlreiche wissenschaftliche Stellungnahmen und Denkschriften[9] zu dem Entwurf zu verzeichnen. Während der dreitägigen, von 220 Teilnehmern besuchten Verhandlungen des Deutschen Vereins kamen 29 Vortragende, überwiegend Versicherungspraktiker, und 15 weitere Diskussionsredner, darunter auch mehrere zu Wort, die entschieden Standpunkte der Versicherten vertraten. Victor Ehrenberg hielt

---

7 Entwurf eines Gesetzes über den Versicherungsvertrag nebst den Entwürfen eines zugehörigen Einführungsgesetzes und eines Gesetzes, betreffend Abänderung der Vorschriften des Handelsgesetzbuchs über die Seeversicherung. Aufgestellt im Reichs-Justizamt. Amtliche Ausgabe, Berlin 1903.
8 Das Gesetz über die privaten Versicherungsunternehmen (VAG) vom 12. Mai 1901 hatte, bevor die Arbeitsfähigkeit des Deutschen Vereins hergestellt war, die entscheidenden Phasen des Gesetzgebungsverfahrens bereits durchlaufen.
9 Zusammenstellung bei Carl Neumann, Systematisches Verzeichnis der Literatur des deutschen Sprachgebietes über das private Versicherungswesen (Berlin 1913), S. 34 – 37.

das Eingangsreferat, sein Göttinger Kollege, der Nationalökonom und Mathematiker Wilhelm Lexis, sprach über „Die wirtschaftlichen Momente im Gesetzentwurf".

Mehrfach griffen die anwesenden Vertreter des Reichs-Justizamts, Oegg und Struckmann, in die Debatte ein, um den von ihnen mitformulierten Vorentwurf gegen Kritiker zu verteidigen[10].

In späteren Schriften des Deutschen Vereins ist wiederholt betont worden, daß manche Änderungen des schließlich verabschiedeten Versicherungsvertragsgesetzes gegenüber dem Vorentwurf auf Anregungen der Mitgliederversammlung im Dezember 1903 zurückzuführen seien[11]. Dieser Frage im einzelnen nachzugehen, ist hier nicht der Platz. Soweit sich die grundsätzliche Kritik von Victor Ehrenberg und anderen Sprechern[12] gegen das Grundkonzept des Gesetzes – Vorschaltung eines Allgemeinen Teils und allgemeiner Bestimmungen für die Schadenversicherung statt, wie von ihnen befürwortet, jeweils geschlossener Regelungen für die einzelnen Zweige – richtete, ist sie ins Leere gelaufen. Vergeblich auch warben mehrere Redner für eine weitgehende Zurücknahme der im Entwurf vorgesehenen Einschränkungen der Vertragsfreiheit. Andererseits hatte der von der Mitgliederversammlung diskutierte Vorentwurf noch nicht – wie die spätere Bundesratsvorlage – die Rückversicherung generell vom Anwendungsbereich des VVG ausgenommen, sondern nur von den Einschränkungen der Vertragsfreiheit dispensiert. Die zahlreichen Stellungnahmen auch in der Mitgliederversammlung des Deutschen Vereins, welche sich, wiederum angeführt von Victor Ehrenberg, gegen eine Anwendbarkeit der allgemeinen Regeln des VVG auf den Rückversicherungsvertrag auch nur als abänderbares Recht wendeten, haben bereits in der Bundesratsvorlage vom Herbst 1904 Berücksichtigung gefunden[13].

Für den Deutschen Verein waren die drei Verhandlungstage im Dezember 1903 das erste große, über die Grenzen seiner Mitgliedschaft ausstrahlende Ereignis in seinen ersten Jahren; zugleich bildeten sie den Mittel- und Höhepunkt der wissenschaftlichen Auseinandersetzung mit dem VVG-Entwurf in der entscheidenden Gesetzgebungsphase. Die Administration des Reichs-Justizamts hatte den Gang des Gesetzgebungsprozes-

---

10 Der Vorstand hatte u. a. beschlossen, außer Vereinsmitgliedern nur individuell eingeladene Persönlichkeiten zuzulassen; niemand sollte die Möglichkeit bekommen, durch Einführung von Gästen für die von ihm speziell vertretene Sache „eine große Hurraversammlung zustande zu bringen".
11 Z. B. DVfVW (Hrsg.), Entstehung und Wirken des Vereins 1900–1910, Berlin 1911, S. 11.
12 V. Ehrenberg, ZVersWiss 1903, S. 315 (316 f.); W. Lexis, in: Kritik des Gesetzentwurfs ... (Veröffentlichungen des DVfVW, Heft 2, Berlin 1904, S. 50 [55]); Rautmann, Kritik des Gesetzentwurfs ..., a.a.O. S. 20 ff.
13 § 181 der Vorlage (§ 186 des Gesetzes vom 30. Mai 1908). Zu den Änderungen, die die Bundesratsvorlage gegenüber dem Vorentwurf vom Mai 1903 aufwies, im einzelnen Stephan Gerhard, ZVersWiss 1905, S. 171.

ses angehalten, und zwar, wie der Geheime Regierungs- und Vortragende Rat Joseph Oegg am Beginn der Mitgliederversammlung betonte, mit dem Wunsch, „daß sich mit dem die Interessen wohl aller Stände und Teile unseres Volkes berührenden Gegenstande möglichst weite Kreise befassen, sich zu demselben äußern und so die Reichs-Justizverwaltung in den Stand setzen möchten, alle die verschiedenartigen hierbei beteiligten und betroffenen Interessen kennen zu lernen und sie bei dem weiteren Vorgehen in Betracht zu ziehen". Eben hierzu ist damals vom Deutschen Verein der einer wissenschaftlichen Gesellschaft angemessene Beitrag geleistet worden.

Leitsätze zur Förderung der Versicherungs-Wissenschaft in Deutschland

Schließlich ist, wenn von der Geschichte des Deutschen Vereins am Beginn des Jahrhunderts und davon gesprochen wird, welchen Themen er sich in seiner ersten Blütezeit vor allem zugewandt hat, an die Mitgliederversammlung vom 3. Oktober 1904 zu erinnern. Den Hauptgegenstand der Verhandlungen bildeten Referate und Debatten mit dem Thema „Vorschläge zur Förderung der Versicherungs-Wissenschaft in Deutschland"; sie endeten mit der Verabschiedung der folgenden „Leitsätze":

„1. Der hervorragenden Bedeutung des deutschen Versicherungswesens, und zwar des öffentlichen wie des privaten, entsprechen die in Deutschland vorhandenen staatlichen Einrichtungen zur Pflege der mit dem Versicherungswesen verbundenen wissenschaftlichen Fächer nur in geringem Maße.

2. Die Kenntnis der privat- und volkswirtschaftlichen Bedeutung des gesamten Versicherungswesens muß Gemeingut des ganzen Volkes werden.

 Zu diesem Zweck empfiehlt sich:

 a) Die Belehrung der Schüler über die elementarsten Begriffe der Versicherung.

 b) Die Förderung gemeinverständlicher Darstellungen des Versicherungswesens insbesondere auch in der Tagespresse.

3. Den Angehörigen der Gelehrtenberufe muß auf den Universitäten und den sonstigen Hochschulen im Gegensatz zu den bisherigen unzulänglichen Zuständen ausreichend Gelegenheit geboten werden, sich über die Grundzüge des gesamten Versicherungswesens zu unterrichten.

Zu diesem Zweck ist zu erstreben:

a) Eine entsprechende Berücksichtigung des Versicherungswesens in den Vorlesungen über Volkswirtschaftslehre, Privatrecht, Handelsrecht, Verwaltungsrecht, Mathematik, Geschichte der Medizin, ärztliche Rechtslehre usw.

b) Die Veranstaltung besonderer Vorlesungen über Versicherungswesen unter hauptsächlicher Beachtung seiner wirtschaftlichen Seite.

4. Den Staats- und Privatbeamten sowie den Kaufleuten, welche sich beruflich mit dem Versicherungswesen zu beschäftigen haben, ist Gelegenheit zur Ausbildung und Fortbildung zu geben.

Zu diesem Zweck ist erforderlich:

a) Eingehende Pflege aller Zweige der Versicherungswissenschaft auf den Handelshochschulen, den Akademien für praktische Medizin, der Vereinigung für staatswissenschaftliche Fortbildung und ähnlichen Instituten.

b) Die Abordnung von Staatsbeamten zwecks Studiums des praktischen Betriebs in den Versicherungsanstalten.

5. Neben der Förderung der Kenntnisse über das Versicherungswesen in weiteren Kreisen ist die Pflege des wissenschaftlichen Studiums seitens der theoretischen wie praktischen Fachmänner ins Auge zu fassen.

Zu diesem Zweck könnten dienen:

a) Die Errichtung einer wissenschaftlichen Zentralstelle, welche die gesamte Literatur und alle sonstigen in Betracht kommenden Drucksachen usw., welche für das Versicherungswesen des In- und Auslandes von Bedeutung sind, zu sammeln und den Fachkreisen zugänglich zu machen hat.

b) Die Förderung des Fachstudiums in- und ausländischer Versicherungseinrichtungen durch Verleihung von Stipendien.

c) Die Anregung und Unterstützung literarischer Veröffentlichungen aus dem Gebiete der gesamten Versicherungswissenschaft durch Preisausschreiben u. dgl. m.

Zur Lösung der unter Nr. 5 a bis c verzeichneten Zwecke scheint insbesondere der Deutsche Verein für Versicherungs-Wissenschaft berufen, dessen dauernde finanzielle Förderung durch das Reich daher mit Genugtuung zu begrüßen wäre."

Der Vorgang ist nicht nur des Inhalts der „Leitsätze" wegen, sondern auch unter prozeduralen Aspekten bemerkenswert: Nicht der Vorstand, der Ausschuß oder Mitglieder des Vereins hatten den Anstoß für eine breite Diskussion des Themas gegeben, sondern ein an den Vereinsvorsitzenden am 26. Januar 1904 gerichteter Brief des Staatssekretärs des Reichsamts des Innern und Stellvertreters des Reichskanzlers, Arthur Graf von Posadowsky-Wehner, mit dem folgenden Anliegen:

„... Im Hinblick auf die große Bedeutung, welche das Versicherungsgewerbe im Wirtschaftsleben schon jetzt besitzt und immer mehr gewinnt, halte ich die Frage für wichtig, in welcher Weise die Pflege aller Zweige der Versicherungs-Wissenschaft sowohl praktisch als auch theoretisch weitergefördert werden kann. Bevor aber hierzu etwa Schritte geschehen, wäre es mir erwünscht, darüber eine Äußerung des Deutschen Vereins für Versicherungs-Wissenschaft zu erhalten. Deshalb würde ich dem Vorstande dankbar sein, wenn dieser Gegenstand auf der nächsten ordentlichen Mitglieder-Versammlung des Vereins zur Erörterung gebracht werden würde."

Alsbald löste der Brief in den leitenden Gremien des Vereins intensive Debatten über Wege und Ziele versicherungswissenschaftlicher Forschung, vor allem aber des Versicherungsunterrichts auf akademischer und nichtakademischer Ebene aus, die nach einer vorbereitenden gemeinsamen Sitzung des Vereinsausschusses mit den Abteilungsvorständen ihren Höhepunkt in der Mitgliederversammlung vom 3. Oktober 1904 mit fünf Referaten, einer ausgedehnten Diskussion und der Beschlußfassung über die von den Referenten zuvor formulierten „Leitsätze" fanden.

Als Staatssekretär des Reichsamts des Innern war Graf Posadowsky zwar für die Versicherungen als Wirtschaftszweig zuständig; die Hochschulen und das Unterrichtswesen insgesamt aber waren Sache der Bundesstaaten. Gleichwohl hat er nicht nur die ihm übergebenen „Leitsätze", sondern, wie sich aus den Vereinsakten schließen läßt, offenbar die in Heft 3 der Vereinsveröffentlichungen alsbald dokumentierten Verhandlungen der Mitgliederversammlung insgesamt auf Möglichkeiten für Hilfen und Vermittlungen seiner Verwaltung prüfen lassen, freilich auch das Ersuchen um die Bereitstellung von finanziellen Mitteln des Reichs, wie sie mit den „Leitsätzen" insbesondere für Stipendien angeregt worden war, sogleich abgewiesen. Er trat, die in der Mitgliederversammlung des Deutschen Vereins ausgesprochenen Empfehlungen gleichsam abarbeitend, mit dem Verband für das kaufmännische Unterrichtswesen in Verbindung und regte auf dessen Empfehlung an, der Deutsche Verein möge Autoren für die Abfassung eines Grundrisses des Versicherungswesens für den

Unterricht an den Handelsfachschulen und kaufmännischen Fortbildungsschulen interessieren[14]. Der Vereinsbibliothek ließ der Staatssekretär zahlreiche amtliche Materialien (stenographische Berichte) zu den die Sozialversicherung und die Privatversicherung betreffenden Reichsgesetzen der Jahre 1876 bis 1901 übermitteln, und auf seine persönliche Veranlassung wurden sogar 46 auswärtige Vertretungen des Reichs angehalten, der geplanten versicherungswissenschaftlichen Zentralstelle[15] Statistiken und sonstige Berichte über das private und öffentliche Versicherungswesen in den jeweiligen Ländern zur Verfügung zu stellen. Schließlich unterstützte Graf Posadowsky Bemühungen des Vereins, im Lehrplan der neuen Handelshochschule in Berlin die Versicherungswissenschaft fest zu verankern, durch Einflußnahme auf die mit der Organisation der Hochschule befaßten Ältesten der Berliner Kaufmannschaft[16].

Den Deutschen Verein hat das mit den „Leitsätzen zur Förderung der Versicherungswissenschaft in Deutschland" vor allem angesprochene Thema der Versicherungslehre an Hochschulen in der folgenden Zeit nicht mehr losgelassen und auch in späteren Jahren immer wieder beschäftigt. Zu den an vielen Universitäten entstandenen versicherungswissenschaftlichen Instituten und Seminaren bestanden enge persönliche Verbindungen. Über mehrere Jahre vor und nach dem Ersten Weltkrieg beteiligte sich der Verein sogar selbst am Lehrbetrieb und veranstaltete in Berlin Fortbildungskurse für leitende Versicherungspraktiker zunächst der Lebensversicherung, dann auch der Feuerversicherung; für einige dieser Kurse waren mehrere hundert Hörer gemeldet. In diesen Aktivitäten kann man erste Ansätze (wenn auch noch ohne dauernden Bestand) eines von den Versicherern selbst organisierten Fortbildungswesens in einer Zeit erblicken, in der ein Lehrberuf des Versicherungskaufmanns und auch andere branchenbezogene Ausbildungswege noch unbekannt waren.

Ein Streitgespräch, das nahezu die ganzen Verhandlungen der Mitgliederversammlung am 3. Oktober 1904 durchzogen hatte, ist in den „Leitsätzen" nicht wiederzufinden: die von Victor Ehrenberg leidenschaftlich verfochtene Idee der Einrichtung einer Versicherungsakademie[17]. Sie sollte nach den Vorstellungen Ehrenbergs vor allem angehenden Versicherungspraktikern nach Abschluß ihres Universitätsstudiums offenste-

---

14 Noch im Jahr 1905 erschienen darauf „Das Versicherungswesen" von Paul Moldenhauer und „Grundzüge des Versicherungswesens" von Alfred Manes. Beide Arbeiten wurden von einer kleinen Kommission begutachtet und dem Staatssekretär sodann als für den gedachten Zweck grundsätzlich geeignet empfohlen.
15 Die Funktion einer solchen Zentralstelle, zu deren Errichtung es offenbar nicht gekommen ist, hat sodann weitgehend die Bibliothek des Deutschen Vereins wahrgenommen.
16 Die Berliner Handelshochschule wurde sodann 1906 Lehrstätte von Alfred Manes als Professor für Versicherungswissenschaft.
17 DVfVW (Hrsg.), Vorschläge zur Förderung der Versicherungs-Wissenschaft (Veröffentlichungen des DVfVW, Heft 3, Berlin 1904, S. 50 ff.).

hen und als eine „Zentrallehranstalt" für Versicherungswissenschaft in Berlin einerseits die dortigen Hochschullehrer, andererseits die Berliner Versicherungsbetriebe in den Lehrbetrieb einbeziehen; ein gleichermaßen theorie- wie praxisbezogenes Ausbildungsangebot war das Hauptanliegen Ehrenbergs in seinem Plädoyer für eine Versicherungsakademie[18]. Das Projekt fand bei einer Reihe von Sprechern in der Mitgliederversammlung Zustimmung, wurde von anderen, namentlich Moldenhauer und Manes, indessen entschieden und letztlich mit Erfolg abgelehnt; auch Graf Posadowsky signalisierte brieflich Desinteresse. Insbesondere von der bevorstehenden Gründung der Handelshochschule versprach man sich offenbar, jedenfalls am Berliner Platz, ausreichende Möglichkeiten des Studiums in den versicherungswissenschaftlichen Disziplinen.

Am Ende eines dem Ökonomen Dieter Farny gewidmeten Beitrags mag sich die Frage aufdrängen, welche Rolle den Wirtschaftswissenschaften in den Diskussionen des Deutschen Vereins am Beginn des Jahrhunderts, insbesondere in der Mitglieder-Versammlung am 3. Oktober 1904 zukam. Der Begriff einer Versicherungsbetriebslehre war noch nicht existent. Unter den Rubriken „Nationalökonomie" einerseits und „Versicherungstechnik" andererseits wurden nahezu alle Fragen angesprochen, die heute einer Versicherungswirtschaftslehre im weiteren Sinne zugerechnet würden. Was aber die damaligen Vorstellungen von der „Lehrbarkeit" des Wirtschaftens im Versicherungsbetrieb überhaupt anbetrifft, so gab Paul Moldenhauer in seiner Philippika gegen Ehrenbergs Akademieprojekt die Antwort[19]: „Die Details der Versicherungstechnik, ich denke z. B. an die Grundsätze der Tarifierung, der Maximierung, sogar der Schadenregulierung, lassen sich gar nicht theoretisch erfassen, sondern nur durch die Praxis lernen." Von hier bis zu einem geschlossenen System der Versicherungsbetriebslehre, wie es von Dieter Farny vor wenigen Jahren vorgelegt worden ist[20], war ein weiter Weg.

---

18 Das Fehlen jeder Praxiserfahrung der an der Göttinger Universität diplomierten „Versicherungsverständigen" war auch der wichtigste Einwand Victor Ehrenbergs gegen jene Prüfungen.
19 DVfVW (Hrsg.), Vorschläge zur Förderung der Versicherungs-Wissenschaft (Veröffentlichungen des DVfVW, Heft 3, Berlin 1904, S. 14).
20 Farny, Dieter, Versicherungsbetriebslehre, Karlsruhe 1989.

Reimer Schmidt

Einige Gedanken über die Bedeutung von Ergebnissen der Betriebswirtschaftslehre für das Versicherungsrecht

1. Die wirtschaftliche und soziale Entwicklung der westlichen Industrieländer dürfte zu einer erneuten Prüfung der Grundfragen führen, die Hans-Joachim Mestmäker, vor allem beeinflußt von den Gedanken Franz Böhms, unter der Überschrift „Recht und ökonomisches Gesetz" untersucht hat und wie sie die geistigen Väter des EWG-Gründungsvertrages für die praktische Anwendung insbesondere in den vier Grundfreiheiten, dem Diskriminierungsverbot und dem Recht der Wettbewerbsregeln plakatiert haben[1]. In der EG und in der Bundesrepublik Deutschland sind ein Teil dieser Ideen, die zu einem seinerzeit nicht vorhersehbaren Wohlstand in unseren Staaten beigetragen haben, offenbar mittlerweile teilweise „konsumiert" und abgeflacht. Die Strukturwirksamkeit der Wettbewerbsverfassung ist abgeschwächt, das Institut der Mitbestimmung hat bezüglich unternehmerischer Initiativen Hoffnungen unerfüllt gelassen, die Forderungen nach Wirtschaftsbelebung durch Industriepolitik und – bei Hinanstellung der konsumentenschützenden Wirkungen des Wettbewerbs – nach unmittelbarer Intervention im Rahmen der Konsumentenpolitik werden lauter. Im Maastrichter Vertrag sind Wettbewerbs- und Industriepolitik so gut wie gleichrangig (und ohne hinreichende gegenseitige Bezugnahme) nebeneinander gestellt. Und damit sind die Fragen nach der jeweiligen Begründung und Begrenzung der Staatsintervention wieder aktuell.

Die Frage nach der *Bedeutung der Ergebnisse ökonomischer Forschung für das Recht* ist deshalb und aus weiteren Gründen erneut gestellt. Sie kann hier nicht rechts- und wirtschaftspolitisch oder -philosophisch be-

---

1 Dazu besonders die beiden Festschriften für Franz Böhm (1965 und 1975); vgl. insbes. H. Coing in L. Raiser, H. Sauermann, E. Schneider, Das Verhältnis der Wirtschaftswissenschaft zur Rechtswissenschaft, Soziologie und Statistik, 1964, S. 1 ff.; B. Börner, Die Wettbewerbsordnung im Spannungsfeld von Wirtschaftswissenschaft und Rechtswissenschaft, in Festschrift für G. Hartmann, 1976, S. 77; dort auch die Beiträge von v. Brunn (S. 97 ff.) und Hintze (S. 187 ff.); W. Möschel, Wettbewerb im Schnittfeld von Rechtswissenschaft und Nationalökonomie, in Gernhuber (Hrsg.), Tradition und Fortschritt im Recht, Festschrift der Tübinger Juristenfakultät, 1977, S. 333 ff. Aus der neueren Literatur ist vor allem auf den wichtigen Aufsatz von R. Schwebler und H. Hilger „Zur Bedeutung der Wirtschaftswissenschaft für die Versicherungspraxis (ZVersWiss 1987, S. 339 ff.) zurückzugreifen, der die Versicherungsbetriebslehre ausführlicher behandelt, aber entsprechend dem Thema nicht speziell auf die Folgerungen für das Recht eingeht (S. 351 ff.).

handelt, sondern muß für wirtschaftliche Teilbereiche und konkrete „Bündel" wissenschaftlicher Erkenntnisse speziell und konkret erörtert werden[2]. Es liegt nahe, dies für solche Bereiche zu tun, mit denen sich der Verfasser in Wissenschaft und Praxis besonders beschäftigt hat. Im Hinblick auf dieses spezielle Ziel bietet es sich an, die Bedeutung der heutigen Betriebswirtschaftslehre für das Versicherungsrecht zu analysieren, wie sie wissenschaftlich besonders Dieter Farny und einige seiner Kollegen entwickelt haben. Die Betriebswirtschaftslehre der Versicherung hat unter ihren Impulsen vor allem in den letzten dreißig Jahren ganz besonders bemerkenswerte Weiterentwicklungen vollzogen. Ein derartiger Arbeitsansatz liegt um so näher, als Farny – seit der Diplomarbeit über den Versicherungsbetrug – stets das Recht in seine Überlegungen eingeblendet hat, als „rechtlichen Datenkranz" oder aber „rechtliche Rahmenbedingungen" oder auch bei spezieller Entwicklung realer Theorien zu ökonomischen Tatbeständen und Geschehensabläufen im Bereich der Versicherung. So hat die Versicherungswirtschaft als Gegenstand interdisziplinärer Überlegungen eine hohe Eignung auch im Hinblick auf das wissenschaftliche Profil des zu Ehrenden.

2. Auf dem folgenden Rundgang durch die Begegnungsfelder von Betriebswirtschaftslehre und Recht der Versicherung trifft man (historisch früh und von den Wissenschaften aufgearbeitet und von den Gesetzgebern in Bewegung gehalten) auf das betriebliche *Rechnungswesen* und seine überbetrieblichen Ausstrahlungen. Die Betriebswirtschaftslehre hat hier überwiegend vorgearbeitet; sodann hat man Ergebnisse schrittweise in das normative Rechtssystem eingebracht. Allgemein war man gezwungen, in einer doppelten – der betriebswirtschaftlichen und der juristischen – Normativität zu denken[3], die – von unterschiedlicher realer Konsequenz – sich gegenseitig anregt und befruchtet. Die Erfassung der Ordnungsmäßigkeit der Buchführung nach den Regeln der normativen Betriebswirtschaftslehre ist von unmittelbarer Bedeutung für das Haftungsrecht, das Versicherungsrecht, das Steuer- und das Strafrecht. Dort stellen (aufbauend auf dem weiterentwickelten Handelsrecht) die novellierten aufsichtsrechtlichen Bestimmungen (vor allem der breite Komplex der Vorschriften für die interne und externe Rechnungslegung) stufenweise in das Recht überführte betriebswirtschaftliche Erkenntnisse dar, die nicht nur die Versicherungstechnik berücksichtigen, sondern auch Gesichtspunkte der distributiven Gerechtigkeit gegenüber Versicherungsnehmern,

---

2 Die kurze Arbeit des Verfassers (ZVersWiss 1980, S. 515 ff.) über „Wissenschaft und Praxis der Versicherung" nimmt einen Umgang durch die Einzelwissenschaften vor, die sich mit diesem Wirtschaftszweig befassen.
3 Die formelle und materielle Ordnungsmäßigkeit (vgl. z. B. Wöhe, Einführung in die Allg. BWL, 17. Aufl., 1990, S. 1134) ist nicht nur an Hand von positivem Recht, sondern auch unter Heranziehung der „Grundsätze ordnungsgemäßer Buchführung" zu prüfen, wie sie sich dynamisch aus den von der Betriebswirtschaft entwickelten, (noch) nicht kodifizierten oder durch Gerichtsentscheidungen verfestigten Grundsätzen ergeben.

Versicherten, berührten Dritten und der Allgemeinheit verkörpern. Es wäre eine größer angelegte Arbeit wünschenswert, in der zwischen normativen und anderen Sätzen der Betriebswirtschaftslehre unterschieden und ihre Stellung im Recht behandelt wird[4]. Aus Anlaß der Schaffung des EG-Gemeinschaftsrechts der Rechnungslegung wurden die entsprechenden normativen Sätze der Betriebswirtschaftslehre als der Natur der zu regelnden Sache entsprechende Harmonisierungsgrundlage deutlich, wenn es auch hier nicht einfach ist, die entsprechenden Traditionen der rechtlichen Mitgliedstaatenregelungen zu überwinden. Farnys Arbeit über die Versicherungsbilanzen (1975) und sein Beitrag über das Rechnungswesen der Versicherung zum HWR (2. Aufl., 1981) sowie über die Buchführung und Periodenrechnung in der Versicherungswirtschaft (2. Aufl., 1985) gehören zu dem Sockel, auf dem sich diese Entwicklung vollzogen hat[5]. In seinem Lehrbuch[6] hat er häufiger bei der Ermittlung des bei Entscheidungen zu berücksichtigenden Datenkranzes zwischen „rechtlichen" und „faktischen" Daten unterschieden, dabei dann aber betriebswirtschaftliche Feststellungen zurückhaltend unter den letztgenannten untergebracht. Die getroffenen rechtlichen Regelungen zum Bonus-Malus-System mit ihrer großen Wirkung auf die Schadenverhütung, speziell auf die Zurückdrängung von Bagatellschäden, und allgemein die Bestimmungen zu einer Überschußbeteiligung und insbesondere derjenigen der Lebensversicherung[7] wie überhaupt zu den Rechnungsgrundlagen der Lebens- und Krankenversicherung sind ohne die betriebswirtschaftlichen Grundlegungen kaum vorstellbar. Dadurch, daß Farny als Mitglied des Beirats des BAV und von Aufsichtsräten sowie als Gutachter durch lange Zeit mit allen wesentlichen wirtschaftlichen Problemen der Versicherungen Berührung hatte und damit enge Berührung zur Praxis hat, kommt seinen Sachverhaltsfeststellungen und den Stellungnahmen aus wissenschaftlichen Überlegungen und aus Modellen zu deduktiv gewonnenen Ergebnissen besonderes Gewicht zu.

3. Ohne daß der Verfasser an dieser Stelle zum Kapitel Rechnungslegung und Jahresabschluß weiterführenden Gedanken nachgehen kann, ist es

---

4 Es sei der Methode wegen die bekannte Arbeit von P. Marburger über die Regeln der Technik im Recht, 1979, erwähnt.
5 Vgl. Angerer, Art. Rechnungslegung, Handwörterbuch der Versicherung (HdV), 1988, S. 593.
6 Farny Versicherungsbetriebslehre, 1989 (zit. als Lehrb.); dazu vorher ders., Anwendungsorientierte Versicherungsbetriebslehre und rechtlicher Datenkranz für das Wirtschaften in Versicherungsunternehmen, in Festschrift für Grochla, 1986, S. 419–432.
7 Zu Unterschieden in der betriebswirtschaftlichen und der rechtlichen Beurteilung führt allerdings die Regelung des § 81 c VAG, die den Vergleich der Rückgewährquote des Versicherungsunternehmens mit einem nachträglich errechneten Rückgewährrichtsatz der Branche vorsieht (krit. R. Scholz in ZVersWiss 1984, S. 1–33, S. 26 f.), wie allgemein der betriebswirtschaftlich aussagefähige ex post-Vergleich von Ergebnissen und Kosten einzelner Unternehmen mit Markt- bzw. Branchendurchschnitten bezüglich der Rechtsfolgen Differenzierungen erfordern dürfte.

erforderlich, etwas über die Bedeutung von betriebswirtschaftlichen Ergebnissen zu der rechtlichen Regelung der *Vermögensanlagen* der Versicherer zu sagen; denn auch hier ist eine enge Verzahnung und Wechselbeziehung der Beurteilung seitens der beiden genannten Wissenschaften gegeben. Beide Komplexe, Rechnungslegung und Finanzierung, treten bei allen Wirtschaftsunternehmen auf. Aus dem Unternehmenszweck, den Methoden und den Mitteln der Zweckerreichung sowie der Funktion des Geldes im Produktionsablauf der Versicherer und anderer Finanzdienstleister ergeben sich hingegen prägende Besonderheiten. Verengt man die Darstellung auf die Bedeutung normativer Ergebnisse der Betriebswirtschaftslehre für die rechtlichen Regelungen, stößt man im historischen Ablauf auf eine ähnliche Situation traditionalistischer, teilweise archaischer Rechtsstrukturen, die in großen gedanklichen Schritten an die nach der Natur der Sache ökonomisch für notwendig gehaltene Lösungstatbestände angepaßt wurden. Man bedenke, daß noch das preußische Sozietätengesetz von 1910 die mündelsichere Anlage des Anstaltsvermögens der öffentlichen Feuerversicherungsanstalten vorschrieb, eine Bestimmung, die ebenso wie die Grundvorschrift nominalistischer Anlage von Mündelgeld (§ 1807 BGB) das anzulegende Geld der Inflationsentwertung unterworfen hat; denn die Initiative zur Anrufung des Gerichts wegen einer Genehmigung nach § 1811 und die Aufgeschlossenheit des Rechtspflegers für eine Ausnahmeregelung waren nicht sicher.

Das VAG weist auch hier eine ganze Reihe verschiedener Phasen der Regulierung auf. Während bezüglich des Rechnungswesens die Zielvorstellungen der normativen Betriebswirtschaftslehre[8] und diejenigen des Rechts[9] einander jedenfalls nicht grundsätzlich widersprachen, unterscheiden sich ihre Ausgangspunkte bezüglich der Vermögensanlagen stärker, und die Vorstellungen sind differenziert. Dadurch, daß Farny produktionstheoretisch von einer Verbundproduktion im Versicherungs- und Kapitalanlagegeschäft ausgeht[10], löst er die Zielsetzung von der isolierten Optimierung des letzten und gleicht Spannungsverhältnisse zu den rechtlichen Lösungen eher aus. Hier treten jedoch von der wirtschaftswissenschaftlichen Seite volkswirtschaftliche und wirtschaftspolitische Zielvorstellungen hinzu, die vor allem auf eine möglichst inflationssichere Investitionsfinanzierung gerichtet sind, aber u. U. auch Unterschiede in Präferenzen für bestimmte Arten von Kapitalanlagen zum Ausdruck bringen[11], auch unter fiskalischen Zielsetzungen. Dieses auch

---

8 Wöhe a.a.O., S. 955 sieht primär die Dokumentations- und Kontrollaufgabe und nennt dann weiterhin die Dispositions- und die Informationsaufgaben.
9 Übersicht über die Rechtsquellen bei R. Schmidt und P. Frey, Prölss VersicherungsaufsichtsG, 10. Aufl., Vorbem. 15 sowie Vor 55 – 64 Rdnr. 47– 69 (wesentlich die Unterscheidung interner und externer Rechnungslegung).
10 Farny, Lehrb., S. 480 ff., 662 ff., vgl. auch Geratewohl VW 1984, S. 1281 ff.
11 Dazu u. a. Kalbaum und Mees, Art. Kapitalanlagen, Handwörterbuch der Versicherung (HdV), 1988, insbes. S. 342, sowie insbes. die Arbeiten Schwebler und v. Bargen.

wirtschaftspolitisch wichtige und höchst aktuelle Gebiet – man denke nur an die betriebswirtschaftlich und rechtlich begründeten Einschränkungen, die sich bei finanzwirtschaftlichen Konglomeraten für den Versicherungsbereich ergeben können – kann an dieser Stelle nur erwähnt werden.

Der Bereich der Vermögensanlagen der Versicherer wird sowohl wegen des Eintritts sozio-ökonomischer Veränderungen als auch wegen der Weiterentwicklung wissenschaftlicher Erkenntnisse in Bewegung bleiben. Im vorliegenden Zusammenhang lag dem Verfasser daran, die Bedeutung der Farny'schen Ausgangsposition für die – auch in der Periode, die wir Lebenden persönlich überblicken können, keineswegs statischen – Lösungen des positiven Rechts zu zeigen. In einer ganzen Reihe von Einzelbereichen flammen die Ausgangsprobleme wieder auf: hier sind die im Zusammenhang mit der sog. wirtschaftlichen Spartentrennung[12] erörterten Konsequenzen ebenso zu nennen, wie die bereits erwähnten Gewinnbeteiligungsfragen i. w. S. Die besondere Begründung, Schaffung und Verwaltung von speziellen, über die gesellschaftsrechtlichen Anforderungen hinaus als Eigenkapital geltenden Kapitalpositionen und von versicherungstechnischem Spezialkapital sowie die Ordnung der Belegung von versicherungstechnisch begründeten Positionen gehören hierher[13]. Es wäre fehlsam, den Beitrag der Betriebswirtschaftslehre insbesondere zur Begründung der Schwankungsrückstellung[14] unerwähnt zu lassen, die inzwischen sogar (u. a. im Zusammenhang mit der Aufhebung der Spartentrennung für die Kredit- und Kautionsversicherung) ihre EG-weite Anerkennung gefunden hat. Diese Gedanken führen zu der Feststellung durchaus differenzierter, für die verschiedenen Versicherungssparten unterschiedlicher und in sich nicht kollisionsfreier Zielvorstellungen der die Positionen der genannten Sicherungsmittel betreffenden Bestimmungen des Gesellschafts-, Versicherungsaufsichts- und Steuerrechts[15].

Auf dem Gebiet der Rechnungslegung und der Regelung der Kapitalanlagen werden die Ergebnisse der Betriebswirtschaftslehre und anderer Forschungsbereiche der Wirtschaftswissenschaften allerdings aus zwei Gründen besonders berücksichtigt – in gewissem Umfang legislatorisch übernommen, jedenfalls in die Auseinandersetzungen bei der Gesetzesvorbereitung einbezogen: Diese Gebiete sind sowohl von der wissenschaftlichen Seite weitgehend ausgereift als auch in der Praxis, vor allem

---

12 Vgl. Prölss VersicherungsaufsichtsG (Fn. 9) § 7, Abs. 2 n. F. Nachtrag Rdnr. 4.
13 Farny, Lehrb., S. 481 f.
14 Es sind vor allem die Arbeiten von Karten zu nennen, vgl. dens., Art. Schwankungsrückstellung, Handwörterbuch der Versicherung (HdV), 1988, unter Nennung seiner früheren Veröffentlichungen zum Thema.
15 Vgl. hier auch den Versuch einer internationalen Gesamtschau in R. Schmidt, Die Finanzaufsicht über Versicherungsunternehmen unter besonderer Berücksichtigung der für den Versicherungsbetrieb erforderlichen Finanzmittel, Generalreferat für den VII. Weltkongreß für Versicherungsrecht 1990 (ZVersWiss 1990, S. 479–577).

auch diejenige der Wirtschaftsprüfung, voll erprobt und – damit verbunden – materiell im Vergleich zu anderen, den Kern der Versicherung betreffenden Gedanken- und Ergebniskomplexen in Sachverhalten und Entscheidungskriterien verhältnismäßig transparent.

4. Demgegenüber ist die Diskussion zum *Risiko* allgemein und zum versicherten Risiko im besonderen in den Wirtschaftswissenschaften unter Beiträgen der Mathematik stärker in Bewegung. Wesentliche Beiträge auch amerikanischer Ökonomen sollen an dieser Stelle nur genannt werden[16]. Farny behandelt in seinem Lehrbuch[17] das (versicherte) Risiko als Ausgangspunkt und zentrale Erscheinung der Versicherungsbetriebslehre. Er legt damit eine aktuelle wirtschaftswissenschaftliche Stellungnahme zum Risikobegriff vor[18] und grenzt damit die Beurteilung von jener Definition des Risikobegriffs ab, die in der allgemeinen Betriebswirtschaftslehre vorwiegend unter entscheidungstheoretischen Gesichtspunkten[19] und als konkrete Bezeichnung verlustdrohender Situationen (politisches, Währungs-, Transfer-, Delkredere- usw. Risiko z. B. im Zusammenhang mit bestimmten Kreditfinanzierungsgeschäften) behandelt und verwendet wird[20]. Der allgemeine Sprachgebrauch versteht unter einem wirtschaftlichen Risiko generell „die Verlustgefahr, die mit jeder wirtschaftlichen Tätigkeit verbunden ist," und speziell die Gefahr der Entstehung von Schäden oder sonstigen Nachteilen im Gegensatz zur Chance i. S. von günstiger Gelegenheit[21]. Farny knüpft an die entscheidungstheoretische Konzeption an, die das Risiko als „Wahrscheinlichkeitsverteilung von Ergebnissen" betrachtet, und sieht dementsprechend das Risiko aus der Perspektive des Versicherungsnehmers als „Wahrscheinlichkeitsverteilung von Schäden" und aus der Sicht des Versicherers als „Wahrscheinlichkeitsverteilung von Versicherungsleistungen"; die Ungewißheit kann sich sowohl auf den Eintritt als auch auf den Zeitpunkt und den Umfang des Schadens beziehen[22], wie dies auch im Versicherungsvertragsrecht unbestritten ist. Die Risiken werden mit Hilfe ihrer Merkmale (Risikomerkmale) erfaßt; sie sind besonders für die Entscheidung über die Versicherbarkeit, die Gestaltung des Deckungsrahmens und die

---

16 Vgl. z. B. Denenberg, Eilers, Hoffmann u. a., Risk and Insurance, (Prentice-Hall Series), 1964; Hammond, Essays in the Theory of Risk and Insurance, Glenview/Ill. 1968.
17 Farny, Lehrb., S. 13 – 80.
18 Auf die ausführlichen Literaturnachweise bei Farny kann verwiesen werden; vgl. hier insbes. Karten, Die Unsicherheit des Risikobegriffs, in Praxis und Theorie der Versicherungs-Betriebslehre, 1972, S. 147 ff.; Mahr, Einführung in die Versicherungswirtschaft, 3. Aufl., 1970, S. 18 ff.
19 Vgl. z. B. Wöhe, a.a.O., S. 161 ff.; Diederich, Allg. Betriebswirtschaftslehre, 7. Aufl., 1992, S. 45 ff.; Kupsch, Das Risiko im Entscheidungsprozeß, 1973.
20 Vgl. z. B. Thommen, Allg. Betriebswirtschaftslehre, 1991, S. 486.
21 Vgl. zu den beiden Stichworten Der Große Brockhaus, 18. Aufl., 1978; Duden, Das große Wörterbuch in 6 Bänden, 1977– 1981.
22 Farny, Lehrb., S. 22; dazu vor allem ders., Art. Theorie der Versicherung, B. Fortentwicklung der Theorie der Versicherung, Handwörterbuch der Versicherung (HdV), 1988, S. 867 ff.

Tarifierung bedeutsam. Der Ausgleich, der mittels des Risikogeschäfts auf den Versicherer transferierten Risiken erfolgt im Kollektiv und in der Zeit.

Die objektive Ermittlung von Risiken, wie sie z. B. durch Störfallregistrierung und seismographische Messungen erfolgen kann, wird, wie neuere psychologische und soziologische Untersuchungen zeigen, entscheidend durch die Wahrnehmung und Wertung von Risiken durch das Individuum und soziologische Gruppen bis hin zu Ersetzung objektiver Sachverhalte beeinflußt. Der allgemeinere volkswirtschaftliche Risikobegriff[23] ist durch empirische und wissenschaftstheoretische Untersuchungen an den genannten Gebieten abgerundet und berichtigt worden[24].

Eine gedankliche Verbindung zu den entsprechenden Definitionen des Versicherungsrechts[25] ist nach allem von Interesse, denn hier muß es um ein Optimum an Praktikabilität in der täglichen Fallbehandlung gehen: Eine Legaldefinition des Versicherungsrisikos gibt es allerdings nicht. Die Alltagssprache der Versicherungspraxis versteht unter dem „versicherten Risiko" jeweils das konkrete, in einem Versicherungsvertrag auf der Grundlage von AVB präzisierte versicherte Interesse, bzw. die potentielle Unwertbeziehung, deren Entstehung oder Vergrößerung durch eine bestimmte Gefahr im Versicherungsvertrag gedeckt ist, so daß der Versicherer im bedingungsgemäßen Versicherungsfall die vereinbarte Leistung zu erbringen hat, um den entstandenen Bedarf zu befriedigen. Das VVG von 1908 vermeidet das Wort Risiko, arbeitet vielmehr mit den Begriffen Gefahr und Schaden. In Verwandtschaft mit dem Schadensrecht des BGB arbeitet das Gesetz mit Kausalüberlegungen. Es beschreibt die versicherte Gefahr „primär" und arbeitet dann „sekundär" mit kausalen Ausschlüssen von Gefahrumständen, durch welche die von den genannten Ausnahmetatbeständen ausgehenden Kausalketten nicht zu einem zu ersetzenden Versicherungsschaden führen. Diese „Gefahrumstandsausschlußklauseln" werden in der Literatur und Praxis überwiegend Risikobeschränkungen, Risikobegrenzungen oder Risikoausschlüsse genannt[26].

---

23 Mahr, Einführung, zit. nach der 1. Aufl., 1951, S. 66–76, 73: Ausgleichung der ungünstigen Ist-Daten gegenüber den Plandaten; Erfüllung eines langjährigen Sparplans trotz Unsicherheit über den Wert des individuellen Lebens.
24 Dazu insbes. Holzheu und Wiedemann in Bayerische Rück (Hrsg.), Risiko ist ein Konstrukt, 1993, S. 9 ff., ferner dort die Abschnitte „Kulturelle Bedingungen der Risikowahrnehmung", S. 167 ff., „Indikatoren, Sensoren und gesellschaftliche Risikowahrnehmung", S. 261 ff., und „Folgeprobleme der Risikobewertung", S. 317 ff., mit vielem weiterführenden Material, vgl. Bespr. von R. Schmidt, in ZVersWiss 1993, erscheint in Heft 3.
25 Hier sei nur auf den Kommentar von Bruck/Möller zum Versicherungsvertragsrecht hingewiesen: Bd. 1, 1961, § 1 Bem. 2–10; in den weiteren Bänden wird dieser Terminologie gefolgt.
26 Zu diesem System vgl. z. B. den Kommentar von Sieg zu den Allgemeinen Feuerversicherungsbedingungen bei Bruck/Möller, Bd. III. Lfg. 1; ders., Obliegenheiten und sekundäre Risikobeschränkungen, BB 1970, S. 106 ff.; Prölss/Martin/Kollhosser, VVG, 25. Aufl., 1992, § 6 Anm. 3, 49 Anm. 1 C und die dort zu § 49 genannte Literatur; aus dem älteren Schrifttum z. B. Lötsch, Die Risikobeschränkungen, 1935; Drefahl, Beweislast und Beweiswürdigung im Versicherungsrecht, 1939; Agyriades, ZVersWiss 1965, S. 1 ff.

Diese durch Ernst Bruck und bedeutende Versicherungsjuristen der letzten 50 Jahre weitergeführte und auch -entwickelte Systematik ist jedenfalls transparent; sie ist auch im Prinzip überwiegend in den für das lebende Versicherungsvertragsrecht maßgebenden AVB (teilweise etwas modernisiert) beibehalten worden. Die höchstrichterliche Rechtsprechung legt auf dem Wege zur erstrebten gerechten Entscheidung unter mehreren etwa zur Verfügung stehenden juristischen Konstruktionsmöglichkeiten nicht regelmäßig diejenige zugrunde, die von der Rechtstheorie überwiegend angeboten ist, zumal die verfassungsmäßige Bindung an das Gesetz nicht die einzige ist[27].

Der Rechtsbegriff der Gefahr ist Teil der juristischen Definition des Gegenstandes der Versicherung[28] (versicherungsvertragsrechtlicher Versicherungsbegriff). Der Gefahrbegriff ist enger und rechtstechnischer als der betriebswirtschaftliche Risikobegriff, wird heute wohl auch als altertümlicher empfunden. Dennoch ist der Gefahrbegriff eins der wesentlichsten Elemente des juristischen Versicherungsbegriffs, wie u. a. der Rechtsgedanke der Spezialität der Gefahren (Enumerationsprinzip)[29], der die Binnenversicherung im Gegensatz zum Generalitätsprinzip der Seeversicherung beherrscht, die Vorschriften über die vorvertragliche Anzeigepflicht, die Gefahrerhöhung und die Herbeiführung des Versicherungsfalls, die besondere Regelung der Obliegenheiten nach § 6 Abs. 2 VVG, die Abwendungs- und Minderungspflicht und eine Reihe anderer, weniger bedeutsamer Bestimmungen zeigen. Andererseits ist die Erklärung der Vertragsversicherung mit dem Gedanken der Gefahrengemeinschaft jedenfalls ihres ideologischen Hintergrundes entkleidet und auch juristisch weit zurückgetreten (keine Ansprüche der Versicherungsnehmer gegeneinander[30]), ohne daß dadurch der Risikoausgleich im Kollektiv und in der Zeit in Frage gestellt werden könnte. Das von Hans Möller zur Begründung der Gefahrengemeinschaft hervorgehobene Kündigungsrecht aus wichtigem Grund bei Unsicherwerden des Versicherers tritt mit der Beibehaltung, wenn nicht Stärkung der Sanierungsfunktionen der Aufsichtsbehörde zurück, und von dem für die Versicherung durch Aktiengesellschaften über das Gesetz (§ 21 II VAG) hinaus vertretenen vertragsrechtlichen Gleichheitssatz dürfte nur ein Verbot ungerechtfertigter und

---

27 Vgl. z. B. Hoegen, Neuere höchstrichterliche Rechtsprechung im Versicherungsvertragsrecht, 5. Aufl.; 6. Aufl. von Römer, 1992; Bundschuh und Estel, Die Überprüfung von allgemeinen Versicherungsbedingungen durch die höchstrichterliche Rechtsprechung, in Versicherungsforum, Heft 12, Symposion AGBG und AVB, 1993, S. 4 ff.
28 Einen ausgezeichneten Überblick vermittelt die Freiburger Dissertation von Friedrich, Der Rechtsbegriff der Versicherung und die Praxis des Versicherungsaufsichtsamts, Europäische Hochschulschriften II, Bd. 96, 1974.
29 In der auf EG-Recht beruhenden Anlage zum VAG sind die Versicherungssparten nicht ausschließlich unter dem Gesichtspunkt der Gefahr eingeordnet.
30 Vgl. die Literaturübersicht bei Prölss, a.a.O., Vorbem. II. 1; zuletzt z. B. Dreher, Die Versicherung als Rechtsprodukt, 1990, S. 124 ff.; Sieg, ZVersWiss 1986, S. 320 ff.

grober Ungleichbehandlung zurückbleiben[31]. Die von Hans Möller und anderen als juristisches Merkmal des Versicherungstatbestandes angesehene Notwendigkeit der Gleichartigkeit der Risiken wird kaum mehr vertreten, seit Paul Braeß sie unter versicherungstechnischen Gesichtspunkten angegriffen hat. Möller selbst begründet im übrigen die von ihm gleichfalls als zum Begriff der Versicherung gehörende „Wechselseitigkeit" der Bedarfsdeckung nicht wirklich[32].

Der Gefahrbegriff bleibt bei aller vorsichtigen Einschränkung gleichwohl für den hier berührten Zusammenhang von grundsätzlicher rechtlicher Bedeutung. Vor allem bleibt er erforderlich zur Kennzeichnung des in den einzelnen Versicherungssparten und -arten getragenen versicherungstechnischen Risikos. Der betriebswirtschaftliche Risikobegriff selbst erscheint dem Verfasser als deshalb zu weit, weil er die Beziehung zum Gegenstand der Versicherung (Interesse, Unwertbeziehung) und grundsätzlich auch Schadenwahrscheinlichkeiten einbezieht. Nach allem wird hier der bereinigte juristische Gefahrbegriff als Ausschnitt aus einem weiteren ökonomischen Risikobegriff gesehen.

Aus dieser Sicht gewinnt auch die alte juristische *Gefahrtragungstheorie* andere Konturen. Als eine der Komponenten der juristischen Theorie der Versicherung wurde bekanntlich der Gegenstand der Versichererleistung in der „Gefahrtragung" erblickt (im Gegensatz zur Geldleistungstheorie, die sich zwangsloser in das zivilrechtliche Denken von Anspruch und Klage einpaßte). Es stehen sich seit Jahrzehnten hier zwei „Schulen" gegenüber, von denen die zweite offenbar im Vordringen begriffen ist[33]. Einen neuen Ansatz zur Gefahrtragungskonzeption bietet nunmehr die Versicherungsbetriebslehre mit der Konzeption vom Risikogeschäft als einem Kern des Versicherungsgeschäfts[34], der sich verstehen läßt als „Transfer einer Schadensverteilung vom Versicherungsnehmer auf den

---

31 Anders noch R. Schmidt, P. Frey, Prölss VAG, § 21 Rdnr. 2.
32 Bruck/Möller, a.a.O., § 1, Bem. 6 und 8. Vgl. zum Vorstehenden Dreher, a.a.O., S. 33 ff.; dazu die Bespr. des Verf., erscheint voraussichtlich in ZVersWiss 1993, Heft 3. Nach wie vor ist die Ablehnung der Gefahrengemeinschaft als juristisches Strukturelement der Versicherung durch E. Lorenz (Gefahrengemeinschaft und Beitragsgerechtigkeit aus rechtlicher Sicht, Mannheimer Vorträge 26, 1983) überzeugend. Bei den unter Würdigung insbes. der von der französischen Versicherungspraxis neu in die Anlage zum VAG aufzunehmenden „Versicherungssparten" ist für die Kapitalisierungsgeschäfte und die Tontinen die Bedarfsfunktion jedenfalls im Modell nicht notwendig gegeben (zu den Begriffen R. Schmidt, Versicherungsalphabet, 8. Aufl. 1991).
33 Zuletzt hat Dreher (Fn. 30), S. 87 ff., 137, 146, eingehend berichtet und Schmidt/Rimplers Konzeption vom bedingten, in das Synallagma des gegenseitigen Vertrages eingebetteten Geldleistungsanspruch wiederbelebt (Schmidt/Rimpler, Zum Begriff der Versicherung, VersR 1963, S. 393 ff., und anderen Orts).
34 Farny, Lehrb., S. 16 ff. m. w. Nachw. Zum Folgenden S. 25 f., 449 ff.; vor allem Helten und Karten, Das Risiko und seine Kalkulation, VersWirtschStudienwerk, 3. Aufl., 1982–83, Studienplan VBl. S. 1 ff., 82 ff.; den vorangehenden Aufsatz von Trowbridge im Journal of Risk and Insurance 1973 hat der Verf. nicht heranziehen können.

Versicherer". Man kann sowohl von dem entscheidungstheoretischen als auch unter güterwirtschaftlichem Ansatz der Versicherungsbetriebslehre her diesen Vorgang begründen. Die Gefahrtragungstheorie erscheint danach nicht als weit hergeholt, sondern als juristische Entsprechung eines ökonomisch festgestellten Ablaufs.

5. Bei der Betrachtung der Bedeutung wirtschaftswissenschaftlicher Überlegungen für den Inhalt des *versicherungsaufsichtsrechtlichen Versicherungsbegriffs* ergeben sich aus den jedenfalls herkömmlichen Unterschieden in den Zielsetzungen der Regelung der Staatsaufsicht und der privatrechtlichen Beziehungen der Parteien des Versicherungsvertrages wesentliche Überlegungen, auf die hier aus Raumgründen nur kurz eingegangen werden soll, zumal der Verfasser sich an anderer Stelle geäußert hat[35]. Die Wettbewerbsregeln des EWG-Vertrages und die in Gestalt des deutschen Kartellrechts gleichfalls kodifizierte Wettbewerbspolitik wirken sich sowohl auf die Anwendung des geltenden Rechts als auch de lege lata aus, vor allem in der mehr als drei Jahrzehnte dauernden Diskussion zum Versicherungsaufsichtsrecht, die sich konkret auf die Umsetzung der Versicherungsrichtlinien in das deutsche Recht konzentriert[36]. Die noch nicht abgeschlossene Auseinandersetzung betrifft die ökonomische Ausgangsposition über die wettbewerbstheoretische Grundlage (in unterschiedlichen Positionen von den Wissenschaftlern gesehen und von unterschiedlichen Standorten seitens der EG-Kommission sowie von Mitgliedstaaten, auch mit wechselnden Inhalten vertreten), die Auslegung des in sich teilweise widersprüchlichen ius commune und sowie die Einpassung des umzusetzenden EG-Rechts in die deutsche Rechtsordnung. Wie z. B. in der Zeit des Merkantilismus finden Wirtschaftstheorie und -politik im Recht ein Instrument der Verwirklichung und Erprobung. Deshalb ist für die befaßten Juristen[37] von grundsätzlicher Bedeutung, die Vorgaben der Ökonomie zutreffend zu werten. Die von Farny seit Jahren erbrachten Arbeiten zur wirtschaftswissenschaftlichen Erfassung von Versicherungstatbeständen, vor allem der Produktion der Versicherung[38] und der Versicherungsmärkte[39], sind daher für Recht-

---

35 R. Schmidt, P. Frey, Prölss VersicherungsaufsichtsG, 10. Aufl., 1989, und Nachtrag 1991, § 1 Rdnr. 5–21 N. Zu Rdnr. 5; Schmidt, Versicherungsaufsichtsrecht, VersWirtschStudienwerk, VII, Neubearbeitung 1991, S. 13 ff., 23 ff.; vgl. Helmut Müller, Art. Versicherungsaufsicht, Erlaubnis zum Geschäftsbetrieb, Handwörterbuch der Versicherung (HdV), 1988, S. 971.
36 Übersicht über Problematik und Schrifttum bei R. Schmidt, P. Frey, a.a.O., Vorbem. 68–90 a, N. Zu Vorbem. 68–90 c.
37 Vgl. R. Schmidt, Überlegungen zur Umsetzung der Dritten Versicherungsrichtlinien in das deutsche Recht, 1992 m. w. Nachw.
38 D. Farny, Art. Produktions- und Kostentheorie, Handwörterbuch der Versicherung (HdV), 1988, S. 553 ff. (Zusammenfassung); vorher ders., Produkt- und Kostentheorie der Versicherung, 1965.
39 D. Farny, Art. Versicherungsmarkt, Handwörterbuch der Versicherung (HdV), 1988, S. 1043 ff.; vorher ders., Die Versicherungsmärkte, 1961; D. Farny u. a., Die deutsche Versicherungswirtschaft, Markt-Wettbewerb-Konzentration, Zahlen bis 1980, 1983; Zahlen 1981–1983, 1985.

setzung und -anwendung gleichermaßen relevant. Die wirtschaftstheoretische und -politische Auseinandersetzung[40] wirkte unmittelbar in die juristische Ebene[41]. Die immer wieder (u. a. mehrfach im Zusammenhang mit der Bereichsausnahme des § 102 GWB und auch mit der EG-Gruppen-Freistellungs-Verordnung) debattierten und umstrittenen Besonderheiten des Zustandekommens eines Versicherungsvertrages im Wettbewerb (unsichtbare Ware, langfristiger Vertrag, besondere Mitwirkungseignung und -bereitschaft des Abnehmers, Qualifikationserfordernis des Vermittlers)[42] sind zunächst im ökonomischen Bereich angesiedelt. Sie spielen fast nur dort eine Rolle, weil in der vergröberten Version der Wettbewerbstheorie, die durch das Kartellrecht verkörpert ist, die von der Informationsökonomik inzwischen herausgearbeiteten kognitiven Probleme des Konsumenten in der Erfassung der Marktinformationen und der Verarbeitung in seinem Entscheidungsprozeß nicht oder nicht hinreichend berücksichtigt sind[43]. In Vorbereitung einer Transposition wirtschaftswissenschaftlicher Erkenntnisse in die Regelungsebene des Rechts wird es künftig stärker auf die Erfassung der Gesamtzusammenhänge der Ökonomie ankommen.

6. In diesem Zusammenhang ist aber auch die betriebswirtschaftliche Einordnung des Versicherungsgeschäfts als *Dienstleistungsgeschäft* zu beachten[44], nach welcher dem Versicherer zahlreiche Beratungs- und Abwicklungsleistungen obliegen. Zwar ist die Kategorie Dienstleistungsgeschäfte als solche in der Allgemeinen Betriebswirtschaftslehre spät eingehender behandelt worden, man hat sie vor allem der Handels-, der Bank- und der Versicherungsbetriebslehre überlassen; auch weist die Regelung der Dienstleistungsfreiheit im EWG-Gründungsvertrag von 1957 keinen höheren der Regelung zugrunde liegenden Stand der Wirtschaftswissenschaften aus, doch ergibt die inzwischen entwickelte Dienstleistungsökonomie auch im vorliegenden Zusammenhang zu berücksichtigende Gedanken. Die juristischen Regulierer haben, jedenfalls im deutschen Recht, keine allgemeinen Vorschriften für Dienstleistungsverträge ge-

---

40 Es sei besonders auf die Gesichtspunkte zur Deregulierung (Arbeiten von Eggerstedt und Finsinger) hingewiesen.
41 Hier sind Arbeiten von Hollenders, Horn, Schwintowski (1985) und S. Heinrich (Versicherungsaufsicht und Wettbewerb, 1991) zu nennen; dazu auch R. Schmidt, (oben Fn. 36).
42 Vgl. Dreher, Rechtsprodukt, S. 149 f.
43 Dazu F. Holzheu, Institutionalisierte Risikowahrnehmung, eine ökonomische Perspektive, in Bayerische Rück (Hrsg.), s. o. Fn. 23, S. 263 ff. (Bespr. von R. Schmidt in ZVersWiss 1993, erscheint in Heft 3). Vgl. auch ders. Die Versicherungsmärkte – Aphorismen zu Strukturen und Funktionen, VW 1982 S. 1504 ff. Unter den Materialien zum Versicherungskartellrecht sollten die beiden Bände von Röper, Wettbewerbsprobleme der Versicherungswirtschaft, Bd. 93 der Schriften des Vereins für Sozialpolitik, 1978, und Die Mißbrauchsaufsicht vor dem Hintergrund der Entwicklungen der neueren Wettbewerbstheorie, ebenda Bd. 124, 1982 nicht in Vergessenheit geraten.
44 Farny, Lehrb., S. 41 ff., passim.; Lukarsch, Art. Versicherung als Wirtschaftsgut III., Handwörterbuch der Versicherung (HdV), 1988, S. 959 ff., m. w. Nachw. Giarini, (Hrsg.), The Emerging Service Economy, (Pergamon Press), 1987, 2. Aufl. gemeinsam mit Stahel, 1993.

schaffen, sondern sich auf Bestimmungen für einzelne öffentlich- oder privatrechtliche Dienstleister beschränkt. Der Daseinsvorsorgegedanke im Verwaltungsrecht, der bezüglich der Leistungsverwaltung fortgesetzt wurde und eingehende Regelungen im Sozialversicherungs- und Sozialhilferecht gefunden hat, gehört ebenso hierher wie die Vorschriften über den Dienstvertrag (betr. Dienste höherer Art), das Arbeitsrecht und die Rechte zahlreicher Dienstleistungsberufe. Ob eine der Produkthaftung entsprechende allgemeine Dienstleistungshaftung legislatorisch ein Erfolg werden kann, ist nicht sicher.

Der Ansatz, die Aufgliederung der Pflichten des Versicherungs-Dienstleisters, wie Farny sie sieht, dürfte auch weiterhin geeignet sein, den Pflichtinhalt der Versichererseite zu konkretisieren. Weil eine bloße Geldleistungsverbindlichkeit durch ein Bündel sog. Nebenpflichten ergänzt werden muß, ist auch unter diesem Gesichtspunkt die umfassendere Gefahrtragungskonzeption begründet.

7. Der Versicherer als gewerblich tätiger Übernehmer von Risiken im Risikotransfer hat zwangsläufig die Kunst der Risikobeurteilung wesentlich vervollkommnet. Die Risikopolitik ist als betriebliche Funktion Gegenstand der wissenschaftlichen Forschung[45]. Die Betriebswirtschaftslehre betrachtet sie u. a. als „Gegenstand der Erhaltungspolitik des Versicherungsunternehmens" selbst. Konzeption und Methode werden aber unter der schlagkräftigen Formulierung *Risk Management*[46] auf alle Unternehmen übertragen, wobei Versicherungsnehmer die technische und psychologische Sicherheitspolitik und die Optimierung der eigenen Versicherungspolitik in der Managementebene zusammenfassen[47]. Im Risk Managementgedanken kommt, ebenso wie im Verbraucher- und im Umweltschutzgedanken, etwas vom Unsicherheitsbewußtsein unserer Zeit zum Ausdruck[48]. Im Versicherungsvertragsrecht gibt es nur ältere, sehr allgemeine, und bestimmte sektorale Entsprechungen unter dem Gesichtspunkt der Schadenverhütung[49] i. w. S., nach dem es dem Versicherten verwehrt ist, eine Gefahrerhöhung vorzunehmen („Gefahrstandspflicht"),

---

45 Heilmann und Karten, Art. Risikopolitik der Versicherungsunternehmen, Handwörterbuch der Versicherung (HdV), 1988, S. 659 m. ausführl. Lit.-Angaben.
46 Helten, Risk Management und Versicherung, Mannheimer Vorträge Nr. 2, o. J. (Ende der 70er Jahre) unter Heranziehung vor allem angelsächsischen Materials.
47 Mugler, Art. Risk Management, Handwörterbuch der Versicherung (HdV), 1988, S. 679 ff.; Farny, ZVersWiss 1983 S. 575 ff.; Haller, Risk-Management und Versicherung, Versicherungswirtschaftliches Studienwerk, Heft 13, 1981, S. 513 ff.
48 Vgl. R. Schmidt, Zur Entwicklung des Verbraucherschutzes im Umgang mit Versicherungsprodukten, in „Versicherungsforum" Heft 12, 1993, S. 27 ff., R. Schmidt, Künftige Umwelten und Versicherungen (Einführung in das Generalthema), ZVersWiss 1992, S. 1 ff.
49 Damit werden nicht etwa Schadenverhütungsinitiativen einzelner Versicherer und Versicherungsgruppen oder Versicherungsbranchen in Frage gestellt. Aus der sehr umfangreichen Schadenverhütungsliteratur sei hier nur hingewiesen auf Nicklisch (Hrsg.), Prävention im Umweltrecht, 1988 und darin insbes. H. Siebert, Haftung ex post versus Anreize ex ante, S. 111 ff.

Sicherungsobliegenheiten zu verletzen oder den Versicherungsfall herbeizuführen. Zwar ist durch besondere in die Versicherungsverträge aufzunehmende Sicherheitsvorschriften, durch berufsgenossenschaftliche oder sondergesetzliche Bestimmungen ein umfangreiches Vorschriftenwerk (besonders für technische Einrichtungen) geschaffen worden. In diesem Zusammenhang können unter Sicherheitsgesichtspunkten getroffene (nicht im Wettbewerb novellierte) Prämiendifferenzierungen als Anreizungstatbestände wirken[50]. Auch müssen die Schadensselbstbehalte i. w. S. in diesem Zusammenhang genannt werden.

8. Es seien *zwei abschließende Bemerkungen* gestattet, eine erste, die nochmals auf den Rahmen dieser Skizze zurückkommt, und eine zweite, die noch einmal auf die Bedeutung der betriebswirtschaftlich gewonnenen Erkenntnisse für das Recht eingeht.

Die vorstehenden Überlegungen waren darauf abgestellt, die Bedeutung der Ergebnisse betriebswirtschaftlicher Forschung für das geltende Recht vor allem für die Auslegung und Anwendung des geltenden Rechts durch Juristen zu erkennen. Es wird also vom Recht her, auf diese Ergebnisse geblickt, während andererseits die *ökonomische Analyse des Rechts*[51] volkswirtschaftliche und wirtschaftspolitische Erkenntnisse zum Maßstab des Rechts, vor allem in Gestalt der Kritik und der Vorschläge für die Gestaltung und die Weiterentwicklung des Rechts macht. Die wissenschaftliche Befassung der Rechtstheoretiker und Rechtspolitiker mit dieser Forschungsrichtung steckt noch in den Anfängen. Im Rahmen dieses speziellen Festschriftbeitrags beschränkt sich der Verfasser daher auf den vorliegenden Hinweis.

Seit dem Aufsatz des Verfassers „Rechtliche und betriebswirtschaftliche Zugänge zu Sachverhalten der Versicherungswirtschaft – ein gedankli-

---

50 Farny, Lehrb., S. 55, 82; zur Schadens- und zur Bestandspolitik, S. 341 ff.
51 Die bekanntlich auf wohlfahrtsökonomische Überlegungen Pigous († 1959) zurückgehende Denkrichtung us-amerikanischer Juristen insbes. von Coase (1960), Calabresi (1961 und 1972) und Posner (seit 1973 in mehreren Arbeiten) bis dahin entwickelt, hat in Europa in jüngster Zeit ein relativ breites Echo gefunden. Einer der Ansatzpunkte, die „sozialen Kosten", war in Anbetracht der Gewichtung des Rechtsanspruchs als Konstruktionselement des Privatrechts weit in den Hintergrund getreten. Die „Property Rights" bedeuten zudem einen neueren wesentlichen Gesichtspunkt, ohne daß diese Gedanken in die privatrechtlichen Denksysteme eingefügt worden sind. Ihre Bedeutung für das Haftpflicht- und auch das Versicherungsrecht wird wahrscheinlich noch viel stärker hervortreten. (Vgl. hier nur: Adams, Ökonomische Analyse der Gefährdungs- und Verschuldenshaftung, 1985; Schäfer und Ott, Lehrb. d. ökonom. Analyse des Zivilrechts, 1986, S. 85 ff., 205 ff.; Kötz, Haftungsausschlußklauseln, eine ökonomische Analyse, VersR „25 Jahre Karlsruher Forum", 1983, S. 141 ff.; allerdings widmet Fikentscher in seinem fünfbändigen Werk „Methoden des Rechts", 1975 – 1977, Bd. 3, S. 437, diesen Gedanken nur einen registrierenden Satz; vgl. aber zur Rechtssoziologie dort S. 387 ff., 637 ff., zur Wertegewinnung Bd. 4, S. 608 ff.). Mit der Überwindung des Satzes iudex non calculat (so zutr. Kötz) ist es nicht getan. Es kommt darauf an, abgesicherte wirtschaftliche Überlegungen heranzuziehen und nur an der richtigen Stelle zu rechnen.

cher Versuch"⁵² hat die Betriebswirtschaftslehre methodisch und in den verschiedenen Forschungsfeldern ihre dynamische Entwicklung fortgesetzt. Der sie beobachtende und gedanklich begleitende, ihre Bedeutung auch in der Praxis verfolgende Jurist hatte Veranlassung, den Gedanken nach 15 Jahren wieder aufzunehmen und es erneut zu versuchen, zumal die der Verwirklichung des Gemeinsamen Marktes dienenden Schritte der Gemeinschaft und der Mitgliedstaaten die Bedeutung der ökonomischen Wissenschaften und Auswirkungen auf das Recht, seine Auslegung und legislatorische sowie judizielle Weiterbildung, durchaus vergrößert haben. In der vorliegenden, mehr induktiven und sehr selektiven Analyse kam es dem Verfasser darauf an, einige Gedanken zur Sache vorzutragen, die weder eine Präponderanz der einen noch der anderen Wissenschaft zum Ausdruck bringen. Es sollte gezeigt werden, daß die Lebenstatsachen, mit denen sich das Recht in seiner auf eigenständigen Regelungsprinzipien, vor allem solchen der Gerechtigkeit beruhenden gesellschaftlichen Funktion befaßt, auf dem hier behandelten Gebiet weitaus überwiegend wirtschaftliche Sachverhalte sind. Die Versicherungsbetriebslehre hat diese Sachverhalte aufgehellt, Funktionszusammenhänge aufgeklärt, Interessenlagen und Abhängigkeitsverhältnisse erkennbarer gemacht und dabei nicht nur Güterbewegungen und Märkte, Produktherstellung und Geldströme verfolgt, das Wissen um Dienstleistungsgeschäfte vertieft, sondern auch die Information⁵³ als „intermolekulares Fluidum" der Gesellschaft zu analysieren begonnen. Der Jurist wäre schlecht beraten, wenn er diese wissenschaftlichen Erkenntnisse nicht seinerseits kritisch zu verarbeiten suchte⁵⁴. Dies wird um so leichter sein, solange die betriebswirtschaftliche Analyse nicht lediglich von einem der Betriebe, dem Versicherungsunternehmen, ausgeht, sondern die Abnehmer- und die Vermittlerseite gleichermaßen berücksichtigt und zugleich volkswirtschaftliche Auswirkungen im Auge behält. Es wurde deutlich, welch großen Anteil Dieter Farny's bisherige Lebensleistung an der Entwicklung der Versicherungsbetriebslehre und ihrer allgemeinen Bedeutung hat.

---

52 In Festschrift für Fritz Hauß, 1978, S. 321 ff.
53 W. Müller, Das Produkt Versicherung, Festschrift für W. Seuß, 1981, S. 155 ff., P. Seng, Informationen und Versicherungen, 1989, Loubergé (Hrsg.) Information and Insurance, Gedächtnisschrift Karl H. Borch (Kluwer), 1989.
54 Methodisch interessant ist die parallele Wertung juristischer und ökonomischer Gedanken in den Arbeiten von Angerer, der Jurist und Betriebswirt ist, z. B. in Aufsichtsrechtliche Probleme bei Versicherungsgruppen und -konzernen, 1985.

J.-Matthias Graf v. d. Schulenburg*

Grundsicherung durch Gesetzliche Krankenversicherung, Nachfrage nach ergänzenden Krankensicherungssystemen
– einige theoretische Grundlagen –

I. Prolog

„Ein Gespenst geht um in Europa – das Gespenst der Kostenexplosion im Gesundheitswesen. Alle Mächte des alten Europa haben sich zu einer heiligen Hetzjagd gegen dieses Gespenst verbündet..."[1].

Eine Lösung, um dieses Gespenst zu vertreiben, heißt „Grundsicherung". Dabei hat man die Vorstellung, daß das gesetzliche Krankenversicherungssystem auf eine „Grundsicherung" abgespeckt werden soll. Darüber hinausgehende Gesundheitsleistungen werden entweder von der Privaten Krankenversicherung oder vom Patienten direkt finanziert.

Nun wird der Begriff Grundsicherung und damit der Begriff Zusatzversicherung nicht immer gleich verwandt, so daß für eine wissenschaftliche Behandlung des Verhältnisses von Grundsicherung und Zusatzsicherung bzw. ergänzende Sicherung eine definitorische Abgrenzung notwendig ist.

Unter Grundsicherung wird hier ein (soziales) Krankenversicherungssystem verstanden, in dem die Gesamtheit oder genau definierte Teile der Bevölkerung aufgrund gesetzlicher Regelungen pflichtversichert sind. Dabei ist es unerheblich, ob die Pflichtversicherung durch private oder staatliche Institutionen erfolgt und wie dieses Pflichtversicherungssystem finanziert wird (d. h. durch Steuern, Abgaben, Beiträge oder Versicherungsprämien).

Eine Zusatzversicherung bzw. ergänzende Gesundheitssicherungssysteme sind Krankenversicherungssysteme, die von staatlichen oder privaten In-

---

* Eine frühere Fassung dieses Aufsatzes wurde als Referat auf dem EC Seminar Complementary Health Systems in European Communities in Prien am Chiemsee, 14.–16. 10. 1992, gehalten.
1 Marx/Engels (1848), S. 25.

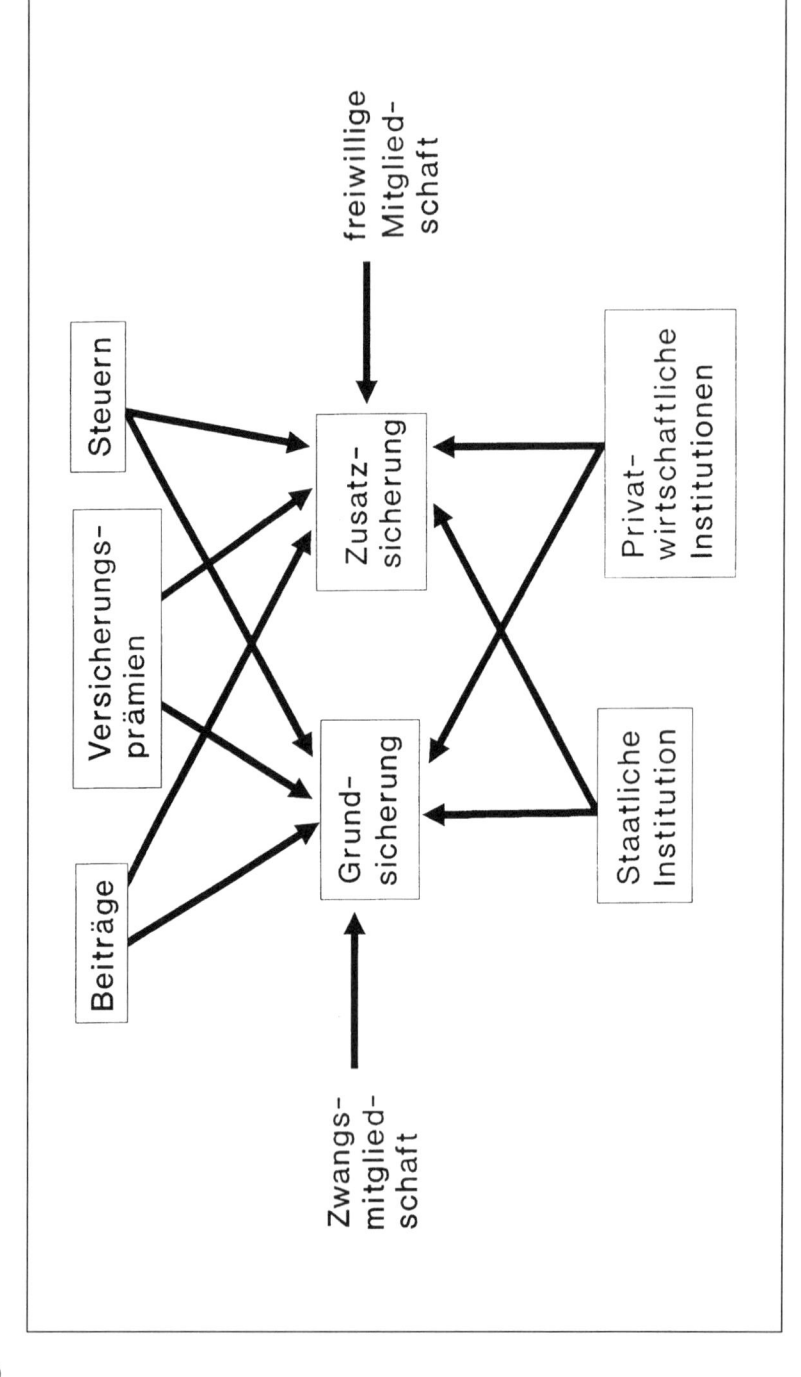

Abbildung 1: Grundsicherung und ergänzende Sicherung (Zusatzsicherung)

stitutionen zur Abdeckung von Krankheitskosten angeboten werden und die nicht auf Pflichtmitgliedschaft beruhen. Auch hier ist es wieder gleichgültig, ob diese Systeme durch Beiträge oder Versicherungsprämien finanziert werden und ob steuerliche Subventionen bzw. Steuervergünstigungen bei der Finanzierung gewährt werden. Abbildung 1 stellt den Sachverhalt graphisch dar.

Zu den Zusatzversicherungen gehören auch berufsständische Sicherungssysteme, die nicht eine Pflichtversicherung darstellen.

Grundsicherungssysteme für die Krankenversicherung gibt es in allen industrialisierten Staaten. Nur in Südafrika und den USA sind sie auf ganz enge Bevölkerungsgruppen eingeschränkt (Arme, Alte, best. ethnische Gruppen). Ergänzende Sicherungssysteme gibt es in vielfältiger Form, so z. B. als Zusatz- und Vollversicherungen, die von privaten Krankenversicherern angeboten werden. Dabei ist die Finanzierung, einschließlich der steuerlichen Absetzbarkeit und der Wahl des Finanzverfahrens (Umlageverfahren vs. Kapitaldeckungsverfahren), sehr unterschiedlich. Tabelle 1 gibt einen Überblick über die vorherrschenden Bedingungen bei der privaten Krankenversicherung in den EG-Staaten.

So einfach und überzeugend der Gedanke einer Grundsicherung, d. h. einer Beschränkung der sozialen Krankenversicherung auf das Notwendige und als sozialpolitisch unabweisbare, klingt, so schwierig stellt sich die Abgrenzung der Grundsicherung in der Praxis dar. Insbesondere stellen sich folgende Fragen:

(1) Welche Personengruppen sollen von der Grundsicherung erfaßt werden?

(2) Welche Gesundheitsleistungen sollen von der Grundsicherung erfaßt werden?

(3) In welchem Umfang sollen die Kosten für diese Gesundheitsleistungen von der Grundversorgung übernommen werden?

(4) Wie soll die Grundversorgung organisiert und finanziert werden?

Bezüglich der ergänzenden Gesundheitssicherungssysteme stellen sich die Fragen:

(5) Soll der Staat für die ergänzende Versorgung einen gesetzlichen und gegebenenfalls organisatorischen Rahmen schaffen?

(6) Soll die ergänzende Gesundheitssicherung durch Subventionen oder Steuererleichterungen gefördert werden?

(7) Soll die ergänzende Gesundheitssicherung durch aktuarisch ermittelte Prämien, durch einkommensabhängige oder nach dem Umlageverfahren kalkulierten Beiträgen und/oder durch Zuwendungen der Arbeitgeber finanziert werden?

Tabelle 1: Vorherrschende Bedingungen in der PKV in Europa

Land	Prämien Kalkulation	Höchsteintrittsalter PKV	Kündigungsmöglichkeit*	Subventionen	Individualversicherung Steuerbefreiung, Prämien
B	Nominal/ Risiko	65	3jährige Probezeit	kleine Risiken	Ja, Arbeitnehmer
BRD	Risiko	65 – 70	nein	nein	bis zu bestimmten Höchstbeträgen
DK	Nominal	60		ja	nein
E	Nominal	– (65)	ja	nein	bis zu 15 %
F	Gehalt	60	3jährige Probezeit	nein (PKV 9 % Steuer)	ja, Selbständige
GB	Risiko	64 (50 – 75)		nein	ab 60 Jahren
GR	Risiko			nein	ja
I	Risiko			nein	nein
IRL	Nominal			nein	nein
L	Nominal	70		nein	ja
NL	Risiko	65	nein	nein	ab bestimmter Prämienhöhe
P	Nominal/ Risiko	60	bis 70 Jahre	nein	ja

* der Privaten Krankenversicherung

Quelle: M. Schneider, Ergänzende Grundsicherung im Vergleich zur Grundversorgung: ein Überblick, Referat auf dem EC Seminar in Prien am Chiemsee vom 14. – 16. 10. 1992

Alle diese Fragen sind sowohl in Politik und Öffentlichkeit als auch unter Wissenschaftlern diskutiert worden und können Ausgangspunkt einer theoretischen Analyse ergänzender Gesundheitssicherungssysteme sein[2]. Erwähnt sei, daß sich die Fragen ähnlich für die Alterssicherung stellen, wobei dort bereits mit dem Drei-Säulen-Konzept ein theoretischer Argumentationsrahmen entwickelt wurde[3]. Im nachfolgenden soll allerdings ein anderer Blickwinkel gewählt werden, nämlich der der modernen Risiko- und Versicherungstheorie. Sie stellt u. a. die Frage, welchen Einfluß die Pflichtversicherung auf das Risk Management der Menschen und welchen Einfluß eine Ausweitung bzw. Einschränkung der Grundgesundheitssicherung auf die (freiwillige) ergänzende Gesundheitssicherung hat.

Dieser Beitrag gliedert sich wie folgt: Im II. Teil wird zunächst der Argumentationsrahmen vorgestellt. Im III. Teil wird anhand eines mikroökonomischen Modells eines Individuums die Beziehung zwischen Grundsundheitssicherung und der Ergänzungsversorgung dargestellt. Im IV. und letzten Teil werden schließlich einige Schlußfolgerungen gezogen.

II. Der Argumentationsrahmen der modernen Risiko- und Versicherungsökonomik

Die Aufteilung der Krankheitskostenrisiken auf ein Grundsicherungssystem, ein ergänzendes Gesundheitssicherungssystem und den Teil, welcher der Eigenversorgung der Menschen verbleibt, führt zu einer Separierung des Risikos und der Krankenversicherung.

Die aus dieser Separierung resultierenden Konsequenzen werden anhand der Abbildung 2 verdeutlicht[4].

Das gesamte Risiko eines Menschen ist dabei durch einen Kreis oder „Kuchen" dargestellt. Die linke Darstellung entspricht dem herkömmlichen gedanklichen Rahmen, so wie er in traditionellen Versicherungsmodellen gewählt wird[5]: Das Individuum entscheidet, in welchem Umfang es sich versichert, risikovermeidende oder -vermindernde Aktivitäten ergreift (z. B. Grippeschutzimpfungen vornimmt) oder Risiken selber trägt. Zu berücksichtigen wäre noch, daß der „Kuchen" meist nach Versicherungsabschluß größer wird, da ein hierdurch induziertes Steigen der Schadenwahrscheinlichkeiten und -höhen zu erwarten ist (z. B durch Moral Hazard[6]).

---

2 Vgl. zur aktuellen Diskussion in Deutschland z. B. Schulenburg (1992).
3 Vgl. z. B. Schmähl (1991).
4 Vgl. Schulenburg (1984), S. 310/311.
5 Vgl. Mossin (1968), Smith (1968) und Ehrlich/Becker (1972).
6 Vgl. Strassl (1988) sowie Stiglitz (1977) und Hellwig (1987).

Abbildung 2: Das Problem separierter Versicherungsmärkte

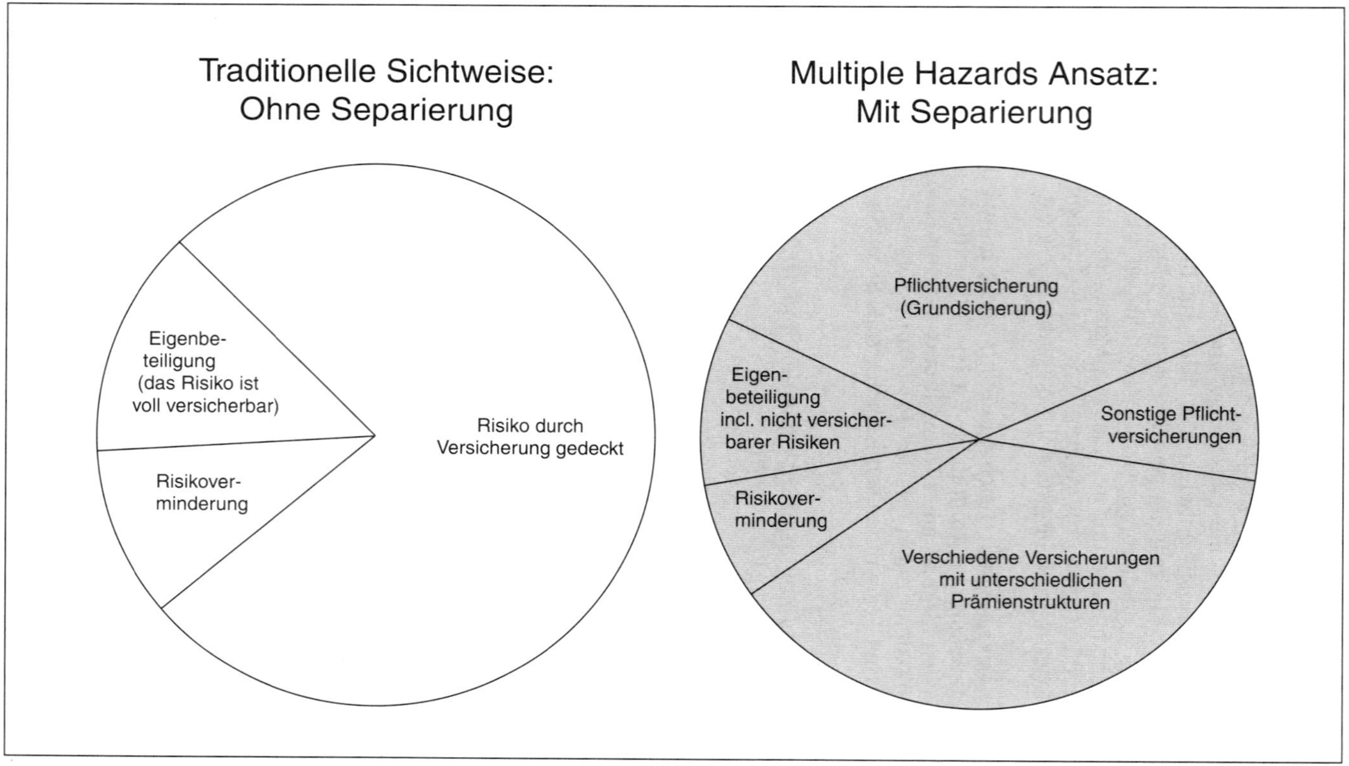

Traditionelle Sichtweise:
Ohne Separierung

- Risiko durch Versicherung gedeckt
- Eigenbeteiligung (das Risiko ist voll versicherbar)
- Risikoverminderung

Multiple Hazards Ansatz:
Mit Separierung

- Pflichtversicherung (Grundsicherung)
- Sonstige Pflichtversicherungen
- Verschiedene Versicherungen mit unterschiedlichen Prämienstrukturen
- Risikoverminderung
- Eigenbeteiligung incl. nicht versicherbarer Risiken

444

In der Realität (rechte Seite der Darstellung) wird ein Großteil des Risikos durch eine Pflichtversicherung – d. h. die soziale Grundsicherung – abgedeckt, die für einige Personengruppen zu Versicherungsbeiträgen gewährt werden, die unter der aktuarischen Nettoprämie liegen (bei freier Entscheidung würde hier das Individuum eine Überversicherung wünschen). Manche Risiken können gar nicht durch Versicherung abgedeckt werden, während für andere eine Vielzahl von verschiedenen Policen zur Verfügung stehen. Diese separierte – z. T. pflichtmäßige, z. T. freiwillige – Versicherungsdeckung läßt die Größe des Gesamtkuchens nicht unberührt, da die Teilrisiken in der Regel nicht unabhängig voneinander sind, sondern positive oder negative Korrelation aufweisen.

Die Frage ist nun, welchen Einfluß eine Ausdehnung oder – was aktueller erscheint – eine Verminderung der Grundsicherung auf das Verhalten der Individuen hat. Es wird gegebenenfalls sein Risk Management verändern und zwar in folgenden Bereichen[7]:

(1) *Risikovermeidung:* Sportarten, Ernährungsgewohnheiten und sonstige Aktivitäten, die zu einer potentiellen Gesundheitsbeeinträchtigung führen, werden eingeschränkt. Durch eine veränderte Lebensweise werden die Versicherten versuchen, Krankheitsrisiken, die vorher de facto in Kauf genommen wurden, einzuschränken.

(2) *Risikominderung:* Die Versicherten könnten versuchen, Schadenverhütungs- und Schadenverminderungsaktivitäten zu verstärken. Im Fall der Schadenverhütung wird die Krankheitswahrscheinlichkeit durch präventive Maßnahmen reduziert, während zur Schadenverminderung beispielsweise eine rechtzeitige Inspruchnahme von Früherkennungsmaßnahmen beiträgt.

(3) *Risikovorsorge:* Krankheit kann die wirtschaftliche Existenz des Betroffenen bedrohen, zumal wenn dieser über keinen umfassenden Krankenversicherungsschutz verfügt. Durch ausreichende Kapitalbildung können die Menschen dieses „Ruinrisiko" jedoch vermindern. Deshalb ist es nicht unwahrscheinlich, daß eine Selbstbeteiligung zu vermehrter Spartätigkeit und möglicherweise auch vermehrter Humankapitalbildung führt.

(4) *Risikoübertragung:* Neben der Gesetzlichen Krankenversicherung bestehen private Versicherungsmärkte, auf denen ergänzender Krankenversicherungsschutz in der Form einer Zusatzversicherung erworben werden kann. Die Minderung des gesetzlichen Krankenversicherungsschutzes kann zu einer verstärkten Nachfrage nach privater Krankenversicherung beitragen.

---

7 Vgl. Schulenburg (1987), S. 110–121.

(5) *Risikopoolung und -streuung:* Das Krankheitskostenrisiko ist nur ein Teil des Gesamtrisikos, welches das menschliche Leben mit sich bringt und das von Individuen getragen werden muß. Menschen haben ein Portfolio von unsicheren Positionen. Jede Aktivität, die ein Teilrisiko betrifft, wirkt sich auch auf das Portfolio insgesamt aus und führt aufgrund bestimmter Risikopoolungs- und Streuungseffekte entweder zu einer Verminderung oder zu einer Erhöhung des Gesamtrisikos. Aus der Portfoliotheorie sind derartige Vorgänge unter anderem als Hedging und Spekulation bekannt. So ist nicht auszuschließen, daß eine Verminderung des Schutzes der Gesetzlichen Krankenversicherung zu Wirkungen auf ganz anderen Versicherungsmärkten führt, da das Gesundheits- und Krankheitskostenrisiko zum Beispiel nicht völlig unabhängig vom Arbeitslosen-, Todesfall-, Erwerbseinkommens- oder Verkehrsopferrisiko ist.

Diese Auflistung risikopolitischer Maßnahmen nimmt weder für sich in Anspruch, vollständig und konsistent zu sein, noch ist sie als Arbeitsgliederung geeignet. Hierzu sind die Begriffe zu wenig operational. Dennoch verdeutlichen sie die Bandbreite des Anpassungsverhaltens des Versicherten. Viele Teilfragen sind bereits in der Literatur ausführlich diskutiert worden[8]. Empirische Analysen sind bislang hingegen kaum vorgelegt worden.

Eine Frage ist allerdings von besonderem Interesse für die Gestaltung der Finanzierung der Grund- und Zusatzsicherung und soll deshalb hier explizit aufgegriffen werden: Welche Auswirkungen sind auf die Nachfrage nach sonstigen Versicherungen zu erwarten, wenn der Pflichtversicherungsschutz reduziert wird? Zur Beantwortung dieser Frage sind gerade in jüngster Zeit eine Reihe von theoretischen Arbeiten erschienen, die dem hier präsentierten Argumentationsrahmen zugrunde gelegt werden[9].

Gegenstand unserer Betrachtung ist also die Beziehung zwischen Grundsicherung und der Nachfrage nach zusätzlicher Gesundheitssicherung. Wie verändert sich die Nachfrage nach zusätzlicher freiwilliger Krankenversicherung, wenn die bestehende Grundsicherung vermindert wird?

Die Antwort hängt u. a. von dem Preis der Sicherungssysteme ab. Um dies deutlich zu machen, ist es zweckmäßig, sich die wichtigsten Ergebnisse der traditionellen Versicherungsnachfragetheorie nochmals zu vergegenwärtigen, wie sie etwa von Arrow, Mossin und Smith entwickelt

---

8 Vgl. zum Beispiel Ehrlich/Becker (1972), Doherty (1976), S. 9–28, Shavell (1979), Sinn (1980), S. 326–348, Dionne/Eeckhoudt (1982) und Schlesinger/Schulenburg (1987) und Briys/Schlesinger/Schulenburg (1991).
9 Vgl. erste Ansätze hierzu Schulenburg (1986) und Garboua (1991).

wurde[10]. Dabei wird ein risikoaverses Individuum betrachtet, das von einem Risiko bedroht wird. Gegen dieses Risiko kann es sich jedoch gegen Zahlung einer Versicherungsprämie $P = E + Z$ versichern. Dabei besteht diese aus zwei Teilen, nämlich der erwarteten Versicherungsleistung E und einem Zuschlag Z, d. h. einem Entgelt für die Bereitschaft der Übernahme von Risiken (Verwaltungskosten, Abschlußkosten, Sicherheitszuschläge, Gewinnanteile). Die traditionelle Versicherungsnachfragetheorie hat gezeigt, daß die optimale Nachfrage nach Versicherungsschutz wie folgt gekennzeichnet ist:

– Ist der Zuschlag gleich Null („faire Prämie"[11]), das heißt entspricht die Prämie den erwarteten Versicherungsleistungen, so ist es für das Individuum optimal, sich voll zu versichern. In diesem Falle ist E gleich dem erwarteten Schaden.

– Übersteigt die Prämie die erwartete Versicherungsleistung ($Z > 0$), so ist es in der Regel für den Versicherten nicht optimal, sich voll zu versichern. Das Individuum wird hingegen einen Selbstbeteiligungsvertrag wünschen.

– Eine Ausnahme hiervon bildet die fixe Zuschlagsprämie. Bei ihr übersteigt die Versicherungsprämie die Versicherungsleistung immer um einen festen Betrag. Sie bedingt, daß es optimal ist, entweder sich gar nicht oder – wie im Falle der „fairen Prämie" – voll zu versichern.

– Tritt hingegen der Fall auf, daß der Zuschlag negativ ist (Subventionsprämie), so kann es optimal sein, einen Überversicherungsschutz anzustreben. In diesem Fall übersteigt E den erwarteten Schaden. Tabelle 2 faßt die Hypothesen der traditionellen Versicherungsnachfragetheorie schematisch noch einmal zusammen.

Aus diesen Hypothesen könnten vorschnell wohlfahrtsökonomische Implikationen über einen vollen Pflichtversicherungsschutz gezogen werden. So könnte beispielsweise argumentiert werden, daß für alle diejenigen eine Reduktion des Versicherungsschutzes der Gesetzlichen Krankenversicherung optimal ist, die einen Krankenkassenbeitrag zahlen müssen, der die erwarteten Leistungen übersteigt. Hingegen würden diejenigen gerne einen Überversicherungsschutz erhalten, die einen relativ geringen Beitrag zu leisten haben. Derartige Schlußfolgerungen sind wohl

---

10 Vgl. Arrow (1963, 1974), Pashigian/Schkade/Meneffe (1966), Smith (1968), Sandmo (1969), Hofflander/Renshaw (1971), Borch (1974), Kunreuther (1976), Moffet (1977), Cook/Graham (1977).
11 Die in der Versicherungsmathematik und Ökonomik eingeführte Bezeichnung „faire" Prämie verleitet zu Fehlinterpretationen, da hierbei „fair" nicht im Sinne von gerecht oder Normen beachtend (wie im Sport oder Geschäftsleben) verstanden werden darf. Vgl. hierzu Eisen (1979), S. 41, Fußnote 34.

Tabelle 2: Prämienstruktur und optimale Versicherungsnachfrage im Ein-Risiko-Modell

	Bruttoprämie	Zuschlag	optimale individuelle Versicherungsnachfrage
„faire Prämie"	$P=E$	$Z=0$	Vollversicherung
Proportionale Zuschlagsprämie	$P=(1+f)E$	$Z=fE$	Abzugsfranchise
Risikozuschlagsprämie	$P=E+bV$	$Z=bV$ V=Risikomaß für das zedierte Portefeuille	u. a. proportionale Selbstbeteiligung (hängt von Z und der konkreten Zielfunktion ab)
fixe Zuschlagsprämie	$P=E+Z$	$Z>0$	Vollversicherung oder gar keine Versicherung
Subventionsprämien	$P<E$	$Z<0$	Überversicherung, Vollversicherung, wenn „Subvention" fix

kaum zulässig. Es wird den Versicherten nämlich häufig schwer fallen, überhaupt eine Verbindung zwischen Krankenkassenbeitrag und Leistung zu sehen, da die Beitragsabrechnung in der Gesetzlichen Krankenversicherung völlig unabhängig von der Leistungsseite ist. Darüber hinaus bestehen auch keine Wahlmöglichkeiten über den Umfang des Versicherungsschutzes. Dies macht es für den Versicherten unmöglich, die Prämienstruktur, das heißt eine Beziehung zwischen Prämie und erwarteter Leistung, zu erkennen. Allerdings bietet die Theorie eine Erklärung dafür, warum in westlichen Industriestaaten ein so umfassender Krankenversicherungsschutz selbst in den Bereichen nachgefragt wird, in denen keine Pflichtversicherungsvorschriften bestehen. Krankenversicherungsschutz wird nämlich in den meisten Ländern durch die steuerliche Absetzbarkeit der Versicherungsprämien und durch Arbeitgeberzahlungen subventioniert. Je stärker dies der Fall ist, um so attraktiver werden für den Versicherten der Gesetzlichen Krankenversicherung Zusatzversicherungen und für den Privat- beziehungsweise freiwillig Versicherten ein voller Krankenversicherungsschutz.

Nach diesem Exkurs über die Ergebnisse der traditionellen Versicherungsnachfragetheorie wollen wir zu der Ausgangsfragestellung zurückkehren, um den Zusammenhang zwischen Grundgesundheitssicherung und der Nachfrage nach Zusatzsicherung herauszuarbeiten.

III. Ein Mehr-Risikomodell zur Analyse des Verhältnisses von Grundgesundheitssicherung und ergänzender Gesundheitssicherung

Um die Analyse so einfach wie möglich zu halten, findet eine Beschränkung auf ein Modell mit zwei Risiken statt. Ausgangspunkt bildet die Annahme, daß ein als repräsentativ betrachtetes risikoaverses Individuum folgende Zielfunktion habe:

(1)   max $U(EY,VY)$ mit $U_{EY}>0>U_{EYEY}$, $U_{VY}<0$.

EY und VY bezeichnen dabei den Erwartungswert und die Varianz des verfügbaren Einkommens Y. Der Einfachheit halber wird hier ein Mittelwert-Varianzansatz gewählt, der unter bestimmten Bedingungen[12] eine gute Approximation des Erwartungsnutzenkonzeptes darstellt[13]. Weiterhin soll angenommen werden, daß zwei Risiken bestehen: das Risiko, welches von der Grundgesundheitssicherung gedeckt wird und zu stochastischen Kosten K führt, und das Risiko der ergänzenden Sicherung, welches Schäden in Höhe von W impliziert. Das vor Eintritt der Schäden zur Verfügung stehende Einkommen sei fix gegeben mit $Y°$. Hieraus folgen die Definitionsgleichungen:

(2) $Y=Y°-K-W$, beziehungsweise
       $EY=Y°-EK-EW$,

und

(3) $VY=VK+VW+2Cov$
       mit $Cov=E[(K-EK)(W-EW)]$.

Cov bezeichnet die Kovarianz zwischen den beiden Risiken. Die Grundgesundheitssicherung übernimmt

(4) $Z^K=q^+K$, $q^+>0$

---

12 Vgl. Kraft/Schulenburg (1986).
13 Vgl. Schneeweiß (1967). Hakansson (1971), Borch (1974), Levy/Markovitz (1979) und Sinn (1980). Sinn (1983), S. 120, stellt sogar fest: „In majority casses ... despite views to the contrary expressed occasionally by some authors, there is no justification for claiming a higher degree of generality for the expected-utility approach than for the (mean standard deviation) approach."

der Kosten. Dabei bezeichnet q den Deckungsgrad bzw. (1–q) die Selbstbeteiligungsquote. q^+ ist durch gesetzliche Regulierungen festgelegt[14]. Bei einer Erhöhung der Selbstbeteiligung oder ein Absenken der Grundsicherung sinkt q^+. Für das andere Risiko besteht ebenfalls Versicherungsschutz durch die ergänzende Gesundheitssicherung

(5) $Z^w = \tau W, \tau \geq 0$,

wobei τ, d. h. der Deckungsgrad bei der Zusatzsicherung, jedoch frei wählbar ist.

Die Versicherungsbeiträge weichen von den erwarteten Schadenkosten um einen Zuschlagsfaktor ab:

(6) $P^K = (1+f^K)E(Z^K)$

(7) $P^w = (1+f^w)E(Z^w)$, $f^w > 0$.

Der Zuschlag f^w ist positiv, da bei richtiger Einschätzung des Risikos ein Privatversicherer nur dann bereit sein wird, eine Deckungszusage zu geben, wenn die Prämie P^w die erwartete Versicherungsleistung überschreitet. Da in der Grundsicherung der Beitrag nicht nach aktuarischen, sondern nach sozialen Gesichtspunkten festgelegt wird, ist f^K für hohe Einkommensbezieher tendenziell positiv und für niedrige Einkommensbezieher negativ.

Für (2) und (3) kann nun geschrieben werden:

(8) $EY(q^+,\tau) = Y° - (1+q^+f^K)EK - (1+\mu f^w)EW$

(9) $VY(q^+,\tau) = VK(q^+) + VW(\tau) + 2\text{Cov}(q^+,\tau)$

mit $VK(q^+) = (1-q^+)^2\ VK(0)$,
        $VW(\tau) = (1-\tau)^2\ VW(0)$

und $\text{Cov}(q^+,\tau) = (1-q^+)(1-\tau)\ \text{Cov}(0,0)$.

Offensichtlich ist bei Vollversicherungsschutz ($q^+ = \tau = 1$) die Varianz des Einkommens gleich Null.

VL(0), VW(0) und Cov(0,0) entsprechen den Varianzen und der Kovarianz, wenn kein Versicherungsschutz existieren würde. Bei gegebenen Schadenkostenverteilungen sind diese Ausdrücke gegeben. Anhand des Modellrahmens können nun erste Ergebnisse abgeleitet werden. Dabei

---

14 Ein Kreuz (+) bedeutet, daß die Variable durch regulative Eingriffe festgelegt ist, während ein Stern (*) einen Optimalwert bezeichnet.

wird in folgenden Schritten vorgegangen. Ausgangspunkt bildet die Annahme, daß der Umfang des gesetzlichen Krankenversicherungsschutzes vorgegeben ist, während der Versicherungsschutz gegen das W-Risiko (Zusatzkrankensicherung) vom Individuum frei gewählt werden kann. Es stellt sich dabei zunächst die Frage, wie hoch der optimale Privatversicherungsschutz angesichts eines gegebenen gesetzlichen Pflichtversicherungsschutzes ist.

Durch Einsetzen von (8) und (9) in (1) sowie Ableiten und Auflösen nach τ erhalten wir als Bedingung 1. Ordnung für ein internes Maximum

(10) $\quad \tau^* = \dfrac{\overset{>0}{U_{EY}f^w EW} + \overset{<0}{U_{VY}2VW(0)} + U_{VY}(1-q^+)2\mathrm{Cov}(0,0)}{\underset{<0.}{U_{VY}2VW(0)}}$

Aus (10) resultiert unmittelbar[15]

Folgerung 1: Wenn die Prämie für die ergänzende Sicherung aktuarisch fair ist ($f^w=0$) und die Kovarianz zwischen den beiden Risiken Null ist, so ist voller Versicherungsschutz optimal, das heißt $\tau^*=1$.

Außerdem gilt

Folgerung 2: Wenn die Risiken unkorreliert sind ($\mathrm{Cov}(0,0)=0$) und ein Zuschlag erhoben wird ($f^w>0$), so ist es nicht mehr optimal, sich voll zu versichern, das heißt $\tau^*<1$.

Beide Folgerungen zeigen deutlich, daß das Ein-Risiko-Modell à la Arrow (1963), Mossin (1968) und Smith (1968) ein Spezialfall des hier präsentierten Mehrrisikomodells ist. Mit anderen Worten, die von ihnen abgeleiteten wohlbekannten Theoreme über die optimale Versicherungsnachfrage[16] können also auch im Rahmen dieses Modells gewonnen werden – dann nämlich, wenn andere Risiken nicht existieren oder voll versichert sind beziehungsweise das betrachtete Risiko nicht mit anderen Risiken korreliert ist. Folgerung 1 und 2 gelten übrigens auch, wenn voller gesetzlicher Krankenversicherungsschutz gewährt wird, das heißt $q^+=0$.

Unerwartet ist hingegen

Folgerung 3: Selbst wenn die Prämie für die ergänzende Sicherung aktuarisch fair ist, so kann es trotzdem optimal sein, keinen Versicherungsschutz nachzufragen.

---

15 In einem Kommentar von Schlesinger (1985) auf Schulenburg (1984) sind die Folgerungen graphisch erläutert.
16 Vgl. eine eingehende Darstellung bei Wieland (1981) und Männer (1984).

Ein derartiger Fall, der nicht im Einklang mit den traditionellen Ergebnissen der Theorie der Versicherungsnachfrage steht, liegt vor, wenn q⁺ so festgelegt ist, daß gilt

(11) $q^+ \leq \dfrac{VW(0) - Cov(0,0)}{Cov(0,0)}$

Offensichtlich ist (11) wegen q⁺≤1 nur dann erfüllt, wenn Cov<0, also große Werte von K tendenziell mit kleinen Werten von W sowie kleine Werte von K mit großen von W korrespondieren. Gilt hingegen Cov>0, so ist der nachstehende Fall nicht auszuschließen:

Folgerung 4: Selbst wenn die Prämie unfair ist, das heißt die erwartete Versicherungsleistung übersteigt, so kann es trotzdem optimal sein, einen mehr als 100%igen Versicherungsschutz nachzufragen.

Somit kann die durch die Grundsicherung bedingte Aufteilung individueller Risiken mit ein Grund dafür sein, daß das Konsumentenverhalten auf Versicherungsmärkten mit den klassischen Theoremen der Versicherungsnachfrage nicht im Einklang steht.

Jetzt soll untersucht werden, welche Auswirkungen eine Einschränkung des Schutzes der Grundgesundheitssicherung auf die Nachfrage nach privaten Zusatzversicherungen hat. Speziell geht es um die Präzisierung der

Hypothese 1: Eine Erhöhung der Selbstbeteiligung in der Pflichtkrankenversicherung führt zu einer erhöhten Nachfrage nach Zusatzversicherungen.

Hierzu differenzieren wir (10) bezüglich τ* und q⁺ und lösen unter der vereinfachenden Annahme $U_{VYVY}=U_{ij}=0$ für $i=j$[17] nach dτ*/dq⁺ auf:

(12) $\dfrac{d\tau^*}{dq^+} = - \dfrac{U_{EYEY} f^K f^W\, EWED + U_{VY} 2 Cov(0,0)}{U\sigma\sigma}$

$U = U^{EYEY} f^{K^2} EW^2 + U^{VY} 2 VW(0) > 0.$

Es wird angenommen, daß q⁺ dem gesetzlichen Krankenversicherungsdeckungsumfang entspricht, während τ* den Umfang des selbst gewählten Zusatzversicherungsschutzes in der privaten Krankenversicherung angibt. Da beide Versicherungen sich auf das gleiche Risiko beziehen, ist Cov(0,0)=VW(0)=VK(0)>0. Der Nenner in (12) ist negativ und entspricht

---

17 Vgl. hierzu Borch (1974), S. 38–52, der ebenfalls mit einer in VY und EY separablen und in VY linearen Zielfunktion arbeitet.

der Bedingung 2. Ordnung für das Problem (1). Der zweite Ausdruck im Zähler ist offenbar ebenfalls negativ. Der erste Ausdruck spielt also die entscheidende Rolle. Es erscheint zweckmäßig, folgende Fälle zu unterscheiden:

a $f^K=f^W>0$, das heißt die Prämie übersteigt sowohl in der Grundkrankenversicherung als auch in der Zusatzversicherung den Erwartungsschaden um den gleichen Prozentsatz.

b $f^K>0, f^W>0$. Dieser Fall trifft auf die höheren Einkommensgruppen in der Grundkrankenversicherung zu.

c $f^K<0$, $f^W>0$. Dieser Fall ist eher charakteristisch für die unteren Einkommensgruppen in der Grundkrankenversicherung.

Im Fall a, in dem die Zuschläge gleich sind, folgt aus (12) $d\tau^*/dq^+ = -1$, das heißt eine Erhöhung der Selbstbeteiligung (Senkung des Krankenversicherungsschutzes) in der Grundkrankenversicherung wird voll durch eine Zusatzversicherung kompensiert.

Im Fall b ist es entweder optimal, den verminderten Umfang des Grundkrankenversicherungsschutzes teilweise zu kompensieren (wenn $f^K<f^W$) oder überzukompensieren (wenn $f^K>f^W$).

Bei den unteren Einkommensgruppen hingegen, deren Krankenkassenbeitrag geringer als der Erwartungsschaden ist, kann – wie (12) demonstriert – nicht ausgeschlossen werden, daß $d\tau^*/dq^+ \geq 0$[18]. Dies bedeutet nichts anderes, als daß eine Selbstbeteiligungserhöhung zu einer unveränderten oder sogar sinkenden Nachfrage nach Zusatzversicherungsschutz führt. Wie ist dies zu erklären? Bei der angenommenen Beitragskalkulation (6) wird durch eine Selbstbeteiligung die relative Beitragsstruktur nicht verändert: Bezieher höherer Einkommen, die aus diesem Grunde auch relativ hohe Versicherungsbeiträge zahlen, werden deshalb stärker beitragsmäßig entlastet als niedrige Einkommensbezieher. Letztere haben daher unter Berücksichtigung der Krankenbehandlungskosten auch einen erwarteten Einkommensverlust zu verzeichnen, den sie nicht noch durch zusätzliche Versicherung vergrößern möchten. Diese Überlegung führt zu

Folgerung 5: Wird durch die Selbstbeteiligung die Beitragsstruktur nicht oder nur unerheblich verändert, so wird bei Beziehern höherer Einkommen die Nachfrage nach privaten Zusatzversicherungen zunehmen. Bei Beziehern niedriger Einkommen ist dagegen eher eine zurückhaltende oder negative Reaktion zu erwarten.

18 Wenn $Q_{EYEY}f^KF^WEWEK \cdot U_{VY}2Cov(0,0)$.

Es sei noch darauf verwiesen, daß hier nur interne Maxima betrachtet werden. Die Ausgangslage war also schon durch $\tau^*>0$ gekennzeichnet. Liegt hingegen in der Ausgangslage ein Randoptimum vor (da τ^* nicht negativ sein darf), so kann eine Selbstbeteiligung in der Grundkrankenversicherung gar keine Auswirkungen auf die Nachfrage nach Zusatzversicherung haben.

V. Coda

Oben ist bereits angedeutet worden, daß der Umfang des Krankenversicherungsschutzes nur eine strategische Variable im individuellen Risikomanagement darstellt. Deshalb ist es wahrscheinlich, daß auch die Nachfrage nach Versicherungsschutz für ganz andere Risiken getroffen wird. Die Gleichung (12) gibt uns hierauf eine Antwort. In Tabelle 3 sind die Implikationen der Modellanalyse für verschiedene Konstellationen festgehalten. Dabei wird deutlich, daß in der Mehrzahl der Fälle eine Reduktion des Grundversicherungsschutzes sich auf die Zusatzversicherungsmärkte auswirken wird. Daraus ergibt sich

Folgerung 6: Von einer Verminderung der Grundkrankenversicherung sind Auswirkungen auf die gesamte Risikovorsorgepolitik der Versicherten zu erwarten. Das berührt die Nachfrage auf ganz anderen Versicherungsmärkten, wobei diese Reaktion von der Prämienkalkulation und der Korrelation der Risiken abhängt.

Tabelle 3: Auswirkungen einer Verminderung der Grundsicherung auf die Nachfrage nach Zusatzsicherung und andere Versicherungen

Fall	f^K	$Cov(0,0)$	$d\tau^*/dq^+$
1	>0	=0	<0
2	<0	=0	>0
3	=0	=0	=0
4	>0	>0	<0
5	<0	>0	$\lessgtr 0$
6	=0	>0	<0
7	>0	<0	$\lessgtr 0$
8	<0	<0	>0
9	=0	<0	>0

Literatur

Arrow, K., Uncertainty and the Welfare Economics of Medical Care, American Economic Review 53 (1963), S. 941 – 973

Borch, K. H., The Mathematical Theory of Insurance, Lexington (Mass.): Lexington Books (1974)

Briys, E., H. Schlesinger, J.-M. Graf v. d. Schulenburg, Reliability of risk management: Market insurance, self-insurance and self-protection reconsidered, in: Geneva Papers on Risk and Insurance Theory, 16. Jg. (1991), S. 45 – 58

Dionne, G. L. Eeckhoudt, Insurance and Saving: Some further Results, presented at the 9th Seminar of the European Group of Risk and Insurance Economists, Geneva (1982), S. 22 – 24

Doherty, N. A., Insurance Pricing and Loss Prevention, Westmead (England): Saxon House (1976)

Ehrlich, I., G. S. Becker, Market insurance, jself-insurance, and self-protection, in: Journal of Political Economy, 80. Jg. (1972), S. 623 – 648

Eisen, R., Theorie des Versicherungsgleichgewichts, Unsicherheit und Versicherung in der Theorie des generellen ökonomischen Gleichgewichts, Berlin: Dunkker & Humblot (1979)

Garboua, L. L., C. Montmarquette, The Demand for Insurance against more than one Risk, with an Application to Social Insurance, in: Paper presented at the 18th Seminar of the European Group of Risk and Insurance Economists, Mons 1991

Hakansson, N. H., Capital Growth and the Mean-Variance Approach to Portfolio Selection, Journal of Financial and Quantitative Analysis 6 (1971), S. 517 – 557

Hellwig, M., Some recent developments in the theory of competition in markets with adverse selection, in: European Economic Review, 31. Jg. (1987), S. 319 – 325

Hofflander, A. E., Renshaw, E., Renshaw, V., Optimal Insurance, Journal of Risk and Insurance 38, 207 – 214

Kraft, K., J.-M. Graf v. d. Schulenburg, Auswirkungen der steuerlichen Behandlung von persönlichen Gesundheitsausgaben und des Arbeitgeberzuschusses auf das Konsumverhalten, Finanzarchiv 44 (1986), S. 123 – 137

Kunreuther, H., Limited Knowledge and Insurance Protection, Public Policy 24 (1976), S. 227 – 261

Levy, H., H. M. Markowitz, Approximating Expected Utility by a Function of Means and Variance, American Economic Review 69 (1979), S. 308 – 317

Männer, L., Versicherungsnachfrage – Theorie und Realität, Zeitschrift für die gesamte Staatswissenschaft 73 (1984), S. 271 – 293

Marx, K., F. Engels (1848), Manifest der Kommunistischen Partei, wieder abgedruckt in: K. Marx, F. Engels, Ausgewählte Schriften in zwei Bänden, Berlin: Dietz Verlag 1951, S. 25 – 57

Mayes, D., E. W. Smith, The Interdependence of Individual Portfolio Decisions and the Demand for Insurance, in: Journal of Political Economie, 91. Jg. (1983), S. 304 – 311

Moffet, D., Optimal Deductible and Consumption Theory, Journal of Risk and Insurance (1977), S. 664–682

Mossin, J., Aspects of rational insurance purchasing, in: Journal of Political Economy, 76. Jg. (1968), S. 553–568

Pashigian, B. P., Schkade, L. L., Menefee, G., Selection of an Optimal Deductible for a Given Insurance Policy, Journal of Business 39 (1966), S. 35–44

Sandmo, A., Capital Risk, Consumption and Portfolio Choice, Econometrica 37 (1969), S. 586–599

Schlesinger, H., Compulsory Insurance and Consumer Welfare: A State-Claims Approach, Geneva Papers on Risk and Insurance (1985)

Schlesinger, H., J.-M. Graf v. d. Schulenburg, Risk aversion and the purchase of risky insurance, in: Journal of Economics, 47. Jg. (1987), S. 309–314

Schmähl, W., The Future of Basic and Supplementary Pension Schemes in the European Community – 1992 and beyond, Baden-Baden 1991: Nomos

Schneeweiß, H., Entscheidungskriterien bei Risiko, Berlin, Heidelberg, New York: Springer (1967)

Schulenburg, J.-M. Graf v. d., Zum Verhalten von Versicherungsnachfragern in der sozialen Marktwirtschaft, in: Zeitschrift für die gesamte Versicherungswissenschaft, 73. Jg. (1984 d), S. 295–320

Schulenburg, J.-M. Graf v. d., Optimal Insurance Purchasing in the Presence of Compulsory Insurance and Uninsurable Risks, in: Geneva Papers on Risk and Insurance Theory, 11. Jg. (1986), S. 5–16

Schulenburg, J.-M. Graf v. d., Selbstbeteiligung: theoretische und empirische Konzepte für die Analyse ihrer Allokations- und Verteilungswirkungen, Tübingen (1987)

Schulenburg, J.-M. Graf v. d., Weiterentwicklung des gegliederten Krankenversicherungssystems durch eine Organisationsreform, PKV-Dokumentation 15, Köln: PKV-Verband (1992)

Shavell, S. One Moral Hazard and Insurance, Quarterly Journal of Economics 93 (1979), S. 541–562

Sinn, H.-W., Ökonomische Entscheidungen bei Ungewißheit, Tübingen: J. C. B. Mohr (Paul Siebeck) (1980), S. 326–348

Sinn, H.-W., Economic Decisions under Uncertainty, Amsterdam: North Holland (1983)

Smith, V. L., Optimal Insurance Coverage, in: Journal of Political Economy, 76. Jg. (1968), S. 68–77

Stiglitz, J., Monopoly, non-linear pricing and imperfect information: the insurance market, in: Review of Economic Studies, 44. Jg. (1977), S. 407–430

Strassl, W., Externe Effekte auf Versicherungsmärkten, in: Böventer, E. v., B. Gahlen, H. Hesse, Schriften zur angewandten Wirtschaftsforschung, J. C. B. Mohr (Paul Siebeck) Tübingen (1988)

Wieland, K., Theorie des einzelwirtschaftlichen Versicherungsoptimums, Zeitschrift für die gesamte Versicherungswissenschaft 70 (1981), S. 579–598.

Robert Schwebler

Allfinanz und Versicherung – ein vorläufiges Fazit

1. Die Schaffung eines Gemeinsamen Marktes in Europa regt verständlicherweise die Phantasie von etwa 340 Mio. Konsumenten an. Dabei ist der Weg in die Zukunft mit vielerlei Ungewißheiten belastet. Chancen und Risiken der möglichen Optionen werden abgewogen, in Industriezweigen, Branchen und Unternehmen werden Kooperations- oder Konfliktstrategien konzipiert. Mit besonderem Eifer werden seit etwa zehn Jahren Geschäfte und Märkte der Finanzintermediäre behandelt. In den nahezu ausschließlich die Angebots-, also die Unternehmensseite behandelnden, zumeist branchenpolitisch akzentuierten, Vor- und Nachteile der verschiedenen Kooperationsformen für das Unternehmen abwägenden Arbeiten fällt eine theoretische Analyse von Farny[1] auf, die sich mit dem betriebswirtschaftlichen Konzept der Allfinanz beschäftigt und sowohl die Angebots- als auch die Nachfrageseite behandelt.

Das allgemeine Interesse für die Geschäfte und Strukturen in den Märkten der Finanzintermediäre ist verständlich. Das quantitativ Erreichbare wird verstärkt durch die Qualität geschäftspolitischer Rezepte zur Zielrealisierung im Privatkundengeschäft, denn darum geht es bei Allfinanz. Das anvisierte Volumen ist spektakulär: Allein in Deutschland werden bis zum Jahr 2000 1,7 Mio. Erbschaften rund 800 Mrd. DM Geldvermögen, 640 Mrd. DM Grundvermögen und 360 Mrd. DM an Lebensversicherungsleistungen disponibel werden lassen[2].

Dabei ist das derzeitige Geldvermögen und seine Verteilung bisher schon eine große Herausforderung für Finanzintermediäre, für Banken und Versicherungen. Die Geldvermögensbildung der privaten Haushalte war in den letzten Jahren beträchtlich. Erhebliche Steigerungen der verfügbaren Einkommen, ein insgesamt hohes Maß an Geldwertstabilität und ein ansehnlicher Katalog von Sparförderungsmaßnahmen sorgten für eine auch im internationalen Vergleich hohe Sparquote (1970 13,8 %, 1980 12,8 %, 1991 13,7 %). Die Geldvermögensbildung der privaten Haushalte betrug

---

1 Farny, D.: Allfinanz – Das betriebswirtschaftliche Konzept. In: Allfinanz-Strukturwandel an den Märkten für Finanzdienstleistungen. Heft 11 der Beihefte für Kredit und Kapital, herausgegeben von Krümmel/Rehm/Simmert, Berlin 1991.
2 Vgl. Sigma, Heft 2/92 herausgegeben von der Schweizerischen Rückversicherungs-Gesellschaft, Zürich.

1991 219,4 Mrd. DM nach 120,1 Mrd. DM in 1980 und 59,02 Mrd. DM 1970. Entsprechend sind die Geldvermögensbestände der privaten Haushalte von 493,8 Mrd. DM 1970 auf 1 462,6 Mrd. DM 1980 und 3 130,4 Mrd. DM 1991[3] angewachsen.

Hier liegt eine der Hauptursachen dafür, daß „Allfinanz" zu einem zentralen Thema des Privatkundengeschäfts wurde. Der starke Anstieg des Pro-Kopf-Einkommens und Pro-Kopf-Vermögens war natürlich auch von gewissen Veränderungen in der Struktur der Verteilung begleitet, zunächst wenig bemerkt, später allgemein im Blickfeld und deshalb intensiv diskutiert. Die Einbeziehung der Lebensversicherung in den Katalog der nach dem 3. Vermögensbildungsgesetz geförderten Anlageformen ließ deren Anteil allmählich etwas stärker ansteigen, wobei er seit Anfang der 90er Jahre allerdings wieder stagniert. Andererseits beobachteten die Banken eine gewisse Erosion der für sie billigen Refinanzierungsquelle Spareinlagen. Dies ist freilich weniger auf die partielle Expansion des Lebensversicherungssektors zurückzuführen, ursächlich hierfür war sehr viel mehr die wachsende Zinssensibilität der Privatkundschaft, die bankenintern für eine starke Umschichtung der privaten Ersparnisbildung vom Sparguthaben in festverzinsliche Wertpapiere sorgte.

2. Begleitet war diese Entwicklung durch eine Fülle von Finanzinnovationen im Bankensektor; die mittlerweile supermoderne Kommunikationstechnologie sorgte ebenso für eine Globalisierung der Märkte wie die fortschreitenden weltweiten Deregulierungsmaßnahmen. Sukzessive Veränderungen in der demographischen und sozialen Struktur führten zu stark geänderten Verbrauchs- und Spargewohnheiten, die Thematisierung der problematischen Finanzlage der gesetzlichen Rentenversicherung sorgte für eine nennenswerte Belebung der privaten Daseins- und Altersvorsorge durch Lebensversicherung.

In Banken und Versicherungen wuchs der Wettbewerbsdruck auch wegen der drastisch angestiegenen Markttransparenz. Die fortgesetzten und nicht immer seriösen Leistungsvergleiche zwischen verschiedenen Produkten des Gesamtmarktes forcierten einen bis dahin ungewohnten Ausweis von Rentabilitätskennziffern. Der Blick auf teilweise noch nicht identifizierte, aber vermutete künftige Wachstumsmärkte tat ein übriges, die Wettbewerbsverhältnisse zu verschärfen. Im Ausland, so vor allem in Frankreich und Spanien, weniger in Großbritannien, war die Verflechtung zwischen Banken und Versicherungen ohnedies sehr viel enger als in Deutschland. Die vor allem in Frankreich relativ häufigen Übernahmen und Fusionen zeigten indes auch bei uns gewisse Auswirkungen, mindestens bei der Thematisierung des Entwicklungsprozesses.

---

3   Vgl. Statistisches Taschenbuch der Versicherungswirtschaft, Jahrgang 1993, S. 112, herausgegeben vom Gesamtverband der Deutschen Versicherungswirtschaft, Bonn.

Die engeren Zinsmargen bei den Banken und die nicht nur umsatzbedingt stark gestiegenen Kosten für den Versicherungsaußendienst ließen ebenfalls die Frage auftauchen, ob nicht durch Zusammenarbeit die Ausschöpfung von Synergiepotentialen möglich werde und zu Kosten- und Renditevorteilen bei Partnern aus verschiedenen Teilmärkten führen müßten. Voraussetzung ist freilich eine solide Form der Kooperation. Der Blick auf die seit langem institutionalisierten Kooperationen im Sparkassenbereich und im genossenschaftlichen Verbund belegte dann recht eindrucksvoll den Nutzen einer Zusammenarbeit zwischen Banken und Versicherungen. Kaum jemand beachtete indes, daß diese Zusammenarbeit schon im vergangenen Jahrhundert aus sozialhistorischen Zwängen heraus entstanden war und keine beliebige Neuauflage erfahren konnte (s. hierzu das Schicksal des sogenannten gemeinwirtschaftlichen Verbundes).

Interessanterweise konzentrierte sich die Diskussion, bei dem was anzustreben war, fast ausschließlich auf das Wie der zu organisierenden Zusammenarbeit. Viele meldeten sich zu Wort, Praktiker und Wissenschaftler. Die Behandlung des Themas war teilweise recht heftig, und kaum jemand beachtete dabei die zwischen den Banken und Versicherungen traditionellen und bewährten Felder erfolgreich praktizierter Zusammenarbeit; sie waren in der Diskussion überraschenderweise zur bloßen Randerscheinung geworden. Dies gilt besonders für das weite Feld der Vermögensanlage der Versicherer, das ganz wesentlich unter Mitwirkung der Banken disponiert wird; das Gesamtvolumen betrug Ende 1992 840 Mrd. DM. So wurden allmählich immer häufiger Konflikt- statt Konsensstrategien diskutiert, ein weites Feld zusätzlicher Profilierung für ehrgeizige Bankiers und Versicherer.

3. Tatsächlich bedienen sich die Banken und Versicherungen bei der Ausführung ihrer Dienstleistungsgeschäfte zwar des gleichen Transaktionsmediums, des Geldes, das Leistungsspektrum ist aber trotz vieler Überschneidungen sehr verschieden. Dabei besteht die Marktleistung der Lebensversicherung in einer Schutz- und Zustandsgarantie, in einem verbrieften Wert, der im vereinbarten Zeitpunkt in Geld zu erfüllen ist[4]. Versicherung ist somit Risikotransfer gegen Entgelt, in der Lebensversicherung häufig mit einem Sparprozeß verbunden. Aufgabe der Banken ist im wesentlichen die Vermittlung des Zahlungsverkehrs, die Entgegennahme von Einlagen, die Kreditgewährung und die Durchführung von Wertpapiertransaktionen und Beteiligungsgeschäften.

---

4 Vgl. Schwebler, R.: Chancen und Probleme im Beziehungsgeflecht von Banken und Versicherungen. In: Innovationen auf Finanzmärkten, Schriftenreihe des Instituts für Kapitalmarktforschung, Heft 28, Frankfurt/M. 1986, S. 117 ff. Vgl. auch Süchting, J.: Banken und Versicherungsunternehmen. In: Handwörterbuch der Versicherung (HdV), Karlsruhe 1988, S. 37 ff.

Konsequenterweise sind im Markt der Finanzintermediäre die Anbieter von Finanzdienstleistungen institutionell getrennt, unterstehen auch ihrer eigenen Aufsicht, da die Märkte in bestimmten Segmenten reguliert sind; in einigen Bereichen werden sie es trotz Niederlassungs- und Dienstleistungsfreiheit auch in Zukunft bleiben. Die Interessenlagen institutionell getrennter Unternehmen bei separater Aufsicht hatten demgemäß starken Einfluß auf den Gang der Diskussion um die effizienteste Form der Zusammenarbeit. Dabei wurde – wie schon erwähnt – fast ausnahmslos die Angebotsseite, die Unternehmensseite, beleuchtet. Kaum jemand interessierte sich für die Nachfrageseite, den Kunden. Man unterstellte bei ihm einfach eine bestimmte, nicht näher analysierte Interessenlage, so vor allem, daß er seinen vielfältigen Bedarf in Zukunft aus einer „Anbieter"-Hand befriedigen möchte.

4. Das Wort „Allfinanz" wurde gewissermaßen als eine strategische Vorgabe bei der Ausschöpfung der Märkte eingeführt und benutzt. Hinter dem Wort „Allfinanz", „Bancassurance", „Assurfinance" oder „Interbancaria" verbergen sich aber vielfältige Problemstellungen und Absichten. Aus der Vielzahl von Definitionen seien zwei herausgegriffen. Der Begriff steht für das Konzept einer umfassenden und integrierten Abdeckung sowohl der monetären wie auch der Sicherungsbedürfnisse des Kunden – möglichst aus einer Hand – über seinen ganzen Lebenszyklus hinweg[5], oder auch ganz knapp „Allfinanz ist die Synthese von Finanzdienstleistungen und/oder von Finanzintermediären"[6].

Demgemäß gibt es im wesentlichen zwei Erscheinungsformen der Allfinanz, die institutionelle auf der Unternehmensebene und die funktionale bei der gemeinsamen Produktion oder dem gemeinsamen Vertrieb von Dienstleistungen aus beiden Sektoren. Und auf diese beiden Erscheinungsformen konzentrierte sich nicht nur die Diskussion der vergangenen Jahre, sondern auch eine anhaltende Experimentierfreude. Dabei kristallisierten sich Präferenzen für zwei Grundmodelle heraus, das „Kooperationsmodell" zweier oder mehrerer selbständiger Unternehmen oder das „Warenhausmodell", in dem mehrere Unternehmen in einem Verbund oder unter dem Dach einer Holding zusammengefaßt sind.

Freilich gibt es auch einige Grundübereinstimmungen zwischen den Anhängern beider Modellformen:

---

5 Vgl. Schieren, W.: Finanzdienstleistungen: Möglichkeiten und Grenzen. In: Beiträge zum 5. Symposium Geld, Banken und Versicherungen, 1990, Band I, herausgegeben von Heilmann, W.-R. u. a., Karlsruhe.
6 Vgl. Rehm, H., Simmert, D.: Allfinanz-Befund, Probleme, Perspektiven. In: Allfinanz-Strukturwandel an den Märkten für Finanzdienstleistungen, Beihefte zu Kredit und Kapital, Heft 11, Berlin 1991, S. 9 ff.

a) Wachsende Geldvermögen und eine steigende Zahl von Finanzinnovationen verlangen nach einer intensivierten Beratung

b) Cross-selling rundet das Sortiment ab, verstärkt die Effizienz der Vertriebsaggregate und realisiert Kostensenkungspotentiale, schafft somit auch unter Rentabilitätsaspekten Wettbewerbsvorteile

c) Wachsender Wohlstand bei wachsender Freizeitorientierung der Privatkunden empfiehlt ein Rundumangebot aus einer Hand auch zur „Abschottung" des Kunden gegen die Konkurrenz, wobei deren Durchsetzbarkeit nicht selten in Zweifel gezogen wird.

Die Frage jedoch, wie man diese Ziele (aus Unternehmenssicht) am besten erreichen kann, wird kontrovers diskutiert, wobei die Anhänger von Allfinanzkonzernstrategien in der Literatur häufiger anzutreffen sind. Dies, obwohl im Finanzintermediärsektor in der Praxis einer verhältnismäßig kleinen Zahl von Konzernmodellen eine sehr große Zahl von Kooperationen gegenübersteht[7]. Es scheint so, als ob die Anhänger des Konzernmodells eine Marktneuerung meinten popularisieren zu müssen, während die Vertreter der Kooperation in ihrer Tagesarbeit ausreichend Belege für die Qualität ihrer Position gefunden hatten.

Dabei ist der Markt schon seit längerer Zeit einigermaßen übersichtlich geordnet, nennenswerte neue Partnerschaften sind kaum noch möglich. Wenn man die signifikanten Fälle betrachtet, so sind zwei große Geschäftsbanken (Deutsche Bank und Commerzbank) maßgeblich an Versicherungsgesellschaften beteiligt, eine (Dresdner Bank) kooperiert mit den Gesellschaften einer Holding (Allianz), die im Versicherungsbereich angesiedelt und selbst maßgeblich an dieser und anderen Banken beteiligt ist, eine Versicherungsgruppe (Aachener und Münchener) ist über ihre Holding maßgeblich an einer größeren, nicht sehr erfolgreich arbeitenden Bank (Bank für Gemeinwirtschaft) beteiligt, eine Holding des Versicherungssektors (Württembergische) ist wechselseitig mit einer Regionalbank

---

7 Vgl. zu diesem Komplex Stracke, G.: Financial Services: Grundsätzliches zu einem Marktphänomen. In: Beilage 18 zu Heft 32/92 Betriebsberater. Betsch, O.: Allfinanz eine (un)mögliche Chance. In: Bank und Markt 11/1992. Arheit, G.: Allfinanzkonzepte – eine mögliche Antwort auf den Verdrängungswettbewerb. In: Versicherungen in Europa heute und morgen, Geburtstagsschrift für Georg Büchner, Hrsg. von Hopp, W., Mehl, G., Karlsruhe 1991, S. 711 ff. Gies, H.: Kritische Anmerkungen zum Begriff „Allfinanz". In: Geburtstagsschrift für Georg Büchner, s. o., S. 731 ff. von Harder, P.: Kooperation von Versicherungen und Banken, Sichten und Aussichten. In: Geburtstagsschrift für Georg Büchner, s. o., S. 735 ff. Peiner W.: Banken und Versicherungen – Partner oder Gegner. In: Geburtstagsschrift für Georg Büchner, s. o., S. 753 ff. vor allem auch Prechtl, M.: Allfinanzgeschäfte: Konfrontation oder Kooperation. In: Geburtstagsschrift für Georg Büchner, s. o., S. 761 ff. Schwebler, R.: Wege der Zusammenarbeit zwischen Banken und Versicherungen. In: Aspekte bankwirtschaftlicher Forschung und Praxis. Hrsg. Guthardt u. a. Frankfurt/M. 1985, S. 201 ff. Krupp, G.: Bankstrategien im Versicherungsgeschäft. In: Die Bank 6/93, S. 332 ff.

(Baden Württembergische Bank) verbunden, eine Versicherungsgruppe mit einer Regionalbank (Gothaer und Berliner Bank) und zwei Gruppen aus dem Bausparsektor (Wüstenrot und BHW) betreiben Versicherungs- und in bescheidenerem Umfang Bankgeschäfte. Alle anderen Finanzintermediäre kooperieren in loser oder enger Form mit Partnern. Dies gilt vor allem für Banken, Sparkassen und Versicherungen im Sparkassensektor und im genossenschaftlichen Verbund, freilich genau so für eine große Zahl im übrigen „ungebundener" Banken und Versicherungen. Aber ist damit wirklich eine Annäherung zwischen den Sektoren der Finanzintermediäre erfolgt?

Nach alledem erscheint der Gesamtmarkt für Finanzdienstleistungen zumindest national vorerst verteilt und geordnet, die Vor- und Nachteile beider Modelle lassen sich zudem am Schicksal der verschiedenen Gruppierungen in den letzten Jahren einigermaßen ablesen. Es lassen sich daraus aber auch einige Risiken ableiten, die heute sehr viel deutlicher erkennbar sind, als das vor Jahren der Fall war. Dabei ist zuzugeben, daß die fortschreitende Deregulierung der Finanzmärkte in Europa und das Universalbankensystem in Deutschland auch bei uns tendenziell die Schaffung von Allfinanzkonzernen hat fördern können. Die Frage ist nur, ob dies zum Wohle der beteiligten Unternehmen und vor allem zum Nutzen der Kunden geschieht?

5. Die Beantwortung dieser Frage erfordert einige Bemerkungen zur gegenwärtigen Marktstruktur und zu deren Befund.

Nachdem das Thema „Allfinanz" bereits Gegenstand einer detaillierten Untersuchung der OECD war, hat sich auch die Kommission Lebensversicherung des Europäischen Versicherungskomitees (CEA) mit diesem Komplex beschäftigt. Im Frühjahr 1991 publizierte die OECD ihre Analyse unter dem Titel „Insurance and other financial services – structural trends", an die die CEA-Untersuchung anknüpft. Dabei wird von der CEA kaum mehr als die Grundaussage der OECD-Arbeit übernommen, daß nämlich die Grenzen zwischen Lebensversicherungen und anderen Sektoren der Finanzdienstleistungen zunehmend durchlässiger werden und auch zu Produktkombinationen geführt haben. Die CEA-Analyse, die unter britischer Federführung die Verhältnisse in den einzelnen EG-Ländern untersucht[8], kommt indes zu dem Ergebnis, daß sich die Annäherung zwischen Lebensversicherungsgesellschaften und anderen Unternehmen des Finanzsektors bisher nur in geringem Maße, durch gegenseitige Beteiligungen und feste Kooperationsvereinbarungen, feststellen läßt, daß dies jedoch bisher nicht zu einer Produktvermischung (als Gegensatz

---

8 Vgl. „Abbau der Barrieren zwischen dem Lebensversicherungssektor und anderen Bereichen der finanziellen Dienstleistungen". CEA-Dokument VIE 053 (11/91).

zur Produktkombination) der beiden Sektoren geführt hat. Die CEA-Studie kommt ganz im Gegensatz zur OECD-Arbeit zu der Feststellung, daß die üblichen Methoden, in den Versicherungsmarkt einzudringen (Joint venture, Zusammenschluß, Aufkauf, Fusion, Holding, Tochtergesellschaft, Zweigniederlassung) zwar in allen Ländern – im allgemeinen unter der Vorbedingung der Spezialisierung – erlaubt sind (Ausnahme Finnland), daß sich aber eine Annäherungstendenz bisher kaum bemerkbar macht. Aber selbst dort, wo diese Tendenz festzustellen ist, sind „Package-Produkte" nur in begrenztem Umfang verkauft worden, Kombinationsprodukte sind die weithin vorherrschende Form. In den meisten Ländern seien auch nur in vergleichsweise geringem Umfang Verkäufe von Lebensversicherungsprodukten über andere Finanzintermediäre (Banken) zu konstatieren. Das dürfte so auch für Deutschland gelten, denn über Sparkassensektor und genossenschaftlichen Verbund hinaus ist kein quantitativ auffälliges Volumen auszumachen.

Was die Vorteile des Kooperationsmodells im Vergleich zum Allfinanz-Warenhaus anbelangt, so lassen sich vielfältige Formen der Zusammenarbeit in der Kombination von Produkten und deren Vertrieb auch konzernunabhängig organisieren. Dabei ist die Produktsouveränität gewiß von Vorteil für Verbundpartner und Kunden. Der aufgeklärte Kunde ist nicht nur anspruchsvoll, er ist aufgrund erhöhter Mediennutzung auch besser informiert und flexibler. Er wird schon darauf achten, im Markt an das für ihn erkennbar beste Produkt zu gelangen. Auch läßt die Kundenloyalität tendenziell nach, wie neuere Untersuchungen belegen[9]. Die fortschreitende Automatisierung und Anonymisierung der Dienstleistungen dürften diesen Trend noch fördern. Hinzu kommt, daß die im gesamten Finanzdienstleistungsbereich wachsende Produktvielfalt ganz zwangsläufig zu einer überdimensionierten Beratungskompetenz führen müßte. Wer kann dann noch alles überblicken, was im Rahmen eines Allfinanzkonzeptes „aus einer Hand" angeboten werden kann?

Es dürfte auch nicht einfach sein, in einem Konzern die geschäftspolitischen Vorgaben für jedes einzelne dem Konzern verbundene Unternehmen und seine Kunden optimal festsetzen zu können. Eine Politik der Optimierung im Interesse des eigenen Unternehmens, seiner Produkte und Kunden dürfte im Abstimmungsprozeß mit den Partnern im Konzern schwerer durchzusetzen sein als in einer Kooperation.

---

9 Vgl. Süchting, J.: Überlegungen zur Attraktivität eines Allfinanzangebotes. In: Bank und Markt, Heft 12, 1987; anders Strothmann, H.: Mehr zur Attraktivität des Allfinanzangebotes. In: Bank und Markt, Heft 8, 1988.

Die Ziele[10]

– Ausschöpfung von Synergien, Kostensenkung, Gewinnsteigerung oder Preisherabsetzung,

– Erhöhung der Produktvielfalt und deren Verfügbarkeit

lassen sich ganz offensichtlich durch Kooperation genauso – wahrscheinlich sogar besser – erreichen als über Konzernlösungen[11]. Dem Konzern stehen unübersehbar gravierende Nachteile gegenüber

– Abnahme des Kompetenzniveaus der (bislang hochspezialisierten) Berater

– Abnahme der Markttransparenz

– Konzentrationstendenz und Schaffung einer neuen Dimension der Marktmacht.

Einerseits Dienstleistungsfreiheit, Niederlassungsfreiheit und Deregulierung mit dem Ziel einer Intensivierung des Wettbewerbs, andererseits Neuordnung der Märkte durch Finanzdienstleistungskonglomerate, die den Gesamtbereich aller Finanzintermediäre umfassen, das scheint mir ein unauflösbarer Widerspruch[12]. Die Aufsicht über diese Einheiten ist daher in der EG auf der Tagesordnung[13], wobei sich die Bankenaufsicht fast ausschließlich an der Erhaltung des Kapitalbestandes orientiert, während die Versicherungsaufsicht einiges mehr als die Gewährleistung der Solvabilität der Versicherungsunternehmen, in einigen Ländern bislang auch die Prämienkalkulation und Prämienhöhe, gewisse Vertragsbedingungen und Investitionen im Blickfeld hat.

6. Die Frage nach dem künftigen Weg wird mehr noch als bisher das Kundenverhalten beantworten. Der Blick in die Praxis lehrt, daß die privaten Haushalte insgesamt doch recht konservative Verhaltensweisen erkennen lassen. Farny[14] meint jedenfalls, daß das betriebswirtschaftliche

---

10 Vgl. hierzu Benölken, H.: Versicherungsvertrieb am strategischen Scheideweg. In: Versicherungswirtschaft Heft 11/1992 und 12/1992.
11 Anders Krupp, G.: Bankstrategien im Versicherungsgeschäft. In: Die Bank 6/93, S. 332 ff.
12 Vgl. Schwebler, R.: Kooperation ist der bessere Weg. In: Börsenzeitung Nr. 233 vom 3. 12. 1988; derselbe: Der neue Allfinanzkonzern basiert auf einem viel zu hohen und unrealistischen Maß an Kundenloyalität. In: Handelsblatt Nr. 90 vom 10. 5. 1988.
13 Vgl. Knauth, K.-W., Welzel, H.-J.: Finanzkonglomerate im Aufsichtsvisier. In: Zeitschrift für das gesamte Kreditwesen 1/93 S. 28 ff.; vgl. auch Farny, D.: Solvabilität und Solvabilitätspolitik der Versicherungsunternehmen. In: Zeitschrift für die gesamte Versicherungswissenschaft 73. Bd. 1984, S. 35 ff.
14 Farny, D.: Allfinanz a.a.O., S. 174.

Konzept der Allfinanzgeschäfte derzeit noch kein abschließendes Urteil über den Erfolg zulasse. Insoweit ist ihm gewiß zuzustimmen. Indes führt er auch folgendes aus: „Nimmt man die Polarisierungstheorie zum Ausgangspunkt eines Zwischenfazits, dann kommt man zu folgendem Ergebnis: Auf lange Sicht gibt es im wesentlichen nur noch (große) Allfinanzkonzerne auf der einen Seite und kleine bis mittelgroße hochspezialisierte Versicherer und Banken auf der anderen". Die Kooperationslösungen seien dann „wohl mehr Ausdruck eines Zwischenstadiums. Sind sie nämlich erfolgreich, dann liegt der Schritt zur Bildung eines Allfinanzkonzerns mit den beteiligten Versicherern und Banken nahe. Sind sie dagegen nicht erfolgreich, werden sie wieder aufgegeben, und die Versicherer und Banken bearbeiten wieder ausschließlich ihre angestammten Geschäftsfelder".

Hier denkt der Verfasser anders: Haben die Kooperationslösungen Erfolg – und ganz offensichtlich haben sie Erfolg –, werden sie verfeinert und sich immer mehr und stärker im Markt etablieren. Der Weg braucht dann keinesfalls zum (großen) Allfinanzkonzern zu führen. Farny räumt selbst ein, daß ein Allfinanzkonzern mit Holding eine Reihe bisher noch nicht gelöster Schwierigkeiten aufweist, „Allfinanz bedeutet ja nicht eine Addition von Geschäften, sondern deren Integration"[15]. Zudem scheint mir die Wahrscheinlichkeit, daß bei zahlreichen Unternehmen die Bereitschaft zur Integration in einen Finanzdienstleistungskonzern besteht, nicht sehr groß zu sein. Man denke an die sehr verschiedenen Unternehmenskulturen in den beiden Sektoren, an das sehr differierende Risikoverständnis, an den Zwang zur Ertragsoptimierung im eigenen Unternehmen ohne Rücksicht auf Schwester- und Muttergesellschaften.

Ich möchte also dabei bleiben, die Kooperation ist der bessere Weg, die wirtschaftlich vernünftigen Ziele sind so auch, nur kostengünstiger, weniger risikoreich und ebenso kundenfreundlich zu erreichen. Meines Erachtens ist diese Schlußfolgerung aus der jüngeren deutschen Wirtschaftsgeschichte gut zu belegen. Selbst die Banken, die stark an Versicherungen beteiligt sind, begreifen sich weiterhin als Bank, die – vielleicht exklusiv – mit bestimmten Versicherungsgesellschaften kooperiert, sie versteht sich aber nicht als Finanzdienstleistungskonzern. Umgekehrt gilt das gleiche, wie wir den Bekundungen führender Versicherer entnehmen können. Natürlich weiß heute niemand ganz genau, welches Maß an Unternehmenskonzentration im Sektor der Finanzintermediäre vom Wettbewerb der Zukunft erzwungen wird. Die wirtschaftliche Integration Europas und deren Auswirkungen könnten hier auch noch Überraschungen bereithalten. Einstweilen müssen wir uns aber nach dem richten, was in der Realität anzutreffen ist.

---

15 Farny, D.: Allfinanz a.a.O., S. 171, hier ist auch die Behandlung der verschiedenen Verbundformen sehr lesenswert.

Wilhelm Seuß

Verwehte Worte

„Ich versichere" sagt die Versicherung. Was tut sie also? Nach allgemeinem Sprachgebrauch deutet „Ich versichere" auf eine berufliche Tätigkeit hin. Wenn man sich im Duden über das Wortregister und Register für Zweifelsfragen an „versichern" herantastet, landet man allerdings zunächst bei der „schwankenden Rektion", bei der Schwankungen zwischen Dativ- und Akkusativobjekt überwiegen. Also: „Ich versichere Ihnen (veraltet: Sie), daß ...; ich versichere Sie meines Vertrauens oder ich versichere Ihnen mein Vertrauen; aber nur: versichere dich, ob ...; ich versichere Sie gegen (Unfall)." Welch eine Fülle von Möglichkeiten, mit „Versichern" umzugehen! Jemand macht einem anderen eine feste Zusicherung, oder es schaut jemand genau nach, ob alles in Ordnung ist, da es offenbar Gründe gibt, daran zu zweifeln. Erst im vierten Fall versichert jemand – im Sinne eines Versicherers – gegen etwas, wogegen ein Versicherer gerade nicht versichern kann. Man kann jemandem die Richtigkeit einer Behauptung, aber jemanden auch des Gegenteils versichern, das heißt, fast eidlich eine Behauptung bestätigen oder zurückweisen.

Versicherer wären mit unseren Ergebnissen wohl nicht zufrieden. So versuchen wir es doch einmal mit dem Adjektiv „sicher". Da könnte man an ein „bewirkendes Verbum" oder „Faktitiv" denken, das einfach durch Voranstellen des Präfixes „ver-" entsteht, also „versichern". Diese Richtung der Interpretation erscheint dem, was die Versicherer machen, schon angemessener. Sie wollen doch wohl sicher etwas bewirken, etwas sicher machen oder auch sichern. Das sind, wie manche wohl einwenden werden, Sprachspiele oder Wortspielereien, gar Wortklaubereien. Im Brockhaus von 1824 findet sich eine schöne Erklärung: „Assecuranz, Versicherung, ein Glücksvertrag, vermöge dessen einer (der Assecurant) sich gegen den anderen verbindlich macht, ihm den Schaden zu ersetzen, den er an gewissen Gegenständen und unter gewissen Umständen – binnen bestimmter oder unbestimmter Zeit – erleiden möchte. Die Absicht des letzteren dabei ist, sich auf den Fall eines möglichen Verlustes den Ersatz zu sichern[1]."

---

1 Allgemeine deutsche Real-Encyclopädie für die gebildeten Stände (Conversations-Lexikon), 1. Band, Stichwort Assekuranz. Leipzig: F. A. Brockhaus, 1824.

„Ein Wort ist ein Wind. Also gieb nicht viel darauf." (Altes Sprichwort). Manche Worte, die dem Verfasser – wie auch dem Jubilar – über lange Jahre begegneten, sind nicht eingeschlafen, wie ein Wind einschlafen kann. Sie kommen aus der Erinnerung zurück, wie ein Wind sich wieder erheben kann. Freilich können sich Stärke und Richtung des Windes über die Zeit verändert haben.

Die Versicherungswissenschaftler haben vor 30 Jahren hart darum gerungen, wie man den Begriff der Versicherung fassen könne. Sie wollten die Versicherung auf einen einheitlichen Begriff bringen. An Begriffen war kein Mangel. Freilich zeigte sich, daß „Versichern" so einfach nicht zu fassen ist. Die Begriffsbestimmung, die eindeutige, fachsichere Beschreibung, schien sich, was die verschiedenen Begriffsbestimmungen vermuten ließen, auf eine nicht leicht zu begreifende Materie zu beziehen. Nun hoffte man, mit der Begriffsbestimmung schon des Rätsels Lösung gefunden zu haben nach dem Motto: Weil sich etwas so oder so definieren läßt, ist es auch so[2]. Und es gilt auch: „... eben wo Begriffe fehlen, da stellt ein Wort zur rechten Zeit sich ein" (Faust I). Womit sich die Frage stellt, ob wir es mit Begriffen oder mit Worten zu tun haben.

Warum aber wollten die Versicherer einen Begriff von sich haben oder sich einen Begriff von dem machen, was sie tun? Wußten sie es vielleicht noch nicht? Muß denn ein Bäcker, ein Bankier oder ein Maschinenbauer einen Begriff von sich haben? Eigentlich nicht. Aber der Innungsmeister muß einen Begriff vom Backen haben, wenn er einen Bäcker in die Bäckerinnung aufnehmen will. Der Staat muß einen Begriff vom Bankgeschäft haben, wenn er eine Bank zulassen soll. Für den Maschinenbau braucht man eigentlich keinen Begriff. Dagegen braucht der Staat einen Begriff für Versicherung, wenn er eine Versicherung zulassen soll. Der Bedarf nach einem Begriff scheint also dringend zu sein, wenn eine Tätigkeit reguliert wird. Freilich braucht dies nicht der einzige Grund dafür zu sein, einen Begriff zu suchen. So kann eine Gruppe einfach festlegen, welche Merkmale der Tätigkeit bei denjenigen vorliegen müssen, die zur Gruppe gehören wollen. Es waren Abgrenzungsfragen, die bei der Definition des Begriffes Versicherung Pate gestanden haben (siehe Wälder S. 11 ff.).

Was den interessierten Beobachter damals in Erstaunen versetzte, war, daß bei der Behandlung von konkreten Fragen die Versicherer sich keineswegs immer auf die Formulierung irgendeines Begriffes der Versicherung stützen konnten, allerdings durch komplizierte Erläuterungen darzustellen versuchten, daß dies und jenes doch noch darunter fällt, wenn man es richtig einpaßt. Der Begriff war offenbar schon früh durch die

---

2 Hierzu vor allem Wälder, Johannes: Über das Wesen der Versicherung, Schriftenreihe des Instituts für Versicherungswissenschaft an der Universität Köln. N. F. Heft 27, Berlin 1971.

Praxis, vor allem an den internationalen Märkten für Spezialrisiken, ausgehöhlt. Fortschritte in der Versicherungswissenschaft haben dazu geführt, daß die Formel von 1965 in die versicherungswirtschaftliche Dogmengeschichte eingegangen ist[3].

Greifen wir ein Wort auf: „Wesen". Die Begriffsformulierung enthält das Wort nicht. Aber wenn man sich fein ausdrücken, darauf hinweisen will, daß Versicherung etwas Bedeutendes ist, ist es gerade recht am Platze. Wesen macht sich recht gut in Überschriften (u. a. Manes 1930, Hax 1964) und nötigt einem sofort Respekt ab. Man gerät rasch in das Reich der Ideen, des Wesenhaften, eines Urbildes, das zugleich das Gute ist. „Wesen" macht glauben, daß mit einem Begriff etwas Unveränderliches erfaßt sei, was beileibe nicht allein beim „Wesen" der Versicherung vorkommt. Zur Auflockerung der „Wesensschau" hier ein kleines Lied „Sinnestäuschung": „Aber ach, nur allzu oft / Täuschen uns die Sinne. / Was wir vom Verstehn gehofft / Ward als Trug uns inne. / Darum in des Lebens Lenz / Lernet Wesen schauen, / Nur auf diese Evidenz / Dürft ihr voll vertrauen[4]." Das Lied bezieht sich auf die Phänomenologie des Philosophen Edmund Husserl. (Auch hierzu siehe Wälder S. 94 f.).

„Werde wesentlich", dieses Wort, dessen Quelle der Verfasser nicht mehr gefunden hat, könnte vielleicht gemeint sein, wenn vom Wesen gesprochen wird. Wir sollten uns bemühen. Auf das „Wesentliche" bezog sich wohl der Vorwurf eines Versicherers, sein Gesprächspartner verstehe das Wesen der Versicherung nicht. Der den Vorwurf vorbrachte, wußte dann aber auch nichts Wesentliches über das Wesen der Versicherung zu sagen. Er wußte aber wohl, daß der Hinweis auf das Wesentliche eine wirksame Waffe der Diskussionstechnik ist: „Der Verfasser ist in seinem Referat viel zu wenig eingegangen auf etwas Wesentliches, ja auf das Wesentliche der Angelegenheit. Es liegt im folgenden ..." Der Kritiker kann dann auf ein Gebiet überschwenken, auf dem er sich auskennt[5]. Leider ist noch niemand auf die Idee gekommen, das Wesen der Versicherung vom – imaginären – „Institut für Wesentliches" untersuchen zu lassen, vielleicht in der Abteilung Besonderes[6].

Mache man nicht zu viel Wesens vom Wesen der Versicherung. Man könnte denken, daß sie erfreut wäre, wenn man ihr ein freundliches Wesen bescheinigte. Oder macht sie vielleicht zu viel Wesens von sich? Oder treibt sie vielleicht ihr (Un)Wesen? Nach – unvollständiger – Re-

---

3 Farny, Dieter: Theorie der Versicherung. B. Fortentwicklung der Theorie der Versicherung. HdV, Karlsruhe 1988, S. 867 ff.
4 Kaufmann, Felix: Wiener Lieder zur Philosophie und Ökonomie, Stuttgart 1992, S. 36.
5 Borchard, Knut: Regeln für den Erfolg von Diskussionsrednern, in: Orestes V. Trebeis (Hg.): Nationalökonomologie, Tübingen 1986, S. 46.
6 Das Wesentlichste über das Institut für Wesentliches, anonym, ebenda S. 60 f.

cherche darf man annehmen, daß das Wort verweht ist in eine staubige Ecke (etwa eines älteren Versicherungs-Lexikons) und dort wohl vor sich hin west.

Der Mensch lebt nicht vom Brot allein, das ihm der Bäcker ohne höhere Rechtfertigung liefert. Anders als der Bäcker oder der Maschinenbauer verspüren die Versicherer offenbar einen inneren Drang, sich auf einem höheren geistigen Niveau zu rechtfertigen, eine Aufgabe zu haben, am besten eine soziale oder gesellschaftliche, die sie herausfordert. Hier sollte man aber Vorsicht walten lassen. Dolf Sternberger hat den Aufgabenträgern ins Stammbuch geschrieben: „Die Darstellung von Zwecken und Mitteln unterliegt ... der Diskussion, der Vollzug eines Auftrages läßt uns andächtig verstummen. Nein, das ist nur Hokuspokus, man soll sich davon nicht einschüchtern lassen. Es sind Nebelschwaden der Unfreiheit, wenn's auch erhaben anmutet. Ein freier Mann bekennt sich zu seinen menschlichen Zwecken[7]."

Hat vielleicht der Bezug auf Aufgabe und Sinn etwas mit den diskriminierenden Vorstellungen zu tun, dem sich die Versicherung – trotz der Aufklärung – immer wieder ausgesetzt sah? Stützt sich ihr Selbstbewußtsein auf einen solchen Sinn? Daß die Versicherer selbstbewußt auftreten, bedarf wohl keines Beweises. Oft wird auch vom Selbstverständnis gesprochen. Ein solches könnte sich freilich nicht auf einen auf ewig unveränderlichen Sinn stützen. „In einem geschichtlichen Augenblick, da die Voraussetzungen des individuellen und des gesellschaftlichen Daseins sich von Grund auf wandeln, entsteht geradezu ein Zwang, sich, das heißt die eigene Identität oder was das etwa sein könnte, in veränderter Lage neu zu bedenken und zu bestimmen. Selbstverständnis drückt den Willen zur Selbstbehauptung durch Kritik aus, die dem Selbst oder jenem Identitätsbewußtsein gilt, das sprachlich nur noch bei den Philosophen heimisch ist. So wäre denn Selbstverständnis ein Akt, kritisches Bewußtsein seiner selbst zu haben oder neu zu begründen. Selbstverständnis scheint uns ein gutes Wort zu sein", schrieb Karl Korn[8]. Sind es also Sinnkrisen, die die Versicherer dazu anregen, ihr Selbstverständnis zu überprüfen? In der Tat sind sie dabei. Man lese nur die Vorträge auf der Tagung des Deutschen Vereins für Versicherungswissenschaft 1992 unter dem Thema „Künftige Umwelten und Versicherung" nach, insbesondere die Schlußbemerkung von Farny: „... oder müssen wir den Blick erweitern und von Sicherungswirtschaft oder Sicherungswissenschaft ausgehen[9]?"

---

7 Sternberger, Dolf: Auftrag, in: Modenschau der Sprache, Frankfurt 1969, S. 49 f.
8 Korn, Karl: Selbstverständnis, in: Modenschau der Sprache, Frankfurt 1969, S. 60 f.
9 Farny, Dieter: Das System der Umwelten, die zukünftigen Veränderungen und die Beziehungen zu den Versicherungen. ZVersWiss 1992 1/2, Berlin 1992.

Aber was wird sicher oder wenigstens sicherer gemacht? Darüber scheint man sich einigermaßen einig zu sein, jedenfalls aber meist nicht das, was die Spartenbezeichnungen angeben. Da die Versicherung als solche weder konkrete Gegenstände noch Leben und Gesundheit sicherer machen kann, bleibt nur, daß sie finanzielle Folgen ausgleicht. Man müßte also bei der Bezeichnung von Versicherungszweigen den Begriff „-Folgen" einfügen, soweit dies Sinn macht. Und was da sicherer gemacht wird – beschränkt auf zufallsbedingte Störungen –, ist der Vollzug von Wirtschaftsplänen[10] oder die Zielerfüllung[11]. Hier läßt sich ohne weiteres auch das Konzept der „Zustandsgarantie" unterbringen[12].

Wie aber geschieht das? Hier kommt man um den Begriff der „Gefahrengemeinschaft", der so schön die Vorstellung von einer Versichertengemeinschaft oder gar einer Solidargemeinschaft erweckt, anscheinend nicht herum. Er vermittelt das Gefühl, daß die Versicherer und die Versicherten in eine Gemeinschaft eingebunden sind. Insoweit eignet er sich gut für festliche Reden. Tatsächlich ist er – vom Versichern her gesehen – eine idealistische oder romantische Überwölbung des Gesetzes der großen Zahl oder des versicherungstechnischen Kollektivs. Farny hat schon 1965 auf den wenig präzisen Begriff „Gemeinschaft" hingewiesen und Ersetzung durch „Kollektiv" vorgeschlagen[13]. Die – zugegeben alten – Versicherungsdefinitionen von der „gegenseitigen Deckung" (Manes) und der „Gemeinschaft gleichartiger Gefährdeter" (Möller) beeinflussen – freilich mit abnehmender Intensität – die Sprache der Versicherung. Die Gefahrengemeinschaft als „Grundgedanken jeder Versicherung" ist gleichwohl nicht totzukriegen[14]. Die dahintersteckende Idee „Einer für Alle, Alle für Einen" als Kennzeichen der Gegenseitigkeit[15] hat lange als Bremsklotz gegen Neuerungen gewirkt, etwa gegen eine Auflockerung der Tarife nach differenzierten Risikoklassen in der Kraftfahrtversicherung[16]. Es ist freilich fast 40 Jahre her, da zu lesen war: „Dieser Grundsatz, daß der Gute für den Schlechten bezahlt, liegt natürlich jeder Versicherung zu-

---

10 Braeß, Paul: Elemente einer dynamischen Versicherungskonzeption aus wirtschaftswissenschaftlicher Sicht, ZVersWiss 1970, S. 1 ff.
11 Farny, Dieter: Betriebswirtschaftliche Anmerkungen zum Versicherungswert, in: Schmidt, Reimer, Sieg, Karl (Hg.): Grundprobleme des Versicherungsrechts, Festgabe für Hans Möller, Karlsruhe 1972, S. 207.
12 Müller, Wolfgang: Das Produkt der Versicherung, in: Jung, Michael, Lucius, Ralph René, Seifert, Werner (Hg.): Geld und Versicherung, Festgabe für Wilhelm Seuß, Karlsruhe 1981, S. 155 ff.
13 Farny Dieter: Produktions- und Kostentheorie der Versicherung, Veröffentlichungen des Deutschen Vereins für Versicherungswissenschaft, Heft 72, Karlsruhe 1965, S. 12, Fn. 52.
14 Vgl. Jahrbuch 1992 des Gesamtverbandes der Deutschen Versicherungswirtschaft e.V., S. 150.
15 Manes, Alfred: Versicherungswesen. 5. Auflage, Erster Band, Berlin 1930, S. 2 f.
16 Seuß, Wilhelm: Sozialversicherung und Individualversicherung in der öffentlichen Meinung, ZVersWiss 1970 2/3, S. 365.

grunde, er läßt sich aber nur bei einem Zwangstarif rein verwirklichen[17]."
In der Kraftfahrtversicherung mußte erst der Staat mit Verordnung der
Unternehmenstarife die innere Blockade lockern.

Mit der Gefahrengemeinschaft ist auch eine moralische Sichtweise verbunden: es gibt da Schädiger, die diese Gemeinschaft schädigen, beispielsweise Unfaller oder liederliche Leute. Das Moralische liegt ja oft dicht bei der Selbstgerechtigkeit, wenn man einem erhöhten Risiko nicht beizukommen vermag.

Das Wort Gefahrengemeinschaft ist noch nicht verweht. Es treibt noch sein Wesen, man möchte nicht sagen, sein Unwesen. In der ernsthaften theoretischen Behandlung der Versicherung ist es freilich nur noch etwas lauter als ein Säuseln zu vernehmen. Nur am Rande sei auf die Debatte über Gefahrengemeinschaftsmodell und Unternehmensmodell hingewiesen[18].

Die Versicherer scheuen offenbar die Berührung mit dem „Kapitalismus" wie der Teufel das Weihwasser. Die Aktiengesellschaften waren viel eher bestrebt, darzulegen, daß sie eigentlich Gegenseitigkeitsvereine seien. Die Überhöhung einer Organisationsform – der genossenschaftlichen – zu einem generellen Charakteristikum von Versicherungen entsprach wohl einer gefühlsmäßigen Zuneigung, zumal sie an die vorindustrielle Zeit in Nordeuropa anknüpft[19]. Das mag mit der in Deutschland – aber auch anderswo – weit verbreiteten anti-kapitalistischen Mentalität zusammenhängen. Die Versicherer haben aber auch die Vorstellung, an einer staatlichen Veranstaltung „soziale Marktwirtschaft" teilzunehmen, die ihnen einen gemäßen Platz im „System" zuweist, und deren Regeln so gesetzt sind, daß sie ein ordentliches Auskommen haben. Dem entsprach wohl auch ihr zuweilen unkritisches Selbstverständnis, wonach eine Art öffentlicher Auftrag ihnen die Treuhänderschaft zugewiesen hat, die verwaltend wahrzunehmen ist[20]. Was auch immer von dieser Idee übrigge-

---

17 Gerlach, Willibald: Entwicklung der deutschen Kraftverkehrs-(Kraftfahrt)Versicherung, in: Gerlach W. (Hg.): Das Marktproblem in der deutschen Kraftverkehrsversicherung, herausgeg. von Dr. W. Gerlach, Berlin 1958, S. 19.
18 Hierzu: Müller, Wolfgang: Was ist Versicherung? Zum konzeptionellen Zustand von Versicherungstheorie und -praxis im Spiegel der Festschrift für Robert Schwebler, ZVersWiss 1988 2, S. 309 ff.). – Farny, Dieter, Buchbesprechung von Unternehmerische Versicherungswirtschaft von Eisen, R., Müller, W., Zweifel, P., in ZVersWiss 1991 2, S. 399 ff. sowie Replik und Erwiderung des Besprechers in ZVersWiss 1992 1/2, S. 343 ff.
19 Siehe u. a. Büchner, Franz: Geschichtliche Betrachtungen zum Begriff Versicherung, in: Grundprobleme des Versicherungsrechts, a.a.O., S. 111 ff.
20 Siehe hierzu u. a. Müller, Wolfgang: Verwalter oder Unternehmer? – Thesen zur Entwicklung der Versicherungswirtschaft, VW 20/1989, S. 1348 ff. – Seuß, Wilhelm: Sozialversicherung und Individualversicherung in der öffentlichen Meinung. ZVersWiss 1970 2/3, S. 355.

blieben sein mag: in den „Verwaltungskosten" lebt sie fröhlich fort; auch im Kopf des Verfassers sind sie noch nicht verweht.

Noch mehr zurückgenommen gegenüber einer unternehmerischen Tätigkeit erschien der Begriff eines „Hilfsgewerbes", der bis in die sechziger Jahre gebraucht wurde (auch noch im Versicherungs-Alphabet von 1976, allerdings nur als Synonym für Dienstleistungsgewerbe). Auf dem Rückzug ist die Prämie, wahrscheinlich aus Angst, man könne hinter ihr eine Art von Termingeschäft wittern, was ja gar nicht so falsch wäre. Stärker durchgesetzt hat sich der „Beitrag" als Bezeichnung für das, was der Versicherungsnehmer einbringt, als sei er Mitglied eines bürgerlichen Vereins. Ist das ein Nachklang der Gefahrengemeinschaft?

Man spricht freilich immer noch von einer „gerechten Prämie". Die Scholastik läßt grüßen. Und es wird immer wieder „versichert", daß die Prämie immer „gerechter" gemacht werde. Bei der Annäherung an die „Prämiengerechtigkeit" gerieten die Versicherer zunächst einmal in innere Zweifel. „Der Grundsatz der ‚gerechten Prämie' findet seine Grenze in dem Gedanken der Gefahrengemeinschaft." Beide Grundsätze widersprächen einander bis zu einem gewissen Grade. „In einer absoluten Gefahrengemeinschaft müßten alle die gleiche Prämie zahlen. Es sei aber technisch vertretbar und gerechter, einzelne Gruppen gleichartiger Risiken gesondert zu tarifieren[21]." An der gleichen Stelle wird die Gefahr beschworen, daß der Versicherungskunde, da er sein eigenes Risiko nicht kenne, in der Regel automatisch die billigste, nicht aber die gerechteste Prämie wählen werde.

Wahrscheinlich gibt es keine gefährlicheren Rechtfertigungsgründe als das Argument der Gerechtigkeit. Denn jeder versteht etwas anderes darunter, und neben „sozialer Gerechtigkeit" scheint es eine einfache und schlichte nicht mehr zu geben. Gemeint ist, daß man bemüht sei, eine Gleichheit von Leistung und Gegenleistung herzustellen, was man zunächst auf so etwas wie Gleichheit von Zahlungsströmen in der einen und der anderen Richtung glaubte beziehen zu können. Aber warum müssen die Prämien gerecht sein, genügte es nicht, sie als risikogemäß zu bezeichnen? Die Gerechtigkeit werden die Versicherer aber wohl nicht loswerden.

Wenn man sich fein und gebildet ausdrücken will, spricht man von Äquivalenz. Meistens wird dies als „Gleichgewichtigkeit" bezeichnet, ökonomisch geht es aber um „Gleichwertigkeit". Es wäre müßig, sich hier in

---

21 Meyer, Ernst: Möglichkeiten einer vollständigen oder teilweisen Aufhebung der Preisvorschriften in der deutschen Kraftverkehrsversicherung, in: Das Marktproblem ... a.a.O., S. 29.

den Wust von Definitionen des „Äquivalenzprinzips" zu vertiefen, für das ein so schöner Ausdruck geprägt worden ist: Wahrscheinlichkeits-Gleichgewicht zwischen Leistung und Gegenleistung[22]. Dieses besagt freilich nicht, daß Leistung und Gegenleistung gleichwertig seien oder ein gerechter Ausgleich zustande komme. Die Versicherungswissenschaft versteht das „Äquivalenzprinzip" nicht als ein normatives Prinzip, sondern als eine Kalkulationsregel für die Nettoprämie von Risiken unterschiedlicher Schadenzahlungserwartungen[23]. Das ist das Gebiet vor allem der Versicherungsmathematik.

Prämiengerechtigkeit brauchte man eigentlich nur bei Pflichtversicherungen hervorzukehren, damit man weder mit der Aufsicht noch mit der Öffentlichkeit in Konflikt gerät. Man muß hier darlegen, daß etwas kostet, was es kostet, es herzustellen. „Gleichwertigkeit" von Leistung und Gegenleistung wird hier nicht verlangt. Wenn unter Wettbewerbsbedingungen freiwillig Versicherungsverträge abgeschlossen werden, ist die Äquivalenz eigentlich durch die Tatsache des Vertragsabschlusses gegeben. Denn beide Seiten bewerten hier frei den Nutzen des gegenseitigen Vertrages und finden ihn äquivalent, eine Auffassung, die natürlich den Verfasser weitab vom „Wesen" der Versicherung in die subjektivistische Ecke stellt.

Das versicherungstechnische Wahrscheinlichkeits-Gleichgewicht bietet freilich auch einen kräftigen Hebel für die kaufmännische Gestaltung von Versicherungsbeständen. Was da heute an Abwendung vom Spartenprinzip zum individuellen Kundenprinzip geschieht, ist doch wohl nichts anderes als die Anwendung der technischen Äquivalenz bei der Suche nach Kundengruppen mit einem speziellen Wahrscheinlichkeits-Gleichgewicht. Insoweit sind dann die Äquivalenz-Mathematiker auch die Wegbereiter für Marketing-Ziele und Produktinnovation; die Betriebswirte müssen dann nur noch nach den Deckungsbeiträgen suchen.

Es mag freilich sein, daß wir mit diesen Bemerkungen den Bereich der Äquivalenz hinter uns gelassen haben, wie sie von den Versicherern verstanden wird. Der Einbruch der Entscheidungstheorie mit ihrem Sicherheitsäquivalent macht der „Gerechtigkeits-Äquivalenz" des Gleichgewichts ganz schön zu schaffen, öffnet aber zugleich den Weg für freie Marktstrategien. Das versicherungstechnische Äquivalenzprinzip hat da noch immer seinen Platz. Aber die Gleichwertigkeit von Leistung und Gegenleistung kommt mehr zur Geltung, auch wenn dabei Konsumenten- oder Versicherer-Renten entstehen sollten. „Es besteht (beim versi-

---

22 Romer, Bernhard: Äquivalenz und Risiko in der Lebensversicherung, in: Versicherungswissenschaftliche Studien, Festgabe für Max Gürtler, Karlsruhe 1969, S. 121.
23 Farny, Dieter: Versicherungsbetriebslehre, Karlsruhe 1989, S. 53 f.

cherungstechnischen Äquivalenzprinzip) kein Prinzip der Gerechtigkeit oder ein besonderes Problem von Versicherungen, sondern es handelt sich um ein auf den Spezialfall Versicherungskalkulation angewendetes Wirtschaftlichkeitsprinzip[24]." Gerechtigkeit soll natürlich weiter von allen geübt werden, aber die Prämiengerechtigkeit mag verwehen.

„Theorie ist, wenn man alles weiß und nichts funktioniert, Praxis, wenn alles funktioniert und keiner weiß, warum[25]." Nach diesem Motto haben die Versicherungen offenbar lange Zeit gut gelebt. Allerdings – vielleicht – mit schlechtem Gewissen. Den Versicherern mangelte es lange Zeit nicht an Begriffen und Worten, sondern an einer richtigen Theorie, die ihnen endlich einmal sagt, was sie machen. Wegen dieses Mangels ist ihr Selbstbewußtsein wohl lange Zeit einer falschen Quelle entsprungen. Die Versicherungswissenschaft hatte ihnen auch keine attraktive Theorie vermittelt. Es hieß, die Leistungsproduktion bestehe in dem Einsammeln der Prämiengelder und in der Auszahlung der Schadensbeträge bzw. Versicherungssummen, die Versicherer hätten die Versichertengemeinschaft zu organisieren oder die betriebliche Organisation der jeweiligen Risikogemeinschaft so zweckmäßig wie möglich aufzubauen[26]. Arps spricht davon, der Versicherungsunternehmer entwickele im Versicherungsbetrieb Produktionsrezepte, durch deren Anwendung der in den Risiken enthaltene spekulative Zündstoff entschärft werde. Er nennt den Versicherungsunternehmer auch Risikogestalter[27].

Einer Sache waren sich die Versicherer schon immer sicher, daß sie ein immaterielles Gut verkaufen, eines, das man weder anfassen noch konkret erleben kann wie etwa eine Reise. Das reizt natürlich zu vielfältigen Spekulationen und bedeutungsvollen Aussagen darüber, welcher Art Geschäft man betreibt. Am liebsten wäre ihnen wohl, wenn sie dieses ohne weiteren Aufwand betreiben könnten, wie Engels in einer mißverstandenen und von ihnen scharf zurückgewiesenen Passage behauptet hat[28].

„Vielfach scheinen die Versicherer selbst nicht zu wissen, wie sie daran sind. Wenn sie häufig ihre Leistung als Ware bezeichnen, fühlen auch sie sich anscheinend nicht wohl dabei, denn vielfach setzen sie dann das Wort in Anführungsstriche[29]." Fast ist man geneigt, von einer romantischen Phase der Versicherung zu sprechen, in der Anhänglichkeit, liebvolle Zuneigung und Arbeit für ein Ideal die wichtigsten Tugenden eines

---

24 Lucius, Ralph René: Die Grenzen der Versicherbarkeit, Frankfurt 1979, S. 154.
25 Sanders, Willy: Sprachkritikastereien und was der „Fachler" dazu sagt, Darmstadt 1992, S. 55.
26 Siehe die Zitate in Farny, Dieter: Produktions- und Kostentheorie, a.a.O., S. 7.
27 Arps, Ludwig: Deutsche Versicherungsunternehmer, Karlsruhe 1968, S. 10 f.
28 Engels, Wolfgang: Rentabilität, Risiko und Reichtum, Tübingen 1969, S. 82 f.
29 Arps, Ludwig, a.a.O., S. 5.

Versicherungsunternehmers zu sein schienen. Das eherne „Gesetz der großen Zahl" war fast so etwas wie ein päpstliches Dogma, an das man sich zu halten hatte. Das Risiko, das man gestaltete, mußte (mathematisch) sicher sein, von keiner Unsicherheit befleckt. Alles lief auf Harmonie hinaus, die sich in der Homogenität der übernommenen Risiken ausdrücken sollte.

Freilich, schon zu Beginn der sechziger Jahre wurde der schöne Traum von der Harmonie erheblich gestört, als Paul Braeß nachgewiesen hat, daß Heterogenität (in den Schadengraden) zumindest nicht schädlich sei[30]. Vielleicht hat Braeß nur wissenschaftlich zum Ausdruck gebracht, was die Versicherer eh schon wußten, aber nicht wahrhaben wollten. Fünf Jahre später erschien die „Produktions- und Kostentheorie der Versicherung" von Dieter Farny. Er hat ihnen bescheinigt, daß Versichern eine echte Produktion, und daß das, was sie produzieren, nämlich Sicherheit, ein Wirtschaftsgut ist[31]. Für die Versicherer war dies – psychologisch – der Durchbruch, der ihr Selbstbewußtsein beflügelte und sie nun auch theoretisch in die Reihe der Unternehmer einordnete. Die Arbeit war ein „seminal work", eine, die den Keim zukünftiger Entwicklung in sich trug. Ohne diese wären weder die weitere Ausgestaltung der Versicherungs-Betriebs- und Unternehmenslehre zu einem Gesamtsystem durch Farny selbst und andere aus den neuen Generationen von Versicherungswissenschaftlern noch kritische Gegenpositionen möglich gewesen.

Es bedurfte freilich noch einiger Zeit, bis Farny – wenn auch offenbar doch noch etwas zögerlich – feststellen konnte: „Daß noch nicht alle Versicherer ... beim Vollblutunternehmer angekommen sind, ist verständlich. Aber viele Vorgänge der letzten Jahre in der deutschen Assekuranz, wie neue Produkt- und Tarifgestaltungen, Konzentration, Aufkäufe, Fusionen, Allfinanz, Internationalisierung, zeigen eindeutig, daß das Selbstverständnis der Versicherer als autonome Unternehmer stark ist und weiter zunimmt. Sie streben nach neuen Geschäftsfeldern, sie sind aktiv, sie versuchen, sich durch Innovationen von den Konkurrenten abzuheben[32]."

„Viele Worte bleiben ohne Antwort", heißt ein altes Sprichwort. Aber man kann wohl sagen, daß neue Worte vermuten lassen, daß neue Fragen gestellt werden. Neue Hypothesen, so entgegengesetzt sie auch sein mögen, tragen dazu bei, daß das Selbstverständnis sich wandelt. „Para-

---

30 Braeß, Paul: Versicherung und Risiko, Wiesbaden 1960, u. a., S. 51.
31 Farny, Dieter: Produktions- und Kostentheorie, a.a.O., u. a., S. 63 ff.
32 Farny, Dieter: Versicherungsbetriebslehre, Wirtschaftliche Theorie des Versicherungsunternehmens und seiner Beziehungen zur Umwelt, ZVersWiss 1990 1/2, S. 26).

digmawechsel" ist wohl zu hoch gegriffen. Aber ein qualitativer Sprung ist schon bemerkbar, geeignet, die oft beklagte Inkongruenz vom Selbst- und Fremdbild der Versicherer abzubauen[33].

---

33 Frey, Peter: Quantitative Ansammlung – qualitativer Sprung. Die Assekuranz vor neuen gesellschaftlichen Herausforderungen, in: Hopp, Franz Wilhelm und Mehl, Georg (Hg.): Versicherungen in Europa heute und morgen, Geburtstagsschrift für Georg Büchner, Karlsruhe 1991, S. 573 ff.

Günter Sieben*

Zur Ermittlung des Gesamtwertes von Lebensversicherungsgesellschaften – eine Analyse aus Sicht der Unternehmensbewertungstheorie

A. Einleitung

Überlegungen zur systematischen Wertermittlung bei Versicherungsgesellschaften sind bislang vergleichsweise selten angestellt worden[1]. Für Lebensversicherungsunternehmen, denen eine gewisse Sonderstellung im Versicherungssektor zukommt[2], gilt dies in noch höherem Maße. Zwar gibt es keine branchenspezifische Unternehmensbewertungstheorie, jedoch sind bei der Umsetzung des Bewertungsmodells Besonderheiten der jeweiligen Branche zu beachten. Diese wiegen gerade bei Lebensversicherungsgesellschaften wegen ihres spezifischen Sachziels und den für sie geltenden speziellen Rechnungslegungsvorschriften schwer. Daß besonders der zweite Aspekt einen unkundigen Anleger von einer Beteiligung an einem Versicherungsunternehmen abzuhalten vermag, hat der Jubilar bereits in einem seiner frühen Aufsätze betont[3]. Anliegen dieses Beitrags ist es, die Grundlagen der Unternehmensbewertungslehre und ihre Bedeutung für die Gesamtbewertung von Lebensversicherungsgesellschaften aufzuzeigen. Angesichts der Schwierigkeiten, die mit Gesamtbewertungen im allgemeinen und der Bewertung von Lebensversicherern im speziellen verbunden sind, kann dieser Beitrag nur einzelne Aspekte

---

* Meinem Mitarbeiter, Herrn Dipl.-Volksw. G. Hardtmann, danke ich für die tatkräftige Unterstützung bei der Erstellung dieses Beitrages. Herrn Norbert Heinen, Generalbevollmächtigter der Gerling-Konzern Versicherungs-Beteiligungs-Aktiengesellschaft, danke ich für einen konstruktiven Gedankenaustausch und eine Reihe wertvoller Anregungen.
1 Hierzu zählen die Publikationen von Meyer (1975), Fricke (1976) und Bertschinger (1980). Die Darstellung von Fricke leidet aus heutiger Sicht darunter, daß alle Bewertungsverfahren gleichrangig behandelt werden. Auf die Besonderheiten bei der Bewertung von Versicherungsaktien weist auch Farny (1962) hin. Eine neuere Darstellung stammt von Clarke et al. (1990). Den Vorwurf der Vernachlässigung von Unternehmensbewertungsfragen bei Versicherungsgesellschaften erhebt bereits Fricke (1976), S. 452. Dieser Vorwurf scheint bis heute nichts von seiner Aktualität eingebüßt zu haben.
2 Dies gilt für die kapitalbildende Lebensversicherung insbesondere wegen ihrer *rechtlichen Situation* (vgl. Basedow (1992), S. 420 f.), aber auch aufgrund der hohen *Beitragseinnahmen*, die die Lebensversicherungsbranche lange Jahre zur wichtigsten Sparte der Versicherungswirtschaft gemacht haben (vgl. Volksfürsorge (1992), S. 8). Zur Bedeutung der Lebensversicherung generell vgl. Hagelschuer (1987), S. 27 – 35.
3 Farny (1962), S. 241.

zum Thema „Wertfindung von Lebensversicherungsgesellschaften" aufgreifen.

Bei der Seltenheit theoretischer Stellungnahmen zur Wertfindung von Lebensversicherungsgesellschaften überrascht es nicht, daß in der Praxis versucht wird, diese Lücke zu schließen. Ein in der Literatur anzutreffendes Konzept zur Bewertung von Lebensversicherungsgesellschaften ist das Konzept des „Embedded Value"[4]. Es wird später im Abschnitt „Besonderheiten der Unternehmensbewertung bei Lebensversicherungsgesellschaften" vorgestellt.

Abschnitt B dient mit grundlegenden Aussagen zur Unternehmensbewertungslehre Kölner Schule als Basis für die Bewertung von Lebensversicherungsgesellschaften. Letztere ist Gegenstand von Abschnitt C.

B. Basisaussagen der Unternehmensbewertungslehre (Kölner Schule)

Die Beurteilung von Vorschlägen zur Ermittlung der Werthaltigkeit von Lebensversicherungsgesellschaften sowie die Entwicklung eigener Vorschläge verlangen nach einer Charakterisierung der zugrundeliegenden Maßstäbe. Als Beurteilungsbasis soll die Unternehmensbewertungslehre Kölner Schule dienen, die im folgenden dargestellt wird.

1. Anlässe der Unternehmensbewertung

Die Unternehmensbewertungslehre kennt verschiedene Anlässe, zu denen eine Bewertung erfolgen kann. Zu ihrer Systematisierung lassen sich unterschiedliche Kriterien anführen. So ist es beispielsweise möglich, Bewertungsanlässe nach ihrer Rechtsnatur in freiwillige, vertragliche und gesetzliche Bewertungen zu unterscheiden. Unternehmensbewertungen können ferner – nach dem Kriterium ihrer Häufigkeit unterteilt – periodisch oder aperiodisch erfolgen. Weit verbreitet ist die Einteilung der Bewertungsanlässe in solche mit Eigentumswechsel und solche ohne Eigentumswechsel[5]. Hierbei genügt es, daß ein Eigentumswechsel von den Parteien angestrebt wird, er muß, falls die Verhandlungen scheitern, nicht tatsächlich vollzogen werden. Weiterhin kann danach differenziert werden, ob der Eigentumsübergang von den freien Entscheidungen der beteiligten Parteien abhängt oder nicht. Kann eine Partei ihr Interesse an einem Eigentumsübergang gegen eine andere Partei durchsetzen, liegt eine beherrschte (dominierte) Entscheidungssituation vor. Vermag dagegen keine Partei ohne Mitwirkung oder gegen den erklärten Willen einer

---

4 Vgl. hierzu und zu den folgenden Ausführungen Franklin (1990).
5 Münstermann (1966), S. 13, Ballwieser/Leuthier (1986), S. 547, Sieben (1993), Abschnitt III.

anderen den Eigentumswechsel zu erzwingen, liegt eine nicht beherrschte (nicht dominierte) Entscheidungssituation vor.

Die gewählte Einteilung der Bewertungsanlässe, die sämtlich bei der Bewertung von Lebensversicherungsgesellschaften relevant werden können, soll an wenigen Beispielen verdeutlicht werden. Eine nicht dominierte Entscheidungssituation und ein angestrebter Eigentumsübergang treten in folgenden Fällen auf:

– Kauf oder Verkauf eines Lebensversicherungsunternehmens. Hierunter zählt auch der Kauf eines Unternehmensteils, also einer Betriebsstätte, einer Filiale bzw. eines Bestandssegmentes,

– Einbringung eines Lebensversicherungsunternehmens als Sacheinlage oder Sachübernahme bei einer Sachgründung oder Kapitalerhöhung,

– Verschmelzung mehrerer Lebensversicherungsgesellschaften.

Bewertungsanlässe, die durch einen Eigentumswechsel bei beherrschter Situation gekennzeichnet sind, sind beispielsweise

– die Abfindung von Minderheitsgesellschaftern bei einer Umwandlung (ein Wechsel der Rechtsform ist bei Lebensversicherungsgesellschaften durch Übergang von einem Versicherungsverein auf Gegenseitigkeit [VVaG] in eine Aktiengesellschaft von Bedeutung) und

– die Enteignung.

Bewertungsanlässe, die nicht durch einen Eigentumswechsel gekennzeichnet sind, können sein:

– die Ermittlung des Erfolgskapitals, etwa zu Zwecken der unternehmenswertorientierten strategischen Planung oder der Publizität,

– die Substanzbesteuerung,

– Sanierung oder

– Kreditwürdigkeitsprüfung

eines Lebensversicherungsunternehmens.

2. Zweckorientierung der Unternehmensbewertung

Neben der Vielfalt der Anlässe der Unternehmensbewertung bestimmt der Zweck der Bewertung die Auswahl zwischen möglichen Bewertungsverfahren. Das grundsätzlich anzuwendende Verfahren der Unternehmensbewertung – unabhängig vom Anlaß und vom Zweck der Bewertung – gibt es nicht. So erfordert etwa die Bewertung eines Akquisitionsobjektes durch einen Berater die Berücksichtigung subjektiver Planungen und Prognosen des Auftraggebers. Andererseits ergibt sich auch die Notwendigkeit für konventionalisierte Unternehmenswertermittlungen. Beispielsweise, wenn es darum geht, die Grundsätze der Steuergerechtigkeit und der Rechtssicherheit bei der Unternehmensbewertung durch die Steuerbehörde sicherzustellen. Das kann nur durch ein höheres Maß an Normierung gelingen. Damit dürfte deutlich geworden sein, daß es *den* Unternehmenswert schlechthin nicht geben kann. Dieser hängt vielmehr stets von der hinter der Wertermittlung stehenden Frage ab. Die Bedeutung der Zweckgerichtetheit der Bewertung und damit der funktionalen Unternehmensbewertung spiegelt sich auch in der Forderung wider, den Bewertungszweck frühzeitig zwischen Bewerter und Auftraggeber abzustimmen[6] und hinreichend zu dokumentieren[7], um Unklarheiten über die eigentlichen Absichten der Bewertung vorzubeugen.

Die Unternehmensbewertungslehre unterscheidet – je nach Bewertungszweck – verschiedene Haupt- und Nebenfunktionen, mit denen jeweils spezielle Antworten auf die speziellen Fragen zum Unternehmenswert gegeben werden. Als – abschließend aufzählbare – Hauptfunktionen sind die Beratungs-, die Vermittlungs- und die Argumentationsfunktion in die Literatur eingegangen. Als Nebenfunktionen der Bewertung werden insbesondere die Vertragsgestaltungsfunktion, die Steuerbemessungsfunktion und die Informationsfunktion genannt[8]. Alle diese Funktionen können auch im Rahmen der Bewertung von Lebensversicherungsgesellschaften relevant werden. Zunächst kommen wir zu den Hauptfunktionen der Bewertung.

Im Rahmen der *Beratungsfunktion* kann der Bewerter als Parteigutachter oder Berater entweder des Käufers oder des Verkäufers einer Lebensversicherungsgesellschaft tätig werden. In diesen Fällen gilt es, den sogenannten Entscheidungswert (Grenzpreis) zu ermitteln, der für den Verkäufer der mindestens zu verlangende Preis und für den Käufer der maximal zu entrichtende Preis ist. Der Entscheidungswert wird auch als „Grenze der Konzessionsbereitschaft" bezeichnet, weil ein Überschreiten nicht mehr rational begründet werden kann. Die Kenntnis des Entscheidungswertes einer Partei ist freilich auch für die jeweilige Gegenpartei von großem Interesse. Die Gegenpartei vermag so ihren Verhandlungsspielraum relativ gut einzugrenzen.

Bei der Entscheidungswertermittlung werden sowohl die Ziele als auch die Handlungsalternativen des Entscheidungsträgers berücksichtigt. Da-

---

6 Ballwieser/Leuthier (1986), S. 546.
7 Moxter (1983), S. 6. Für den Berufsstand der Wirtschaftsprüfer fordert dies die Stellungnahme des Hauptfachausschusses (HFA) des IDW, vgl. HFA (1983), S. 480.
8 Sieben (1983), S. 539.

mit wird der Anforderung der normativen Entscheidungstheorie Rechnung getragen, die eine vollständige Berücksichtigung der Entscheidungssituation aus der Sicht des Bewertungssubjektes fordert. Auf Zielplan und Entscheidungsfeld eines Kaufinteressenten an einer Lebensversicherungsgesellschaft soll später noch exemplarisch zurückgekommen werden.

In Ausübung der *Vermittlungsfunktion* strebt der Bewerter einen Interessenausgleich zwischen den beteiligten Parteien an. Dazu ermittelt er den Schiedsspruch- oder Arbitriumwert. Dieser kann je nach Vereinbarung entweder die Parteien unmittelbar binden oder reinen Empfehlungscharakter haben und damit Ausgangspunkt weiterer Verhandlungen sein[9]. Zur Erfüllung dieser Aufgabe muß der Bewerter den Transaktionsbereich der Verhandlungspartner aufteilen. Dabei bedient er sich – in Ermangelung wirtschaftswissenschaftlich „gerechter" Kriterien – gesellschaftlicher Nutzenüberlegungen in Gestalt sogenannter Gerechtigkeitspostulate.

Der Transaktionsbereich wird durch die Lage der Entscheidungswerte zueinander bestimmt. Dabei lassen sich, in Abhängigkeit von der relativen Lage der Grenzpreise zueinander, zwei Fälle unterscheiden. Ein *positiver* Transaktionsbereich besteht, wenn der Grenzpreis des Käufers über dem des Verkäufers liegt. Der Fall des *negativen* Transaktionsbereichs liegt dagegen vor, wenn der Grenzpreis des Käufers unter dem des Verkäufers liegt. Es leuchtet ein, daß in einer solchen Situation von den Parteien normalerweise auf den Eigentumsübergang verzichtet wird. Unabhängig vom Vorliegen eines positiven oder negativen Transaktionsbereiches sind die Ergebnisse der Beratungsfunktion für die Vermittlungsfunktion bedeutsam. Die Beratungsfunktion ist insofern der Vermittlungsfunktion vorgelagert.

Aufgabe des Bewerters in der *Argumentationsfunktion,* der dritten Hauptfunktion der Unternehmensbewertung, ist die Unterstützung einer verhandlungsführenden Partei. Um dieser eine weitgehende Erreichung ihrer Verhandlungsziele zu ermöglichen, sollte der Unternehmenswert zumindest zwei wichtige Merkmale aufweisen[10]. Einerseits sollte er möglichst *glaubwürdig* sein. Andererseits ist es bei einer taktisch klugen Verhandlungsführung unabdingbar, bereits in der Argumentation eingesetzte Gesamtwerte nachträglich, wenn nötig bis zum Grenzwert zurückzuziehen. Daher muß der Argumentationswert stets auch *flexibel* genug sein, um derartige Zugeständnisse an die Gegenpartei zu erlauben.

Jedoch darf man den Argumentationswert nicht bloß als „Hebel" betrachten, um gegen den Widerstand der Gegenpartei seine Interessen durchzu-

---

9 Sieben (1983), S. 541.
10 Matschke (1976), Coenenberg (1981), Wagenhofer (1988), Sieben (1993).

setzen. Der Argumentationswert kann auch dazu genutzt werden, einen möglichen Käufer auf bisher nicht beachtete Erfolgspotentiale aufmerksam zu machen. Eine mögliche Konsequenz ist die Änderung des Entscheidungswertes der Käuferpartei[11]. Die Argumentationsfunktion weist somit, ebenso wie die Vermittlungsfunktion, enge Bezüge zum Entscheidungswert auf.

Die Argumentationsfunktion wird vom Institut der Wirtschaftsprüfer (IdW) für die eigene Berufsgruppe abgelehnt. In einer Tätigkeitsauflistung vom Hauptfachausschuß (HFA) des Instituts der Wirtschaftsprüfer wird anstelle der Argumentationsfunktion die Funktion des neutralen Gutachters eingeführt, der den „objektivierten Wert" eines Unternehmens ermitteln soll[12]. Dieser Wert soll die Grundlage für Preisverhandlungen zwischen den Parteien sein, wobei das „Unternehmen ‚so wie es steht und liegt'"[13], also unter Fortführung des *gegenwärtigen* Unternehmenskonzeptes, in die Bewertung eingeht. Wäre die Unternehmensbewertung damit bereits beendet, handelte es sich beim „objektivierten Wert" um nichts anderes als den „Entscheidungswert des Verkäufers"[14], der dann keineswegs objektiviert, sondern parteibezogen wäre. Einer anderen Interpretationsweise zufolge wird der „objektivierte Wert" als Ergebnis eines ersten, auf die Erhebung möglichst genauer Daten zielenden Bewertungsschrittes erachtet[15]. Erst danach sind weitere, subjektive Elemente in die Wertfindung zu integrieren, womit ein schrittweises Abrücken von der ursprünglichen gutachterlichen Funktion verbunden sein kann. Der verantwortungsbewußte Umgang mit der neutralen Gutachterfunktion erfordert eine deutliche Kennzeichnung aller aus der subjektiven Sphäre des Auftraggebers stammenden Einflüsse[16].

Neben den drei Hauptfunktionen kennt die Bewertungslehre eine nicht abschließend bestimmte Zahl von Nebenfunktionen. Nebenfunktionen sind von Eigentumsübergängen unabhängig und zumeist gewissen Normierungen unterworfen. In der *Informationsfunktion* steht die Darstellung des Unternehmenswertes, beispielsweise im externen Rechnungswesen eines Unternehmens, im Vordergrund. Die *Vertragsgestaltungsfunktion* ermöglicht einen Interessenausgleich, indem sie frühzeitig Regelungen für die Unternehmensbewertung im Fall des Ausscheidens von Gesellschaftern trifft. Eine weitgehende Ermessensbeschränkung seitens der Steuerbehörde kennzeichnet die Wertermittlung in der *Steuerbemessungsfunktion*.

---

11 Matschke (1976), S. 521 f.
12 HFA (1983), S. 473.
13 HFA (1983), S. 473.
14 Schildbach (1981), S. 200.
15 Coenenberg (1981), S. 224, Hohlfeldt/Jacob (1992), S. 210.
16 Dörner (1992), S. 10.

3. Prinzipien der Entscheidungswertermittlung

Unter den Funktionen der Unternehmenswertermittlung kommt der Beratungsfunktion mit dem zu ermittelnden Entscheidungswert besondere Bedeutung zu. Als einziger der funktionenspezifischen Werte ist der Entscheidungswert gleichzeitig für die übrigen Hauptfunktionen der Unternehmensbewertung relevant. Eine erfolgreiche Vermittlung zwischen zwei Parteien wird nur gelingen, wenn der Arbitriumwert entscheidungswertbezogen ermittelt wird; sinngemäß gilt dies auch für eine Verhandlungsführung und damit für den Argumentationswert. Häufig ist in der Bewertungspraxis der Entscheidungswert gemeint, wenn ein Unternehmenswert ermittelt werden soll, um beispielsweise eine Anlageberatung zu unterstützen oder Übernahmeangebote abzugeben. Diese allgemeine Bedeutung des Entscheidungswertes rechtfertigt es, auf die Prinzipien der Entscheidungswertermittlung kurz einzugehen, zumal in diesem Beitrag die Beratungsfunktion der Unternehmensbewertung, bezogen auf die Bewertung von Lebensversicherungsgesellschaften, im Vordergrund steht.

Bei der Ermittlung eines Entscheidungswertes sind die Prinzipien der Subjektivität, der Zukunftsbezogenheit und der Bewertungseinheit anzuwenden[17]. Das *Prinzip der Subjektivität* verlangt als Ausfluß entscheidungstheoretischer Erkenntnisse, daß die spezifischen Gegebenheiten des Bewertungssubjektes Berücksichtigung finden. Dazu ist es erforderlich, ein die Situation des zu Beratenden abbildendes Entscheidungsmodell zugrunde zu legen, das auf seinem subjektiven Wollen (Zielplan) und seinem Möglichkeitsraum (Entscheidungsfeld) fußt. Die Entscheidungswertfindung hat also bei einem Kaufinteressenten einer Lebensversicherungsgesellschaft spezifische, hinter der Kaufabsicht stehende Zielsetzungen zu verarbeiten. Diese beschränken sich im übrigen nicht notwendig nur auf das Gewinnziel. Bei der Analyse des Entscheidungsfeldes sind alle sinnvollen, individuellen Investitions- und Finanzierungsalternativen in Betracht zu ziehen. Die Grenzpreisbestimmung ist demnach das Ergebnis eines Vergleichs zwischen den gegebenen Handlungsmöglichkeiten des zu Beratenden.

Das *Prinzip der Zukunftsbezogenheit* resultiert aus der Überlegung, daß Unternehmenserwerbe und -veräußerungen nicht um ihrer selbst willen, sondern in der Absicht, künftige Erfolgsbeiträge zu erwirtschaften, eingeleitet werden. Der Entscheidungswertermittlung sind daher Zukunftserfolge zugrunde zu legen, wie dies auch für die Investitionsrechnung gilt, der die Unternehmensbewertung letztlich zugerechnet werden kann[18]. Das heißt nicht, daß gegenwärtige und vergangene Erfolge für die Bewertung keine Relevanz besitzen. Diese stellen vielmehr den Ausgangspunkt

---

17 Eine vergleichbare Einteilung findet sich schon bei Münstermann (1966), S. 18 – 28.
18 Zum Begriff des Zukunftserfolgs vgl. Busse v. Colbe (1957).

der Bewertung dar. Sie sind, um als verläßliche Prognosegrundlage dienen zu können, jedoch zu bereinigen und zu modifizieren[19].

Mit dem *Prinzip der Bewertungseinheit* wird der Überlegung Rechnung getragen, daß der Wert eines Unternehmens das Ergebnis des Zusammenwirkens aller Unternehmensbestandteile ist. Der Versuch, den Entscheidungswert als eine Summe von Einzelwerten zu ermitteln, muß insofern grundsätzlich abgelehnt werden. Dies gilt auf jeden Fall, wenn das Unternehmen fortgeführt werden soll, d. h. solange die Gegenstände bezüglich ihrer Nutzung in das Unternehmen eingebunden sind[20]. Demgegenüber kann ein Abgehen vom Prinzip der Bewertungseinheit dann angebracht sein, wenn der Verbleib von Vermögensgegenständen im Unternehmen nicht dauerhaft vorgesehen ist. Solche Vermögensgegenstände sind mit ihrem Einzelveräußerungserlös am Absatzmarkt in Ansatz zu bringen.

4. Verfahren der Unternehmensbewertung

Die Verfahren der Unternehmensbewertung lassen sich in traditionelle und zukunftserfolgsorientierte („moderne") Verfahren unterscheiden[21].

Die traditionellen Verfahren können weiter unterteilt werden in das Substanzwertverfahren (Substanzwert als Rekonstruktionswert[22]), die Kombinationsverfahren, die neben dem Substanzwert auch den Ertragswert anteilig berücksichtigen, und das Ertragswertverfahren auf der Basis der gegenwärtigen Erfolge. Ein Kennzeichen dieser traditionellen Verfahren ist, daß sie zumindest teilweise gegenwarts- oder vergangenheitsbezogene Wertansätze verwenden. Da hier vorrangig Verfahren interessieren, die für eine Entscheidungswertermittlung tauglich sind, können die traditionellen Bewertungsverfahren im folgenden außer Betracht bleiben. Diese verstoßen nämlich in der Regel gegen die Prinzipien der Subjektivität, Zukunftsbezogenheit und Bewertungseinheit, die unter 3. erläutert wurden[23].

Im Gegensatz zu den traditionellen Verfahren basieren die zukunftserfolgsorientierten Verfahren der Unternehmensbewertung auf investitions-

---

19 HFA (1983), S. 475 f.
20 Münstermann (1966), S. 18.
21 Vgl. die Unterscheidung bei Bellinger/Vahl (1992), Hohlfeldt/Jacob (1992), Peemöller (1993), Helbling (1993), die zugleich Übersichten verschiedener Verfahren vorlegen.
22 Neben der ursprünglich dominierenden Auffassung des Substanzwertes als Rekonstruktionswert ist es jedoch auch möglich, den Substanzwert als *vorgeleistete (ersparte) Ausgaben* zu interpretieren. Darunter sind diejenigen Kapitalien zu verstehen, die einem Investor erspart bleiben, der sich zum Erwerb eines Unternehmens entschließt, verglichen mit seinen alternativen Handlungsmöglichkeiten. Voraussetzung dafür ist allerdings, daß die vorhandene Substanz des Unternehmens für die individuellen Zwecke des Erwerbers unverzichtbar ist, vgl. Sieben (1963), insbes. S. 79–97.
23 Sieben (1993), Abschnitt IV. 2.

theoretischen Überlegungen. Wie bereits in der Bezeichnung zum Ausdruck kommt, setzt diese Vorgehensweise die Ermittlung künftig zu erwartender Erfolgsbeiträge voraus. Erfolg ist dabei grundsätzlich jede Art von Zielrealisation aus Eignersicht. Der mit einem Unternehmen erzielbare Erfolg besteht daher nicht nur aus Ausschüttungen oder Veräußerungserlösen, sondern aus allen den Nutzen des Eigentümers determinierenden Größen. Daß eine solche allgemeine Auffassung des Erfolgsbegriffs meist unterbleibt, liegt vor allem an den Erfassungsschwierigkeiten und der Komplexität der Integration nichtmonetärer Nutzenkomponenten in die Unternehmensbewertung[24]. Beschränkt man sich auf die Betrachtung der monetären Zielsetzungen, so sind immer noch verschiedene Ausprägungen des Erfolges denkbar. Die Anlehnung an die Investitionsrechnung legt es nahe, als Ergebnisgrößen diejenigen Beträge zu verwenden, die dem Unternehmenseigner unmittelbar aus dem Unternehmen als Einkommen zufließen. Da diese Einkommensbestandteile aber in der Regel erst durch betriebswirtschaftlich erfolgreiches Wirtschaften zustande kommen, kann zu ihrer Abschätzung auf die bekannten betrieblichen Basisrechnungssysteme zurückgegriffen werden. Dabei hat sich herausgestellt, daß grundsätzlich verschiedene betriebliche Basisrechnungssysteme wie Erträge/Aufwendungen, Einzahlungen/Auszahlungen oder Leistungen/Kosten Verwendung finden können[25]. In theoretischen Stellungnahmen wird die Unternehmensbewertung auf der Grundlage von Einzahlungsüberschüssen bevorzugt[26]. Diese Tendenz wird durch die zunehmende Verbreitung angelsächsischer, häufig auf Cash flows basierenden Bewertungsgewohnheiten auch in der Praxis unterstützt[27]. Dies schlägt sich u. a. bei der Bewertung von strategischen Alternativen auf der Basis des Shareholder Value-Verfahrens nieder, wo eine periodengenaue Ermittlung von Zahlungsüberschüssen („freie Cash flows") vorgesehen ist[28]. Angesichts der besonders aus externer Sicht bei Anwendung des Verfahrens erheblichen Ermittlungsprobleme bevorzugt die Bewertungspraxis noch immer den aus Ertragsüberschüssen abgeleiteten Erfolgsbegriff. Die Bewertung einer Lebensversicherungsgesellschaft macht es darüber hinaus erforderlich, den bei Zugrundelegung von Ertragsüberschüssen nicht explizit erfaßten Finanzbedarf einer ergänzenden Betrachtung zu unterziehen (modifizierte Ertragsüberschußrechnung). Der Be-

---

24 Zur Gewichtung und Integration anderer, nichtmonetärer Zielsetzungen siehe Hafner (1989).
25 Dies läßt sich aufbauend auf dem „Lücke-Theorem" zeigen, vgl. Sieben (1988), Kloock (1981), Lücke (1955).
26 Busse v. Colbe (1957), S. 39 ff. Ein Vorteil der zahlungsbasierten Unternehmensbewertung besteht darin, daß die Kapitalbindung nicht separat verzinst werden muß, vgl. Kloock (1981), S. 875. Schwankungen bei der Finanzbindung und -freisetzung können so aufgedeckt werden, vgl. Dörner (1992), S. 42–45.
27 Vgl. Studer (1992), S. 303–308. Ein Schema zur Saldierung von Einzahlungen und Auszahlungen als Grundlage einer zahlungsstromorientierten Unternehmensbewertung bei Versicherungsgesellschaften findet sich bei Meyer (1975), S. 159.
28 Zum Shareholder Value-Verfahren vgl. Fickert (1992).

wertungspraxis folgend[29], wird in diesem Beitrag die Abgrenzung einer Ertragsüberschußgröße bei Lebensversicherungsunternehmen im Mittelpunkt der weiteren Ausführungen stehen.

Unabhängig davon, welches Basisrechnungssystem die konkrete Grundlage für die Wertermittlung abgibt, ist der Zukunftserfolgswert inzwischen in Theorie, Praxis und Rechtsprechung generell anerkannt. Eine Auseinandersetzung mit seiner Ermittlung und den dabei auftretenden Problemen sind daher auch für die Wertermittlung von Lebensversicherungsgesellschaften von zentraler Bedeutung.

C. Besonderheiten der Unternehmensbewertung bei Lebensversicherungsgesellschaften

1. Der „Embedded Value"

a) Aufgaben

Das Konzept des „Embedded Value" beinhaltet den Versuch, eine über die Aussagefähigkeit von Jahresabschlüssen hinausgehende Bewertung von Lebensversicherungsgesellschaften durchzuführen. Nach dieser Methode setzt sich der Wert einer Lebensversicherungsgesellschaft aus zwei Komponenten zusammen[30]:

1. dem gegenwärtigen Reinvermögen der Gesellschaft und

2. dem Barwert der Erfolge, die aus den im Bestand der Gesellschaft befindlichen Versicherungsverträgen erwartet werden.

Das Reinvermögen wird zunächst anhand der Bilanz ermittelt und ergibt sich als Differenz aus Vermögen und Verbindlichkeiten der Gesellschaft. In einem weiteren Schritt ist dieser Wert um etwaige stille Reserven zu erhöhen. Das so ermittelte Vermögen der Gesellschaft entspricht einem Unternehmenswert unter der Fiktion, daß das Lebensversicherungsgeschäft eingestellt wird („the amount of available capital which could theoretically be withdrawn if the company ceased trading"[31]) und der Versicherungsbestand nicht weiter genutzt wird. Bei Unternehmensfortführung sind aber auf jeden Fall neben dieser Position noch diejenigen Wertkomponenten von Bedeutung, die auf die im Bestand befindlichen Versicherungsverträge zurückgehen, aber erst später realisiert werden. Nach dem Konzept des Embedded Value ergeben sich die entsprechen-

---

29 Dörner (1992), S. 45.
30 Franklin (1990), S. 1312–1315. Diese Wertkonzeption ist besonders in Großbritannien verbreitet.
31 Franklin (1990), S. 1313.

den Werte als Barwert der mit den Verträgen zusammenhängenden, künftigen Ertragsüberschüsse („profits").

Ausdrücklich unberücksichtigt bleibt nach der „Embedded Value"-Methode das künftige Neugeschäft der zu bewertenden Lebensversicherungsgesellschaft[32]. Erfolge, die durch Geschäftsabschlüsse entstehen werden, deren Realisierung zum Bewertungszeitpunkt noch nicht gewährleistet ist, werden bei der Unternehmensbewertung ausgeklammert. Es erübrigt sich daher, wie unmittelbar einsichtig ist, eine Prognose über den Umfang der zukünftigen Neuabschlüsse sowie der damit verbundenen Erfolge.

Der „Embedded Value" einer Lebensversicherungsgesellschaft könnte, im externen Rechnungswesen verwendet, die Aussagekraft des Jahresabschlusses verbessern helfen[33]. Grundsätzlich ist es für verschiedene Unternehmensbeteiligte stets aufschlußreich, die Wertdeterminanten des Unternehmens oder einer bestimmten Beteiligung daran zu kennen. Eine grundsätzliche Bereitschaft seitens der Unternehmensleitung, dabei Hilfestellung zu leisten, ist – denkt man an die Investors Relations-Bemühungen – sicherlich in vielen Unternehmen vorhanden. Dies um so mehr, als die aus Jahresabschlüssen ableitbaren Informationen über ein einziges Geschäftsjahr für eine Unternehmensbewertung im Regelfall wenig aussagefähig sind. Insofern enthält der „Embedded Value" erhebliche zusätzliche, über den Jahresabschluß hinausgehende Informationen für potentielle Investoren. Allerdings dürfte der Ausweis dieser Größe gleichbedeutend mit der Aufdeckung der stillen Reserven des Unternehmens sein, denn nur dann läßt sich eine realistische Bewertung der Vermögensgegenstände bewerkstelligen. Darüber hinaus wäre die Publikation des „Embedded Value" mit einer weitgehenden Offenlegung der Kalkulation der Versicherungsverträge verbunden, denn dies ist für die Ermittlung des mit dem Versicherungsbestand verbundenen Gewinns unabdingbar. Angesichts dieser Konsequenzen muß die Umsetzung des Vorschlages einer freiwilligen Veröffentlichung solch sensibler Daten doch als relativ unwahrscheinlich bezeichnet werden. Die Aussagekraft des „Embedded Value" aus Sicht der Unternehmensbewertungslehre ist außerdem nur begrenzt.

b) Der „Embedded Value" aus Sicht der Unternehmensbewertungstheorie

In dem aufgezeigten bewertungstheoretischen Rahmen soll nunmehr das Embedded Value-Konzept eingeordnet werden, um zu einer vertief-

---

32 Franklin (1990), S. 1315.
33 Franklin (1990), S. 1320. In Deutschland hat die Transatlantische Lebensversicherungs-Aktiengesellschaft „Embedded Value Profits" berechnet und publiziert, vgl. Transatlantische Lebensversicherungs-AG (1992), S. 45.

ten Beurteilung seiner Leistungsfähigkeit zu gelangen. Wie die Bewertungstheorie lehrt, ist stets zunächst die Frage nach dem Bewertungszweck zu stellen. Das Konzept des Embedded Value „should enable shareholders to see how well their investment is performing"[34]. Anlaß der Bewertung kann ein beabsichtigter Eigentumswechsel sein, wozu der Embedded Value Vorinformationen liefern kann; einziger Anlaß ist der Eigentumswechsel aber nicht. Darauf deutet auch der Vorschlag hin, „Embedded Values" ergänzend zur Rechnungslegung einzusetzen. Außer der Bereitstellung von Informationen für die Beratungsfunktion als Hauptfunktion haben die Verfechter des Konzeptes als weiteren *Zweck der Bewertung* offenbar noch eine Nebenfunktion der Unternehmensbewertung im Auge. Bei der Betonung des Publizitätsaspektes kann dies eigentlich nur die Informationsfunktion sein. Allerdings geht es hier nicht, wie sonst bei der Informationsfunktion, um die Ermittlung des Unternehmenswertes nach bestimmten Rechtsnormen, z. B. handels- oder steuerrechtlicher Regelungen, sondern um Maßnahmen der freiwilligen Rechnungslegung.

Als Konzept zur Erfüllung der Beratungsfunktion, der – angewandt auf Versicherungsgesellschaften – die Frage immanent ist, ob für gegenwärtige oder potentielle Eigentümer eine Beteiligung an der Lebensversicherungsgesellschaft künftig sinnvoll ist, müßte der Embedded Value diejenigen Voraussetzungen erfüllen, die als Prinzipien der Entscheidungswertermittlung unter C. 3. kurz dargestellt wurden. Anders als in der Informationsfunktion, die meist auf normierte Bewertungsverfahren zurückgreift[35], ist eine wichtige Voraussetzung der Entscheidungswertermittlung die Berücksichtigung der individuellen Entscheidungssituation, also der subjektiven Verhältnissse der zu beratenden Partei (Subjektivitätsprinzip). Eine umfassende Beachtung des Subjektivitätsprinzips hieße, die individuellen Zielvorstellungen und Alternativen des Käufers oder der Käufergruppe zu berücksichtigen. Das ist im Rahmen des Embedded Value nicht beabsichtigt, die Interessenten werden vielmehr als normierte Gruppe betrachtet, für die ein einheitlicher Wert ermittelt werden kann[36]. Anstatt eine individuelle Sichtweise anzuwenden, wird bei der „Embedded-Value"-Bewertung eine durchschnittliche Entscheidungssituation unterstellt. Insofern findet hier eine Typisierung der potentiellen Eigentümer statt[37],

---

34 Franklin (1990), S. 1309.
35 Sieben (1993), Abschnitt II.
36 Franklin (1990), S. 1309, S. 1320.
37 Zur Typisierung und den möglichen Einschränkungen des Subjektivitätsprinzips vgl. Moxter (1983), S. 25 f. Im übrigen ist die Bewertung von Unternehmensanteilen, um die es beim Embedded Value vorrangig geht, von der Bewertung ganzer Unternehmen methodisch zu unterscheiden, vgl. Hohlfeldt/Jacob (1992), S. 213 f. Dies schließt aber die Bewertung (maßgeblicher) Beteiligungen mit dem Instrumentarium der Unternehmensbewertungslehre nicht aus, vgl. Münstermann (1966), S. 13.

das Prinzip der Subjektivität wird eingeschränkt[38]. Eine Typisierung führt, wenn nicht allen tatsächlichen und potentiellen Eigentümern ähnliche Alternativanlagen offenstehen, zu einer Einschränkung der Aussagefähigkeit eines auf diese Weise ermittelten Entscheidungswertes. So ist der Entscheidungswert eines Kaufinteressenten, der über weitere lukrative Investitionsmöglichkeiten verfügt, niedriger als der eines potentiellen Eigentümers mit vergleichsweise schlechten Alternativanlagen. Im Verkäuferfall und bei heterogener Eigentümerstruktur führt die dem Embedded Value eigene Typisierung zu einer Verletzung des Subjektivitätsprinzips.

Das Prinzip der Zukunftsgerichtetheit des Entscheidungswertes ist beim Embedded Value ebenfalls nicht durchgehend gewahrt. Zwar ist es im Rahmen der Entscheidungswertermittlung angebracht, wie dies die „Embedded Value"-Konzeption vorsieht, die zukünftigen Erfolgswirkungen der abgeschlossenen Versicherungsverträge zu berücksichtigen, da jene bei Unternehmensfortführung schrittweise zum Zukunftserfolg beitragen. Allerdings sind mit dem *Versicherungsbestand* noch nicht alle künftigen, den Unternehmenswert beeinflussenden Entwicklungen erfaßt. Denn neben den bereits abgeschlossenen Verträgen dürften künftige Neuabschlüsse einen erheblichen Teil am Unternehmenswert einer Lebensversicherungsgesellschaft ausmachen[39]. Bei einem Vergleich der „Embedded Values" verschiedener Gesellschaften sind diejenigen Versicherer begünstigt, die gegenwärtig besonders erfolgreich sind, da die vorteilhafte Nutzung des Versicherungsbestandes ceteris paribus unternehmenswertsteigernd wirkt. Dies heißt aber nicht zwangsläufig, daß diese Gesellschaften – nach Eigentümermaßstäben beurteilt – wertvoller sind. Es kann nämlich sein, daß geringe Erfolgsbeiträge aus dem Neugeschäft – etwa infolge unterlassener Investitionen in den Außendienst – bei einer Gesellschaft auf diese Weise verborgen bleiben. Die Ausklammerung von Prognoseproblemen, die als Vorteil des Vorgehens bei der Embedded Value-Konzeption genannt werden könnte, stellt keine Lösung der mit der Zukunftsorientierung verbundenen Informationsprobleme dar[40]. Zwar ist es hinsichtlich einer Reduktion der mit einer Unternehmensbewertung verbundenen Komplexität gerade bei der Erfolgsprognose sinnvoll und unumgänglich, Vereinfachungen vorzunehmen[41]. Je-

---

38 Auch bei der Abfindung von Minderheitsaktionären tritt dieses Problem auf, vgl. Sieben (1966), S. 11.
39 Dieses Manko des Verfahrens wird durchaus gesehen, aber – vermutlich – als insgesamt nicht schwerwiegend erachtet, vgl. Franklin (1990), S. 1315 f.
40 Die Zukunftsorientierung hinsichtlich aller zu erwartenden Erfolgsbeiträge aus dem Unternehmen gehört zu den grundsätzlichen Erkenntnissen moderner Unternehmensbewertung, vgl. Busse v. Colbe (1957), S. 11. Allerdings wird in der Bewertungspraxis von Lebensversicherungsgesellschaften der Embedded Value um zukunftsorientierte Komponenten ergänzt. Man spricht dann vom „Appraised Value".
41 Ballwieser (1990), S. 5 – 19.

doch darf dies nicht zur Ignorierung eines erheblichen Teils künftiger Erfolgswirkungen führen, womit die Lebensdauer des Unternehmens quasi begrenzt wird.

Bleibt zuletzt die Beantwortung der Frage, ob das Prinzip der Bewertungseinheit durch das Embedded Value-Konzept eingehalten werden kann. Bei der Bestimmung des Entscheidungswertes einer Lebensversicherungsgesellschaft sollte, wie oben begründet, die Erfolgswirkungen der Gesellschaft als Ganzes erfaßt und nicht der Wert einzelner Vermögensgegenstände addiert werden. Gerade dies ist nun aber beim Embedded Value nicht der Fall. Bestandteil des Embedded Values ist der – bereinigte – Wert der Vermögensgegenstände des Versicherungsunternehmens. Es darf dabei aber nicht übersehen werden, daß die Summe der Einzelveräußerungserlöse von Vermögensgegenständen im Regelfall nicht dem Wert entsprechen wird, der durch das planvolle Zusammenwirken der Vermögensgegenstände entsteht. Zwar empfiehlt die Unternehmensbewertungslehre, nicht betriebsnotwendiges Vermögen einer von der Prognose der Zukunftserfolge separaten Bewertung zuzuführen[42], weil diese keine Beeinflussung der unternehmerischen Sachzielerfüllung bewirken. Dies steht aber nicht im Widerspruch zum Prinzip der Bewertungseinheit. Als nicht betriebsnotwendiges Vermögen können auch bei Lebensversicherungsgesellschaften regelmäßig nur wenige Vermögensgegenstände angesehen werden[43].

Die Bewertungsprinzipien der Entscheidungswertermittlung scheinen demnach bei der Embedded Value-Konzeption nicht Pate gestanden zu haben. Allerdings entspricht der Entscheidungswert dem Wert des Versicherungsbestandes, wenn dieser isoliert übereignet wird. Für die Beratungsfunktion kommt das Verfahren somit offenbar nur für derartige Fälle in Frage. Diese Einsicht kann aber auch den Informationswert des Konzeptes nicht unangetastet lassen. Eine Erhöhung des Embedded Value kann nämlich – wie gesehen – mit einer Verschlechterung des Zukunftserfolgswertes einer Lebensversicherungsgesellschaft einhergehen. Bei der Beurteilung des Informationsgehaltes des „Embedded Value" sollte daher unbedingt beachtet werden, daß weder alle verfügbaren noch alle für die Entscheidungswertermittlung bedeutsamen Informationen in die Bewertung eingehen. Der Embedded Value ist daher eine Größe, die seitens des Informationsempfängers interpretationsbedürftig bleibt.

---

42 Dörner (1992), S. 35 f.
43 Den Kapitalanlagen des Versicherungsunternehmens, an die man in diesem Zusammenhang zuerst denken könnte, kommt vor allem die Aufgabe zu, die Ansprüche der Versicherten abzudecken, vgl. Fricke (1976), S. 443. Sie können daher schwerlich als nicht betriebsnotwendiges Vermögen angesehen werden.

2. Zur Ermittlung des Entscheidungswertes von Lebensversicherungsgesellschaften

Im Mittelpunkt dieses Beitrages steht die Bewertung von Lebensversicherungsgesellschaften aus Sicht der Beratungsfunktion. Damit stellt sich die Frage nach dem kritischen Preis einer Lebensversicherungsgesellschaft oder von Anteilen an einer solchen Gesellschaft. Der kritische Preis ist der Entscheidungswert aus der Sicht einer Partei. Dem Entscheidungswert liegen die Zukunftserfolge eines Unternehmens zugrunde. Diese sind – unter Berücksichtigung der ihnen anhaftenden Unsicherheit bzw. ihres Risikos und ihres zeitlichen Anfalls – zu prognostizieren[44]. Im folgenden soll die Vorgehensweise bei einer Zukunftserfolgsbewertung von Lebensversicherungsgesellschaften diskutiert werden. Angesichts der mit dem Beitrag verbundenen Zielsetzung soll eine allgemeine, von konkreten Bewertungsanlässen unabhängige Betrachtung bevorzugt werden.

a) Vorüberlegungen

Eine Unternehmensbewertung ist nicht ohne eine umfassende Einschätzung der wirtschaftlichen Situation des Bewertungsobjektes und seines Umfeldes, insbesondere der Branche, der es angehört, möglich. Diesem Zweck dienen auch vergangenheitsorientierte Betrachtungen, auf deren Basis dann Prognosen über die künftige Geschäftsentwicklung vorgenommen werden[45]. Das Zusammentragen von Basisinformationen zur Lage einer Lebensversicherungsgesellschaft ist somit – wie auch in anderen Wirtschaftszweigen – ein erster Schritt im Zuge der Wertfindung. Dies dient sowohl der Prognose der künftigen Erfolge des Bewertungsobjektes als auch der Alternativenfindung.

Die großen deutschen Lebensversicherungsgesellschaften, die zusammen einen Marktanteil von zuletzt 90 % repräsentierten, werden regelmäßig vom Kölner Institut für Versicherungswissenschaft, an dessen Führung der Jubilar maßgeblich beteiligt ist, auf ihre Gewinn- und Wachstumssituation hin untersucht[46]. Eine Studie zur *Entwicklung der Branche* zwischen 1987 und 1991 bringt einige interessante Aspekte ans Licht[47].

Das *Wachstum* der Lebensversicherungsgesellschaften wurde in diesem Zeitraum – wie das anderer Wirtschaftszweige auch – durch die Wiedervereinigung und die damit zusammenhängende Geschäftsausweitung in

---

44 Zur Projektion von mit Unternehmen verbundenen Vorteilen im Rahmen betriebswirtschaftlicher Modelle vgl. Ballwieser (1990), insbes. S. 23 – 64.
45 Dörner (1992), S. 63 – 68. Grundsätzlich bezieht sich diese „Vergangenheitsanalyse" auf das zu bewertende Unternehmen, vgl. Ballwieser/Leuthier (1986), S. 604.
46 Klein (1993), S. 224.
47 Vgl. die Analyse von Klein (1993), der die folgenden Ergebnisse entstammen.

den neuen Bundesländern wesentlich beeinflußt. Im betrachteten Zeitraum gelang der Branche insgesamt ein beachtlicher Zuwachs bei allen untersuchten Kenngrößen, beispielsweise der verdienten Brutto-Beiträge (+ 54,1 %) oder des Kapitalanlagebestandes (+ 54,3 %)[48]. Auch die anhaltende Bedeutung der Kapitallebensversicherung als einer wichtigen Säule der individuellen Altersversorgung hat den Versicherern zuletzt erhebliches Neugeschäft beschert. Dazu trägt nicht zuletzt die anhaltende Diskussion über die Belastung des Sozialstaates bei.

Die Entwicklung der *Periodengewinne* ist ebenfalls unter dem Gesichtspunkt umfangreicher Geschäftstätigkeit in den neuen Bundesländern zu sehen; die Geschäftsausweitung hatte im Beobachtungszeitraum aber negative Auswirkungen auf die Periodengewinne. Umfangreiche Sachmittelinvestitionen, hohe Abschlußkosten und Stornoverluste haben die Gewinnlage der Versicherer belastet[49]. Berücksichtigt man die Entwicklung in allen Bundesländern, kommt es im beobachteten Zeitraum insgesamt dennoch zu einer ähnlichen Steigerungsrate der Gewinne wie des Wachstums. Bemerkenswert ist, daß die Gewinne der Unternehmen in der Lebensversicherungsbranche relativ – unter Berücksichtigung einiger größenabhängiger Merkmale – gering streuen. Dieser „enge Gewinnkorridor" wird auf die besonders vorsichtigen gesetzlichen Bewertungsvorschriften zurückgeführt[50]. Dagegen weisen die Wachstumsraten der Lebensversicherungsgesellschaften erhebliche Unterschiede auf, was sowohl mit dem unterschiedlich ausgeprägten externen Unternehmenswachstum als auch mit Basiseffekten zusammenhängt.

Diese bei der Wachstums- und Gewinnanalyse der Branche ermittelten Zusammenhänge sind nur begrenzt dafür geeignet, fortgeschrieben zu werden. Der Wachstumsschub der Jahre 1990 und 1991, der der Branche durch die Wiedervereinigung entstand, dürfte kaum wiederholbar sein. Die Entwicklung anderer Einflußfaktoren wäre im Einzelfall zu untersuchen. Ein anderer Weg, zu bewertungsrelevanten Informationen über Lebensversicherungsgesellschaften zu gelangen, stellt die Analyse von *Kennzahlen einzelner publizitätspflichtiger Gesellschaften* dar. Dabei bietet es sich an, auf börsennotierte Unternehmen zurückzugreifen, und zwar aus zwei Gründen. Zum einen sind wegen der hier vorliegenden Publizitätsanforderungen Jahresabschlüsse rasch verfügbar. Zum anderen kann auf externe Analysen von Finanzdienstleistern zurückgegriffen werden (s. Tabelle 1)[51].

---

48 Klein (1993), S. 225.
49 Klein (1993), S. 225.
50 Klein (1993), S. 226.
51 Freilich ist zu betonen, daß es sich beim Zukunftserfolgswert und dem Börsenwert prinzipiell um verschiedene Wertkonzepte handelt.

Tabelle 1: Kennzahlenvergleich börsennotierter Lebensversicherungsgesellschaften

	Börsenwert (am 6.1.1993) in Mio. DM	Anteil Lebensversicherungsgeschäft	Dividendensumme in Mio. DM	Börsenwert dividiert durch Dividendensumme	Rohüberschuß in Mio. DM	Börsenwert dividiert durch Rohüberschuß	Bruttobeiträge in Mio. DM	Börsenwert dividiert durch Bruttobeiträge	Kapitalanlagen in Mio. DM	Börsenwert dividiert durch Kapitalanlagen
Allianz Leben	6 624	100 %	36,00	184	4 090	1,62	7 915	0,84	76 781	0,09
AML	804	100 %	24,00	34	550	1,46	2 063	0,39	11 479	0,07
Colonia Leben	450	100 %	6,48	69	580	0,78	1 371	0,33	11 857	0,04
DBV*	1 293	50 %	18,70	69	481	2,69	2 181	0,59	11 186	0,12
Nordstern Leben	306	100 %	1,98	155	336	0,91	840	0,36	5 974	0,05
Nürnberger Bet. AG*	1 556	59 %	7,68	203	466	3,34	3 133	0,50	11 742	0,13
Württemb. Leben	623	100 %	3,90	160	474	1,31	917	0,68	8 396	0,07
Volksfürsorge Holding*	1 996	74 %	50,00	40	1 450	1,38	4 220	0,47	29 210	0,07
				ungewichteter Durchschnitt^:		1,69				

Erläuterungen:

Daten der Jahresabschlüsse 1991
* Konzerndaten werden zugrunde gelegt
~ geschätzte Daten für 1992
^ eigene Berechnung

Quelle: Deutsche Bank Research GmbH (1993)

b) Die Ermittlung einer modifizierten Ertragsüberschußgröße

Will man den Periodenerfolg einer konkreten Lebensversicherungsgesellschaft analysieren, liegt es nahe, sich zunächst mit der Herkunft des Gewinns zu beschäftigen. Die Herleitung des Jahresüberschusses einer Lebensversicherungsgesellschaft wird in Tabelle 2, wenn auch verkürzt, ge-

Tabelle 2: Verkürzte Gewinn- und Verlustrechnung von Lebensversicherungsgesellschaften

Positionen*		Beispiel° in Mio. DM gerundet		
(1. – 6.)	Ertragspositionen, (verdiente Beiträge und Erträge aus Kapitalanlagen)	19 179		
(7. – 15.)	– Aufwandspositionen, darunter Brutto-Aufwendungen für Beitragsrückerstattung (3,12 Mrd. DM) 18 919		260	
(16. – 20.)	– Weitere Aufwendungen und Erträge		113	147
(24.)	– Steuern v. Einkommen und v. Ertrag			20
(25.)	– Sonstige Steuern			17
(27.)	Jahresüberschuß			110
(31.)	– Einstellung in Gewinnrücklagen			55
(32.)	Bilanzgewinn			55

Brutto-Aufwendungen für Beitragsrückerstattung
+ Direktgutschrift (1 bzw. 1,5 % des Versicherungsnehmer-Guthabens)
+ Jahresüberschuß

Rohüberschuß (indirekte Berechnung)

* Nach dem Formblatt des BAV
° Gewinn- und Verlustrechnung des gesamten Versicherungsbestandes für den Zeitraum 1. 1. 92 bis 31. 12. 92 der Allianz Lebensversicherungs-Aktiengesellschaft

zeigt[52], um einige formale Besonderheiten der Gewinn- und Verlustrechnung von Lebensversicherungsgesellschaften deutlich werden zu lassen. Wichtiger als die formale Ausgestaltung der Gewinn- und Verlustrechnung ist aber die Kenntnis, welchen Einflußgrößen der Periodengewinn unterliegt; bei einer Ursachenanalyse kann das externe Rechnungswesen eines Unternehmens jedoch nur bedingt weiterhelfen. Die wichtigsten Überschußquellen einer Lebensversicherungsgesellschaft – Risikoergebnis, Kostenergebnis und Ergebnis aus Kapitalanlagen[53] – müssen in ihrer quantitativen Bedeutung im Geschäftsbericht nämlich nicht mitgeteilt werden, lediglich verbale Hinweise hierzu sind erforderlich[54]. Umfang und Entwicklung der genannten Überschußquellen sind für den Erfolg und damit für den Wert eines Lebensversicherungsunternehmens entscheidend.

Das *Risikoergebnis* entsteht im wesentlichen durch Aufrechnung des Aufwandes für die Sterblichkeit mit den für seine Deckung vorgesehenen Beträgen. Im einzelnen umfaßt dies die freiwerdenden Deckungsrückstellungen, die Risikobeiträge (inklusive der Risikozuschläge für erhöhte Risiken), die rechnungsmäßigen Zinsen darauf und möglicherweise die Ratenzuschläge, welche bei unterjähriger Zahlung erhoben werden[55]. Aufgrund der Sicherheitszuschläge in den Sterbetafeln und der Risikoauslese vor Vertragsabschluß kann hier i. a. ein Überschuß erzielt werden, der sich in den Jahren 1980 bis 1983 im Branchendurchschnitt zwischen 9,6 und 10 % der Bruttoprämie bewegte[56].

Das *Kostenergebnis* geht aus der Saldierung von in die Prämien eingerechneten Kostendeckungsmitteln mit den entstandenen Verwaltungs- und Abschlußkosten hervor[57]. Abschlußkosten („erstmalige Kosten") finden sich im wesentlichen in der gleichnamigen Aufwandsposition wieder, sie sind jedoch um weitere Aufwendungen zu ergänzen, sofern bei diesen ein Zusammenhang mit dem Abschluß von Versicherungsverträgen besteht[58]. Da die Abschlußkosten eng mit dem Neugeschäft zusammenhängen, ist in Jahren stärkeren Neugeschäfts tendenziell ein höherer Abschlußkostenverlust zu erwarten, was bei einer Bereinigung der Gewinne

---

52 Die Vorgabe zur Einhaltung von Gliederungsschemata der Bilanz (Formblatt I) und der Gewinn- und Verlustrechnung (Formblatt II) enthält die VO über die Rechnungslegung von Versicherungsunternehmen, vgl. Goll/Gilbert/Steinhaus (1992), S. 94, Fn. 136. Ein Abdruck der Formblätter findet sich auch im Anhang bei Schucht (1991).
53 Diese Ausdrücke finden sich bei Hagelschuer (1987), S. 178 f. Ähnlich Basedow (1992), S. 422.
54 Kürble (1991), S. 76.
55 Hagelschuer (1987), S. 178 f.
56 Hagelschuer (1987), S. 179, Kürble (1991), S. 75, der auf die Angaben des BAV zurückgreift. Eine mögliche Veränderung aufgrund neuer Sterbetafeln seit dem Jahr 1987 ist hier jedoch noch nicht berücksichtigt.
57 Hagelschuer (1987), S. 181.
58 Wegen des genauen Verfahrens vgl. Hagelschuer (1987), S. 181.

zu berücksichtigen ist. Der Abschlußkostenverlust belief sich in der Vergangenheit auf 5 – 5,5 % der aufgebrachten Beiträge. Zwar blieben die laufenden Verwaltungskosten durchschnittlich hinter dem für ihre Deckung vorgesehenen rechnungsmäßigen Ertrag zurück, per saldo wurde in der Vergangenheit jedoch ein defizitäres Kostenergebnis erzielt[59].

Das *Ergebnis aus Kapitalanlagen* („Sparanteil") stellt die bedeutsamste Überschußquelle einer Lebensversicherung dar[60]. Diese Ergebnisteile gehen vor allem auf die Kapitallebensversicherung zurück, deren Zweck unter anderem die Ansammlung von Sparbeiträgen ist. Rechnerisch ergibt sich der „Sparanteil" aus dem Reinertrag der Kapitalanlagen (bestehend insbesondere aus der Position Erträge aus Kapitalanlagen abzüglich der erforderlichen Abschreibungen auf Kapitalanlagen), der um die rechnungsmäßigen Zinsen gekürzt wird. Letztere stehen den Versicherungsnehmern unmittelbar zu. Der so entstandene Überschuß erreichte in der branchendurchschnittlichen Betrachtung der Vergangenheit etwa 40 % der Bruttoprämie bei steigender Tendenz[61].

Das aus diesen Quellen – und weiteren, quantitativ nicht so bedeutsamen Positionen – resultierende Ergebnis wird auch als Rohüberschuß (positives Rohergebnis) bezeichnet[62]. Dieser Größe kommt im Rechnungswesen einer Lebensversicherungsgesellschaft eine zentrale Bedeutung zu. Als Summe der Ergebnisse der verschiedenen Quellen kann sie am ehesten über den betriebswirtschaftlichen Erfolg einer Lebensversicherung Auskunft geben[63]. Man könnte daher vermuten, daß der Rohüberschuß bereits die gesuchte Größe für die Berechnung des Zukunftserfolgswertes bei Lebensversicherungsgesellschaften ist. Er wurde bereits bei Unternehmensbewertungen – allerdings mit anderer Zielsetzung als der der Ermittlung des Entscheidungswertes – verwendet[64].

Die Verwendung des Rohüberschusses als Zukunftserfolg setzt aber voraus, daß der Rohüberschuß eine von den aktuellen oder potentiellen Eigentümern *entnehmbare Größe* darstellt. Der Rohüberschuß dürfte also keinen weiteren Abzügen mehr unterliegen und müßte in toto den Eigentümern der Versicherungsgesellschaft zustehen, was jedoch nicht der Fall

---

59 Hagelschuer (1987), S. 180 f.
60 Hagelschuer (1987), S. 179.
61 Hagelschuer (1987), S. 179, Kürble (1991), S. 75.
62 § 10 Ziff. 3 der Verordnung über die Rechnungslegung von Versicherungsunternehmen gegenüber dem Bundesaufsichtsamt für das Versicherungswesen (Interne VURεV vom 30. 1. 1987, BGBl. I 530).
63 Auch Klein (1993) verwendet den Rohüberschuß (vor Steuern) zur Untersuchung der Gewinnsituation der Lebensversicherungsunternehmen, S. 224.
64 Rieger (1988), S. 138 ff. Rieger strebt die Ermittlung des Unternehmenswertes bei Lebensversicherungsgesellschaften an, um das *Wachstum* der betrachteten Unternehmen aufzuzeigen. Eine Einordnung dieser Zielsetzung in das System der Haupt- und Nebenfunktionen erscheint kaum möglich.

ist. Zwar speist er den Jahresüberschuß, jedoch wird er auch noch zur Bildung der Rückstellung für Beitragsrückerstattung (RfB) und zur Entrichtung der sogenannten Direktgutschrift verwendet[65]. RfB und Direktgutschrift kommen – im Gegensatz zum Jahresüberschuß – den Versicherungsnehmern zugute. Würde der gesamte Rohüberschuß zur Bewertung herangezogen, hieße das nichts anderes, als den Unternehmenswert zu einer Mischgröße aus den Ansprüchen der Versicherten und der Unternehmenseigner zu machen[66].

Die Versicherungsnehmer besitzen im Kreis der Koalitionsteilnehmer einer Lebensversicherungsgesellschaft eine besondere herausgehobene Stellung. Das erklärt sich aus den besonderen Bedingungen, unter denen Lebensversicherungsverträge abgeschlossen und erfüllt werden. Die Vorschriften des Versicherungsaufsichtsgesetzes (VAG) verlangen in § 11 von den Lebensversicherungsunternehmen, daß diese die eingeforderten Prämien vorsichtig kalkulieren. Damit soll erreicht werden, daß die den Versicherungsnehmern gegenüber eingegangenen Verpflichtungen als „dauernd erfüllbar"[67] gelten können. Dies führt dazu, daß bei den Versicherern beinahe zwangsläufig hohe wirtschaftliche Erfolge entstehen, was bei der Entstehung des Ergebnisses aus Kapitalanlagen besonders anschaulich wird. Da hier den Versicherungsgesellschaften ein Rechnungszinssatz von 3,5 % vorgeschrieben ist, entsteht schon bei einer durchschnittlichen Kapitalverzinsung zwangsläufig ein Überschuß[68]. Eine Beteiligung der Versicherungsnehmer daran ist also nur recht und billig[69]; sie muß sich auf mindestens 90 % des Rohüberschusses erstrecken, lag aber in der Vergangenheit weitaus höher, nämlich bei etwa 98 %[70].

Es ist aber zu bezweifeln, ob eine Art Brutto-Unternehmenswert auf der Basis des Rohüberschusses, der auf der Zielerreichung von *Eigentümern und Versicherungsnehmern* beruht, als solcher zweckdienlich sein kann. Ein gemeinsames wirtschaftliches Interesse dieser Gruppen und damit ein sinnvoller Bewertungszweck dürfte im Regelfall nicht vorhanden sein. Stellung und Zielsetzung von Versichertem und Eigentümer sind – trotz eines „partiarischen" Rechtsverhältnisses der Kapitallebensversicherung[71]

---

65 Hagelschuer (1987), S. 183, Goll/Gilbert/Steinhaus (1992), S. 94.
66 In diesem Sinne äußert sich auch Rieger (1988), S. 138. Dieses Vorgehen erinnert an die Unternehmensbewertung nach der Gesamtkapitalmethode (Bruttomethode), die freilich mit der Kapitalisierung der auf das gesamte Kapital entfallenden Erfolge noch nicht beendet ist. In einem weiteren Schritt sind die Ansprüche der Fremdkapitalgeber vom Bruttowert zu subtrahieren.
67 § 8 Abs. 1 Nr. 2 VAG.
68 Basedow (1992), S. 422.
69 Kürble (1991), S. 77, Basedow (1992), S. 423, Hagelschuer (1987), S. 187, Goll/Gilbert/Steinhaus (1992), S. 94.
70 Hagelschuer (1987), S. 187, Basedow (1992), S. 424. Von 1981–1983 waren es sogar 98,3 %, vgl. Kürble (1991), S. 77.
71 Basedow (1992), S. 454.

– unterschiedlich. Eigentümer sind, legt man wie üblich eine Einfachzielsetzung zugrunde, an Entnahmen und Wertsteigerungen interessiert, Versicherungsnehmer an der Erfüllung der Versicherungsverträge[72]. Hinsichtlich der Verwendung des Rohüberschusses ist ein potentieller Interessengegensatz vorhanden. Der Entscheidungswert einer Lebensversicherungsgesellschaft läßt sich sinnvoll also nur für die Eigentümer ermitteln, nicht zuletzt deshalb, weil die Veräußerbarkeit des Unternehmens nur den Eigentümern offensteht. Das schließt nicht aus, daß der Eigentümer- und der Versichertenstatus beim selben Personenkreis auftreten können.

Daß nicht der Rohüberschuß einer Gesellschaft für ihre Bewertung ausschlaggebend sein kann, folgt schon bei einem Blick auf Tabelle 1. Wäre der Rohüberschuß der aus Sicht der Eigentümer maßgebliche Zukunftserfolg, so ließe sich die Relation von Börsenwert zu Rohüberschuß von durchschnittlich 1,69 kaum erklären. Bereits innerhalb kürzester Zeit hätte sich der Erwerb einer Lebensversicherungsgesellschaft amortisiert, könnten die bisherigen Ergebnisse auch in absehbarer Zukunft erzielt werden.

Für die Zukunftserfolgsbewertung *unter Zugrundelegung modifizierter Ertragsüberschüsse* ist somit nicht der künftige Rohüberschuß, sondern der Rohüberschuß abzüglich der den Versicherten zustehenden Anteile ausschlaggebend. Bei der Erstellung einer Finanzbedarfsrechnung, die ergänzend zur Ertragsüberschußrechnung vorgenommen werden soll, ist zu berücksichtigen, daß erhebliche Ergebniskomponenten zunächst nicht zahlungswirksam sind. Ferner ist die Bildung oder Auflösung stiller Reserven rückgängig zu machen. Verfügen die gegenwärtigen oder potentiellen Eigentümer über eine körperschaftsteuerliche Anrechnungsberechtigung, ist die anrechenbare Körperschaftsteuer Bestandteil einer Entscheidungswertermittlung[73].

Die Abgrenzung der Ertragsüberschußgröße ist allerdings verglichen mit ihrer Prognose das geringere Problem. Zur Bewältigung der *Prognoseproblematik* können unter anderem Prognosehilfen herangezogen werden, wie sie aus der Unternehmensplanung bekannt sind[74]. Dabei ist eine umfassende Beschäftigung mit den Erfolgspotentialen einer Lebensversicherungsgesellschaft erforderlich. Bei der Prognose des Rohüberschusses sollte möglichst die Entwicklung verschiedener Vertragstypen Berücksichtigung finden. Eine Prognose des Rohüberschusses allein ist aber nicht ausreichend. Neben dem wirtschaftlichen Erfolg des Versicherers

---

72 Dies schließt nicht aus, daß Versicherungsnehmer einer Kapitallebensversicherung auch nach Rendite und Sicherheit ihrer Geldanlage streben.
73 Der ermittelte Entscheidungswert unterstellt gleiche einkommensteuerliche Auswirkungen der Alternativanlagen, vgl. Dörner (1992), S. 82 f. Dies macht es erforderlich, einen Kapitalisierungszinssatz vor Steuern zu wählen.
74 Vgl. dazu die von Ballwieser (1990) genannten Verfahren, insbes. 2. und 4. Kapitel.

spielt – wie dargelegt – der Umfang der Beteiligung der Versicherten an diesem Erfolg eine entscheidende Rolle. Für den Bewerter heißt dies, daß er neben der ohnehin erforderlichen Zukunftserfolgsprognose eine Vorstellung darüber entwickeln muß, wie sich der Umfang der Beteiligung der Versicherten am Erfolg der Gesellschaft gestalten wird. Bei der Prognose der modifizierten Ertragsüberschüsse wird man bei Lebensversicherungsgesellschaften außerdem auf versicherungsmathematische Erfahrungswerte und gewisse funktionale Beziehungen, etwa zwischen der Entwicklung des Zinsniveaus und der Höhe der Kapitalerträge, zurückgreifen können. Da Prämienzahlungen und Kapitalerträge zum großen Teil vertraglich festgelegt sind, dürfte das Prognoseproblem bei der Bewertung einer Lebensversicherungsgesellschaft eher geringer sein als bei der Wertfindung von Industrieunternehmen.

c) Die Bestimmung des Kapitalisierungszinssatzes

Die Prognose von modifizierten Ertragsüberschüssen allein ermöglicht noch keine umfassende Vorteilsbestimmung und damit noch keine Entscheidungswertermittlung. Die Bestimmung des Grenzpreises setzt vielmehr die Berücksichtigung der Alternativen des Entscheidungsträgers voraus. Dabei ist es von Bedeutung, welche Alternativen der Entscheidungsträger in seine Überlegung einbezieht. Der Kaufinteressent einer Lebensversicherungsgesellschaft kann etwa als Alternative den Erwerb anderer Lebensversicherungsgesellschaften ins Kalkül ziehen. In Ermangelung derartiger Akquisitionsobjekte können eventuell auch der Erwerb eines Sachversicherers oder die Gründung einer eigenen Versicherung Teil seines Entscheidungsfeldes sein.

Die Aufgabe, die Alternativen des Entscheidungsträgers zu vergleichen, kommt in der Bewertungspraxis regelmäßig dem Kalkulationszinsfuß zu[75]. Der Vergleich muß im Einzelfall auf ganz unterschiedliche Merkmale erstreckt werden[76]. Bei der Bewertung von Lebensversicherungsgesellschaften spielen – wie sonst auch – die Risiko- und die Kaufkraftäquivalenz von Bewertungs- und Vergleichsobjekt eine besonders wichtige Rolle. Insbesondere die mit der unternehmerischen Tätigkeit verbundenen Chancen und Risiken führen bei risikoaversen Entscheidungsträgern zu einer Minderung der erwarteten Vorteile im Vergleich zu Alternativen mit quasi-sicherer Verzinsung. Dies rechtfertigt die Verwendung eines Kapitalisierungszinssatzes, der – geht man vom quasi-sicheren Zinssatz aus – um einen Risikozuschlag erhöht wird. Damit wird dem finanziellen und

---

75 Diese Vorgehensweise führt zu einem pauschalen Vergleich der Anlagealternativen im *Partialmodell*. Eine explizite Berücksichtigung aller Alternativen gelingt nur im *Totalmodell*.
76 Sieben (1993), Abschnitt IV. 1. b.

dem operativen (Geschäfts-)Risiko Rechnung getragen. Der Bewerter steht in diesem Zusammenhang insbesondere vor der Aufgabe, das operative Risiko einer bestimmten Lebensversicherungsgesellschaft abzuschätzen und in einen Risikozuschlag für die Bestimmung des Kapitalisierungszinssatzes umzusetzen.

Die Risiken der Geschäftstätigkeit lassen sich unterscheiden in solche, die die vertragliche Abwicklung des bestehenden Versicherungsbestandes betreffen, und solche, die Neuabschlüsse berühren.

Die Erfüllung *bestehender Versicherungsverträge* ist aus Sicht des Entscheidungsträgers mit Risiken behaftet, da ein Versicherungsvertrag vom Versicherungsnehmer gekündigt oder in eine beitragsfreie Versicherung umgewandelt werden kann[77]. Ob die hohe Quote der in der Vergangenheit eingehaltenen Versicherungsverträge auch in die Zukunft fortgeschrieben werden kann, ist dabei im Einzelfall zu untersuchen. Da aber nicht nur Prämien, sondern auch Kapitalanlagen – insbesondere Schuldscheindarlehn und Immobilien – vertraglich vereinbarte Ergebnisbestandteile aufweisen, scheinen Unsicherheit bzw. Risiko einer unplanmäßigen Ertragsentwicklung des Versicherungsbestandes vergleichsweise gering. Bedeutsamer dagegen ist die Ungewißheit, die mit der Prognose des *Neugeschäfts* verbunden ist. Die Tendenz zur Bildung großer Allfinanzunternehmen und der Markteintritt von Banken haben in den letzten Jahren zu erheblichen Veränderungen auf dem Lebensversicherungsmarkt geführt. Bei der Bewertung einer Lebensversicherungsgesellschaft ist daher die Frage zu stellen, ob alte Wettbewerbsvorteile durch derlei Verbundkonzepte gefährdet werden können. Zusätzliche Ungewißheit geht von den Konsequenzen des EG-Binnenmarktes aus, dessen Verwirklichung in der Zukunft möglicherweise zu weiteren Markteintritten führt.

Letztlich sind die von Bewertungssubjekt zu Bewertungssubjekt unterschiedlichen Anlagealternativen für die Wahl des Kalkulationszinssatzes entscheidend, seine Bestimmung erfolgt mithin auch subjektiv. Es scheinen jedoch Anhaltspunkte dafür vorzuliegen, daß die Schwankung der Ertragsüberschüsse bei Lebensversicherungsgesellschaften vergleichsweise gering ist[78]. Dies würde es gestatten, den zu kalkulierenden Risikozuschlag bei der Bewertung einer Lebensversicherungsgesellschaft vergleichsweise niedrig anzusetzen.

Mit der Prognose des Zukunftserfolges und der Bestimmung des Kalkulationszinssatzes sind die Voraussetzungen für die Wertermittlung einer Lebensversicherungsgesellschaft geschaffen. Bei der Entscheidungswerter-

---

77 Diese Kündigungsrechte des Versicherungsnehmers erläutert Hagelschuer (1987), S. 102 f.
78 Vgl. Abschnitt C. 2. a).

mittlung dürfen allerdings strategische Überlegungen nicht zu kurz kommen, die zu einer Veränderung der auf konventionelle Weise ermittelten Entscheidungswerte führen können[79]. Eine zu beobachtende Strategie in der Finanzdienstleistungsbranche ist die Verbreiterung des Angebotes (Allfinanzkonzept), das – aus Sicht einer Bank – mit dem Erwerb einer Lebensversicherungsgesellschaft einhergehen könnte. Für die Ermittlung des Entscheidungswertes dieser Lebensversicherungsgesellschaft aus Käufersicht hat dies zur Folge, daß die sich langfristig ergebenden Synergieeffekte aus der Mitnutzung des Dienstleistungsangebotes des Bewertungsobjektes zu berücksichtigen sind. Hierbei spielt die subjektive Sichtweise des Kaufinteressenten eine entscheidende Rolle, was sich bei der Wertermittlung einer Lebensversicherungsgesellschaft mit einem umfassenden Filialnetz beispielhaft zeigen läßt. Ein ausländischer Erwerber, der über keine Vertriebsmöglichkeiten verfügt, könnte der Nutzung des Filialnetzes eines namhaften Versicherers große Bedeutung beimessen, da es sich zum Absatz weiterer Finanzdienstleistungen eignen mag. Der Entscheidungswert des Bewertungsobjektes ist also *für einen solchen Erwerber* relativ groß. Anders könnte der Entscheidungswert einer inländischen Geschäftsbank ausfallen, die bereits über ein eigenes Filialnetz verfügt. Die Schaffung eines Allfinanzangebotes kann hier mittels alternativer Maßnahmen (Kooperationen, Eigengründungen) geschehen, so daß der Entscheidungswert der Geschäftsbank – bei sonst gleichen Bedingungen – unter dem Grenzpreis des Mitbieters liegen dürfte.

D. Schluß

Die Erkenntnisse der Unternehmensbewertungslehre können als tragfähige Basis für die Wertfindung auch bei Lebensversicherungsunternehmen angesehen werden. Sie sind hinsichtlich der Ermittlung der Zukunftserfolgsgröße und der Bestimmung des Vergleichsobjektes, das im Kalkulationszinsfuß berücksichtigt wird, zu präzisieren.

Es wurde deutlich, daß nur eine Unternehmensbewertung zu sinnvollen Aussagen kommt, die aus Sicht der tatsächlichen oder potentiellen Eigentümer durchgeführt wird. Bei der Entscheidungswertermittlung sind dabei die Grundsätze der Subjektivität, der Zukunftsbezogenheit und der Bewertungseinheit anzuwenden. Damit soll nicht einer Begünstigung der Eigentümer zu Lasten der Versicherten bei der *Unternehmensführung* das Wort geredet werden. Erst die Berücksichtigung der Interessen der Versicherungsnehmer führt langfristig zur Erzielung von Gewinnen, die den Eigentümern zufließen können und die damit unternehmenswertsteigernd wirken.

---

[79] Sieben/Diedrich (1990), S. 794 f. Auch hierbei sind die Prinzipien der Entscheidungswertermittlung zu berücksichtigen.

Literatur

Allianz Lebensversicherungs-Aktiengesellschaft (Hrsg.) (1993): Geschäftsbericht 1992

Ballwieser, Wolfgang (1990): Unternehmensbewertung und Komplexitätsreduktion, 3. Aufl., Wiesbaden 1990

Ballwieser, Wolfgang; Leuthier, Rainer (1986): Betriebswirtschaftliche Steuerberatung: Grundprinzipien, Verfahren und Probleme der Unternehmensbewertung, Teil 1 + 2, in: DStR 1986, S. 545 – 551 und S. 604 – 610

Basedow, Jürgen (1992): Die Kapitallebensversicherung als partiarisches Rechtsverhältnis – Eine zivilistische Konstruktion der Überschußbeteiligung –, in: ZVersWiss, Heft 3/1992, S. 419 – 455

Bellinger, Bernhard; Vahl, Günter (1992): Unternehmensbewertung in Theorie und Praxis, 2. Aufl., Wiesbaden 1992

Bertschinger, Paul (1980): Die Bewertung einer Nicht-Leben-Versicherungsgesellschaft, in: ZfV 1980, S. 210 – 218

Busse v. Colbe, Walther (1957): Der Zukunftserfolg, Wiesbaden 1957

Coenenberg, Adolf (1981): Unternehmensbewertung aus der Sicht der Hochschule, in: 50 Jahre Wirtschaftsprüferberuf, Düsseldorf 1981, S. 221 – 245

Clarke, T.; Larner, K.; Ryan, J. (1990): The Valuation of General Insurance Companies – A Practitioner's Approach, in: W.-R. Heilmann u. a. (Hrsg.): Geld, Banken und Versicherungen, Beiträge zum 5. Symposium Geld, Banken und Versicherungen an der Universität Karlsruhe, Bd. II, Karlsruhe 1990, S. 1231 – 1258

Deutsche Bank Research GmbH (Hrsg.) (1993): Manuskript zum Vortrag „Externe Bewertung von Lebensversicherungsunternehmen in der Praxis", 1993

Dörner, Dietrich (1992): Die Unternehmensbewertung, in: IdW (Hrsg.): Wirtschaftsprüfer-Handbuch, Bd. II, Düsseldorf 1992

Farny, Dieter (1962): Eigenheiten und Bewertung von Versicherungsaktien, in: Das Wertpapier, 10. Jg. 1962, S. 210 – 220

Fickert, Reiner (1992): Shareholder Value – Ansatz zur Bewertung von Strategien, in: Weilenmann, Paul, Fickert, Reiner (Hrsg.): Strategie-Controlling in Theorie und Praxis, Bern 1992, S. 47 – 92

Franklin, N. (1990): Embedded Value of Life Insurance Companies, in: W.-R. Heilmann u. a. (Hrsg.): Geld, Banken und Versicherungen, Beiträge zum 5. Symposium Geld, Banken und Versicherungen an der Universität Karlsruhe, Bd. II, Karlsruhe 1990, S. 1309 – 1330

Fricke, Friedrich (1976): Besonderheiten bei der Bewertung von Versicherungsunternehmen, in: WPg, 29. Jg. 1976, S. 442 – 452

Goll, H. P.; Gilbert, W.; Steinhaus, H.-J.: Handbuch der Lebensversicherung, 11. Aufl., Karlsruhe 1992

Hafner, R. (1989): Grenzpreisermittlung bei mehrfacher Zielsetzung, Bergisch Gladbach u. a. 1989

Hagelschuer, Paul B.(1987): Lebensversicherung, 2. Aufl., Wiesbaden 1987

Helbling, Carl (1993): Unternehmensbewertung und Steuern, 7. Aufl., Düsseldorf 1993

HFA (Hrsg.) (1983): Stellungnahme 2/83: Grundsätze zur Durchführung von Unternehmensbewertungen, in: WPg, 36. Jg. 1983, S. 468 – 480

Hohlfeldt, Gottfried; Jacob, Hans-Joachim (1992): Theorie und Praxis in der Unternehmensbewertung: A-state-of-the-art, in: Kurt Boysen (Hrsg.): Der Wirtschaftsprüfer vor innovativen Herausforderungen – Festschrift für Hans-Heinrich Otte, Stuttgart 1992, S. 205 – 263

Klein, Silke (1993): Gewinn- und Wachstumssituation der großen deutschen Lebensversicherer von 1987 bis 1991, in: Versicherungswirtschaft, Heft 4/1993, S. 224 – 228

Kloock, Josef (1981): Mehrperiodige Investitionsrechnungen auf der Basis kalkulatorischer und handelsrechtlicher Erfolgsrechnungen, in: ZfbF, 33. Jg. 1981, S. 873 – 890

Kürble, Günter (1991): Analyse von Gewinn und Wachstum deutscher Lebensversicherungsunternehmen, Wiesbaden 1991

Lücke, Wolfgang (1955): Investitionsrechnung auf der Grundlage von Ausgaben oder Kosten?, in: ZfhF (NF), 7. Jg. 1955, S. 310 ff.

Matschke, Manfred Jürgen (1976): Der Argumentationswert des Unternehmens – Unternehmensbewertung als Instrument der Beeinflussung in der Verhandlung, in: BFuP 1976, S. 517 – 524

Meyer, Lothar (1975): Die Gesamtbewertung von Versicherungsunternehmen – Ein Beitrag zur Theorie der Gesamtbewertung, Veröffentlichungen des Instituts für Versicherungswissenschaft der Universität Mannheim, Heft 10, Karlsruhe 1975

Moxter, Adolf (1983): Grundsätze ordnungsmäßiger Unternehmensbewertung, 2. Aufl., Wiesbaden 1983

Münstermann, Hans (1966): Wert und Bewertung des Unternehmens, Wiesbaden 1966

Peemöller, V. H. (1993): Stand und Entwicklung der Unternehmensbewertung – Eine kritische Bestandsaufnahme, in: DStR, 31. Jg. 1993, S. 409 – 416

Rieger, Andreas (1988): Wachstum und Ertragslage deutscher Lebensversicherungsunternehmen 1976 bis 1985 – dargestellt am Beispiel der Volksfürsorge Lebensversicherung AG –, Diss., Berlin 1988

Schildbach, Thomas (1981): Der Wirtschaftsprüfer als Gutachter in Fragen der Unternehmensbewertung: Möglichkeiten und Grenzen aus der Sicht der Berufspflichten des Wirtschaftsprüfers, in: WPg, Jg. 34, 1981, S. 193 – 201

Schucht, Frauke (1991): Die Aussagefähigkeit der Gewinn- und Verlustrechnung von Lebensversicherungsunternehmen: Überschneidungsprobleme aus versicherungsmathematischer und betriebswirtschaftlicher Sicht, Diss., Bergisch-Gladbach u. a. 1991

Sieben, Günter (1963): Der Substanzwert der Unternehmung, Wiesbaden 1963

Sieben, Günter (1966): Der Anspruch auf angemessene Abfindung nach § 12 UmwG, in: AG, 11. Jg., 1966, S. 6 – 13, S. 54 – 58, S. 83 – 89

Sieben, Günter (1983): Funktionale Unternehmensbewertung, in: WISU, 12. Jg. 1983, S. 539–542

Sieben, Günter (1988): Der Unternehmenserfolg als Determinante des Unternehmenswertes – Berechnung auf der Basis künftiger Entnahme- oder künftiger Ertragsüberschüsse, in: Festschrift Busse v. Colbe, Wiesbaden 1988, S. 361–375

Sieben, Günter (1993): Unternehmensbewertung, in: HWB, 5. Aufl., Stuttgart 1993

Sieben, Günter; Diedrich, Ralf (1990): Aspekte der Wertfindung bei strategisch motivierten Unternehmensakquisitionen, in: ZfbF, 42. Jg., 1990, S. 794–809

Studer, Tobias (1992): Unternehmensbewertung im Umbruch? Cash Flow-basierte Verfahren im Vormarsch, in: Der Schweizer Treuhänder 1992, S. 303–308

Transatlantische Lebensversicherungs-AG (1992): Geschäftsbericht 1991, Hamburg 1992

Volksfürsorge Deutsche Lebensversicherung AG (Hrsg.) (1992): Geschäftsbericht 1991

Wagenhofer, A. (1988): Die Bestimmung von Argumentationspreisen in der Unternehmensbewertung, in: ZfbF, 40. Jg., 1988, S. 340–359

Heinrich Stremitzer

Internationale Ausbildung für den akademischen Versicherungskaufmann?

Für eine verstärkte Sprachausbildung mit Einblicken in die unterschiedlichen kulturellen Wurzeln gibt es in Europa gute Gründe. Die leidvolle Geschichte mit kriegerischen Auseinandersetzungen und Vertreibungen hat die Hoffnung genährt, daß gegenseitiges Kennenlernen eine friedvolle Zukunft erleichtern werde. Der Abbau von Feindbildern stand wohl am Anfang der Bemühungen, durch Schüler-, Lehrlings- und Studentenaustausch den Nachbarn zu entdecken und zu schätzen. In der Mitte der 80er Jahre wurden in Europa zusätzliche Tendenzen spürbar, Ausbildungsleistungen international zu gestalten. Der Grund für diese zweite Welle dürfte wohl der fortschreitende europäische Einigungsprozeß sein. Die Nachfrage nach Mitarbeitern mit Sprachkenntnissen und Kulturverständnis in Wirtschaft und Verwaltung nahm zu. Für Unternehmungen, die in Regionen mit anderen Sprachen und Kulturen tätig werden wollten, waren Mitarbeiter mit entsprechenden Kenntnissen und Fertigkeiten unabdingbar. Daneben hat die Intensivierung des Außenhandels und auch der internationalen Leistungsverflechtung mitgeholfen, diese Nachfrage zu erhöhen. Gleichzeitig haben viele junge Leute eine große Chance darin gesehen, durch Sprach- und andere Kenntnisse des „Auslandes" ihre eigenen Karrierebedingungen zu verbessern. Die Migration in und nach Europa hat auch staatliche Stellen vor neue Anforderungen gestellt. Aus Fremdarbeitern wurden Gastarbeiter und aus diesen schließlich Mitbürger. Dort, wo der Verschmelzungsprozeß mit dem Mehrheitsvolk nicht stattfindet, bildet sich eine sprachliche und kulturelle Minorität heraus. Die Ostöffnung Anfang der 90er Jahre hat in diesem Prozeß neue Akzente gesetzt. Einerseits wurde Ost- und Mitteleuropa als ein neuer großer Entwicklungsmarkt gesehen, andererseits hat der politische und wirtschaftliche Zusammenbruch in Osteuropa die Notwendigkeit von wirtschaftlichen – vor allem strukturverbessernden – Hilfsmaßnahmen deutlich gemacht. Plötzlich wurden die im Verhältnis zur russischen Sprache und Kultur im Westen fast vergessenen Kulturvölker der Ukrainer, der Polen, der Weißrussen, der Balten, der Rumänen, der Ungarn, der Bulgaren, der Tschechen, der Slowaken etc. wiederentdeckt.

Diese Entwicklung ist an der Versicherungswirtschaft nicht vorbeigegangen. In der Europäischen Wirtschaftsgemeinschaft besteht Niederlassungs- und Dienstleistungsfreiheit. Die Erweiterung der Europäischen

Wirtschaftsgemeinschaft um die restlichen Staaten in Westeuropa steht mit hoher Wahrscheinlichkeit unmittelbar bevor. Westeuropäische Versicherer drängen auf die Märkte Osteuropas. Die Versicherungsunternehmungen können ihre Strategien auf ausländischen Märkten nur erfolgreich verwirklichen, wenn sie sich Kenntnisse über diese verschaffen.

Hat sich die organisierte Ausbildung insbesondere von Führungskräften für die Versicherungswirtschaft diesen neuen Anforderungen gestellt? Wurde ein entsprechender Bedarf überhaupt festgestellt und artikuliert?

Versicherungsunternehmungen betrachten ihr Geschäft in aller Regel als ein „nationales". Bewährte nationale Ausbildungen in den verschiedenen Techniken des Versicherungsgeschäftes genügte und genügt für den Großteil der in der Versicherungswirtschaft Beschäftigten. Dort, wo internationale Berührungen stattfanden, konnte das benötigte Personal aus anderen Branchen „zugekauft" werden. Der Bedarf nach „international geschultem Personal" wurde in Unternehmungen mit grenzüberschreitenden Eigentumsverhältnissen, im Rückversicherungsgeschäft und in Unternehmungen, die auf Auslandsmärkte expandieren wollten, verspürt. Das sogenannte Zukaufen von international ausgebildeten oder mit internationalen Erfahrungen ausgestatteten Führungskräften wird aber immer schwieriger, da auch andere Branchen vor dem gleichen Problem stehen. Export- und importintensive Unternehmungen spüren den Mangel an international geschultem Managerpersonal unmittelbarer. Dort ist die Nachfrage so stark, daß besondere, die Branche betreffende Ausbildungsgänge von der Wirtschaft[1] selbst, vom Staat[2] und von den (staatlichen) Universitäten[3] eingerichtet wurden. Die gewünschten Zusatzqualifikationen sind überwiegend Fremdsprachen. Die neuen Schlagworte lauten „Multilingualität", „Multikulturalität" oder „Einsprachigkeit ist eine Krankheit"[4]. Es gehört kaum bestrittenermaßen zu den Aufgaben von Universitätslehrern, künftige Entwicklungen zu extrapolieren und die akademische Jugend mit möglichen künftigen Szenarien vertraut zu machen. Von einer solchen Einstellung geprägt, haben sich vor zwanzig Jahren einige Universitäten zu einem Netzwerk zusammengefunden, um durch Studentenaustausch, Professorenaustausch und gemeinsame Forschungsprogramme die Ausbildung im „Internationalen Management" zu fördern. Wenn auch die Vorstellungen darüber, was „Internationales Management" ist, was „Management" in Lehre und Forschung bedeuten soll, bei den teilnehmenden Universitäten sehr unterschiedlich waren, so hat doch gerade diese Unterschiedlichkeit die Attraktivität des Programms

---

1 In Österreich z. B. durch die Wirtschaftsförderungsinstitute (WIFI) der Handelskammern.
2 Z. B. an den österreichischen Handelsakademien.
3 Spezielle Betriebswirtschaftslehre „Außenhandel" im Rahmen betriebswirtschaftlicher Studiengänge. Einführung besonderer internationaler Studiengänge. Einrichtung von Universitätslehrgängen für Export und für Projektmanagement im Export.
4 Vgl. Die Presse, österreichische Tageszeitung, 16. Juli 1993, S. 17.

erhöht. Dem Netzwerk PIM (Programme of International Management) gehören derzeit ca. 20 Universitäten aus der ganzen Welt an. Aus dem deutschsprachigen Raum sind dies die folgenden Universitäten: Universität zu Köln, Hochschule St. Gallen und Wirtschaftsuniversität Wien. Die Erfahrungen mit dieser Zusammenarbeit waren gut; die beteiligten Universitäten entsandten ihre besten „Management"-Studenten; an manchen Universitäten entstand ein regelrechter „Run" auf die offenen Austauschplätze. Universitätslehrer lernten sich besser kennen, hielten gemeinsame Seminare und planten gemeinsame Projekte. Dies führte dazu, daß im Jahre 1988 europäische PIM-Mitglieder[5] ein noch engeres und weitergehendes Netzwerk schufen: CEMS (= Community of European Management Schools).

Die CEMS-Lösung

Der CEMS-Organisation gehören heute 12 Universitäten[6] aus Westeuropa an. CEMS hat insofern eine Monopolstellung, als nur jeweils eine Universität bzw. Hochschule pro Land Mitglied werden kann. Um die „Praxisnähe" und das Interesse an CEMS sicherzustellen, gehören der Gemeinschaft als „corporate members"[7] auch Unternehmungen an. Die Anzahl ist beschränkt: Je nach der Größe des Landes können drei bis fünf Mitglieder aufgenommen werden. „Academic members" (Universitäten) und „corporate members" (Unternehmungen) bestimmen gemeinsam das Schicksal der Gemeinschaft.

Das Besondere an CEMS ist, daß sich erstmals Universitäten aus verschiedenen Ländern auf einen gemeinsamen akademischen Grad („Mas-

---

5　Es waren dies die Universität zu Köln, die Escuela Superior de Administración y Dirección de Empresas, Barcelona (ESADE), die Ecole des Hautes Etudes Commerciales, Paris (HEC) und die Università Commerciale Luigi Bocconi, Milano.
6　Neben den bereits genannten Gründungsmitgliedern aus Köln, Barcelona, Paris und Mailand die Copenhagen Business School, die Erasmus Universiteit Rotterdam, die Hochschule St. Gallen, die London School of Economics, die Norwegian School of Economics and Business Administration in Bergen, die Stockholm School of Economics, die Université Catholique de Louvain in Louvain-la-Neuve und die Wirtschaftsuniversität Wien.
7　Derzeit gibt es folgende „corporate members": Austrian Airlines, Wien; Austrian Industries AG, Wien; Banca Commerciale Italiana, Milano; Banca Central Hispanoamericano, Madrid; British Airways, London; Carlsberg A/S, Kopenhagen; Cassa di Risparmio delle Provincie Lombarde, Milano; Coopers & Lybrand, London; Crédit Lyonnais, Paris; Dresdner Bank AG, Frankfurt; Elektrowatt AG, Zürich; Ericsson, Stockholm; Havslund Nycomed, Norwegen; Haniel GmbH, Duisburg; Hilti AG, Liechtenstein; F. Hofmann La Roche S.A., Schweiz; ISS International Service System, Kopenhagen; J. P. Morgan, Bruxelles; KPMG-DTG, Köln; Petrofina S.A., Bruxelles; Procter & Gamble, Paris; Saint Gobain, Paris; Schindler Management AG, Luzern; Seat Volkswagen S.A., Barcelona; Schneider S.A., Paris; Shell, The Hague; Siemens AG, München; Smithkline Beecham, USA; Statoil, Norwegen; Trygg Hansa SPP, Stockholm; Veba AG, Düsseldorf; Wolters Kluwer, Deventer (NL); Winterthur-Versicherungen, Winterthur.

ter CEMS") geeinigt haben. Die CEMS-Mitglieder verstehen ihr Programm als Eliteprogramm, an dem nur ausgewählte Studenten teilnehmen können.

Das CEMS-Studienprogramm umfaßt einen gemeinsamen Studienkern (Common Body of Knowledge), der von allen Mitgliedsuniversitäten angeboten wird und für den Mindestanforderungen formuliert sind. Zu diesem gemeinsamen Studienkern gehören die Basisgebiete betriebswirtschaftlicher Studien, wie Betriebswirtschaftslehre, Volkswirtschaftslehre sowie die Hilfsfächer Mathematik, Statistik und Recht. In den deutschsprachigen universitären Ausbildungsgängen ist der „Common Body of Knowledge" weitgehend durch den ersten Studienabschnitt oder durch die Studien zum Vordiplom abgedeckt. Jedenfalls wird unterstellt, daß an allen Mitgliedsuniversitäten der vereinbarte Mindestumfang an Basiswissen spätestens nach drei Jahren[8] erworben worden ist. Für die zentralen Bereiche des CEMS-Curriculums wurden Fachkommissionen, sogenannte „Interfaculty Groups" (IFGs), eingerichtet, denen Fachprofessoren der Mitgliedsuniversitäten sowie Firmenvertreter angehören. Die Mitglieder der Fachkommissionen diskutieren die in ihrem Fachbereich mindestens anzubietenden Lehrveranstaltungen und die Mindestanforderungen an die Studenten. In der Fachkommission „Finance" gibt es seit Herbst 1992 eine eigene Untergruppe „Insurance and Risk Management". Es soll sichergestellt werden, daß alle CEMS-Studenten mit einer Einführung in das Versicherungswesen und in das Risikomanagement konfrontiert werden. Ein Übergangsproblem besteht darin, daß noch nicht alle Mitgliedsuniversitäten über Versicherungs- und Risikospezialisten verfügen.

Da in den Fachkommissionen Universitätsprofessoren und Praktiker zusammenkommen, kommt der Dialog über die Praxisnähe der Studien nicht zum Erliegen. Gleichzeitig werden neue Forschungsvorhaben geboren und diskutiert. In bisher zwei Fällen haben die Fachkommissionen die gemeinsame Konzeption eines Lehrbuches und in einem Fall bereits die Fertigstellung zuwege gebracht. Hauptziel dieser Kommissionen für das CEMS-Programm ist die Vereinheitlichung der Mindestanforderungen, nicht aber die volle Studienharmonisierung. Letztere hätte die Aufgabe der Eigenständigkeit der einzelnen Mitgliedsuniversitäten zur Folge und wäre auch nicht mit der von ihnen hochgehaltenen akademischen Freiheit vereinbar. Die volle Harmonisierung widerspräche auch der Forderung nach „Multikulturalität", der die CEMS verpflichtet ist.

Der „Common Body of Knowledge" ist eine der Säulen, auf denen der gemeinsame akademische Grad ruht. Die weiteren sind die internationale

---

8 Für die Vergleichbarkeit mit den USA und ähnlichen Universitätssystemen: Die Mitgliedsuniversitäten gehen davon aus, daß die ersten zwei Jahre (in einigen Fällen: drei Jahre) ihrer Studien den „undergraduate studies" und das die letzten zwei Jahre vor dem CEMS-Master den „graduate studies" entsprechen.

Fachspezialisierung, die internationale Erfahrung (Auslandsaufenthalte) und die Fremdsprachenkenntnisse der CEMS-Absolventen.

Internationale Fachspezialisierung bedeutet, daß der künftige akademisch vorgebildete Manager ein bestimmtes Ausmaß an Kernfächern mit internationalem Bezug erfolgreich studiert hat. Beispiele für diese Spezialisierungsfächer sind: Außenhandel, Außenwirtschaftslehre, internationale Finanzmärkte, Europarecht, internationales Marketing, internationales Rechnungs- und Prüfungswesen etc.

Internationale Erfahrung kann nur im Ausland erworben werden. Die CEMS-Regeln sehen zwei Auslandsaufenthalte vor:

Der erste Auslandsaufenthalt dient dem Studium an einer fremdsprachigen Mitgliedsuniversität im Mindestausmaß von drei Monaten (= ein Semester oder Trimester). Das Studium ist nur anrechenbar, wenn mindestens drei Lehrveranstaltungseinheiten zu mindestens drei Wochenstunden positiv absolviert werden. Im deutschsprachigen Raum besteht eine Lehrveranstaltungseinheit in der Regel aus einer Kombination von Vorlesung mit Übung oder Seminar (seltener Seminar mit Übung). Gegenstand der Lehrveranstaltung sind die oben erwähnten Spezialisierungsfächer mit internationalem Bezug (z. B. Internationales Rechnungswesen) oder anerkannte universitätsspezifische Sonderlehrveranstaltungen.

Der zweite vorgeschriebene Auslandsaufenthalt dient der praktischen „interkulturellen" Erfahrung. Der CEMS-Student absolviert ein Praktikum in einer ausländischen Unternehmung mit einer Mindestdauer von zehn Wochen. Die korporativen Mitglieder sind nicht in der Lage, alle Praktikumsplätze zur Verfügung zu stellen, so daß sonstige interessierte Unternehmungen die CEMS-Studenten aufnehmen. Ähnliches gilt auch für die CEMS-Absolventen. In Ausnahmefällen kann das Auslandspraktikum durch einen zweiten Studienaufenthalt an einer ausländischen Universität ersetzt werden. In diesem Fall gelten die Mindestanforderungen an den Studienerfolg wie beim ersten Auslandsaufenthalt.

Die dritte Säule für den „CEMS-Europamanager" sind die Fremdsprachenkenntnisse. Neben seiner Muttersprache muß der CEMS-Bewerber vor seiner Graduierung Wirtschaftssprachkenntnisse in zwei weiteren Sprachen nachweisen. Zwei der drei insgesamt zu beherrschenden Sprachen müssen europäische sein.

Die letzte Voraussetzung für die Verleihung des „europäischen Magistergrades" (Master CEMS) ist die Graduierung an der Heimatuniversität, d. h. zum Beispiel in Deutschland der Erwerb des akademischen Grades eines Diplomkaufmanns der Universität zu Köln oder in Österreich die Sponsion zum Magister der Sozial- und Wirtschaftswissenschaften an der Wirtschaftsuniversität Wien.

Der Charakter des Eliteprogramms kommt schon bei der Auswahl der CEMS-Studenten zum Tragen. An der Wirtschaftsuniversität Wien graduieren pro Jahr ca. 1000 Studenten. Nur ca. 30 Studenten werden pro Jahr für das CEMS-Programm ausgewählt. Diese Zahl wird bis zum Jahre 2000 auf ca. 100 erhöht. Die CEMS-Kandidaten werden in einem komplizierten Verfahren aus einer Vielzahl von Bewerbern nach ihrem Studienerfolg und nach ihrer Fähigkeit für Führungsaufgaben ausgewählt. Die wahrscheinliche Fähigkeit für Führungsaufgaben wird gemeinsam mit korporativen CEMS-Mitgliedern in einem Klausurseminar getestet. Auch die Fremdsprachenkenntnisse werden ein erstes Mal überprüft.

Die CEMS-Lösung ist für die Deckung des Bedarfs an „internationalen Managern" sicherlich nicht ausreichend, obgleich der „Ausstoß" von „CEMS-Mastern" von derzeit ca. 150 bis zur Jahrtausendwende auf ca. 1000 angehoben sein wird. Um das Markenzeichen der Elite zu bewahren, ist wohl nicht damit zu rechnen, daß der Grundsatz, nur eine Universität pro Land in die Gemeinschaft aufzunehmen, wegen größerer Nachfrage geopfert wird. Wahrscheinlicher ist hingegen, daß eine Erweiterung von CEMS über eine geographische Ausdehnung auf die restlichen Staaten Westeuropas und dann auf die Länder Mittel- und Osteuropas erfolgt.

Für die Versicherungswirtschaft können sich zwei Strategien ergeben: Entweder Versicherungsunternehmungen beteiligen sich am CEMS-Programm stärker als bisher[9] und nehmen an den Entscheidungsprozessen der Gemeinschaft teil, etwa durch Einfluß auf die verstärkte Einführung von versicherungsspezifischen Lehrveranstaltungen und die Bereitstellung von Praktikumsplätzen, oder sie setzen auf andere Lösungsansätze, die zum Teil im folgenden noch beschrieben werden, sofern sie an der „Internationalisierung" überhaupt teilnehmen wollen.

Die ENIF-Lösung

Das European Network of Insurance Faculties (ENIF) wurde in Antwerpen 1992 gegründet. Die Gründer[10] aus fünf Ländern sind Fach- bzw. Hochschuleinrichtungen, die sich mit Versicherungsfragen beschäftigen. Die ENIF will das Studium, die Ausbildung und die Weiterentwicklung der Versicherungslehre, des Risk-Managements und der Finanzdienstlei-

---

9 Unter den „corporate members" sind derzeit nur zwei Versicherungsunternehmungen: Trygg Hansa SPP, Stockholm und Winterthur-Versicherungen, Winterthur; vgl. auch Fußnote 6.
10 Amsterdamse Academie Bank en Financien Verije Universiteit Hogeschool Holland, Diemen; City University of London, Centre for Insurance and Investment Studies, London; Fachhochschule Köln, Fachbereich Versicherungswesen, Köln; Hoger Instizuut St.-Lodewijk, Afdeling Verzekeringen, Antwerpen; University of Limerick, BA Degree in Insurance and European Studies, Limerick.

stungen fördern. Sie will die Weiterbildung von Lehrern, die in Europa diese Fächer unterrichten, unterstützen, und sie will die Kommunikation zwischen diesen Lehrern und der europäischen Versicherungswirtschaft vereinfachen und fördern. Schließlich sollen europäische Forschungsprojekte, an denen Studenten mitarbeiten können, sowie der europäische Studentenaustausch gefördert werden. Die ENIF hat ein Studentenaustauschprogramm bereits begonnen und rechnet mit der ERASMUS-Unterstützung der Europäischen Gemeinschaft. Ferner plant die ENIF die Herausgabe einer Zeitschrift mit dem Titel „European Journal of Insurance".

Die ENAss-CII-Lösung

Die Ecole Nationale d'Assurances (ENAss), Paris, und das Chartered Insurance Institute (CII), London, verfolgen eine gemeinsame Initiative unter dem Arbeitstitel „Towards a Coordinated European Insurance Education – The Professional Way". Ziel der Initiative ist die Erarbeitung der Gemeinsamkeiten und der Unterschiede der westeuropäischen Systeme der Versicherungsausbildung sowie die Diskussion des Einflusses des gemeinsamen Versicherungsmarktes auf die Versicherungsausbildung. Ferner ist die Gründung einer europäischen Vereinigung der Versicherungsausbildungsinstitutionen beabsichtigt.

Zur Konkretisierung und der weiteren Vorbereitung von Beschlüssen wurde eine Arbeitsgruppe eingesetzt, die die wesentlichen Ausbildungsinhalte in den verschiedenen Stufen der europäischen Versicherungsausbildung, von der Lehrlings- bis zur Universitätsausbildung, analysieren soll. Man erwartet sich relativ rasch eine Verbesserung des Erfahrungsaustausches zwischen den europäischen Ausbildungseinrichtungen und hofft in der Folge auf eine tragfähige Kooperation bei der Ausbildung von Führungskräften für die europäische Versicherungswirtschaft. Da der Initiative gegenwärtig noch eine breite europäische Mitarbeit fehlt, hat die Genfer Vereinigung[11] die Konzeption eines „European Insurance Management Centers (EIMC)" unterstützt.

Die EIMC-Lösung

Auf der zwanzigsten Generalversammlung[12] der Genfer Vereinigung berichteten Dieter Farny und Lutgart Van den Berghe über dieses Projekt. Farny ortet „veränderte Bedingungen für die Europäische Versicherungs-

---

11 Association International pour l'Etude d'Assurance, Genève (Association de Genève, the Geneva Association).
12 Diese fand am 7. Juni 1993 in Wien statt.

wirtschaft"[13]. Vor allem Deregulierung und Wettbewerbsdruck fördern einerseits die Internationalisierung, andererseits die lokale Spezialisierung[14]. Für die neuen Aufgaben in der Versicherungsunternehmung muß entsprechendes Personal vorhanden sein. Die Analyse der in den einzelnen europäischen Ländern vorhandenen Ausbildungssysteme ergab, daß „keine der in den einzelnen Ländern vorhandenen Ausbildungsinstitutionen ... in der Lage (ist), alle Ausbildungsanforderungen für einen Europa-Manager in der Versicherungswirtschaft allein zu bieten. Deshalb besteht die grundsätzliche Idee des Centers darin, bestimmte Ausbildungsziele zu definieren und dafür geeignete Ausbildungsprogramme zu gestalten, die jeweils mit denen der anderen Ausbildungsinstitutionen nicht identisch sind"[15].

Die Hauptpromotorin des Programms betont den postgradualen Charakter der vom EIMC anzubietenden Studien[16]. Der Schwerpunkt der Wissensvermittlung soll auf modernes internationales Management in und für Versicherungs- und Finanzdienstleistungsunternehmen gelegt werden. Farny charakterisiert das in Aussicht genommene Programm in vier Punkten:

„(1) Das Programm bietet eine Ausbildung für Manager von Versicherungsunternehmen, die nicht nur in einem nationalen Markt tätig sind, sondern auch und ganz besonders auf vielen nationalen Märkten, insgesamt also international. Dem entspricht besonders der Programmteil, der Kenntnisse über die anderen Märkte bietet, über die wirtschaftlichen, rechtlichen, sozialen und kulturellen Hintergründe in den einzelnen Ländern.

(2) Das Programm ist multidisziplinär, multikulturell und multisprachlich angelegt. Zur Erreichung dieser Ziele werden Ausbildungsteile ‚zu Hause' und Ausbildungsteile in anderen Ländern kombiniert.

(3) Das Programm sucht eine gute Mitte zwischen der wirtschafts- und sozialwissenschaftlichen Theorie des Managements auf der einen Seite und dem Erfahrungswissen der Praxis auf der anderen Seite. Dies soll vor allem durch eine entsprechende Mischung der Lehrpersonen erreicht werden, die aus verschiedenen wissenschaftlichen und praktischen Aus-

---

13 Farny, Dieter: Veränderte Bedingungen für die Europäische Versicherungswirtschaft und Ausbildungssysteme, Vortragsunterlage zur Präsentation auf der zwanzigsten Generalversammlung der Genfer Vereinigung am 7. Juni 1993, Wien, S. 4.
14 Farny, Dieter: a.a.O., S. 4.
15 Farny, Dieter: a.a.O., S. 5.
16 Van den Berghe, Lutgart: European Insurance Management Center, MBI – Master of Business in Insurance, Vortragsunterlage zur Präsentation auf der zwanzigsten Generalversammlung der Genfer Vereinigung am 7. Juni 1993.

bildungsinstitutionen sowie aus der Praxis der Versicherungswirtschaft kommen.

(4) Das Programm soll auch neue didaktische Methoden bieten, etwa interaktive Arbeit in Gruppen von Teilnehmern aus verschiedenen Ländern sowie Fallstudien"[17].

Eine Hausarbeit bzw. ein Forschungsbericht soll das Regelstudium am European Insurance Management Center abschließen. Den erfolgreichen Absolventen soll der akademische Berufstitel „Master of Business in Insurance (MBI)" verliehen werden[18].

Schlußfolgerung

Aus der Vielzahl der Ausbildungsangebote für internationale Manager privater oder staatlicher Institutionen wurden nur diejenigen herausgegriffen, die von ihrer Grundkonzeption und Trägerschaft schon europäisch bzw. international sind. Die gezeigten Lösungen bzw. Lösungsvorschläge der „Community of European Management Schools (CEMS)", des „European Network of Insurance Faculties (ENIF)", der westeuropäischen Initiative der „Ecole Nationale d'Assurance" und des „Chartered Insurance Institute (ENAss-CII)" und schließlich des geplanten „European Insurance Management Center (EIMC)" sind taugliche Antworten auf die sich abzeichnenden Veränderungen in der europäischen und internationalen Wirtschaft. Sie alle wollen einen akademisch vorgebildeten, „internationalen" oder „Euro"-Manager mit oder ohne Spezialkenntnisse im Versicherungs- oder Risikowesen vor dem Eintritt in eine Versicherungskarriere heranbilden. Alle Vorschläge haben gute Gründe für ihre Realisierung – teilweise ergänzen sie sich, teilweise stehen sie im Wettbewerb zueinander. Dies ist gut sowohl für die Ausbildungsinstitutionen als auch für die Versicherungswirtschaft.

17 Farny, Dieter: a.a.O., S. 5 f.
18 Van den Berghe, Lutgart: a.a.O.

Klaus Stüdemann

Über den Anspruch der Betriebswirtschaftslehre, eine Betriebswirtschaftslehre zu sein

Die Betriebswirtschaftslehre ist eine Geistes- oder Kulturwissenschaft. Demzufolge ist ihr Erkenntnisobjekt in starkem Maße von persönlicher Auffassung abhängig. So gesehen, gibt es nicht nur eine einzige Betriebswirtschaftslehre, sondern so viele Betriebswirtschaftslehren wie darüber nachdenkende Köpfe. Das schließt nicht aus, daß eine große Zahl nachdenkender Köpfe zum gleichen Ergebnis gelangt, aus welchem Grunde auch immer. In diesem Sinne ist die entscheidungsorientierte Betriebswirtschaftslehre als die seit vielen Jahren unverändert herrschende Auffassung von Betriebswirtschaftslehre, gleichsam als „die" Betriebswirtschaftslehre anzusehen[1]. Sie bietet damit ein Bild, das an eine Szene in *Dantes* Göttlicher Komödie erinnert:

> „Und wie ich schaute, sah ich eine Fahne,
> die ging so schnell im Kreise um und um,
> als wäre sie zu stolz, sich festzulegen,
> und hinter ihr ein langer Menschenschweif
> und so viel Volk..."[2]

Eine Fahne ist ein Zusammengehörigkeitszeichen. Es verbindet, grenzt ab und schließt aus. Es fördert die Entstehung eines Wir-Bewußtseins

---

1 Siehe z. B.: Walther Busse von Colbe, Gert Laßmann, Betriebswirtschaftstheorie, Band 1, 3. Auflage, 1986, S. 8 – 9; Helmut Diederich, Allgemeine Betriebswirtschaftslehre, 6. Auflage, 1989, S. 25; Jochen Drukarczyk, Lothar Müller-Hagedorn (Hrsg.), Betriebswirtschaftslehre, Band 1, 1978, S. 16 – 17; Edmund Heinen, Einführung in die Betriebswirtschaftslehre, 9. Auflage, 1985, S. 5; Hans Raffée, Gegenstand, Methoden und Konzepte der Betriebswirtschaftslehre, in: Vahlens Kompendium der Betriebswirtschaftslehre, hrsg. von Michael Bitz u. a., Band 1, 3. Auflage, 1993, S. 1 – 46 (32); Ralf-Bodo Schmidt, Wirtschaftslehre der Unternehmung, Band 1, 2. Auflage, 1977, S. IX, 11 – 14; Marcell Schweitzer, Gegenstand der Betriebswirtschaftslehre, in: Allgemeine Betriebswirtschaftslehre, hrsg. von Franz X. Bea u. a., Band 1, 6. Auflage, 1992, S. 17 – 56 (41 – 43); Jürgen Wild, Betriebswirtschaftliche Theorienbildung, in: Betriebswirtschaftslehre, hrsg. von Erwin Grochla, Teil 1, 1978, S. 22 – 30 (29); Robert Wittgen, Einführung in die Betriebswirtschaftslehre, 1974, S. 26 – 27; Günter Wöhe, Entwicklungstendenzen der Allgemeinen Betriebswirtschaftslehre im letzten Drittel unseres Jahrhunderts – Rückblick und Ausblick –, in: Die Betriebswirtschaft, 50. Jahrgang, 1990, S. 223 – 235 (232).
2 Dante Alighieri, Die Göttliche Komödie, übersetzt von Karl Vossler, 3. Auflage, 1953, Hölle, Dritter Gesang, Zeile 52 – 56, S. 37 – 38.

und kommt dem Wunsch entgegen, auf der richtigen Seite zu stehen. Die Bedeutung des Zeichens ist vielen, die ihm folgen, bekannt. Dies gilt zumal in der ersten Zeit, wenn das Zeichen in das Bewußtsein einer Vielzahl von Menschen zu dringen beginnt. Mit zunehmender Anerkennung des Zeichens kann es allerdings geschehen, daß seine ursprüngliche Bedeutung verblaßt und einer nebelhaften Vorstellung weicht[3]. Häufig ist dann ein Stadium der Meinungsverfestigung erreicht, in dem jeder Versuch einer Anregung zum Nachdenken über das Zeichen zum Scheitern verurteilt ist. Dann zeigt sich, daß der in diesem Zeichen sich objektivierende, lediglich übernommene, jedoch unverstanden gebliebene Gedanke „wegen der Trägheit der jeweils lebenden Menschen ein erstaunliches Beharrungsvermögen" zeigt und als „versteinerter, sedimentierter Geist"[4] im „dogmatischen Schlummer"[5] dahindämmert.

Die Metapher von der Fahne findet ihr wissenschaftliches und weniger unfreundliche Folgen[6] zeigendes Gegenstück in der von *Thomas Samuel Kuhn* vertretenen Auffassung. Hiernach verbinden sich Wissenschaftler mehr unbewußt als bewußt zu einer Gemeinschaft Gleichgesinnter unter dem Dache eines sogenannten Paradigmas[7]. Der dadurch bewirkte Schulterschluß mit einer Mehrheit übereinstimmend Denkender verleiht den gleichsam zu einer Kohorte Zusammengeschweißten eine eigentümliche Macht. Ihre Gedanken sind, „sowohl wenn sie im Recht, als wenn sie im Unrecht sind, einflußreicher, als gemeinhin angenommen wird. Die Welt wird in der Tat durch nicht viel anderes beherrscht. Praktiker, die sich ganz frei von intellektuellen Einflüssen glauben, sind gewöhnlich die Sklaven irgendeines verblichenen Ökonomen. Wahnsinnige in hoher Stellung, die Stimmen in der Luft hören, zapfen ihren wilden Irrsinn aus dem, was irgendein akademischer Schreiber ein paar Jahre vorher verfaßte. … früher oder später sind es Ideen …, von denen die Gefahr kommt, sei es zum Guten oder zum Bösen."[8] Man wird deshalb darauf zu achten haben, daß möglicherweise aufbrechende Wildwüchse dieser oder jener Auffassung von Betriebswirtschaftslehre zurückgeschnitten werden, bevor sie zu der von *John Maynard Keynes* beschworenen Gefahr ausarten können.

---

3 Siehe z. B. das eine stilisierte Todesrune darstellende Anti-Atomtod-Symbol, das heutzutage als Leben versinnbildlichendes Schmuckzeichen getragen wird, während seine ursprünglich warnende Bedeutung immer mehr in Vergessenheit gerät.
4 Alois Troller, Die Begegnung von Philosophie, Rechtsphilosophie und Rechtswissenschaft, 1971, S. 33 (beide Zitate).
5 Immanuel Kant, Prolegomena zu einer jeden künftigen Metaphysik, die als Wissenschaft wird auftreten können, in: Immanuel Kant, Werke in sechs Bänden, hrsg. von Wilhelm Weischedel, 1983, Band III, S. 109–264 (118).
6 Nach Dante will diese Menschen nach ihrem Tode weder der Himmel noch die Hölle aufnehmen; ihr Platz ist deshalb die Vorhölle.
7 Thomas S. Kuhn, Die Struktur wissenschaftlicher Revolutionen, 2. Auflage, 1976; siehe zur Definition von Paradigma: S. 25.
8 John M. Keynes, Allgemeine Theorie der Beschäftigung, des Zinses und des Geldes, übersetzt von Fritz Wagner, 1966, 3. Auflage, S. 323–324.

Es ist zur Übung geworden, einige Auffassungen von Betriebswirtschaftslehre dadurch mit einem eigenen Namen zu belegen, daß man sie als an einer bestimmten Erscheinung „orientiert" kennzeichnet – so wie man, folgt man einem Gedanken *Immanuel Kants,* sich in einer unbekannten Landschaft zur Ermittlung des eigenen Standorts nach einem herausragenden Punkt richtet, also im subjektiv abgesteckten Wahrnehmungsraum verbleibt. Dieses Verhalten kann mit *Kant* auch auf den Bereich des Denkens ausgedehnt werden: „Sich im Denken überhaupt orientieren heißt also: sich, bei der Unzulänglichkeit der objektiven Prinzipien der Vernunft, im Fürwahrhalten nach einem subjektiven Prinzip derselben bestimmen."[9] Die entscheidungsorientierte Betriebswirtschaftslehre ist ein eindrucksvolles Beispiel hierfür.

Die subjektive, also im Individuum und damit unter anderem auch in seiner Erlebnis- und Gefühlswelt wurzelnde Art und Weise der Standort- und weitergehend der Standpunktbestimmung lenkt den Blick auf die seit *Alfred Amonn* als gültig anerkannte Methode[10], nach der der Gegenstand und damit der Forschungsbereich einer Wissenschaft festgelegt und begrenzt wird. Nach dieser Methode wird aus der „Welt", also aus der Gesamtheit der zu beobachtenden oder allein durch Denken ins Bewußtsein gehobenen Erscheinungen, zunächst das Erfahrungsobjekt abgeleitet. Es beruht auf dem von einer Mehrheit von Menschen in die Erinnerung gerufenen Erlebten, auf dem durch Wahrnehmung und Nachdenken gewonnenen Wissen über die erlebte Umwelt, ist somit der Gegenstand gemeinsamer, wenn auch nicht übereinstimmend erlebter Erfahrung. Bereits in diesem Vorgang zeigt sich die verwandtschaftliche Nähe zum Orientieren mit seinem „Fürwahrhalten nach einem subjektiven Prinzip"; denn die Erfahrung drängt sich nicht auf wie eine unabweisbare, von außen auf den Menschen einwirkende Macht. Vielmehr wird bereits der Vorgang des Gewinnens von Erfahrung durch den Verstand gesteuert: nur das wird als Erfahrung aufgenommen und angenommen, was als Erfahrung verstandesmäßig auch *gewollt* ist. Dies führt regelmäßig zu einer individuellen, zumeist einschränkenden Veränderung des Erfahrungsobjekts: „Der lebendigste Gedanke ist immer noch schwächer als die dumpffeste Wahrnehmung."[11] Das Erfahrungsobjekt ist demzufolge ein von der persönlichen Einstellung des Erfahrungssubjekts abhängiges Produkt[12].

Das durch Wahrnehmen und Nachdenken gewonnene Erfahrungsobjekt faßt eine Vielheit komplexer Erscheinungen zu einer gedanklichen Ein-

---

9 Immanuel Kant, Was heißt: sich im Denken orientieren?, in: a.a.O. [Fn. 5], Band III, S. 265 – 283 (270, Anmerkung). (Das Wort „orientieren" ist im Original kursiv gedruckt.)
10 Alfred Amonn, Objekt und Grundbegriffe der Theoretischen Nationalökonomie, 2. Auflage, 1927, S. 21 – 25 und an anderen Stellen.
11 David Hume, Eine Untersuchung über den menschlichen Verstand, übersetzt und hrsg. von Herbert Herring, 1982, S. 31.
12 Vgl. hierzu auch Karl Jaspers, Von der Wahrheit, 3. Auflage, 1983, S. 30 – 32, 55; Wolfgang Röd, Erfahrung und Reflexion, 1991, S. 86 – 99.

heit zusammen, ohne daß es jedoch möglich wäre, diese Einheit wegen der Ungleichartigkeit ihrer Bestandteile mit hinreichender Genauigkeit zu beschreiben. Das Erfahrungsobjekt bedarf daher der weiteren Verdichtung zum Erkenntnisobjekt[13].

Das Erkenntnisobjekt ist ein vereinfachtes, auf wenige Gesichtspunkte zurückgeführtes, aber gerade wegen dieser Reduzierung deutlich vom Hintergrund der Realität sich abzeichnendes und damit überschaubares Abbild des Erfahrungsobjekts. Es betont, was nach Auffassung des beschreibenden Betrachters der Erklärung bedarf, und läßt unberücksichtigt, was diesem Beobachter als unwesentlich erscheint. Während das Erfahrungsobjekt also auf der Erfahrung einer Mehrheit beruht, ist die Abgrenzung des Erkenntnisobjekts Sache des einzelnen Beobachters. Das „Fürwahrhalten nach einem subjektiven Prinzip" tritt hier unübersehbar zutage.

Der sein Erkenntnisobjekt Suchende hat ein gewichtiges Problem zu lösen. Wie bedeutsam dieses Problem ist und welche fatalen Folgen sich einstellen, wenn es nicht gelöst, vielleicht nicht einmal erkannt wird, zeigt sich insbesondere am Beispiel der entscheidungsorientierten Betriebswirtschaftslehre.

Das Problem besteht darin, ein geeignetes Prinzip für die Auswahl von Gesichtspunkten zu finden, die für das Herauslösen des Erkenntnisobjekts aus dem Erfahrungsobjekt maßgeblich sein sollen. Dabei wird die Auswahl in zweifacher Hinsicht getroffen: zum einen unter dem Gesichtspunkt desjenigen Kriteriums, dessen Anwendung auf das Erfahrungsobjekt zur Abgrenzung des gewünschten Erkenntnisobjekts führt, zum anderen unter dem Gesichtspunkt desjenigen Ziels, das mit der Erkenntnisgewinnung verfolgt wird. Objektbestimmung einerseits und Zielbestimmung andererseits sind also die beiden Aufgaben, die das Auswahlprinzip zu erfüllen hat. Seine Bedeutung kann demgemäß darin gesehen werden, daß mit seiner Hilfe aus einem konkreten Gegenstand, dem sich eine Wissenschaft zuwendet und der fortan ihr Erfahrungsobjekt bildet (1.), unter Anwendung eines Abgrenzungskriteriums (2.) und unter Festlegung eines bestimmten Erkenntnisziels (3.) das abstrakte Erkenntnisobjekt gewonnen wird (4.).

Ausschlaggebend für die Überführung des Erfahrungsobjekts in ein Erkenntnisobjekt und damit für dessen Bestimmung ist demnach zunächst einmal das Abgrenzungskriterium. Es ist seinerseits das Ergebnis einer

---

13 Erkenntnis ist die Abbildung oder Widerspiegelung der mit den Sinnen wahrgenommenen oder durch Denken erfaßten Realität im menschlichen Bewußtsein durch Bilden von Urteilen und Ziehen von Schlüssen unter Verwendung von Begriffen. – Nach Wolfgang Röd, a.a.O. [Fn. 12], S. 94, ist *Kennen* („Ich kenne etwas.") ein zweistelliges, *Erkennen* („Ich erkenne etwas als so und so.") ein dreistelliges Prädikat.

Auswahl; denn es stehen so viele Abgrenzungskriterien zur Verfügung, wie Gesichtspunkte denkbar sind, unter denen ein Erfahrungsobjekt beschrieben werden kann. Weiterhin von Bedeutung ist der Nachweis des Abgrenzungsziels oder die Festlegung des Zwecks der Abgrenzung. Nur die Kenntnis dieses Zwecks versetzt in den Stand zu ergründen, warum gerade dieses Erkenntnisobjekt gewählt wurde. Die Kenntnis des Abgrenzungszwecks vermittelt also den Sinn der Abgrenzung.

Was zunächst das Abgrenzungskriterium anbelangt, so werden in der Wirtschaftswissenschaft entsprechend dem Forschungsanliegen des jeweiligen Autors die unterschiedlichsten Maßstäbe gewählt, so z. B. die allbekannte Gewinnmaximierung oder die Bedarfsdeckung. Dementsprechend werden alle die Gewinnmaximierung bzw. die Bedarfsdeckung anstrebenden Handlungen in Betrieben untersucht und damit zum Erkenntnisobjekt der Betriebswirtschaftslehre erhoben. Hierbei wird stets von neuem ein altes Erzübel der Betriebswirtschaftslehre offenbar: im allgemeinen wird nämlich bei der Festlegung des Erkenntnisobjekts davon abgesehen klarzustellen, was unter einem Betrieb zu verstehen sei; in geheimnisvoller Weise dringen vielmehr durch die vom Betrieb gezeichneten Bilder schemenhaft immer wieder die Umrisse von Fabrikgebäuden hindurch, umgeben von einer Mauer und erreichbar durch eine von einem schirmmützengeschützten Pförtner bewachte Gittertür; auch läßt sich die Vorliebe für die Rechtsform der Aktiengesellschaft nicht übersehen, und groß, möglichst sehr groß sollte sie schon sein.

Ein anderes interessantes Abgrenzungskriterium könnte die – entgeltliche – Bedürfnisbefriedigung darstellen. Bedürfnis ist die Empfindung eines Mangels, verbunden mit dem Verlangen, diesen Mangel zu beseitigen; ein Mangel wiederum liegt vor, wenn etwas Wünschenswertes und überdies als verwirklichbar Vorgestelltes nicht vorhanden ist[14]. Das diesen Mangel entweder als Not oder als Überflußlücke empfindende Individuum ist gezwungen, „die Mängelbedingungen seiner Existenz eigentätig in Chancen seiner Lebensfristung"[15] umzugestalten. Es ist u. a. die entscheidungsorientierte Betriebswirtschaftslehre, die zur Untersuchung dieses Umwandlungsprozesses und damit zur Gewinnung ihres Erkenntnisobjekts ein Abgrenzungskriterium anwendet, das den Aspekt der Bedürfnisbefriedigung miteinbezieht. Allerdings scheint ihr der Gegenstand gerade dieser ihrer Wahl nicht bewußt zu sein; und so bewahrheitet sich auch an ihr, daß nur das gesehen wird, was bereits bekannt oder was zu sehen gewollt ist:

Organisches Leben äußert sich in Kräften des Bedürfens. Dies gilt im besonderen Maße für das menschliche Individuum. Seine psychische Seite

---

14 Klaus Stüdemann, Allgemeine Betriebswirtschaftslehre, 3. Auflage, 1993, Rdnr. 328–329.
15 Arnold Gehlen, Der Mensch, 7. Auflage, 1962, S. 36.

wird durch ein breites Spektrum von Strebungen gekennzeichnet, das sich von Trieben, Triebfedern, genetischen Informationen, Absichten, Beweggründen, Hoffnungen, Neigungen, Wünschen, Begierden, Affekten, Impulsen, Hemmungen, Interessen, Stimmungen und Motiven über das Wollen, den Willen und den Entschluß als einer Form von Willensäußerung bis hin zum betätigten Willen, dem Willensakt, erstreckt[16]. Der Wille ist letztendlich also auf die Durchführung einer Handlung zur Erlangung eines bestimmten auf Bedürfnisbefriedigung zielenden Ergebnisses gerichtet[17]. Hierdurch erweist sich die Handlung als realisiertes Wollen[18] – im Gegensatz zum nicht-willentlichen, von der Erreichung eines bestimmten Ergebnisses nicht gesteuerten Verhalten. Jede Handlung ist somit Willensakt, und jeder Willensakt seinerseits ist Ausdruck einer Wahl zwischen verschiedenen Möglichkeiten zum Zwecke der Bedürfnisbefriedigung, und sei es auch nur der Wahl zwischen Durchführen und Unterlassen der erwogenen Handlung.

Insbesondere wegen der ergebnisbestimmten Ausrichtung des Willens ist eines seiner wichtigsten Kennzeichen diese ihm innewohnende Fähigkeit, zu wählen oder, mit anderen Worten, eine Wahl zu treffen[19]. Wahl oder Auswahl[20] ist gleichbedeutend mit Entscheidung. Zumal die verstärkende Vorsilbe „Aus" verdeutlicht die Funktion der Entscheidung: nämlich aus einer Menge unterschiedlicher in Betracht zu ziehender Ziele oder Ergebnisse ein bestimmtes Ziel oder ein bestimmtes Ergebnis abzusondern und den Willen und seine Durchsetzung in der Handlung hierauf zu beschränken. Der Wille ist demnach als die Befähigung zum Fällen von Entscheidungen zu charakterisieren[21].

---

16 Siehe hierzu u. a. Eduard Dreher, Die Willensfreiheit, 1987, S. 6, 8, 281; Ludwig Klages, Der Geist als Widersacher der Seele, 2. Band, Die Lehre vom Willen, 1929, S. 520; Heinz Remplein, Psychologie der Persönlichkeit, 7. Auflage, 1975, S. 62–75, 136–143, 270–276; Friedrich Waismann, Wille und Motiv, 1983, S. 114.
17 Vgl. Sergej L. Rubinstein, Grundlagen der allgemeinen Psychologie, übersetzt von H. Hartmann, 10. Auflage, 1984, S. 629. Vgl. auch Gottfried Seebass, Wollen, 1993, S. 41.
18 Eduard Dreher, a.a.O. [Fn. 16], S. 7.
19 Vgl. Sergej L. Rubinstein, a.a.O. [Fn. 17], S. 636, 638.
20 *Wahl* ist die „Möglichkeit des Aussuchens unter mehreren"; es ist das „Grundwort zu wählen". *Wählen* bedeutet „durch freien Willensentschluß bestimmen, aussuchen, prüfen ... Das Wort ... gehört aufs engste mit Wille, Wollen ... zusammen; ... Die Wurzel bezeichnet im Indogermanischen teils das Wollen schlechtweg, teils das Lieberwollen, die Entscheidung nach einer bestimmten Richtung." Jacob und Wilhelm Grimm, Deutsches Wörterbuch, Band 13, 1922 (= Band 27, 1984), Stichworte „Wahl", Sp. 507–534 (507), und „Wählen", Sp. 550–560 (550). (Die Schreibweise wurde verändert.)
21 Vgl. Heinrich Düker, Untersuchungen über die Ausbildung des Wollens, 1975, S. 138; Ludwig Klages, a.a.O. [Fn. 16], S. 552; Gottfried Seebass, a.a.O. [Fn. 17], S. 54 mit weiteren Belegen (S. 254), der im übrigen aber darauf hinweist, daß hinsichtlich der Bestimmung dessen, was unter Wille zu verstehen ist, „bis heute gravierende theoretische Defizite" bestehen. Vgl. auch Hannah Arendt, Vom Leben des Geistes, Band 2, Das Wollen, übersetzt von Hermann Vetter, 2. Auflage, 1989, S. 19, 59–61, und Bruno Snell, Die Entdeckung des Geistes, 3. Auflage, 1955, S. 249, die beide auf *Aristoteles* verweisen; dort in Aristoteles, Nikomachische Ethik, übersetzt von Franz Dirlmeier, 4. Auflage, 1967, Ab-

Es ist diese – auf dem Willen als Instrument der Bedürfnisbefriedigung beruhende – Entscheidung, die die entscheidungsorientierte Betriebswirtschaftslehre zu ihrem Abgrenzungskriterium erhebt und in ihrer Benennung wie in einem Markenzeichen zum Ausdruck bringt. Nimmt man sie deshalb unter der Herrschaft des insbesondere von ihren Vertretern geschätzten Nominalismus beim Wort, so erweckt die entscheidungsorientierte Betriebswirtschaftslehre den Eindruck, ihr Erfahrungsobjekt ausschließlich unter dem Gesichtspunkt der Entscheidung betrachten zu wollen[22]. Dieses Erfahrungsobjekt ist jedenfalls im wie auch immer verstandenen Betrieb lokalisiert. Dementsprechend ist ihr Erkenntnisobjekt die Entscheidung im Betrieb.

Diese Wahl hat Konsequenzen: Jede Gegebenheit, die nicht als Entscheidung im wie auch immer verstandenen Betrieb angesehen werden kann, ist kein Erkenntnisobjekt und kommt deshalb als Gegenstand der Untersuchung nicht in Betracht; jede Gegebenheit, die als Entscheidung im wie auch immer verstandenen Betrieb anzusehen ist, ist Erkenntnisobjekt und deshalb Gegenstand der Untersuchung.

Die Folgen dieser Polarisierung zeigen sich, wenn man sich vergegenwärtigt, daß Entscheidungen Äußerungen des Willens sind. Wer Entscheidungen untersucht, untersucht in Wahrheit also Willensäußerungen. Wer Entscheidungen darüber hinaus gar zum Abgrenzungskriterium erhebt, um mit dessen Hilfe sein Erkenntnisobjekt zu gewinnen, bringt deshalb zum Ausdruck, *nicht* dem Willen unterworfene Betätigungen, *nicht* dem Willen unterliegende Äußerungen aus der Untersuchung auszuklammern. Nicht untersucht werden demzufolge Betätigungen von Geistesschwachen, von Schlafwandlern, von Gewaltbedrohten, von Reflexbewegungen Ausübenden. Einbezogen in die Untersuchung werden im Gegensatz hierzu alle Betätigungen von zumindest dem äußeren Anschein nach geistig Gesunden, von Wachen, von denjenigen, die innerhalb gewisser Grenzen ihren Willen frei entfalten können, und von bewußt, also ihres

---

schnitt 1139a, S. 124, heißt es: „Der Ursprung des Handelns ... ist die Entscheidung (zwischen mehreren Möglichkeiten)". Das von *Aristoteles* verwendete Wort für „Entscheidung" lautet proaíresis (Aristoteles, Aristotelis Ethica Nicomachea, bearbeitet von Ingram Bywater, 1949, Abschnitt 1139a, Zeile 31, S. 115); dieses wiederum bedeutet: „freiwillige Wahl, ... freier Wille, das Wollen"; Gustav E. Benseler, Karl Schenkl, Benselers Griechisch-deutsches Schulwörterbuch, 13. Auflage, bearbeitet von Adolf Kaegi, 1911, Stichwort „proaíresis", S. 768 (im Original zum Teil gesperrt). Dementsprechend übersetzen Eugen Rolfes (Aristoteles, Nikomachische Ethik, 4. Auflage, 1985, S. 132): „Prinzip des Handelns ... ist die Willenswahl", und Olof Gigon (Aristoteles, Die Nikomachische Ethik, 3. Auflage, 1978, S. 183): „Prinzip des Handelns ... ist der Wille".

22 Überwiegend werden allerdings Lippenbekenntnisse abgegeben, so wenn Funktionen des Betriebes z. B. in „Entscheidungstatbestände" umbenannt werden, ohne daß hieraus Schlußfolgerungen für Beschreibungen der betrieblichen Prozesse gezogen würden, die von den üblichen, vor allem in Lehrbüchern gegebenen Darstellungen abweichen; vgl., stellvertretend für viele andere Autoren: Edmund Heinen, a.a.O. [Fn. 1], S. 123 – 153.

eigenen Tuns gewahr werdenden[23] Handelnden. Diesen Gegensatz kann man, vielleicht ein wenig plakativ, aber bildhaft-deutlich, sehr verkürzt wie folgt darstellen: Sich denkend Verhaltende finden Aufnahme in die Gefilde der Betriebswirtschaftslehre, den Toren bleiben ihre Tore verschlossen.

Damit ist ein Erkenntnisobjekt gewonnen, das für eine All-Wissenschaft, für eine Wissenschaft „vom Menschen schlechthin"[24] geeignet, für eine Einzel-Wissenschaft dagegen ganz und gar ungeeignet ist: es ist zu weit gefaßt, als daß es die Gewinnung eines Erkenntnisobjekts verhindern könnte, das mehreren Wissenschaften angehört; es ist zu eng gefaßt, als daß es die Gewinnung eines Erkenntnisobjekts zu gewährleisten vermöchte, das allen an die Betriebswirtschaftslehre gestellten Fragen gerecht werden kann.

Es hat allerdings den Anschein, als ob die entscheidungsorientierte Betriebswirtschaftslehre den gordischen Knoten in der Schlinge kenne oder zumindest fühle, in die sie mehr hineingeschlittert als beabsichtigt hineingeraten ist. Das Beil, mit dem sie diesen Knoten durchzuschlagen versucht, trägt, wie Siegfrieds Schwert Balmung, einen eigenen Namen; er lautet: *Rationalität*. Durch die Unterscheidung von – nicht zu untersuchenden – nicht-rationalen Entscheidungen und – zu untersuchenden – rationalen Entscheidungen scheint das Anliegen der entscheidungsorientierten Betriebswirtschaftslehre gerettet zu sein.

Mit dem Zauberwort Rationalität hat sich die Betriebswirtschaftslehre allerdings auf einen ebenso skurrilen wie schwankenden Boden begeben. Als skurril erscheint er deshalb, weil keine andere Wissenschaft außer der Betriebswirtschaftslehre so versessen darauf ist zu betonen, daß es sich bei ihrem eigenen oder bei dem von ihr beschriebenen Verhalten – gemeint ist dabei vor allem der die Handlung einleitende Wahlvorgang – um ein von Rationalität gesteuertes Tun handelt. Kein Mediziner, kein Jurist, kein Techniker würde einen Gedanken hierauf verschwenden, ja, er würde anderenfalls sogar – man denke etwa an die entsprechende Versicherung eines kurz vor der Operation stehenden Chirurgen – Bedenklichkeit, wenn nicht sogar Mißtrauen erwecken. Will man dem geradezu zwanghaft seine Rationalität betonenden Betriebswirtschaftler nicht mit ebensolcher Skepsis entgegentreten, verbleibt als zur Nachsicht aufrufende Erklärung eigentlich nur die Verwurzelung des liebsten Kindes des Betriebswirtschaftlers, des ökonomischen Prinzips, im Rationalitätsprinzip – die Verwurzelung in jenem Prinzip also, das als „Ockhams Rasiermesser" in die Theologie und von dort in alle übrigen Wissenschaften

---

23 Vgl. Hannah Arendt, Vom Leben des Geistes, Band 1, Das Denken, übersetzt von Hermann Vetter, 3. Auflage, 1993, S. 30.
24 Gérard Gäfgen, Theorie der wirtschaftlichen Entscheidung, 3. Auflage, 1974, S. 24.

Einzug gehalten hat und seinerzeit zunächst einmal dem einzigen Zweck diente, Gottes Allmacht zu beweisen[25].

Der mit der Berufung auf Rationalität betretene Boden ist überdies schwankend und steckt voller Fallgruben. Die Versuche, ihnen zu entgehen, sind zahllos. Man wird angesichts ihrer an *Michel de Montaigne* erinnert, der schreibt: „Wir haben mehr damit zu schaffen, die Auslegung auszulegen, als die Sache selbst, und mehr Bücher über Bücher als über irgend einen andern Gegenstand: wir tun nichts anderes, als uns gegenseitig zu kommentieren. Alles wimmelt von Kommentaren; an Autoren herrscht große Not."[26] Letztlich wird man sich *Alasdair MacIntyre* anschließen müssen, der dazu auffordert, „alle abstrakten Probleme der ‚Rationalität' damit zu hinterfragen, *wessen* Rationalitätsbegriff jeweils am Werke sei"[27].

Das aus dem Lateinischen stammende Wort Ratio hängt dort zusammen mit dem Verb reri, reor, ratus sum, und bedeutet so viel wie meinen, glauben, urteilen, dafürhalten, auch rechnen[28]. Neben dem Wort res, Sache, ist es eines der inhaltsreichsten Wörter der lateinischen Sprache, ähnlich dem Wort logos in der altgriechischen Sprache. „Bei *Cicero* findet man die ganze Bandbreite der möglichen Bedeutungen: Rechnung, Rechenschaft, Rücksicht, Verhältnis, Beziehung, Plan, System, Theorie, Lehre, Methode, Regel, Grundsatz, Weise, Zustand, Einsicht, Vernunft, Vernunftschluß, Beweggrund."[29] Ratio, Rationalität und rational entwickeln sich in der Folgezeit zumal von Philosophen, später auch von Wirtschaftswissenschaftlern zu sehr eigenwillig und sehr individuell interpretierten Termini. Im Vergleich zu diesen moderneren Erklärungsversuchen gibt den deutlichsten Hinweis auf den mit Ratio gemeinten Wortinhalt allerdings immer noch die antike Grundauffassung, wie sie etwa die Stoiker und ihnen folgend u. a. *Cicero* und *Seneca* vertreten haben. Hiernach ist die Ratio dasjenige, das den Menschen vor allen anderen Lebewesen auszeichnet und ihn dadurch zum animal rationale werden läßt. Die Ratio ist hiernach „das Göttlichste, was es im Himmel und auf Erden gibt"; sie „verbindet Menschen und Götter". Die recta ratio wird so zur Grundnorm des Handelns, zum Naturgesetz. Gott ist es, der ganz und gar rational ist; der Mensch hat lediglich teil daran – eine Betrachtungsweise im Gefolge der platonischen Ideen- und Teilhabelehre. So unterscheidet z. B. *Seneca* „zwei Prinzipien, die träge, passive ‚materia' und die ‚causa',

---

25 Siehe Klaus Stüdemann, a.a.O. [Fn. 14], Rdnr. 128, mit weiteren Nachweisen.
26 Michel de Montaigne, Essais, ausgewählt und übersetzt von Herbert Lüthy, 5. Auflage, 1984, Von der Erfahrung, Drittes Buch (XIII), S. 848.
27 So in der Wiedergabe von Stephen Toulmin, Kosmopolis, 1991, S. 31.
28 Karl Ernst Georges, Ausführliches lateinisch-deutsches Handwörterbuch, 8. Auflage, 1985, 2. Band, Sp. 2316; Joachim Ritter, Karlfried Gründer (Hrsg.), Historisches Wörterbuch der Philosophie, 8. Band, 1992, Stichwort „Ratio", Sp. 37 – 40 (37).
29 Joachim Ritter, Karlfried Gründer (Hrsg.), a.a.O. [Fn. 28], Sp. 37 – 38.

die ihrerseits identisch ist mit der ratio, dem göttlichen Logos"[30]. Dessen Bedeutung erschließt sich *Wilhelm von Ockham* wie folgt: Es „ist erwiesen, daß ein höherrangiger Engel zum Verstehen weitaus wenigerer Begriffe bedarf und sich zudem mit universelleren Begriffen zu begnügen vermag als ein unter ihm stehender Engel: Denn Gott, der den höchsten Grad des Verstehens erlangt hat, versteht alles durch einen einzigen Begriff – und zwar durch seine eigene Wesenheit –, während alles in der Natur, was über einen Verstand verfügt, mit Ausnahme eben von Gott, Verschiedenartiges nur durch unterschiedliche Begriffe zu verstehen imstande ist. Aber je mehr die Natur der Vollkommenheit Gottes sich annähert, um so weniger Begriffe benötigt sie zum Verstehen . . ."[31]

Der Terminus Rationalität ist somit von großer Spannungsbreite. Um sie zu erfassen, genügt es nicht, die von *Galileo Galilei* und *René Descartes* geprägte Zäsur zwischen metaphysikgeprägtem Mittelalter und von der Naturwissenschaft beherrschter Neuzeit in den Blick zu fassen[32]. Erforderlich ist vielmehr die Auseinandersetzung auch mit der Philosophie und demzufolge mit einem Gebiet, das den in der Wolle gefärbten Betriebswirtschaftler erschaudern läßt – ungeachtet seiner nahezu frommen Verehrung für „die Mathematik, die nichtempirische Wissenschaft par excellence, in der der Geist nur mit sich selbst zu spielen scheint, die sich als die Königin der Wissenschaften erwies und den Schlüssel zu jenen Gesetzen der Natur und des Weltalls lieferte, die sich hinter den Erscheinungen verbergen"[33]. Bedenkt man all dieses, wäre es wohl besser, den durch Sinnüberfrachtung[34] sinnentleerten Terminus Rationalität im Zusammenhang mit Entscheidung und Handlung aus dem betriebswirtschaftlichen Sprachgebrauch zu streichen.

Die Chancen, mit einem derartigen für die entscheidungsorientierte Betriebswirtschaftslehre folgenreichen Ansinnen gehört zu werden, sind allerdings denkbar schlecht in einer Zeit, in der die Frage „Was ist das?" und darin häufig eingeschlossen die Frage nach dem, was hinter dem Sichtbaren steht, als Metaphysik vom Tisch gefegt zu werden pflegt – als etwas also, was hinter der Welt der mit den Sinnen erkennbaren Erscheinungen gegeben ist, somit nicht mit herkömmlichen Mitteln überprüft werden kann und deshalb als Gegenstand wissenschaftlicher Erörterung auszuscheiden hat. Und so fährt denn die entscheidungsorientierte Betriebswirtschaftslehre fort, den inhaltsschweren und bedeutungsschwan-

---

30 Dies., Sp. 38 (drei Zitate). Siehe diese auch zum übrigen Teil dieses Absatzes.
31 Siehe Klaus Stüdemann, a.a.O. [Fn. 14], Rdnr. 127, Fn. 17, mit weiteren Nachweisen.
32 Siehe hierzu Stephen Toulmin, a.a.O. [Fn. 27], S. 32–33.
33 Hannah Arendt, a.a.O. [Fn. 23], S. 17.
34 Siehe hierzu Hans Lenk, Typen und Systematik der Rationalität, in: Zur Kritik der wissenschaftlichen Rationalität, hrsg. von Hans Lenk, 1986, S. 11–27, vor allem S. 20–23, der, unter Betonung der Unvollständigkeit seiner Liste, 21 Rationalitätsbegriffe aufführt.

geren Begriff „rational" zu verwenden und ihn, wie die Griechen ihren vielköpfigen Höllenhund Cerberus vor den Orkus, als vieldeutige Wache vor die Pforte ihres Reiches zu setzen. Nur vereinzelt werden dem ratlos Davorstehenden dem allgemeinen Sprachgebrauch entnommene Ersatzwörter wie „zweckmäßig"[35] oder „vernünftig"[36] angeboten, wodurch letzten Endes aber nur der untaugliche Versuch unternommen wird, durch Rückübersetzung lateinisierter oder gräzisierter Ausdrücke[37] ins Deutsche einen sehr unklaren Begriff durch andere sehr unklare Begriffe zu ersetzen[38]. Nimmt man diese vorgebliche Hilfeleistung an, dann ist es nicht mehr die rationale, sondern z. B. die *vernünftige* Entscheidung im Betrieb, die das Erkenntnisobjekt der entscheidungsorientierten Betriebswirtschaftslehre bildet. Wie groß die Gefahr ist, durch diese Einschränkung des Entscheidungsfeldes in Trivialität zu versinken, zeigt sich, wenn zur Erklärung der für die beim Fällen von Entscheidungen obwaltenden Vernunft die folgenden Worte gefunden werden: „Menschen entscheiden sich für diejenigen Handlungen, deren Folgen sie gegenüber den Folgen jeder anderen realisierbaren Handlung bevorzugen."[39]

An dem Gehalt dieser Aussage kann sich auch dann nichts Wesentliches ändern, wenn darin unausgesprochen enthaltene Komponenten eigens hervorgehoben werden, wie etwa Zielverfolgung, Mittelanwendung, empirische Annahmen zur Verknüpfung von beidem, Festlegung von Zielpräferenzen und Vermeidung von Zieldivergenzen sowie bestmögliche Informationsverwertung[40], wobei im Zusammenhang zumal mit der Zielbestimmung dem Gesichtspunkt der Übereinstimmung des dem Entscheidenden eigenen Wertebewußtseins mit einem allgemein anerkannten Wertesystem besondere Bedeutung entweder beigemessen wird (substan-

---

35 Siehe z. B. Wolfram Engels, Betriebswirtschaftliche Bewertungslehre im Licht der Entscheidungstheorie, 1962, S. 3, 4 mit Fn. 7; Günter Wöhe, Einführung in die Allgemeine Betriebswirtschaftslehre, 17. Auflage, 1990, S. 155.
36 Siehe z. B. Hans-Christian Pfohl, Entscheidungsorientierte Betriebswirtschaftslehre, in: Lexikon der Betriebswirtschaft, hrsg. von Wolfgang Lück, 1983, S. 316–318 (316); Hans Schneeweiß, Entscheidungskriterien bei Risiko, 1967, S. 82.
37 Die Vorliebe für diese Wortschöpfungen steht in einem auffälligen Kontrast zum allgemeinen Rückgang des Interesses für die sog. alten Sprachen.
38 Vgl. Rudolf Eisler, Wörterbuch der philosophischen Begriffe, 2. Band, 4. Auflage, 1929, Stichwort „Rational", S. 579: „der Vernunft (ratio), dem Denken angehörig, vernünftig, vernunftgemäß. Im Gegensatz zum Empirischen und Sinnlichen bedeutet ‚rational': aus der Vernunft, dem Denken stammend; durch Vernunft (gedanklich, begrifflich, logisch) gesetzt, begründet, gestützt." (Stichwortverweisungen wurden nicht zitiert.)
39 Jon Elster, Die Subversion der Rationalität, 1987, S. 22. (Im Original kursiv.) Elster bezeichnet diesen Satz als das „grundlegende Axiom der Theorie der Rationalität", S. 22.
40 Damit ist im wesentlichen die Auffassung der „traditionalistischen Schule" wiedergegeben; Josef Speck (Hrsg.), Handbuch wissenschaftstheoretischer Begriffe, Band 3, 1980, Stichwort „Rationalität", S. 531–537 (531).

tielle Rationalität)⁴¹ oder – so im Regelfall – beizumessen versagt wird (formale Rationalität)⁴². Aber wie man die Dinge auch dreht und wendet – es bleibt die Frage: Wann ist eine Entscheidung *vernünftig*?

In dem Dialog „Der Staat" zeichnet *Platon*, eingekleidet in ein Gespräch zwischen *Sokrates* und seinem Bruder *Glaukon*, ein Bild, dessen poetische und denkerische Kraft die Jahrtausende überlebt hat und die Betrachter bis zum heutigen Tage in seinen Bann zieht⁴³. Es geht, wenn man so will und wenn man überhaupt will, von einer Szene aus, die zwar gleichnishaft gezeichnet ist, aber gleichwohl tagtäglich von jedermann beobachtet werden kann: In einem von der Umwelt nahezu vollständig abgeschlossenen Raum hat sich eine Anzahl von Menschen versammelt. Es sind Empiristen reinsten Wassers, allein Tatsachen zugängliche Realisten, denen man kein X für ein U vormachen kann und für die „wirklich" allein das Anschauliche ist⁴⁴. Und so hegen sie keine Zweifel, daß die vor ihnen vorüberziehenden Schatten, deren Ursache sie nicht kennen, die Wirklichkeit sind, ein Teil ihrer „Welt". Deshalb beginnen sie, diese Schatten zu untersuchen, sie für die schattenwerfenden, ihnen unsichtbaren Gegenstände selbst zu halten, ihnen Namen zu geben, sie in ein System einzuordnen und Prognosen über den Zeitpunkt ihres erneuten Auftauchens aufzustellen. Sie beginnen, mit einem Wort, die von ihnen als die Wirklichkeit angesehenen Schatten zu ihrem Erfahrungs- und Erkenntnisobjekt zu machen; und sie bestimmen „dort unter sich Ehre, Lob und Belohnungen für den ..., der das Vorüberziehende am schärfsten sieht und am besten behält, was zuerst zu kommen pflegt und was zuletzt und was zugleich, und daher also am besten vorhersagen kann, was nun erscheinen werde"⁴⁵. Lediglich einem gelingt es, sich aus der Umklamme-

---

41 So Gérard Gäfgen, a.a.O. [Fn. 24], S. 27, als Ausnahmetatbestand bei Entscheidungen von sozialen Gebilden; für sie soll gelten: „In den meisten Fällen ist die substantielle Rationalität eines Aktors geradezu gleichzusetzen mit seiner sozialen Normalität" (S. 27). Vgl. u. a. auch Günter Bamberg, Adolf G. Coenenberg, Betriebswirtschaftliche Entscheidungslehre, 6. Auflage, 1991, S. 3, die hierzu folgende Auffassung vertreten: „In der praktischen Anwendung entscheidungstheoretischer Analysen gewinnt die Forderung nach substantieller Rationalität ... besonderes Gewicht."
42 So Gérard Gäfgen, a.a.O. [Fn. 24], S. 27, 43, bei Entscheidungen von Einzelpersonen. – Wie blutleer und möglicherweise, jedenfalls aber unbedacht auch zur Gewissenlosigkeit erziehend der Rückzug auf die sog. formale Rationalität sein kann, zeigt die einfache Überlegung, daß hiernach gegebenenfalls auch die Vernichtung ethnischer Minderheiten „rational" ist. Offenbar genügt zu einer derartigen Einschätzung lediglich die widerspruchsfreie Begründung eines entsprechenden Konzepts. An solchen „Konzepten" gab es, beschränkt man sich auf die Vergangenheit, keinen Mangel: Man lese etwa Otto Weininger, Geschlecht und Charakter, 1980 (Nachdruck der 1., 1903 erschienenen Auflage), u. a. S. 403 – 441, oder Alfred Rosenberg, Der Mythus des 20. Jahrhunderts, 195. – 220. Auflage, 1943, u. a. S. 265 – 266, 459 – 466, 529.
43 Platon, Politeia, in: Platon, Sämtliche Werke, Band 3, übersetzt von Friedrich Schleiermacher, 1983, 7. Buch, Abschnitt 514 – 517 a, S. 224 – 226.
44 Siehe zum Wirklichen Karl Jaspers, a.a.O. [Fn. 12], S. 30.
45 Platon, a.a.O. [Fn. 43], Abschnitt 516 c/d, S. 225. (Das Zitat wurde nicht wörtlich, sondern im Präsens wiedergegeben.)

rung dieser Schar und dieser Situation zu lösen, den schwer zugänglichen Ausgang zu finden, die Einbettung der Schattenszene in eine ganzheitliche Ordnung zu sehen und dadurch zur Erkenntnis der Letztursache zu gelangen, dargestellt in der Sonne als Sinnbild des Guten, worin wiederum, wer möchte, den philosophischen[46] oder gar den theologischen Gott erblicken mag.

Betrachtet man diese als „Höhlengleichnis" in die Geistesgeschichte eingegangene Metapher unter dem Gesichtspunkt der Bestimmung dessen, was unter Vernunft zu verstehen ist, so stellt sie zwei extreme Ausformungen von Vernunft einander gegenüber[47]: die *subjektive Vernunft* der im Raum, in der Höhle Verharrenden und die *objektive Vernunft* des einen, gleichsam des aufsässig, weil nachdenklich gewordenen Aussteigers. Bringt man beide Formen von Vernunft auf eine Kurzformel, so stimmen sie darin überein, „daß Vernunft gewöhnlich als eine intellektuelle Fähigkeit der Zuordnung betrachtet wird, deren Wirksamkeit durch methodischen Gebrauch und den Ausschluß nicht-intellektueller Faktoren, wie bewußter oder unbewußter Emotionen, gesteigert werden kann"[48]. Die einander zuzuordnenden Elemente sind Mittel und Ziel oder Zweck[49]. „Letzten Endes erweist sich *subjektive Vernunft* als die Fähigkeit, Wahrscheinlichkeiten zu berechnen und dadurch einem gegebenen Zweck die richtigen Mittel zuzuordnen."[50] Da die subjektive Vernunft keine Ziele bilden kann, die nicht ihrerseits wiederum Mittel sind[51], „die historisch gewordenen und gesellschaftlich bedingten Normen, Leitbilder, Verhaltensmuster oder weltanschaulichen Orientierungen"[52] vielmehr als vorgegeben angesehen werden müssen, liegt der Schwerpunkt auf der Mittelbestimmung, auf der Frage, ob die Verfahrensweise bei der Anwendung der Mittel dem angestrebten Ziel angemessen ist[53]. Die *objektive Vernunft* dagegen ist als das Instrument zu betrachten, „die Zwecke zu verstehen, *sie zu bestimmen*"[54]. Diese Form vernünftigen Handelns kann „Identität des praktisch Vernünftigen und ethisch Normativen"[55] zur Folge haben, kann zu einem solchen Handeln werden, das

---

46 Siehe Wilhelm Windelband, Lehrbuch der Geschichte der Philosophie, 17. Auflage, 1980, S. 31.
47 Vgl. zur Unterscheidung zweier Formen von Vernunft (praktische und theoretische oder spekulative Vernunft) auch Alfred N. Whitehead, Die Funktion der Vernunft, übersetzt und hrsg. von Eberhard Bubser, 1974, S. 10 – 11, 33 – 34.
48 Max Horkheimer, Zur Kritik der instrumentellen Vernunft, in: Zur Kritik der instrumentellen Vernunft, 1992, S. 11 – 174 (20).
49 Vgl. zum Unterschied zwischen Ziel und Zweck Klaus Stüdemann, a.a.O. [Fn. 14], Rdnr. 776 – 782.
50 Max Horkheimer, a.a.O. [Fn. 48], S. 17. (Kursivdruck nicht im Original.)
51 Ders., S. 17. Vgl. hierzu auch Hilary Putnam, Vernunft, Wahrheit und Geschichte, übersetzt von Joachim Schulte, S. 224 – 231.
52 Rüdiger Bubner, Handlung, Sprache und Vernunft, 1982, S. 204.
53 Siehe Max Horkheimer, a.a.O. [Fn. 48], S. 15.
54 Ders., S. 21.
55 Rüdiger Bubner, a.a.O. [Fn. 52], S. 203.

„gut und gesollt ist"[56]. Der Nachdruck liegt deshalb „mehr auf den Zwecken als auf den Mitteln"[57]. Beide Formen von Vernunft, die subjektive und die objektive, liegen miteinander im Konflikt, die Suche nach einem Weg zur Gestaltung „des unmittelbar anstehenden Handelns" und das Streben nach „Vollständigkeit der Einsicht"[58]. Für die Gegenwart jedenfalls ist festzuhalten, daß, nach jahrhundertelanger Übergangszeit, die subjektive Vernunft gegenüber der objektiven Vernunft den Sieg davongetragen hat. Im Sinne dieser Entwicklung ist, vereinfacht gesehen, als „vernünftig" jene Entscheidung zu beurteilen, die dem Entscheidenden nützt[59].

Damit erweist sich das Bemühen der entscheidungsorientierten Betriebswirtschaftslehre um die Auslegung und das Verstehen des Wortes Ratio als eine großartige, nutzlose Kreisbewegung: auch die formale Rationalität stellt mit ihrem Verzicht auf Abstimmung mit einem übergeordneten Wertesystem keine anderen Anforderungen an den Entscheider als die subjektive Vernunft mit ihrer Betonung des anzustrebenden Eigennutzens. Die Ersetzung der Rationalität durch Vernunft und damit die Umbenennung jenes Elements, das das Erkenntnisobjekt der entscheidungsorientierten Betriebswirtschaftslehre vor unwissenschaftlicher Ausuferung bewahren soll, hat kein anderes Ergebnis, als daß „ein unbestimmtes Eines mit zwei klangvollen Namen"[60] belegt wurde.

In den Schwierigkeiten, die die entscheidungsorientierte Betriebswirtschaftslehre mit der Ratio und darüber hinaus mit der Vernunft hat, erschöpfen sich ihre erkenntnisbedingten Probleme jedoch nicht. Drei weitere sollen noch erwähnt werden.

Zum einen: Mit Entscheidungen allein kann in einem Betrieb nichts „betrieben" werden. Irgendwann und irgendwo muß von irgend jemandem schließlich auch die Entscheidung, also die Wahl, vollzogen, durchgeführt, praktiziert werden. Wenn es dann aber darum geht, dieses Erfordernis in das Erkenntnisobjekt einzubeziehen, scheint sich innerhalb der entscheidungsorientierten Betriebswirtschaftslehre ein Zwiespalt zu öffnen: die einen ihrer Anhänger nehmen eine strenge Zäsur zwischen Entscheidung und Handlung vor, die anderen betrachten die Entscheidung als eine eigenständige Art von Handlung[61]. Weithin unerörtert bleibt hierbei, was unter Handlung zu verstehen ist. Sie kann offensichtlich, bei der Weite des auf dem menschlichen Willen beruhenden Entscheidungsbe-

---

56 Ders., S. 203.
57 Max Horkheimer, a.a.O. [Fn. 48], S. 16.
58 Alfred N. Whitehead, a.a.O. [Fn. 47], S. 11.
59 Vgl. Max Horkheimer, a.a.O. [Fn. 48], S. 15.
60 Rüdiger Bubner, a.a.O. [Fn. 52], S. 203.
61 Siehe zum Nachweis Klaus Stüdemann, a.a.O. [Fn. 14], Rdnr. 163–165, auch 181. Zu unterscheiden sind demnach offenbar einerseits „Entscheidung" und „Handlung" und andererseits „Entscheidungshandlung" und „Ausführungshandlung".

griffs, nur als Gesamthandlung begriffen werden, also als „Tun eines Menschen schlechthin", als „menschliches Tätigwerden in seiner nicht näher charakterisierten und nicht spezifizierten Gesamtheit"[62] – eine dem Anliegen der entscheidungsorientierten Betriebswirtschaftslehre sicherlich nicht förderliche Interpretation.

Zum anderen: Unabhängig von dieser seltsamen Verselbständigung der Entscheidung und ihrer Trennung von allem übrigen betrieblichen Geschehen entweder durch Absondern von der Handlung oder durch Einordnen als Sonderform der Handlung zeigt eine nähere Betrachtung der entscheidungsorientierten Betriebswirtschaftslehre, daß sie gar nicht die Entscheidung im allgemeinen, sondern allein die Entscheidung ganz bestimmter Entscheidungsträger im Sinne hat, nämlich die Entscheidung von Führungskräften. In Wahrheit geht es ihr also keineswegs um die Untersuchung von Willensakten, sondern um die von Anordnungen, und bei den Entscheidungsträgern nicht um ihren Willen in die Tat umsetzende Personen, sondern um Befehlsgeber. So wird z. B. ganz ungeniert von „einheitlichen Zentren der Willensbildung" und von der Unterscheidung in „Entscheidungssysteme und Realisationssysteme" gesprochen. Alles das ist dazu angetan, das überwunden geglaubte Zweiklassensystem fröhliche Urständ feiern zu lassen – und dies ganz und gar unnötigerweise, sofern man anstelle der Entscheidung die Handlung in das Zentrum der Überlegungen setzen, jede Handlung als von einer Entscheidung ausgehend betrachten und im Anschluß an diese Denkoperation „Führende Handlungen" und „Ausführende Handlungen" unterscheiden würde[63]. Von einer solchen Zweiteilung geht man offenbar selbst in demjenigen Bereich unseres Lebens aus, in dem das Befehlen und Gehorchen das tragende Organisationsprinzip darstellt: im Bereich des Militärs; denn in einem der bedeutendsten der auf diesem Gebiet verfaßten Werke mit bleibender Geltung, dem Buch „Vom Kriege" von *Carl von Clausewitz* aus dem Jahre 1832, kann man, nicht ohne Erstaunen, folgendes lesen:

> „Friktion ist der einzige Begriff, welcher dem ziemlich allgemein entspricht, was den wirklichen Krieg von dem auf dem Papier unterscheidet. Die militärische Maschine, die Armee und alles, was dazu gehört, ist im Grunde sehr einfach und scheint deswegen leicht zu handhaben. Aber man bedenke, daß kein Teil davon aus einem Stücke ist, daß alles aus Individuen zusammengesetzt ist, deren jedes seine eigene Friktion nach allen Seiten hin behält. Theoretisch klingt es ganz gut: der Chef des Bataillons ist verantwortlich für die Ausführung des gegebenen Befehls, und da das Bataillon durch die

---

62 Ders., Rdnr. 245 (beide Zitate).
63 Siehe hierzu dens., Rdnr. 459, u. a. mit der Abgrenzung der „auf Entscheidungen größerer Wirksamkeit beruhenden Handlungen" von den „auf Entscheidungen minderer Wirksamkeit beruhenden Handlungen".

Disziplin zu einem Stück zusammengeleimt ist, der Chef aber ein Mann von anerkanntem Eifer sein muß, so dreht sich der Balken um einen eisernen Zapfen mit wenig Friktion. So aber ist es in der Wirklichkeit nicht, und alles, was die Vorstellung Übertriebenes und Unwahres hat, zeigt sich im Kriege auf der Stelle. Das Bataillon bleibt immer aus einer Anzahl Menschen zusammengesetzt, von denen, wenn der Zufall es will, der unbedeutendste imstande ist, einen Aufenthalt oder sonst eine Unregelmäßigkeit zu bewirken. Die Gefahren, welche der Krieg mit sich bringt, die körperlichen Anstrengungen, die er fordert, steigern das Übel so sehr, daß sie als die beträchtlichsten Ursachen desselben angesehen werden müssen.

Diese entsetzliche Friktion, die sich nicht wie in der Mechanik auf wenig Punkte konzentrieren läßt, ist deswegen überall im Kontakt mit dem Zufall und bringt dann Erscheinungen hervor, die sich gar nicht berechnen lassen, eben weil sie zum großen Teil dem Zufall angehören."[64]

Könnte an dieser Stelle noch der Verdacht entstehen, *von Clausewitz* wolle den Willen des einzelnen nur als Ursache von „Aufenthalt oder sonst einer Unregelmäßigkeit" ausfindig machen, so zeigt er an einer anderen Stelle, daß er dem Willen und damit im Zusammenhang stehend der Entscheidung des einzelnen auch in positiver Hinsicht Bedeutung beimißt. Es heißt hier:

„Freilich ist man gewohnt, den einfachen tüchtigen Soldaten als einen Gegensatz zu denken zu den meditativen oder erfindungs- oder ideenreichen Köpfen und den in Bildungsschmuck aller Art glänzenden Geistern; auch ist dieser Gegensatz keineswegs ohne Realität, aber er beweist nur nicht, daß die Tüchtigkeit des Soldaten bloß in seinem Mute bestände, und daß es nicht auch einer gewissen eigentümlichen Tätigkeit und Tüchtigkeit des Kopfes bedürfte, um nur das zu sein, was man einen guten Degen nennt."[65]

---

64 Carl von Clausewitz, Vom Kriege, 19. Auflage, 1991, S. 262. (Fußnotenzahlen wurden nicht zitiert.) – (Zur Erläuterung: Friktion = Reibung.) – Vgl. zur Bedeutung des einzelnen Mitarbeiters als Ausführenden von Handlungen und damit als Träger von Entscheidungen auch Richard M. Cyert und James G. March, Verhaltenstheorie der Unternehmung, in: Entscheidungstheorie, hrsg. von Eberhard Witte und Alfred L. Thimm, 1977, S. 127 – 141 (130). Diese Darstellung nähert sich der Auffassung von Heinrich Nicklisch, Die Betriebswirtschaft, 1972 (unveränderter Nachdruck der 7. Auflage, 1932), S. 166, 174, 193, der zufolge jede Unternehmung so tief gegliedert werden kann, daß jeder einzelne Arbeitsplatz als Betrieb erscheint.
65 Carl von Clausewitz, a.a.O. [Fn. 64], S. 249. – Von Clausewitz fährt schließlich, auf S. 249, mit der Andeutung dessen fort, was später, ohne Hinweis auf die mögliche Quelle, als das sog. Peter-Prinzip zu einem gewissen Ruhm gelangt ist: „Wir müssen immer wieder darauf zurückkommen, daß nichts gewöhnlicher ist als Beispiele von Männern, die ihre Tätigkeit verlieren, sobald sie zu höheren Stellen gelangen, denen ihre Einsichten nicht mehr gewachsen sind".

Zum dritten: Die Wahl der vernünftigen Entscheidung als Erkenntnisobjekt und das damit bekundete besondere Interesse für die Vernunft stellt die entscheidungsorientierte Betriebswirtschaftslehre vor eine Forderung, der sie nur unzureichend gerecht wird. Die mit *Kant* getroffene Unterscheidung von Verstand und Vernunft läßt sich auf die Gegensätzlichkeit von Erkenntnisvermögen und Denkvermögen zurückführen; das dem Verstand zugeordnete Erkenntnisvermögen ist durch sein Suchen nach Erkenntnis, nach Wahrheit, das der Vernunft zugeordnete Denkvermögen durch sein Suchen nach Sinn, nach Unerkennbarem bestimmt[66]. Hiervon steht es offensichtlich um den *Verstand*, übersieht man einmal die Ironie in den Worten von *René Descartes*, nicht schlecht: „Der gesunde Verstand ist dasjenige, was in der Welt am besten verteilt ist, denn jeder glaubt so reichlich damit versehen zu sein, daß sogar Menschen, die in allen anderen Dingen außerordentlich schwer zufrieden zu stellen sind, hiervon für gewöhnlich nicht mehr haben wollen, als sie besitzen."[67] Die Schwierigkeiten liegen vielmehr im Bereiche der *Vernunft*[68], „da die Vernunft, das spekulative Organ des Menschen, notwendig über die Erkenntnisfähigkeiten des Verstandes hinausgeht"[69]: „Alle unsere Erkenntnis hebt von den Sinnen an, geht von da zum Verstande, und endigt bei der Vernunft, über welche nichts Höheres in uns angetroffen wird, den Stoff der Anschauung zu bearbeiten und unter die höchste Einheit des Denkens zu bringen."[70] Um diese „höchste Einheit des Denkens" zu erlangen, ist die der Vernunft überantwortete Sinnerforschung nur durch Zusammenhangsbetrachtung zu bewältigen[71]. Gerade am Interesse hieran jedoch mangelt es der entscheidungsorientierten Betriebswirtschaftslehre

---

66 Hannah Arendt, a.a.O. [Fn. 23], S. 23-25, 66-71.
67 René Descartes, Abhandlung über die Methode, die Vernunft richtig zu gebrauchen und die Wahrheit in den Wissenschaften zu suchen, in: Philosophische Abhandlungen, 1924, S. 7-86 (11).
68 Es handelt sich um einen Begriff, „der sich von *vornehmen* herleitet und damit ursprünglich die Fassungskraft des Geistes ... bezeichnet"; Hans J. Sandkühler (Hrsg.), Europäische Enzyklopädie zu Philosophie und Wissenschaften, Stichwort „Verstand/Vernunft", S. 709-716 (711, linke Spalte).
69 Hannah Arendt, a.a.O. [Fn. 23], S. 50.
70 Immanuel Kant, Kritik der reinen Vernunft, in: a.a.O. [Fn. 5], Band II, S. 311-312 (A 298/299).
71 So im Ergebnis z. B.: Rudolf Eisler, a.a.O. [Fn. 38], 3. Band, 1930, Stichwort „Vernunft", S. 395-406 (395); Johannes Hoffmeister (Hrsg.), Wörterbuch der philosophischen Begriffe, 2. Auflage, 1955, Stichwort „Vernunft", S. 645; Hans J. Sandkühler (Hrsg.), a.a.O. [Fn. 68], Stichwort „Verstand/Vernunft", S. 709-716 (711, linke Spalte). Ursprünglich wurde intellectus mit Vernunft und ratio mit Verstand übersetzt; durch *Kant* wurden beide Bedeutungen umgekehrt; Georg Klaus, Manfred Buhr (Hrsg.), Philosophisches Wörterbuch, Band 2, 13. Auflage, 1985, Stichwort „Vernunft", S. 1262-1265 (1262). Dementsprechend nennt man das „Bestreben, die Welt durch Vernunft zu begreifen", Rationalismus; Heinrich Schmidt, Philosophisches Wörterbuch, 22. Auflage, bearbeitet von Georgi Schischkoff, 1991, Stichwort „Vernunft", S. 755-756 (755). Ungeachtet dessen beachtet die „formal rationale" Entscheidung der Entscheidungstheorie die hier in Rede stehenden Zusammenhänge jedoch gerade nicht, möglicherweise auch unter dem Einfluß des Gedankens von der „wertfreien Wissenschaft"; siehe hierzu Heinrich Schmidt, a.a.O. [diese Fn.], Stichwort „Rationalismus", S. 598-599 (598).

unverkennbar. Die Ausschließung für die Gesamtwirtschaft so wichtiger Betriebsformen wie der des privaten Haushalts und der des Staates[72] aus ihren Untersuchungen sind hierfür ein besonders eindrucksvolles Beispiel.

Erscheint schon nach diesen Überlegungen zur *Objektbestimmung* das Erkenntnisobjekt der entscheidungsorientierten Betriebswirtschaftslehre in keinem guten Licht, so verschlimmert sich noch deren Lage, wenn man sich der *Zielbestimmung* zuwendet und das Erkenntnisziel der entscheidungsorientierten Betriebswirtschaftslehre zu ergründen versucht. Es kann kein ernsthafter Zweifel daran bestehen, daß der Grund für die Wahl ausgerechnet der Entscheidung als Abgrenzungskriterium in der Faszination liegt, die von der Entscheidungstheorie[73] ausgeht und die die entscheidungsorientierte Betriebswirtschaftslehre für sich nutzen möchte[74]. Es ist ganz offensichtlich, daß die von der Entscheidungstheorie angebotene Mathematisierbarkeit von Denkvorgängen für viele Betriebswirte als willkommener Hebel angesehen wird, die von ihrer Grundlage her geisteswissenschaftlich ausgerichtete Betriebswirtschaftslehre hinüber in den Bereich der Naturwissenschaften, in den Bereich der bestaunten „harten Wissenschaften" auszudehnen oder, besser noch, zu verlagern[75]. Dieser Wunsch spiegelt den uralten Menschheitstraum der Zukunftsvoraussage sowie die uneingestandene Verdrossenheit über das eigene Fach

---

72 Vgl. hierzu Klaus Stüdemann, a.a.O. [Fn. 14], Rdnr. 13 – 15.
73 Sie wird auch Entscheidungslogik genannt. Beide Termini sind unzutreffend, zumindest irreführend. Zur Einstufung als „Theorie" fehlt jedenfalls der „spezifische Allgemeinheitscharakter"; Johann Götschl, Stichwort „Theorie", in: Handbuch wissenschaftstheoretischer Begriffe, hrsg. von Josef Speck, Band 3, 1980, S. 636 – 646 (636); siehe auch Rudolf Eisler, a.a.O. [Fn. 38], 3. Band, 1930, Stichwort „Theorie", S. 234 – 236 (234): „einheitlich-gesetzmäßige Erklärung, Interpretation eines Tatsachenkomplexes aus einem Prinzip". Der Terminus „Entscheidungslogik" bedient sich offenbar des Genitivus explicativus, durch den „einem allgemeineren Begriff ... eine speziellere, nähere Bestimmung" beigefügt wird (Duden, Band 4, Grammatik, 4. Auflage, 1984, Rdnr. 1075); demnach wird der unzutreffende Anschein erweckt, es handele sich bei der Entscheidungslogik um eine spezielle, von der allgemeinen Logik zu unterscheidende Denkform. „Betriebswirtschaftliche Entscheidungslehre" oder „Betriebswirtschaftliche Entscheidungsanalyse" – entsprechend dem anglo-amerikanischen Ausdruck „decision analysis" – wären deshalb wohl angemessenere, wenn auch nicht so klangvolle Bezeichnungen.
74 Die Bezeichnung „entscheidungstheorieorientierte Betriebswirtschaftslehre" stünde ihr daher besser zu Gesicht. In der Tat wird von einigen Autoren die Entscheidungstheorie ausdrücklich oder andeutungsweise, zum Teil allerdings nur referierend, als Grundlage der entscheidungsorientierten Betriebswirtschaftslehre angesehen, so z. B. von Bernhard Bellinger, Die Betriebswirtschaftslehre der neueren Zeit, 1988, S. 85; Walther Busse von Colbe, Gert Laßmann, a.a.O. [Fn. 1], S. 8 – 9; Hans-Christian Pfohl, a.a.O. [Fn. 36], S. 317; Günther Schanz, Wissenschaftsprogramme der Betriebswirtschaftslehre, in: Allgemeine Betriebswirtschaftslehre, hrsg. von Franz X. Bea u. a., Band 1, 6. Auflage, 1992, S. 57 – 139 (91); Günter Wöhe, a.a.O. [Fn. 35], S. 78.
75 Dabei wird gern übersehen, daß die Naturwissenschaft ihrerseits bereits schon wieder ganz andere Denkwege beschreitet. Vgl. hierzu, statt vieler anderer, Herbert A. Simon, Homo rationalis, Die Vernunft im menschlichen Leben, übersetzt von Thomas Steiner, 1993, S. 42: „Was Physiker aufregend finden ..., sind die ... philosophischen Probleme, die mit den Elementarteilchen ... zusammenhängen."

mit seinen spezifisch geisteswissenschaftlichen, häufig dem Experiment unzugänglichen und die Prognose erschwerenden Problemen wider, die weithin, obwohl lebenswichtig, ungelöst bleiben.

Die Entscheidungstheorie ist, ähnlich wie die Rechtswissenschaft[76], eine äußerst nützliche und ideenreiche Lehre, wenn es darum geht, Gedanken zu ordnen und Probleme zu strukturieren. Sie wird, darüber hinaus, zur herzerfrischenden Spielwiese für alle jene, die es aus mancherlei Gründen vorziehen, Ergebnisse von Überlegungen durch – häufig subjektiv ermittelte – Zahlenwerte anstatt durch verbale Argumente zu untermauern. Letztlich muß aber auch an diese Vorliebe für eine sehr spezielle Ausprägung der uralten Tradition des Kaufmannsgewerbes, des Zählens, Messens und Wägens, die kühle Sonde der Bewährung angelegt werden. Diese Bewährungsprobe indessen steht noch aus[77].

---

76 Es gibt Autoren, die in ihrer Begeisterung für die Entscheidungstheorie so weit gehen, sie u. a. auch der Rechtswissenschaft zur Übernahme zu empfehlen. Ihnen sei entgegengehalten, daß die Rechtswissenschaft seit wenigstens zwei Jahrtausenden über ein Entscheidungssystem verfügt, dessen Allgemeingültigkeit seine (abgewandelte) Anwendung auch in der Betriebswirtschaftslehre nahelegen würde. Siehe hierzu Klaus Stüdemann, Rechtsunsicherheit als betriebswirtschaftliches Problem, in: Wissenschaftsprogramm und Ausbildungsziele der Betriebswirtschaftslehre, hrsg. von Gert von Kortzfleisch, 1971, S. 101–132. Vgl. auch Herbert A. Simon, a.a.O. [Fn. 75], S. 100–101.

77 In der Literatur finden sich nur Belege über Modellüberlegungen, Studien, Sandkastenspiele und Laborversuche. Die vollständige Lösung eines von der Praxis gestellten Problems allein mit Hilfe der Entscheidungstheorie ist bisher noch nicht nachgewiesen worden. Erst recht fehlt der Nachweis der Bewährung eines mit Hilfe der Entscheidungstheorie gelösten Problems aus der Rückschau. Siehe z. B. Wilton H. Bunch, Gary M. Andrew, Use of Decision Theory in Treatment Selection, in: Clinical Orthopaedics and Related Research, Volume 80, 1971, S. 39–52 (47); Thea Stäudel, Abschnitt „1.6. Entscheidungsverhalten aus präskriptiver und deskriptiver Sicht", in: Lohhausen, hrsg. von Dietrich Dörner u. a., 1983, S. 54–100, vor allem S. 100; Harald Dyckhoff, Matthias Weiner, Die Bedeutung der Zeitpräferenz für die Unternehmensplanung: Überlegungen auf der Basis empirischer Untersuchungen, in: Betriebswirtschaftliche Forschung und Praxis, 44. Jahrgang, 1992, S. 28–42; Howard M. Ellis, Ralph L. Keeney, A Rational Approach for Government Decisions concerning Air Pollution, in: Analysis of Public Systems, hrsg. von Alvin W. Drake u. a., 1972, S. 376–400; Hyun B. Eom, Sang M. Lee, A Survey of Decision Support System Applications (1971–April 1988), in: Interfaces, Volume 20, 1990, S. 65–79; Yacov Y. Haimes, Vira Chankong (Hrsg.), Decision Making with Multiple Objectives, 1985, S. 345–560 (mehrere Verfasser); Ching-Lai Hwang, Abu Syed Md. Masud, Multiple Objective Decision Making – Methods and Applications –, 1979, S. 284–309, vor allem S. 284; David Longbottom, Geoff Wade, An Investigation Into the Application of Decision Analysis in United Kingdom Companies, in: Omega, Volume 1, 1973, S. 207–215; Richard de Neufville, Ralph L. Keeney, Use of Decision Analysis in Airport Development for Mexico City, in: Analysis of Public Systems, hrsg. von Alvin W. Drake u. a., 1972, S. 497–519; Günter Sieben, Zur Wertfindung bei der Privatisierung von Unternehmen in den neuen Bundesländern durch die Treuhandanstalt, in: Der Betrieb, 45. Jahrgang, 1992, S. 2041–2051 (2047–2051); G. E. Wells, The Use of Decision Analysis in Imperial Group, in: Journal of the Operational Research Society, Volume 33, 1982, S. 313–318. Berichte über die ansatzweise Anwendung der Entscheidungstheorie zur Lösung praktischer Probleme finden sich bei David E. Bell, Bidding for the S. S. Kuniang, in: Interfaces, Volume 14, 1984, S. 17–23; Jinoos Hosseini, Decision Analysis and Its Application in the Choice Between Two Wildcat Oil Ventures, in: Interfaces, Volume 16, 1986, S. 75–85; Thomas J. Madden u. a., Decision Analysis Used to Evaluate Air Quality Control Equipment for Ohio Edison Company, in: Interfaces, Volume 13,

Wenn nun aber das für die entscheidungsorientierte Betriebswirtschaftslehre hier gesuchte und zur Diskussion gestellte Erkenntnisobjekt die Abgrenzung eines eigenständigen Forschungsbereichs nicht zuläßt und wenn überdies das Ziel seiner Abgrenzung nicht überzeugt, sondern im Gegenteil sogar verdeutlicht, daß mit der Wahl der Entscheidung im Betrieb als Erkenntnisobjekt Zwecke verfolgt werden, deren Ergiebigkeit für die Betriebswirtschaftslehre in Frage zu stellen ist und die allenfalls in der Wahrnehmung von Hilfsdiensten zu suchen sind, wenn also sowohl die Objekt- als auch die Zielbestimmung als mißlungen angesehen werden müssen – was bleibt dann noch von dem Anspruch der entscheidungsorientierten Betriebswirtschaftslehre übrig, eine Betriebswirtschaftslehre zu sein, d. h. – im Gegensatz zur Volkswirtschaftslehre – eine die wirtschaftlichen Prozesse in ihrer Gesamtheit untersuchende „Lehre vom einzelnen Betrieb unter weitgehender Vernachlässigung seiner Verbindung mit den übrigen Betrieben"[78]? Wird sie dann nicht zum Kaiser mit den neuen Kleidern, und scheitert nicht ihre Entlarvung durch den Ausruf „Aber sie hat ja gar nichts an!"[79] allein nur deswegen, weil sie eine Straße entlangzieht, an der sich keine oder zu wenige „unschuldige Stimmen"[80] versammeln?

Aus dieser mißlichen Situation gäbe es einen Ausweg. Aber das ist ein weites, das ist ein ganz anderes Feld.[81]

    1983, S. 66–75. Siehe schließlich Herbert A. Simon, a.a.O. [Fn. 75], S. 27–39, zur Frage der Bewältigung von Entscheidungen im praktischen Leben.
78 Klaus Stüdemann, a.a.O. [Fn. 14], Rdnr. 45.
79 Hans C. Andersen, Des Kaisers neue Kleider, in: Sämtliche Märchen, hrsg. von Erling Nielsen, übersetzt von Thyra Dohrenburg, Erster Band, 1980, S. 108–113 (113). (Nicht wörtliches Zitat.)
80 In hartem Kontrast zu der damit im Text des Märchens wie auch hier gemeinten Unvoreingenommenheit steht eine andere Haltung: „Wer über eine für die Verfolgung seiner dominierenden Interessen gute Methode verfügt, zeigt häufig bei den umfassenderen Urteilen, bei denen es um die Einordnung seiner Methode in ein vollständigeres Ganzes der Erfahrung geht, nahezu pathologische Defekte. Das ist ein Punkt, in dem sich Priester und Wissenschaftler, Staatsmänner und Geschäftsleute, Philosophen und Mathematiker auffallend ähnlich sind. Wir alle fangen als gute Empiristen an. Aber unsere Aufgeschlossenheit für die Erfahrung hält sich in den Grenzen unserer unmittelbaren Interessen; und je mehr intellektuelle Klarheit wir über die Details der Prozedur gewinnen, mit deren Hilfe sich unser Interesse am besten verfolgen läßt, um so entschiedener weigern wir uns, Gegebenheiten zur Kenntnis zu nehmen, die sich mit unserer Methode nicht ohne weiteres in Einklang bringen lassen. Einige der größten Katastrophen der Menschheit sind durch die Engstirnigkeit ausgezeichneter Methodiker verursacht worden." Alfred N. Whitehead, a.a.O. [Fn. 47], S. 12.
81 Die „handlungsorientierte Betriebswirtschaftslehre" mit der Gesamthandlung als Erfahrungsobjekt, der entgeltlichen Bedürfnisbefriedigung als Abgrenzungskriterium und dem wirtschaftlichen Handeln als Erkenntnisobjekt ist gekennzeichnet durch eine Anzahl von Merkmalen, mit denen Hilfe sich die im Betrieb ablaufenden Prozesse vollständig und widerspruchsfrei beschreiben lassen. Mit Hilfe dieser Merkmale läßt sich auch das wirtschaftliche Handeln unter speziellen Gesichtspunkten als Gegenstand von Besonderen Betriebswirtschaftslehren darstellen. Eine der äußerst seltenen Besonderen Betriebswirtschaftslehren, die dem damit erhobenen Anspruch auf vollständige Erfassung des gewählten Erkenntnisobjekts gerecht werden, ist, wie eine eingehende Untersuchung ergeben hat, die 1989 erschienene und auf der Grundlage einer eigenen Systematisierung verfaßte „Versicherungsbetriebslehre" von *Dieter Farny*.

Joachim Süchting

Zur Risikoposition von Banken und Versicherungen – auch ein Beitrag zur Diskussion ihrer Aufsichtssysteme

Die Entwicklung im Finanzsektor Deutschlands und der anderen EG-Länder wird seit Jahren von Kooperationen insbesondere zwischen Kreditinstituten und Versicherungen geprägt. Die Formen dieser Kooperationen reichen von loser vertraglicher Zusammenarbeit über mit Beteiligungen unterlegte strategische Allianzen bis hin zu Allfinanzkonzernen bzw. Finanzkonglomeraten, die durch Übernahmen und/oder Eigengründungen zustande kommen[1].

In der Kreditwirtschaft waren es in der Vergangenheit vor allem die ausländischen Tochterinstitute deutscher Bankkonzernmütter, deren Kreditexpansion die Besorgnis der deutschen Bankenaufsicht um das gestiegene Risiko des deutschen Mutterinstituts und damit seiner Einleger hervorgerufen hatte. Grundsätzlich ist zwar davon auszugehen, daß rechtlich selbständige Tochterunternehmen im In- und Ausland einen isolierten Risikokomplex darstellen, so daß im Falle des Konkurses das Mutterinstitut nur seine Beteiligung verliert, sein Verlust also darauf begrenzt bleibt. Tatsächlich aber haben sich die großen deutschen Banken entweder über mehr oder weniger rechtsverbindliche Haftungszusagen (Bürgschaften, Patronatserklärungen) oder moralisch ins Obligo für ihre Tochtergesellschaften begeben. Das zeigt beispielhaft das folgende Zitat aus dem Geschäftsbericht der Commerzbank für 1992, S. 40: „Für die in den Konzernabschluß unserer Bank einbezogenen Gesellschaften tragen wir im Rahmen unserer Anteilsquote, abgesehen von politischen Risiken, dafür Sorge, daß diese ihre Verbindlichkeiten erfüllen können." – Deshalb wird in Bankkonzernen von einem Haftungs- und Risikoverbund ausgegangen.

Diese Anschauung hat zunächst zu einem Gentlemen's Agreement mit der deutschen Bankenaufsicht und dann durch die KWG-Novelle von 1984 auch zu einer Kreditbegrenzung auf Basis der zusammengefaßten Bankbilanzen von sogenannten Kreditinstitutsgruppen geführt. Damit

---

1 Vgl. Süchting, J.: Zur Organisation von Allfinanzangeboten, in: Krümmel, H.-J., Rehm, H., Simmert, D. B. (Hrsg.): Allfinanz – Strukturwandel an den Märkten für Finanzdienstleistungen, Beihefte zu Kredit und Kapital, Heft 11, Berlin 1991, S. 177 – 192.

wurde gleichzeitig die EG-Richtlinie von 1983 über die Beaufsichtigung der Kreditinstitute auf konsolidierter Grundlage in deutsches Recht umgesetzt. Konkret betrifft diese Regelung das eigenkapitalabhängige Wachstum der Risikoaktiva (Grundsatz I gemäß § 10 a KWG) sowie der Großkredite (§ 13 a KWG).

Vor diesem Hintergrund ist nicht überraschend, daß auf EG-Ebene unter Einbeziehung beratender Banken- und Versicherungsausschüsse derzeit über die Beaufsichtigung von Finanzkonglomeraten nachgedacht wird. Auch hier geht es um eine Minderung der Ansteckungsgefahren im Konzern aufgrund einer Mehrfachbelegung des Eigenkapitals durch ausgesprochene oder unausgesprochene Haftungszusagen. Als problematisch erweist sich dabei, daß Eigenmittel bei Banken und Versicherungen unterschiedlich definiert sind und daß sich offenbar banktypische und versicherungstypische Risiken unterscheiden. Die Aufsicht über den Allfinanzkonzern bedingt aber eine Zusammenfassung der Eigenmittel und der Risiken der Konzernglieder. – Unabhängig davon kommt es zu einer zunehmenden Überlappung der Sortimente von Bank- und Versicherungsunternehmen[2], eine Entwicklung, die eine Diskussion über die Angleichung der Rahmenbedingungen in Form von Eigenkapitalbelastungsregeln ebenfalls notwendig macht[3].

Im folgenden sollen deshalb

– die von der Bank- und Versicherungsaufsicht anerkannten Eigenmittel auf ihren Eigenkapitalcharakter geprüft (Teil 2)

– und die für beide Finanzsektoren geltenden Risikobegrenzungsnormen miteinander verglichen werden (Teil 3),

– um zu einem Urteil darüber zu gelangen, ob man Bank- und Versicherungswirtschaft unter einem einzigen Risikobegrenzungssystem vereinen kann oder nicht (Teil 4).

Solche Überlegungen setzen das Verständnis der Funktion von Banken und Versicherungen sowie der daraus resultierenden Risikoposition voraus. Da sich dieses Verständnis auch wegen der branchenspezifischen Terminologie nicht leicht erschließt, werde ich mich damit im Teil 1 beschäftigen. – Zuvor mit der Bitte um Verständnis: Meine nur sehr oberflächliche Kenntnis der versicherungswissenschaftlichen Literatur kom-

---

2 Vgl. Süchting, J.: Banken und Versicherungsunternehmen, in: Farny, D. u. a. (Hrsg.): Handwörterbuch der Versicherung (HdV), Karlsruhe 1988, S. 37 – 43.
3 Dazu vgl. Knauth, K.-W., Welzel, H.-J.: Finanzkonglomerate im Aufsichtsvisier, in: ZfgK, 46. Jg., 1993, S. 30 – 32, und die Kritik von Mudrack, O.: Zur Mehrfachbelegung der Eigenmittel in Finanzkonglomeraten, in: ZfgK, 46. Jg., 1993, S. 560 – 563.

pensiere ich mit dem Anlaß für diesen Beitrag, nämlich einen Versicherungspapst zu ehren; das erlaubt mir, mich bei Bedarf auf die breite, von Farny gelegte Literaturbasis zu konzentrieren.

1. Die Risikoposition von Bank- und Versicherungsunternehmen

Eigenkapital in Banken hat (weniger Finanzierungs- als vor allem) die Funktion des Risikoträgers. Ob Eigenkapital in angemessenem Umfang vorhanden ist oder nicht, kann nur durch Gegenüberstellung von Risikoträger und Risiken entschieden werden. In dieser Gegenüberstellung kommt die Risikoposition einer Bank zum Ausdruck.

Abbildung 1: Die Risikoposition der Bank

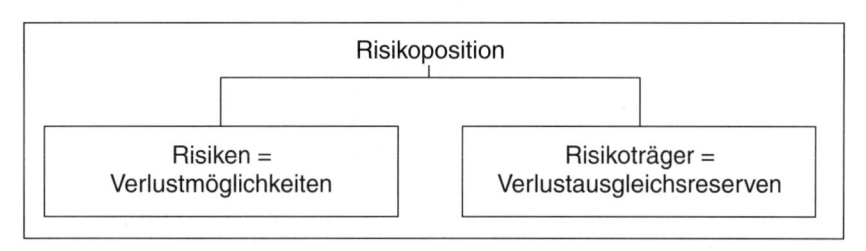

```
                    Risikoposition
         ┌──────────────┴──────────────┐
   Risiken =                    Risikoträger =
   Verlustmöglichkeiten         Verlustausgleichsreserven
```

Eine ähnliche Auffassung findet sich bei Farny, wenn er – positiv – vom „Sicherheitsgrad des Versicherers" spricht und diesen durch das Verhältnis von (vor allem finanzwirtschaftlichen) Sicherheitsmaßnahmen/Risikolage ausdrückt[4].

Die Risiken-/Risikoträger-Relation wird in der Kreditwirtschaft traditionell auf der Grundlage der Bilanz (Abb. 2) abgebildet.

Die Abbildung der Risikoposition der Bank geschieht mit Blick auf den Konkursgrund „Überschuldung". Sehr anschaulich ist dies in der Maximalbelastungstheorie von Stützel herausgearbeitet worden[5].

Der „Maximalbelastungsfall" meint eine Run-Situation, in der alle Einleger einer ins Gerede gekommenen Bank ihre Einlagen abziehen (Liquiditätsabrufrisiko) und deshalb über die Beanspruchung der liquide gehaltenen Mittel hinaus eine Liquidation der übrigen Aktiva erzwingen. Über-

---

4 Vgl. Farny, D.: Solvabilität und Solvabilitätspolitik der Versicherungsunternehmen, in: ZVersWiss, 73. Jg., 1984, S. 35–67, hier S. 39.
5 Vgl. Stützel, W.: Bankpolitik – heute und morgen, Frankfurt/M. 1964.

steigen die dabei auftretenden Liquidationsverluste das Eigenkapital, so liegt Überschuldung vor. Umgekehrt kann die Existenz der Bank gesichert werden, wenn die Relation Liquidationsrisiken/Eigenkapital (Risikoposition) keinen Anlaß zu derartigen Befürchtungen gibt und dies der Öffentlichkeit auch glaubhaft signalisiert werden kann.

Abbildung 2: Bankbilanz

Bankbilanz 1991 in %			
Kredite an Kreditinstitute	26	Einlagen von Kreditinstituten	27
Wertpapiere	13	Bankschuldverschreibungen	19
Kredite an Nichtbanken	54	Einlagen von Nichtbanken	46
Sonstige Aktiva	7	Sonstige Passiva	4
		Eigenkapital	4
	100		100

Quelle: Monatsberichte der Deutschen Bundesbank, 44. Jg., 1992, eigene Berechnungen; alle Bankengruppen Ende 1991.

Unabhängig von den damit verbundenen Problemen ist mit dieser Anschauung die Existenzbedrohung der Bank auf den Zusammenhang von zwei grundsätzlich unterschiedlichen (Konkurs-)Ebenen bezogen worden: die Eigenkapital- und die Liquiditätsebene. In einer Situation, in der eine Bank anormal hohe Einlagenabzüge erleidet (Liquiditätsschock), ist sie gezwungen, ihre Aktiva vorzeitig und unter Hinnahme von Verlusten zu liquidieren, die das Eigenkapital mindern oder gar aufzehren können.

Diese Zusammenhänge lassen sich problemlos auf die Versicherung übertragen:

Abbildung 3: Versicherungsbilanz

Versicherungsbilanz 1991 in %			
Wertpapiere und Anteile	28	Rückstellungen	
Namensschuldverschreibungen und		(insbesondere versicherungstechnische)	85
Kredite	45	Sonstige Passiva	10
Hypothekendarlehen	12	Eigenkapital	5
Grundstücke	6		
Sonstige Aktiva	9		
	100		100

Quelle: GDV (Hrsg.): Die deutsche Versicherungswirtschaft - Jahrbuch 1992, Karlsruhe 1992, eigene Berechnungen; alle Versicherungsunternehmen Ende 1991.

Banken und Versicherungen sind Finanzintermediäre, die auf dem Kreditwege einen Ausgleich zwischen Zahlungsüberschüssen der Bank- bzw. Versicherungssparer und Zahlungsdefiziten von Staat, Wirtschaftsunternehmen und privaten Haushalten bewirken. Sieht man von Grundstücken ab, die bei Banken vor allem aus der Sicherheitenverwertung, bei Versicherungen aus der Kapitalanlage resultieren, so ist unbeachtlich, ob man die Zurverfügungstellung von Liquidität zur Abdeckung von Zahlungsdefiziten Kredite oder (der Bedeckung von Rückstellungen dienende) Kapitalanlagen nennt.

Wie bei den Banken auch bestehen ca. 95 % der Passiva von Versicherungen aus Fremdkapital, nur 5 % aus Eigenkapital. Die Begriffe „Banksparen" und „Versicherungssparen" machen deutlich, daß die Passivseite in beiden Kapitalsammelstellen von Gläubigeransprüchen geprägt wird, aus denen ein „Liquiditätsschock" resultieren kann.

Die Termini „Einlagen" und „versicherungstechnische Rückstellungen" lassen andererseits auch erkennen, daß es sich um unterschiedliche Formen von Gläubigeransprüchen handelt. Rückstellungen sind prinzipiell Verbindlichkeiten, die in bezug auf Höhe und/oder Fälligkeit und/oder den Eintritt des die Zahlung auslösenden Ereignisses ungewiß sind. In welchem Umfang, wann und ob überhaupt ein Zahlungsanspruch auftritt, kann genau nicht vorausgesagt, muß vielmehr geschätzt werden. – Sieht man von Eventualverbindlichkeiten z. B. aus Bürgschaftszusagen der Bank ab, für die ebenfalls Rückstellungen gebildet werden, so sind Einlagen Verbindlichkeiten, die nach Höhe und Fälligkeit fixiert sind und entsprechend auf Anforderung (zurück-)gezahlt werden müssen. Faktisch aber werden sie prolongiert und substituiert, so daß auch Banken auf der Basis von Bodensätzen die Einlagenentwicklung mit Unsicherheit erwarten.

Das Liquiditätsabrufrisiko der Bank bezeichnet demnach die Gefahr, daß Auszahlungen an Einleger Einzahlungen anderer Einleger überschreiten, das Liquiditätsabrufrisiko der Versicherung die Gefahr, daß Auszahlungen für Versicherte die Einzahlungen aus den Beiträgen des Kollektivs übersteigen. Das dahinterstehende Verhalten der Banksparer wird durch die Erfüllung verschiedener Spar- und Kassenhaltungsmotive bestimmt: Investitions- bzw. Konsumwünsche, Wahrnehmung von Renditedifferenzen bei anderen Anlagen und Instituten, Zahlung von Abgaben, das Verhalten der Versicherungssparer durch die Schadenentwicklung im Zusammenhang mit ihren aus der Risikoübertragung begründeten Ansprüchen.

Unabhängig von der Art der Motive werden daraus resultierende Liquiditätsanspannungen bis hin zum Liquiditätsschock bei Banken *und* Versicherungen den Druck auf die Verwertung der Aktiva verstärken und die Notwendigkeit erhöhen, die in diesem Zusammenhang bei den Aktiva auftretenden Verluste durch Eigenkapital aufzufangen.

Um diese Verluste gering zu halten, ist es wichtig, daß Banken wie Versicherungen stets den Ansprüchen ihrer Sparergläubiger aus der Kasse und dem geldnahen Vermögen (einschließlich von Wechseln und Wertpapieren als Grundlage für die Refinanzierung durch die Zentralbank) nachkommen. Je sicherer diese Ansprüche geplant werden können (Lebensversicherung, Hypothekenbank), um so kleiner das Liquiditätsabrufrisiko, um so geringer kann die Kassenhaltung ausfallen, um so langfristiger können die übrigen Aktiva gehalten werden und vice versa (Feuerversicherung, Bank mit Refinanzierung durch „hot money" in Form von Ausländereinlagen). – Unter diesem auch für die Existenz der Aufsichtsbehörden zentralen Einleger-, Verbraucher-, letztlich Gläubigerschutzaspekt müssen Umfang und Struktur der Aktiva sowie die Eigenkapitalvorräte der beiden Finanzintermediäre, muß ihre Risikoposition gewürdigt werden.

Aus diesem Zusammenhang entwickelte Strukturnormen der Aufsichtsbehörden sind nicht auf den Extremfall von Konkurs und Zwangsliquidation zu beziehen, sondern im Vorfeld, um diesen zu vermeiden, auf den „Going Concern". Die Verlustausgleichsfunktion des Eigenkapitals meint insoweit den Ausgleich laufender, nicht den Ausgleich der Verluste aus der Zwangsverwertung im Konkurs. – In dieser Hinsicht decken sich die Auffassungen von Bank- und Versicherungswissenschaftlern[6].

Das Zwischenergebnis bis hierher lautet: Zwar unterscheiden sich Banken und Versicherungen hinsichtlich der *Quelle* des Liquiditätsabrufrisikos. Es resultiert bei der Bank aus unsicheren Einlegermotiven, bei der Versicherung aus der unsicheren Schadenentwicklung. Davon unabhängig aber gleichen sich beide Finanzintermediäre, indem sie mit Blick auf das Liquiditätsabrufrisiko Kasse und geldnahe Vermögenspositionen halten, die ihrerseits Wertänderungsrisiken unterliegen, denen entsprechende Eigenkapitalvorräte gegenüberzustellen sind, um zu einer angemessenen Risikoposition zu gelangen.

2. Der Risikoträger Eigenkapital

Eine sachgerechte Definition des Eigenkapitals im KWG geht auf im Jahre 1979 von der Bankenstrukturkommission herausgearbeitete Kriterien zurück[7]. Danach ist Eigenkapital Kapital, das

---

6 Vgl. Farny, D.: Die Versicherungswirtschaft im Wettbewerbskonzept der Marktwirtschaft, in: ZVersWiss, 68. Jg., 1979, S. 31 – 74, hier S. 65; außerdem Krümmel, H.-J.: Liquiditätssicherung im Bankwesen (I), in: Kredit und Kapital, 1. Jg., 1968, S. 247 – 307, hier S. 279.
7 Vgl. Bundesministerium der Finanzen (Hrsg.): Grundsatzfragen der Kreditwirtschaft. Bericht der Studienkommission, Schriftenreihe des Bundesministeriums der Finanzen, Heft 28, Bonn 1979, S. 24, 206 – 208.

(1) bis zur vollen Höhe am Verlust teilnimmt,

(2) im Falle des Konkurses oder der Liquidation des Kreditinstitutes erst nach Befriedigung aller Gläubiger zurückzuzahlen ist,

(3) dem Kreditinstitut mindestens für die Dauer von 5 Jahren zur Verfügung steht und eine Restlaufzeit von mindestens 2 Jahren besitzt.

In diesen Kriterien kommen die Verlustausgleichsfunktion (laufende Verluste und Zwangsverwertungsverluste) sowie die dauerhafte Überlassung des eingezahlten Kapitals zum Ausdruck.

Betrachtet man das Ergebnis der inzwischen in das KWG umgesetzten EG-Eigenmittelrichtlinie für Kreditinstitute, so zeigt sich zunächst, daß die einzelnen Elemente des Eigenkapitals in Kernkapital und Ergänzungskapital (Abb. 4) unterteilt sind.

Damit deutet sich bereits eine Abweichung von den genannten Eigenkapitalkriterien an. Diese betrifft sogar das „harte" Kernkapital, und zwar das Element „nachgewiesenes freies Vermögen haftender Inhaber von Privatbankhäusern" (mangels Einzahlung (3)).

Obwohl die Eigenkapitalkriterien vom Genußrechtskapital erfüllt werden, weist man es dem „weichen" Ergänzungskapital zu. Dies kann damit gerechtfertigt werden, daß Genußrechtskapital zwar im Konkursfall den Gläubigern haftet, aber erst nach den Eigenkapitalgebern. Auch weitere hybride Finanzierungsformen zwischen Fremd- und Eigenkapital wie nachrangige Verbindlichkeiten zählen zum Ergänzungskapital. Dies zu Recht, weil sie nicht zur Deckung laufender Verluste bestimmt sein müssen (1) und auch bei Restlaufzeiten von weniger als 2 Jahren noch mit zwei Fünfteln dem haftenden Eigenkapital zugerechnet werden (3).

Der Mangel der Nichteinzahlung haftet – wie dem nachgewiesenen freien Vermögen von Privatbankiers – auch dem aus der Nachschußpflicht bei Genossenschaftsbanken resultierenden Haftsummenzuschlag an. Sieht man davon ab, daß hier offensichtlich das wirtschaftspolitische Ziel einer mittelstandserhaltenden Förderung der „Little Guys" im Finanzsektor Pate gestanden hat, dann steht hinter der Einbeziehung in das Kern- bzw. Ergänzungskapital offenbar die Auffassung, daß Privatbankiers kreditwürdiger seien als ein Mitgliederkollektiv in Genossenschaftsbanken.

Derartige Ungereimtheiten machen deutlich, daß über den Katalog nicht nur unter sachlichen Gesichtspunkten entschieden wurde. Das gilt für die Ausnahme- und Andersbehandlung der Eigentümer von Privatbankhäusern und Kreditgenossenschaften im Inland. Es gilt aber auch hinsichtlich der Gleichstellung deutscher Institute im internationalen Wettbewerb, die uns die nachrangigen Verbindlichkeiten beschert hat.

Abbildung 4: Kern- und Ergänzungskapital von Kreditinstituten

§ 10 KWG nach der 4. KWG-Novelle ←	EG-Eigenmittelrichtlinie
1. **Kernkapital**	1. **Kernkapital**
-- Eingezahltes Kapital -- Emissionsagio -- Nicht-kumulative Vorzugsaktien -- Offene Rücklagen -- Einlagen stiller Gesellschafter* -- Reingewinn -- Fonds für allgemeine Bankrisiken (§ 340g HGB) -- Anerkanntes freies Vermögen des Inhabers oder des persönlich haftenden Gesellschafters eines Kreditinstituts	-- Eingezahltes Kapital -- Emissionsagio -- Nicht-kumulative Vorzugsaktien -- Offene Rücklagen -- Gewinnvortrag -- Zwischengewinne* -- Fonds für allgemeine Bankrisiken
abzüglich:	abzüglich:
-- Eigene Anteile -- Immaterielle Vermögensgegenstände -- Verluste	-- Eigene Anteile -- Immaterielle Vermögensgegenstände -- Verluste
2. **Ergänzungskapital**	2. **Ergänzungskapital**
2.1. Klasse 1 (Anerkennung bis zu 100 % des Kernkapitals)	2.1. Klasse 1 (Anerkennung bis zu 100 % des Kernkapitals)
-- Vorsorgereserven nach § 340f HGB, die bis zu 4 % der Forderungen an Nicht-Banken und des Wertpapierbestandes, der nicht zum Handelsbestand gehört und der nicht wie Anlagevermögen behandelt wird, ausmachen können -- Stille Neubewertungsreserven in Höhe von 45 % des Unterschiedsbetrages zwischen Buchwert und Beleihungswert bei Grundstücken und Gebäuden bzw. 35 % des Unterschiedsbetrages zwischen Buchwert und Kurswert bei bestimmten Wertpapieren (Zurechnung nur, wenn das Kernkapital mindestens 4,4 % der gewichteten Risikoaktiva ausmacht; Zurechnung höchstens bis zum Betrag von 1,4 % der Risikoaktiva) -- Genußrechtskapital* -- Kumulative Vorzugsaktien	-- Offene Neubewertungsrücklagen -- Versteuerte Pauschalwertberichtigungen -- Stille Neubewertungsreserven (zulässig im Bereich von Sachanlagen und Wertpapieren) -- Einlagen stiller Gesellschafter -- Kumulative Vorzugsaktien mit unbestimmter Laufzeit -- Genußrechtskapital
2.2. Klasse 2 (Anerkennung bis zu 50 % des Kernkapitals)	2.2. Klasse 2 (Anerkennung bis zu 50 % des Kernkapitals)
-- Nachrangige Verbindlichkeiten* -- Haftsummenzuschlag für Kreditgenossenschaften	-- Kumulative Vorzugsaktien mit fester Laufzeit -- Nachrangige Verbindlichkeiten* -- Haftsummenzuschlag für Kreditgenossenschaften

* = bei Erfüllung bestimmter Voraussetzungen

Eine wettbewerbliche Gleichstellung gegenüber dem Ausland soll weiterhin durch stille Reserven erreicht werden, und zwar weniger durch Vorsorgereserven, die in anderen EG-Ländern vergleichsweise wenig Bedeutung besitzen, als vielmehr durch Neubewertungsreserven auf Immobilien und Wertpapiere (mit Abschlägen bei Grundstücken von 55 %, bei Wertpapieren von 65 %, die ihren Preisänderungsrisiken und damit ihrer Instabilität Rechnung tragen sollen).

Eine Anwendung der Eigenmittelrichtlinie auf Versicherungsunternehmen erscheint bis hierher unproblematisch, zumal ihre Aufweichung seitens der Assekuranz insoweit nicht greift, als Personengesellschaften (Privatbankiers) und die Rechtsform der Genossenschaft (Volks- und Raiffeisenbanken) nicht erlaubt sind. – Es bleibt zu prüfen, ob es versicherungstypische Eigenkapitalelemente gibt, die sachlich gerechtfertigt in einen für Banken und Versicherungen gültigen Katalog Eingang finden müßten.

Die Versicherungsaufsicht zählt die folgenden Elemente zu den anrechnungsfähigen Eigenmitteln:

Abbildung 5: Explizite und implizite Eigenmittel von Versicherungsunternehmen

```
   I. Explizite Eigenmittel

      Grundkapital
    − 50 % der ausstehenden Einlagen auf das Grundkapital
    + Kapital- und Gewinnrücklagen
    + Gewinnvortrag
    + Genußrechtskapital
    + Sonderposten mit Rücklageanteil nach Versteuerung
    + freie Teile der Rückstellung für Beitragsrückerstattung (nur Lebensversicherung)
    − immaterielle Vermögenswerte (aktivierte Kosten der Ingangsetzung, aktivierter
      Geschäfts- oder Firmenwert, Bilanzverlust, Beteiligungen)

  II. Implizite Eigenmittel

      stille Reserven
    + künftige Überschüsse (nur Lebensversicherung)
    + Unterschiedsbetrag aus Abschlußkosten (nur Lebensversicherung)

 III. Gesamtbetrag der Eigenmittel
```

Quelle: Schierenbeck, H./Hölscher, R.: Bank Assurance, 2. Aufl., Stuttgart 1992, S. 206.

Inzwischen ist mit dem Art. 24 der Dritten Richtlinie Schadenversicherung bzw. Art. 25 Lebensversicherung eine Angleichung an die Eigenmittelrichtlinie für Kreditinstitute insbesondere dadurch eingetreten, daß auch nachrangige Verbindlichkeiten zu den Eigenmitteln zählen.

Aus dem Katalog sollen nur die wichtigen versicherungstypischen Elemente diskutiert werden, nämlich

(1) die freien Teile der Rückstellung für Beitragsrückerstattung,

(2) künftige Überschüsse,

(3) (versicherungstypische) stille Reserven[8].

---

8 Vgl. Hölscher, R.: Eigenkapitalnormen für Banken und Lebensversicherungsunternehmen, in: ZfgK, 43. Jg., 1990, S. 173–178.

Die Rückstellung für Beitragsrückerstattung resultiert aus überhöhten Beiträgen. Angesichts dessen, daß die Sparbeträge der Versicherten nur mit dem (versicherungsmathematischen) Zins von 3,5 % zu verzinsen sind, die Rendite aus den Kapitalanlagen jedoch mehr als doppelt so hoch ist, kommt es im allgemeinen zu Zinsspannen und Überschüssen, die (in der Lebensversicherung) bis zu 98 % als Barausschüttungen, Direktgutschriften, in Form einer Beitragsreduzierung bzw. -anpassung an die Versicherten zurückgegeben werden. Die dafür erforderlichen Mittel werden in der Rückstellung für Beitragsrückerstattung als Durchgangsstation angesammelt; diese Rückstellung stellt damit eine zweckgebundene Form der Gewinnverwendung dar und steht insofern für den Verlustausgleich nicht zur Verfügung. Vielmehr repräsentiert sie, wie der zur Ausschüttung bestimmte Bilanzgewinn und im Gegensatz zum Zwischengewinn, dessen Zuführung zu den Rücklagen beschlossen wurde, Ansprüche der Versicherten, so daß sie dem Fremdkapital zuzurechnen ist.

Andererseits entstehen die Ansprüche der Versicherten nicht unbedingt schon mit der Einbuchung der Überschußanteile in die Rückstellung, sondern erst bei der später folgenden sogenannten Deklaration durch die Verwaltung. Bis dahin dürfen sie als „freie Teile" in außerordentlichen Fällen zum Verlustausgleich herangezogen werden. Einen solchen außerordentlichen Fall des Etikettenschwindels wird man sich jedoch selbst beim Ausgleich laufender Verluste im Going Concern kaum vorstellen können; er wäre mit erheblichen Imageschäden verbunden. – Deshalb wird man davon ausgehen müssen, daß die Rückstellung für Beitragsrückerstattung auch in ihren freien Teilen nicht Eigenkapital, sondern Fremdkapital darstellt. – Diese Auffassung wird auch in der Versicherungswissenschaft gestützt[9].

Künftige Gewinne (Überschüsse) gelten (besonders) in Lebensversicherungsunternehmen angesichts der vorsichtigen Prämienkalkulation und der langen Laufzeit der Sparverträge als vergleichsweise sicher und stabil. Nun ist zwar richtig, daß Gewinne noch vor dem (offen ausgewiesenen) Eigenkapital eine erste Verteidigungslinie für schlagend werdende Risiken bilden; aber doch nur die Gewinne des laufenden Geschäftsjahres. Dies ist auch der Grund dafür, daß der Teil des Gewinns, dessen Zuweisung zu den Rücklagen bereits beschlossen wurde (Zwischengewinn), bei den Banken als Kernkapital angerechnet wird. Darüber hinaus aber ist entscheidend, daß die Risikoposition in der Gegenüberstellung der *derzeitigen* risikotragenden Eigenmittel und der *derzeitigen* Risiken zum Ausdruck kommt. Wollte man künftige Gewinne als heutige Eigenmittel anerkennen, so müßte dies auch für künftig eintretende Verlustgefahren gelten.

---

9 Vgl. Farny, D.: Versicherungsbetriebslehre, Karlsruhe 1989, S. 627.

Obwohl mit Blick auf ihre Instabilität grundsätzliche Bedenken gegen die Einbeziehung von Neubewertungsreserven bei Grundstücken und Wertpapieren in das Eigenkapital bestehen, wird man die geltenden Bestimmungen als gleichgewichtig betrachten können. Nicht nur Banken, sondern auch Versicherungen können derartige stille Reserven bei ihren Eigenmitteln anrechnen lassen.

Unabhängig davon, ob Vorsorgereserven (versteuerte Pauschalwertberichtigungen) auf Forderungen und Wertpapiere aufgrund der Bewertungsprivilegien bei Banken still gebildet oder offen in den Fonds für Allgemeine Bankrisiken überführt werden: sie sind Eigenkapital und werden auch als solches angerechnet. – Versicherungen besitzen derartige Spielräume für die Legung stiller Reserven bei den Aktiva über die Neubewertungsreserven hinaus nicht.

Ein Großteil ihrer stillen Reserven steckt vielmehr in den überhöhten Rückstellungen. Das gilt insbesondere für Schadenrückstellungen, sofern Abwicklungsgewinne aus der Regulierung der Schäden absehbar sind. Schwankungsrückstellungen sollen, wie der Name sagt, insbesondere bei Versicherungen mit stark schwankendem Schadenverlauf die Tragbarkeit von Überschäden ermöglichen und damit zu einer Verstetigung der Überschüsse führen. Treten derartige Überschäden in kurzen Abständen auf, so daß die Schwankungsrückstellung tatsächlich in Anspruch genommen wird, so sollte man sie dem Fremdkapital zurechnen. Ist dies über Jahre indessen nicht der Fall, so ist die Rückstellung offensichtlich in bezug auf den nicht in Anspruch genommenen Teil überhöht und hat insoweit Eigenkapitalcharakter, der entsprechend anerkannt werden könnte. – Voraussetzung dafür ist bei Schaden- und Schwankungsrückstellung die Quantifizierbarkeit und damit Kontrollierbarkeit der nicht benötigten Anteile.

Damit zeigt sich als weiteres Zwischenergebnis, daß versicherungstypische Eigenkapitalelemente entweder gar keine sind oder als stille Reserven weniger durch Unterbewertung der Aktiva (wie mit Hilfe der Bewertungsprivilegien bei den Banken) als durch Überbewertung der Passiva gelegt werden. Kann man sie in den Schwankungs- und Schadenrückstellungen identifizieren und quantifizieren, so spricht nichts dagegen, sie wie Vorsorgereserven der Banken in den Eigenmittelkatalog aufzunehmen. – Von dieser Seite her dürften sich demnach keine Schwierigkeiten beim Vergleich und der Zusammenfassung der Eigenmittelbestände von Bank- und Versicherungsunternehmen ergeben.

3. Risiken und die Ermittlung ihrer Tragfähigkeit

Um Risiken zu begrenzen bzw. die Werterhaltung der Aktiva weitgehend zu sichern, sind den Versicherungsunternehmen allgemeine Grundsätze vorgegeben, nach denen im Portefeuille der Aktiva eine möglichst große

Sicherheit und Rentabilität bei jederzeitiger Liquidität unter Wahrung angemessener Mischung und Streuung gefordert wird (§ 54 Abs. 1 VAG). Auch angesichts der Widersprüchlichkeit dieser Grundsätze erfolgte ihre Konkretisierung entweder durch Ausschluß bestimmter Aktiva (wie z. B. Konsumenten- und Betriebsmittelkredite, nicht notierte Anteile ausländischer Gesellschaften) von der Anlage, oder dadurch, daß insbesondere für Grundstücke, ausländische Schuldverschreibungen, Anteilswerte – und in diesem Rahmen wiederum für ausländische – maximale Anteile des für die Versichertenansprüche gebundenen (vor allem Deckungsstock-)Vermögens vorgegeben wurden. – Inzwischen ist mit den Art. 21 ff. der Dritten Richtlinie Schadenversicherung sowie Lebensversicherung eine Liberalisierung der Kapitalanlagevorschriften eingetreten.

Derartige Anlagegrenzen sollen dafür sorgen, daß unter dem Primat der Sicherheit der Erwerb von als besonders risikohaltig angesehenen Aktiva ganz unterbleibt oder eingeschränkt wird, damit unter dem Aspekt des Gläubigerschutzes bei Liquiditätsschocks die „weitgehend verlustfreie" Umwandlung der Aktiva und damit die Gewährleistung der Versichertenansprüche sichergestellt werden kann.

Dieser Gedanke ist indessen noch nicht zu Ende gedacht. Die Formulierung „weitgehend verlustfrei" soll darauf hindeuten, daß auch Versicherungsaktiva wie Bankaktiva Ausfall- und Preisänderungsrisiken unterliegen, insofern Risikoaktiva sind. Um die Tragbarkeit der Risiken würdigen zu können, ist die Einbeziehung des Risikoträgers Eigenkapital erforderlich, ist die Risikoposition umfassend zu betrachten. Geschieht dies nicht, hängt die Beaufsichtigung eines Versicherers und der Vergleich mit der Solvabilität von anderen Versicherungsunternehmen in der Luft.

In Richtung auf die Ermittlung einer umfassenden Risikoposition sind nur Lebensversicherungsunternehmen einen Schritt weitergegangen.

Zunächst muß die Solvabilität von Versicherungsunternehmen allgemein der Anforderung der Versicherungsaufsicht genügen, daß

$$\frac{\text{Ist-Solvabilität}}{\text{Soll-Solvabilität}} \geq 1.$$

Die Soll-Solvabilität wird über die sogenannte Solvabilitätsspanne bestimmt. Dies ist ein Mindestbetrag an Eigenkapital, der zu bilden ist. Demgegenüber wird bei der Ermittlung der Ist-Solvabilität auf die vorhandenen Eigenmittel abgestellt.

Bei Lebensversicherungen ist nun in der Solvabilitätsspanne neben dem durch die Schadenentwicklung quantifizierten versicherungstechnischen

Risiko auch das Kapitalanlagerisiko enthalten. Bezugsgröße dafür ist indessen die Passivseite der Bilanz, im wesentlichen die die Ansprüche der Versicherten repräsentierende Deckungsrückstellung, welche mit 4 % Eigenkapital unterlegt werden soll (diese Anforderung wird bei Risikoübertragung auf eine Rückversicherung bis maximal 15 % entlastet). – Die Risikonorm für das Mindesteigenkapital von Lebensversicherern setzt mit den Versichertenansprüchen jedoch an der falschen Bezugsgröße an. Will man die Risiken der Kapitalanlagen in den Griff bekommen, so ist auf die Risikoaktiva selbst abzustellen. Umfang und Struktur der Verbindlichkeiten können, wie beschrieben, allenfalls Anhaltspunkte für das Liquiditätsabrufrisiko und dementsprechend die Dotierung der Kasse sein.

Bei den Schadenversicherungen hängt das aufsichtlich geforderte Mindesteigenkapital ausschließlich vom versicherungstechnischen Risiko ab, das über den höheren von zwei Werten ermittelt wird: entweder einen Anteil der letztjährigen Beitragszahlungen oder – richtiger – den Durchschnitt der Schadenzahlungen aus einer Reihe zurückliegender Jahre. Im übrigen wird fingiert, die im Rahmen der Anlagegrenzen erworbenen Aktiva unterlägen keinem Ausfall- und Preisänderungsrisiko, seien insoweit risikolos, gewissermaßen Zahlungsmittel und deshalb nicht mit Eigenkapital zu unterlegen.

Das ist sachlich nicht zu rechtfertigen, denn Ausfall- und Preisänderungsrisiken bestehen dem Grunde (wenn auch nicht der Höhe) nach wie bei Kreditinstituten auch. Wird das von der Aufsicht übersehen, darf sich die Versicherungswirtschaft nicht wundern, wenn sie in das vergleichsweise fortgeschrittene Risikonormensystem der Banken eingeladen wird.

Durch die EG-Solvabilitätsrichtlinie werden die Bankaktiva in Klassen unterschiedlichen Risikos gegliedert. So wird für Buchforderungen und in Wertpapieren verbriefte Ansprüche innerhalb des OECD-Bereichs diese abnehmende Qualitäts- bzw. zunehmende Risikofolge unterstellt: Öffentliche Hände → Kreditinstitute → andere Kunden, insbesondere also Firmen- und Privatkunden. Bei Einbeziehung von Adressen in Drittländern, Bauspardarlehen und den sogenannten Finanzinnovationen gelangt man zu 5 Risikoklassen. Dabei kann unter sachlichen Aspekten durchaus kritisiert werden, daß diese Aufteilung zu grob und deshalb stärker zu differenzieren sei; schließlich wird in der schlechtesten Risikoklasse kein Unterschied zwischen BMW, Krupp und dem Verfasser als natürlicher Person und Kreditnehmer gemacht. Weitere Fragezeichen liegen in der Abstufung der Risikoklassen und in der Nichtberücksichtigung der Diversifikation, deren Auswirkungen auf die Risikoposition nicht quantifizierbar erscheinen. – Jede Kritik muß jedoch mit der Überlegung einhergehen, daß ein verändertes System der Risikoklassen für eine (externe) Behörde handhabbar bleiben muß, daß es darüber hinaus Struktureffekte auslöst, weil es auf Bankengruppen und einzelne Banken mit unterschiedlichen geschäftlichen Schwerpunkten trifft, die sich umgekehrt dann in ihrer Geschäftspolitik entsprechend den novellierten Rahmenbedingungen neu orientieren müssen. Unter marktwirtschaftlichem Aspekt muß deshalb ein regulativer Rahmen bei den Adressaten auf Ablehnung stoßen, und zwar zunehmend, je differenzierter er vorgegeben wird.

Unabhängig davon ist für die Ermittlung einer umfassenden Risikoposition entscheidend, daß die Risikoaktiva der verschiedenen Risikoklassen entsprechend dem ihnen beigelegten Risikogehalt in unterschiedlicher Höhe mit Eigenkapital zu unterlegen sind bzw. dieses verbrauchen (siehe Abb. 6).

Insgesamt wird die Risikoposition der Bank als zulässig angesehen, wenn

> Summe der mit den Verbrauchskoeffizienten gewichteten Risikoaktiva $\leq 12,5 \times$ haftendes Eigenkapital

bzw. wenn die Eigenmittel mindestens 8 % der gewichteten Risikoaktiva betragen. In diesem Rahmen wird die Qualität des Kernkapitals dadurch betont, daß

> Kernkapital $\geq$ Ergänzungskapital

sein muß, also mindestens 4 % der gewichteten Risikoaktiva durch Kernkapital zu unterlegen sind.

Damit werden die Risikoträger den Risiken gegenübergestellt, so daß eine Entwicklung hin auf eine umfassende Ermittlung der Risikoposition eingeleitet wird.

„Eingeleitet" insofern, als die Solvabilitätsrichtlinie nur die Ausfallrisiken berücksichtigt. Richtlinien für eine vereinheitlichte Kontrolle von Preisänderungsrisiken und von Risiken aus Großkrediten werden folgen. Dabei ist darauf zu achten, daß keine Mehrfachbelegung des Eigenkapitals wie in der derzeit gültigen deutschen Regelung erfolgt, die über die Inanspruchnahme des Eigenkapitals durch Ausfallrisiken im Grundsatz I hinaus eine eigenkapitalabhängige Limitierung von Wechselkurs-, Zinsänderungs- und anderen Preisrisiken im Grundsatz I a sowie die Begrenzung von Risiken aus Großkrediten durch den § 13 KWG vornimmt. – Hier gibt es Vorschläge, wie eine Verknüpfung unterschiedlicher Risiken in einer einzigen, umfassenden, eigenkapitalverbrauchenden Risikobegrenzungsnorm erfolgen könnte[10].

---

10 Vgl. Professoren-Arbeitsgruppe (Philipp, F. u. a.): Bankaufsichtsrechtliche Begrenzung des Risikopotentials von Kreditinstituten, in: DBW, 47. Jg., 1987, S. 285 – 302, hier S. 293 f.; Menrad, S., Hegedüs, J., Streib, H.: Die Berücksichtigung der Risiken von Finanzterminkontrakten bei der bankaufsichtlichen Begrenzung des Risikopotentials von Kreditinstituten, in: DBW, 51. Jg., 1991, S. 49 – 63.

Abbildung 6: Verbrauch von Eigenkapitalmitteln für risikobehaftete Aktiva

Verbrauch von Eigenkapitalmitteln für risikobehaftete Aktiva

0%	1,6%	4,0%	5,6%	8,0%		haftendes EK
						12,5-fache
						17,9-fache
						25,0-fache
						62,5-fache

Keine Wachstumsgrenzen z.B. für:
Kredite an inländische öffentliche
Haushalte

Wachstumsgrenze z.B. für:
Kredite an inländische Banken *

Wachstumsgrenze z.B. für:
Hypothekarkredite

Wachstumsgrenze z.B. für:
Bauspardarlehen

Wachstumsgrenze z.B. für:
Kredite an Nichtbanken

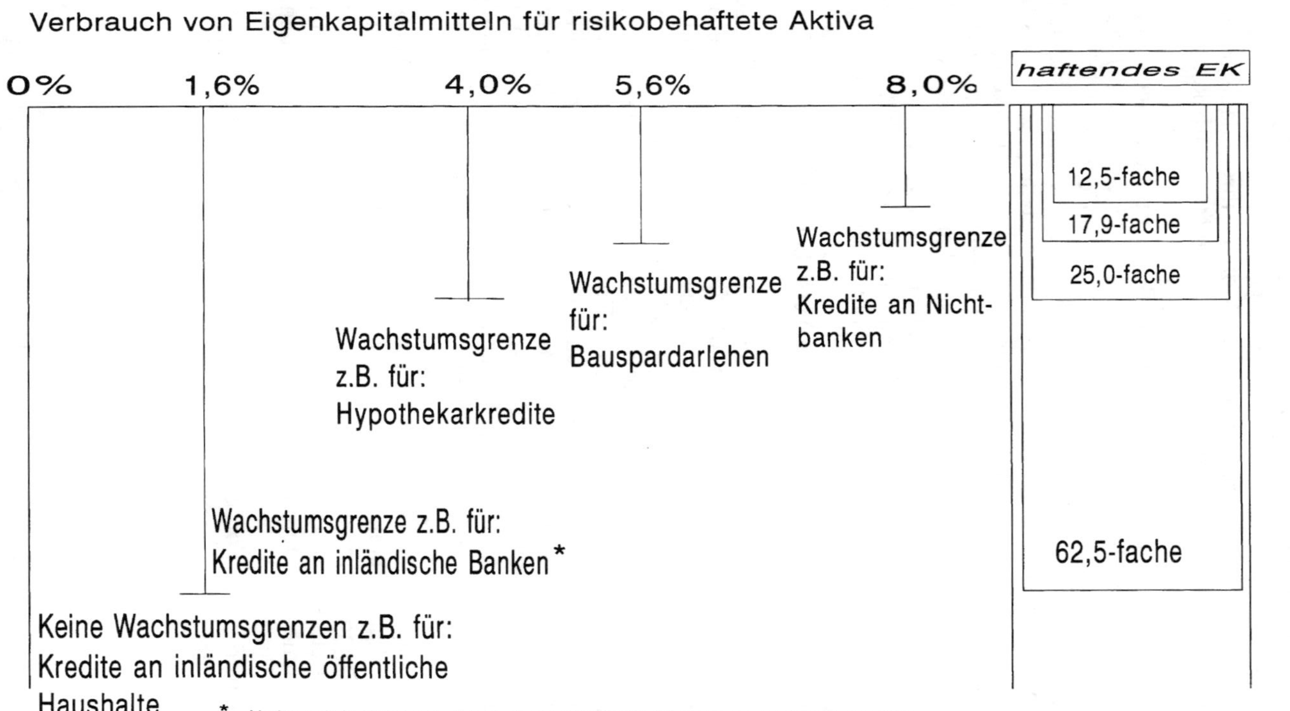

* Verbrauch in Höhe von 0,8 % durch bestimmte Pfandbriefe, begeben vor dem 1.1.1998

4. Schlußfolgerungen

Unabhängig von den unterschiedlichen Motiven ihrer Gläubiger unterliegen Banken und Versicherungen einem Liquiditätsabrufrisiko.

Im Hinblick darauf ist für eine normale Beanspruchung des Going Concern eine ausreichende Liquiditätsreserve zu halten. Die Liquiditätsgrundsätze II und III der deutschen Bankenaufsicht, konzipiert als Finanzierungsregeln, sind für die Ermittlung ausreichender Liquiditätsreserven wenig geeignet. Wir haben an anderer Stelle gezeigt, daß für die Abschätzung zukünftigen Liquiditätsbedarfs die Schwankungsintensität der vergangenen Liquiditätssalden als Differenz aus der Entwicklung des Einlagen- und des Kreditgeschäfts mit Nichtbanken eine bessere Grundlage bildet[11]. Sofern es zu einer Harmonisierung auch der Liquiditätsnormen für Kreditinstitute in Europa kommt, ist zu hoffen, daß ein ähnliches Verfahren für die Bestimmung der Liquiditätsreserven Anwendung findet (welches der Ermittlung des erforderlichen Eigenmittelbedarfs aufgrund vergangener Schadenzahlungen in der Versicherungswirtschaft ähnelt).

Für angespannte Liquiditätssituationen und für den Liquiditätsschock sind Eigenkapitalvorräte zu halten, die die Liquidationsverluste bei der Liquidierung von Risikoaktiva aufzufangen vermögen. Hinsichtlich der Addition und Integration der Eigenmittelbestände hat sich zum einen gezeigt, daß vermeintliche Eigenmittel in der Versicherungswirtschaft gar keinen Eigenkapitalcharakter besitzen. Zum anderen können „Vorsorgereserven" der Versicherungsunternehmen in den überhöhten Rückstellungen denen der Banken in den zu niedrig bewerteten Wertpapieren und Forderungen gleichgesetzt werden, so daß sich alles in allem kaum Bedenken im Hinblick auf die Anwendung der Eigenmittelrichtlinie der Banken auf Versicherungsunternehmen ergeben dürften.

Das Risikoklassensystem der Solvabilitätsrichtlinie erscheint ebenfalls als ein praktikabler Rahmen für die Einfügung der Kapitalanlagen von Versicherungsunternehmen. Die Risiken daraus dürften auch tragfähig sein, denn erstens sind die (sichtbaren) Eigenkapitalvorräte der Versicherungsunternehmen im Durchschnitt größer als die der Banken. Zweitens enthalten die Kapitalanlagen mit einem Anteil von mehr als 50 % verbriefter und unverbriefter Forderungen gegen den Staat oder Kreditinstitute einen

---

11 Vgl. Süchting, J.: Bankmanagement, 3. Aufl., Stuttgart 1992, S. 367–369; Brüggestrat, R.: Die Liquiditätsrisikoposition eines Kreditinstituts. Ein bankaufsichtliches Konzept zur Beurteilung und Beschränkung von Liquiditätsrisiken, Frankfurt/M. 1990.

weit größeren Bruchteil, als er bei den Banken besteht[12]. Da diese Aktiva als nicht bzw. wenig risikohaltig bzw. eigenkapitalverbrauchend angesehen werden, dürften die Ansprüche für die Eigenkapitalunterlegung bei Versicherungsunternehmen entsprechend geringer ausfallen.

---

12 Die Kapitalanlagen aller Versicherungsunternehmen setzten sich Ende 1990 zu rd. 15 % aus Ansprüchen gegen die öffentliche Hand sowie rd. 43 % aus Forderungen gegen (vornehmlich inländische) Kreditinstitute zusammen, die entweder gar nicht oder aber nur mit 20 % des Normalsatzes Eigenkapital verbrauchen, vgl. BAV (Hrsg.): Geschäftsbericht 1990, Berlin 1991, S. 37* – 47*.

Wieland Weiss

Strategisches und operatives Marketing in der Versicherungswirtschaft

Problemstellung

Die Wirtschaftsordnung in der Bundesrepublik Deutschland ist die soziale Marktwirtschaft. Infolgedessen wird der Erfolg eines Versicherungsunternehmens durch den Erfolg am Markt bestimmt. Um in der Wettbewerbswirtschaft bestehen zu können, muß – insbesondere im langfristig orientierten Versicherungsgeschäft – dem wirtschaftlichen Wandel in den 90er Jahren Rechnung getragen werden. Welche Rolle unternehmerisches Marketing in diesem Zusammenhang spielt, ist das Anliegen dieses Aufsatzes, in dem wissenschaftliche Erkenntnisse auf die Versicherungspraxis übertragen werden.

Da Marketing eine Unternehmensführung vom Markt her darstellt, setzen marketingstrategische Überlegungen zunächst eine umfassende Diagnose und Prognose des Umfeldes der Assekuranz voraus, denn Versicherungsunternehmen sind Bestandteile der Wirtschafts- und Gesellschaftsordnung. Darauf aufbauend werden dann Leitlinien für strategisches Marketing in der Versicherungswirtschaft entwickelt. In Thesenform wird dargestellt, welche Dimensionen strategisches Marketing besitzen sollte und welche diesbezüglichen Grundsatzentscheidungen im Versicherungsunternehmen getroffen werden müssen. Den Schluß der Ausführungen bildet eine Skizzierung operativer Marketing-Aufgaben, die als Maßnahmen oder Mittel (Zielerreichungsentscheidungen) bei der Umsetzung strategischer Marketing-Ziele (Zielentscheidungen) interpretiert werden können.

1. Versicherungswirtschaftliches Umfeld

1.1 Wirtschaftliche Umwelt

Die wirtschaftliche Lage bestimmt zum einen Menge, Art und Werte der zu versichernden Risiken; zum anderen wird hierdurch auch das Risikoverhalten der Risikoträger beeinflußt. Zwar gehen Prognosen davon aus, daß die Gesamtentwicklung der Versicherungswirtschaft in Deutschland mittel- und langfristig positive Perspektiven beinhaltet. Jedoch wird sich für das einzelne Versicherungsunternehmen die Konkurrenzsituation höchstwahrscheinlich verschärfen, weil immer mehr Anbieter aus dem In- und Ausland um den Versicherungskunden werben und weil versicherungsfremde Finanzdienstleistungsunternehmen immer aggressiver Alternativen zur Bildung und Absicherung von Vermögenswerten anbieten werden.

Beeinflußt wird die Nachfrage nach Versicherungsschutz außerdem stark durch den gegenwärtigen Strukturwandel in der deutschen Wirtschaft: Verlagerungen von Produktionen ins Ausland, Nutzung des technischen Fortschritts, Übergang auf zukunftsträchtige Branchen, Lean-Management sind entsprechende Stichworte. Hierdurch ergeben sich insbesondere im industriellen und auch gewerblichen Geschäft Ertragsprobleme, die hauptsächlich auf wirtschaftlichen Gründen (Versicherungsprämien = Kosten im Betrieb) beruhen, zum Teil aber auch durch Nachfragemacht verursacht sind.

Das Entstehen eines Europäischen Binnenmarktes, der nicht nur die bisherige EG, sondern auch andere westeuropäische Staaten und benachbarte ehemalige Ostblock-Länder umfassen wird, stellt eine riesige Herausforderung für die deutsche Versicherungswirtschaft dar. Grundsätzlich wird durch ausländische Anbieter der Druck auf das Prämienniveau zunehmen. Hinzu kommt, daß Produktinnovationen ausländischer Anbieter den Konkurrenzkampf verschärfen werden. Und schließlich wird jeder Versicherer die Frage beantworten müssen, inwieweit eine EG-weite Präsenz bzw. der Aufbau von Kooperationsnetzen, die Bildung von supranationalen Versicherungskonzepten erforderlich ist. Diese Aussagen gelten vornehmlich für das industrielle und gewerbliche Geschäft, mehr und mehr jedoch auch für Privatkunden; da Versicherungsvermittlung bei letzteren meist „local business" darstellt, wird sich die Internationalisierung des Versicherungsgeschäftes dort allerdings nur allmählich auswirken.

Grundsätzlich besteht eine Tendenz zum Angebot von Problemlösungsangeboten – der Versicherungsdienstleistungsverkauf nach Sparten wird an Bedeutung verlieren: Versicherungszweigübergreifende Konzepte (eventuell kombiniert mit Risk-Management-Beratungen) werden mehr und mehr „in" sein. Die Notwendigkeit der individuellen Abdeckung des jeweiligen Kundenbedarfs (Gesamtkundenbetrachtung) kann auch zum Überschreiten von Wirtschaftszweiggrenzen führen (z. B. Einbeziehung von Allfinanz-Produkten, Entwicklung von Assistance-Konzeptionen).

Das Entstehen von Marktsegmenten mit unterschiedlichem Versicherungsbedarf und auch unterschiedlicher Versicherungskaufkraft wird die Versicherer dazu zwingen, Differenzierungen der Marktstrategien vorzunehmen, um den unterschiedlichen Anforderungen an Quantität und Qualität von Versicherungsdienstleistungen Rechnung zu tragen. Die Tatsache, daß viele Versicherer die Bildung von strategischen Geschäftsfeldern, eine Ausrichtung der Aufbau- und Ablauforganisation auf bestimmte Kundengruppen, Regionen oder Vertriebswege vornehmen, sind diesbezügliche Marktsignale.

1.2 Technische Umwelt

Die Entwicklung und wirtschaftliche Nutzung neuer Technologien führt zum Entstehen neuer Risiken bzw. zur Änderung schon bestehender Risiken. Beispielsweise beinhaltet die Wertkonzentration von Anlageinvestitionen sowie die Störanfälligkeit von Produktionsprozessen die Gefahr von Großschäden in der Sachversicherung, das Auslösen von unübersehbaren Haftpflichtschäden.

Chancen bietet der Versicherungswirtschaft die moderne Informations- und Kommunikationstechnologie. Zum einen ist eine Vernetzung von Unternehmen/Geschäftsstellen mit Versicherungsvermittlern und eventuell auch Kunden prüfenswert. Zum anderen könnten Kundendatenbanken für Akquisition und Bestandsführung genutzt, Funktionen des Versicherungsbetriebes Richtung Kunde verlagert, Expertensysteme integriert, eine Online Marktforschung durchgeführt, eine Produktentwicklung „vor Ort" beim Kunden vorgenommen werden. Eine Stärkung der Wettbewerbsposition und eine Erhöhung der Produktivität sind die diesbezüglichen Perspektiven.

1.3 Gesellschaftliche Umwelt

Die rechtlichen Rahmenbedingungen der Assekuranz verändern sich beträchtlich. Die Deregulierung der Versicherungsaufsicht in Deutschland wird zu einer Intensivierung des Bedingungs-, Prämien- und Servicewettbewerbs führen – mit der Folge einer zurückgehenden Markttransparenz; Innovationen gewinnen in der Versicherungswirtschaft an Bedeutung. Versicherungsdienstleistungen entsprechend dem jeweiligen Kundenbedarf zu entwickeln und am Markt durchzusetzen, ist deshalb die entscheidende Marketing-Aufgabe der Zukunft.

Auch auf die Versicherungswirtschaft wirkt sich der sozio-demographische Wandel in der Bundesrepublik Deutschland aus (Überalterung der Bevölkerung trotz Zuwanderungen, wachsender „Ausländeranteil", Trend zur Kleinfamilie und zum Single-Haushalt, steigende Lebenserwartung usw.). Hierdurch wird eine Gefährdung des Generationenvertrages in der Sozialversicherung hervorgerufen. Zwar werden die Leistungs- und Finanzierungsprobleme der Sozialversicherung sicherlich den Willen zur Eigenvorsorge stärken; jedoch muß dieser Trend vor dem Hintergrund gesehen werden, daß die wirtschaftlichen Probleme – sowie die Belastung der privaten Haushalte durch Steuern und Sozialabgaben – die Versicherungskaufkraft beeinträchtigen. Grundsätzlich ist festzustellen, daß derzeit völlig unterschiedliche Bevölkerungssegmente entstehen (z. B. „Junge"/ „Alte", „Reiche"/„Arme"); man kann von einer gewissen, sich abzeichnenden Polarisierung der Bevölkerungsschichten sprechen.

Hinzu kommt ein stattfindender Wertewandel: Zu beobachten ist ein Übergang vom quantitativen zum qualitativen Denken – Lebensqualität, Umweltschutz, Hang zum Gegenwartskonsum und Freizeitorientierung sind diesbezügliche Trends. Von Unternehmen – und damit auch von Versicherungsunternehmen – wird Umweltorientierung (hier sicherlich „volkswirtschaftliche Verantwortung") erwartet. Registriert werden muß auch eine Zunahme „krimineller Energien", die die Schadenskosten durch Eigentumsdelikte und Versicherungsbetrug belasten. Schließlich ist eine wachsende Verbrauchermündigkeit, eine Intensivierung (zum Teil auch Übersteigerung) des Verbraucherschutzes festzustellen. Versicherungsentscheidungen werden mehr und mehr durch Rationalität statt durch Emotionen geprägt. Auch das vielfach gespaltene Verbraucherbewußtsein – einerseits „Luxusorientierung", andererseits extreme „Preisorientierung" – ist ein Tatbestand, der zu beachten ist.

1.4 Konsequenzen

Die kostbaren Ressourcen eines Versicherungsunternehmens (Mitarbeiter, Betriebsmittel, Finanzkraft = Know-how, Kapazität und Image) müssen vor dem Hintergrund der Umweltentwicklungen optimal zur Erfüllung der jeweiligen Unternehmensziele eingesetzt werden. Der Kunde entscheidet durch Abschluß oder Nichtabschluß eines Versicherungsvertrages (= Neugeschäft), durch Fortführung oder Kündigung eines Versicherungsvertrages (= Bestand), ob die Marktleistungen eines Versicherers seinen Ansprüchen und Erwartungen entsprechen. Strategisches Marketing hat zum Ziel, die Unternehmensentwicklung kundenbezogen, aber zugleich unternehmenszielorientiert zu gestalten. Organisation, Ausgestaltung, Intensität, Flexibilität und Geschwindigkeit aller Unternehmensaktivitäten spielen hierbei eine wesentliche Rolle.

Der Versicherungsvertrieb ist im Versicherungsunternehmen ein dominanter Engpaßfaktor. Einerseits besitzt er konstitutive Bedeutung, weil entscheidende Tätigkeiten hiervon abhängen (wirtschaftliche Komponente); andererseits ist Quantität und Qualität der Versicherungskunden Voraussetzung für einen erfolgreichen Ausgleich im Kollektiv (versicherungswirtschaftliche Komponente). Weil Versicherungsdienstleistungen immaterielle Wirtschaftsgüter mit einer hohen Erklärungsbedürftigkeit und Variabilität sind, weil Versicherungsabschluß und -fortführung Vertrauen in Produkt und auch Produzent erfordern, weil der Versicherungsvertrieb Voraussetzung für die eigentliche Versicherungsschutzproduktion ist, weil der Kunde auch im Nichtleistungsfall eine Versicherungsleistung erhält, ist steuerndes und unterstützendes Marketing unverzichtbar.

In der Vergangenheit sind Versicherungsdienstleistungen mit Hilfe des absatzpolitischen Instrumentariums vermarktet worden. Ausgangspunkt der Überlegungen war das Versicherungsunternehmen. Inzwischen hat sich jedoch der Versicherungsmarkt klar zu einem Käufermarkt gewandelt. Dies erfordert eine Umkehrung der Denkrichtung! Zunächst muß durch Marktforschung der Kundenbedarf ermittelt, danach durch einen professionellen und integrierten Einsatz der einzelnen Marketing-Instrumente (= Marketing-Mix) eine nachgefragte Marktleistung geschaffen werden. Dies setzt jedoch einen Übergang vom funktionalen zum ganzheitlichen, integrierten Marketing voraus! Versicherungsmarketing stellt somit ein gesamtunternehmerisches Konzept dar, bei dem alles Denken und Handeln auf den Markt ausgerichtet ist – oder anders ausgedrückt: Steuerung eines Versicherungsunternehmens vom Markt her (trägt man noch der Gesellschaftsorientierung Rechnung: von der Umwelt her). Wird zusätzlich die internationale Ausrichtung berücksichtigt, muß von Global-Marketing gesprochen werden. Aufgabenstellung ist es grundsätzlich, die Bedürfnisse bestimmter Kundengruppen mit bestimmten Marktleistungen auf bestimmten Märkten über bestimmte Vertriebswege nachhaltig besser als durch die Konkurrenz zu lösen! Vor dem Hintergrund der dargestellten Umwelttrends kann dies erfolgreich nur durch verstärkte Kundenorientierung geschehen. Betriebswirtschaftlich gesehen müssen hierbei folgende Ungleichungen erfüllt sein: Beim Kunden „Gesamtnutzen > Prämie", beim Versicherungsunternehmen „Erträge > Aufwand"!

2. Strategisches Marketing

2.1 Gesamtzusammenhänge

Mit Strategie wird die langfristige Festlegung der Entwicklung eines Versicherungsunternehmens bezeichnet. Nach Farny sind die Erfolgspotentiale eines Versicherungsunternehmens aus dem Blickwinkel der unternehmerischen Ziele zu ermitteln und zu realisieren, indem die verfügbaren Unternehmenspotentiale zur optimalen Ausschöpfung der Marktpotentiale genutzt werden. Ansatzpunkt einer Strategie ist somit das jeweilige unternehmerische Zielsystem. Aufbauend auf einer strategischen Analyse, die einerseits die Umfeldbedingungen erfaßt (Chancen/Risiken), andererseits eine Untersuchung der unternehmerischen Potentiale (Stärken/Schwächen) vornimmt, sind Unternehmensstrategien zu entwickeln. Hieraus ergibt sich klar, daß es eine bestimmte Unternehmensstrategie in der Versicherungswirtschaft als „Patentrezept" nicht gibt und nicht geben kann: Bestimmend sind vielmehr die jeweiligen Märkte und Versicherungsunternehmen, die jeweils verfolgten unternehmerischen Ziele.

Das Ergebnis einer derartigen Vorgehensweise ist in jedem Einzelfall eine unternehmensindividuelle Gesamtstrategie, die sich aus verschiedenen Strategien (Grundstrategien, Geschäftsfeldstrategien, Funktionsstrategien usw.) zusammensetzt. Eine Marketing-Strategie ist somit nicht mit der Gesamtunternehmensstrategie identisch, ist jedoch aufgrund der dargestellten Bedeutung des Vertriebs in der Versicherungswirtschaft und aufgrund der unternehmensweiten Bedeutung des Marketing der Kern einer jeden Unternehmensstrategie. Hierdurch werden gesamtunternehmerische Strategien aufgrund der unternehmensweiten Bedeutung des Marketing, geschäftsfeldbezogene Strategien aufgrund der Marktorientierung, Marktbearbeitungsstrategien aufgrund der Kundengruppenorientierung beeinflußt. Hierauf bauen dann Marketing-Instrumentalstrategien auf. In diesem Sinne verstanden besteht ein enger Zusammenhang des strategischen Versicherungsmarketing mit den verfolgten Unternehmenszielen (Hypothese: Wachstum, Gewinn, Sicherheit): Durch Kunden- bzw. Zielgruppenorientierung sind Kompetenz und Wettbewerbsstärke auszubauen (Sicherung des unternehmerischen Wachstums), durch Konzentration auf gewinnbringende Geschäftsfelder, durch gesamtunternehmerisches Kundenmanagement sind Kundengewinnung und -erhaltung sicherzustellen (Sicherung von Gewinn und Unternehmenserhaltung)!

Das strategische Marketing bestimmt dann das operative Marketing: Strategisches Marketing besitzt ausrichtenden Charakter (Bestimmung der Erfolgspotentiale eines Versicherungsunternehmens), operatives Marketing hat einen vollziehenden Auftrag (Umwandlung der Erfolgspotentiale in echte Erfolge). Marketing insgesamt besitzt hierbei drei Dimensionen: Erstens ist sowohl das strategische als auch das operative Marketing im Versicherungsunternehmen organisatorisch zu regeln. Zweitens sind die einzelnen Marketing-Instrumente unternehmenszielorientiert zu kombinieren (= Marketing-Mix). Und drittens ist modernes Marketing unternehmensweit als Denkhaltung und Handlungsmaxime bei den Mitarbeitern im Innen- und im Außendienst zu verankern.

2.2 Kundengruppenorientierung

Wird der Versicherungsmarkt im Modell allein durch die Komponenten „Leistungsniveau" und „Prämienniveau" abgebildet, so gelangt man zu folgenden Erkenntnissen: Zum einen existieren „Beratungsangebote" – hierbei werden Kunden über einen Versicherungsaußendienst angesprochen; Versicherungsdienstleistungen und Service – und damit auch das Prämienniveau – besitzen ein hohes Niveau (Service- und Beziehungswettbewerb). Zum anderen gibt es „Discount-Angebote", die durch reinen Prämienwettbewerb gekennzeichnet sind (niedrige Prämien bei niedriger Leistung). Die strategischen Alternativen für ein Versicherungsunternehmen bestehen darin, entweder im Individualgeschäft tätig zu werden (= Leistungsdifferenzierung) oder sich auf das Massenversicherungsgeschäft (= Preisdifferenzierung) zu konzentrieren. Ersteres bedeutet, sich auf bestimmte Kunden- oder Zielgruppen auszurichten („Präferenzstrategie"), letzteres, sich auf einen Prämien- und Kostenwettbewerb zu konzentrieren („Prämie-Mengen-Strategie"). Zwischen diesen Alternativen besteht die Gefahr einer Profillosigkeit. Natürlich sind hier im Modell Extreme betrachtet worden, zwischen denen zahllose Mischformen existieren. Festgehalten werden als Ergebnis kann jedoch, daß ein Versicherungsunternehmen sich klar strategisch am Markt positionieren muß, wobei allerdings in einer Versicherungsgruppe auch eine gleichzeitige Verfolgung unterschiedlicher Strategien möglich ist.

Im Massengeschäft besteht nur eine geringe Notwendigkeit, einen differenzierten Einsatz der Marketing-Instrumente vorzunehmen – entscheidend ist vor allem eine aggressive Prämienpolitik; auf transparenten Versicherungsmärkten mit einheitlichem Versicherungsbedarf ist ein derartiges Vorgehen prüfenswert. Das Individualgeschäft hingegen beinhaltet einen mehrdimensionalen Qualitätswettbewerb, setzt einen qualifizierten Einsatz des Marketing-Instrumentariums voraus, um Präferenzen zu schaffen, um mini-monopolistische Marktstellungen (Unique Selling Proposition) aufzubauen. Dies ist in attraktiven, ertragversprechenden Geschäftsfeldern zweckmäßig.

Strategisches Marketing beinhaltet somit die Durchsetzung einer Positionierung. In der Versicherungspraxis kann dies erreicht werden, indem ein Versicherungsunternehmen entscheidet, auf welchen Geschäftsfeldern es tätig sein will und auf welchen nicht. Denn der Unternehmenserfolg wird nicht nur durch aktives Tun, durch Marktbearbeitung bestimmt, sondern – wie Farny und Kirsch festgestellt haben – eben auch durch bewußtes Unterlassen. Inwieweit dies oder das zweckmäßig ist, hängt von den jeweils verfolgten Unternehmenszielen, von der jeweiligen Umweltsituation und von den Stärken bzw. Schwächen des jeweiligen Versicherers ab. Beispielhaft kann eine Trennung in die Geschäftsfelder „Privatkunden" und „Firmenkunden" vorgenommen werden – allerdings ist dies nur eine erste, grobe Strukturierung.

Eine geschäftsfeldorientierte Marketing-Strategie ist aus Marketing-Sicht überaus zweckmäßig: Die Spartenorganisation in der deutschen Versicherungswirtschaft ist eine Tradition, die sich hauptsächlich als Folge der Versicherungsaufsicht ergeben hat; der Kundenbedarf ist in Wirklichkeit sparten-, ja zum Teil wirtschaftszweigübergreifend. Erst die Konzentration auf bestimmte Geschäftsfelder erlaubt einen wirkungsvollen Einsatz des Marketing-Instrumentariums, die Entwicklung von Maßnahmen-Bündeln, um unverwechselbare Versicherungsdienstleistungen anzubieten. Die weitgehende Ähnlichkeit der Kernprodukte in der Assekuranz zwingt zur Profilierung bei Grund- und Zusatznutzen (z. B. Präferenzenbildung durch bedarfsgerechte Angebotsgestaltung, Erbringung spezieller Serviceleistungen).

Eine erfolgreiche Marketing-Strategie setzt die Nutzung der Wettbewerbsstärken des jeweiligen Versicherers, die Umsetzung der vorhandenen Kompetenz am Markt voraus. Die Spannweite reicht somit vom maßgeschneiderten Markenversicherungsschutz mit Servicekomponenten bis hin zum Standardversicherungsschutz ohne nennenswerten Kundendienst. Aus der Sicht des Marketing ist zu entscheiden zwischen undifferenziertem Marketing (im Bereiche des Massenversicherungsgeschäftes), differenziertem Marketing (= spezielles Marketing für einzelne Marktsegmente) und konzentriertem Marketing (= separates Marketing für ertragreiche Geschäftsfelder). Erforderlich ist in jedem Falle ein „Outside-in-" anstelle eines „Inside-out-Denkens"! Die Fragestellung aus Marketing-Sicht lautet: Wie kann der Kundennutzen – relativ zu den Bestrebungen der Konkurrenz – gesteigert werden?

2.3 Kundenbindung

Aus Marketing-Sicht kommt in der Versicherungswirtschaft noch ein weiterer Aspekt hinzu. Entscheidender Faktor bei der Kundengewinnung und -bindung sollte die Wertigkeit der jeweiligen schon existierenden oder noch zu begründenden Geschäftsverbindung sein. Letzteres bedeutet, die Marketing-Betrachtung nicht nur auf Aktivitäten im Neugeschäft zu richten, sondern vielmehr auch den Bestand in die Marketing-Strategie mit einzubeziehen. Versicherungsmarketing endet somit nicht mit dem Abschluß eines Versicherungsvertrages, sondern die Erwerbskosten sind durch eine Intensivierung der Geschäftsverbindung zu amortisieren. Die Richtigkeit einer derartigen Vorgehensweise wird durch die Tatsache bestätigt, daß die Kosten einer Neukundengewinnung erheblich höher als die Kosten der Kundenbindung sind. Hinzu kommt noch, daß „gepflegte" Kunden im Laufe der Zeit Präferenzen für das jeweilige Versicherungsunternehmen entwickeln (Möglichkeit eines „Trading-up"), daß Versicherungsverträge hierdurch stets mit dem Bedarf und den Realitäten übereinstimmen (Vermeidung von Problemen im Schaden- bzw. Versicherungsfall).

Vor diesem Hintergrund sind Kundendatenbanken die quantitative und auch qualitative Basis für Kundennähe, die Grundlage für Dialog-Marketing aller Art, die Bedingung unternehmenszielorientierter Marketing-Aktivitäten. Dieses Data-Base-Marketing geht über reine Bestandsanalysen weit hinaus, um alle Marketing-Aktivitäten präzise kundenorientiert steuern zu können: Externe werden mit internen Daten kombiniert, Kundenzufriedenheitsanalysen als betriebliche Frühwarnsysteme genutzt usw.

3. Gesamtunternehmerisches Marketing

3.1 Grundlegung

Versicherungsunternehmen besitzen – wie andere Unternehmen auch – unterschiedliche Identitäten. Zielsetzung des strategischen Marketing muß es sein, Eigen-, Ziel-, Realitäts- und Fremdbild, das übrigens bei unterschiedlichen Zielgruppen noch eine unterschiedliche Ausprägung besitzen kann, zu einer möglichst weitgehenden Deckung zu bringen. Es muß diejenige Kompetenz ausgestrahlt werden, die den Mitarbeitern eines Versicherungsunternehmens die Befähigung und Motivation zum Engagement für die unternehmerischen Ziele gibt, die das Versicherungsunternehmen am Markt profiliert und von der Konkurrenz abhebt. Diese Kompetenz betrifft das Wissen (= Qualifikation der Mitarbeiter), Wollen (= Bereitschaft zur Leistungserbringung) und Können (= Kundenorientierung, Innovationen). Insgesamt gesehen muß das Versicherungsunternehmen die Fähigkeit besitzen, den Marktpartnern Nutzen zu bringen und dies auch erfolgreich zu kommunizieren.

3.2 Corporate-Identity-Strategie

Unter „Corporate Identity" wird im Modell die unternehmerische Gesamtpersönlichkeit verstanden. Das erste Element der Corporate Identity eines Versicherungsunternehmens ist das Corporate Design, das gesamte optische Erscheinungsbild eines Versicherungsunternehmens. Zweitens beinhaltet Corporate Identity das Corporate Behavior, das Verhalten aller Angehörigen eines Versicherungsunternehmens. Und drittens gibt es Corporate Communications, die Gesamtwirkung aller Kommunikations-Maßnahmen. Eine Corporate-Identity-Strategie umfaßt alle drei dieser Elemente, um zum einen den Mitarbeitern eine Identifikation mit den unternehmerischen Zielen zu ermöglichen, um zum anderen schon vorhandenen und potentiellen Kunden eine Identifizierung des Versicherungsunternehmens zu ermöglichen. Angestrebt werden sollte, daß das Corporate Image (als Ergebnis dieser Aktivitäten) mit der Unternehmensrealität weitgehend übereinstimmt.

Die Wirkung einer derartigen Strategie ist umfassend. Auf dem Absatzmarkt beeinflußt ein gutes Image eines Versicherungsunternehmens sowohl Abschluß- als auch Vertragsfortführungsentscheidungen positiv. Gefördert werden auch „Lieferantenbeziehungen" aller Art: Im Vordergrund steht sicherlich das Entstehen eines „Wir-Gefühls" bei den Mitarbeitern. Aber auch die Beziehungen zu den Kapitalgebern (Aktionäre oder Träger eines VVaG bzw. eines öffentlich-rechtlichen Versicherungsunternehmens) oder zu den Lieferanten von Betriebsmitteln usw. werden gestärkt. Schließlich hat eine Corporate-Identity-Strategie auch eine Wirkung in der Öffentlichkeit allgemein – letzteres kann als Vertrauensaufbau und Vertrauenvorsorge beschrieben werden. In der Versicherungswirtschaft ist eine derartige Corporate-Identity-Strategie von besonderer Bedeutung, weil die AVB weitgehend übereinstimmen und Innovationen relativ schnell nachahmbar sind, weil die Produktqualität durch die Vertrauenswürdigkeit des Produzenten, des Versicherers, maßgeblich mitbestimmt wird, weil nur so das eigene Profil am Markt klar positioniert werden kann. Und schließlich hat eine erfolgreich praktizierte Corporate-Identity-Strategie eine gewisse Selbststeuerungs-Automatik des Versicherungsunternehmens zur Folge.

Als Folgerung ergibt sich, daß gesamtunternehmerisches Marketing zwar zwei Zielrichtungen hat – nämlich nach außen und nach innen –, daß aber richtiges Marketing stets intern beginnen sollte. Jeder Mitarbeiter eines Versicherungsunternehmens ist als PR-Botschafter mit einem weiten Ausstrahlungskreis anzusehen. Interne Kommunikation ermöglicht eine Identifikation mit dem jeweiligen Versicherungsunternehmen, verstärkt dadurch das Interesse für die Unternehmenszukunft, verringert die Anonymität eines Großbetriebes, erzeugt Motivation. Extern wird eine Profilierung und Vertrauensbildung in der Öffentlichkeit, eine Unterstützung des sonstigen Marketing-Mix erreicht. Marketing beginnt „at home", im Versicherungsunternehmen! Das Know-how und die Kreativität der Mitarbeiter sind marketingstrategisch systematisch zu nutzen. Hierdurch wird Praxisbezug und vor allem Akzeptanz erreicht. Die Gewinnung und Erhaltung von Kunden setzt somit vorher die Gewinnung der eigenen Mitarbeiter und Vertriebspartner voraus. Darauf aufbauend sind die Marketing-Aktivitäten von Direktion und Filialen sowie der Versicherungsvermittler synergetisch zu integrieren.

4. Marketing-Instrumentarium

4.1 Instrumente

Strategisches Marketing stellt die Leitlinie für operatives Marketing, für den koordinierten und integrierten Einsatz aller Marketing-Instrumente dar. In diesem Sinne verstanden sind Angebotspolitik (= Versicherungsproduktpolitik + Prämienpolitik), Distributions- oder Vertriebspolitik und Kommunikationspolitik Maßnahmen im Marketing zur Erreichung strategischer Ziele. Die Produktpolitik dient der Gestaltung des Versicherungsschutzes: Inhalt, Geltungsbereich, Kombinationen von Versicherungs- und evtl. auch von Sparprodukten müssen festgelegt werden (materielle Komponente); notwendig sind noch Namensgebung, unternehmensindividuelle Markierung usw. (formale Komponente); hinzu kommt in der Versicherungswirtschaft in der Regel noch die Servicepolitik. Die Prämienpolitik betrifft den Preis des Versicherungsschutzes – vor allem im Neugeschäft, aber mit einem time-lag auch im Bestand. Die Distributionspolitik ist in der Versicherungswirtschaft vornehmlich eine Vertriebsverfahrens- oder auch Vertriebswegepolitik; entschieden werden muß, über welche Kanäle der Kontakt zum Kunden geschaffen und gehalten wird (Dezentraler Außendienst, versicherungsfremde Organisationen, Makler, Direktvertrieb usw.). Die Kommunikationspolitik schließlich umfaßt Werbung (insbesondere Entwicklung und Durchführung von Werbekonzeptionen: Erhaltung und Verstärkung des Bekanntheitsgrades, Produkt-Werbung), Verkaufsförderung (Unterstützung des Außendienstes, Entwicklung kundengerichteter Marketing-Maßnahmen, Management des Marketing-Dialogs mit dem Kunden: Entwicklung von Anreizen zum Verkauf und/oder zum Erwerb von Versicherungsschutz) und schließlich Public-Relations-Aktivitäten (Allgemeine Öffentlichkeitsarbeit und auch Sponsoring: Bildung eines positiven Image).

Ergänzt wird dieses Marketing-Instrumentarium durch Marktforschung (quantitative und qualitative Erforschung der relevanten Versicherungsmärkte durch Primär- bzw. Sekundärforschung, Ermittlung von Informationen über Einsatzmöglichkeiten und Wirkungsweise der Marketing-Instrumente). Hinzu kommt noch das Marketing-Controlling, das für die strategische Planung aller Marketing-Aktivitäten zu sorgen hat und die operative Durchführung von Marketing-Maßnahmen zielorientiert steuert.

4.2 Marketing-Organisation

Die Organisation des Marketing im Versicherungsunternehmen muß die dargestellte Verankerung des strategischen und operativen Marketing sicherstellen. Zu beachten ist hierbei, daß der Marketing-Bereich mit allen anderen Bereichen eines Versicherungsunternehmens verzahnt wird – etwa durch die Bildung von Strategieteams, durch die Benennung von festen Ansprechpartnern, durch die Einbindung des Außendienstes.

Erreicht werden muß, daß das Marketing wirklich mit Leben und Inhalt erfüllt wird. Denn Marketing hat im Versicherungsunternehmen eine Reihe von Funktionen zu erfüllen. Zunächst muß das Marketing für alle anderen Bereiche natürlich Marketing-Dienstleistungen erbringen; hierzu gehört nicht nur die Lieferung von Marktforschungsdaten, die Vornahme von Marketing-Beratungen aller Art, sondern auch die federführende Steuerung aller Marketing-Aufgaben und -Projekte. Sehr wesentlich ist vor dem dargestellten Hintergrund aber auch die Innovations- und Synchronisationsfunktion des Marketing: Marketing muß alle Mitarbeiter zum Agieren, nicht Reagieren bezüglich marktrelevanter Tätigkeiten anregen, muß Marktchancen in Marktinnovationen und Markterfolge transformieren, muß vor allem das Kundenbewußtsein im Innen- und Außendienst auf allen Hierarchieebenen fördern, alle Maßnahmen kundenorientiert (aber unternehmenszielbezogen) miteinander abstimmen.

5. Zusammenfassung

Hauptaufgabe des Marketing ist es, das Versicherungsunternehmen so zu steuern, daß der Marktauftritt klar und eindeutig ist – entsprechend der jeweils angestrebten Positionierung. Die Erfüllung der Unternehmensziele steht klar im Vordergrund. Entscheidend für den Unternehmenserfolg ist hierbei, daß das Marketing integriert, durchgängig und durchsetzungsstark ist.

Literatur

Becker, Jochen: Marketing-Konzeption, Grundlagen des strategischen Marketing-Managements, 4. verbesserte und erweiterte Auflage, München 1992

Benölken, Heinz: Kundenorientierte Organisation des Versicherungsbetriebs im Außen- und Innendienst, in: VW 1993, S. 402 ff.

Farny, Dieter: Absatz und Absatzpolitik des Versicherungsunternehmens, Eine Einführung, Karlsruhe 1971

Farny, Dieter: Absatz und Absatzpolitik des Versicherungsunternehmens, in: ZVersWiss 1971, S. 155 ff.

Farny, Dieter: Corporate Strategy of European Insurers (Fourth Geneva Lecture), in: The Geneva Papers on Risk and Insurance 1990, S. 372 ff.

Farny, Dieter: Strategic Growth and Profit Policy of Insurance Companies, in: Risk, Information and Insurance, Essays in Memory of Karl H. Borch; Boston, Dordrecht, London 1990, S. 185 ff.

Farny, Dieter: Versicherungsbetriebslehre, Karlsruhe 1989

Farny, Dieter; Kirsch, Werner: Strategische Unternehmenspolitik von Versicherungsunternehmen, in: ZVersWiss 1987, S. 369 ff.

Harbrücker, Ulrich: Wertewandel und Corporate Identity eines gesellschaftsorientierten Marketing von Versicherungsunternehmen, Wiesbaden 1992

Hohmeier, Rosemarie: Die Auswirkungen einer kundengruppenbezogenen Absatzpolitik auf die gesamte Unternehmenspolitik eines Versicherungsunternehmens, in: ZVersWiss 1981, S. 175 ff.

Meffert, Heribert: Strategische Unternehmensführung und Marketing, Beiträge zur marktorientierten Unternehmenspolitik, Wiesbaden 1988

PROGNOS: Die Bundesrepublik Deutschland 2000 – 2005 – 2010 – Die Entwicklung von Wirtschaft und Gesellschaft in der Bundesrepublik und den Bundesländern bis 2010, Basel 1993

Ruf, Sabine: Kundenpflege mit Strategie – Perspektiven des Kundenstamm-Marketing, in: Schwerpunktnummer Institut für Versicherungswirtschaft an der Hochschule St. Gallen, St. Gallen 1992

Schreiber, Hans: Aktuelle Probleme des Versicherungs-Marketing, in: VW 1987, S. 911 ff.

Stracke, Guido; Geitner, Dirk: Finanzdienstleistungen: Handbuch über den Markt und die Anbieter, Heidelberg 1992

Weiss, Wieland: Euromarketing 2000 – Perspektiven und Herausforderungen, in: ZfV 1991, S. 294 ff.

Weiss, Wieland: Vertrieb und Vermittlung von Versicherungen aus der Sicht der betriebswirtschaftlichen Theorie, in: ZVersWiss 1988, S. 217 ff.

Weiss, Wieland: Wachstumsziele und -instrumente von Versicherungsunternehmen, Dissertation Köln 1975

Winners, Stefan: Strategische Unternehmensführung in der Versicherungswirtschaft – eine empirische Untersuchung, in: VW 1992, S. 791 ff.

Wolff, Volker: Marktbearbeitungsstrategien des Versicherungsunternehmens, Berlin 1979

Wolfgang Zschockelt

Zur Problematik von Polarisierungstendenzen in europäischen Versicherungsmärkten

„Nichts wird mehr so sein, wie es war", diesen an sich trivialen und in seiner Absolutheit sicher auch nicht zutreffenden Satz hört man gegenwärtig besonders häufig. Er spiegelt letztlich nichts als eine tiefe Unsicherheit über künftige Entwicklungen wider, angesichts sich grundlegend verändernder gesellschaftlicher, politischer, wirtschaftlicher und technischer Bedingungen im letzten Jahrzehnt unseres Jahrtausends.

Diese Veränderungen unserer Umwelt und ihre Wechselwirkungen betreffen auch und in nicht geringem Maße die Versicherungswirtschaft. Wenn sich deren Entwicklung bis 1990 in einem relativ stabilen Bedingungsrahmen vollzog, so kann eine solche Stabilität für die Zukunft nicht mehr unterstellt werden[1].

Unsicherheit, Risiken und deren vorausschauende Einschätzung sind bekanntlich Essentials des Versicherungsgeschäftes. So ist es nur natürlich, wenn sich gerade die Versicherungswissenschaft und -praxis nicht mit der anfangs genannten trivialen Aussage begnügt. Die Jahrestagung des Deutschen Vereins für Versicherungswissenschaft hat sich im März 1992 unter dem Generalthema „Künftige Umwelten und Versicherungen" mit einer Vielzahl der zu erwartenden Veränderungen in den verschiedenen Umweltsektoren der Versicherungswirtschaft und deren möglichen Auswirkungen auf die Versicherungswirtschaft befaßt[2].

Für die Entwicklung der Versicherungswirtschaft wird als Ergebnis der sich verändernden Rahmenbedingungen von der Hypothese einer generellen Polarisierungstendenz ausgegangen[3].

Im allgemeinen wird darunter eine „schärfere Profilierung der Marktteilnehmer"[4], d. h. der Anbieter und Nachfrager, aber auch der auf dem Ver-

---

1 Vgl. Farny, D., Perspektiven der deutschen Versicherungswirtschaft, IBM Nachrichten 41 (1991) Spezial, S. 7.
2 Vgl. Zeitschrift für die gesamte Versicherungswissenschaft, Nr. 1/2 1992, S. 1–203.
3 Vgl. u. a. Farny, a.a.O., S. 10, Versicherungswirtschaft im Wandel, Untersuchung von Heidrick & Struggles in Zusammenarbeit mit D. Farny, 1992.
4 Farny, a.a.O.

sicherungsmarkt gehandelten Produkte und der Vertriebsverfahren verstanden. Polarisierung oder, anders ausgedrückt, schärfere Profilierung bedeutet dabei eine tendenzielle Abnahme einer gegenwärtig vorhandenen, in sich relativ wenig differenzierten Vielfalt der Marktbeziehungen zugunsten eines künftigen, weniger vielfältigen, aber in sich stärker differenzierten und strukturierten Systems von Marktbeziehungen. Eine solche Aussage ist in dieser Allgemeinheit in sich nicht widerspruchsfrei und soll deshalb im folgenden hinsichtlich der verschiedenen Ebenen der Polarisierungstendenzen, der verschiedenen Marktelemente näher untersucht werden.

Polarisierung im Wortsinne bedeutet eine Teilung in zwei extreme, gegensätzliche Gruppen. Sie ist also so betrachtet ein Übergang von der Vielfalt zur Zwiefalt. Eigenständigkeit, Unverwechselbarkeit von Marktbeziehungen läßt sich aber andererseits in der Realität nur auf einer sehr abstrakten Ebene mit Zwiefalt identifizieren. Ideale Polarisierung gibt es nur auf der Ebene elementarer Erscheinungen wie sie z. B. in der elektrischen Ladung (plus oder minus) im Magnetismus oder am abstraktesten im dualen Zeichensystem als Grundlage elektronischer Datenverarbeitung zu finden sind. Komplexere Erscheinungen, insbesondere ökonomische, sind niemals idealtypisch polar. Polarität ist hier immer mehr oder weniger relativ.

Als Ursache von Polarisierungstendenzen auf dem Versicherungsmarkt wird vor allem die Steigerung des Wettbewerbs angeführt, die durch die mit der Schaffung des EG-Binnenmarktes verbundene Dienstleistungsfreiheit bei gleichzeitiger Deregulierung des Versicherungsmarktes hervorgerufen wird. Neben diesem sicher sehr bedeutsamen Ursachenkomplex, der sich in erster Linie auf die Anbieter, die Versicherungsunternehmen auswirkt, wirken aber noch eine Vielzahl anderer Veränderungen der Umwelt auf die Versicherungsmärkte, welche hinsichtlich anderer Marktelemente durchaus nicht immer polarisierende sondern oftmals eher differenzierende, d. h. größere Vielfalt erzeugende Tendenzen hervorrufen. Dazu gehören z. B. Veränderungen der natürlichen Umwelt, der Technik, der Gesetzgebung und Rechtsprechung aber auch der gesellschaftlichen Verhältnisse (vor allem in Mittel- und Osteuropa), der demographischen Faktoren, der Einkommens- und Vermögensverhältnisse bis hin zum Bildungswesen sowie zum gesellschaftlichen Wertewandel.

Die Polarisierungsthese, bezogen auf die Versicherungsmärkte, wird, und das ist methodisch zunächst einmal sicher unumgänglich, als Gegenüberstellung zweier Extreme dargestellt. Dabei zeigt sich aber bereits, daß hinsichtlich der einzelnen Marktelemente in der Regel bereits verschiedene Extremfälle möglich sind.

Die folgenden Schemata sollen dies veranschaulichen.

Polarisierung der Marktelemente auf Versicherungsmärkten

1. Anbieter[5]

   a) große Versicherer kleine Versicherer
   b) Universalversicherer Spezialversicherer
   c) internationale Versicherer nationale/regionale Versicherer
   d) Versicherer mit Standardprodukten Versicherer mit Spezialprodukten
   e) Versicherer mit geringem Serviceangebot Versicherer mit hohem Serviceangebot
   f) billige Versicherer teure Versicherer
   g) Versicherer mit Allfinanzangebot Versicherer ohne Allfinanzangebot

2. Kunden

   a) kleine gewerbliche, freiberufliche, Privatkunden große gewerbliche Kunden
   b) passive, uninformierte, intuitiv handelnde Kunden aktive, informierte, rational handelnde Kunden
   c) serviceorientierte Kunden preisorientierte Kunden
   d) Kunden mit eher nicht speziellem Versicherungsbedarf Kunden mit eher speziellem Versicherungsbedarf
   e) risikoscheue Kunden risikofreudige Kunden
   f) Kunden mit Bedarf nach Allfinanzangeboten Kunden ohne Bedarf nach Allfinanzangeboten

3. Produkte

   a) umfassende Produkte (Bündelungen, All risk-Policen) spezielle Produkte
   b) genormte Produkte individuelle Produkte
   c) statische Produkte flexible Produkte
   d) Produkte mit geringem Service Produkte mit umfangreichem Service
   e) billige Produkte teure Produkte

---

5 Versicherer werden auch als Versicherungskonzerne, -gruppen verstanden.

4. Vertriebswege

a) zentraler Vertrieb dezentraler Vertrieb
   (Direktvertrieb)
b) versicherergebundener versichererunabhängiger
   Vertrieb Vertrieb (Makler, kundengebundene Organe)
c) Annexvertrieb Strukturvertriebe

Aus dieser nicht vollständigen Übersicht ist erkennbar, daß es bei den ausgewählten Marktelementen sowohl innerhalb der einzelnen Marktelemente unterschiedliche Polaritäten gibt, die durchaus nicht in jedem Fall übereinstimmen müssen, als auch, und das vielleicht noch deutlicher, daß die Polaritäten zwischen den Marktelementen durchaus nicht kompatibel sind.

Betrachtet man zunächst die einzelnen Marktelemente, so ist festzustellen, daß in der Praxis die Übereinstimmung aller Merkmale eines „Poles" bei einem konkreten Marktelement eher die Ausnahme als die Regel ist. Einzelne reale Anbieter, Kunden, Produkte und zum Teil auch Vertriebswege vereinen meist Merkmale beider Pole in sich, wobei oftmals die Zuordnung bestimmter Merkmale innerhalb der Polaritätsschemata strittig sein kann.

Was die Anbieter, die Versicherer, betrifft, so wird meist eine Polarisierung in sehr große, international tätige Versicherer mit Allfinanzangebot und Vertriebswegemix einerseits und relativ kleine, national/regional tätige Spezialversicherer mit überwiegend kundengruppenbezogener Spezialisierung ohne Allfinanzangebot und einem Vertriebssystem prognostiziert[6]. Als allgemeiner Trend und bezogen auf die genannten Merkmale der Polarität erscheint diese These zunächst plausibel, muß aber auch an dieser Stelle schon für verschiedene Konstellationen bezweifelt werden. Ein Spezialversicherer z. B., der sich auf das großgewerbliche Firmenkundengeschäft konzentriert, dürfte schon aus Gründen des Risikoausgleichs schwerlich existieren können, wenn er zu den kleinen oder mittleren Unternehmen zählt und nur auf dem nationalen Markt tätig ist. Es ist auch fraglich, ob ein solcher Versicherer angesichts der wirtschaftlichen Macht seiner Kunden unter verschärften Konkurrenzbedingungen hohe Preise mit entsprechenden Gewinnmargen auf Dauer durchsetzen kann.

Bezieht man die anderen in der o. a. Übersicht genannten Merkmale der Polarität der Anbieter in die Betrachtung ein, so wird das Bild noch wi-

---

6 Vgl. Farny, a.a.O.

dersprüchlicher. Dabei ergeben sich z. B. folgende Fragen: Kann und warum sollte ein großer Universalversicherer sich auf Geschäftsfelder mit Standardprodukten, geringem Service und niedrigen Preisen beschränken? Gehört es nicht zum Universalversicherer, daß er sich auch den Geschäften mit speziellen Kunden, Produkten mit hohem Service und entsprechenden Preisen widmet? Hat ein großer Versicherer nicht auch auf diesen Gebieten oftmals größere Potenzen und zudem einen Ausgleich durch das sogenannte Massengeschäft? Wird es bei großen Universalversicherern nicht eher zu einer Polarisierung innerhalb der Unternehmen kommen, bezogen auf eine kundengruppenbezogene Spezialisierung im Unternehmen? Werden kleinere und vor allem mittlere Versicherer, die sich auf das Privatkundengeschäft, ergänzt durch kleingewerbliche Kunden „spezialisieren", nicht auch und gerade mit Standardprodukten zu relativ billigen Preisen und mit teilweise geringem Service existieren können (eine Reihe von Direktversicherern gibt hier ein Beispiel)? Zeigt nicht andererseits die Praxis des deutschen Versicherungsmarktes, daß gerade die sehr großen Versicherer im Privatkundengeschäft in der Regel nicht zu den ausgesprochenen Billiganbietern gehören und trotzdem die größten Marktanteile besitzen? Bietet nicht die These „all business is local" gerade den national tätigen Versicherern große Chancen im Privatkundengeschäft auch unter den Bedingungen des durch Dienstleistungsfreiheit charakterisierten EG-Binnenmarktes? Andererseits spricht die finanzielle Bonität als Entscheidungskriterium wiederum für die großen Versicherer.

Noch komplizierter wird die Situation bei der Betrachtung von Polaritätsmerkmalen der Versicherungskunden.

Unbestritten dürfte sein, daß großgewerbliche Kunden einerseits und private sowie kleingewerbliche Kunden andererseits zwei Pole dieses Marktelementes darstellen. Tendenziell gehören die ersteren sicher zu den aktiven, informierten, rational handelnden Kunden, die letzteren eher zu den passiven, uninformierten, intuitiv handelnden Kunden, wenngleich sich auch hier bei den Privat- und kleingewerblichen Kunden eine zunehmende Differenzierung vollzieht. Der Bedarf nach Allfinanzangeboten dürfte bei den großgewerblichen Kunden, wenn überhaupt, eine im Vergleich zu den anderen Kundengruppen eher unbedeutende Rolle spielen.

Kaum noch plausibel erklärbar ist aber die Zuordnung der Kundengruppen zu den weiteren Polaritätsmerkmalen preis-/serviceorientiert, spezieller/nichtspezieller Versicherungsbedarf und Risikofreude/Risikoaversion.

Alle diese genannten Merkmale finden sich sowohl bei den großgewerblichen als auch bei den privaten und kleingewerblichen Kunden. Warum sollten Kunden mit speziellem Versicherungsbedarf preisbewußter sein als solche mit eher nicht speziellem Versicherungsbedarf? Wird nicht ein

Kunde mit speziellem Versicherungsbedarf eher mehr serviceorientiert sein als der mit einem nichtspeziellen Bedarf? Setzt sich der Versicherungsbedarf eines Kunden nicht immer aus einem nichtspeziellen und (in vielen Fällen) einem speziellen Versicherungsbedarf zusammen? Gibt es nicht auch beim sogenannten professionellen Kunden einen Servicebedarf, der sich allerdings von dem des Privatkunden unterscheidet, indem er z. B. auf Unterstützung beim Risk-Management, bei der Schadenverhütung, bei der Begleitung internationaler Geschäfte durch die Versicherung gerichtet ist? Entsprechende Aktivitäten führender Großkundenversicherer sprechen dafür. Es ist doch wohl kaum realistisch, anzunehmen, daß der Großkunde in der Regel bei „Aldi", der Privatkunde dagegen im „Delikatessengeschäft" kauft.

Auch die Risikofreude bzw. Risikoaversion läßt sich nicht bestimmten großen Kundengruppen zuordnen, sondern eher bestimmten psychologischen Charakteristika einzelner Kundenpersönlichkeiten. Hier kann es selbst bei einem einzelnen Kunden Widersprüche in bezug auf einzelne Produkte geben z. B. dergestalt, daß ein Kunde zwar im Hinblick auf die Risiken eines Rechtsstreites ausgesprochen risikoscheu ist und Rechtsstreitigkeiten nach Möglichkeit zu vermeiden sucht, dem Abschluß einer Rechtsschutzversicherung aber trotzdem (oder gerade deshalb?) ablehnend gegenübersteht. Wer von der Notwendigkeit einer eigentlich wenig nützlichen Kraftfahrt-Insassenunfallversicherung relativ leicht zu überzeugen ist, muß dies noch lange nicht hinsichtlich der Notwendigkeit einer Gewässerschadenhaftpflichtversicherung für den Heizöltank seines Einfamilienhauses sein.

Die in letzter Zeit bei einer großen Zahl von Versicherungsunternehmen eingeleiteten bzw. verstärkten Bemühungen um eine größere Marktsegmentierung, vor allem im Privatkundengeschäft, zeigen, daß eine einfache Polarisierung von Kunden nach Merkmalsgruppen offenbar nicht der Realität entspricht. Der reale Kunde in seiner Vielfalt ist innerhalb der beiden großen Hauptgruppen teilweise aber auch zwischen diesen ein Spezifikum, welches sich aus höchst unterschiedlichen Kombinationen der einzelnen, insbesondere subjektiven Polaritätsmerkmale ergibt und sich auch als Versicherungskunde in verschiedenen Situationen unterschiedlich verhält.

Ähnlich kompliziert, wenn auch aus anderen Gründen, stellt sich das Problem der Produktpolarität dar.

Zutreffend dürfte sein, daß ansonsten gleiche Produkte bei höherem Serviceniveau teurer sind, da Service Aufwendungen erfordert. Doch schon hier gibt es einige entgegenwirkende Faktoren. Ein geringes Serviceniveau, z. B. im Direktvertrieb, kann mit einer schlechteren Risikoauslese verbunden sein, so daß eventuell durch höhere notwendige Risikoprämien die Vorteile der Kostenersparnis teilweise kompensiert werden. Ein sehr guter Service kann zu größeren Marktanteilen führen, die, durch verschiedene Faktoren bedingt, Möglichkeiten bieten, die Prämien nicht in sehr hohem Maße gegenüber Konkurrenzanbietern zu verteuern. Schließlich wird der mit dem EG-Binnenmarkt und dem Wegfall der Bedingungsgenehmigung verbundene verschärfte Wettbewerb den Vergleich der Produkte erschweren, so daß die serviceabhängigen Preisunterschiede schwerer als bisher zu ermitteln sind.

Die Unterscheidung in umfassende und spezielle Produkte ist zwar prinzipiell möglich, aber stets mehr oder weniger relativ, da weder umfassende Produkte alle Risiken eines Kunden abdecken, noch spezielle Produkte, bis auf eine geringe Zahl von Ausnahmen, tatsächlich absolut speziell sind. Selbst solche traditionellen speziellen Produkte wie die Feuerversicherung mit 4 versicherten Gefahren und unterschiedlichen versicherten Sachen oder die Privathaftpflichtversicherung sind nicht speziell im engen Sinne des Wortes.

Noch unklarer ist die Situation hinsichtlich der Einteilung in genormte und individuelle Produkte. Auch hier ist die Zuordnung relativ, mit fließenden Grenzen. Ein spezielles, im Sinne von einmaliges Versicherungsprodukt dürfte in der Praxis höchst selten vorkommen und würde bei häufigem Auftreten den Risikoausgleich im Kollektiv schwierig gestalten. Die Mehrzahl der sogenannten speziellen Produkte sind Gebilde aus unterschiedlich zusammengesetzten genormten Bauteilen, so wie man aus einem Baukasten mit genügend vielfältigen Bausteinen (die Anzahl der einzelnen Bausteine ist in der Versicherung praktisch unbegrenzt) sowohl 10 Reihenhäuser als auch 10 unterschiedlich gestaltete Einzelhäuser bauen kann.

Selbst einfachste „genormte Versicherungsprodukte" sind in der Regel individuell gestaltbar. Das betrifft z. B. die unterschiedlichen möglichen Deckungssummen in der Kraftfahrt-Haftpflichtversicherung, unterschiedliche Versicherungssummen und den Einschluß verschiedener Gefahren in der Hausratversicherung.

Im Grunde bedeutet die Unterscheidung in genormte und individuelle Versicherungsprodukte nichts anderes als die größere oder geringere unterschiedliche Kombination von genormten Produktbestandteilen. Die Beziehung zum Polaritätsmerkmal umfassend und speziell ist dabei nicht eindeutig. Ein umfassendes Produkt kann sowohl hochgradig genormt als auch sehr individuell gestaltet sein, was auch auf spezielle Produkte zutrifft.

Die Polaritätsmerkmale der Vertriebswege sind untereinander weitgehend unabhängig. Während im ersten Merkmal zentraler und dezentraler Vertrieb einander gegenüberstehen, sind die beiden folgenden Paare von Polaritätsmerkmalen dem dezentralen Vertrieb zuzurechnen und nach anderen Kriterien gebildet. Dabei ist der Annexvertrieb versicherergebunden, der Strukturvertrieb kann es sein, ist aber häufig, wie auch die Mehrfachagenten, eine Mischform hinsichtlich der Gebundenheit an einen Versicherer. Die Vertriebsformen mit ihren unterschiedlichen Polaritätsmerkmalen sind für unterschiedliche Produkte und Kundentypen unterschiedlich geeignet. Inwieweit sie allein oder in Kombinationen von den Versicherern genutzt werden, hängt vor allem von den unterschiedlichen Geschäftsfeldern der Versicherer ab und nicht unbedingt von deren Größe. Eine gewisse Ausnahme mit Verwendung eines einzigen Vertriebsweges dürften vor allem die Direktversicherer im Privatkundengeschäft mit relativ stark genormten speziellen Produkten darstellen. Die Frage, ob die in Deutschland bisher dominierende Form des Einfirmen-/ Konzernvertreters im Privatkundengeschäft unter den Bedingungen des EG-Binnenmarktes erhalten bleibt, soll hier nicht näher untersucht werden. Es sei aber die These gewagt, daß sich der Weg des Strukturvertriebes als vorteilhaft für das Eindringen ausländischer Anbieter in das deutsche Privatkundengeschäft erweisen könnte.

Schon bei der Betrachtung der einzelnen Elemente des Versicherungsmarktes hinsichtlich ihrer spezifischen Polaritätsmerkmale hat sich gezeigt, daß in der Realität sowohl Anbieter als auch Kunden und Produkte eigenständige spezifische Profile aufweisen werden, die sich in der Regel nicht auf eine Klassifizierung nach der Gesamtheit der Polaritätsmerkmale der einen oder der anderen Seite reduzieren lassen. Es wird auch künftig unterschiedliche Anbieter, Kunden und Produkte, zusammengeführt durch verschiedene, für die jeweiligen Geschäftsfelder mehr oder weniger geeignete Vertriebswege geben, die sich vor allem danach bestimmen lassen, welche Polaritätsmerkmale sie in welcher Kombination aufweisen. Um so mehr kann man davon ausgehen, daß die künftige Entwicklung des Umfeldes der Versicherungswirtschaft, EG-Binnenmarkt, Einbeziehung der Versicherungswirtschaft der ost- und mitteleuropäischen Länder in den europäischen Versicherungsmarkt und Entwicklung der zu versichernden Risiken nicht zu einer alle Marktelemente umfassenden Reduzierung des Versicherungsmarktes auf zwei sich polar gegenüberstehenden Extremtypen von Marktbeziehungen führen wird.

Ein Versicherungsmarkt, bestehend aus einerseits

– großen, universalen, international tätigen Versicherern, die umfassende, genormte Produkte mit geringem Serviceangebot gemeinsam mit Allfinanzangeboten billig an alle Kunden verkaufen, die keinen speziellen Versicherungsbedarf haben, preis-, aber wenig servicebewußt und passiv, uninformiert und intuitiv handelnd sind;

und andererseits

– kleinen und mittleren Versicherern, die national mit speziellen, individuellen Produkten mit hohem Serviceniveau und entsprechenden Preisen auftreten, Kunden mit speziellem Versicherungsbedarf haben, die Wert auf individuelle Beratung und Produktgestaltung legen und keinen oder geringen Bedarf an Allfinanzangeboten haben,

ginge wohl in dieser extremen Form weit an der Realität vorbei.

So ausgelegt, wäre die „generelle Polarisierungsthese"[7] sicher falsch verstanden.

Betrachtet man die Entwicklung des deutschen Versicherungsmarktes historisch, so kann man feststellen, daß die Polarisierungstendenzen durchaus kein neues, erst im letzten Jahrzehnt unseres Jahrtausends aufgetretenes Phänomen sind. Polarisierungstendenzen, sich verstärkend und sich abschwächend, waren stets ein Kennzeichen der deutschen Versicherungswirtschaft. Entstanden zunächst relativ kleine Versicherer mit klar abgegrenztem Geschäfts- und Produktprofil (Einbranchenversicherer), so entwickelten sich diese in der Mehrzahl zu größeren Kompositversicherern mit breitem Produktangebot und durch Konzernbildung zu Universalversicherern, wobei Spezialisten in bestimmten Branchen erhalten blieben. Neue Kundensegmente führten zu neuen Produkten, z. B. Autobesitzer – Kraftfahrtversicherung, Arbeitnehmer – Kleinlebensversicherung, die inzwischen teilweise wieder verschwunden sind oder durch andere, den neuen Kundentypen angepaßte Produkte ersetzt wurden.

Konzentrationsprozesse einerseits und aufsichtsrechtliche Vorschriften (Bedingungs- und teilweise Tarifgenehmigung) andererseits führten später dazu, daß sich Anbieter- und Produktprofile stark annäherten, daß trotz Entwicklung und Einführung immer neuer Produkte, vor allem bedingt durch neue Risiken, Anbieter (besonders große und mittlere) und Produkte vom Profil her eher weniger als mehr Unterschiede aufwiesen.

Nun ist ein Punkt erreicht, bedingt durch Internationalisierung und Deregulierung des Versicherungsmarktes, ab dem die Profilierung sowohl der Anbieter als auch der Produkte wieder stärkeres Gewicht zu bekommen scheint. Dieser Prozeß wird begleitet und gefördert durch eine stärkere Profilierung der Kunden hinsichtlich ihrer Sicherungs- und Versicherungsbedürfnisse, hinsichtlich ihrer Informiertheit und ihrer Präferenzen, aber auch hinsichtlich ihrer Wertvorstellungen, ihres Risikoverhaltens und ihrer gesellschaftlichen Einordnung.

Besonders markant sind diese Veränderungen in den Ländern Mittel- und Osteuropas. Hier vollziehen sich Prozesse, die in den marktwirtschaftlichen demokratischen Ordnungen Jahrzehnte dauerten, wie im Zeitraffer. Der Übergang von einem Markt mit Monopolanbietern, ge-

---

7 Farny, a.a.O.

normtem Produktangebot und relativ schwach differenziertem Kundenpotential verursacht allerdings gegenüber den Mitgliedsländern der EG einen time lag, der zur Zeit Polarisierungstendenzen in diesen Ländern nur bedingt Raum gibt.

Polarisierungstendenzen in den europäischen Versicherungsmärkten, wie sie prognostiziert und besonders hinsichtlich der Konzentration der Anbieter auch schon beobachtet werden können, werden in ihrem Ergebnis nicht zu einer Verarmung im Sinne von mißverstandener Zwiefalt, sondern zu einer Bereicherung im Sinne einer schärfer profilierten Vielfalt von Anbietern, Produkten und Verfahren auf der Grundlage einer stetigen Differenzierung der Kundenmerkmale und der davon abgeleiteten Kundentypen führen. Die Polarisierung von Merkmalen der Elemente der Versicherungsmärkte ist dabei ein wichtiges methodisches Instrument, um Hypothesen über die Entwicklung des künftigen europäischen Versicherungsmarktes zu erarbeiten.

„Hypothesen sind Gerüste, die man vor dem Gebäude aufführt und die man abträgt, wenn das Gebäude fertig ist. Sie sind dem Arbeiter unentbehrlich; nur muß er das Gerüst nicht für das Gebäude ansehn[8]."

---

8 Goethe, J. W. v., Wilhelm Meisters Wanderjahre, Maximen und Reflexionen, Aufbau-Verlag Berlin und Weimar 1966, Goethes Werke in zwölf Bänden, Siebenter Band, S. 558.

Autorenverzeichnis

Albrecht, Professor Dr. Peter
Lehrstuhl für Allgemeine Betriebswirtschaftslehre und Versicherungsbetriebslehre der Universität Mannheim

Altenburger, Professor Dr. Otto A.
Ordinarius für Betriebswirtschaftslehre (Allgemeine Betriebswirtschaftslehre und Versicherungsbetriebslehre) an der Universität Regensburg

Angerer, Professor Dr. August
Präsident des Bundesaufsichtsamtes für das Versicherungswesen a. D.

Büchner, Dr. Georg
Vorsitzender des Vorstands der Württembergische Aktiengesellschaft Versicherungs-Beteiligungsgesellschaft

Corsten, Professor Dr. Hans
Lehrstuhl für Allgemeine Betriebswirtschaftslehre, insbesondere Industriebetriebslehre und Produktionswirtschaft an der Wirtschaftswissenschaftlichen Fakultät Ingolstadt der Universität Eichstätt/ Ingolstadt

Ébli, Dr. Éva
Geschäftsführerin der Risk Management K. G., Budapest

Eisen, Professor Dr. Roland
Johann Wolfgang Goethe-Universität Frankfurt/M.
Fachbereich Wirtschaftswissenschaften
Institut für Konjunktur, Wachstum und Verteilung

Frese, Professor Dr. Erich
Seminar für Allgemeine Betriebswirtschaftslehre und Organisationslehre an der Universität zu Köln

Giarini, Professor Dr. Orio
Generalsekretär der Internationalen Vereinigung für das Studium der Versicherungswirtschaft (Genfer Vereinigung)

Haller, Professor Dr. Matthias
Präsident des Instituts für Versicherungswirtschaft /
Europäisches Zentrum an der Hochschule St. Gallen

Heilmann, Professor Dr. Wolf-Rüdiger
Mitglied des Vorstands der Karlsruher Lebensversicherung AG

Helten, Professor Dr. Elmar
Direktor des Instituts für betriebswirtschaftliche Risikoforschung und
Versicherungswirtschaft der Universität München

Heubeck, Professor Dr. Klaus
Versicherungsmathematischer Sachverständiger für Altersversorgung

Hohlfeld, Dr. Knut
Präsident des Bundesaufsichtsamtes für das Versicherungswesen

Hübner, Professor Dr. Ulrich
Direktor des Instituts für Versicherungsrecht und des Instituts für
Versicherungswissenschaft an der Universität zu Köln

Karten, Professor Dr. Walter
Geschäftsführender Direktor des Seminars für Bank- und Versicherungsbetriebslehre der Universität Hamburg

Koch, Professor Dr. Peter
Fakultät für Wirtschaftswissenschaften der Rheinisch-Westfälischen
Technischen Hochschule Aachen

Koppelmann, Professor Dr. Udo
Seminar für Allgemeine Betriebswirtschaftslehre, Beschaffung und
Produktpolitik an der Universität zu Köln

Kromschröder, Professor Dr. Bernhard
Lehrstuhl für Betriebswirtschaftslehre an der Universität Passau

Lorenz, Professor Dr. Egon
Lehrstuhl für Bürgerliches Recht, Internationales Privatrecht und
Privatversicherungsrecht
Geschäftsführender Direktor des Instituts für Versicherungswissenschaft
der Universität Mannheim

Müller †, Professor Dr. Wolfgang
Seminar für Versicherungslehre an der Johann Wolfgang Goethe-
Universität in Frankfurt/M.

Pestenhofer, Dr. Hubert
Vorsitzender des Vorstands der Bayern-Versicherung Öffentliche Lebensversicherungsanstalt

Petin, Dr. Jochen
Frankfurt

Schirmer, Professor Dr. Helmut
Institut für deutsches und europäisches Arbeits-, Sozial- und Wirtschaftsrecht der Freien Universität Berlin

Schlie, Dr. Ulrich
Geschäftsführer des Deutschen Vereins für Versicherungswissenschaft e.V., Berlin

Schmidt, Professor Dr. jur. Dr.-Ing. E. h. Reimer
ord. Professor a. D., Honorarprofessor an der Rheinisch-Westfälischen Technischen Hochschule Aachen

v. d. Schulenburg, Professor Dr. J.-Matthias Graf
Direktor des Instituts für Versicherungsbetriebslehre der Universität Hannover

Schwebler, Professor Dr. Dr. h. c. Robert
Vorsitzer des Vorstands des Deutschen Vereins für Versicherungswissenschaft e. V.

Seuß, Professor Dr. Wilhelm
Seminar für Versicherungslehre der Universität Frankfurt
Wirtschaftsredakteur der Frankfurter Allgemeinen Zeitung (bis 1989)

Sieben, Professor Dr. Günter
Seminar für Allgemeine Betriebswirtschaftslehre und für Wirtschaftsprüfung an der Universität zu Köln

Stremitzer, Professor Dr. Heinrich
Vorstand des Instituts für Versicherungswirtschaft an der Wirtschaftsuniversität (Hochschule für Welthandel), Wien
Mitglied des Executive Boards der Community of European Management Schools (CEMS)

Stüdemann, Professor Dr. Klaus
Allgemeine Betriebswirtschaftslehre und Betriebswirtschaftliche Steuerlehre, Universität zu Köln

Süchting, Professor Dr. Joachim
Institut für Kredit- und Finanzwirtschaft, Ruhr-Universität Bochum

Weiss, Professor Dr. Wieland
Würzburg

Zschockelt, Professor Dr. Wolfgang
Institut für Unternehmensfinanzierung, Bank-, Börsen- und
Versicherungswesen – Wirtschaftswissenschaftliche Fakultät –
der Humboldt-Universität zu Berlin

9783884874042.4